ETIENNE CABET

REISE NACH IKARIEN

Materialien zum Verständnis von Cabet
zusammengestellt von Alexander Brandenburg und
Ahlrich Meyer

Karin Kramer Verlag
Berlin

Bruderthum.

Alle für Einen und **Einer für Alle.**

—

Grundrecht: leben.

Liebe,
Gerechtigkeit:

Grundpflicht: arbeiten.

—

Gegenseitiger Beistand,
Allgemeine Gewährleistung.
Organisation der Arbeit.
Die Maschinen zum Nutzen Aller,
Gleichheitliche Vertheilung der Produkte. —
Aufhebung des Elends. —
Ehe und Familie. —
Unaufhörlicher Fortschritt.

Gleichheit, Freiheit, Einheit, Wahlfähigkeit, Frieden.

Wissenschaften. Künste.

Bildung, Intelligenz, Sittlichkeit, Ordnung.

—

Jedem nach seinen Bedürfnissen und Jeder nach seinen Kräften.

Gemeinsames Glück.

VOYAGE

EN

ICARIE

PAR

M. CABET.

FRATERNITÉ.

Tous pour chacun.

SOLIDARITÉ
ÉGALITÉ—LIBERTÉ
ÉLIGIBILITÉ
UNITÉ
PAIX.

Premier droit,
Vivre.

A chacun suivant ses besoins.

AMOUR
JUSTICE
SECOURS MUTUEL
ASSURANCE UNIVERSELLE
ORGANISATION DU TRAVAIL
MACHINES AU PROFIT DE TOUS
AUGMENTATION DE LA PRODUCTION
RÉPARTITION ÉQUITABLE DES PRODUITS
SUPPRESSION DE LA MISÈRE
AMELIORATIONS CROISSANTES
MARIAGE ET FAMILLE
PROGRES CONTINUEL
ABONDANCE
ARTS.

Chacun pour tous

EDUCATION
INTELLIGENCE—RAISON
MORALITÉ
ORDRE
UNION.

Premier devoir,
Travailler.

De chacun suivant ses forces.

BONHEUR COMMUN.

PARIS
AU BUREAU DU POPULAIRE, RUE JEAN-JACQUES-ROUSSEAU, 14.
Dans les Départements et à l'Étranger, chez les Correspondants du Populaire
1848

Texthinweis
Etienne Cabet – Reise nach Ikarien – wurde gedruckt bei Fain und Thunet, Paris.

Aus dem Französischen übersetzt von Dr. Wendel-Hipper, Paris 1847

Braunschweiger Straße 22, Postfach 106
1000 Berlin-Neukölln (44)

1. Auflage Berlin-W. 1979

Gesamtherstellung: Offsetdruckerei Dieter Dressler, Berlin

Satz der Materialien: montage + satz martin schmidt, Berlin

ISBN 3-87956-114-1

Vorrede

des Verfassers

zur

deutschen Ausgabe.

Die Deutschen sind, vermöge ihres geselligen, gastlichen, edeln Charakters in einem ebenso hohen Grade als die Franzosen geeignet, in Bruderthum und Gütergemeinschaft zu leben.

Mit nicht geringer Freude haben wir vernommen, daß unserer „Reise nach Ikarien" ein guter Empfang in Deutschland zu Theil geworden, und eine ziemliche große Menge Exemplare der französischen Ausgabe dort sowohl wie in Ungarn sich verbreitet hat. Wir bezweifelten demnach keineswegs, daß eine deutsche daselbst schnell Eingang finden würde; wir wünschten folglich dringend, im Interesse unserer Lehre, daß ein Verleger in der Schweiz oder jenseit des Rheines sich damit abgebe. Man ließ es uns lange Zeit hoffen, aber durch eine Reihe verschiedener Umstände ist die Erfüllung der Hoffnung bis auf den heutigen Tag nicht eingetroffen.

Dies mußte uns, die wir nur die friedlich-gesetzliche Verbreitung des Prinzips anwenden, um so unangenehmer berühren, als manche kommunistische Schriften Deutschlands und der Schweiz einen besondern Nachdruck auf die Gewaltsamkeit legten, mit der die Gütergemeinschaft verwirklicht werden sollte; wodurch sie nicht allein den deutschen Kommunismus, sondern auch den französischen, und den Kommunismus überhaupt benachtheiligten.

Schon aus diesem Beweggrunde entschlossen

wir uns zum Drucke und zur Veröffentlichung der von vielen Seiten verlangten deutschen Uebersetzung in Paris und unter unsern Augen; bald jedoch kam noch ein anderer gewichtigerer, hinzu. Um nämlich der Verfolgung auszuweichen, wie auch die Hindernisse und Zögerungen zu meiden, die eine Verbreitung und Einführung der brüderlich-gleichheitlichen Gemeinschaft nothwendig in den Vorurtheilen und Gewohnheiten der alten europäischen Gesellschaften — welche ja auf Vereinzelung und Selbstsucht beruhen — finden müßte, wollen wir nach Amerika gehen und dort die ikarische gründen. Jenseit des Ozeans wohnen bereits Millionen Deutsche und Schweizer; sie zogen hinüber, um von der gütigen Natur ein besseres Loos zu erlangen.

Unser großes Vorhaben erfordert wahrlich nicht zufällig zusammengeraffte, unwissende oder fehlerhafte Menschen, sondern vorzüglich tüchtige, ausgesucht unter den begabtesten, gebildetsten und thatkräftigsten

Arbeitern; Leute von beharrlichstem Muthe, die von brüderlicher Gesinnung tief durchdrungen, sich ganz und gar der Sache der Menschheit hinzugeben im Stande sind.

Zwiefach glücklich schätzen würden wir uns, wenn in dem wackern und hochherzigen Volke Deutschlands und der Schweiz unsre Lehre und unser Unternehmen einen Anklang fände.

Cabet.

Vorwort des Uebersetzers.

Es ist wahrhaftig hohe Zeit daß dies merkwürdige Buch endlich den Deutschen aller Klassen zugänglich werde. Sieben Jahre sind um seit es zum ersten Male, leise, ohne Aufsehen erregen zu wollen*, ein Plätzchen in der französischen Litteratur einnahm. Heute steht es bei seiner dritten Auflage und hat eine sehr große Verbreitung unter dem Arbeiterpublikum Frankreichs gewonnen. Zudem ist es von dem vielgeprüften Verfasser, der eine so überaus tiefe Kenntniß der Verhältnisse und Menschen besitzt, in jener einfachen, allen Lärm vermeidenden Weise geschrieben, wodurch die rastlosen Späherblicke der Polizei gerade nicht angezogen zu werden pflegen. Auch standen damals die Sachen noch nicht auf dem Wendepunkt, und was damals durchpassirte, würde es jetzt vielleicht nicht mehr können. Genug, das Büchlein ist da; ist seit sieben Jahren frank und frei in Frankreich und in der französischen Schweiz gelesen, verschlungen und nicht ein einziges Mal ist ihm der Prozeß gemacht worden. Auch ist ihm die zweideutige Ehre nicht geschehen, in den breiten Journalen und dicken Monatsschriften einer hohen Bürgerklasse, die heute in Frankreich das Wort und das Ruder zu führen geruht, besprochen zu werden. Stillen Schrittes, langsam, aber sicher hat es sich in die der Bürgerklasse (Bourgeoisie) entgegen stehende Arbeiterklasse begeben und ist eine Lektüre der Familien in dieser Klasse geworden. Die Arbeiterfrauen lesen es eben so fleißig wie die Männer. Dasselbe ist übrigens auch mit des Verfassers sonstigen Volksschriften und mit seinem wöchentlich erscheinenden Volksblatte „Le Populaire" der Fall; man kann sagen daß unter allen den zahlreichen Schriftstellern des politischen Frankreich Cabet der einzige ist, dessen Worte von beiden Geschlechtern gleichmäßig gelesen sind. Ich spreche nicht von den Traktätchen und Broschüren der Pfaffenpartei, die bei Bauern und in gewissen Oertlichkeiten auch von Frauen gesucht werden; Jesuiten- und Pietistenschriften haben von jeher das Glück eines weiblichen

* In der ersten Ausgabe nannte es sich mit wohlbedachter Bescheidenheit eine Uebersetzung aus dem Englischen, gemacht von einem französischen Sprachlehrer.

Leserkreises gehabt, weil sie sich nur an die Phantasie wenden und an das ungezogene Gemüth. Aber das Bemerkenswerthe ist, daß Cabet, ich wiederhole es, der einzige Mann in der gesammten politischen Presse, ja der einzige Mann in der gesammten demokratischen Partei, der von Frauen so wie von Männern des Arbeiterstandes gelesen wird.

Des Arbeiterstandes; ja wohl, des ungeheuren Standes, auf dem, wie auf einer starken Grundfeste sich das Gebäu des Staates und der Gesellschaft aufgethürmt hat; des Arbeiterstandes der in allen sogenannten Revolutionen und Thronwechseln entweder nur die Rolle des Zuschauers und Vivatschreiers, oder des Katers der die gebratenen Kartoffeln für Andre aus dem Feuer holte, gespielt hat. Was interessirt sich die Arbeiterklasse in Fabriken und Manufakturen wohl an hohen politischen Plauderern, die über Ministerplackereien sich herumbalgen? Was auch an denjenigen Republikanern, die nichts weiter als Wünsche und Redensarten „für das leidende Volk" bringen, Wünsche die gewiß sehr oft sehr gut gemeint sind, aber unglücklicherweise dem Nagel nie auf den Kopf treffen können!

Die Revolution des vorigen Jahrhunderts hatte einige Jahre lang dem arbeitenden Volkstheile versprochen, für die Sicherung seines leiblichen wie seines geistigen Lebens und Lebensunterhalts zu sorgen. In den ewig denkwürdigen Weltjahren 93 und 94 hatte die Jakobinerparthei oder B e r g p a r t h e i, durch die Proletarier gestützt, die Regierung des Landes zu Gunsten eben dieser Proletarier geleitet. Das war die eiserne Herrschaft der Arbeiter geworden, denn sie mußten das kalte Eisen gebrauchen um die aufgestiegene Mittelklasse niederzuhalten und ihr Respekt einzuflößen.

Man hat heute gut keifen über diese längst entschwundene Zeit wo die Tugend, die Ehre, die Vaterlandsliebe einerseits, und die geldlustige Pfiffigkeit, die höhnische Selbstgefälligkeit anderseits sich gegenüber standen. Rechts der Arbeiterstand und links die Bürgerschaft, in diese zwei Lager war die Nation getheilt. Das Geld der Schwelger sollte zu Nationalnutzen angewandt werden, und die Schwelger schrien Zeter. Da erhob die arbeitende, d. h. die ärmere und zahlreichere Klasse den Arm und dieser Arm wurde die Guillotine. Die Schwelger und Aristokraten lachten über den Ernst des gemeinen Volkes, welches Tugend und Ehre obenan stellen wollte. Da erhob es wieder seinen Arm, die Guillotine. Ich weiß sehr wohl, es sind Schurken auch in den Reihen eben dieser Volksklasse gewesen; aber wie viel mehr der Schurken waren nicht unter den andern Klassen,

während langer Jahrhunderte! Unsere Gegner thäten bei Gott besser, sie schwiegen. —

Die französische Mittelklasse, der sogenannte dritte Stand, die Bourgeoisie, hatte indessen nur scheinbar während der ersten neunziger Jahre unterlegen. Sie hatte 1789, 90 und 91 mit Hülfe des vierten Standes, oder des Arbeitervolks, sich dem altmodischen Königthum, der verdorrten Adelsklasse, der verfaulten Priesterschaft, der verrotteten Beamtenkaste entgegen gestellt und dieses Alles zu Boden geschleudert. Sie war aber nach ihrem Siege keineswegs gewillt, ihren Bundesgenossen, den Arbeiterstand, d. h. die ungeheure Mehrheit der Nation, an den Früchten theilnehmen zu lassen. Sie suchte vielmehr, nach Muster der englischen Mittelklasse, sich im Besitz der Kapitalien zu erstarken, oder was dasselbe sagt, die Geld- oder Bankierherrschaft, oder die Industriemacht zu begründen. Der eigentlich arbeitende Mann sollte ihr als Werkzeug dienen, ganz wie dies in Großbritanien schon im schönsten Gange war. Mit der Republik ist es manchen Personen dieser Bürgerschaft allerdings Ernst gewesen, aber nicht der Mehrzahl. Daher der fürchterliche Kampf zwischen ihr und dem sogenannten Volke, d. h. der vierten Klasse.

Weil indessen diese vierte Klasse noch nicht Bildung genug erworben, weil auch die eherne Noth des Industriewesens ihr noch nicht dazumal das nöthige Zeugniß der Reife ausgefertigt hatte; weil endlich die junge Bürgerschaft, eben erst aus dem hundertjährigen Drucke seitens der privilegirten Oberklassen sich befreit hatte und folglich es jetzt an ihr war, sich zu bethätigen: so kam sie bald wieder an's Ruder. Die paar schlimmen Jahre 92, 93 und 94 verstrichen, und hierauf schwang sie sich an die Spitze, wo sie noch heute steht und stehen muß. So will es der natürliche Lauf der Entwickelung. Keine Klasse kann eher an's Herrschen kommen, als bis sie dazu geistig wie materiell reif geworden.

Trotz der Guillotine, trotz der Begeisterung des Proletariats für Gleichheit und Freiheit, Ehre und Tugend, mußte es von der politischen Bühne abtreten. Die Reichen, d. h. die Bourgeois, wußten die volksthümliche Partei Robespierre's zu untergraben und zu stürzen, und richteten sich hienach bequem ein. Und das unerbittliche Recht der Weltgeschichte war für sie; mit andern Worten: die Bürgerschaft hatte die Stunde erreicht, von der ab sie ihre geschichtliche Aufgabe beginnen sollte. Ihre Aufgabe aber heißt: Begründen und Ausbilden der Industrie.

Im Jahr 96 kam zwar noch ein Gewitter gegen sie gezogen

und es schien das entsetzlichste von allen zu sein; es ward jedoch zerstreut und die Bürgerklasse gewann dadurch vielleicht nur noch neue Macht. Im Mai jenes Jahres sollte nämlich der unerhörte Aufstand in Paris losbrechen, den die Kommunisten (der ältern Schule, wohlverstanden, und nicht der neuern, die sich bedeutend von jener unterscheidet) seit dem schmählichen Untergange des Maximilian Robespierre, allmählig vorbereitet hatten. An der Spitze dieser ältern Kommunisten stand Kamill Babeuf, nebst Darthe und Buonarotti. Diese drei Hauptführer hatten, im Verein mit Marechal, einem Dichter und Schriftsteller, es über sich genommen, noch einen kühnen Wurf zu wagen, um die herrschende Bürgerschaft zu entthronen und das Volk zur Alleingewalt zu erheben. Nicht zu vergessen ist für uns Deutsche dabei, daß nach dem mehrerwähnten Sturz der Robespierre'schen oder volksthümlichen Jakobiner- und Bergparthei * ein sehr bedenklicher Gegenstoß eintrat, indem viele bis dahin republikanisch gesinnte Bürgerstandsmitglieder sich wieder nach einem gekrönten Oberherrn zurückzusehnen anfingen, unter dessen Obhut sie ihr Schäfchen ins Trockene bringen könnten. Andre blieben zwar republikanisch, wollten aber durchaus nicht dem Volke Zutritt zur Leitung des Staates und zur Verwaltung gewähren. Noch andere waren durch den Umsturz der Robespierre'schen Partei wie betäubt, und wußten nicht, woran sie sich zu halten hätten **, während wieder andre aus der gestürzten Volksparthei nichts eifriger als eine Gelegenheit suchten, aufs Neue gegen die Bürgerschaftsparthei zu Felde zu ziehen und die ächten, so materiellen als geistigen, Intressen der ungeheuren Mehrheit der Nation zu wahren. Es entstand in den Köpfen manches Volksmenschen die Idee, das Eigenthum welches der Privatperson gleichsam anklebe, sei Schuld an vielem Uebel; man könne sich füglich mit Allgemeingut behelfen. Zugleich aber meinten diese Kommunisten oder Gemeinschaftsanhänger, Wissenschaften, Künste und Städte seien abzuschaffen, man solle nur getrost zum Landbau zurückkehren und namentlich die Indu-

* Bergparthei genannt von dem erhöhten Platze den sie stets in dem Saal der Deputirten einnahmen. Auch nannte man sie gern: die Prediger und Propheten des Berges, die wie vom Sinai herab sprachen und das Evangelium der Menschenrechte lehrten.

** Allerdings ist das Räthsel noch immer nicht ganz gelöst, wie die niedere Volksklasse so plötzlich sich gegen Robespierre, ihren bisherigen vielgeliebten Schützling und Beschützer (er war beides) hatte mißbrauchen lassen.

strie verwerfen. Diese Meinung war eine verrückte, aber sie ward nothwendig erzeugt durch die schreckliche Aussicht auf die Greuel der nahen Industrieepoche, so wie durch die oberflächliche Betrachtung der Abscheulichkeiten die im Lauf der Zeiten und allenthalben in großen Städten zu Tage gekommen. Diese Kommunisten des vorigen Jahrhunderts begingen also den Irrthum, das Kind mit dem Bade auszuschütten; was die jetzigen Kommunisten nicht thun.

Die große Verschwörung vom Jahre 1796, die Frankreich mit ihrem rohen, gewaltsamen Kommunismus beschenken wollte, schlug fehl, obschon sie sechszehn tausend Theilnehmer in Paris allein gezählt haben soll. Die Anführer wurden hingerichtet, oder verbannt, oder eingekerkert. Hiemit war das Trauerspiel der französischen Republik geschlossen; kurz nach Babeuf's Sturz ging der Stern Napoleon's auf und die Kaiserzeit begann, in der die hohe Bürgerschaft sich aber zuletzt so gehindert fand, daß sie, wieder im Verein mit demjenigen Theil des Volks, der durch die kaiserlichen Mautherpressungen und Soldatenplackereien erbittert worden war, den Kaiser zweimal absetzen half. Denn ohne Hülfe der französischen reichen Bürgerschaft hätten die frommen Fürsten von der „heiligen Allianz“ nun und nimmermehr Napoleon niederzwingen können, trotz „Tugendbund“ und Körner, Schill und Arndt.

Die Bourbonenlinie, ältern Stammes, kam wieder auf den Thron, weil die großen Industriellen, die großen Kapitalisten sich unter deren väterlichem Schirm am sichersten zu bereichern hofften. In der That nahm die Gewerbkunst in allen Richtungen in Frankreich nach der Schlacht bei Waterloo, einen höhern Aufschwung denn je zuvor. Die Arbeiter brauchten nicht mehr für des Kaisers Ruhm aus dem Land zu marschiren, sie fanden vollauf daheim zu schaffen für der hohen Fabrikfürsten Ruhm und Reichthum. Der Arbeitslohn sank natürlich. Maschinerie zog ins Land; der Lohn sank noch tiefer; die Fabrikbesitzer, die Minenbesitzer wurden immer reicher und mächtiger. Gleichwohl waren sie mit einer Regierung auf die Dauer schlecht zufrieden, welche der längst verkommenen Adelskaste und Priesterschaft den verlornen Einfluß auf Kosten der, durch die Revolution von 1789 emporgestiegenen Bürgerschaftsklasse wieder geben wollte. Das Ende vom Liede ward der Juliaufstand 1830, wodurch eine andre Bourbonenlinie, die dem Bürgerthum befreundetere Orleanslinie, von eben dieser Bürgerschaft, abermals mit Hülfe der Volksfaust und Volkskehlen, eingesetzt worden ist. Von da ab hebt ein neuer Akt an, indem die Macht der Bürgerschaft sich allmählig in ihre obersten Schichten zusammen zieht, so daß die Kapitalherren und Bankfürsten die Leitung des Staatsschiffes zu übernehmen geruhen; während die mittlere, und gar die untere Schicht der Bürgerklasse, das leere Zugaffen hat. An die untere Schicht dieser Bürgerschaft schließt sich bekanntlich die Arbeiterklasse so an, daß man nicht sagen kann, hier hört die eine auf, fängt die andre an. Beide gehen in einander über. Die Industrieverhältnisse prägen sich immer mehr aus; wenn auch noch lange nicht so wie in England, so doch immer deutlich genug, ~~um~~ daß die Deutschen dabei lernen können. Die Deutschen haben überhaupt nöthig, viel zu lernen. Sie müssen endlich einmal aus ihrem Gelehrtheitswust und Zauberkreise des Grübelns, worin sie sich eingesperrt seit 300 Jahren, hinaus. Sie müssen auch hinans aus ihrem greulichen Selbstdünkel, ihrem pedantisch philisterhaften Hochmuth, als seien sie allein „das Volk Gottes," sie allein „die erkorne Nation „der Moral und Tugend und Wissenschaft." Das sind Flausen die sie sich am Theetisch und auf dem Lehrstuhl vormachen; weg damit! — Das gegenwärtige Volksbuch behandelt nun gerade Umstände, Beziehungen, die dem Volke nahe an's Herz und an den Brodkorb gehen; ich scheue nicht zu sagen: an den Brodkorb, denn man muß den Deutschen Millionenmal es in die Ohren schreien: „ohne Brod kein Herz, kein Geist."

Wie aber in aller Welt kommt es, daß dieses Buch nicht schon längst übersetzt ist?

Die Antwort ist schmerzlich, aber sehr simpel: das kommt von der Oberflächlichkeit und von der Böswilligkeit die sich in Deutschland vorfinden.

Deutsche Schriftler aller Sorten, „federgewandte" und „gelehrte," „tiefstudirte" und „ungelehrte," haben seit 1840 manches Tintenfaß ausgeklekst um ihre Landsleute mit französischen, namentlich mit pariser Zuständen bekannt zu machen. Ganze Schaaren dieser Herrschaften sind seither nach Paris gepilgert, und manche sitzen in Paris ein für alle Mal, und geben vor, sie „studirten Paris und Frankreich." Du lieber Gott, es ist auch danach. Bücher kriegen sie wohl fertig, die sie sich daheim hübsch bezahlen lassen, aber was für Bücher! Der Eine schreibt ein Buch, worin er von Allem schwatzt, nur nicht von Kommunismus, den er außer Stand ist zu verstehen; das Buch heißt „Zwei Jahre in Paris," hat auch zwei Theile, aber es ist nicht zwei Groschen werth. Doch halt, er hat den Kommunismus überhaupt darin „lächerlich" zu machen versucht;

der arme lächerliche Mann! — Ein Andrer gibt ein dickes Buch in einem Bande über die „sociale Bewegung," worin er witzig sein will und den ikarischen Kommunismus verhöhnt; er ist aber nicht fähig, weder den ikarischen Kommunismus noch E. Cabet, über dessen Person er seine ungezogene Feder nicht im Zaume zu halten vermochte, zu beurtheilen. Und wie diese, so haben auch noch Andre sich an der Sache verfehlt.

Die Deutschen übersetzen doch sonst seit einigen Jahren viel aus dem Französischen, mitunter sehr dummes, sehr schlechtes Zeug und in abscheuliches Deutsch, wie wenn Schuljungen auf Tertia oder Quarta damit beauftragt wären. Wie kommt's daß noch keiner dieser Schüler, die doch den ganzen Eugenius Sue „verdollmetscht" haben, sich an dies Buch gemacht?

Antwort: aus Oberflächlichkeit und Böswilligkeit. Und die Deutschen könnten so unendlich viel aus ihm, und von seinem würdigen Verfasser lernen!

Der Verfasser des Buchs „Voyage en Icarie" ist ein Mann der heute Minister sein könnte, wenn er sich nicht in die demokratische Opposition, von 1830 ab, zu stellen, für seine Pflicht gehalten hätte. Ihm lag eine glänzende Laufbahn geöffnet. Er hat ihr entsagt; er hat sich eine ganz andre zu brechen unternommen. Dieser eherne Charakter, dieser kühne, geistvolle Mann voll tiefer Erfahrung und rastlosen Eifers, muthig und gewandt, kenntnißreich und beredt, ist vielleicht am besten mit Feargus Oconnor zu vergleichen, wenn überhaupt französische Zustände mit englischen verglichen werden sollen; nicht aber mit Daniel Oconnel, der ja doch nur es bis zum Bürgerschaftsredner und leider! nur bis zum Hohlredner brachte. Der andre Irländer aber, Feargus Oconnor, obschon im Ausland noch aus erklärlichen Gründen wenig bekannt, ist Volksredner, redigirt auch ein wöchentliches Arbeiterblatt (den „Nordstern") und weiß mehr was dem Volke noth thut, als zehn Oconnel's zusammen.

Ich will jetzt dem deutschen Leser eine gedrängte Biographie des Verfassers geben. Ich lege zu Grunde die kleine Broschüre: Biographie de M. Cabet, ancien procureur général, ancien député, directeur du *Populaire*, et réponse aux ennemis du communisme; publiées par des actionnaires du Populaire; Paris, au bureau du Populaire.

So heißt das, seit einigen Monaten wöchentlich erscheinende Arbeiterjournal, dessen Redaktion Cabet besorgt. Bisher war es nur ein monatliches. Auf Aktien der Handwerker unternommen, ist es endlich den ungeheuren Bemühungen und Geldopfern der Parthei und des Verfassers gelungen, die sehr hohe Summe aufzutreiben, die nach den September = Preßgesetzen für ein wöchentliches Blatt als Unterpfand bei der Regierung niederzulegen ist. In Kaffeehäusern wird es nicht, desto mehr aber im Innern der Familien gelesen, wirkt folglich gleichsam unsichtbar.

Etienne Cabet's Biographie beginnt wie folgt:

„Bemerkungen der Aktionäre des Populaire."

„Man wirft uns vor, Herrn Cabet zum Organ des Gemein„schaftsprincips erkoren zu haben, und ihm gar zu große Ehre zu „erweisen. Als Hauptentgegnung hierauf, diene diese seine „Lebensbeschreibung, die wir aus dem Populaire, und seinen „sonstigen Schriften zusammen stellen. Sei dies unsre Recht„fertigung und unsre Rache."

Und die Broschüre schließt mit den Worten:

„Diese Lebensbeschreibung und Antwort, das Ergebniß einer „vorläufigen Diskussion und sieben verschiedener Entwürfe, ist „gelesen, diskutirt und einstimmig angenommen worden von der „endesunterschriebenen Kommission für Aktienzeich„nung des Populaire:

Aron, Schneider. Bapsuben, Hutmacher. Beluze, Ebenist. Cabet, Advokat. Coutellier, Mechaniker. Desty, Schuhmacher. Ducoin, Stiefelmacher. Ducreux, Schneider. Dumotier, Weber. Favard der jüngere, Schneider. Guenichet, Pianomacher. Guerin, Ebenist. Julin, Stiefelmacher. Leroy, Lederhändler. Maillard, Handelskommis. Montagne, Feilenarbeiter. Nadaud, Maurer. Prudent, Juwelier. Vobillard, Brodhändler. Simon, Schuhmacher.

„Alle Aktionäre werden hiemit eingeladen, ihre Ansichten über „diese Broschüre brieflich zu erkennen zu geben."

Auf der andern Seite liest man:

„Zustimmung"

„Die Unterschriebenen (lauter Aktionäre, Inhaber von Aktien „oder Coupons) haben einzeln gelesen, und gemeinsam diskutirt; „in einer am 5ten April stattgehabten großen Versammlung ist „vorstehendes einhellig angenommen worden. Ein einziger „jedoch von hundert sechszehn, hat seine Unterschrift versagen zu „müssen geglaubt."

Die Namen gehören abermals nur Handwerkern der verschiedensten Gewerbe an.

Cabet, geboren 1788 den 1sten Januar in Dijon (Departement

Côte d'Or im alten Burgund) *, ist der Sohn eines Böttichermeisters, der zu den Patrioten gehörte. Er arbeitete bis in sein zwölftes Jahr bei seinem Vater. Dann ergab er sich den Wissenschaften unter Leitung des berühmten Jacotot, und mit vierzehn Jahren trat er schon als Studienaufseher in ein Lyceum. Er trieb Medizin, später Jurisprudenz, und wurde 1812 Advokat und Doctor der Rechte. Während der Rückkehr Napoleon's, in den Hundert Tagen, half er den burgundischen Patriotenbund „zur Bewahrung der Unabhängigkeit des Vaterlandes gegen die „fremden Mächte" gründen. Er war selbst einer der Direktoren dieses Bundes; ähnliche Bünde gab es bekanntlich in jenen welthistorischen Wochen fast in jeder französischen Provinz. Es erhob sich in diesen urplötzlich aufsteigenden Patriotenvereinen die vom Kaiser so lange niedergehaltene Republikanerkraft wieder auf kurze Zeit, und hätte Napoleon sie zu würdigen vermocht, die Wendung der Dinge wäre eine andre geworden. Etienne Cabet wollte aber nicht kaiserlicher Prokurator werden, obschon er es sein konnte. Trotz dem beschuldigten ihn die wieder zum Throne gelangten Bourbonen, und untersagten ihm für ein Vierteljahr die juristische Thätigkeit. Er entfaltete inzwischen ein bedeutendes Talent und es gelang ihm, viele wahre Patrioten, die den Bourbonen zu Racheopfern dienen sollten, dem Tode zu entreissen. So z. B. rettete er den General Vaux, der eine napoleonische Verschwörung eingeleitet haben sollte; vier Familienväter, u. s. w. Der Justizminister entfernte ihn wiederum auf ein Jahr vom Geschäftsgange **. Mittlerweilen ließ er sich in Paris nieder, trat dort in enge Verbindung mit dem kühnen, freiheitsstrebenden Deputirten Manuel und wurde Mitglied des Carbonaro-Ordens. Dieser erwählte ihn auf einer großen Versammlung zum Mitglied des Obersten Ausschusses (der Oberhalle, la Vente Suprême), wo er nebst Lafayette, Manuel, Köchlin, Dupont de l'Eure, u. s. w. wirkte. Als geheimer Mitdirektor des großen geheimen Carbonarobundes machte er mehrere Reisen in Frankreich, und spielte folglich seinen Kopf.

In den Julitagen 1830 schlug er sich zu der ersten im Aufstand begriffenen Municipalität in Paris (es war die vom Stadtviertel Luxembourg); unterzeichnete einen Straßenaufruf, spielte

* Die lächerlichen deutschen Uebersetzer pflegen dies mit „Goldküste" zu übertragen, denn sie wissen nicht, daß Côte in der französischen Volkssprache überall „Hügelreihe, Bergrücken" heißt. Cabet ist Landsmann Fourier's und J. P. Proudhon's.

** Obgleich Cabet's Kollegen protestirten.

also wieder sein Leben aus. Am 3ten August bereits schrieb er an den Herzog Orleans, den er nicht persönlich kannte, und protestirte gegen die Charte; ja, verlangte schleunigstes Einberufen einer Nationalversammlung, die eine Verfassung ausfertigen sollte. Er mußte hoch im Ansehen stehen, denn der Bankier Laffitte machte Namens des neuen Herrschers ihm die schönsten Anerbieten, und drang in ihn, an den Hof zu gehen. Und trotz alle dem ging er nur deshalb um seine theuerste Ueberzeugung auszusprechen, und druckte einen Brief an die Kammer worin er abermals eine Nationalversammlung begehrte. Louis Philippe hatte mehrere lange Unterredungen mit ihm, deren Gegenstand immer die von Cabet vorgeschlagene Einberufung einer allgemeinen Nationalversammlung war. Der König unterließ keine Gelegenheit, ihm eine auszeichnende Achtung zu bezeigen; insonders in Gegenwart einer Deputation der Nationalgarde aus dem Departement Côte d'Or.

Inzwischen ward er Geheimsekretär des Justizministers Dupont de l'Eure, des ehemaligen Carbonaro *. Unzufrieden mit den Gange der Dinge, und gehemmt in seinem Wirken, nimmt er die Stelle eines Generalprokurators von Korsika an. Auf dieser verwahrlosten Insel, die wenig vom Ehrgeiz begehrt wird, führt er zuerst das Geschworengericht ein. Aber anderweitige Rücksichten zwingen ihn zur Abdankung, nachdem er als Kandidat zur Deputirtenkammer sein politisches Glaubensbekenntniß an sein ihn darum ersuchendes Departement Côte d'Or eingesandt. Sein früher Carbonarobruder, Minister Barthe, gibt ihm die Entlassung aus Korsika, dessen Patrioten durch eine Deputation von ihm Abschied nehmen. Seine drei Substituten selber zollten ihm öffentliches Lob. — Man hatte in Paris gehofft, er werde sich „nicht seine Laufbahn verderben," und gern einen andern Posten verwalten, wo seine Opposition weniger augenfällig wäre. Aber Cabet zog die ihm, bei seinem ärmlichen Vermögen, durch Geldzuschüsse ermöglichte Volksvertreterstelle vor. Sein Nebenbuhler, ein Marquis und Liberaler, vom Ministerium eifrigst unterstützt, fiel durch! Im Juli 1831 betrat er den Palast Bourbon, d. h. die Deputirtenkammer. Er saß auf der äußersten Linken und galt als „vorgeschrittenster aller Demokraten." Im fürchterlichen Juniaufstande der Republikaner in der Straße Saint-Merry spielte er abermals seinen Kopf. Durch mehrere sehr herbe Broschüren an seine Wähler, und durch sein energisches Auftreten an der Spitze der 200 Mitglieder starken Oppo-

* Somit hatte er Aussicht, einst Minister zu werden.

sition der Kammer hatte er sich vollends deutlich erklärt. Beim Leichenzug des General und demokratischen Deputirten Lamarque, wozu er als Commissarius von der Opposition erwählt worden, hieß es bereits, er errege eine Emeute; und anderseits ließen die Republikaner sich weiß machen, er habe ihnen Mannschaft und Schießbedarf zuzuführen versprochen, geriethen folglich in Wuth und drohten ihn niederzuschießen sobald sie ihn erwischten. Auch die bewaffneten Bourgeois der Nationalgarde hatten keine üble Lust ihn zu tödten, da sie meinten, er habe den Insurgenten Waffen geliefert. Nach Mißlingen des Aufstands, während Paris in Belagerungszustand erklärt war, mußte er, als Verschwörer angeklagt, sich verbergen; er wäre wahrscheinlich in 24 Stunden erschossen worden. Jedoch hielt er es für nöthig, aus seinem Versteck die öffentliche Erklärung zu geben: er werde, sobald Paris nicht mehr unter Kriegsrecht stehe, sich freiwillig den Gerichten stellen. Er that es, ward aber ohne Weiteres entlassen.

Hierauf erscheint sein Buch „Geschichte der Revolution von 1830." Der Assisenhof verfolgt ihn, doch spricht man ihn frei; 50 Deputirte der Opposition waren gegenwärtig*. Es wurden 20,000 Exemplare zu billigstem Preise verkauft. Ihm selbst wurden mehrere große Bankette zu Ehren gehalten.

Auf Ansuchen tritt er an die Spitze des öffentlichen Volksbildungsvereines, welcher in ungeheurer Ausgedehntheit, außer dem Hauptausschuß, zwölf kleinere umfaßte. Mit ihm schlossen sich 50 Deputirte an. Endlich im September 1833 gab er die ersten noch rein politischen Wochenblätter des Populaire heraus, der alle Sonntage durch Ausrufer in dreifarbiger Uniform auf der Straße verkauft wurde. Sieben und zwanzigtausend Exemplare wurden von der achten Nummer abgesetzt; natürlich, daß nicht lauter Volksfreunde die Käufer waren. Gewiß ward so manches Tausend hurtig aufgekauft um vernichtet zu werden. Immer indessen war das Journal populärer als andre.

Bald darauf vertheidigte Cabet, rastlos thatkräftig, ein zweiter Oconnel — oder richtiger wohl: Oconnor — in Dijon, seiner Geburtsstadt, ein Zeitungsblatt. Er brachte es frei, und erhielt ein, achthundert Gäste zählendes, Ehrenbankett in der schönen gothischen Kirche St.-Etienne, unter hundert Trikoloren und Militärmusik der dortigen Nationalgarden. Während

* Die der Regierung ergebene Mehrheit in der Kammer hatte ihn der Justiz überantwortet. Ohne Einwilligung der Kammer darf bekanntlich keines ihrer Mitglieder vor Gericht gerufen werden.

dieses Festes standen aber die Garnisonstruppen unter Waffen.

Stets umsichtig, wußte er in Lyon und in Paris manchen, dem Volke absichtlichst recht nahe gelegten, Zusammenstoß mit den „Wächtern der Ruhe" zu hintertreiben. Er hatte die Weisheit, obschon Mitglied aller noch damals bestehender Gesellschaften, Klubs, Vereine und Bunde die wie mit Zaubergewalt täglich in jener bewegten Zeit sich erzeugen durften, dennoch sich nicht an die berühmte und berüchtigte Gesellschaft „der Menschenrechte" anzuschließen; was ihm wahrlich kein Verständiger zum Vorwurf machen wird.

Er war in der Kammer ein wahrer öffentlicher Ankläger geworden. Nicht nur über inländliche Verhältnisse, auch über Polen's Untergang, u. d. gl. erhob er seine einschneidende, scharf accentuirte, weitschallende Stimme, die ihn zu einem Manne der Justiz und zu einem Volksredner mehr, als manchen andern befähigt. Er ward immer beliebter und immer gehaßter. Bald hieß es, er sei ein Trunkenbold, ein Blutmensch, ein rasender Wütherich vom Jahre 93 und noch ärger; während seine nähern Freunde wissen, daß er nur Wasser wegen seinen überarbeiteten Augen trinkt, und den Friedenspfad allem Uebrigen vorzieht. Die Polen haben ihm besonders zu danken, und nicht, wie die Towianski-Mickiewiczische Prophetenparthei z. B. zu belieben scheint, mit Hochmuth auf ihn herab zu sehen; denn es war gerade auf seine Vertheidigungsrede der von Preußen nach Havre transportirten polnischen Flüchtlinge, hin, daß er zum dritten Male vor Gericht mußte. Ehe es dazu kam, donnerte Cabet eine Rede von unbeschreiblichem Eindrucke dem Minister* zu, der 1814 die dreifarbigen Fahnen in's Feuer zu werfen befohlen. Cabet drohte ihm in voller Sitzung „ihn in Anklagestand „zu bringen und alle seine Helfershelfer obendrein." Der Staatsminister, außer sich, fordert ein Duell; die Zeugen sind bald bereit, wissen aber später das Ding beizulegen, während die ministerielle Minderheit den „unbezähmbarsten aller Deputirten" — wie er genannt wurde — der Justiz abermals überliefern. Auf den Populaire angeklagt, ermahnte er gerade in diesem Populaire das Volk, ja keine Emeute am Tage seines Urtheils zu machen, wie mehrere seiner Freunde in voreiligem Eifer gewünscht. Der brave Advokat Marie vertheidigte ihn auch diesmal; aber ohne Erfolg. Die Jury sprach das Schuldig, die Richter erkannten auf zweijähriges Gefängniß und vierjäh-

* Monsieur d'Argout, jetzt Bankdirektor.

rigen Verlust der politischen Rechte „wegen des Populaire„artikels zu Gunsten Polen's und seiner Aeußerung auf der „Rednerbühne: das dermalige französische System sei kapabel sich „der Kartätschen zu bedienen, wenn selbige nützten." Tags darauf waren die Säle des Populaire voll Deputationen der Künstler, Studenten und Handwerker; Adressen langten an, und der greise Graf d'Argenson, sein alter Mitkarbonaro, der Jugendfreund des italienischen Grafen Buonarotti — dieses Todfeindes eines andern italienischen Zeitgenossen, der ihm den Rang ablief, des Bonaparte — der alte d'Argenson, der Anhänger des Kamill Babeuf, veranstaltete eine Ehrenmedaille für den beliebten Volksvertheidiger Cabet.

Auf Bitten seiner politischen Genossen, die von seiner Anwesenheit in Paris fürchteten, beschließt Cabet, statt zwei Jahre in einem pariser Gefängniß, eine fünfjährige Selbstverbannung zu ertragen, und geht nach Brüssel, wo jedoch sofort, nachdem das frankfurter Journal spöttelnd gesagt: „die Republik marschire „zwar von der Seine nach Belgien, indessen man werde ihr „diesen Aufenthalt nicht gestatten" — das Ministerium von Belgien ihn in 24 Stunden ausweist. Er ging nach London, wo die bonapartischen Prinzen sich sehr um ihn bemühten, doch blieb er standhaft.

Hier nun hat Cabet ungeheuer als Schriftsteller gearbeitet. Oft las und schrieb er achtzehn Stunden von vierundzwanzig. So entstanden seine historischen Schriften: über Englands und Frankreich's Geschichte, über allgemeine Geschichte, über die Revolution dieser Länder; alles dies im Volkston. Zugleich druckte man in Paris sein Blatt fort, wozu er regelmäßig die Hauptaufsätze schickte; desgleichen Broschüren an Guizot, Thiers, Bugeaud, u. s. w., bei verschiedenen Anlässen, z. B. nach der „Metzelei in der Straße Transnonain." Auch publicirte er in London einen „Brief an Louis Philippe." Sein haupsächlichstes Werk in London war aber zweifelsohne das vorliegende.

Mit Owen's, Fourier's, Babeuf's und aller frühern Reformisten und Revolutionäre, verschiedenartigsten Systemen sich bekannt machend, reifte er in seinem Geiste den Plan zu dieser anspruchlosen „Reisebeschreibung." Es ist eigentlich von der Reise keine Rede; es gilt dem Lande wohin der Beschreiber gereist ist.

Er sagt *: es sei lediglich seine Absicht, eine vorläufige

* *Biographie*, etc. Seite 15, unten. — Beachtenswerth ist wie gesagt daß dieser Roman, in den abgewogensten Ausdrücken verfaßt, selbst heute, wo er die dritte Auflage erlebt, in Frankreich nicht gerichtlich verfolgt wird.

Anschauung — une idée provisoire — von einer zahlreichen in Gemeinschaft organisirten Nation, dem Lesenden zu geben. Und solches ist auch die richtige Auffassung dieses Romans. Komisch sind in der That diejenigen Herrschaften, die da noch sich einbilden, „er bilde sich alles das, was darin steht, „als das non plus ultra ein." Diese Einbilderei der Herren Kritiker und Buchschnüffler erweist sich, bei dem gesunden Sinn des Verfassers und seines großen französischen Publikums, als ein non plus ultra ihrerseits.

Im April 1839 durfte er Paris wiedersehen *. Die Polizei beunruhigte ihn zwar wieder, indessen wußte er dieser Unbequemlichkeit zu trotzen. Noch einmal versuchte er, immer auf friedlichem Wege und innerhalb des Gesetzkreises, eine direkt politische Bewegung, indem er, mit Arago, Lamennais und Martin (von Straßburg) die Opposition zu einem großartigen öffentlichen Verein für Wahlreform, interessiren wollte. Es sollte der National als Organ gekauft werden. Als dies sich zerschlug, machte er sich an die Publikation mancher in London ausgearbeiteten Manuscripte und trennte sich völlig von den oppositionellen Männern in und außer der Kammer. Er schien ihnen sämmtlich zu bitterernst, zu scharf. —

Im Jahr 1840 aber, unter dem Ministerium Thiers, trat er sofort wieder auf den Kampfplatz und schleuderte eine Reihe höchst schlagender Broschüren, die sich direkt an den gesunden Volksverstand wendeten, gegen die Bastillenbauer. Das demokratische Blatt, welches Parthei für die Befestigung von Paris genommen, der National, ward aufs heftigste angegriffen, und seiner alten militärischen Taktik gemäß, schickte er dem Redactör des Populaire ein Kartel zu, was dieser natürlich abwies. Von Seiten des National ward jedoch zu wiederholten Malen die Ehrenhaftigkeit Cabet's öffentlich anerkannt; ja die beiden Direktoren des National, welche ihm die Herausforderung brachten, erklärten: „es sei ihnen sehr schmerzlich zu „solchem Schritte gegen einen Mann greifen zu müssen, der „während seines ganzen Lebens Patriotismus und „Aufopferung bewiesen und für seine Sache gelit„ten." Cabet hatte den National vergeblich aufgefordert,

* Fast überflüssig ist es, noch ausdrücklich zu erwähnen, daß Cabet stets in beschränktem Vermögenszustande lebte und lebt. Seine treffliche Gattin hatte die Verbannung mit ihm getheilt. Ihre Tochter ist mit einem unbemittelten pariser Schneider verheirathet worden, der aber jetzt gestorben ist. Cabet's Familienleben ist musterhaft.

eine Entgegnung abzudrucken; gerichtlich gezwungen, mußte dieser freilich ihm darin willfahren, doch that er es nicht ohne seinen Gegner seltsamster Weise „einen Günstling der Staatsgewalt" dabei zu tituliren. Dieser unselige Streit endigte zwar in dieser Gestalt, taucht aber immer von Zeit zu Zeit aufs Neue auf.

Inzwischen erklärte sich die Volksstimme völlig für Cabet in der Bastillensache. Dem Volke leuchtete schnell ein, daß „die Bastillen nicht gegen das Ausland" dienen sollten. Eine Menge unterzeichneter Adressen aus den verschiedenen Städten des Reichs kamen ihm zu, worin die Arbeiter ihn aufmunterten, fortzufahren. Auch einige Bourgeoisie-Journale, z. B. das Commerce, der Corsaire, hielten zu ihm, sobald es die Bastillen galt, die gleichfalls ihren Beifall nicht hatten. Aber wo es an das Gemeinschaftssystem ging, da riß sich sofort die Kluft zwischen ihm und ihnen wieder aus einander. Bei seinem Prozeß mit dem National hatte er vor Gericht sich als diesem Princip angehörend, hingestellt, und von da ab gelang es seiner ungemeinen Geduld, Klugheit und Energie, demselben im größern Publikum eine so zu sagen offizielle Achtung zu erringen. Die schrecklichsten Erinnerungen aus der Babeuf'schen Zeit quälten noch alle Welt; es galt jetzt, diese Gespenster zu bannen, und zwar mittels Ueberzeugungen.

Cabet hat dieses schwere Tagewerk rüstig unternommen. Zwei Wege dienen ihm dazu: seine systematischen Schriften einerseits, und sein tief berechnendes Verfahren mit den Handwerkern anderseits. Seine ungeheure Geschäftskenntniß, seine scharfe Menschenkunde, sein bedächtiges Kritisiren und Studieren, sein blitzschnelles Entschließen, sein zähes Ausdauern und hunderttausendmaliges Wiederholen eines und desselben Satzes den er als wichtig erkannte, sein tapfrer Muth — diese Eigenschaften machen ihn in der That zu jenem in seiner Art einzigen Manne, der (wie der Corsaire sagte) „Tag und Nacht auf der Bresche steht und ganz allein den Kampf gegen alle Blätter führen muß." Es ist natürlich, daß ein solcher Charakter, eine solche unbeugsame, stets aufopfernde, unbestechliche Natur, in der sich umsichtigste, geduldigste Klugheit mit todeskühnstem Trotze auf eine wirklich ungewöhnliche Weise verschmelzt, unter der eignen Parthei vielen Eifersuchten, Mißkennungen, kurz Feindschaften aller Arten, ausgesetzt ist. So z. B. hört man häufig die Klage: Cabet sei „ein alter Einschläfrer," sei „vielleicht dem Hofe verkauft." Fragt man etwas betreten nach den Beweisstücken für sothane kuriose Behauptungen, so wird man meist zuerst mit verkniffener Miene abgewiesen; ist man aber glücklich genug das Vertrauen dieser Männer, die also reden, zu besitzen, dann erstaunt man billig noch mehr, wenn man, nach eifrigster Erkundigung, nichts als das alte Lied zu hören kriegt: „er schlage nicht los, und sei herrschsüchtig.“ — Losschlagen ist ihnen gleichbedeutend mit: ein großer Held sein, wie es scheint.

Wer ihre Eitelkeit einmal gekränkt hat, der ist vollends ein Sünder. Die Kleinlichen! — Cabet warnt unablässig, wie der getreue Eckhart am Venusberg, die Arbeiter, geheime Klubs zu bilden, in welche ja bekanntlich immer ein Polizeispion sich einzuschleichen weiß. Er warnt sie unablässig vor Emeuten, die, wie bisher, nur erdrückt werden können. Er warnt sie vor der Klippe derjenigen Bourgeoisie, welche die demokratische Standarte erhebt; denn er sieht im National wie in La Reforme (mit der er kürzlich heftig zu streiten hatte) nur die Wortführer einer Bürgerschaft, die, zur Obermacht gelangt, nichts weniger als günstig dem Arbeiterstande, dem Proletariat in edlerer Bedeutung wäre. Es ist heute gar keinem, auch nicht dem leisesten Zweifel ausgesetzt, daß Cabet, der Direktor des Populaire, in Wahrheit der populärste öffentliche Charakter in Frankreich ist. Unter den zweimalhunderttausend Handwerkern von Paris hat kein Demokrat und kein Jesuit solchen Anklang gefunden wie er. Herb und schneidend fährt er drein, er schont seine Partheigenossen nicht mehr als seine Gegner; die Reihe seiner interessanten, namentlich für Deutschland hochlehrreichen Broschüren ist Zeuge. Da findet der Leser den Kampf gegen den National und La Reforme; gegen den Fourierismus; gegen die Jesuiten in Lyon; gegen Proudhon; gegen die Septembergesetze und Bastillen; gegen die falschen Ankläger des Gemeinschaftsprincips*; ferner gegen die Verdreher desselben die so zu sagen ketzerische Sekten bilden, wie z. B. gegen die Humanitarier, d. h. diejenige Parthei, die ein Programm in die Welt schickte welches so wahnwitzig klang daß der Verdacht auf polizeiliche Umtriebe nahe lag. Diese Parthei verlangte nämlich alles das was man boshaft dem Gemeinschaftsprincipe seit lange in die

* Z. B. Bei dem merkwürdigen Prozeß zu Toulouse gegen die dortigen Anhänger; Cabet reiste hin um die gerichtliche Vertheidigung derselben zu ergreifen, was ihm, als Mitgliede des Advokatenkollegiums des höchsten Gerichts, frei stand; gleichwohl wußte man ihm das Wort zu entwinden. Uebrigens wurden Alle losgesprochen.

Schuhe schiebt: Weibergemeinschaft, Auflösen der Liebe und Freundschaft innerhalb des Kreises der Blutverwandschaft, fortwährendes Wandern der männlichen Mitglieder der menschlichen Gesellschaft (vermuthlich um Rassenkreuzung zu bewirken) und dergleichen Tollheiten mehr, die von ihnen selbstgefällig: „materialistischer Atheismus" genannt wurden, die aber, wie gesagt, viel weniger an die abentheuerlichen Ausbrütungen hirnkränkelnder Sektirer, als vielmehr an gewisse andre Dinge erinnern dürften.

Im stillen Deutschland mag übrigens ein Unsinn in Büchern zu Markte getragen, noch hingehen. Aber in öffentlichen Ländern, wo die großen Staatspartheien sich fort und fort reiben, wird solcher Unsinn, gesetzt er käme nicht von Polizeiwegen, ein Verbrechen, weil er sogleich zur bequemen Brücke von allen den Eseln und Ochsen, Füchsen und Hyänen benutzt wird, die gegen das Princip, mit dessen Namen sich jener Unsinn zu decken beliebte, anzukämpfen im Sinne haben. Man wundre sich folglich in Deutschland ja nicht, wenn Etienne Cabet gegen Atheismus und Materialismus zu Felde zieht und dem christlichen Bruderschafts- und Gemeinschaftsprincipe der Urzeit, neue Geltung verschaffen will. Er ist auf diese Behandlungsweise durch Gegner und durch Anhänger des kommunistischen Partheiprincips, hingewiesen, und er wäre nicht der viel erprobte Freiheitskämpfer, der rastlose Agitator von 1816 bis heute, nicht der alte Karbonarochef und Generalprokurator, wenn er nicht gerade so wirkte, wie er wirkt. Er muß so verfahren; jede andre Taktik wäre der Parthei gefährlich. Längst wäre er vom ehernen Maschinenarm des Gesetzes ergriffen und zermalmt worden, hätte er minder klug die von den Gesetzespriestern ihm und der Parthei stündlich gelegten Fallstricke zu vermeiden gewußt. Das geschriebene Wort der Gesetztafel ist ein todtes Wort, fühllos, erbarmungslos, und es ist ein tödtendes in der Hand Desjenigen der den Bann zu sprechen versteht. Diese Todesgefahr zu pariren, ist Aufgabe des Partheiführers, aber dazu ist erforderlich, daß er selbst ein Mann des Gesetzes sei, der die Zauberformel auch aus dem Grunde kenne und den Bann zu brechen wisse. Cabet gleicht somit einem Athleten, der zwischen den furchtbarsten Waffen aller Art, die über ihm, neben, vor und unter ihm aufgehängt und aufgestellt sind, sich bewegt und eben so ungeheure Muskelkraft als Muskelgewandheit entwickelt. Bis jetzt ist es ihm immer noch gelungen, das Gesetz durch das Gesetz zu schlagen; er wußte bisher noch immer aus dem Gifte das Gegengift heraus zu distilliren. Das ist eine harte Schwarzkunst, fähig des Künstlers Gebeine vor der Zeit zu vertrocknen, und um so rühmlicher, um so glücklicher ist es, daß dieser edle gewaltige Mensch noch frisch und jugendlich geblieben ist, wie damals, als er zuerst in den Kampf für das Menschenrecht zog.

Im gegenwärtigen Augenblicke, wo sein früher monatliches Arbeiterjournal Le Populaire ein wöchentliches geworden, in diesem Augenblicke ist er wieder mit der Justiz in einem harten Strauß. Allerlei hämische Anspielereien auf den ikarischen, d. h. von Cabet repräsentirten Kommunismus sind vom Generalprokurator losgelassen worden; dieser hohe Beamte gibt zu verstehen, die kommunistische Parthei führe zum Diebstahl und Raube. Ihm dienen dazu als Ausgangspunkt einige sonderbare Thatsachen, die so „sonderbar" sind, daß sie entweder auf Wahnwitz oder gar auf polizeiliche Ränke schließen lassen. Möglich indessen auch, daß wirklich einige Subjekte aus der Schule des sogenannten „Gewaltsamkeitskommunismus," auch „materialisch atheistischer Mordkommunismus" in Frankreich genannt, sich zur Tollheit haben erhitzen lassen. Daß jetzt darob die Freude groß ist in der Burg Zion und in den heiligen Heerschaaren der Gerechtigkeit, kann man sich denken. Das Regierungsblatt, Journal des Debats, ergeht sich mit unendlicher Wollust auf diesem Felde. Nichts wäre der guten Sache gefährlicher, als eine Emeute, die man kommunistisch nennen, und mit Kartätschen niederblasen könnte; Tags drauf würde dann eine Preßbeschränkung, eine Verschärfung der Septembergesetze, von den Kammern dekretirt werden, die allerdings dem stillen Herzenswunsche Manches entspräche. Aber so lange Cabet wacht, wird dies nicht geschehen.

Der Kommunismus ist das Unthier im Walde, gegen welches alle Partheien sich brüderlich die Hände reichen. Um diesem Thiere „deß Zahl sechshundert sechs und sechzig" (wie Johannes der Visionär sagte) den Garaus zu machen, marschirt der Voltairianer vom Constitutionnel friedlich neben dem Jesuiten vom L'Univers, neben dem republikanischen National, neben der fourieristischen Democratie pacifique, neben der demokratischen Reform des Herrn Ledrü Rollin, neben dem guizotischen Debats, neben dem mittelmäßigen Siecle, neben der auf die lächerlichen alten Scharteken der gallikanischen Kirchenfreiheit pochenden, karlistischen Gazette de France des Herrn Abbé Genoude: — kurz dies ganze Frankreich macht Front gegen den Kommunismus. Das ganze Frankreich? wirklich? Ja wohl, das in der Presse vertretene.

Cabet hat Dezamy heftig attakirt. Ihm ist diese Attake hundertmal vorgeworfen worden, und hunderttausendmal hatte Cabet Recht. Dezamy neigte und neigt zum Gewaltsamkeitskommunismus, gab folglich der Justiz die erwünschtesten Vorwände.

Cabet hat noch neulich mit einer Dame Streit führen müssen. Es ist dies die Frau des vielberüchtigten ehemaligen Abbé Constant, welcher, ohne nur einen Funken Genie zu besitzen, die ekelhaftesten Aufruhrschriften unter das Volk gestreut * und sich mit vielem Skandal in der Hoffnung: öffentliches Aufsehen zu erregen, vom geistlichen Stande losgesagt hat. Gleichwohl war die Verfolgung und Bestrafung dieses Exabbé so gering, daß ganz eigenthümliche Muthmaßungen über den „Kern dieses Pudels" wohl erlaubt sein dürfen. Es ist diesem trefflichen „Volksschriftsteller" Constant noch immer nicht gelungen, den konstanten Verdacht: er stehe konstant mit gewissen Dingen im Bunde, von sich total abzuwälzen. Im besten Falle ist er ein revolutionärer Hanswurst, deren es vor, in, nach Revolutionen Legion gibt, dafern nicht Energie gegen sie von Seiten der Parthei, die sie übertreiben, gezeigt wird. Cabet hatte daher diesem Klopffechter derb auf das wüste Haupt geklopft und alle Welt gewarnt, sich mit dem Constant'schen Kommunismus zu befassen. Der ehemalige Pfaffe, stolz auf sein Märtyrthum **, schmierte diverse Antworten, die eine immer gröber und dümmer als die vorige. Jetzt läßt er sogar durch seine Frau diese Angriffe wiederholen.

Friedrich der Große, als ihm einst im siebenjährigen Kriege die eingefangenen Baschkiren, Kosaken, Kalmuken, Panduren und sonstige Barbaren vorgestellt wurden, die kürzlich wieder eilf Dörfer verbrannt hatten, nahm eine Prise, sah den Kerlen lange starr in die fratzigen Gesichter, und sagte zuletzt zu seinem dabeistehenden Generalstab: „Sehen Sie, Messieurs, mit solcher „canaille muß ich mich herumschlagen; plaisir macht's mir nicht, „doch es ist meine Pflicht."

Cabet könnte dreist dasselbe sagen. Der Direktor des Populaire, dieser „alte Diener der Volkssache" wie er sich mit Fug nennt, ist dem mannigfachsten Hasse ausgesetzt, weil er eben mit Bildung und energischem Maßhalten für die gute Sache

* „Z. B. Die Bibel der Freiheit", eine jämmerliche Broschüre, worin „er den Styl des alten guten Lammennais nachahmen will, und geradezu Verwandtenmord predigt; andere Dummheiten nicht zu rechnen.

** Ein Jahr Gefängniß und eine Geldbuße; gar nicht im Verhältniß mit dem Vergehen dieses Menschen, dessen Schriften, wie die des Dezamy bereits deutsch übersetzt wurden! —

ficht. Seine Gegner taugen oft wenig, aber er muß dagegen kämpfen.

Er hat seit einiger Zeit einen höchst großartigen Auswanderungsplan nach Amerika ausgesprochen. Er schlägt den ikarischen Kommunisten vor, ein Ikarien auf jenem Erdtheile zu stiften; er verlangt aber, ehe an ernste Ausführung zu denken, daß eine halbe Million Personen, mit nöthigem Gelde, sich dazu melden. Dieser Gedanke ist ganz neu; es wäre in Bälde eine Völkerwanderung. Wahrhaft staunenswerth ist aber die an's Unglaubliche grenzende Thatkraft, mit der dieser Mann Tag für Tag den verschiedensten Richtungen durch Brief, Wort, Broschüre, Buch, That zu genügen weiß. So z. B. sieht er sich oft genöthigt Reisen im Innern des Landes an Orte zu machen, wo die Kommunisten (wegen der Lehre des Kommunismus), oder wo seine Blätter in Prozesse verwickelt sind. Krankheiten und Ermattung, nichts vermochte ihn zu beugen oder abzulenken.

Dies wird dem deutschen Publikum vorläufig genügen.

Dr. Wendel-Hippler.

Vorwort des Verfassers.

Betrachtet man die Reichthümer womit eine gütige Natur das Menschengeschlecht überhäuft; zieht man die Vernunft, die Intelligenz in Erwägung die ihm als Werkzeug und Führer dienen sollte; so ist es unmöglich anzunehmen: des Menschen Bestimmung sei, auf Erden unglücklich zu sein. Und bedenkt man, daß der Mensch wesentlich nach Vergesellschaftung strebt, mithin liebevoll und freundschaftlich ist, so kann auch nicht mehr behauptet werden, er sei böse von Grund aus.

Dennoch weist die Geschichte aller Zeiten und aller Länder nichts als Unordnungen und Unruhen, Laster und Verbrechen, Kriege und Revolutionen, Marter und Blutbad, grausigen Umschwung und herzbrechenden Jammer auf.

Wenn nun aber dies Elend und Unheil nicht Wirkungen sind, die aus der Natur herfließen, dann muß die Ursache wohl anderswo gesucht werden, deucht uns. Die Quelle des Unheils und Elends könnte füglich in der schlechten Organisation der Gesellschaft zu finden sein. Und das Wurzelübel dieser schlechten Organisation, ist das nicht eben die Ungleichheit, die derselben als Grundlage dient? Wahrlich, diese Frage ist wichtiger als irgend eine sonstige Frage in der weiten Welt, und sie verdient allgemeines Interesse. Denn, ist ersichtlich daß die Leiden der Menschen ein unabänderlicher Urtheilspruch des Geschickes sind, so hat man nur in Ergebung und Geduld eine Linderung zu suchen.

Aber wenn sich ergeben sollte, daß der alleinige Ursprung des

Uebels in der schlimmen Einrichtung der Gesellschaft liegt, näher in der Gleichheitswidrigkeit oder Ungleichheit, nun, dann ist keine Sekunde zu verlieren, und man muß rastlos dahin arbeiten daß die Quelle verschüttet, d. h. die Ungleichheit vertilgt, und die Gleichheit an deren Platz gestellt werde.

Je mehr wir Geschichte studiren, desto fester wird in uns die Ueberzeugung daß Ungleichheit die Saat ist, aus welcher Noth und Ueberfluß, und alle Gebrechen der einen wie des andern, Habgier und Ehrbegier, Eifersucht und Haß, Zwietracht und Streit aller Art, kurz das Böse entsprießt, womit Einzelpersonen und Nationen behaftet sind.

Diese Ueberzeugung kann sich kühn auf hohe Zeugnisse berufen; auf manche Philosophen und Weise, auf Jesus Christus, den großen Reformator der Menschheit, der als Princip das Bruderthum proklamirt; auf manche Kirchenväter; auf die Christen der Urzeiten; auf die Kirchenreform und deren zahllose Anhänger; auf die Philosophie des achtzehnten Jahrhunderts; auf die Revolution der Nordamerikaner; auf die französische Revolution: — diese weltumändernden Begebenheiten verkündeten die Gleichheit, die Bruderschaft aller Völker und aller Personen in diesen Völkern.

Folglich darf die Lehre von der Gleichheit, der Brüderlichkeit, der Demokratie, heute zu Tage als geistige Errungenschaft der Menschheit gelten. Diese Lehre zu verwirklichen, ist das Ziel aller Kämpfe.

Wenn man ferner an ein ernstes Studium des Punktes geht: wie die Gesellschaft demokratisch organisirt werden könne — demokratisch, das heißt auf der Grundfläche der Gleichheit: — dann kommt man dahin zu erkennen, daß diese Organisation nothwendig die Gütergemeinschaft einschließt. Und wir wollen hinzufügen daß diese Gemeinschaft von Jesus Christus proklamirt ward, von Kirchenvätern, von Christen der frühesten Jahrhunderte; von Kirchenreformern, und von Philosophen, die dem Menschengeschlechte zur Ehre und zur Leuchte dienen. Sie haben begriffen daß die Gütergemeinschaft, gegründet auf der Erziehung und dem öffentlichen Interesse Aller, eine allgemeine und allseitige Assekuranz, so zu sagen, gegen Zufälligkeiten und Unglück aller Art, darzubieten vermag; daß sie es ist, die einem Jeglichen Nahrung des Leibes und Geistes, Kleidung, Wohnung, Familie gewährleistet, unter der alleinigen Bedingung daß er eine mäßige Arbeit vollziehe. Nur auf diese Weise ist es möglich, die Gesellschaft in der „Gleichheit und Brüderlichkeit" zu befestigen; nur so ist es thunlich, der Gier nach Beute und der Ehrsüchtelei, dem Neid und Haß, der Eifersucht und dem aufreibenden Widerspiel feindlicher Kräfte zu begegnen, Laster und Verbrechen beinahe unmöglich zu machen, Frieden und Eintracht zu sichern.

Der Einwurf gegen die Gütergemeinschaft: „sie sei vortrefflich, „aber unmöglich," ist nicht von gestern. Ihre theils verblendeten, theils eigennützigen Widersacher sind schon längst auf den stolzen Gedanken gekommen: „man brauche sich nicht mit solchen „schönen Träumen abzugeben."

Hier stellt sich die Frage folglich so: „ist die Gemeinschaft ein „Unding, oder ist sie möglich, verwirklichbar?" Unsrer Ueberzeugung nach, ist sie möglich, wenn eine Nation, eine Regierung sich zu ihr entschließen; zumal heute, wo die immer mehr ausgebildete Industrie sich als Instrument eingefunden hat, mit welchem man, durch Hülfe der Maschinen und des Dampfes, die producirende Kraft ins Unendliche steigern und einen gleichheitlichen Reichthum über die Allgemeinheit verbreiten könnte, den man in frühern Epochen nicht in solchem Maaße zu erzeugen im Stande war. Die Künste und Wissenschaften würden ungemein dabei gewinnen.

Um diese Wahrheit anschaulich zu machen, haben wir die „Reise nach Ikarien" verfaßt. Im ersten Theile erzählen, beschreiben wir, weisen wir klar und deutlich die Gemeinschaft in der eine zahlreiche Nation lebt. Wir zeigen sie in all ihren mannigfachsten Zuständen. Wir weisen ihre Städte und Dörfer, ihre Kommunikationen zu Land und Wasser, ihre Werkstätten und Schulen, Museen und Hospitäler, Theater und Feste, öffentliche und Privatbauten, ihre Versammlungen und Familienkreise; wir beschreiben ihre Nahrung und Kleidung; ihre Erziehung und Ehe; ihre Künste und Industrie, ihre Wissenschaften und ihren Ackerbau; wir zeigen ihre Kolonien — und in all diesem die eine und selbe Gleichheit und das eine und selbe rüstige Fortschreiten auf dieser Grundfeste.

Gewiß ist die Gemeinschaft, wie Monarchie und Repnblik, in mannigfacher Weise möglich; z. B. mit und ohne Städte. Es kommt uns nicht zu Sinn, wir hätten ein Modell für alle Ewigkeit aufgepflanzt. Aber mögen Andre auf dem Wege fortarbeiten, auf dem wir nichts als ein Beispiel darzustellen bemüht gewesen. Uebrigens würde die Nation selbst, würde ein späteres Geschlecht Verbesserungen in Masse vorzunehmen, wahrhaftig nicht ermangeln. — Was nun die Einzelnheiten betrifft, so sind offenbar deren manche auch schon in einer ganz gewöhnlichen Demokratie ausführbar. Wir haben die Staatsform des ikarischen Volkes als eine Republik bezeichnet, wobei wir dieses Wort im weiten Sinne nehmen (Res publica, das Oeffentliche, die allgemeine, Allen gemeinsame Sache); in jenem Sinne also den Plato, Bodin, J. J. Rousseau bereits mit dem Worte verbanden. Diese Denker nannten bekanntlich Republik jeden Staatsverband der im öffentlichen Interesse verwaltet wird, sei seine Regierungsform eine einfache oder nicht, eine erbliche oder eine wählbare. Wir wissen, daß eine wirkliche volksthümliche, demokratische, auf Volksvertretung gegründete Monarchie, hundertmal besser sein kann als eine aristokratische Republik; ja, eine Gütergemeinschaft mag in der konstitutionellen Monarchie eben so gedeihen wie in der Republik die einem Präsidenten die Oberstelle zuerkennt.

Der zweite Theil des Buches weist nach, wie die Gemeinschaft sich organisiren und eine zahlreiche, auf geschichtlicher Vergangenheit ruhende Nation sich in eine gütergemeinschaftliche umbilden kann. Unsrer Ueberzeugung nach darf und kann dieser Schritt durchaus nicht plötzlich geschehen, nicht mit Gewalt, nicht mit List; sondern nur allmählich, auf dem Wege des Einwilligens, Ueberzeugens, der Verständigung; es muß die öffentliche Meinung gewonnen werden, der Nationalwille muß dabei sein; sonst ist das Ding eitel und auf Sand gebaut.

Wir diskutiren demgemäß ein Uebergangssystem, d. h. eine Demokratie welche das Princip der Gemeinschaft aufstellt und so weit, als thunlich, in Wirklichkeit setzt, sich aber wohl hütet, vorschnell drein zu fahren. Diese Demokratie begnügt sich, vorläufig eine Generation zur Gemeinschaft heran zu erziehen; sie begnügt sich zuerst damit, die Armuth zu bereichern ohne den Reichthum zu plündern; sie respektirt sogar die gegenwärtige Generation in den hergebrachten alten Rechten und Gewohnheiten; aber unverzüglich weiß sie dem Elend die Wurzel abzuschneiden, indem sie Allen Arbeit und Dasein sichert.

In diesem zweiten Theile durchsprechen wir die Theorie der Gemeinschaft, widerlegen die Einwände, geben Gemälde der Fortschritte der Demokratie, und mustern die Meinungen der bedeutendsten Forscher und Philosophen über Gleichheit und Gemeinschaft.

Der dritte Theil liefert einen Ueberblick der Grundlinien des Gemeinsamkeitsystems.

Es ist ein Roman, dieses Buch; aber zugleich handelt er über Ernstes: über Politik, Staatshaushalt, Sitten, Gesetze, Ehe, Philosophie und Moral. Wir haben lange und viele, ausgedehnte und tiefe Studien zu machen für nöthig befunden, um ihn zu verfassen.

Es fällt uns wahrlich im Geringsten nicht ein, wir hätten keinen Irrthum in diesem Werke begangen. Solche lächerliche Anmaßlichkeit ist uns fremd. Aber anderseits gibt uns unser Gewissen das Zeugniß, daß dies Buch ein Ergebniß unsrer Liebe zur Menschheit sei. —

Zahllos sind schon seit geraumer Frist die Verleumdungen, die Angriffe aller Art, denen wir ausgesetzt sind. Wir haben Muth, hohen Muth nöthig um dem Ingrimm und Hasse der Partheien die Stirne zu bieten; vielleicht sogar der Verfolgung. Aber erhabene und ruhmreiche Vorbilder haben uns gelehrt, der Mann, welchen das Feuer der aufopfernden Thatkraft beseelt für das Wohl der Andern zu wirken, müsse bereit stehen für seine Ueberzeugung Alles in die Schanze zu schlagen. Und so sind wir denn fähig, mag das Opfer noch so bedeutend sein, überall und jederzeit die Vorzüglichkeit der Gemeinschaft gebührend anzuerkennen.

Cabet.

Paris, Februar 1842.

Reise

nach

Ikarien.

Erster Theil.

Reise. — Bericht. — Beschreibung.

Erstes Kapitel.

Zweck der Reise. — Abfahrt.

Der Leser wird es wohl nicht ungern sehen, wenn ich ihm in einigen Worten auseinander setze, durch welche Verhältnisse bewogen ich hier die Beschreibung, der, von einem Andern gemachten, Reise liefre.

In Paris, in den Gesellschaftscirkeln beim General Lafayette hatte ich bereits den jungen Lord William Carisdall kennen gelernt. Groß war meine Freude, als ich ihm 1834 in London wieder begegnete. Ohne seiner musterhaften Bescheidenheit zu nahe zu treten, darf ich sagen, daß er, einer der reichsten Herren im Staate des dreifachen Königreiches und einer der körperlich ausgezeichnetsten Männer, einen ungewöhnlichen Schatz von Kenntniß und Bildung besaß, die er bei seinem scharfen, tiefen Geiste und seinem edeln Charakter sich durch rastlosen Fleiß erworben. In früher Kindheit elternlos, hatte er seine Jugend auf weiten Reisen zugebracht. Sein Studium hatte aber keineswegs dadurch Abbruch gelitten; es hatte sich vielmehr der Menschheit zugewendet.

Oft wiederholte er schmerzlich, überall auf der weiten Erde habe er die Menschen unglücklich gefunden, sogar dort wo die Natur ihre spendende Hand geöffnet, als wolle sie alles zur Wohlfahrt Nöthige im Ueberflusse darbieten. In bittre Klagen über die gesellschaftliche Organisation Englands ergoß er sich bei jedem Anlaß; doch deuchte ihm in den übrigen Ländern des Elends eben so viel zu sein, und noch meinte er, das aristokratische Königthum seiner Heimath sei die beste aller Regierungsformen; sie sei es, die dem Menschengeschlecht am zuträglichsten.

Eines Tages besuchte er mich. Er kündigte mir seinen Plan an, Miß Henriette, eine der liebenswürdigsten und reichsten Erbinnen Großbritaniens, zu heirathen. Da erblickte er auf meinem Schreibtische ein Buch dessen geschmackvolles, ungewöhnliches Aeußere ihm in die Augen fiel. Ich hatte es neulich erst von einem reisenden Freunde zum Geschenk bekommen.

Ei, was ist denn das? sagte der Lord. Welch vorzügliches Papier! wie hübsche Lettern! Und ist das nicht eine Sprachlehre?

Allerdings; erwiederte ich; eine Grammatik nebst Wörterbuch, und freuen Sie sich, Lord William, Sie, der ja stets gegen überflüssige Mannigfaltigkeit und Unvollkommenheit der verschiedentlichen Sprachen, und die damit verbundenen Hindernisse der Aufklärung und Bildung eifert. Da ist nun eine ganz regelmäßige neue Sprache, einfach in hohem Grade und doch reich, tief, kraftvoll; welche keinen Zwiespalt hat zwischen Aussprechen und Schreiben; welche nur wenige, aber auf Verstand und Sinn gestützte Regeln in sich trägt, die keine nutzlose Schwierigkeiten für die Erlernung darbieten, und welche schlechterdings keine sogenannte Ausnahmen zuläßt. Alle Wörter sind von einer nicht gar zahlreichen Menge Wurzeln abgeleitet, und haben eine völlig bestimmte und genau bestimmende Bedeutung, wobei kein Schwanken möglich. Sehen Sie, wie einfach sie ist: dieses Buch in einem einzigen Bande schließt ihre Grammatik und ihr Lexikon in sich. Ich glaube, ein gewöhnlicher Verstand kann diese Sprache binnen einem halben Jahr erlernen, oder gar noch in weniger Zeit.

Nun, da hätten wir ja die vielgesuchte allgemeine Sprache, rief er lächelnd.

Ich bemerkte ihm, wahrscheinlich werde jede Nation früher oder später dermaleinst diese treffliche Sprache zur ihrigen machen, oder wenigstens neben der althergebrachten Nationalsprache sich obendrein aneignen; so daß der Tag kommen werde, wo die gesammte „Einwohnerschaft unsrer Erdkugel" die Sprache Ikaria's spreche und schreibe.

Ikaria? rief Lord Carisdall; was ist denn das für ein unbekanntes Land? ich kenne doch ziemlich alle, aber dies — Ikaria sagten Sie? —

Ja wohl, Ikaria oder Ikarien, eine neue Welt.... —

Ihr Freund ist dorthin gegangen? und was berichtet er?

Mein Freund berichtet Wunderdinge davon. Alles sei auf's Beste; er ist doch sonst ein ruhiger Beobachter, aber hiebei ist er in den feurigsten Enthusiasmus gerathen; folglich muß das Land wohl ganz herrlich sein. Er erzählt, es habe die Größe Frankreichs oder Englands — ich weiß nicht genau, — aber es sei so bevölkert wie diese beiden europäischen Reiche zusammen. Eine fabelhafte Industrie, eine in's Unglaublichste emporgeschwungene Kunst, überrage dort die Leistungen der Engländer und der Franzosen. Da wird, sagt er, selbst im Luftballon gereist. Uebrigens seien die Eisenbahnen, Kanäle und Landstraßen ausgezeichneter wie in irgend einem der civilisirtesten Staaten; Ackerbau, Gartenzucht, Viehzucht seien unvergleichlich. Die Städte, mit Privathäusern und öffentlichen Palästen; die Dörfer und Landhäuser, das Alles sei prächtig und zugleich auf baaren Nutzen berechnet, kein Zuviel und kein Zuwenig sei dabei; Armuth und Schwelgerei, Verbrechen und Verwahrlostheit komme da nicht vor. Die öffentlichen Bauwerke, sagte mein Freund, erinnerten an Rom und Athen, an Altägypten und Babylon, an China und Indien. Die Bewohner beschrieb er als von Gesundheit und Kraft strotzend; beide Geschlechter an Leib und Seele gebildet. Dort sind keine Prozesse, keine Polizeiagenten; kurz es ist ein Paradis, ein Eden, ein Elysium....

— Oder Ihr guter Freund ist ein ungeheurer Schwärmer, mein Herr.

Möglich, und doch ist er sonst sehr kalt und berechnend. Uebrigens, Lord, dieses Buch auf dem Tische da vor uns, ist das nicht auch schon ein Wunder? läßt es nicht auf andre Wunder schließen?

Wahrhaftig; es ist seltsam. Hören Sie, kann ich's für einige Tage mitnehmen?

— Ich bejahte diese Anfrage, und er ging gedankenvoll eilig fort.

Einige Tage nachher war ich bei ihm. Er grüßte freundlich, doch etwas zerstreut, und ohne sich auf andres Gespräch einzulassen, frug er mich, ob ich mit ihm reisen wolle?

— Wohin? Sie reisen, Lord? — Freilich, nach Ihrem gelobten Lande, nach Ikarien!

— Ich mußte lächeln; das verdroß ihn; ich beruhigte ihn aber, und drückte ihm mein frohes Erstaunen beifällig aus.

— Ja wohl, rief der Jüngling, in Jahr und Tag erzähle ich

Ihnen etwas; sehen Sie, vier Monat zur Hinreise, vier zur Rückreise, bleiben vier zum Aufenthalt, und in dieser Frist läßt sich schon Manches sehen und hören und beurtheilen; nicht so? —

— Aber Ihre Vermählung, Lord? —

Ach Henriette ist erst fünfzehn Jahr alt, ich bin im Dreiundzwanzigsten; wir können warten. Sie ist zudem noch nicht in die Gesellschaftscirkeln eingeführt, und ich habe noch meine Bildung nicht vollendet. Auch haben wir beide uns noch niemals mit Augen gesehen; ich habe ihr Porträt und nehme es mit; ich muß und will Ikaria zuvor besuchen. Ich will ein Volk sehen, welches wirkliches Glück genießt, nicht bloß eingebildetes. Meine Braut wird mich auch nach diesem Ausfluge nicht verachten.

— Ich bemerkte ihm mit Bedauern, daß mein Freund kürzlich nach Frankreich gegangen sei, doch wolle ich ihm wegen näherer Auskunft über die Reise nach Ikarien sofort schreiben. Lord Carisdall verbat sich dies jedoch.

Ich möchte selbst gern Alles, vorurtheilsfrei, mit eignen Sinnen, wahrnehmen, sagte der begeisterte junge Britte. Ich nehme meinen Paß, zwei bis dreitausend Guineen in Kasse; mein treuer John begleitet mich. Ich nehme Ihnen diese Grammatik weg, und so auf und davon... Ich habe schon sieben Sprachen inne, auf der langen Hinreise lerne ich noch diese achte...

— Aber, Lord, wenn ich höre, daß man über Sie als über einen Phantasten und Abentheurer lacht! —

Nun, so lachen Sie mit, wenn Sie Lust haben; was schadet's mir? Möge man mich sogar einen Thoren schelten, ich kümmre mich wenig darum. —

— Aber Sie werden doch ein Tagebuch führen?

— Das versteht sich.

Im Monat Juni 1837 war er zurückgekehrt, und begeisterter noch als mein Freund, den er einst Schwärmer geheißen hatte. Aber er war zugleich krank, von Kummer gebeugt, das Herz gebrochen; er hatte nicht mehr lange zu leben.

Sein Reisebuch war mir so interessant, so ergreifend, daß ich in ihn drang, es zu veröffentlichen. Er willigte bereit ein, doch fühlte er sich zu verstimmt, um selbst den Druck zu besorgen, und bat mich die Herausgabe in der Weise zu veranstalten, daß ich freie Hand behalten sollte, Unzusammenhängendes zu verschmelzen, Nachlässiges zu verbessern.

Bis auf äußerst wenige Stellen, die ich wohl nächstens erscheinen lassen werde, habe ich das ganze Reisejournal veröffentlicht. Aber ich will bemerken, ich habe so gut wie gar nichts in seiner Handschrift zu verbessern gefunden. Ich zog es vor, sie ganz wie sie war, hiemit dem Publikum vor Augen zu legen. Urtheile es also selbst.

Zweites Kapitel.

Ankunft in Ikarien.

Ich verließ London am 22sten December 1845, mit dem treuen Begleiter auf allen meinen Reisen, dem lieben John.

Ich gelangte den 24sten April in die Hafenstadt Kamiris, im Lande Marwoll, auf der östlichen Seite, wo man nur durch einen sechsstündigen Meeresarm von Ikarien getrennt ist.

Widerlich wäre es mir, die hundert und aber hundert kleinen und großen Mißfälle, die uns während der viermonatlichen Reise begegneten, aufzuzählen. Das sind ohnehin Dinge, die jedem der weit in der Welt umher gewesen, zustoßen müssen, selbst in den polizirtesten, civilisirtesten Staaten Europa's. Ich ward beinahe in jedem Gasthause bestohlen; oft war das Essen so zu sagen vergiftet; manchmal peinigten mich, den unschuldigen Reisenden, Polizei und Gensdarmen; die Douane plagte mich, und als ich einst die Grobheiten eines ihres Beamten derb erwiederte, hatte ich das Vergnügen arretirt und auf einige Tage eingesperrt zu werden. Zuweilen war ich nahe daran, mit der Reisekutsche auf scheußlichen Landstraßen umzuwerfen. Einmal stürzte der Wagen in einen Abgrund, weil der Konduktör betrunken war; ich kam nur wie durch ein Wunder davon. Andermals hatte ich nicht ungegründete Besorgniß, eingeschneit und eingesandet zu werden. Sogar, um die romantische Niederträchtigkeit des Reisens voll zu machen, hatte ich drei Räuberanfälle auszustehen, wobei ich verwundet wurde und zwei Passagiere ihr Leben ließen. Ich war froh, die Grenzstadt erreicht zu haben. Dort begegnete ich mehrern Ikariern, und ward zu meiner Zufriedenheit gewahr, daß ich ihre Sprache, die ich während der Reise studirt hatte, ziemlich gut sprach und verstand. Dies war mir um so lieber, als ich von ihnen erfuhr, kein Ausländer, der die ikarische Nationalsprache nicht inne habe, werde, kraft Gesetzes, über die ikarische Landesgrenze gelassen. Ich fand in der That mehrere Fremde, welche, da sie schlechterdings

Ikarien bereisen wollten, für einige Monate ihren Aufenthalt in Kamiris nehmen mußten, um dort jene Sprachfertigkeit zu gewinnen. Kamiris ist fast schon eine ikarische Stadt; die Marwoll's, in deren Staat sie liegt, sind in politischem Bunde mit den Ikariern. Man sagte mir, ich könne sogleich am folgenden Morgen auf einem ikarischen Dampfschiffe nach der ikarischen Hafenstadt Tirama abgehen. Doch mußte ich mich zuvor dem ikarischen Konsul vorstellen, der dicht neben dem Landungsplatze wohnte. Da dieser öffentliche Beamte allezeit für die Fremden sichtbar war, begab ich mich auf der Stelle zu ihm und ward ohne langes Zögern in das Kabinet des Ikariers geführt. Er war sehr artig; mir deuchte, ohne Affektation; er ließ mich neben sich Platz nehmen.

Ist Ihre Absicht, einige Waarenaufkäufe zu machen, sagte er, so brauchen sie nicht in mein Land zu gehen, denn wir verkaufen nichts. Eben so wenn Sie verkaufen wollen, bleiben Sie draußen, denn wir kaufen nichts. Aber wenn Sie wißbegierig sind, wenn Neues zu sehen Zweck Ihrer Reise ist, so setzen Sie sie nur fort; Sie werden nicht unbefriedigt zurückreisen.

— Ich erstaunte — doch ohne es zu äußern, über seine Versicherung: die Ikarier kaufen und verkaufen nichts.

— Als ich ihm den Beweggrund meiner Reise angegeben und meinen Paß zugestellt, den er durchlas, sagte er:

Ach, Mylord, Sie sind also in der That neugierig, unser Land wollen Sie in Augenschein nehmen?

— Ja wohl, ich will sehen, ob es so vorzüglich organisirt ist, wie ich gehört habe; ich will beobachten und berichten.

—Das ist ja sehr lobenswerth; meine Mitbürger sind stets bereit, Ausländer zu empfangen, doch insonderheit freuen sie sich über den Besuch einflußreicher Reisenden, welche kommen um sich zu belehren und um das Gelernte in die Heimath zu tragen und dort zu verbreiten. Ganz Ikarien steht Ihnen offen, mein Herr, und sein Sie gewiß, das ikarische Volk wird Sie als seinen Gast, seinen Freund aufnehmen. Indessen muß ich, im Interesse meiner Mitbürger sowohl wie in dem Ihrigen, Ihnen die Bedingungen angeben, ohne die kein Fremder bei uns zugelassen wird.

Vor Allen muß ich Sie fragen, ob Sie sich verpflichten, während Ihres Aufenthalts sich genau unsern Sitten und Gesetzen zu bequemen, in jener Weise, die das kleine Buch „Fremdenführer in Ikaria" betitelt (man hat es Ihnen im Gasthause schon zugestellt) mit klaren Worten festsetzt; es versteht sich von selbst, daß Sie im Voraus unverbrüchliche Achtung vor der Ehre un=

serer Frauen und Mädchen geloben. Sollten diese Bedingungen Ihnen nicht anstehen, so reisen Sie lieber nicht weiter.

Ich erklärte ihm, ich wolle gern mich fügen. Hierauf fragte er wie lange ich im Lande zu bleiben gedächte? und da er hörte ich hätte mir ein Dritteljahr zu diesem Zwecke ausgesetzt, zeichnete er ohne Umstände meinen Paß, und ersuchte mich zweihundert Guineen für meine Person, und ebensoviel für meinen Begleiter, in die Kasse zu legen; dies sei der Tarif für die vier Monate.

Ich fand trotz aller Höflichkeit des Konsuls, das diese Summe zur Ausfertigung eines ordinären Passes eine etwas überschwänglich sei.* Wenn die Preise in diesem Verhältniß hoch sind, sagte ich mir, so reicht das mitgenommene Reisegeld nicht; ich fragte daher was die Ueberfahrt koste, und erstaunte sehr, als ich hörte, sie koste nichts.

Die zweihundert Guineen, sagte der Beamte, sind der Preis für alle Ausgaben, die Sie während vier Monaten verursachen werden. Einmal diese Summe entrichtet, können Sie innerhalb unsres Staates reisen, sich aufhalten, wie und wo Sie nur irgend belieben; überall stehen Ihnen die Fuhrwerke zu Lande und Wasser zu Gebot, überall die Fremdenhäuser (Gasthäuser) nebst Kleidung, Wäsche, Speisung. Ohne irgend einen Heller mehr zu zahlen, werden Sie, der Gast Ikarien's auf die Dauer von vier Monaten, allen Vergnügungen beiwohnen können, die Sie mit Ihrer Gegenwart beehren. Die ikarische Nation betrachtet Sie gewissermaßen als Mitbürger. Uebrigens müssen Sie den Rest Ihres Geldes bei mir abgeben, da innerhalb des Reiches Geld nicht cirkulirt, nichts zu schachern ist. Sein Sie unbesorgt, auf derjenigen Grenze wo Sie das Land einst wieder verlassen, werden Sie Ihr Geld wieder eingehändigt bekommen.

Ich war noch unter dem Eindrucke dieser außergewöhnlichen Vorgänge, als wir uns um sechs Uhr in der Frühe an Bord eines sehr großen, stattlichen Dampfbootes begaben. Es lag so dicht am Ufer, daß man gleichen Fußes hinein trat, ohne daß folglich die Frauen genöthigt waren, sich jenen kleinen Barken anzuvertrauen, die ihnen oft große Angst, und manchmal mehr Unwohlsein machen, als die ganze übrige Reise.

Das Fahrzeug selbst gab an Schönheit nichts den besten englischen, ja sogar den amerikanischen, nach. Die Zimmer waren nicht mit Ebenholz, aber mit einem inländischen Holze ausgelegt, welches den zierlichsten Marmor nachahmte. Ein Reisender

* Die englische Guinee beträgt sieben Thaler Preußisch.

aus Pagil, der zum ersten Male zur See fuhr, wurde nicht müde, seine Bewunderung an den Tag zu legen. Er that so drollige Fragen und äußerte sein Erstaunen auf so lebhafte Art daß ich nicht umhin konnte, darüber zu lächeln.

Gleichwohl mußte auch ich mir gestehen, dies Schiff vereinige das Schönste mit dem Besten. Diese Teppiche, Wandspiegel, Vergoldungen, Gemälde und Bildsäulen, Blumenwasen, diese allerliebsten und zugleich so zweckmäßigen Möbeln, unter denen auch ein Fortepiano nebst andern musikalischen Instrumenten nicht fehlte, gewährten einen Eindruck, wie ich ihn nur auf den Prachtschiffen prinzlicher und hoher amtlicher Personen gefunden; und dennoch möchte ich dreist versichern, dies einfache ikarische Passagierboot übertraf jene noch. Ich freute mich über alle die kleinen, und doch so wichtigen, Anordnungen zum Wohl des Reisenden, die ich nirgends in solchem Maaße gesehen. Da waren sinnreiche Vorkehren, um die Passagiere gegen Kälte und Hitze, gegen Stoß und Rollen, gegen Sonne und Feuchtigkeit zu schützen.

Auf dem reinlichen und hübschen Verdeck saß man unter einem großen Baldachin; in zwei Räumen waren heitre Kaminfeuer; jeder Reisende hatte seine eigne Kajüte mit Bett und nothwendigem Geräthe.

Der ikarische Konsul hatte nicht ermangelt, Jedem schon im Gasthause eine kleine Broschüre: „Anzeige für Seereisende" einhändigen zu lassen. In diesem zierlich gebundenen Hefte konnte man z. B. umständlich, je nach Alter und Geschlecht die Angaben finden, was zu thun sei um die böse Seekrankheit zu vermeiden oder doch möglichst zu mindern. Ich durchblätterte dies Büchlein, und fand unter anderm, die ikarische Staatsregierung habe schon seit einiger Zeit einen großen Nationalpreis für diejenigen ausgesetzt, der die Seekrankheit ganz verbannen, oder auf ein Geringstes herabbringen würde. Ein großartiger Konkurs der Aerzte war zu diesem Behuf eröffnet worden.

Unmittelbar nach der Ankunft sämmtlicher Reisenden an Bord, und ehe die Anker gelichtet waren, versammelte ein oberster Beamter die Gesellschaft auf dem Verdeck und ersuchte uns, ohne Besorgniß zu sein; Fahrzeug, Mannschaft und Maschinerien seien lange vorher erprobt, und ohnehin seien genügende Maaßregeln gegen das Springen des Kessels und sonstige Zufälle, getroffen. Ich ersah zudem aus der kleinen Reisebroschüre, wie der ikarische Staat sorgfältig zu Werke geht. Dies ist musterhaft. Sowohl die Matrosen, als die Maschinisten werden erst nach einem strengen Examen angestellt; einem Examen welches auf eine zweckmäßige theoretische wie praktische Schule folgt. Kurz vor jeder Fahrt stellt der Legar (Oberaufseher des Schiffes) eine gewissenhafte Untersuchung an, die kleinsten Theile werden geprüft und über das Ganze ein Protokoll aufgenommen, welches besagt, daß jetzt Alles in Ordnung sei. Die Regierung hatte zweien Mitbürgern, die bei dem Konkurs wegen des besten Dampfschiffplanes gekrönt worden waren, eherne Statuen errichtet; ich fand sie, mit unterschriebenen Namen, auf dem Schiffe; es standen auch dabei die Namen von zehn Schriftstellern welche die tüchtigsten Werke über den Gegenstand geliefert hatten.

Ein großes Register lag in den beiden Gesellschaftssälen aufgeschlagen, um etwaige Mißstände darin einzutragen; jeder Gast ist berechtigt Vorschläge zu machen.

Gegen acht Uhr hatten wir den dritten Theil Weges zurückgelegt. Wir frühstückten in dem Salon, und Tischzeug und Speisen konnten auch dem strengsten Kritiker gefallen.

Da erhob sich um neun Uhr plötzlich der Wind, und zwar von der ikarischen Seite her. Er ward bald ein ziemlicher Sturm, der mir, dem vielgereisten Meerbefahrer, Anlaß gab, die Tüchtigkeit der Mannschaft und des Kapitäns (wohl zu unterscheiden von dem erwähnten Legar oder Oberaufseher) zu bemerken. Der Legar trat in die Mitte der Passagiere, während der Kapitän seine Leute kommandirte, und sprach einige ernst freundliche Worte die dem Furchtsamsten Muth einflößen mußten. Die Staatsregierung, sagte er, interessire sich tausend Mal mehr am Schicksal ihrer Passagiere als der Waaren, daher habe sie seit Langem nichts unterlassen was für diesen Zweck dienlich; Schiffbruch sei selbst in weit heftigern Stürmen eine Seltenheit geworden, und das letzte Unglück sei vor zehn Jahren vorgefallen. Er brachte auch wirklich, wie mir schien, es dahin, daß niemand mehr sich ängstigte.

Ich überließ die Mehrzahl der Passagiere ihrem freundlichen Wirthe, und stieg hinauf um mich am Anblick der hohen See zu erlaben; eine Art von Vergnügen, die für mich stets eine ganz besondre Anziehung hat. Bald entdeckte ich in einiger Entfernung mehre große Fahrzeuge, die uns zu beobachten schienen. Auf meine Frage: ob das nicht die Zollschiffe wären? rief der Kapitän erstaunt: Wie, mein Herr, Sie wissen nicht daß Ikarien seit fünfzig Jahren keine Mauth mehr hat? Diese schlimme Vorrathskammer von Diebstahl, Betrug und Grausamkeit ist bei uns glücklicherweise abgeschafft worden. Der große Ikar hat diesen Beschluß von Staatswegen durchsetzen helfen. Unsre alte Mauth war in der That ein ärgeres Uebel als Seeräuber und Schiffbruch. Nein, jene Fahrzeuge da hinten sind Rettungsschiffe, die im Sturm in See stechen. Sehen Sie, jetzt läßt der Wind nach, und sie entfernen sich auch.

Nicht lange hienach zeigte man mir die Küste. In einigen Minuten fuhren wir in die Hafenstadt Tyrama, und warfen Anker vor einem großartigen Damme, der ins Wasser weit hinein gebaut war. Aus Quadersteinen aufgeführt, umgaben ihn steinerne Treppen mit metallenem Geländer, alles fest und hübsch zugleich. Oben erhob sich ein riesiger Thorbogen, mit einer weit sichtbaren goldnen Inschrift in kolossalen Buchstaben: „Das ikarische Volk ist ein Brudervolk aller übrigen Völker des „Erdballs." Eine ungeheure vergoldete Bildsäule ragte über dem Bogengewölbe in die Luft, von den Fahnen der Nation umweht.

Der Legar hatte uns einige kurze Verhaltungsmaßregeln gegeben, und führte uns in das Hotel der Ausländer und Fremden, dicht hinter dem Thore gelegen, auf dem Platze wo einst die Mauthgebäude standen. Unser Gepäck langte fast mit uns zugleich an, ohne daß wir uns darnach zu bemühen nöthig gehabt hatten. In diesem Fremdenpalast — denn so muß ich wohl das prachtvolle Gasthaus nennen — empfingen uns Leute, welche mir gar nicht wie Aufwärter und Dienstboten, sondern in Benehmen und Kleidung wie Herren und Eigenthümer vorkamen (sie waren, wie ich später erfuhr, und wie der Leser im Lauf des Buches ersehen wird, weder das Eine noch das Andre) Sie geleiteten jeden der Ankömmlinge in ein besondres Gemach. Ich muß gestehen, die Bequemlichkeit dieser Zimmer erinnerte mich an mein England, und ihre geschmackvolle Einrichtung an Frankreich.

In jedem Zimmer war eine Anzeige unter Glas und Rahmen an der Wand, die den Bewohner auf alle jene kleinen, und doch so wichtigen Dinge aufmerksam machte, die zur Reise unerläßlich sind, wie denn z. B. ganz besonders auf diesem Verzeichniß eines großen Saales erwähnt war, wo der Fremdling Bücher, Land- und Stadtkarten, Uebersichten, Pläne und sonstige Nachrichten dieser Art in Augenschein nehmen dürfe.

Nach einiger Zeit ward im Speisesaal ein allgemeines Mittagessen aufgetragen. Während desselben trat ein Staatsbeamter ein und begrüßte uns im Namen des ikarischen Volks. Er war ein Mann über das mittlere Alter hinaus, von höchst einnehmendem Aeußern. Er setzte sich an die Tafel und sprach mit

Zuvorkommenheit. Als er hörte, ich sei englischer Lord, freute er sich, wie mir schien, und rieth mir, da ich ja doch, um das Land kennen zu lernen käme, sofort nach der Hauptstadt zu fahren. Um fünf Uhr, diesen Abend noch, könne ich mit dem öffentlichen Wagen dahin abgehen, und ich werde einen angenehmen Reisegefährten an einem jungen Mann, dem Sohne eines seiner ältern Freunde, haben, dem er mich vorher bestens empfehlen wolle, wenn ich es wünsche.

— Ich ließ mir dieses nicht zweimal sagen, doch erstaunte ich über diese Artigkeit eines Staatsbeamten, dem ich wildfremd war. Welch sonderbarer Staat! dachte ich bei mir. Inzwischen ließ der freundliche Mann einen Führer holen und überwies mich demselben. Sehen Sie sich unser Städtchen an, es ist wenig darin im Vergleich mit der Hauptstadt, aber was darin ist, das ist gut; Sie haben noch drei Stunden. —

Ich ging durch mehrere neue, regelmäßige Straßen; alle breit, reinlich, mit Säulengängen und darunter Trottoiren auf beiden Häuserseiten. Die Fenster mit Balkonen; vier Stock hatte jedes Haus, nicht mehr. Die Thüren hübsch gefirnißt, und mit heitern Farben.

Die Gebäude einer und derselben Straße sind alle gleich, aber keine Straße gleicht der andern. Es war wie in der Straße Rivoli in Paris, oder wie im schönen Viertel des Regent-Park in London. Gärten vor oder hinter oder neben jedem Hause; prächtige Monumente, in Erz, Stein, mit Gold und Silber, standen an vielen Orten. Auch stolze Paläste mit einem königlichen Prunke ragten durch die Stadt. Ich war angenehm überrascht. —

Endlich führte man uns wieder zurück. Eine große Menge von Leuten — ich sah keine schlechtgekleidete — bewegte sich in den Straßen, und wir eilten in den Hof der Fuhrwerke, die uns nach dem Mittelpunkt des Reichs bringen sollten.

Drittes Kapitel.

Ankunft in der Hauptstadt Ikara.

Der Anblick des Wagens, mit sechs Pferden bespannt, machte mir unbeschreibliche Freude; er erinnerte mich lebhaft an die schönen Landkutschen meiner Heimath. Die Rosse waren wenigstens eben so stattlich wie unsre echten englischen; feurig und hübsch gebaut, lenksam und in bestem Stande gehalten, kaum von einem eleganten Geschirr bedeckt. Der Wagen glich im Allgemeinen unsern englischen, doch war er weit größer; es waren ja nur Personen, nebst einigem wenigem Gepäcke darin. Er hatte aber, näher betrachtet, unleugbare Vorzüge vor den englischen, denn er enthielt eine Menge kleiner, und doch dem Passagier, weß Alters er auch sei, so angenehmer, oft geradehin unentbehrlicher Vorkehren gegen Wind und Wetter, Staub und Hitze, deren sich die europäischen Reisfuhrwerke wahrlich eben zur Zeit, so viel ich in Erfahrung gebracht, nicht erfreuen. Es waren zweckmäßige Vorkehren auch gegen Umstürzen getroffen, die wir bei uns noch nicht in Anwendung gesetzt haben.

Der junge Mensch, mit dem der Beamte in Tyrama mich bekannt gemacht, bot mir sehr freundlich seine Dienste an. Nach einigem Gespräch schlug er vor, da wieder herrliches Wetter war, aus dem Innern des Wagens auf die Deckensitze hinauf zu steigen. Wir nahmen oben in der Vorderreihe Platz, das Gesicht nach den Pferden zu, und konnten weit umher blicken. Es verlohnte sich schon, denn die prachtvolle Gegend suchte ihres Gleichen. Das Gespann hatte bald im Schritte die Stadt verlassen, und nicht, wie in europäisch-civilisirten Ländern, wo die Posten gern in den Straßen im Gallopp, zur Lebensgefahr der Fußgänger, und draußen langsam, zum Verdruß der Passagiere fahren. Vor der Stadt fuhren wir scharf, und der Conducteur blies eine heitre Melodie auf dem Horn. Obschon an die Landschaften Englands gewöhnt, machte doch die hiesige einen angenehmen Eindruck auf mein Auge. Ich fand das Land musterhaft angebaut, und freute mich so daß ich dem Begleiter meine Verwunderung ausdrückte, diese herrlichen Wiesen und Weinberge und Landhäuser in lieblichem Verein hügelauf, hügelab zu sehen. Mannigfache Heerden schienen eine fleißige Viehzucht zu bedeuten. Ganz ausgezeichnet war die große Poststraße, der besten englischen gleichend. An ihr hie und da Dörfer. Sie lief über viele Flüsse und Kanäle mit stattlichen Brücken; alles so trefflich anzuschauen wie eine Straße zum Spazierengehen, wie eine Lustallee in einem großen Park. Ich hatte bald mit dem jungen Ikarier mich in interessantes Gespräch eingelassen; er war sehr aufmerksam auf Jedes was nur irgend mir ungewohnt sein konnte, und erklärte mir es. Als ich z. B. die Einrichtung des Wagens bewunderte, bemerkte er mir, die Regierung des Staats, seit der Verwaltung des edeln Ikar, habe fortwährend das Nothwendige zuerst erstrebt, dann aber sogleich damit das Nützliche und das Angenehme zu verschmelzen gesucht.

Da sind die Ikarier ja ein wahres Volk von Männern wie sie allenthalben sein sollten, rief ich.

Wir wünschen es wenigstens zu sein, entgegnete er.

Nach einer kleinen Pause frug ich ihn: wie wohl, da Gebrauch des Geldes im Staat nicht erlaubt sei, die Plätze auf den Reisewagen bezahlt würden? worauf er lachend erwiederte: „Kein Platz wird bezahlt."

Ich ward sehr verwundert. Ich stellte fernere Fragen über den Eigenthümer dieses und ähnlicher öffentlicher Wagen und Gespanne; und mein Erstaunen stieg, als er mir sagte, allgemeine Eigenthümerin sei die allergnädigste Herrscherin des Staats. — Inzwischen stiegen zwei Damen, auf deren Winken die Pferde angehalten worden, ein, und ich freute mich über die Zuvorkommenheit womit alle männlichen Passagiere ihnen wetteifernd die besten Sitze anboten. Ich meinte, sie wären wohl von hohem Rang — erhielt jedoch den Bescheid, sie schienen zwei Landfrauen der Umgegend, doch sei es innerhalb Ikaria's Grenzen einmal geheiligte Sitte, gegen das weibliche Geschlecht artig zu sein. „Ist Ihnen, lieber Lord, diese unsre Manier etwa „unangenehm?" frug der naive Ikarier mich. So plauderten wir Ernsthaftes und Scherzhaftes gemischt. — Ich erfuhr, er sei zweiundzwanzig Jahr alt, und wohne, den Studien der Philosophie und Theologie obliegend, bei seinen Eltern in der Hauptstadt. Seine Familie, aus sechsundzwanzig Köpfen bestehend, war, wie er mir nach und nach auf mein genaueres Nachforschen sagte, eine der bekanntesten, bestangesehenen in der Hauptstadt; sein Vater bekleide ein bedeutendes Amt, und seine ältere Schwester erfreue sich einer seltenen Körperschönheit, die nur noch von der Grazie und dem Feuer ihres Geistes und Herzens überstrahlt werde.

Die Nacht brach jetzt an. Doch ließ uns der Vollmond ein prächtiges Gebilde rings um sehen, theils von Natur und theils von Menschenhand ausgearbeitet; wir kamen durch ein kleines Bergstück, wo wir die lieblichsten und romantischsten Aussichten genossen und zuweilen über Bäche und Waldströme rollten. Ueberall die meisterhaftesten Vorkehren gegen alle und jede Unfälle. So z. B. ging es sehr schnell bergab neben einem brausenden Gebirgwasser, und bald nachher wieder eben so schnell bergauf; die Wegeseiten waren fest und sicher ummauert. „Sehen „Sie, Herr Britte," rief Walmor, mein junger Ikarier, mir triumphirend zu, „Sehen Sie wie unsre allerdurchlauchtigste „Herrin und Gebieterin für ihre Unterthanen gesorgt hat! Sehen „Sie diese landesmütterlichen Vorkehren gegen etwaige Zufälle!

„Sind Ihre europäischen Regierungen auch so bedacht auf die „Arme und Beine der Staatseinwohner? Entschuldigen Sie „diese Frage."

Wir passirten unter sehr raschen Pferdewechseln, durch fünf bis sechs Dörfer. Gegen eilf Uhr hielten wir in einem Fremdenhause zum Abendessen. Ich sah keinen der Reisenden die Zeche bezahlen, und richtete deshalb verwundert mich an Walmor. Er lächelte wieder und meinte, die höchst glorreiche Herrscherin von Ikaria, der auch dieses Hotel gehöre, sei reich genug um ihre Gäste speisen zu können; und als ich weitere Erklärungen wünschte, vertröstete er mich und bat, ich möchte noch ein wenig warten.

Der Wagen kam jetzt allmählich in eine Ebene und betrat ein künstliches Rädergleise, bald von Stein, bald von Eisen. Hierin flogen wir fast wie auf der Dampfbahn, die wir nicht lange darnach erreichten und die uns von da ab beförderte.

Eine köstliche, und gewiß sehr kostspielige Eisenbahn! Sie ging durch mehrere Hügel unter dem Boden durch, und über eine Reihe von Schwibbogen über einem tiefen Thale. Auch kamen wir an eine Stelle, wo kolossale Maschinen, stockwerksweise auf einem Berge aufgepflanzt, uns in die Höhe zogen.

Walmor sagte, das Reich besäße ein Dutzend großer Eisenbahnen nach allen Seiten, nicht gerechnet die ungeheure Menge kleiner Verbindungsbahnen. Wir hoffen aber, fügte er hinzu, unsre Ingenieure werden bald den Dampf durch ein andres, billigeres und noch besseres Triebmittel, Senub genannt, welches kürzlich bei uns entdeckt ward, ersetzen können; das wird eine völlige Umwälzung in der Industrie geben, und die Folgen sind unberechenbar. — Wir haben übrigens viele Kanäle, und beinahe alle unsre Flüsse sind kanalisirt; Sie sollen in weniger als einer Stunde einen unsrer schönsten Ströme sehen.

Mit dem ersten Tagesanbruch gelangten wir nach Kamira, an einem breiten Wasser gelegen, welches eine bedeutende Zahl von Dämpfern bedeckte, die theils zum Transport der Personen, theils der Waaren dienten. Die Eisenbahn führte bis dicht an das nach Ikarien's Hauptstadt bestimmte Dampfboot, und ich konnte folglich nicht das Innere des Orts betrachten, doch sagte Walmor, es sei nicht schlechter als das von Tyrama.

Kaum war man an Bord, da ging die Sonne auf und ich wurde entzückt über die theils lachende, theils wahrhaft großartige Aussicht auf beide Ufer des Stromes. Inseln mit Häusern und Gärten, wellenförmige Hügel, einzelne Felsen im Hintergrunde; Weinberge, auf dem einen Ufer, und weite fruchtbare Ebenen auf dem andern, boten sich meinen Blicken dar. Walmor machte mich wieder auf das bequeme Einsteigen aufmerksam, welches ohne Weiteres statt fand. „Sehen Sie, auch diese Schiffe und „Waaren sind Eigenthum unsrer allergnädigsten Gebieterin," rief der junge Mann. Er wollte noch mehr hinzufügen und mir die lang ersehnte Lösung des Räthsels geben, da bemerkte er acht bis zehn Personen, die am Ufer standen um aufgenommen zu werden.

Das Schiff hielt; er erkannte zwei Damen, auf die er zueilte und die sich sofort neben ihn setzten. Es schien Mutter und Tochter zu sein; wenigstens waren sie an Alter sehr verschieden. Mich verdroß aber, daß die Jüngere einen abscheulichen Schleier fortwährend vor dem Gesicht behielt. Ihre Stimme klang wunderbar lieblich, und ich dachte: wie schön muß dies Mädchen wenn ihre Züge der Stimme entsprechen! Es war eine jener ergreifenden Stimmen, die selten uns begegnen; ich erinnerte mich dabei an die der herrlichen Schauspielerin Mars in Paris, durch die, als ich sie im Theater zum ersten Male hörte, mir eine Thräne freudiger Wehmuth entlockt worden war. Uebrigens zeigte Benehmen und Gebehrde beider Frauen, daß sie der feinern Bildung angehörten.

Ich hatte inzwischen nichts Andres zu thun, als auf dem Verdeck herum zu wandeln und die Gegend zu beobachten, denn Walmor ließ mich gänzlich im Stich und sprach während zweier Stunden lediglich mit ihnen. Zuletzt bat er mich, ihn zu entschuldigen; er müsse mit den zwei Damen an's Land, und komme erst Tags darauf in die Stadt, wo er mich aber ohne Umstände in seiner Familie zu sehen hoffe; er selbst wünsche nichts eifriger, als mit meiner Freundschaft beehrt zu werden. — Der junge Ikarier schien mir durchaus ohne Verstellung; ich erwiederte auch sein liebreiches Entgegenkommen und unsre Freundschaft ward täglich fester; aber es war uns bittres Leiden, um eben dieser Freundschaft willen, noch einst beschieden; das ahndeten wir freilich jetzt nicht. ! —

Bald hierauf setzte uns das Schiff auf eine Bahn mit Eisengleisen, von der wir um eilf Uhr die tausend großen Bauwerke der Hauptstadt entdeckten. Zwischen zwei Doppelreihen sehr hoher und dicker Pappelbäume jagten wir dem West-Thore zu, einem riesigen Prachtgebäu, auf dem eine kolossale Goldinschrift nebst Bildsäulen.

Eine zauberhafte Aussicht auf die Stadt bot sich hier; etwa wie in den elysäischen Feldern von Paris, nur weit schöner, reinlicher, großartiger. Der Wagen hielt vor dem Palast der Provinzen, welchem zur Seite der Palast des Auslands steht. So heißen diese beiden Riesenhotels, in denen die aus den ikarischen Reichsprovinzen und von fremden Ländern hereingekommenen Passagiere absteigen. Die Landsleute können sich sehr leicht dort treffen, da sie genau nach Provinzen und nach Ländern logirt werden. Ein ikarischer Bürger, der aus der Provinz kam, machte mich auf diese zweckmäßige Einrichtung aufmerksam, und meinte sehr richtig, sie sei unendlich besser als wenn die Ankömmlinge in hunderte von kleinen und großen Wirthshäusern durch die ganze Stadt hin, zerstreut einquartiert würden.

Engländer fand ich dort in diesem Augenblicke keinen Einzigen, was mir nicht lieb war. Doch machte bald mit mir ein junger Franzose, ein Maler, den ich der Kürze halben Eugen nennen will, nähere Bekanntschaft. Er hatte nach der Julirevolution sein Vaterland aus politischen Gründen fliehen müssen und befand sich seit vierzehn Tagen hier. Ich wunderte mich anfangs über sein etwas stürmisches Betragen, er war ganz voll Enthusiasmus und ergoß sich in den größten Beifallsreden über die ikarischen Zustände. Allein ich sah bald, wie Recht er habe. Auch gewann ich diese edle Seele, mit der sich viel Muth und heller Sinn paarte, schnell herzlich lieb. Ein Engländer und ein Franzose werden, glaube ich, bald befreundet, wenn sie sich in großer Entfernung von ihren Lädern treffen.

Viertes Kapitel.

Kurzer Ueberblick des ikarischen Reichs. — Beschreibung der Hauptstadt.

Am folgenden Morgen hatte ich, nach einem Bade im Fremdenpalast, mich wieder in's Bett gelegt; da trat Walmor in's Zimmer und lud mich von Seiten seines Vaters ein, den Abend in seiner Familie zuzubringen. Mit Vergnügen nahm ich dieses an, und ich muß gestehen, ich war sehr neugierig die Mitglieder derselben kennen zu lernen, von denen er mir so viel unterwegs gesprochen. Wir setzten ein Stelldichein auf vier Uhr fest.

— Und die schöne Verschleierte? fragte ich.

— Oh, die ist nicht mit gekommen.

— So? ich glaube, sie ist eher häßlich als schön, Walmor, sonst würde sie sich nicht dergestalt verschleiern.

— Häßlichen Angesichts? ja wohl, häßlich ist dies arme Frauenzimmer, aber ihr Geist ist edel und ist gebildet; Sie werden sich nächstens persönlich davon überzeugen. Und lachend ging der junge Ikarier fort.

Unmittelbar darauf kam Eugen. Es fand sich daß Beide sich schon gesehen, auch kannte der Franzose jenen dem Hörensagen nach als einen braven Menschen und aus einer trefflichen Familie der Hauptstadt. Eugen bestätigte mir, daß Walmor's Vater eine hohe Stelle bekleide, doch war es mir neu, daß er zugleich Schlosser sei.

Eugen kannte ihn auch. Korilla sei eine Näherin, fügte er hinzu, und zugleich eine der ersten Schönheiten. Ich erstaunte! Ein Schlosser? ein Nähmädchen?

— Nun, was ist denn dabei? rief Eugen; vermeint der hochgeborne Herr Lord etwa, kein Schlosser könne ein Beamter, und keine Näherin ein gebildetes und schönes Mädchen sein? Ei, Sie sind ja noch ziemlich aristokratisch, mein Bester!

Ich erwiederte, ich glaubte doch, es gäbe hier zu Lande auch Edelleute: worauf Eugen rief: es gäbe allerdings recht viele brave, edelherzige, edelmüthige, geistreiche Bürger, ausgezeichnet in Fachwissenschaften dabei; viele tüchtige Mediciner, Naturforscher, Mechaniker, Künstler, u. s. w., die sich, ein Jeder, durch eine große Erfindung, eine werthe Entdeckung zu Gunsten der Menschheit hervorgethan.

Ich wunderte mich — ich will's gestehen — daß Ikarien's Herrscherin keinen Hofstaat hohen Geburtsadels um sich habe. Eugen wunderte sich aber noch mehr, daß ich von einer Herrscherin redete, der Besitzerin unermeßlicher Schätze, und die so liebreich für die Unterthanen Sorge trage. Ich bin endlich froh, sagte ich ihm, eine Königin zu finden, welche dem Königthume Ehre macht.

Zum Teufel, von welcher Königin reden Sie denn? fuhr er auf; erklären Sie sich doch näher. Da ich ihm noch Einiges, was ich von Walmor vernommen, wiederholte, brach der lebhafte junge Mann in ein schallendes Gelächter aus, und sprang im Zimmer herum. Ha, ha, jetzt weiß ich was Sie meinen, bester Lord, aber es ist schändlich daß Walmor sich solchen Spaß mit Ihnen erlaubt. Nein, das ist ja um vor lachen zu bersten, mein Herr Reisegefährte. Ich bitte Sie, um Gottes Willen, sehen Sie noch nicht ein, was die von Walmor hochgefeierte Herrscherin ist? —

Seien Sie doch vernünftig, Eugen, ich bin eben erst in diesem sonderbaren Lande angekommen, ich kann nicht schon Alles wissen und...

Nein, nein, Lord, bester englischer Lord, das Ding ist zu toll; ich erſticke... Hören Sie jetzt: die berühmte Frau Königin von Ikaria... Nein, ha ha ha! —

— Also diese Fürstin ist? was? reden Sie doch und gebehrden Sie sich nicht so schrecklich...

— Nun die ikarische Königin und Landesmutter, die für alle Landeskinder so rührend sorgt, so unendlich reich ist, diese Prinzessin ist nichts anders als — der ikarische Staat, die ikarische freie Gemeinde, die ikarische Republik, der allerdings Alles gehört auf und unter dem ikarischen Grund und Boden. Mein lieber Lord, Sie stecken zur Stunde noch was weniges in adligen Vorurtheilen, und ich rathe Ihnen, sich heraus zu wickeln, denn die ikarische Luft ist verdammt demokratisch, taugt nichts für alte Grillen.

— Werther Herr Franzose und Demokrat, ich ersuche Sie, nicht so mit der Thür ins Haus zu platzen, und Sie würden gescheidter thun, wollten Sie mich mit Allem gebührlich bekannt machen...

— Von Herzen gern; ich will's; auch weiß ich, Sie ziehen bald den großen Herrn hier aus. Kommen Sie, ich werde zuerst Ihnen Land und Stadt zeigen, doch ohne Ihre Beine zu ermüden.

— Das wäre! —

— Sie sollen's erleben; folgen Sie mir gefälligst.

Und er führte mich in einen großen Gesellschaftssaal im Gasthause, wo mir eine Unzahl Wandkarten, Plane, Risse, u. dgl. in die Augen fielen; fast alle in kolossaler Größe. Er stellte sich vor eine Karte und begann:

Sehen wir uns zuvörderst das Reich an. Da finden wir daß es im Norden und Süden durch zwei hohe Bergketten begrenzt ist, die es von Mirol und Hagila trennen. Im Osten ist ein Strom die Grenze, und westlich stößt es an den Meeresarm, der es vom Lande Marwol abscheidet. Dorther sind Sie zu Schiffe gekommen.

Es ist in einhundert Provinzen getheilt, jede ziemlich gleich der andern, sowohl an Ausdehnung als an Einwohnermenge.

Nehmen Sie sich irgend eine Provinzialkarte. Da, sehen Sie, die Provinz ist in zehn Gemeinden getheilt, jede ziemlich an Größe gleich der andern, und der Hauptort liegt fast immer genau in der Mitte der Provinz, wie die Gemeindehauptstadt im Mittelpunkt der Gemeinde ist.

Hier die Landkarte irgend einer beliebigen Gemeinde. Sie zeigt uns, neben der Gemeindestadt, acht Dörfer und viele einzelne Landhöfe, die regelmäßig, so weit wie dies möglich war, auf der Fläche der Gemeinde verstreut sind.

Dort hängt eine andre Karte des gesammten Ikarien's. Sie weist genau die Berge und Hügel, Flüsse und Kanäle, Ebenen und Thäler, Eisenbahnen und Poststraßen, nebst kleinern Verbindungen. Die großen Dampfbahnen finden Sie roth gezeichnet, die kleinen gelb, alle übrigen Wege grün. Aehnlich sind die Wasserstraßen mit verschiedenen Farben dargestellt. Auch die Bergwerke fehlen nicht.

Jetzt werfen Sie einen Blick auf diese Provinzkarte, und auf jene Kommunalkarte: auf jeder sind die Provinzial- und Gemeindestraßen, sowohl zu Lande als zu Wasser, zu finden, stets mit verschiedenen Farben und Angaben der Entfernungen.

Nun, Freund Engländer, was sagen Sie dazu?

Wir betrachteten dann einen prachtvollen Grundriß der Hauptstadt des Reiches. Mir fiel sofort auf, daß sie ganz regelmäßig gebaut war.

— Halten Sie diese Art von Regelmäßigkeit etwa für ein Unglück? frug der schalkhafte Führer. Er belehrte mich, die Stadt sei erst nach 15 — 20 Jahren für vollendet anzusehen; seit einem halben Jahrhundert — seit 1784 — baue man daran. Der Plan sei schon im vorigen Jahrhundert, nach langer Berathung, entworfen und gut geheißen worden.

— Die Stadt wird vom Tahir (einem Strome, dessen Name „der Herrliche" zu übersetzen) in zwei gleiche Theile geschnitten. Sie ist kreisrund. Der Fluß, von Mauerwerken begrenzt, formt große Becken für die Seeschiffe welche auf ihm hereinfahren können. Er ist durch höchst großartige Arbeiten für diesen Zweck schiffbar gemacht. Ein bedeutender Hafen mit Magazinen ist vorhanden, wie Sie auf der Karte ersehen.

Mitten in der Stadt läßt der Fluß eine nicht kleine Insel liegen, welche mit Baumpflanzungen und Wiesen geziert, einen schönen Platz nebst dem Nationaldenkmale zeigt. Dieses Prachtwerk besteht, wie Sie auf jenem Gemälde sehen aus einem ungeheuren Palast, in mitten eines Hügels, der in Terrassen und Lustgärten, voll der stattlichsten Gewächse, Springwasser und Statuen, bis auf seinen Gipfel führt, von wo aus das „Große Haus des freien, „gleichen Volkes" heitre Fernsicht gewährt. Dieser Palast wird Ihnen selbst, obschon Sie wohl alle Prachtgebäude der Erde gesehen haben, unerwartet erscheinen, wenn Ihr Spatziergang

Sie dorthin bringt. Gold, Silber, Juwelen, Kristalle und Gläser der herrlichsten Farben, köstliches Gestein und Holz, findet sich sowohl in seinem Innern als an seinem Aeußern.

Gestohlen wird bekanntlich hier zu Lande nicht. Wie sollte auch die Nation den eigenen Palast bestehlen? Oder haben Sie je von einem Privatmann gehört, der sich bestohlen?

— Ich mußte lachen, so eindringlich und naiv zugleich kam mir dieses Wort vor.

Er beschrieb nun weiter. Auf dem vergoldeten Dach ragt eine riesenhafte Bildsäule in die Lüfte, sie ist gleichfalls vergoldet. Sie erhebt sich über die vielen Thürme des Palastes und überschaut die Stadt. In dem Garten ringsum stehen Bildnisse großer Männer und Frauen, die um den Staat sich verdient machten; auch viele sonstige Statuen, Nachahmungen der Kunstbilder der Vorzeit, oder auch geschichtliche Personen und Scenen vergegenwärtigend; theils in Marmor, theils in Erz; auch da fehlen Vergoldungen nicht.

Es gibt noch viele öffentliche Plätze in der Stadt. Es ziehen sich gleichsam zwei Ringe, aus lauter Prachtplätzen, „Volksparke" oder „Nationalgärten" genannt, bestehend, durch die Stadt und um den Inselgarten in weiter Entfernung herum. Im kleinern dieser Ringe liegen zwanzig Plätze, ähnlich dem Inselplatz, mit kleinern Palästen; im größern Ringe sind gar vierzig solcher Plätze.

Gehen wir jetzt an Betrachtung der Straßen dieser einzigen Stadt. Fünfzig Straßen laufen parallel mit dem Fluß, und fünfzig gehen senkrecht auf ihn zu. Die übrigen Straßen sind kleiner. Die schwarz gezeichneten auf diesem Grundriß haben Baumalleen; sie laufen nach den Plätzen; die zehn großen rothen sind Eisenstraßen, d. h. Straßen mit Gleisen aus Eisenschienen; die gelben haben hölzerne, oder steinerne, oder gestampfte Gleise. Die Kanalstraßen sind blau angegeben. Sie bemerken durchweg eine ungeheure Anzahl rosenfarbiger Streifen; das sind Stadt- oder Straßengärtchen, hinter den Häusern.

Die sechzig Stadtviertel, mit Farben abgegrenzt, sind eben so viele Gemeinden, aus denen diese kolossale Reichshauptstadt zusammen gesetzt ist. Sie sind sowohl an Bevölkerung als an Raum sich gleich, oder beinahe gleich; jede so groß wie eine gewöhnliche Gemeindehauptstadt.

Betrachten wir einmal die Karte irgend eines dieser Viertel. Die öffentlichen Gebäude sind gemalt. Da die Schule, das Hospital, der Tempel.

Jedes Viertel trägt einen besondern Namen, nach einer der

sechzig bedeutendsten Städte der alten und der neuen Welt; jedes Viertel stellt in seinen Denkmälern und Häusern, sowohl öffentlichen wie privaten, die Bauart einer dieser sechzig Städte dar. So z. B. findet sich ein Quartier Athen, ein Quartier Rom, ein Quartier Paris, ein Quartier Jerusalem, ein Quartier London, u. s. w. Die Stadt Ikara ist auf diese Weise ein Auszug des Erdkreises.

— Die rothen Flecken auf diesem Plan sind die Nationalwerkstätten (übrigens gibt es nur solche, da Privatwerkstätten hier zu Lande unmöglich sind). Gelb gezeichnet sind die Magazine, blau sind es die Versammlungsgebäude, grün die Monumente auf diesem Risse. Wohl zu bemerken ist, daß diese Gebäude der Allgemeinheit durch die Stadt so vertheilt sind, daß fast jede Straße ein bis zwei bis drei besitzt. Die Straßen sind auch recht sinnreich angelegt; sechzehn Häuser (da, heben Sie mal gefälligst einen Grundriß, irgend einer Straße, herab) auf jeder Seite; in der Mitte ein öffentliches Gebäude, und eines auf jedem der zwei Enden. Die sechzehn Privatwohnungen sind einander gleich und laufen beinahe unter demselben Dache.

Keine Straße aber gleicht der andern, und dadurch vermeidet man die langweilige Gleichförmigkeit, die bei andrer Anordnung leicht sich einstellen könnte.

Nunmehr, da Sie einen Ueberblick über die Stadt haben, wollen wir, wenn's Ihnen recht, einen Ausflug machen und sehen, ob der Grundriß richtig.

Wir gingen, und wollten das Dampfboot besteigen, unterhalb des Hafens um bis zum Mittelplatz hinauf zu fahren. Eugen schlug vor, auf diesem Wege einige Gärten zu betrachten. Durch ein prächtiges Säulenthor traten wir in einen derselben; er hatte Aehnlichkeit mit denen welche ich in Tyrama gesehen. Er formte ein großes Viereck zwischen den Häuserreihen von vier Straßen; in der Mitte ein hübscher Laubgang aus doppelter Baumallee bestehend, dazwischen der Boden reinlich von feinem Sand bedeckt. Ueppiger Rasen füllte den Rest des Parkes, bis an die Mauern der Häuser; hie und da Springbrunnen, Bildsäulen, Thiergestalten in Marmor und Erz, herrliche Blumenbeete, Fruchtsträucher und Fruchtbäume groß und klein. Die Hinterseiten der angrenzenden Häuser hatten sämmtlich ein ländliches Aeußere; Laubengänge und Laubensitze dehnten sich längs hin. Kletterpflanzen rankten bis in die höhern Stockwerke. Solcher lieblicher Gärten und Gärtchen bedienen sich die Kinder zu Spielplätzen. Auch Vogelbauer mit hochgewölbtem Drathdache fehlten nicht. Eugen sagte, es gäbe sehr viele, wo Bäche durchflössen, mit Wasserfällen und Teichen oder gemauerten Wasserbecken, voll Geflügel und Fischen.

Ueberall hat das Publikum Zutritt; vier Säulenthore führen von den vier Seiten, aus vier Straßen hin in. Ich äußerte, diese ikarischen Gärten gäben nichts an Schönheit den Londoner Square's nach. Das wollte aber mein Gefährte nicht wahr haben. Er rief: ich möchte doch nicht die aristokratischen, ausschließlichen Londoner Square's wo nur steinreiche Nachbaren hinein können, deren Jeder seine Schlüssel hat, und die mit hohen dicken Eisengittern umzäumt sind, wo kein ärmerer Stadtbewohner Zutritt erhalten kann, damit vergleichen. Ich mußte ihm leider Zustimmung geben, denn dieser Uebelstand besteht auch in der That. Eugen machte mich auf die nebenbefindlichen Privatgärten aufmerksam, die nur durch einen einfachen Draht abgeschieden, und sehr niedlich gehalten waren, auch ähnliche Ausschmückungen hatten. Die Leute müssen viele Gärtner haben, meinte ich. Worauf Eugen mir versicherte, es gäbe kein eigentlichen Gärtner, oder nur höchst wenige in der Stadt, da jede Familie selbst ihr Gärtchen in Ordnung zu halten verstehe. Die jungen Mädchen namentlich beschäftigen sich hiemit, doch sieht man auch die übrigen Familienmitglieder bei dieser fröhlichen Arbeit.

— Da wir noch viel Weges vor uns hatten, bedünkte es mir am Besten, eine Droschke zu nehmen. Eugen lachte mich weidlich aus. Im ganzen Lande gibt es keine Droschke noch sonstiges Mieth- oder Privatfuhrwerk, sagte er, und das schien ihm, dem Demokraten, zu behagen.

Wir mußten also schon uns eines der vielen hunderte von Omnibus bedienen. Eben ging einer in der nächsten Straße vorüber. Ich fand ihn aufs Beste eingerichtet; in zwei Etagen eine über der andern; vierzig Personen saßen nach vorn (und nicht seitlich) gekehrt auf acht Bänken zu fünf Plätzen jede, und an jeder Bank war ein besonderer Eingang auf der Seite. Der Wagen hatte, wie die Postkutsche mit der ich gekommen, eine Menge wichtiger Vorkehren gegen Kälte, Hitze, Nässe und Staub. Die Räder liefen auf zwei eisernen Gleisen; drei prächtige Pferde zogen. Unaufhörlich begegneten uns solche Omnibus; sie fuhren auf den Gleisen der andern Seite der Straße. Jeder hatte in Gestalt, Farbe und Zierrathen Unterschiede von den übrigen; jeder war unendlich geschmackvoller als der schönste Omnibus von Paris oder London. Eugen belehrte mich, je zwei Straßen hätten einen Omnibus (S t a r a g o m i oder „Wagen

„für das Publikum" genannt); fünfzig große Straßen würden durch so viele Omnibus bedient, daß diese alle zwei Minuten passirten. Tausende gibt es im Ganzen, so daß jeder Einwohner, zu jeder Zeit, sich durch sie befördern lassen kann, setzte er hinzu, und zwar eben so bequem und genau als führe man in eigner Equipage, oder vielmehr noch bequemer.

Am Ende der ungeheuren Straße nahmen wir einen andern Omnibus und kamen an den Hafen, bestiegen eins der vielen Flußdampfböte und fuhren stromauf, dem Mittelpunkte der Stadt zu. Da gedachte ich wieder auf's lebhafteste meines lieben London, nur fiel mir bald auf, daß eine viel größere Ordnung und Reinlichkeit als im Hafen der englischen Hauptstadt herrschte. Ungemein große Wasserbecken, Docks in bester Form, lange Kais, aus Quadern aufgeführt, Kanäle groß und klein, Drehbrücken, eine endlose Menge Maschinen zum Ein- und Ausladen, eine zahllose Schaar kleiner Schiffe zwischen den großen Seeschiffen. Ein eben solcher Hafen befindet sich auf der andern Seite der Stadt Ikara auch; in ihn kommen die Schiffe aus dem Innern der ikarischen Republik. Ich ward bald angenehm überrascht, als ich die Flußufer, je mehr ich mich dem Mittelpunkte der Stadt näherte, höchst zierlich mit Pflanzungen von Gesträuchen und Blumen, von Pappeln und andern Bäumen geschmückt sah. Hohe Bauten mit breiter steinerner oder bronzener Brustwehr faßten den Fluß ein, doch blieb längs aus an beiden Ufern ein hinlänglicher Raum des Bodens bis zum Wasserspiegel frei; dort entfaltete sich, so weit das Auge auf und ab schweifte, dieses hübsche Gartengelände. Der Fluß schlängelt sich; hie und da hat er hohe Ufer. Die Kaimauern waren mit Rankgewächsen überwuchert; unten prangte Rasen. Viele Barken und Gondeln mit bunten Wimpeln tummelten sich nach allen Richtungen.

Wir fuhren mit Musik unter nicht weniger als zwanzig Brücken durch, einige kolossal, aus Stein gewölbt, andre aus Holz, noch andre aus Eisen und in Ketten hängend, theils für Fußgänger, theils für Wagen. Einige hatten nur einen oder zwei Bogen, andre hatten bis fünfzehn. Wir passirten auch zwei blühende Eilande. So kamen wir zum Mittelplatz auf der großen Insel; dort bewunderte ich das „Große Haus des Volkes" mit der riesenhaften Bildsäule und dem prächtigen Parke, wovon Eugen mir erzählte. Mein Begleiter führte mich zuletzt zu einer sonderbaren Brücke, aus einer Gondel bestehend, welche an einigen Seilen aufgehängt durch die Luft führt. Von einem Aufsatze von zwanzig Fuß Höhe über dem Kai, gleitet man in ihr nach dem entgegengesetzten Ufer, wo dicht dabei ein gleicher Thurm einen andern Kahn wieder herüber sendet. Dieses Kommunikationsmittel heißt Sagal, d. h. der Sprung. Wir fuhren auf diese Weise hinüber. Man glaube jedoch nicht, daß dies zum Vergnügen dient; so angenehm sich hiemit der Fluß passiren läßt, wird es doch nur von denjenigen benutzt, die in Geschäften hinüber müssen; in Europa freilich würde man sich bloß dabei amüsiren wollen.

Ich gelangte endlich wieder in mein Hotel. Noch schwebte das Bild des mit den herrlichsten Gebäuden und Denkmälern aller Art verbrämten Stromes mir vor Augen, als Walmor zur bestimmten Stunde herein trat, um mich zu den Seinigen abzuholen. Ich bezeigte ihm meine Bewunderung über das Gesehene. Ich erfuhr, daß auch die Staragomi oder Omnibus der Republik gehören. Sie ist, sagte er, ein eben so guter Unternehmer von Omnibus, wie Ihre europäischen Regierungen Unternehmer von Tabaksregie, Salzverschleiß, Spielkartenverkauf, Postverbindungen und dergleichen zu sein pflegen; oder meinen Sie nicht? — Auf meine Frage, wo denn die gewiß ungeheuren Ställe wären, erbot sich der junge Ikarier, mich hinzuführen. Ein Omnibus brachte uns schnell in das eigens für sie bestimmte Stadtviertel. Dort erhoben sich allerdings sehenswerthe Gebäude, von außerordentlicher Ausdehnung, fünf Stallungen aus Stein, mit weit mehr Bequemlichkeiten für die Aufwärter und die Thiere, und mit weit mehr Zierathen, als ich je in fürstlichen Ställen gefunden. Sie mochten dreitausend Pferde enthalten. Ich sagte zu Walmor: das wären ja keine Ställe, das wären Roßpaläste; wozu er beifällig lächelte.

Zur Seite standen kolossale Magazine für das Futter, und kolossale Schuppen um die Fuhrwerke zu beherbergen, und zwar in mehreren Stockwerken. Dicht dabei unermeßliche Werkstätten für Wagen und Geschirr.

Walmor machte mich auf die werthvolle Oekonomie, die Ordnung und alle die Vortheile aufmerksam welche aus diesem Vereinigungssystem hervorgehen. Ikara, sagte er, hat auf solche Weise keine Stallungen in den verschiedenen Stadttheilen, keine Wagenschoppen als eben nur in dem dazu angewiesenen Quartier, und dadurch ersparen wir unberechenbar an Zeit, Mühe, Menschenkräften, und Materialien.

Mich interessirten diese Stallungen als Pferdekenner dermaßen, daß ich den Besuch bei Walmor's Familie rein vergaß. Er mußte mich erst wieder an mein Versprechen erinnern.

Wir fanden die Familie im Gesellschaftssaale ihres Hauses. Vier Generationen waren dort versammelt; der Großvater Walmor's, ein Zweiundsiebenziger, doch noch rüstig und von kräftiger Körperhaltung. Seit einigen Jahren hatte der Tod ihm seine alte Lebensgefährtin geraubt. Walmor's Eltern waren zur Seite des Familienhauptes, nebst ihren Kindern, nämlich einem ältern Sohn, dessen Frau und den drei Kindern, und den beiden Schwestern Walmors, Korilla und Celine, zwanzig und achtzehn Jahre alt. Auch zwei Oheime, deren einer Witwer, und zehn bis zwölf Muhmen, Basen und Vettern verschiedenen Alters; im Ganzen gegen fünfundzwanzig Personen.

Der Greis trug auf seiner hohen, gefurchten Stirn den unverkennbaren Ausdruck von geistiger Thatkraft und herzlicher Güte. Seine Gestalt war über gewöhnlicher Größe.

Walmor's Vater gab ein Bild männlicher Würde und Kraft; Walmor's Mutter war offenbar von der Natur am wenigsten vortheilhaft, unter den Anwesenden, bedacht; aber gleich als wollte man sie dafür entschädigen, glaubte ich zu bemerken, daß sie der besondre Gegenstand des allgemeinen Respektes und der Zuneigung war.

Die Kinder schienen mir allerliebst; ein kleiner Neffe Walmor's ward bald sehr vertraut und setzte sich mir auf die Kniee.

Seine Cousinen, deren eine das Unglück hatte, ein Auge verloren zu haben, waren von seltener Liebenswürdigkeit. Seine jüngere Schwester Celine, mit Goldlocken, die über das zarte Gesicht von Lilien und Rosen auf die feinen Schultern niederringelten, glich einer Engländerin, und die ältere, Korilla, mit schwarzen strahlenden Augen, schien mir die Grazie und Lebendigkeit einer schönen Französin zu besitzen.

Das Zimmer war aufs Geschmackvollste und aufs Bequemste eingerichtet. Eleganz und Comfort war dort vereinigt. Auch Blumen in Töpfen und Vasen mangelten nicht, die Atmosphäre zu balsamen. In mitten dieses herrlichen Salons suchte ich vergeblich den Handwerker und die Handwerkerin; ich traute meinen Augen nicht; das also war ein ikarischer Schlosser? das eine ikarische Putzmacherin?

Walmor stellte mich zunächst seinem Vater vor, und dieser dem Großvater, der mich mit allen übrigen Mitgliedern seiner Familie bekannt machte.

Die Unterhaltung drehete sich zuerst um Allgemeineres, und ich hatte viele Fragen über England zu beantworten. Ich kenne Ihr Land, sagte der Greis; ich bin im Jahre 1784 dort gewesen, um einen Auftrag unsres trefflichen Ikar, des Dictators, zu vollziehen, der mich als seinen persönlichen Freund dazu auserwählt hatte. Ich erinnere mich noch heute des anständigen Empfanges, der mir in England zu Theil wurde. Ihre Heimath, mein edler Lord, ist sehr reich und sehr mächtig! Aber erlauben Sie mir, Ihnen zu sagen, sie hat auch viel des Gräßlichen, des Abscheulichen. Es ist schmachvoll für Ihre Regierung, daß ein namenloses Elend eine große Masse zerfrißt, während eine kleine Anzahl Aristokraten und Bevorrechteter schwelgen. So z. B. werde ich nimmer vergessen, wie ich einst Nachts von einem prächtigen Festgelage eines Ihrer großen Herren nach Hause ging und auf der Straße die Leichname einer Frau und ihres Kindes antraf, die eben unter freiem Himmel vor Kälte und Hunger beide gestorben waren; die dürren Leiber waren kaum mit einigen Lumpen bedeckt.

Die Kinder hatten dem Greise zugehört, und schrien vor Entsetzen auf; was mich höchst unangenehm berührte. Ich nahm sogleich das Wort:

Sie haben leider Recht in Ihrer Anklage, sagte ich zu dem würdigen Großvater mich wendend; glauben Sie mir, mir blutet das Herz. Aber was ist dabei zu thun? Glücklicherweise sind in London und den übrigen Theilen der Insel viele großmüthige Männer, viele mildthätige Frauen, welche für die Armen ungeheure Summen hergeben, und....

— Ja wohl, Mylord, unterbrach der Greis, ich weiß das. Und ich kenne einen jungen Lord, edeln Sinnes und von hoher Bescheidenheit, der kürzlich auf einem seiner Landsitze ein Hospital einrichten ließ, wo seine wohlthuende Menschenfreundlichkeit fünfundfünfzig Unglückliche versorgt (Bei diesen Worten mußte ich unwillkührlich erröthen, doch faßte ich mich schnell, aber ohne zu begreifen, wie der Ikarier so genau über mich unterrichtet sein konnte). Personen solchen Schlages, fuhr er fort, machen ihrem Lande und ihrem Stande Ehre; seien selbige gesegnet! Solche Mildthätigkeit ist in unsern Augen mehr werth als sämmtliche Titel und Reichthümer, deren sie sich sonst noch erfreuen. Wir wollen gerecht sein, und gern eingestehen, daß dieses Wirken verdienstlicher ist als das unsrige, denn es hat einen schweren Kampf gegen die verkehrte Gesellschaftsorganisation Englands auszuhalten, während wir in einem Staate zu leben das Glück haben, wo, kraft der ikarischen Einrichtungen, keine Armuth sich befindet...

— Wie? was sagen Sie? rief ich verwundert: keine Armen?

— Nein, mein Herr, wir haben keine Armen. Oder haben Sie etwa in unserm Lande irgend einen Menschen in

Lumpen gesehen? irgend eine Wohnung in verfallendem Zustande? Wir haben keine Armuth, weil wir allesammt und sonders arbeiten; deshalb sind wir alle gleich reich.

— Ich konnte einen Ausruf des Erstaunens nicht zurückdrängen. Der Alte fuhr lächelnd fort:

— Freilich arbeiten wir alle, und sind glücklich, sind stolz darauf. Sehen Sie, mein Vater war einer der angesehensten am höchsten gestellten Bürger dieses Landes, und meine Söhne könnten heute Freiherren, Grafen, Fürsten sein. Statt dessen ist der da Schlosser, ein andrer ist Buchdrucker, der dritte ist Baukünstler; Walmor wird Religionslehrer, sein Bruder ist Zimmermaler. Und unsre guten Mädchen, sehen Sie, haben jedes ein Handwerk erlernt, und dadurch hat weder die Bildung noch die Schönheit gelitten. Die Korilla, ist das nicht ein ganz niedliches Nähmädchen? Sie sollten sie einmal in der Werkstatt besuchen, Mylord. Sie sind ja in unser Land gekommen um Neues, Unerhörtes kennen zu lernen; nun, damit wird Ihnen gedient werden; was sagen Sie z. B. dazu daß Ikarien keine Knechte, Mägde, Aufwärter kennt? keine Müßiggänger? Der große Dictator hat unsre Nation von dieser Landplage befreit.

— Aber wer ist denn dieser Ikar? dieser große Mann, dessen Namen mir so oft entgegen tönt?

— Mir deucht heute nicht zu dieser Auseinandersetzung die nöthige Zeit und Gelegenheit zu sein, lieber Lord, doch werden Sie von Walmor, dessen Zuneigung Sie schnell gewonnen, und von unserm Freunde Dinaros, Professor der Geschichte, sich wohl darüber zur Genüge belehren lassen können. Diese Beiden werden gewiß gern es über sich nehmen, Ihre Studien in Ikarien zu leiten.

Das Gespräch nahm wieder eine leichtere Färbung; eine der verheiratheten Damen frug: ob ich Liebhaber von Blumen sei? Was ich denn auch mit gutem Gewissen bejahen konnte. Ich sagte: nichts herrlicheres, nichts schöneres gäbe es in meinen Augen als Blumen.

— Nichts herrlicheres als Blumen, Mylord? wandte eins der Fräulein sich an mich.

Ich erwiederte: das wäre nun einmal mein Geschmack; es [illegible] osen, die ich für das Schönste in der Natur hielte.

[illegible] ischen hatte sich ein kleines Mädchen zu mir gesellt und [illegible] mit seinen hellen forschenden Blicken lange betrachtet. Jetzt rief es: Ei, Sie mögen also die Kinder nicht? Worauf ich ihm mit einem Kusse den Bescheid gab: nichts sei mir lieber als kleine Engel.

Tanzen Sie gern? fragte Celine.

— Ich sehe lieber dem Tanzen zu, denn ich bin ein ziemlich schlechter Tänzer, erwiederte ich.

Nun, so sollen Sie ein guter werden, entgegnete Korilla; ich will Ihr Tanzmeister sein.

Wir lachten. Da fragte Walmor's Vater plötzlich, ob ich musikalisch sei.

— Mit Leidenschaft.

— Singen Sie? — Ein wenig.

— Und welches ist Ihr Instrument? — Ich spiele Violine.

— Für heute mag's dabei sein Bewenden haben, sagte der Großvater; wir wollen Mylord ein ander Mal zum Beitrage auffordern. Aber da er Musik liebt, wird er es gern hören, wenn wir singen. Liebe Korilla, laß jetzt den Herrn vernehmen, was eine ikarische Näherin von Musik versteht.

Ich saß dicht neben dem Greise, und war so dreist, ihm zuzuflüstern, er mache es wohl wie jener Maler, der den Fremden alle seine Gemälde zeigen zu wollen versprach und ihnen nur seine besten wies.

Der Greis lächelte: nun, Sie werden ja hören.

Während dem hatten die Kleinen schon eine Guitarre herbeigeholt, und ein Knabe gab sie freundlichen Gesichts in Korillens Hände. Walmor ergriff eine Flöte um die Schwester zu begleiten. Korilla ließ sich nicht erst lange bitten; sie sang ohne Ziererei, ohne Uebertreiben, aber sie sang daß mir das Herz und das Hirn erbebten. Welche reine strömende Stimme, wenn ich so sagen darf! welch helle Aussprache, welcher Anstand, welches Gefühl! Und wie schön das Mädchen war! Mir schien sie mit jeder Note immer schöner zu werden. Hierauf sang man ein andres Lied, in dessen Refrain alle jüngern Anwesenden einfielen.

— Zuletzt rief Walmor's Vater: jetzt noch das Vaterlandslied! und alle Kinder machten Chor; und die Väter, die gerade beim Schachbrett saßen, und die Frauen, die an einem andern Tische spielten, kehrten sich der singenden Gruppe zu. Dieser Enthusiasmus riß mich hin, ich stimmte mit ein im dritten Verse, was allgemeines Beifallklatschen erregte.

Noch waren meine lieben Wirthe beschäftigt, mir ihre Freude über mein Mitsingen zu bezeigen, da deckte sich die Tafel, wie durch Zauberschlag, mit trocknen und frischen Früchten, leichtem Backwerk und kühlem Getränk. Zarte Hände trugen auf, und die fröhlichen Kinder reichten herum.

Mein theurer Lord, lächelte der Greis, entbehren die Ikarier etwas, wenn sie keine Dienstboten haben?

— Ich neigte mich zu ihm und sagte: wie sollten sie's, da doch Grazien hier aufwarten. —

Bald darnach entfernte ich mich; so gut es ging, dankte ich für diese Aufnahme und eilte fort.

Ich konnte aber erst spät den Schlaf finden, in welchem heitre Träume mich wiegten.

Fünftes Kapitel.

Ueberblick der politisch-gesellschaftlichen Geschichte und Organisation Ikarien's.

Die anmuthigen Gesänge hallten mir noch im Ohre, da klopfte es; Walmor trat ein.

Theurer Freund, rief ich; wie Sie glücklich sind! Sie haben eine so liebenswürdige Familie!

Ah, sie hat also die Ehre Ihnen zu gefallen?

Mehr als Worte es zu sagen vermögen.

Desto schlimmer, erwiederte er mit einer Miene, die mich bestürzt machte; desto schlimmer für Sie, mein Herr, und wenn Sie vernehmen werden, was sich bei uns nach Ihrem Weggehen zutrug....

Nun, reden Sie, Walmor, reden Sie....

Wohl; so sollen Sie's denn wissen. Der Großvater, nachdem Sie uns verlassen, hat sich überzeugen wollen, ob Sie auch den Familienmitgliedern gefallen hatten, denn obschon er unser Familienhaupt ist, so mag er doch durchaus nicht in dieser Hinsicht irgend welchen Zwang uns auflegen. —

— Ich bitte Sie, Walmor, habe ich unglücklicher Weise Jemanden von Ihnen beleidigt?... Mein Gott, so thun Sie doch Bescheid... Was bedeutet Ihr Schweigen?

Ich sage, nachdem Sie fort waren, rief Großvater uns allesammt, und fragte (wir standen im Kreise um ihn) ob sich ein Mitglied vielleicht Ihrer Aufnahme in unser Haus widersetze, wobei er nicht vergaß zu bemerken, daß ich die Familie schon im Voraus für Sie einzunehmen getrachtet...

Ich bitte, quälen Sie mich nicht länger...

Nun, ich sagte, ich hätte allerdings mich unwiderstehlich zu Ihnen, dem Fremdlinge, hingezogen gefühlt, und ich glaubte Sie so genau zu kennen, als hätte ich schon jahrelang mit Ihnen verkehrt...

Werden Sie bald zu Ende sein?...

Ich sage, alle Mitglieder stimmten bei, aber Korilla nahm das Wort, und so ist es denn geschehen, daß Sie...

Abgewiesen wurden! rief ich aufspringend. —

Nicht doch, entgegnete er lachend, Sie wurden einhellig und freudig angenommen. — Verzeihen Sie Ihrem neuen Freunde diesen Scherz; ich bin so glücklich daß Sie in unsern Familienzirkel den Zutritt erlangten! Uebrigens haben Sie der Korilla zu grollen, denn die ist es, die mich zu dieser Geschichte gebracht hat. Doch damit man sehe daß Sie dem guten Mädchen deshalb nicht zürnen, befiehlt sie Ihnen, heute Abend zu erscheinen und als Hausfreund feierlichen Einzug zu halten. Sie finden bei uns auch den Professor Dinaros, meinen speziellen Freund, den gelehrten Geschichtsforscher von dem Großvater Ihnen gestern sprach. Er ist der Bruder der leider nicht hübschen, aber sehr liebenswürdigen Dame mit dem Schleier, die Sie die Unsichtbare vom Dampfschiff nennen. Nun, ist Alles in Ordnung, kommen Sie?

Ich konnte ihm nur mit einer Umarmung antworten.

Halt, mein Herr, noch gibt es Bedingungen, die Korilla Ihnen stellt.

Sprechen Sie. —

Korilla will, daß der englische Lord hinführo abreise und Freund William allein zurück bleibe.

Wollen Sie das?

Ich umarmte ihn wiederum. Und der junge Mann lachte aus voller Kehle, und rief: Nun, Gottlob, ich habe mich somit meiner gefährlichen Aufträge entledigt. Jetzt muß ich eilen, und meinem gewaltigen Herrn und Meister berichten. Also auf diesen Abend, um sechs Uhr, William. — Und er ging hastig weg.

Ich hätte die Erdkugel schneller drehen mögen, um die ersehnte Stunde etwas früher herbei zu zaubern, und doch wäre dabei meine Ungeduld noch auf die Probe gestellt worden. Mit Vergnügen nahm ich daher Eugens Einladung an, inzwischen die Nationaldruckereien zu besuchen. Welch ein Anblick! Die alten Pyramiden Aegyptens habe ich gesehen, aber ich muß aufrichtig gestehen, diese Druckerei gefiel mir besser noch.

Die ikarische Republik, und sie allein, hat diese kolossale und prächtige Anstalt gegründet; die Baumeister konnten folglich den nöthigen Grund und Boden nehmen; sie wurden durch keinerlei Nebenabsichten dabei behindert. Stelle sich der Leser nun ein so ungeheures Gebäude vor, daß es an fünftausend Arbeitende faßt.

Es hat zwei Stockwerke, auf mehren hundert zierlichen bronzenen Säulen. Oben stehen längs der Wände die Lettern in Behältnissen; sie werden durch Maschinerien dort hinauf gebracht, In der Mitte des Saales stehen die Kasten, je zwei gegenüber; vor jedem arbeitet ein Setzer, der folglich alles Nöthige sogleich bei der Hand hat. Seitwärts, in einer langen Reihe, Marmortafeln um den Satz aufzunehmen, und die Formen zu stellen. Neben jedem Tisch ist eine Oeffnung im Fußboden, durch welche eine Maschine das Gesetzte hinunterschafft, und im untern Raum, zu ebner Erde, auf die Pressen bringt. In jedem Stockwerke sind drei bis vier Ränge Tische.

Im unterm Raume befinden sich, wie gesagt, die mechanischen Pressen.

Links von diesem Gebäude stehen ungeheure andere, in denen Papier, Schwärze und Lettern fabrizirt werden; auch ist dort das Magazin für die Rohstoffe und das verarbeitete Material, wozu, um es hinzutransportiren, ein eigner Kanal mit Maschinerie vorhanden ist. Ueberhaupt ist die Maschinerie aufs Höchste getrieben; es werden durch sie an fünfzigtausend Arbeiter ersetzt, wie wir hörten. Man denke sich, wie viel Mühe, Zeit, Menschenkräfte dadurch erspart, und für andre Zwecke gesichert werden! Besondere Maschinen bereiten das Papier und legen es zum Falten hin, in eine Werkstatt die, nebst andern großartigen Gebäuden, sich rechts befindet, wo die weitere Verarbeitung in Hefte und Bücher vor sich geht. Dort stehen auch die Niederlagen der fertigen Bücher.

Sämmtliche Werkstätten und Arbeitende sind in diesem Druckerei-Virtel vereinigt; es ist eine kleine Stadt. Eugen war ganz entzückt über die Raumersparniß.

Sehen Sie, rief er, hier ist etwas zu lernen für manchen der da meint, es gehe schon ohne das.

Ich pflichtete ihm gern bei; ich sah jetzt recht klar, wie ungewöhnliche Dinge ein solches Land hervorzubringen im Stande sei, wo der Staat selbst in höchster Vollgewalt seiner Rechte sich des Ganzen und der Theile kräftig und umsichtig annimmt. Wenn so alle Industrien verwaltet werden, muß Unerhörtes erzeugt werden. — Gleichwohl sah ich öfters nach der Uhr, und ich fand, die sechste Stunde zögere.

Endlich kam sie, und mit dem Glockenschlag trat ich in den Familiensalon des Walmorschen Hauses. Ich war etwas beklommen; ward es aber noch mehr, als Korilla aufsprang und mir mit den Worten entgegeneilte: Nun da ist er ja! ich will ihn empfangen; so kommen Sie doch, William, was stehen Sie da! hier mir die Hand gereicht, denn heute habe ich die Ehre, Sie vorzustellen.

Mylord William Carisdall, redete mich der würdige Greis mit ernst freundlichem Tone an, indem er mich bei der Hand faßte, Mylord, ich bin noch heute froh in Erinnerung des edeln Empfanges der mir vor Jahren in England zu Theil wurde, und so freue ich mich denn, wenn dieses mein Haus Ihnen nicht mißfällt, wenn diese meine Familie Ihnen den Aufenthalt in Ikaria angenehm macht. Ich rufe Sie ohne Umstände in den Kreis meiner lieben Töchter und Großtöchter, und hiermit gebe ich Ihnen keinen kleinen Beweis meiner hohen Achtung, meiner guten Meinung die ich von ihrem Charakter und von Ihrer Ehre hege. Und ich glaube, Sie werden verzeihen, wenn diese guten heitern Kinder in der Lustigkeit des jugendlichen Herzens Sie schon jetzt als alten Bekannten behandeln! – Er schüttelte mir nochmals die Hand. Die Kinder drängten sich um mich und begrüßten mich mit Vertraulichkeit. Ich war innerlich tief bewegt.

Dinaros wird heute nicht zu uns kommen, sagte der junge Walmor, denn er will daheim seine Mutter und Schwester erwarten. Wollen Sie ihn besuchen?

Ich fand mich gern dazu bereit und wir machten Miene zu gehen, da rief die schöne Korilla: So? das ist vortrefflich; man soll zu Hause sitzen während der Herr Bruder und der Gastfreund fortlaufen? — Hier setzte sie sich den Hut auf das dunkle Lockenhaar — und wenn ich und die arme Celine einmal ausgehen wollen, läßt man uns allein spatzieren! Nicht so, wir begleiten dies Mal; Celine, gib dem Walmor den Arm, ich führe William heute. — Und so machten wir uns auf den Weg. Ich bin sonst etwas schüchtern mit Frauen, aber, ich weiß nicht wie es zuging, ich fühlte mich ganz wohlgemuth an Korillas Seite. Sie war so unschuldig und dabei so geistreich! so frei und dabei so maßvoll! Ich fand mich sogar kühn genug, ihr zu sagen, meine Zuneigung und Hochachtung für Walmor und die Familie überhaupt verdiene zwar, vielleicht, von Seiten meiner liebenswürdigen Gefährtin einige Rücksicht, doch müsse ich gestehen, so glücklich ich dadurch sei, ich könne nicht umhin, zu glauben, ich hätte selbige noch nicht ganz verdient.

Sie lachte herzlich über diese etwas gedrechselte Rede. Ich verstehe, was Sie meinen, William, sagte sie; es wundert Sie daß meine Freundschaft so blitzschnell geht; mit andern Worten,

Sie stutzen ein bischen ob meines hastigen und lauten Wesens? Nun, beruhigen Sie sich; unsre ikarische Republik weiß auch, so schlau wie die europäischen Gewalthaber, zu spioniren, und ich muß es Ihnen geradezu sagen, man hat Sie schon ziemlich ausgekundschaftet, mein bester Herr Britte, und Sie sind von Spähern umgeben. Das wollen Sie nicht glauben? Ihr treuer Begleiter, Ihr John, ist ein schrecklicher Verräther; er hat unserm Walmor auf Befragen viele Ihrer Missethaten erzählt. Auch wissen wir auf einem andern Wege, durch den Brief eines unsrer Freunde der vor einiger Zeit durch einen Theil Englands reiste, daß Sie ein Verbrecher sind: z. B. wir wissen jetzt daß Sie für einige fünfzig Nothleidende das Hospital gestiftet, wovon Großvater gestern sprach; wir wissen daß Sie eine Schule für die kleinen Mädchen der Armen auf den Ihnen gehörigen Ländereien errichtet; wir wissen daß Ihr Name von dem Munde der Unglücklichen auf Ihren großen Besitzungen nur mit Liebe und Achtung ausgesprochen wird, daß er so zu sagen, gesegnet wird. Und dann, ich selbst unterzog Sie am ersten Abende einem Verhöre ohne daß Sie etwas merkten, mein Herr; ich habe herausgebracht daß Sie Blumen und Kinder und Musik gern mögen, und dies ist, denke ich, der Beweis einer reinen Seele. Kurz, wir wissen jetzt daß Sie ein edles Herz haben, und da nun in unsern Augen die Güte die beste aller Eigenschaften ist, und der Großvater Sie achtet und liebt, so sehen wir nicht ein, weshalb wir nicht auch Sie achten und lieben sollen. Nun ist wohl Alles abgemacht, alles verständigt, lassen sie uns also nicht weiter davon schwatzen. Uebrigens, hier in dies Haus gehen wir hinein, hier wohnt Dinaros. Aber wir wollen doch Walmor und die Schwester abwarten, die sind weit hinter uns; wir sind merkwürdig schnell gelaufen.

So plauderte die liebenswürdige Ikarierin.

Man stellte mich dem jungen Professor vor; sein Benehmen, sein Aeußeres, seine Gesichtszüge sagten mir ungemein zu. Auch war der Empfang, dessen ich mich seinerseits zu erfreuen hatte, von einer Art wie ich ihn nicht besser wünschen konnte. Da die Damen, die er anfänglich zu erwarten beschlossen, erst folgenden Tages kommen wollten, begleitete er uns zu Walmor's Vater.

Wir passirten einen Theil des Stadtviertels, welches den Namen „Athen" trägt. Mir fiel auf, keinen Laden, kein Magazin, keinen Speicher zu sehen. Ich fragte Walmor ob das so in der ganzen Hauptstadt sich verhalte? und bekam zur Antwort: es sei auch dies wieder eine der Wohlthaten der ikarischen

Staatsorganisation, welche keine Privatläden dulde, und dadurch dem Leiden und Kummer der Ladenbesitzer ein glückliches Ende, ein für alle Male, gesetzt habe. In der That, fügte er hinzu, die Aergernisse und Besorgnisse, welche die Kaufleute in den Privatläden zu bestehen haben, sind nicht klein in allen übrigen Ländern, und Ikarien mag sich preisen, davon befreit zu sein.

Der Großvater forderte Dinaros auf, mir über die mannigfaltigen Wunder und Räthsel, die den Fremdling bei jedem Schritte umgeben, Bescheid zu ertheilen; auch möge er über Ikar den Dictator und die ikarische Revolution das Erforderliche sagen. Nicht unser Gast allein, fügte er lächelnd hinzu, wird Ihnen gern zuhören.

Die Kinder waren eben bei ihren Spielen, doch ließen sie sie liegen und kamen heran. Dinaros nahm sogleich das Wort.

Grundsätze der gesellschaftlichen Organisation der ikarischen Republik.

Sie wissen, hub er an, Mylord der Mensch unterscheidet sich wesentlich von sämmtlichen übrigen Geschöpfen durch Vernunft, Fortschrittsfähigkeit und Geselligkeit.

Die Ikarier sind der unerschütterlichen Ueberzeugung, kein wahres, kein wirkliches Glück könne bestehen ohne Gleichheit und ohne Vergesellschaftung, und so ist es denn dahin gekommen, daß wir eine Gesellschaft auf der Grundlage der völligen Gleichheit ausgebildet haben.

Alle sind so zu sagen associirt, sind Bürger, sind gleich an Rechten und Pflichten.

Alle theilen sich gleichmäßig in die Lasten und in die Vortheile der Association; alle formiren nur eine einzige Familie, deren Mitglieder durch das Band der Bruderschaft verknüpft sind.

Wir sind ein einiges Brudervolk, und jedes unsrer Gesetze zweckt auf die Gleichheit, in allen Fällen wo sie nicht materiell unmöglich ist.

Hier machte ich dem Professor den Einwand, mir schiene die Natur selber Ungleichheit zu stiften, indem den Menschen fast immer ungleiche Fähigkeiten zu Theil werden, sowohl des Leibes als des Geistes. Worauf er erwiederte:

Das ist freilich nicht zu leugnen, aber man bedenke, daß die Menschen wenigstens alle gleich sind in ihrem Streben nach Wohlsein und Glück, nach Dasein überhaupt, Leben wollen sie alle. Und alle haben dasselbe Trachten nach Gleichheit, haben

Vernunft und Einsicht um das Glück, die Gesellschaft und die Gleichheit zu verwirklichen. Uebrigens, Mylord, halten Sie sich nicht auf bei diesem Einwurf, denn wir haben die Aufgabe gelöst, und Sie werden in Ikarien die vollkommene Gleichheit in der Gesellschaft sehen. Wie wir nur eine einzige Gesellschaft, ein einziges Volk eine einzige Familie ausmachen, gerade so macht unser Grund und Boden, mit seinen unterirdischen Reichthümern und seinen Bauten über der Erde, nur ein einziges Grundstück, unser Gesellschaftsland, unsre Domäne, aus. Alle beweglichen Güter der Associirten, nebst allen Produkten des Bodens und der Industrie, bilden nur ein einziges Gesellschaftskapital.

Dieses, wie jenes, gehört untheilbar dem Volke, der Nation, die es bebaut und benutzt, durch ihre Bevollmächtigten oder in eigner Person verwaltet, und sich in die Erzeugnisse gleichmäßig theilt. —

Ich konnte mich nicht enthalten, ihn hier mit dem Ausruf zu unterbrechen: dies sei ja die Gütergemeinschaft! —

Ja wohl, sagte Walmors Vater; erschrecken Sie etwa darüber?

Nein, das gerade nicht — aber — man hat doch immer behauptet, sie sei unmöglich. —

Unmöglich? nun, Sie werden sehen, daß dem nicht so bei uns gewesen ist.

Dinaros begann wieder:

Alle Ikarier sind, wie gesagt, gleich und associirt, jeder muß folglich eine Industrie üben und dieselbe Anzahl Stunden arbeiten; aber ihre ganze Vernunft ist rastlos bemüht, Mittel und Wege zu finden um dieses Arbeiten leicht, bequem, angenehm, kurz, zu machen. Sämmtliche Werkzeuge der Arbeit und die zu verarbeitenden Stoffe werden aus dem Gesellschaftskapital bestritten; alle Produkte des Bodens und der Industrie werden in den öffentlichen Magazinen aufgespeichert. Wir alle sind ernährt, logirt, gekleidet, und das geschieht auf Kosten des Gesellschaftskapitals; wir sind es alle auf gleichmäßige Weise, mit der erforderlichen Berücksichtigung des Geschlechtes, des Alters und einiger andern Punkte die im Gesetz angegeben sind. Auf diese Art ist die Republik oder Gütergemeinschaft die alleinige Besitzerin, die alleinige Eigenthümerin; sie allein organisirt ihre Arbeiter und baut die Werkstätten und Magazine; sie allein baut den Acker, und errichtet die Häuser, und fabrizirt alle Stücke die zur Kleidung, Nahrung, Wohnung und Möblirung nöthig sind.

Da die Erziehung bei uns als Grundlage der Gesellschaft

gilt, so gibt die Republik selbige jedem Bürger, jedem ihrer Kinder, und zwar unentgeltlich, und zwar gleichmäßig, nicht anders wie sie jedem gleichmäßig die Nahrung gibt, deren er bedarf.

Alle genießen das Brod des Leibes und das Brod des Geistes in gleicher, gleichmäßiger, gleichartiger Weise. Alle bekommen den nämlichen Anfangsunterricht, und hinterdrein diejenige besondre Belehrung welche zu ihrem besondern Wirken, zu ihrem besondern Geschäft nothwendig ist. Diese Erziehung bezweckt aus allen Einwohnern tüchtige Arbeiter, gute Eltern, wackre Bürger, kurz wahrhafte Menschen zu bilden. —

Solches ist, in Bausch und Bogen, unsre Gesellschaftseinrichtung, und aus diesen paar Worten können Sie wohl leicht das Uebrige schließen, fügte der Großvater hinzu, und jetzt werden Sie sich nicht mehr wundern, daß Ikarien weder Arme noch Dienstboten kennt.

— Und daß wir weder Privatpferde, noch Privatwagen u. s. w. haben, rief Walmor, sondern daß die Republik alle Kommunikationsmittel, alle Hotels u. s. w. besitzt, auf denen und in denen sie alle Reisenden befördert und verpflegt. Da jeder von uns übrigens alles ihm Nöthige in Wirklichkeit erhält, ist es uns ganz nutzlos, Geld zu haben; deshalb wird auch bei uns nichts gekauft noch verkauft. —

Ich war wie geblendet; ich konnte nichts erwiedern, als einige unruhige Worte des Zweifelns, die dem Greis ein Lächeln entlockten, und ihn zu dem Ausruf veranlaßten: Mylord, Sie sehen hier die Gütergemeinschaft wie ein Schiff mit vollen Segeln fahren und scheinen noch Bedenken zu suchen? Wohlan Dinaros, entwickeln Sie die politische Organisation unsres Staates.

Grundsätze der staatlichen Organisation der ikarischen Republik.

Da wir also alle gleich an Rechten, alle Bürger und associirt sind, so folgt sicher von selbst daß wir alle Wähler und Wählbare, alle Mitglieder des Volks und der Volkswehrmannschaft sind. Wir alle, ohne Einen auszuschließen, sind Volk, Nation, denn bei uns ist kein Unterschied zwischen Volk und Nation. Ich brauche Ihnen nicht erst zu bedeuten daß unser Volk nur sich selbst angehört, also selbstherrschend ist; demnach das Recht besitzt, sich in seinen Berathungen und Thaten selbstständig zu bestimmen. Es hat seine Gesetze sich ersonnen und aufgestellt, und kann sie, wenn es ihm gut dünkt, widerrufen oder abändern.

Viele hier zu Lande können gar nicht begreifen wie in andern Ländern das Ding anders sein darf. Des ikarische Volk hat durch seine Gesetze Ordnung in die Ernährung, Kleidung, Wohnung zu bringen gewußt, in seine Arbeiten, in seine Erziehung, und in seine Vergnügungen.

Könnte es sich ohne Weitres oft auf einer ungeheuern Ebene versammeln, oder in einem Saale, so würde es seine Oberherrlichkeit ausüben und dort die Gesetze machen, denen es forthin nachzuleben gedächte. Doch in der materiellen Unmöglichkeit sich solchergestalt zu versammeln, bekleidet es mit denjenigen Machtvollkommenheiten, die es nicht in Person und unmittelbar vollziehen kann, seine Beauftragten, und behält sich alle übrigen vor. Es überträgt einer Volksvertreterschaft die Macht, seine Konstitution und seine Gesetze zu bilden. Es überträgt einem Ausführungscomité, einem Ausschusse, die Macht, diese Gesetze in Wirksamkeit zu bringen. Aber es bewahrt sich das Recht, die Vertreter zu wählen, die Mitglieder des Ausschusses zu ernennen, die Gesetzesentwürfe anzunehmen oder zurückzuweisen, Gerechtigkeit auszuüben, öffentliche Ruhe und den Frieden zu erhalten. Alle öffentliche Beamten sind folglich Beauftragte des gesammten Volkes, sind alle wählbar, sind auf eine Zeit nur im Amte, sind verantwortlich und absetzbar. Um ja jedem übel angebrachten Ehrgeiz vorzubeugen, sind bei uns die gesetzgebenden Beamten und die gesetzausführenden geschieden, so daß nicht ein und der nämliche Bürger beides zugleich sein darf.

Unsre Volksvertretung besteht aus zweitausend Deputirten; sie berathschlagen zusammen in einem einzigen Saale, nicht in zweien. Sie sind ohne Unterbrechung versammelt, und werden jährlich zur Hälfte erneuert. Ihre wichtigern Gesetze werden der Begutachtung des gesammten Volkes vorgelegt.

Unser ausübender Ausschuß, oder Vollziehungsausschuß, besteht in einem Präsidenten mit fünfzehn Mitgliedern, die jährlich zur Hälfte neu gewählt werden; er ist in allen Stücken der Vertreterschaft untergeordnet.

Das Volk übt in seinen Versammlungen alle Rechte aus die es sich vorbehalten hat, als da sind: das Wählen, das Berathen und das Urtheilen. Sie wissen unstreitig, Mylord, daß, um der Nation dieses ihr Geschäft zu erleichtern, das ganze Land in einhundert kleine Provinzen getheilt ist, und jede in zehn Gemeinden, was also tausend Gemeinden macht, die an Flächeninhalt und Seelenzahl ziemlich gleich sind. Jede Provinzialstadt liegt im Mittelpunkt ihrer Provinz, jede Gemeindestadt im Mittelpunkt ihrer Gemeinde, und außerdem sind alle erdenklichen

Maßregeln getroffen, um den Einwohnern den Besuch der Versammlungen bequem zu machen. Damit ja kein Interesse leide, beschäftigt sich jegliche Gemeinde mit ihren Gemeindesachen, jegliche Provinz mit ihren Provinzialsachen insonderheit, während alle Gemeinden, alle Provinzen insgesammt, d. h. das Volk in seiner Allheit, und seine Vertreterschaft, sich mit den nationalen allgemeinen Angelegenheiten abgeben.

Das Volk, in den eintausend Gemeinden vertheilt, hält dort eintausend Gemeindeversammlungen, nimmt folglich dort das Wort über seine Gesetze, sei dies nun vor, sei dies nach der Berathung derselben in der Deputirtenkammer. Natürlich geschieht alles im vollsten Lichte der Oeffentlichkeit; alles wird statistisch übersichtlich dargestellt und die dazu bestimmte Nationalzeitung wird jedem Mitbürger zugeschickt.

Damit nun jede Diskussion möglichst gründlich vor sich gehe, hat die Deputirtenkammer, und eben so jegliche Gemeindeversammlung, folglich das ganze Volk, sich in fünfzehn große Abschnitte oder Ausschüsse eingetheilt, deren jeder das ihm gehörende Fach behandelt. Wir haben einen Ausschuß für die Reichsverfassung, einen für die Erziehung, einen für den Ackerbau einen für die Industrie, einen für die Nahrung, einen für die Wohnung, einen für die Kleidung, einen für die Statistik, u. s. w. Jedes dieser großen Comités hat also den fünfzehnten Theil der Gesammtbevölkerung in sich, und die ganze Einsicht eines gebildeten großen Volkes ist rastlos mit Verbesserungsentwürfen und Ausführung derselben beschäftigt. Wir leben in einer Republik, in einer fast reinen Demokratie. —

Ja, Mylord, fügte Walmor's Väter hinzu, bei uns gibt nur Einer Gesetze, und dieser Eine und Einzige ist die Gesammtheit der Nation, und daher lediglich kommt es daß unsre Gesetze treu befolgt werden, denn das Volk kann als gebildetes Volk doch wahrlich nicht gegen den eigenen Vortheil handeln. Immer, im Kleinen wie im Großen, ist die Wohlfahrt, die Bildung Aller, auf der unerschütterlichen Grundfeste der Gleichheit, unser Zweck, und weil eben Alle sich für diesen Zweck interessiren (da er ihr Vortheil ist) so wird er niemals aus dem Blick verloren.

Ich fragte, nach einer kleinen Pause, wie und wann denn diese wunderbar scheinende Gleichheit entstanden? und erhielt zur Antwort, es sei heute schon zu spät um mir die geschichtliche Entwickelung vorzutragen, die ich zudem in jeder Bibliothek mit Muße und Nachdenken lesen könne; doch möge Dinaros, oder wenn er müde sei, Walmor mir einen kurzen Abriß sogleich davon geben.

Korilla rief aber: sie wolle auch etwas beitragen, und sie habe eben so gut das Wort.

Da die schöne Rednerin beifällig hierin allerseits unterstützt ward, sagte sie folgendes; ganz ohne Affectation, mit Sicherheit und mit Theilnahme sprach das herrliche Mädchen; man sah, es war ihr Ernst damit.

Abriß der Geschichte Ikarien's.

Ich brauche Ihnen, William, nicht weit und breit zu berichten, daß unser unglückliches Land, wie alle übrigen Länder, mehrmals in die Hände böser, verwüstender Eroberer gerieth; danach in die Botmäßigkeit bösartiger Gebieter und schlechter Fürsten, die lange Jahrhunderte hindurch die arbeitenden Klassen unterdrückten und das weibliche Geschlecht in Elend stürzten und in Elend festhielten; das war bei uns gerade so wie überall. Und man sah bei uns Hunderte von Jahren lang nichts als Mord und Ränke, Revolutionen, Thronwechsel, und gräßlichen Kampf zwischen den Reichen und den Armen. Vor etwa sechzig Jahren ich weiß nicht recht die Jahrzahl, Walmor! (dieser ergänzte 1772) ward der alte Tyran Korug entthront und getödtet, sein junger Sohn verbannt, und die schöne Chloramide mit der Krone geschmückt. Diese junge Herrscherin machte sich anfangs sehr volksbeliebt; sie war sanft und gut. Aber leider gab sie bald ihrem ersten Minister, dem elenden Lixdor, Gehör und ward so despotisch daß eine letzte Staatsumwälzung (am 13. Juni 1782, bemerkte der Großvater) statt finden mußte, nach einem schrecklichen Kampfe von zwei Tagen. Die Nation erkor jetzt einen Dictator, und es traf sich glücklich daß dieser einer der edelsten, trefflichsten Männer war, die je auf Erden gewandelt. Ihm und seinen Gefährten, unsern würdigen Ahnen, verdanken wir unser heutiges Glück. Sie haben die Gütergemeinschaft organisirt; sie haben oft dem Tode getrotzt, unnennbare Schwierigkeiten besiegt, unermeßliche Heldenarbeit vollführt. Jetzt, William, begreifen Sie warum wir so innig am Gedächtniß des großen Ikar halten, und seinen Wirkungsgefährten, hier den lieben Großvater, so hoch achten; denn das sind Befreier, sind Wohlthäter des Vaterlands. —

Bei dieser rührenden Wendung der Rede grollte der würdige Greis ein wenig; doch warf sich Korilla ihm um den Hals und er umarmte seine Enkelin zärtlich. Da stand er auf, richtete seine noch immer mächtige, ehrfurchtgebietende Gestalt hoch empor; es war ein erhebender Anblick, dieses Greisenantlitz mit dem kahlen, nur im Nacken von silbernem Haar umkränzten Schädel, und die blühende, feurige Korilla und den edeln Sohn bei der Hand fassend, sprach er in feierlichem Tone: Ja, Ikar, mein verstorbener Freund, du hattest uns begeistert, und wir halfen dir; und so sei dir denn Ruhm und Ehre; meine Lieben, singt Ikar's und des Vaterlandes Lob!

Das Auge blitzte dem greisen Kämpfer; eine Thräne auch schlich sich hervor unter den grauen Wimpern, während die Familie den hinreissendsten der Gesänge anstimmte.

Ich fand mich in meinem Zimmer, ich wußte kaum wie! so abgezogen von sich und auf das nie Gesehene, Unerhörte, welches plötzlich in meine Lebensbahn eingebrochen, hingelenkt ward mein Bewußtsein. Ich war im Wachen wie im Traum. Die mannigfachsten Bilder und Ideen durchkreuzten sich in mir; diese große, bisher beispiellose Republik, und in ihr diese herrliche Familie, und in ihr der hohe Greis, und Dinaros, Walmor, und eine Korilla; — oh, ich hätte die Nacht ausstreichen und sofort den Tag heraufrufen mögen, um schnell zu dem Spatziergange zu eilen, auf den ich von ihr eine freundliche Einladung erhalten hatte.

Sechstes Kapitel.

Fortsetzung der Beschreibung der Hauptstadt Ikara.

Spät erst konnte ich den Schlaf finden. Ich wurde durch Eugen geweckt, der stürmisch herein drang und mir erzählte, wie auch er Abends zuvor über Ikar und Ikarien so Merkwürdiges gehört und gelesen habe.

Welch großartiger Mensch, dieser Ikar! rief er; vielleicht war's mehr als ein Mensch! Ikarien trägt mit Recht den unsterblichen Namen; es ist ja durch ihn glücklich geworden. Ach, hätte mein fernes Heimathland einen Ikar nach der Julirevolution gefunden! — Ja, auch deine Kampftage, du Volk von Paris, waren schön! und du selbst warst so wacker, so edel, so todesmuthig, so edelmüthig! Ein neuer Abschnitt konnte für dich anbrechen! du auch konntest glücklich werden — ach du bist es nicht geworden — Frankreich, mein Vaterland, rief er mit zitternder, unterbrochener, krampfiger, schneidender Stimme, o du Land, das ich fliehen muß, du elendes, unseliges Land das dein Sohn verachtet, haßt.... nein, nein, mein liebes, liebes Land, ich liebe dich, ich bete dich an in deinem Jammer mehr als je! —

Hastigen Schrittes war er durch das Zimmer gegangen, er schien sich ganz allein zu glauben; die Augen liefen ihm über, und er setzte sich langsam, blaß, die Hände vor seine scharfe, kühne Miene drückend, in den Sessel. Er athmete schwer.

Ich war tief erschüttert und wagte nicht, diesen heiligen Schmerz zu früh zu stören.

Endlich ward er etwas ruhiger. Er zog einen Brief aus der Tasche, den er so eben an seinen Bruder nach Europa geschrieben. Dieser Brief gefiel mir dermaßen, daß er ihn mir zum Abschreiben lassen mußte. Ich las die Abschrift dem Walmor'schen Familienkreise vor, und erreichte dadurch, daß man dort sofort mich beauftragte, den jungen französischen Künstler einzuführen. — Hier ist sein Brief.

Die Musterstadt.

Mein guter Kamill, reiße nur deine Stadtkarten und Grundrisse entzwei, du bekommst hier einen Plan, einen Musterstadtplan, nach dem du oft seufztest; es ist unendlich Schade, daß du nicht mit deinem Bruder zusammen dies Alles in der Leibhaftigkeit anschauen kannst. Wärest du doch hier, Kamill! Jetzt lies und staune, lies nochmals und staune abermals.

Denke dir, es sei in London oder Paris eine ungewöhnliche Belohnung auf den anerkannt besten Plan ausgesetzt; ein großes Konkurriren sei eröffnet, und ein zahlreicher Ausschuß ausgezeichneter Baumeister, Maler, Künstler aller Fächer, auch Naturkundige, Aerzte, und gebildete Reisende, wären versammelt, hätten die tüchtigsten Kenntnisse theils selbst, theils würden sie Vorschlägen der Gesammtbevölkerung Gehör leihen. Denke dir, dieser Ausschuß diskutire des Weitern die Grundrisse der Städte, nach allen Seiten die Frage betrachtend, und sage mir, ob auf solche Weise nicht zuletzt ein Musterplan herauskommen muß? — Die Stadt, welche Resultat dieses emsigen, gebildeten, gelehrten, verständigen Berathens ist, muß offenbar alle Vortheile der Städte in sich einigen, und alle Nachtheile sich vom Halse halten, denn der Kommission lagen ja schon die Plankarten und Beschreibungen der Vor- wie Nachtheile vor. Bedenke ferner, die große, erhabene Republik in der dieses vor sich geht, hat als ersten und letzten Grundsatz, als Mittelpunkt ihres Thuns aufgestellt: „Zuerst das Nothwendige, hinterdrein das Nützliche, „ganz zuletzt das Anmuthige,“ und du wirst ohne besondere Mühe dir sagen, die Hauptstadt dieses Reiches könne nicht anders als musterhaft werden.

Ich weiß wahrhaftig nicht recht, womit ich meine Schilderung beginnen soll — halt doch; ich will dir zunächst vom Nothwendigen sprechen.

Daß die Stadt ganz reinlich, der Luft zugänglich, versteht sich. Im Innern sind keine Kirchhöfe, keine Spitäler, keine Schlachthäuser, all dies befindet sich vor dem Thore, neben fließendem Wasser, auf freiem Felde. Die Flüssigkeiten in den Straßen rinnen fortwährend in unterirdische Kanäle. Der Schmutz wird durch höchst einfache Maschinen weggekehrt, und geht auch in Kanäle unter dem Boden, wo ihn Wasser weiter treiben. Es muß aber den Ikariern nachgesagt werden, daß sie die Mittel kennen, so wenig Staub und Schmutz als möglich in ihren Straßen zu machen. Du lachst? Lies weiter, und du wirst bewundern. Jede Straße hat acht Wagenräume oder Geleise, sowohl eiserne als steinerne, für vier Wagen in Einer Breite; die Räder haben nicht nöthig, diese Räume zu verlassen, und die Pferde laufen auf dem Striche in Mitten der zwei Geleise ihrer Wagen, welcher mit Stampfkies oder Pflaster ausgeschlagen ist. Das was auf diese Art noch von der Straße übrig, ist mit Geziegel belegt. Woher sollte da wohl Staub und Schmutz, wie in den civilisirten europäischen Straßen, kommen? Zudem liegen die Werkstätten längs der Kanäle, oder in den mit Eisenweg versehenen Straßen, wo sich auch die Speicher befinden. Die Karren, wenig beladen übrigens, passiren auch nur diese Straßen. Die Straßen mit Geleis sind für Omnibus bestimmt, und die Hälfte der Stadt sieht gar keine Omnibus noch Karren, sondern nur kleinere Wagen mit starken Hunden bespannt, womit die tägliche Austheilung an die Familien geschieht.

Es versteht sich, daß niemals Unrath aus den Wohnungen und Werkstätten auf die Straße geworfen wird; niemals kommt Heu oder Stroh, oder Mist hin, da ja die Nationalstallgebäude an der äußern Seite der Stadt liegen. Zudem sind die Transportwagen bestens verschlossen, und das Ein- und Abladen geschieht mittelst Maschinen, wobei keine Verunreinigung der Straße und des Trottoirs möglich.

Springbrunnen an den Ecken schaffen das nöthige Wasser zum Waschen der Straße, und dienen gegen Staub und Hitze. Das Gesetz — du lächelst vielleicht, doch wirst du bald bewundern — das Gesetz, sage ich, hat erklärt: „der Fußgänger soll Sicherheit „genießen, und niemals dürfen Unglücksfälle durch Wagen und

„Pferde, oder sonstige Thiere, ihm zustoßen." Dies Gesetz wird pünktlichst befolgt.

Kein Reitpferd kommt ins Innere der Stadt. Was die Zugpferde betrifft, so sind alle erdenklichen Vorkehren da, um ihnen die Möglichkeit zu schaden, zu nehmen. Das Gespann ist aufs zweckmäßigste eingerichtet; auch kannst du sehen, wie der Kutscher die Thiere an den Orten, wo Fußgänger den Weg durchkreuzen, nur im Schritt gehen läßt. Diese Kreuzwege sind obendrein gut versorgt; Säulen stehen da, quer über dem Wege, und formiren gleichsam Durchgänge für die Fuhrwerke. Auch findet man dort Ruheplätze, wo der Fußgänger sich einen Augenblick aufhalten kann, wenn viel Gedränge ist. In manchen Straßen sind diese Kreuzwege der Fußgänger unter der Erde wie der Tunnel in London, und in andern sind sie eine Brücke, unter welcher die Wagen passiren. In Ikara ist es ferner Sitte, stets rechter Hand zu gehen und zu fahren; dadurch könnten auch wir in unsern großen Städten viel Unheil verhüten, aber Niemand denkt bei uns daran, dies allgemein zu machen. Da die Kutscher sämmtlich Arbeiter im Dienste des Staates sind, hat jeder von ihnen das Interesse, so wenig als möglich das Leben der Mitbürger zu gefährden.

Da nun die gesammte Einwohnerschaft bis drei Uhr Nachmittag in den Werkstätten oder Wohnungen arbeitet, und da die Transportfuhren lediglich in derjenigen Zeit cirkuliren, wo die Omnibus nicht fahren und wenig Leute auf den Straßen gehen; da zudem die Räder nicht das Geleis verlassen, so wirst du dir wohl leicht vorstellen, daß Unglück äußerst selten, wenn nicht ganz unmöglich, gemacht ist. — Bedenke ferner, daß niemals Heerden von Schlachtvieh, wie man sie leider in London sieht, sich auf den Straßen zeigen, denn die Ikarier haben außerhalb die Schlachthäuser angelegt, und vermeiden hiemit vieles Unheil, unter andern auch, daß die Leute nicht durch den widerlichen Anblick der Tödtung aufgeregt werden. Und ich glaube, letzteres ist nicht gering anzuschlagen. Was die Hunde belangt, deren man sich oft zum Transportfahren bedient, sind sie sehr groß und schön; übrigens bestens gepflegt und behandelt, so daß ihre Krankheiten nicht menschengefährlich werden; ja es ist selbst dafür gesorgt, daß man sie niemals ohne Leine herumlaufen lasse, und man verhindert dadurch manches was unangenehm sein könnte. Und wie die Straßen im besten Stande, so sind es auch die Häuser; niemals siehst du Schornsteine, Dachziegel, Blumentöpfe herabstürzen. Uebrigens sind die Hausbewohner ja selbst schon dabei interessirt.

Die Fußgänger sind sogar gegen das Wetter geschützt. Jede Straße hat zwei Gehsteine, mit Dachgittern und Fenstern überdeckt, und mit Zeltleinwand versehen, um gegen die Hitze zu schützen. Viele Straßen, in welchen die großen Magazine und Niederlagen, sind gänzlich überdeckt, wie es auch die Kreuzwege sind, die aus einer Straße in die andere führen. Auf jedem Trottoir stehen in gemessenen Entfernungen Buden, in denen sich die Leute ausruhen und den ihnen gerade zusagenden Omnibus abwarten können; davor hält der öffentliche Wagen still, und man steigt ein und auf, ohne das Wetter fürchten zu dürfen. In dieser Weise kann man die gesammte Stadt durchwandern, zu Fuß oder zu Wagen, je nachdem man will, ohne Regen= und Sonnenschirm mitzuschleppen und sich die Kleider zu besudeln. Du kannst bei gutem Wetter durch die Gärten gehen, und bei schlechtem unter den Glasgittern längs der Wohnungen, ohne dich hunderttausend Aergernissen und Gefahren auszusetzen wie die Leute in Paris und London, und sonstigen Hauptörtern, wo eine unglaubliche Nachlässigkeit und Machtlosigkeit in diesen hochwichtigen Dingen Mode ist, und wohl noch lange bleibt. — Ich brauche dir nicht zu sagen, daß Ikara trefflich erleuchtet ist, viel besser und hübscher als London und Paris; z. B. in Ikara gibt es keine Läden, in welchen das Licht verbraucht wird, keine Werkstätten (denn Jeder arbeitet nur im Tage, und feiert Abends). Daher kann die Beleuchtung um so mehr sich auf Straßen und öffentliche Denkmäler wenden. Das Gas riecht nicht so schlecht wie bei uns, ist heller, und erfreut durch die schönsten Farben, die man hier der Flamme beimischt, wie durch allerlei zierliche Formen, in welchen man sie darzustellen weiß. Dadurch kommt eine Mannigfachheit, die höchst erfreuliche Wirkung auf das Auge übt. Die prächtigsten Illuminationen, die ich in London sah waren festliche; aber in Ikara ist die gewöhnliche Beleuchtung herrlich.

Ebenfalls versteht sich, nach dem was du bereits gelesen, daß Ikarien's Hauptstadt weder Kneipen noch Kaffeesäle, weder Börsengebäude noch Spielhäuser und Lotterien, weder Bordelle noch Kasernen und Wachthäuser, weder Polizei und Spione noch Gendarmen, weder Trunkenbolde noch Bettler kennt.

Wenn ein Europäer durch die hiesigen Straßen wandelt, so findet sich sein Blick niemals durch jene albernen und skandalösen Kritzeleien auf den Mauern beleidigt, die er bei sich zu Hause so oft sehen mußte. Wie der Ikarier überall Nützlichkeit mit Anmuth zu verknüpfen weiß, beweist z. B. unter vielen hundert andern Einrichtungen, auch die der kleinen, zahlreichen Buden, die, zierlich gebaut, zum Behuf körperlicher Bedürfnisse dienen; einige sind für das weibliche, andere für das männliche Geschlecht bestimmt; und auf diese verständige, anständige Weise wird die widerliche Verletzung der guten Sitte auf offner Straße glücklich vermieden.

Eine anderweitige Probe ihres feinen Geschmacks hat die Republik gegeben, indem sie auf die Monumente der Nation, auf die Werkstätten und Paläste des Volkes Inschriften mit prächtigen Buchstaben setzte. Auch sind die Anzeigen auf den Mauern in angenehmer Form und auf hübschem Papier dermaßen geordnet, daß sie zur Verschönerung beitragen. Freilich siehst du hier nicht die unzähligen Ueberschriften, womit die europäischen Häuser ihre Läden ausstaffiren. Auch findest du, wie schon gesagt, keine Läden. Aber tröste dich, dieser Verlust wird überwogen durch die republikanischen Magazine, deren ein einziges vielen unserer Waarenlager des Privathandels, dreist die Spitze bietet. Denke dir einmal, sie haben hier ein oder zwei riesenhafte Magazine für Goldschmiede- und Juwelenkunst, so ungeheure Magazine, daß alle Magazine Londons oder von Paris zusammen nichts Größeres aufzuweisen haben. Und wie mit den Magazinen, so auch mit den Werkstätten. Und wie in diesem Fache, so in allen übrigen Fächern auch. Ich versichere dir, diese Werkstätten und dazu gehörigen Niederlagen durchmustern, ist ein schönerer Genuß als durch unsere Museen laufen; oder mindestens ein ebenso schöner. Daß diese Werkstätten und Magazine bequem gelegen, und äußerlich prachtvoll, innerlich königlich eingerichtet sind, magst du dir vorstellen; es ist eine feenhafte Herrlichkeit!

Aristokratische Paläste finden sich nicht hier. Auch nicht Equipagen. Auch nicht Gefängnisse. Auch nicht Armenhäuser. Aber Paläste groß und schön, ja größer, schöner als kaiserliche, sind die Schulen, die Versammlungshallen, die Spitäler; das sind die republikanischen Volkspaläste.

Soweit, theurer Bruder, über das Nothwendige. Ich komme jetzt zum Anmuthigen, in welchem sich die Mannigfaltigkeit, diese stete Gefährtin der Gleichheit, darbietet.

Du siehst zunächst dich auf der Straße um, und findest, daß die Häuser in dieser alle gleich sind, oder richtiger ähnlich, denn sie sehen nicht aus wie eine Reihe Eier. Aber sie haben in der Hauptsache alle übereinstimmendes. Gehe jedoch in die folgende Straße, und siehe! sie ist ganz anders. So die ganze Stadt durch. Du findest die verschiedenen Baustyle aller Nationen, möchte ich sagen. Vor Allem bemerke, daß du nirgend eine Baracke, ein verrottetes Haus neben Prunkgebäuden triffst. Auch beleidigen dein Auge nicht die schauerlichen hohen, dicken Eisengitter, mit denen in London viele Privathäuser ihre Gräben umgeben, wie wenn sie Kerker oder Festungen wären. Hat man doch in Ikarien selbst aus den Schornsteinen, die anderswo gar häßlich aussehen, allerliebste Zierathen der Dächer, mit Eisengeländern, zu machen verstanden.

Wie ich höre, hat man im Sinn, die glasbedeckten Säulengänge über den Trottoirs, zu Seiten der Häuser, mit Blumen zu schmücken.

Ich übergehe hier die Beschreibung der zahlreichen Monumente, Säulen, Bogengänge, Siegesbogen, Springbrunnen, Promenaden, Thore u. s w., womit die herrlichste der Städte sich geziert hat. Ich müßte Bände darüber vollschreiben; ich begnüge mich, dir mehrere Grundrisse und Ansichten zu schicken. Ach, Kamill, wärest du hier! — Bemerken will ich noch ausdrücklichst, daß keines dieser vielen Monumente dem andern auf einförmige Weise gleicht; jedes ist ein besonders Meisterwerk, und du triffst die verschiedentlichen Bauweisen der verschiedenen Zeitalter und Schulen hier an; auch brauchst du nicht hier dich zu ärgern, wie z. B. in London, wo die Paulskirche durch allerlei Läden dermaßen ringsum verdeckt ist, daß wir ihr keinen Ganzblick abgewinnen konnten.

Eine ungeheure Sorgfalt ist auf alle hiesige Monumente verwendet worden, und ich sehe an jedem einzelnen die schönsten Gemälde und Bildhauereien. Die prachtvollen Sammlungen der schönen Künste in den Museen sind in London des Werkeltags geöffnet und am Sonntage, wo das Volk sie sehen könnte, verschlossen, während hier das Volk nur auf die Promenaden, in die Gärten, in die Säulenhallen zu gehen braucht, um sich der edeln Kunsterzeugnisse zu erfreuen. Uebrigens steht die ikarische Kunst höher als die Kunst in allen andern Ländern, denn die Republik läßt durch die anerkannt besten Künstler arbeiten, und es findet nur reiner Antrieb statt; reine Liebe zur Kunst, reine Liebe zum Ruhme treibt die Kräfte der hiesigen Künstler. Hier ist kein Gebuhle nach der Gunst der Mode, oder dieser und jener Klasse von Käufern (denn es wird nichts gekauft, nichts verkauft); hier siehst du keinen Maler, keinen Bildhauer, der sein bischen Talent durch Schmeicheleien, die er den großen Herrschaften bringt, in die Höhe zu schrauben und mit Scheinglanz zu umgeben suchte. Hier findest du keinen Maler, der sein edles Genie und seine treffliche Fingerfertigkeit um des täglichen Brodes halber, und um seiner Familie willen, auf dumme oder verwerfliche Gegenstände verwendete; etwa auf Gegenstände des Aberglaubens, oder der Albernheit, oder des lüsternen Kitzels, oder der Tyrannei; solche Dinge würden hier schlecht wegkommen. In Ikarien ereignet es sich nicht, wie in Europa, daß ein wahrhaft tüchtiger Künstler aus Mangel an Hülfe, oder durch Neid, oder durch allerlei verrückte Zufälle, untergeht, sich auf die schlechte Seite legt. Auch kommt es hier nicht vor, daß Stümperei sich einschwärzt und mit unverdientem Ruhm davon schleicht. Du wirst es also begreifen, weshalb z. B. hier kein Maler sich entwürdigt, und jene skandalösen Darstellungen auf Leinwand trägt, wodurch die Sitlichkeit zum Schamerröthen genöthigt wird; indeß bei uns die reichen Lüstlinge sich damit eine Aufstachlung der Wollust — die sie schlau „Kunst" betiteln, — verschaffen, und wo doch die sogenannte öffentliche Moral unablässig Keuschheit und Tugendhaftigkeit und Entsagung u. s. w. anempfiehlt. Ja, das sind schnurrige Widersprüche, mein guter Kamill! —

Wie die Republik streng ist in diesem Punkte, so auch in dem Punkte der Anforderungen vom Gesichtspunkte der Kunst. Du findest hier, daß kein Kunstprodukt ohne Prüfung angenommen wird; taugt es nichts, so kommt es nicht zur Ehre des längern Bestehens; war ja doch einst die spartanische Republik eben so hart gegen die mißgebornen Kinder ihrer Bürger!

Ich glaube, ich kann meine Beschreibung schließen; ich hätte wohl noch vieles über die Gartenanlagen, Brücken u. dgl. zu sagen, doch auf ein ander Mal. Hinzufügen muß ich jedoch, daß die übrigen Städte des Reichs sämmtlich nach dem Vorbilde der Hauptstadt geschaffen worden sind; natürlich haben sie keine so ungeheure Nationalmonumente.

Armes, armes Frankreich! — — —

So endigte Eugen's beredsamer Brief, dessen Richtigkeit ich bei jedem Schritte bestätigt finde.

Nachdem ich ihn abgeschrieben, gingen wir aus und besuchten die Nationalbäckereien. Es machte uns ein mit Erstaunen gemischtes Vergnügen, die fünf bis sechs ungeheuren Gebäude zu durchlaufen, die parallel eins neben dem andern stehend, für Mehl, das andre für Teig, das dritte für Backöfen, wieder eins für Brennmaterial, noch eins für Brod bestimmt, sich einer Einrichtung erfreuen, die nichts zu wünschen übrig läßt. Die furchtbar angreifende Arbeit des Brodmachens, unter der so mancher Körper und Geist erliegen, ist durch sinnreiche Anordnungen, von denen wir Europäer uns bis jetzt noch nicht haben träumen lassen, ungefährlich geworden. — Es versteht sich, daß ein Kanal dabei fließt, welcher die Transportirung in die Gebäude, und von ihnen in die Stadt, bestens erleichtert. Maschinen bringen das Mehl und Brennmaterial in die Bäckerei; Maschinen schütten durch kolossale Schläuche das Mehl in die Kübel, wo es durch Maschinen mit Wasser vermengt, zu Teig verknetet, geschnitten und an die Thüren der Backöfen geführt wird; dort haben schon Maschinen die Heitzung besorgt, und schaffen das fertige Brod hinaus.

Eugen konnte nicht genug sich an dieser menschenfreundlichen Einrichtung ergötzen; ich sah aber zum öftern nach der Uhr und es ließ mir keine Ruhe: ich eilte um fünf zu Walmor. Dort waren alle bereit zum Ausgehen; fast die ganze Familie machte sich auf die Promenade. Walmor gab den Arm einer seiner Cousinen; Korilla nahm mich zum Begleiter, und das mit einer zuvorkommenden Anmuth die mich entzückte. Wir gingen durch mehrere Gärten, in denen Kinder und Erwachsene mit ländlicher Arbeit, mitten in der Stadt, sich beschäftigten. Diese Gärten hatten etwas ungemein liebliches; da waren die herrlichsten Blumen, Sträucher und Obstbäume, da rankten Geißblatt und Wein; die Luft war so balsamisch, die Leute so heiter und gesund! man sang und jubelte.

Endlich kamen wir zur Promenade. Diese bot einen prächtigen Anblick; ausgesuchter Rasen, Baumgänge groß und klein; Bäche mit Moosbänken, und Teiche, mit Springbrunnen und Wasserfällen; künstliche Grotten, Brücken; dazwischen Bildnisse von meisterhafter Hand; auch Geflügel und andre Thiere mangelten nicht auf dem Wasser und auf dem Wiesengrün.

Eine zahlreiche Menge wallfahrte fröhlich hin und her; Kinder, Mütter, Väter spatzierten nach allen Richtungen; junge Leute und junge Mädchen spielten, tanzten, sangen in Gegenwart der Eltern. Ich bemerkte meiner schönen Begleiterin, ihre Landsleute schienen mir sehr musikalisch. Ja wohl, entgegnete sie, der gute Ikar hat, so zu sagen, den Sinn für Musik in uns Allen aufgeschlossen, wie er uns auch Alle für Blumenzucht begeistert hat; durch die Erziehung welche seit ihm in Ikarien eingeführt ward, ist es wirklich dahin gebracht, daß jeder Knabe und jedes Mädchen Pflanzenkunde und Pflanzenbau, wie auch Tonkunst erlernt. Jeder lernt singen und ein Instrument. Daher hören Sie auch überall Gesang; in unsern Familien, in unsern Werkstätten, auf unsern Spatziergängen, bei unsern Arbeiten im Freien, im Theater — überall. Wir werden weiter unten ganzen Truppen von Musikern, und zwar beiderlei Geschlechts, begegnen, ja selbst sinnreich verfertigten Maschinen, welche instrumentalisch gestimmt, Musik ertönen lassen. Beim Hörnerklang fahren unsre tausend öffentlichen Wagen ab und kommen mit Hörnerklang an, und — horchen Sie mal — da! ist das nicht allerliebst? Oh, Sie sollen auch noch Konzerte von fünfzig bis hunderttausend Sängern bei den Nationalfesten zu hören das Vergnügen haben.

Inzwischen gelangten wir an den Theil der Promenade, wo geritten wird. Hunderte von Männern und Frauen (ich kann nicht sagen: aller Klassen, denn in ganz Ikarien ist nur eine einzige Klasse), von jungen Leuten und Kindern beider Geschlechter, zogen an uns vorüber; alle geschmackvoll gekleidet, auf zierlich und zweckdienlich geschirrten Pferden verschiedener Größe. Reiter und Thier waren so vertraut, so gefügig, daß es eine Freude war zuzuschauen; auch die Frauen saßen so stolz und kühn im Sattel, wußten so gut zu lenken, daß ich nicht wußte, ob ich mehr sie, oder die schönen, behenden, geschulten Rosse bewundern sollte... Korilla belehrte mich, daß der ikarische Staat, auf Pferdezucht und Pferdeschulung besonders bedacht, das herrlichste aller Hausthiere mit größter Pflege behandle, und sich die theuersten Ankäufe im Ausland nicht verdrießen lasse. Wir lernen alle in früher Jugend mit dem Pferde umgehen, sagte sie, und nach den Kunstregeln es regieren; aber auch unser ikarisches Pferd, wie man behauptet, ist durch verständige Sorgfalt besser und geschickter geworden, als in allen übrigen Ländern. Erziehung thut auch beim Pferde viel, setzte sie lachend hinzu; das müssen Sie als englischer Pferdekenner wissen. — Ich stimmte ihr bereitwillig bei. Ich war entzückt; meine Liebe für das Pferd ist groß, und ich interessire mich mehr, als Andre, die nicht meine Neigung theilen. Da sah ich denn also ein Volk, in dem jeder Einzelne, Mann wie Weib, reiten gelernt! Ich glaube gern, daß dieses zu großem Vortheil für Körper und Geist der ikarischen Nation ausfällt. Nur wünschte ich zu wissen, wie es möglich, daß alle Welt Gelegenheit bekomme, diese edle Kunst zu treiben?

Korille entgegnete: Nichts einfacher als das; jede Kommunalstadt hält eintausend Sattelpferde, die Hauptstadt hält aber ihrer nicht weniger denn sechzigtausend. Die Benutzung dieser Pferde wird dermaßen geregelt, daß jede Familie in zehn Tagen einmal ausreitet. Es versteht sich, daß die Republik die alleinige Inhaberin aller Pferde ist und für sie besondre Stallungen und Wärter hat. —

So schwatzten wir über Allerlei und ergingen uns in dem

köstlichsten Parke den ich je auf meinen Reisen in allen Welttheilen gesehen. Und dieser schönste aller Parke war obendrein noch ein öffentlicher, ein Allgemeingut! ein Nationalpark, im vollen Sinn! Korilla sprach und fragte viel; da war die Rede von Theater, Festlichkeiten, Tanz, Gesellschaftlichkeit, Gebräuchen Ikarien's und andrer Nationen. Ich mußte erzählen und Vergleiche anstellen; zu wessen Gunsten die ausfielen? dürfte dem Leser unschwer zu errathen sein. Das herrliche Mädchen sprach auch über Verfassung, Versammlung des Volkes, Presse, und sprach so vernünftig und so reizend zugleich, so beredsam und so naiv zugleich, daß ich mir abermals gestehen mußte: solch einem Weibe noch nimmer auf der weiten Welt begegnet zu sein. Ich lernte viel an jenem Abende.

Siebentes Kapitel.

Nahrung.

Es war ein ikarischer Sonntag, ein Ruhetag, der zehnte in der ikarischen Woche, da kam Walmor zu mir, um der Verabredung gemäß mich recht früh bereits abzuholen. Wir beide machten uns denn, nebst dem jungen französischen Maler Eugen, auf den Weg und gingen auf das Land.

Ich werde später die sinnreichen Mittel erzählen, deren sich die Republik bedient, um, die schöne Jahreszeit hindurch, die Ausflüge in die Umgegend der Stadt, die ländlichen Mittagsessen u. s. w. zu regeln, in der Art daß jeder daran Theil habe. Die Vorsorge der Republik erstreckt sich allerdings bis auf solcherlei Punkte, die unstreitig mancher meiner Leser mit Achselzucken für „unbedeutend" erklären wird, obschon es ihm wahrscheinlich nicht „unbedeutend" ist, von einer ihn anziehenden Landparthie sich, sei's durch Geldmangel, sei's durch andre Gründe, ausgeschlossen zu sehen. Uebrigens steht es jedem frei, dieserartige Punkte zu halten für was er Lust hat.

Wir machten uns also auf, ohne erst vorher zu ergrübeln ob dies „unbedeutend" oder nicht sei; einige waren zu Fuß, andre in den Landomnibus, andre zu Pferde, zu Esel, zu Maulthier. Das Zusammentreffen war an einem allerliebsten Springbrunnen, eine Meile von Ikara entfernt, auf dem Abhange eines schönen Bergrückens der die Stadt beherrscht.

Eine große Menge Besucher nahm denselben Weg. Solcher

Vergnügungsorte sind über zwanzig rings um, einst im egoistischen Besitz einiger hohen Herrschaften oder reichen Familien, jetzt Gemeingut des gesammten Volks, und mithin auch der Nachkömmlinge jener ehemaligen Eigenthümer dieser Anlagen. Heute noch stehen hie und da einige, aber nur sehr wenige und kleine Bruchtrümmer der Schloßmauern und Gräben, durch die sich die alten Gebieter in ihrem Besitzthum gegen das Publikum abzusperren für gut befunden hatten. Absichtlich scheint das Volk diese Ruinen aufrecht zu lassen; sie sind übrigens so gering an Ausdehnung daß sie keinen in Anschlag zu bringenden Raum wegnehmen; sie sind nur Erinnerungen an eine trübe, schmerzliche Vergangenheit, aus der die Nation sich durch eigne Kraf zu ziehen wußte. Jetzt sind z. B. viele der alten Schloßgräbe in Blumen- und Gemüsegärten umgewandelt; die Burgverließe, so viel man deren noch übrig hat (die meisten sind längst zugeschüttet und zugestampft), dienen zu Bierkellern und Eisgruben; in Schloßhöfen wird getanzt, unter den an den Mauern wie zum Wahrzeichen aufgehängten Ketten; mitten auf einem Tanzplatz starrt noch ein uraltes Steinthor empor, auf dem nunmehr die Musikanten sitzen. Solcherlei könnte ich Mehreres anführen, doch genügt wohl dieses Wenige.

Walmor hatte die Güte, mir das System zu erklären, nach welchem der Staat Ikarien bei der Nahrungsaustheilung zu Werk geht. Ich hatte niemals an diese Möglichkeit auch nur im Entferntesten gedacht. Eugen mag mir auch hier wieder seinen Brief leihen; es war der dritte, den der junge begeisterte Franzose nach der fernen Heimath schrieb. Die Landparthie betreffend, will ich nur hinzusetzen, daß unsre Rückkehr nicht weniger angenehm war als unser Aufenthalt an jenem Orte. Ich will den Leser daher nicht mit besondern Beschreibungen der Vergnügungen jenes Abends hinhalten.

Brief Eugen's an seinen Bruder.

Lieber Kamill! wäre doch unser theures Frankreich endlich auch ein Ikarien! Lies und staune.

Nahrung.

Bei uns ist alles was sich auf Leibes-Nothdurft bezieht, bekanntlich ganz der Laune des Zufalls preisgegeben; hier zu Lande ist es aufs Gerechteste und Umständlichste geordnet, und man darf sagen, Ikarien habe den schwersten und erhabensten

Sieg errungen, der dem Menschen auf Erden zu Theil werden kann: Ikarien hat den Zufall besiegt.

Zuvörderst bestimmt das Gesetz, welche Nahrungsmittel heilsam, und welche zu verwerfen sind; ein Rath von Gelehrten und Sachkundigen, von der Deputirtenkammer eigens dazu ernannt, und vom Mitwirken der Bürger unterstützt, hat ein Verzeichniß von allen Nahrungsmitteln angefertigt, mit genauer Angabe der guten und schlechten Eigenschaften von jedem, oder richtiger der Verhältnisse, worin ein Nahrungsmittel diese oder jene Eigenschaft behält oder verliert. Nach dem ikarischen Satze: „zuerst „das Nothwendige, dann das Nützliche, zuletzt das Angenehme," nach diesem so einfachen, so wahren Lebenssatze, der auf das Größte wie Kleinste auf Erden seine Anwendung findet, hat das Comité jener Gelehrten auch in dieser Angelegenheit verfahren, und an jede Familie des Reiches ein Exemplar der erwähnten Schrift geliefert. Außerdem hat jede Familie ein Exemplar eines andern Buches, worin die zweckmäßige Zubereitung jeder Speise angegeben ist; ein ikarisches Kochbuch, mein Kamill. Lache nicht, ich muß dir gestehen, das Ding ist ganz ernsthaft, ganz verständig, ganz nützlich; es stehen darin auch eine Menge wissenschaftlicher Angaben, welche manchen unsrer Familien erwünscht genug kämen; das Ganze hat einen Ton, der weit über den Ton unsrer Hausbücher erhaben ist, und man sieht schon aus diesem Speisebuch, daß die Ikarier keine Wüstlinge, keine Kinder, keine Spießbürger sind. Bei uns wird bekanntlich behauptet, jede Provinz, jedes Land wisse schon von Erfahrung, welche Speise und welche Küche ihm am besten passe; das ist aber nicht richtig. Die Europäer verderben sich täglich die Eingeweide, unter andern Gründen auch aus dem daß nicht genau bekannt ist, oder auf die leichte Achsel genommen wird, was und wie zu essen und zu trinken sei. Wäre die thörichte Meinung derjenigen richtig, die da spöttisch sagen: „es sei doch seltsam daß der gebildete „Mensch nicht wissen solle was er zu essen habe? er sei ja kein Kind!" — so müßten sich ja in dem wohlhabenden und reichen Stande die Europäer nicht mehr den Magen verderben; denn in diesem Stande kann doch nicht der Magen aus Nahrungsmangel verdorben werden.

Die Republik hat also die Nahrungsstoffe festgesetzt. Nach den Jahreszeiten und Lebensaltern, Beschäftigungen und Gesundheitszuständen kommen in den Verbrauch wohl einige Verschiedenheiten, wie du dir denken kannst, aber diese Verschiedenheiten sind ganz unerheblich auf das Ganze, und es ist eine viel größere Gleichheit hier *wirklich*, als unsere kühnsten Denker oder

Träumer je haben für **möglich** halten wollen. Die Republik läßt keine andern, als die vom Speiserath anerkannten Nahrungsmittel bauen, und so findest du denn auch keine andern bei ihren Ackerwirthen, welche als Mitbürger und Mitgesetzgeber ihr Interesse daran haben, ihren eignen Gesetzeswillen zu vollstrecken. Die Gemeinschaft Ikarien vertheilt die Produktion des Bodens, die sie so hoch wie möglich, durch beste Benutzung, Düngung, zweckmäßiges Abholzen und Waldpflege, durch Bewässerung u. s. w. gesteigert hat, gleichermaßen an jeglichen Einwohner, wenn ein Stoff in so reichem Maße produzirt wird, daß Alle mitgenießen können und zur selbigen Zeit. Sie vertheilt jedoch, wenn ein Stoff nur in einem Maße, welches nicht für Alle ausreicht, denselben auch nur theilweise, d. h. in der Art, daß jeder Einwohner erst dann ihn erhält, wenn die Reihe an ihn kommt. Da aber der Ikarier weiß, daß die Verwaltung mit rechten Dingen hergeht, da er selbst ja seinen Geist und seine Hand zum Verwalten hergibt, so weiß er auch zu warten, und ist geduldig wenn der Nachbar von diesem Stoff, den er selber erst später bekommt, bereits genießt.

Auf diese unendlich einfache Manier ist der gröbste wie der feinste Nahrungsstoff völlig im Genusse Aller. Kein Mensch beklagt sich, er komme zu kurz. Keiner aber kann auch prassen, oder geizig aufwuchern und speichern, denn alles Aufspeichern geschieht lediglich durch die Gemeinschaft in den Nationalmagazinen, zufolge besonderer Nationalgesetze. Somit wird diese große, viele Millionen umfassende Bevölkerung besser genährt als unsere reichen Herrschaften, welche sich durch Essen den Magen verderben, während andere Leute sich krank hungern müssen; abgesehen von der stillen Angst die den reichen Mann öfters beschleicht.

Heinrich IV., der gute König des alten Frankreichs, wollte, daß jeder Bauer Sonntags sein Huhn im Topfe habe. Aber diese ikarische Gemeinde hat alle Tage ihr Huhn, und noch besseres, im Topfe. Geflügel und Mastvieh wird auf Kosten und unter Oberleitung der gemeinsamen Verwaltung gezogen; ebenso das Obst und Gemüse, Wildpret und Fische; und dies Alles in verschiedenen Formen aufbewahrt, wird aufgespeichert und vertheilt, so daß den Familienküchen ein gut Theil schlimmer Arbeit bereits abgenommen ist.

Die Gerichte wechseln; alle Tage kommt ein anders; über Einerlei kann man sich nicht beklagen. Uebrigens ist auch die Zeit und Dauer, und Zusammensetzung des Frühstücks und Mittagstisches vom Comité nach reiflicher Erwägung festgestellt.

Und warum sollte man nicht gern diesem folgen? Ist es doch zum Besten. Der Mensch gehorcht gern einer Ordnung, die er selbst gemacht hat.

Um sechs Uhr früh nehmen die Arbeiter, das will heißen alle Einwohner, gemeinschaftlich in dem Speisesaal des Stadtviertels einen leichten Morgenimbiß ein. Um neun Uhr frühstücken sie, nachdem sie bereits einige Stunden gearbeitet, in der Werkstatt; die Frauen aber und Kinder thun ein Gleiches zu Hause. Um zwei Uhr wird zu Mittag gespeist; alle Einwohner derselben Straße versammeln sich dazu in dem Speisehause. Abends, gegen neun oder zehn Uhr, genießt jede Familie noch ein kleines Abendessen zu Hause, und dies, in Früchten und Zuckerwerk bestehend, ist von den Frauen bereitet. —

Das Mahl beginnt meist mit einem Toast auf die Gemeinschaft, auf die Gründer derselben, insonders auf Ikar den Befreier und Wohlthäter.

Du mußt gestehen, Bruder, die Ikarier wissen zu speisen. Ich sehe nur schlechterdings nicht ein, weßhalb andere Leute nicht auch dieses haben dürfen? Uebrigens ist es selbst mir, der ich doch die prächtigen Speise- und Kaffeesäle von Paris und London kenne, ein erstaunliches Schauspiel gewesen, wie es bei solchem gewöhnlichen ikarischen Mittagstisch hergeht. Der Glanz des Lokals, das Silber und Gold, Porzellan und Weißzeug, die Möbeln, die Beleuchtung, die Teppiche sind vielleicht bedeutender als in unsern europäischen Herrschafts- und Fürstenpalästen; gewiß aber haben sie das vor diesen voraus, daß hier alle Welt mitgenießt. Selbst Gemälde, Blumen, Musik, Wohlgerüche, Springbrünnlein u. dgl. fehlen in keinem dieser großen, gemeinsamen Speisesäle, an die sich meist ein Garten und eine Terrasse schließt. Durchschnittlich speisen zweitausend Leute zusammen.

In diesen Lokalen wird am zehnten Tage der ikarischen Woche nicht gespeist; an diesem ikarischen Sonntage ißt man im Kreise der Seinigen oder besonderer Freunde, geht aufs Land, macht Wasserpartien. Auch hiefür sorgt die Republik; es werden den zu Ausflügen in die Umgegend sich Anschickenden zubereitete Gerichte ins Haus gesandt. Du siehst, der Speisesaal des Stadtviertels weiß den Hausfrauen viele Plage abzunehmen.

Vertheilung der Lebensmittel.

So schwierig diese Aufgabe aussieht, so einfach und verständig ist sie gelöst. Du erinnerst dich, daß die Republik alles zum Unterhalt Erforderliche baut, verarbeitet, und aufspeichert.

Dazu dienen geräumige Keller und Magazine, deren jedes ein Verzeichniß der Speisesäle, Werkstätten, Schulen, Hospitäler und Familien hat, an welche es abliefern muß. Im Magazin steht für jede Familie ein Korb, ein Maaß mit Hausnummer und Straßennamen gezeichnet; in diesem Maaß wird der Antheil von Stoffen zugemessen. Dieser Maaße sind stets zwei vorhanden, so daß eines weggetragen werden kann, während das andere dort bleibt. Jede Wohnung hat eine besondere Nische oder Vertiefung in der Mauer, wo die Austheiler das volle hinstellen und das leere, schon in Bereitschaft dastehende, abholen. Ein Klingelzug bedeutet der Familie die Ankunft des frischen Vorraths; zudem ist die Stunde vorher allgemein bestimmt.

Achtes Kapitel.

Kleidung.

(Fortsetzung des Briefes Eugen's.)

Wie mit der Nahrung, lieber Bruder, gerade so geht es mit der Kleidung. Die Ornung hat solchen unbesiegbaren Anreiz für den Menschen, vorausgesetzt, daß sie nicht erzwungen und folglich ermüdend oder langweilig ist, daß kein Ikarier sich ein ungeordnetes Leben wünscht.

Einmal den Anschub zur Ordnung, Verständigkeit und Selbstherrschaft gegeben, wird Alles und Jedes diesem Gesetze anheim gestellt. Die Republik hat ein Comité erwählt, welches auf vorherige Zuratheziehung Aller, die Kleidungsweisen aller Länder geprüft, dies Verzeichniß derselben mit farbigen Abbildungen (in einem schönen Werke, welches jede Familie besitzt) angefertigt und die Vortheile wie Nachtheile einer jeden dieser Kleidungen gehörig, mit einem Text, ans Licht gestellt hat. Der Leser findet darin eine genaue Schilderung der Nützlichkeit, Nothwendigkeit und Annehmlichkeit.

Die Republik verarbeitet in ihren Fabriken die Rohstoffe; sie allein fertigt durch die Hände ihrer Arbeiter und Arbeiterinnen die Kleider, und sie allein theilt die angefertigten Kleider an die Familien aus.

Es versteht sich, daß sie mit den Stoffen erster Nothwendigkeit anfangen mußte, doch heute ist sie im Stande, alle möglichen, sogar die „Luxusstoffe" von uns genannten, lediglich auf Annehmlichkeit berechneten, Stoffe zu liefern. Was geschmacklos war, ist vom Muster, von der Farbe, von der Form sorgsam verbannt, und so kommt es denn, daß die ikarische Tracht an Form, Farbe und Zeichnung die angenehmste ist, die ich je gesehen; ich glaube nicht, daß es etwas noch darüber gibt.. Da ist Einfachheit nebst Grazie, da ist Pracht nebst Geschmack. — Jede Schuhform, jede Haartracht z. B. ist vorher in einem Modell der Besprechung für würdig erachtet und kritisirt worden. Namentlich sind die Kleidungen des weiblichen Geschlechts über allen Tadel erhoben. Das weibliche Geschlecht, bester Kamill, genießt überhaupt in diesem glücklichen Lande Auszeichnungen, Achtungsbezeigungen, wie es sie im übrigen Theil der Welt noch vergeblich sucht. Es ist der stete, zarte Gegenstand der feinen und ernsten Huldigungen seitens der männlichen Bewohner Ikarien's. Man möchte sagen, die ikarischen Männer erheben und verherrlichen ihre Mitbürgerinnen, um mit um so reicherm Genuß sie anbeten zu können. Wie gar anders sieht es dagegen in unserm unseligen Frankreich aus!

Es wird, da wir einmal auf diesem Kleiderkapitel sind, dir nicht uninteressant sein zu hören, daß die Federn und die Edelsteine, deren man sich hier zum Putz bedient, meist unächt sind; auch die Schmuckstücke sind fast nie von Gold, sondern nur vergoldet. Und in diesem unächten Schmuck strahlen Ikarien's Frauen so schön wie die unsrigen im ächten. Zudem haben die Ikarierinnen unendliche Vorzüge, denn ihre Grazie, ihre Bildung sind ächt. —

Allgemein ist die Sitte hier zu Lande, die Kleider mit Wohlgerüchen zu versehen; eine Sitte, von welcher sich nicht das männliche Geschlecht ausschließt. In der That, sie haben nicht unrecht, wenn sie sagen: umgib dich mit angenehmen Düften, das ist nicht sowohl eine Annehmlichkeit für dich selber, sondern ebenso sehr, und vielleicht noch mehr, eine Annehmlichkeit für Andere, die wir verpflichtet sind ihnen zu gewähren. Eine ausnehmende Fülle von duftenden Wässern und Salben, Räucherungen und Pulvern ist in Ikarien in Gebrauch. Uebrigens ist die Blumenzucht so hoch gesteigert, daß die Parfümerie schon dadurch verallgemeinert wird. Allerliebst, wie ein Feenschlößchen, ist so ein ikarisches Spezerei- und Parfümeriemagazin!

Du kannst dir vorstellen, daß Jeder zwar dieselbe Kleidung trägt, aber doch bei dem entwickelten Schönheitsinn der Nation, die Einförmigkeit und Langweiligkeit vermieden wird. Von selbst versteht sich, daß die Kleidung der beiden Geschlechter eine verschiedene ist. In jedem Geschlecht ändert das Individuum häufig seine Tracht, je nach seinem Alter und seiner Stellung. Durch ein sinnreiches Anwenden des Gegebenen ist die Einrichtung getroffen, daß gewisse Verhältnisse der Person auch besondere Eigenthümlichkeiten in der Tracht mit sich führen. So sind Kindheit, Jugend auf ihren verschiedenen Stufen, Mündigkeit z. B., verheiratheter, lediger, verwittweter Stand, Wiederverheirathung, die verschiedenen Geschäfte und Aemter, Arbeiten und Verwaltungen, auf der Kleidung angezeigt. Es kommen auf diese Weise Uniformen dabei heraus, aber was schadet das? Tausende und Tausende von Uniformen, jede eine andere, ist das nicht himmelweit entfernt von dem Einförmigen? — Zudem ist für die jungen Frauenzimmer, z. B. zwar Stoff und Schnitt des Gewandes bestimmt, aber die Farbe keineswegs; diese hängt lediglich von ihrem Geschmack ab, und du weißt, die Frauen wissen sich stets geschmackvoll zu tragen, sobald man sie vom Joch der albernen Moden befreit hat. Ferner ist die Kleidung für die Arbeitstunde, für die Mußestunde, für Festlichkeit, für die feine Gesellschaft oder für die öffentliche Versammlung, für die Stube — stets eine verschiedene.

Blumen und Edelsteine, Federn und Prachtstoffe sind übrigens durch Verordnungen nur an gewisse Lebensalter und Verhältnisse gebunden, und auf solche Weise ist leicht ersichtlich, daß die Republik genug von diesen Gegenständen produzirt um die nicht übermäßige Anzahl Personen dieser bestimmten Punkte, mit obigem Schmuck zu versehen.

Stelle dir nun die gesammte Bevölkerung, in Festkleidern, an Nationalfesten auf den Promenaden, in den Schauspielhäusern, im Circus vereinigt vor, und du kannst das Urtheil fällen, daß die Logen der Opern von London und Paris, die Salons und sogar die Höfe in diesen Hauptstädten Europa's nicht höhere Pracht entfalten; was bedeuten auch die kleinen bevorrechteten Kreise im Vergleich mit der großen, Millionen zählenden ikarischen Nation?

Willst du etwas von der Weise wissen wie die Kleidung gemacht und ausgetheilt wird, so vernimm folgendes.

Du hast nicht vergessen, daß die Republik mit Leichtigkeit die Uebersicht über die Quantität der Rohstoffe, wie auch der Kleidungsstücke, die zur Nothwendigkeit gehören, sich bewahrt, mit Leichtigkeit desgleichen die Rohstoffe im Bereich Ikarien's durch ihre Ackerbauer erzeugt, oder im Ausland ankauft; ferner durch die, weit näher als bei uns, der Vollkommenheit gebrachten Maschinen zubereitet, und in riesenhaften Werkstätten durch Arbeiter und Arbeiterinnen in Kleidungen verwandelt.

Fast alle Stücke, von der Kopf- bis zur Fußbekleidung, sind elastisch, können mithin im Nothfall für verschiedene Personen passen, und sind ohnehin so eingerichtet daß ihre Darstellung sehr geringe Zeit in Anspruch nimmt. Beinahe alle werden auf mechanischem Wege gemacht, und die Arbeiterhände haben nur wenig zu thun übrig. Maaßnehmen ist unnütz geworden, da die Stücke immer auf vier bis fünf Größen gefertigt sind. Die immer dieselben Stücke machenden Arbeiter gelangen, von den Mrschinen unterstützt, nothwendig zu großer Gewandheit, und zwar unter kostbarer Ersparniß von Zeit, Kräften und Mühe. Auch ist die lächerliche Erscheinung, die man Mode heißt, verschwunden.

Jede Familie wählt im Magazine was sie braucht und was ihr zusagt. Das Magazin führt Buch über jede Familie und schickt ihr in's Haus, was sie sich gewählt hat und was ihr zukommt. Ausbesserung der Kleidung geschieht durch die weiblichen Mitglieder jeder Familie, doch ist diese Arbeit sehr gering; das Waschen ist ohnehin der Familie abgenommen und der Nationalwäscherei übergeben. — Sieh, theurer Bruder, solche Dinge geschehen nur in diesem einzigen Ikarien; wolle unser guter Schutzgeist daß Frankreich bald ein zweites werde! Lebe herzlich wohl!

Ich ging zu Walmor, der uns in eine Uhrmacherei zu führen versprochen, worin einer seiner Vettern Arbeit verrichtete. Ich nahm Eugen mit.

Ein herrlicher, großartiger Anblick bot sich dar. In den vielen Magazinen, woraus das Ganze besteht, ist alles aufgehäuft, vom Rohstoff an, was nur irgend in die Uhr hineingeht. Im letzten Magazin die fertigen Uhren, wahre Kunstwerke; Taschenuhren und Sternuhren, Thurmuhren und Wanduhren formiren dort ein brillantes Museum. Die eigentliche Uhrenwerkstatt ist ein tausend Fuß ins Geviert zählendes Gebäude, auf Eisensäulen ruhend, drei Stockwerke übereinander. Unten sind Maschinen zum Metallschneiden. Oben die Arbeitenden, in ebenso viele Klassen getheilt als es Arbeiten in der Uhr gibt; eine Klasse macht stets nur eine und die nämliche Arbeit. Die Ordnung, Reinlichkeit, Helligkeit, Bequemlichkeit, und der Fleiß sind wahrhaft bewundernswerth. Man sieht, es sind freie, gleiche Leute.

Walmor's Verwandter sprach folgendes: Wir kommen ein Viertel vor sechs Morgens her, wechseln unsere Stadtkleider im Kleidersaal der Werkstätte gegen diese Arbeitskleider, und fangen mit Glockenschlag sechs an. Um nеun gehen Alle in das Speisezimmer auf zwanzig Minuten hinab und frühstücken; während die übrigen zuhorchen, liest einer das Morgenzeitungsblatt vor. Um ein Uhr wird aufgehört. Man bringt die Sachen in Ordnung und geht hinunter ins Kleiderzimmer, wo man sich wäscht, die Kleider wechselt, und um zwei Uhr begibt sich jeder nach Hause, um mit den Seinigen zu speisen und den übrigen Theil des Tages zu verwenden wie ihm gut dünkt.

Während zweier Stunden sprechen wir nichts und beobachten ein völliges Schweigen; aber während zwei folgender Stunden wird gesprochen, und während der zwei letzten wird gewöhnlich gesungen, oft im Chor. —

Nach dem der junge Mensch uns diese Aufschlüsse ertheilt hatte und wir alles in Augenschein genommen, gingen wir weg und besahen ein herrliches Monument, dessen ich später näher gedenken will.

Kaum waren wir bei Korilla, als die Thür sich öffnete, und eine Dame mit sechs bis sieben Kindern, worunter ein junges Mädchen mit einem sehr lieblichen Gesicht, herein trat. Korilla eilte sogleich auf sie zu, nahm ihr den Hut ab und umarmte sie. Walmor's Vater ergriff meine Hand und sagte: ich habe das Vergnügen, den edeln Lord William Carisdall, Ihnen vorzustellen, geehrte Frau — er ist unser Freund; Ihr Sohn hat gewiß von ihm schon gesprochen. —

Er ist folglich auch unser Freund, setzte die ältere Dame mit artigem Ton hinzu.

Und ich, rief Korilla komisch feierlich, mich am Arm fassend, ich habe die Ehre diesen ehrenwerthen William, der bösen Dina vorzustellen — ich hätte bald der schönen gesagt, als hätte man noch nöthig es sich erst sagen zu lassen. Diese Dina ist eine Teufelin unter Engelsgestalt.

Du bist wirklich immer unsinnig, erwiederte Fräulein Dina und erröthete.

Als ich diese Stimme hörte, ward mir klar, es sei die Verschleierte, vom Dampfboot, welche ich endlich vor mir zu sehen so glücklich war. Eine herrliche Stimme! Walmor vermehrte meine kleine Verwirrung und rief: Wertheste Anwesende, mit Erlaubniß William's muß ich Ihnen doch endlich erzählen, was er von Dina sagte, als er sie verschleiert auf dem Verdeck sah; Dina, Sie erinnern sich doch dieses Jünglings der immer von einer Ecke des Schiffs in die andre wandelte? Er sagte, die Verschleierte sei vermuthlich ungemein häßlich.

Man denke sich das gellende Gelächter, dessen Zielpunkt ich diesmal war.

Ich suchte mich so gut und so schlecht ich gerade im Augen=

blick vermochte, herauszureden, und brachte vor, ich hätte unmöglich glauben können, daß eine so himmlische Stimme einem schönen Antlitz zugehöre.

Meine Entschuldigung war in der That sehr miserabel, und Korilla und die Andern lachten aufs Neue.

Nach einigen Gesprächen sollte gesungen werden; Korilla begann, und sang mit Kraft und Grazie, noch besser wie letzthin. Dina aber, auf vieles Verlangen, sang schlecht, jedoch mit hinreißender Stimme. — Während dem setzte sich Walmor's Mutter zu mir und sagte leise: Sie dürfen Dina ja nicht nach ihrem linkischen Benehmen in Gesellschaft beurtheilen; wäre sie ein bischen dreister, so könnte sie für eben so liebenswürdig als meine Korilla gelten, aber sie ist schüchtern, trübsinnig, obschon sie ein edles Herz und hohe Bildung besitzt. Alle Bekannte verehren sie, und unser Walmor, Freund ihres Bruders Dinaros, wird sie wohl bald heirathen. In einigen Tagen wird der Zeitpunkt der Feierlichkeit bestimmt.

Korilla unterbrach hier, und winkte: Genug, jetzt Sie, Herr William von England, jetzt singen Sie; wählen Sie mich, oder Dina, oder singen Sie mit sich allein: einerlei, aber singen Sie; ohne Gnade. — Ich weigerte mich. —

Ach, Sie sind also ein Empörer? und keine Seele hilft mir? warten Sie, das soll anders werden; ich sage, wir gehen morgen Abend alle zu den Luftschiffen und dort wird der Lord in die Luft geschickt, ohne Widerspruch. Und übermorgen gehen wir zu Dina's Mutter und musiciren; der Lord bekommt aber morgen im Luftschiff ein Musikstück einzustudiren mit, und mag darnach singen, zuerst allein, dann mit Dina, dann endlich mit mir — wenn er das Glück hat, auf den Erdboden herunterzukommen; also befehle ich, wohl verstanden unter Genehmigung von Dina's Mutter und des gestrengen Großvaters.

Der Greis lächelte. Walmor's Mutter nannte sie ein unartiges Kind; Dina schmollte ihr, wie es schien, sogar ein bischen; aber die Kinder sprangen jubelnd um Korilla und das heitere, herrliche Mädchen triumphirte.

Neuntes Kapitel.

Wohnung. — Möblirung.

Ich hatte eben nach England geschrieben, da kam Eugen und schlug einen Besuch bei einer ihm bekannten Familie vor. Dieses war eine Gelegenheit, sich im Innern einer ikarischen P ivatwohnung umzusehen. Mit Bereitwilligkeit nahm ich anrund wir gingen. Daß Ikar den Musterplan eines Hauses hatte festsetzen lassen, nach Zurathebeziehung des Wohnungscomités und der gesammten Nation, und nach vorgängiger Untersuchung der Bauarten in den verschiedensten Ländern, dieses wußte ich. Demgemäß durfte ich ein in jeglicher Beziehung mustergültiges Haus erwarten, und dennoch ward meine hohe Erwartung noch übertroffen.

Ich fand in diesem Privathause das Nothwendige, Nützliche, Angenehme im besten Verein.

Jedes Haus hat vier Stockwerke, nicht mit gerechnet die unterste Reihe Gemächer oder das Erdgeschoß. Jedes Haus hat drei, vier, auch fünf Fenster Fronte. Unter der untersten Reihe Gemächer befinden sich die Keller, die Räumlichkeiten für Kohlen und Holz; der Boden dieser tiefen Räume liegt etwa sechs Fuß unter dem Trottoir, und ihre Decke erhebt sich drei bis vier Fuß über ihm. Die Dame des Hauses hatte die Güte, uns überall herum zu führen. Sie erklärte uns, wie Maschinen das in dieses unterirdische Gelaß Gehörige, aus dem Wagen und in die Tiefe fördern, ohne das Trottoir zu schädigen und zu beschmutzen.

Vom Keller herauf wird vermittelst Oeffnungen in dem Fußboden und durch Gewinde der Inhalt in die Küche und obern Gemächer geschafft, so daß auch hier wieder Menschenkräfte geschont und erspart sind.

Es versteht sich, daß zu ebner Erde keine Läden, keine Eckzimmer für Pförtner, keine Ställe, kein Wagengelaß, kein Thorweg, kein Hof zu finden ist; wohl aber ist dort der Speisesaal, die Küche nebst Zubehör, ein kleines Sprechzimmer welches als Bibliothek dient, ein Baderaum nebst anstoßender Hausapotheke, eine kleine Werkstatt für die Männer und eine andere für die Frauen, in jeder die für den Haushalt nöthigsten Werkzeuge. Desgleichen trifft man dort, auf dem Erdgeschoß, einen Hof für Geflügel, und daran lehnt sich der Garten mit dem Gartenhause voll der zum Gartenbau nothwendigen Instrumente. —

Im ersten Stocke, ein großer Salon mit musikalischen Instrumenten.

Schlafzimmer und Zimmer zu sonstigem Behuf füllen den Rest des Hauses.

Alle Fenster öffnen sich nach innen, und haben nach außen Balkone.

Die Treppen waren vortrefflich. Sie führten uns auf das Dach des Hauses, eine niedliche Terrasse die ein Gärtchen war, von dem man einer angenehmen Aussicht genoß. Im Sommer an heitern Abenden pflegt man dort oben sich zu versammeln, zu singen und zu Nacht zu essen. Blumen duften auch fast auf jedem Balkone; da ist eine zweite kleine Terrasse.

Das Regenwasser geht in Zisternen, ohne die Terrassen zu belästigen. Die Heitzung geschieht auf höchst reinliche, ökonomische Weise, und verbreitet überall eine gleichmäßige sanfte Wärme, ohne die Bewohner dem Rauche oder gar Feuersbrünsten auszusetzen. „Sehen Sie," sagte die Wirthin, „da die kleinen „Bildsäulen auf dem Kamin; die Republik hat sie den sinnreichen „beiden Männern gewidmet, welche das fast untrügliche Mittel „gegen Rauch und Feuersgefahr entdeckten; die unendlich seltenen „Fälle, wo Feuer ausbricht, sind ganz gefahrlos, und auf der „Stelle wird die Flamme erstickt. Man will jetzt eben noch eine „Vorkehrung entdeckt haben, wodurch Holz und Webestoffe unantastbar für das Feuer gemacht werden."

Eugen bemerkte daß Thüren und Fenster ohne Lärmen in den Angeln rollten, sich von selbst schlossen, und auf das Genaueste gegen die Außenluft geschützt waren. „Ja wohl," setzte die Dame hinzu, „und bemerken Sie auch, wie unsre Zimmer zugleich „luftig sind; ohne gezwungen zu sein, Thüren und Fenster zu „öffnen, lüften wir vermöge dieser Reihe von Klappen, die zweck„dienlich angebracht, und zweckdienlich in Gebrauch gesetzt, die „Atmosphäre rein erhalten."

Eine wahrhaft großartige Vorkehr, Reinlichkeit im ganzen Hause zu bewahren, erfreute mich insonderheit. Damit zusammen hingen andre, deren Zweck war, den weiblichen Mitgliedern der Familie das Widerliche in den Arbeiten der Haushaltung zu ersparen. So z. B. sind die Thüren im Erdgeschoß, welche der Beschmutzung öfters bloßgestellt sind als die obern, mit gefirnißter Fayenz, oder mit Farbe, welche bequem zu waschen, überzogen. Das Wasser, sowohl das zum Trinken als das zu andern Zwecken dienende, kommt durch Röhren und Krähne in alle Stockwerke, und wenn auch nicht in jedes Zimmer, so doch in die meisten. Das schmutzige Wasser fließt in großen Röhrenleitungen unter die Straße. — Als nicht unwerth der Erwähnung betrachte ich den Umstand, daß es eine Ikarierin war, die den Preis erhalten, den das Wohnungscomité auf die beste Einrichtung der Abtritte gesetzt hatte; es ist dies in der That ein Gegenstand, für den die Gesundheitspolizei ihr ernstes Wort in unsern Ländern mit reden sollte; — ja sollte. Und es bleibt beim sollen! — Die kleine Bildsäule der Erfinderin ist in jedem Hause; die Republik hätte es für unwürdig gehalten, einen wahrhaften Dienst um die allgemeine Gesundheit nicht durch die besondre Zuerkennung eines Nationalbildnisses zu belohnen.

Der Schmutz von der Straße kommt nicht bis in die Stuben; die Trottoirs sind reinlich, und durch das ganze Haus ist eine Menge kleiner Vorkehrungen getroffen. Zudem sieht die Erziehung darauf, die Kinder zur äußersten Reinlichkeit zu gewöhnen. — Mancher Abfälle z. B. aus der Küche bedient man sich für den Garten; der Rest wird auf leichte Weise weggeschafft. Solchergestalt ist von der Republik wohl nichts versäumt worden, den Frauen des Hauses die innern Arbeiten zu erleichtern oder abzunehmen. Das Ausfegen, sagte die Hausfrau, ist eine kleine Mühe; das Auswaschen auch; übrigens lehrt uns die Erziehung und das Beispiel, diese Mühseligkeiten für nothwendige und völlig ehrenhafte Beschäftigungen eines weiblichen Mitgliedes der Familie ansehen; wie herrlich ist es doch, mit so leichter Arbeit der widerlichen Einrichtung andrer Länder, Dienstboten um sich zu haben, überhoben zu sein! Unsre Männer sinnen ohnehin stets nur auf Wege, uns die Geschäfte leicht zu machen. Die Republik thut, was sonst die vielen kleinen Haushaltungen nicht zu thun vermochten. Nationalschlachthaus, Nationalküche, Nationalwäscherei, Nationalmagazine aller Art nehmen uns Ikarierinnen den schwersten Theil der Bürden des Hausstandes gütig ab; uns bleibt nichts als auszubessern und zweimal im Tage den Tisch zu besorgen. Glauben Sie, meine Herren Gäste, das ist noch zu ertragen, setzte sie lächelnd hinzu. — Kommen Sie in meine Küche, die müssen Sie sehen.

Wir traten in einen hellen, reinlichen, netten Raum und bewunderten gern die blanken Geräthe, die Wandkessel mit Krähnen, für heißes und kaltes Wasser, die bequemen Tische, den hübschen Heerd u. s. w. Unsre Mädchen haben ein paar niedliche Lieder zu Ehren des jungen Baumeisters gemacht und komponirt, welcher den besten Plan zu einer Hausküche angab und ausführte, bemerkte unsre gesprächige Führerin.

Und doch gehört der Republik, fiel Eugen ein, der Ruhm, nicht aber dem Baumeister; sie ist es die dies Land vor allen andern beglückt, während mein armes Frankreich! — — —

Hier unterbrach ich den Freund, ich fürchtete er wolle wieder seine Trauerrede anstimmen. „Sie haben ganz recht, mein „Bester," versicherte ich ihm.

Würden unsre Männer der Republik untreu, erwiederte die Dame, wir würden auf der Stelle gegen jene die letztre vertheidigen. Kein Weib lebt in dem weiten ikarischen Reiche, das nicht täglich in seinem Gemüth und in offener heitrer Rede und mit Gesang, der erhabensten Republik froh und freudig gedenkt! Unsre Feierstunden, unsre Arbeitszeiten sind uns gleich werth.

Wir verabschiedeten uns.

Wie dies Haus, so sind sie alle. Solche Einförmigkeit lasse ich mir wahrlich gefallen! — Jede Familie hat ein Haus für sich; natürlich von verschiedenen Größen. Sie haben eine Breite von drei, von vier und fünf Fenstern, für Familien unter zwölf Personen, und fünfundzwanzig für vierzig Personen. Ist eine Familie noch stärker, was oft der Fall ist, so hat sie zwei Nachbarhäuser, die durch eine Innenthür in Verbindung stehen. Meistens erhebt sich kein Streit über das Abtreten des anstoßenden Hauses, denn alle sind gleich gut gebaut. Sollte wirklich Streit drohen, so schlichtet die Behörde, der ohne Murren gehorcht wird, oder auch, die zahlreichere Familie sucht sich zwei ihr passende, andere Häuser neben einander, auf. Beim Umzug werden natürlich keine Möbeln mitgeschleppt, wie wir Europäer es lächerlicher Weise thun müssen; alle Möbeln sind gleich schön, gleich brauchbar in allen Wohnungen; nur weniges, ganz persönlich unentbehrliches, wird mitgenommen. Man bedenke, welche ungeheure Mühe, Qual, Verdrießlichkeit, Zeit, Kraft, Gesund heit, durch dieses ikarische Umzugsystem gespart wird! Zudem wird es sehr selten in Anwendung gesetzt.

Was die Möblirung betrifft, so vereinigt sie ebenfalls die drei Anforderungen, deren ich schon erwähnt; das Nothwendige, Nützliche, Angenehme sind auch hier die drei Gesichtspunkte wonach die Möbeln eingerichtet sind. Das Komfortable, wie die Engländer es nennen, steht hier in vollster Blüthe.

So z. B. hat der Fußboden Teppiche; haben die Möbeln nur abgerundete Ecken; schließen die Möbeln aufs Beste gegen allen Staub. Sinnreich ist auch, daß scharfe Vertiefungen, wie die zwischen Mauer und Täfelung, durch Gyps und Mastik in runde verwandelt sind, folglich dem reinigenden Instrument viel eher zugänglich sein müssen.

Mit wahrem Stolze hatte uns die Dame auf dieses Alles aufmerksam gemacht; auch auf die vielfältigen Vorkehren gegen Insekten wußte sie unsere Achtsamkeit zu lenken. Jedes Zimmer ist mit Wandschränken, Gesims, Ecktischchen u. s. w. versehen, welche an der Mauer vollkommen befestigt sind; in einer höchst sinnigen Weise, dergestalt, daß meist die Wandseite oder Hinterseite dieser Möbeln als ganz überflüssig, weggelassen ist. Dadurch hat man wieder ungemeine Ersparniß an Mühe und

Material gewonnen. Jede Wand wird von Papier oder gewebtem Stoffe überzogen, oder ist mit Firnissen von verschiedenen heitern Farben, auf welchen oft Malereien, bedeckt. Bilder allerlei Art, Stahl- Kupfer- und Holzstiche, Oel- und Pastelgemälde in goldnen oder schwarzen Ebenholzrahmen mangeln auch nicht. Ich bemerke ausdrücklich, der Gegenstand, den sie darstellen, ist entweder ein belehrender oder ästhetischer. Sogenannte „Lüsternheiten" existiren nicht. Sehr häufig ist das Vorkommen von Abbildungen, auf denen eine Alltäglichkeit, die aber eben deßhalb nothwendig ist, nebst einer kurzen, umfassenden Erklärung in Ziffern und bündigen Sätzen, sich findet; so z. B. hat fast immer die Küche Bilder, die den kochenden Frauen manches Nachschlagen im Kochbuch ersparen; so die Ammenstube; so das Badezimmer, in welchem eine Nachricht den Hitzegrad, die Dauer des Bades u. s. w. bestimmt. Im Ganzen fand ich die Schlafstuben äußerst einfach; stets, ohne alle Ausnahme, sagte man uns, seien die Bettgestelle von Eisen.

Jegliches Möbel ist bekanntlich gesetzlich bestimmt. Ordnung regiert auch in diesem Fach das ikarische Wesen. Jegliches Möbel, nach vielen eingereichten Modellen, unter denen das beste ausgesucht wurde, um fortan zum Muster zu dienen, bietet folglich den größt möglichen Nutzen, mit Schönheit verschmolzen, dar. Bequemlichkeit und Geschmack herrschen. Es versteht sich, daß bei jedem Möbel auf möglichste Ersparung von Material und Mühe für den Anfertiger gesonnen worden ist. Die köstlichsten Stoffe aus dem Thier- und Pflanzen- und Steinreich treten dort auf; Gold und Silber, Kristall und Marmor, Sammet und Seide, sind nichts seltenes. Die freundliche Wirthin lächelte über unser Erstaunen. „Unsere gute Republik befolgt, sagte sie, das „Princip, daß Alles auf ikarischem Boden und durch ikarischen „Kunstfleiß hervorgebrachte unter alle Einwohner zu vertheilen „sei; ist jedoch ein Gegenstand zu selten, um Alle an ihm Theil „nehmen zu lassen, nun, so gibt ihn die Republik nur für die „Nationalgebäude her, oder unterdrückt ihn gänzlich. Uebrigens „sind unsere Mitbürger und Mitbürgerinnen längst der Ansicht, „die Nachahmungen der sogenannten edeln Metalle und edeln „Steine seien in unserm Staate nicht unedler als die Originale, „wenn sie nur diesen an Schönheit gleich oder nahe kommen. „Neid ist bei uns ein fabelhaftes Wesen, welches wir nicht mehr „zu finden wissen."

Die Zimmererleuchtung geschieht durch Gas, welches keinen Geruch verbreitet, und durch Oel und Wachslicht, dem sogar Parfüms beigemischt sind.

Als die Dame uns den Salon zeigte, machte sie uns, gleichsam um den Fremdlingen die Hauptsache zuletzt einzuschärfen, auf die ungezwungene, natürliche Verbindung des Gleichheitlichen mit dem Verschiedentlichen aufmerksam, welche in Ikarien, wie in den übrigen Verhältnissen, so auch im Wohnungsverhältniß, zu finden ist. „Wir haben allerdings," rief sie mit Stolz, „die „ächte Gleichheit der Häuser; wir wohnen ein Jeder in einem „Hause, in einem Zimmer, welches den Hauptpunkten nach dem „andern gleich ist, und sein muß, wenn von gleichen freien Men„schen überhaupt die Rede sein soll. Irgend ein Haus hat gerade „so viel des Nothwendigen, Nützlichen und Schönen, als ein „beliebig anderes. Aber, meine Herren, vergessen Sie nicht, „daß mitten in dieser Gleichheit eine unendliche Mannigfaltig„keit waltet; suchen Sie mir einmal in diesem meinem Hause auch „nur zwei Kamine, zwei Teppiche, zwei Thüren, die sich voll„kommen ähnlich sind!" —

Ich erwartete ungeduldig die Abfahrt der Luftschiffe. Auch Eugen brannte vor Ungeduld Fräulein Dina zu sehen. Sehr verdrießlich kam uns daher der Bescheid aus Walmor's Munde, sie bleibe heute und morgen zu Hause, und Korilla sei bei ihr. Walmor war offenbar nicht weniger ärgerlich, und so philosophisch wir gegenseitig uns eine gewisse Gleichgültigkeit vorheuchelten, dürfte schwer zu entscheiden gewesen sein, wessen Verstimmtheit von uns dreien die größte war. Wir beschlossen übrigens die Luftfahrt mit zu machen.

Auf meine Aeußerung, wie es möglich geworden, die Luft zu durchreisen, bemerkte der junge Ikarier: man habe ja auch gezweifelt ob man je große Seereisen, Amerikafahrten, Fahrten um die Erdkugel machen könne; bis endlich diese Unmöglichkeiten möglich geworden. So sei es mit der Impfung der Kuhpocken, dem Blitzableiter, der Dampfmaschine, und tausend andern Dingen ergangen. „Man sagte immer," fuhr er fort, „man müsse „einen Stützpunkt in der Luft ausfindig machen; und — hier ist „die Aufgabe gelöst; seit zwei Jahren bietet, dank der vereinten „Bestrebungen unserer Gelehrten, die Luftfahrt keine der Un„glücksfälle mehr dar, wie im Anfange."

In einem großen Hofe standen an fünfzig kolossale Ballons, jeder mit einem Schiffe von fünfzig Personen, bereit, und auf das Trompetenzeichen zum Aufbruch, erhoben sie sich majestätisch in die Lüfte. Sie wandten sich ohne Schwierigkeit nach beliebiger Richtung. Bald hinterher kam ein Ballon herab; es war der Ballon eines Ortes, der heute viele Besucher der Hauptstadt zuführte. Ich stand wie bezaubert.

Eugen fragte, ob es wahr sei, daß Ikarien auch Schiffe besäße, die unter dem Wasserspiegel sich fortbewegen ließen?

Ich mußte lachen; Walmor lachte mit, aber nicht über die Frage, sondern über meine Ungläubigkeit. „Allerdings hat die „Republik," sagte er, „den Vögeln und den Fischen zugleich ihre „Künste abzulernen vermocht, und es gibt interessante Beschrei„bungen dieser Reisen in der Luft und unter dem Meere. Aber „kann euch dies Alles wohl verwunderlicher dünken als das was „unsere Industrie, unsere Wissenschaft, unsere Kunst produzirt?"

Bei dem Nachhausegehen versprach er mir, Dinaros werde uns eine umständliche Auseinandersetzung des ikarischen Erziehungssystems geben. Da indessen Eugen anderweitig beschäftigt war, ging ich allein zu Dinaros.

Zehntes Kapitel.

Erziehung.

Ohne genaues Verständniß der ikarischen Erziehung, begann der Professor, bliebe Ihnen, Lord, unser von dem europäischen so verschiedenes Leben, ein Räthsel mit sieben Siegeln. Ich bin deßhalb bereit, Ihnen die nöthigen Erklärungen heute, wie an andern Tagen, zu geben; ich weiß, Sie werden, in Ihre Heimath zurückgekehrt, nicht schweigen.

Erziehung ist der feste Grund und Boden, auf dem Privat- und Staatsleben erbaut werden soll. Ohne ihn ist kein sicheres Gebäude möglich. Als die Republik sich Dasein errungen hatte, war folglich ihr erster Schritt, einen Ausschuß mit umsichtigster Prüfung des erhabenen Gegenstandes zu beauftragen. Alle frühern und noch vorhandenen Systeme wurden durchmustert und durchsprochen; der Ausschuß nahm, wie sich von selbst versteht, alle Mittheilungen bereitwillig auf.

Das Gesetz bestimmte und regelte sodann die verschiedenen Erziehungsformen: die physische, intellektuelle, sittliche, industrielle, bürgerliche; regelte ferner für eine jede, Gegenstände, Zeit, Ordnung und Methoden.

Alle Einwohner, ohne Unterschied des Geschlechts und Geschäfts, erfreuen sich einer und derselben Elementarerziehung, die, als eine wahrhaft allgemeine, Allen gemeinsame, die Grundzüge der menschlichen Kenntnisse umfaßt. Damit fangen wir an.

Alle die, welche eine und dieselbe industrielle oder wissenschaftliche Beschäftigung treiben werden, genießen zu dem die besonders auf diese Beschäftigung sich beziehende Erziehung; das ist folglich eine specielle, professionelle, in welcher die vollständige Theorie wie Praxis dieser besondern Beschäftigung gelehrt wird.

Ein Theil der Erziehung ist natürlich den Eltern anvertrant, und ist folglich häuslich. Ein andrer Theil ist öffentlich oder allgemein in den Nationalschulen. Die Lehrer und Lehrerinnen daselbst sind aufs sorgfältigste heran gebildet; das Lehramt ist überhaupt bei den Ikariern mit höchster Achtung umgeben, denn sie sagen: unsre Lehrer erziehen die Nation.

Durch die unverdrossene, rastlose Beharrlichkeit, mit der diese große und erhabene Republik das Unterrichten und Erziehen, das Bilden in jeder Hinsicht, nun bereits seit einer langen Reihe von Jahren betrieben hat und ferner betreiben wird, ist es allmählich dahin gekommen, daß kein Vater vorhanden ist, der nicht im Stande wäre, seine Knaben, und keine Mutter, die nicht im Stande wäre, ihre Töchter zu erziehen; kein Bruder, keine Schwester, die nicht fähig wären, die jüngern Geschwister zu erziehen.

Grundlage für alle weitere Erziehung und Zucht, ist unstreitbar die:

Physische Erziehung

über welche ich also zuerst zu berichten habe. Der Erziehungsrath hat, wie immer, auch diesmal vorgezeichnet und erwogen; und das Volk hat geprüft, und das Geprüfte, Angenommene zum Gesetz erhoben.

Die ikarische Republik beschützt und beschirmt die Kinder von Geburt an, oder vielmehr von der Zeit der Schwangerschaft her.

Die ikarische Republik hat besondere Bücher über Anatomie, Physiologie, Gesundheits- wie Krankheitszustände u. s. w. ausarbeiten lassen, und diese ein für alle Male bestimmten Bücher gibt sie denjenigen, welche sich vermählen. Auch besondre Vorträge rein wissenschaftlicher Art sind eröffnet. Für Schwangerschaften sind desgleichen, für Entbindung (die in der Familie, und im Beisein mehrerer Hebammen geschieht) und ferneres Verhalten sind nicht minder wissenschaftliche, sowohl mündliche, als gedruckte Vorlesungen vorhanden. Die Frauen sind sämmtlich verpflichtet, den auf ihre mannigfachen Lebenszustände bezüglichen Vorträgen beizuwohnen. Sie thun das gern; „denn," sagen sie, „was schmählicheres gibt's als ein Weib welches die „Naturgesetze mißkennt und, sei es aus Unwissenheit, sei es aus „Thorheit, übertritt!" Uebrigens bemerke ich Ihnen, Mylord, wir Ikarier sind seit lange der unerschütterlichen Ueberzeugung, daß der Mensch ein viel bildungsfähigeres Wesen ist als die Europäer meinen; wir wissen in Ikarien durch Erfahrung, daß die Nation sich vervollkommnet, schon minder unvollkommen geboren wird, sobald die nöthige Bildung der vorhergehenden Generation zu Theil geworden war. Der Mensch ist gewiß fähig, viel mehr noch von der Unvollkommenheit abzuwerfen als es uns Ikariern bis jetzt gelang, und es wäre Wahnwitz, wollten wir uns für die allervollkommenste Blüthe und Frucht halten, die je am Menschheitsbaum wachsen kann. Mit andern Worten, kein Mensch heute zu Tage darf es sich herausnehmen, der Ausbildung des Menschen in Zukunft Schranken zu ziehen.

Ein mit Verunstaltung gebornes Kind wird bei uns sofort Gegenstand umständlicher, umsichtiger Fürsorge Seitens der Republik. Instrumente und Verfahrungsmethoden sind immer bereit, den Fehlgriff der Naturkraft zu verbessern, und dank dem System, wir sind meist alle wohlgebauten Leibes.

Sollte die Wöchnerin zum Säugen unfähig sein (was selten genug bei uns der Fall ist), so wird ohne Schwierigkeit, nach dem zu diesem Behuf der Behörde und den Hebammen stets zu Gebot stehenden Register, eine Frau gefunden welche des Säuglings zweite Mutter, so zu sagen, werden mag. Während der fünf ersten Lebensjahre hat jedes Kind sich ausschließlich der mütterlichen Pflege zu erfreuen; es ist fortwährend unter ihrer Aufsicht. Die Mutter ihrerseits ist Seitens der Republik und Seitens jedes Mitgliedes der Republik, ein Gegenstand der Fürsorge, Zuvorkommenheit, Artigkeit in jeder Hinsicht, sowohl vor wie nach der Entbindung.

Viele und großartige Entdeckungen wurden bei uns seit vierzig Jahren gemacht, um das Gedeihen des Kindes, in körperlicher und in geistiger Beziehung, zu fördern. Auge und Ohr z. B. werden aufs feinste entwickelt. Finden Sie nicht, mein Lieber, einen großen Abstich zwischen den andern Nationen und den Ikariern, zu Gunsten dieser letztern?

Vom dritten Lebensjahr ab, bis zum fünften, bringen die Mütter einer und derselben Straße ihre Kinder beiderlei Geschlechts zusammen, damit die Kleinen, unter steter Aufsicht einiger der Mütter, gemeinschaftliches Spiel treiben. Sobald das Kind kräftiger wird, fangen zu Hause, und später in der Schule, die vom Gesetz aufs Umständlichste verordneten Leibesübungen an. Diesem Turnen werden die Mädchen eben so unterzogen wie die Knaben. Reiten und Schwimmen sind gleichfalls gymnastische Uebungen für beide Geschlechter. Tanzen, Schlittschuhlaufen, die Waffen gebrauchen, sind Geschicklichkeiten die jeder Ikarier besitzt. Die Schüler lernen militärisch marschiren, d. h. den Körper gefällig und zugleich kraftgemäß tragen. Ich versichre Ihnen, Lord, und diese Thatsache vergessen Sie ja nicht, unsre Nation wird in jeglicher Geburtenreihe schöner und stärker an Leib und Geist; wir können, im vollen Ernst gesprochen, eine Veredlung unsrer Rasse wahrnehmen; und wir sind froh und stolz darauf, denn wer ist's der den Anstoß dazu gab! Wir, die ikarische Nation, mit dem großen Ikar an ihrer Spitze. Wir sind recht eigentlich „Schmidt unsres eignen Glückes."

Werfen Sie nunmehr einen Blick auf die

Intellektuelle Erziehung

der Ikarier. Durch die zweckdienliche, materielle Behandlung, die dem Kinde widerfährt, ist das richtige Sichentfalten seiner Intelligenz sicher gestellt. Somit zeigen die Kinder bei uns schon ehe sie sprechen, geistige Bewegung, die mich oft erstaunt. Im fünften Jahre beginnt die allgemeine und gemeinsame Erziehung, bis zum siebzehnten, achtzehnten Jahre dauernd. Sie wird aber noch mit der häuslichen verbunden, denn die Kinder gehen erst um neun Uhr zur Schule, nachdem sie zu Hause gefrühstückt, und kommen um sechs Uhr Abends wieder; zwei Mahlzeiten bekommen sie in der Schule. Um fünf Uhr Morgens steht die Familie auf, und die Kinder desgleichen. Bis halb neun Uhr machen sie ihren Anzug fertig und werden in der Wirthschaft beschäftigt; die ältern Personen weisen sie an. Abends wiederholen sie ihre Lektionen und spielen.

Das Kind zum Lesen mit lauter Stimme angehalten, lernt gut aussprechen, und zudem kommt ein wichtiger Unterricht in der Deklamation, damit es nicht beim Vorlesen in ein bloßes Ableiern verfalle, wodurch höchst unangenehme Eindrücke entstehen, und auch gar häufig einem bestimmten Redezwecke geschadet werden würde. Die Folge von diesem ist, daß die Ikarier und Ikarierinnen ohne Ausnahme gut lesen und sprechen;

sie finden Gefallen an ihrer Sprache, und wissen sie zu gebrauchen. Was das Schreiben betrifft, so lehrt die Mutter es ihrem Kinde, und, wenn der kleine Zögling es inne hat, wird ihm nicht mehr erlaubt, unleserlich zu schreiben. Daher kommt, daß wir Alle ohne Ausnahme leserliche Schriftzüge machen; viele unter uns sind natürlich Schönschreiber, Kopisten. Nichts verrückter in unsern Augen, als wollte man den eignen Namen z. B. auf eine verzwickte Weise hinkritzeln, so daß andre Personen ihn gar nicht, oder mit Mühe errathen könnten; diese Tollheit findet sich daher auch bei uns nicht mehr. Unsre Landessprache ist, wie Sie, Mylord, aus Erfahrung wissen, so regelrecht und einfach, bei aller reichen Mannigfaltigkeit, daß der Ikarier sie bald lernt; die ikarischen Sprachlehrer haben deshalb die Gewohnheit, ihre Schüler und Schülerinnen, nach einiger Anleitung, die Regeln der Sprache selbst auffinden zu lassen, wo es nur irgend thunlich.

Es ist wiederum die Mutter, die das Kind anhält, sich im regelrichtigen Darlegen seiner Empfindungen, Gefühle, Gedanken, Urtheile, Schlüsse zu üben; es muß kleine Aufsätze, Brieschen, Beschreibungen, sowohl mündlich, als schriftlich, nach Vorbereitung, und aus dem Stegreif, machen; daher die Leichtigkeit und die Richtigkeit mit welcher unsre Kinder sich ausdrücken. Ueberhaupt widmen wir mehr Mühe und Zeit, im Durchschnitt, auf gründliches Studium der Nationalsprache, als der fremden Sprachen. Die Sprachen des Alterthums und der modernen Welt werden bei uns als Profession, genau und gründlich betrieben, wenn man in ihrer Kenntniß als Lehrer, Reisender, Dollmetscher, Uebersetzer u. s. w., es zu einem möglichst nützlichen Punkte bringen will; hiefür aber sorgt die spezielle, um das achtzehnte Lebensjahr anfangende Erziehung. Solcherweise hat die Grunderziehung nichts mit dem Erlernen fremder Sprachen zu thun; ich brauche wohl nicht hinzu zu fügen daß alle bedeutende Werke aus allen nichtikarischen Sprachen in die unsrige übertragen worden und werden; Jeder findet sie auf den Nationalbibliotheken, deren es unendlich viele, im ganzen Reiche vertheilte, gibt.

Unsre Kinder erlernen frühzeitig das Zeichnen; kein Arbeiter, keine Arbeiterin, die nicht auf der Stelle in Geschäftssachen z. B. einer neuen Vorstellung im Kopf, auch eine Darstellung auf dem Papier geben kann, und ich versichre Ihnen, Lord, unsre Industrie und unsre schönen Künste haben viel dadurch gewonnen.

Malerei, Kupferstecherei, Bildhauerei, und sonstiges dahin Gehörige, wird später studirt.

Dagegen gewinnt das Kind, sowohl das weibliche als männliche Kind, frühzeitigst die Grundzüge der Naturkunde, in allen ihren Zweigen ohne einen einzigen auszuschließen. Mylord wird sich mit leichter Mühe denken können, was für ein Volk allmählig aus einem solchen Unterricht hervorgehen müsse; ein Volk, dem die Lehrer von Natur und Naturwalten, Naturkräften, Naturgesetzen in frühester Jugend bereits Unterricht ertheilen, durch Bücher, und Bilder, und faßliche sinnlich wahrnehmbare, wirkliche Naturgegenstände, auf Spatziergängen und im Garten, im Museum u. s. w.; ein solches Volk ist gewiß ein andres als dasjenige, dem allerhand Unsinn und Gefühlswust in Kopf und Herz geflößt wurde.

Die Grundrisse der Geometrie und Arithmetik werden desgleichen in der allgemeinen Erziehung begriffen, so daß es keinen Bewohner, keine Bewohnerin dieses Landes gibt, denen es schwer fiele, eine beliebige Ausrechnung, Ausmessung, Planzeichnung zu machen. Und fürchten Sie nicht, lieber Lord, unsre Kinder würden zu verständig, auf Kosten des Herzens, erzogen, denn Musik, sowohl Singen als Spielen, ist ein Grundgegenstand der ersten Erziehungsepoche. Dies ist ein großes, ein folgenreiches Ding, Mylord; eine viele Millionen Menschen zählende Nation, ganz! aus musikalischen! Musik liebenden, Musik würdigenden, Musik komponirenden Personen beiderlei Geschlechts, ohne alle Ausnahme, bestehend, ist, glaube ich, schon lediglich deshalb, und völlig abgesehen von sonstigen Verhältnissen, zu höhern, kräftigern, inhaltsvollern Regungen und Thaten fähig, als eine andre Nation, die sich dieses herrlichen Vorzugs noch nicht zu erfreuen hatte. Ich hüte mich, Mylord, zu behaupten, jeder Ikarier sei gerade so tief gebildet und talentreich in Musik wie sein Mitbürger; und bitte mich nicht in dieser Weise zu mißverstehen. Aber ich darf dreist behaupten, ein Jeglicher bei uns ist durch Musik auf einen Bildungsgrad gehoben, den er ohne Musik nicht erreicht hätte. Talentunterschiedenheiten kommen stets vor; allein durch allgemeine Bildung und Erziehungsgleichheit ist eine sehr große Verallgemeinerung des musikalischen Gehörs und Talents bei uns zu Wege gebracht.

Ich unterbrach hier den Professor, mit dem Bemerken, es werde auch wohl keinem verständigen Menschen beikommen, solcherartige Mißverständnisse auszuhecken und auszusprengen.

Ein Abriß der Ackerbaulehre, Geschichte, Industrie und Mechanik ist auch in den Kreis der ersten Erziehung aufgenommen.

Dinaros machte mir bemerklich, daß die Mädchen völlig so gut lernen wie die Knaben, und es sich lediglich um einigermaßen gescheidtes Anordnen, und so zu sagen Zurechtmachen der zu lehrenden Gegenstände handle, um die weiblichen Zöglinge sofort in manchen Punkten den männlichen Zöglingen, den Rang ablaufen zu sehen; während freilich in andern umgekehrt die Knaben Vorsprung haben.

Ich sage Ihnen, Lord, es kommt darauf an, wie man die Menschen anpackt; begießen Sie eine junge Pflanze im Garten mit Branntwein oder geschmolzenem Wachs, so zweifle ich an deren Gedeihen. Gerade so mit dem Kinde. Und das Kind, wohl gemerkt, das ist die künftige Nation; Respekt vor ihm! Verhunzt die Erziehung die Kinder, so geht die Nation bergab. — Ich erinnere Sie an den Ihnen wahrscheinlich höchst auffallenden Umstand, daß unsre Frauen und Jungfrauen in Naturkunde, Kunst, Poesie, Industrie, Medizin, sich ganz tüchtige Kenntnisse erworben und Lehrerinnen für alle jene Fächer werden. Meine Schwester z. B. ist wohl bewandert in Kunst und in Litteratur.

Mit siebzehn Jahren für die Mädchen, mit achtzehn für die Jünglinge, hebt eine abermalige Erziehung an: die professionelle, speziell sich auf ein Fach beziehende, sowohl in theoretischer als in praktischer Hinsicht. Zugleich Unterricht in Litteratur, Geschichte, Anatomie, Gesundheits- und Krankheitskunde, bis zwanzig und einundzwanzig Jahren, nach den Arbeitstunden des Vormittags. Auch bei einundzwanzig Jahren hört die Erziehung nicht auf; alsdann kommt ein Unterricht die „Geschichte des Menschen" betreffend. Alle Ikarier sind hiezu berufen und sind hiezu verpflichtet. Was später nachfolgt, ist zwar nicht mehr vorgeschrieben, doch schließen sich nur wenige, sehr wenige Personen von stetem Weiterlernen und Fortbilden aus. Wie jener Philosoph der Vorzeit sagte: „ich will lernen während ich altre," so sprechen und handeln wir.

Unterrichtsmethode.

Unser Grundsatz: ist dem Kinde möglichst viel, möglichst schnell und möglichst wirksam zu lehren.

Daher entwickeln wir unabläßig sein Denken und Fühlen. Wir machen oft das Lernen zum Spiel und das Spiel zum Lernen. Mit größter Achtsamkeit wird seitens der Eltern wie der Lehrer vermieden, dem Zögling leeren Wortschall zu geben; es wird die Sache, der Gegenstand, worauf das Wort sich bezieht, dem Kinde, welches zum ersten Mal dasselbe vernimmt, vorgewiesen, wenn dieses nur irgend thunlich. Da allgemeine Bildung vorhanden ist, braucht man nicht zu zittern, ein thörichter Vater, eine unwissende, abergläubische Mama, eine verzogene Schwester, ein entarteter Bruder, ein albernes Dienstmädchen werde dem Kinde falsches Zeug in den jungen Kopf setzen.

Der Erziehungsrath, diese erhabene Behörde unsrer Republik, hatte nach langen Arbeiten endlich die Weise ausfindig gemacht, dem Kinde das Lesen auf die passendste Art zu lehren. Glauben Sie, Lord, das war keine Kleinigkeit. Seit lange aber ist die Methode in allgemeiner Anwendung und jede Ikarierin bedient sich ihrer wenn sie ihre Kinder unterrichtet.

Viel zur Erleichterung trägt natürlich unsre neue Sprache bei, in der weder doppellautendes noch doppelsinniges vorkommt. Was einst so manche Thräne und Züchtigung erforderte, das Lesenlernen, wird heute ein erfreuendes Entfalten des jungen Wesens, gleich angenehm für Lehrling und Lehrerin.

Die Republik hat ein besonders Lesebuch für diese kindlichen Anfänger bestimmt: „Kinderfreund" genannt; in ihm (er überreichte es mir, mit dem Gesuch es zu Hause durchzublättern) finden Sie, glaube ich, das Meisterwerk in dieser Kunst. Wir besaßen schon seit geraumer Zeit ein recht gutes. Der Erziehungsausschuß war indessen noch nicht zufrieden. Er schrieb abermals, wie zur Anfertigung des frühern, einen Konkurs aus; und so entstand das jetzige, mit Bildern aller Art geziert. Die Republik hat den Verfasser mit einer Bildsäule beehrt.

In der Schule wird ebenfalls dieses Buch benutzt; der Unterricht geschieht dort anfänglich von Lehrerinnen, die an Freundlichkeit und Gerechtigkeit nichts den Müttern im Behandeln der Kinder nachgeben.

Unsre Kinder lesen übrigens nicht so vielfältige Bücher, als dies in andern Nationen der Fall sein soll. Wir sind überzeugt, ein paar recht tüchtige, zweckdienliche Kinderschriften sind tausendmal einem ganzen Haufen von Büchern, in denen Gutes mit Nichtgutem vermischt ist, vorzuziehen. Uebrigens sind für die verschiedenen Kindes- und Jugendalter, verschiedene Bücher vorräthig, und Sie dürfen ja nicht glauben, wir scherten, so zu sagen, alle Schäfchen über einen und denselben Kamm. Solche Tollheit fällt uns nicht ein.

Das Schreibenlernen geschieht bei der Mutter, welche, wie Sie wissen, bei uns im Stande ist, eine Lehrerin, ein liebendes Weib, und eine Wirthschafterin zu sein, ohne daß eine dieser ihrer edeln Eigenschaften mit den andern in Widerstreit kommt.

Die Mutter und der Lehrer in der Schule bedeuten dem Kinde, warum z. B. die Feder so, und nicht anders, anzufassen sei, und von Zeit zu Zeit wird das Kind examinirt warum etwas so, und nicht anders. Wißbegier und Neugier treiben das Kind oft zu Fragen, und es wird immer die passende Antwort ertheilt. Es kommt hiedurch ein hoher Grad von Klarheit, Bündigkeit, Schärfe in die kindliche Seele; der Zögling schämt sich nicht mehr, etwas nicht zu wissen was ihm noch nicht erklärt ward, oder wohin ihn seine Urtheilskräfte noch nicht zu tragen vermochten; er antwortet frisch drauf los: „dies da weiß ich nicht,“ und genießt dadurch den Vortheil, alles Gelüge aus Eitelkeit zu meiden.

Die Schule lehrt Rechnen und Meßkunde in den Anfangsgründen nicht bloß vermittelst der Schulbücher, sondern eben so sehr im Anschauen der Werkstätten, Produkte, Naturumgebungen, wo die Kinder selbsthändig und selbstäugig — um mich so auszudrücken — mit Leichtheit und Sicherheit das erlernen, was oft Erwachsene, unter einem verrückten Lehrsystem, nicht erlernen wollen oder können. Ich sage Ihnen, Mylord, wenn eine viele Millionen Einwohner umfassende, machtvolle, reiche Republik sich einmal in den Kopf gesetzt hat: „die Hauptlinien „alles Wissenswürdigen sollen, müssen und können so dargestellt „werden, daß jeder Einzelne, beiderlei Geschlechts, ohne überhohe „Mühe sie in sich aufnehme,“ — alsdann vermag kein Hinderniß diesem Willen der Republik mehr den Weg zu verrammen! Ich zeige Ihnen später einige Schulhäuser, nebst Museen und Instrumentensammlungen. Sie werden sich freuen über die sinnreiche Hülfe die wir dem Lernenden geben, damit er über das Schwierige im Anfang hinwegkomme und sich zu Weiterm, Tieferm wenden könne, von wo aus ferneres Erfinden und Entdecken erst möglich wird. Sie werden z. B. unsre Anatomiemuseen, unsre Pflanzen- und Steinmuseen, unsre Astronomiemuseen, unsre geographischen, geologischen, historischen Sammlungen, unsre Museen für Völkerkunde, Völkersitten und Religionen, in Augenschein nehmen; Museen die zum Lehren besonders eingerichtet sind.

Auf diese Art, begreifen Sie, kann der Unterricht für Kind und Lehrer nicht langweilig werden. Rastlose Abwechselung, auf Schulen, Spatziergängen, Museen bringt die Thatkräfte des Geistes und Leibes in steten Umschwung, und es folgt aus alle diesem, daß wir eben — ein Ikaria haben. Wir wollen morgen um acht Uhr früh, wenn es Ihnen recht ist, mein lieber Lord, zu der weitern Betrachtung dieses Gegenstandes schreiten. Entschuldigen Sie mich, ich muß jetzt ausgehen.

Elftes Kapitel.

Moralische Erziehung.

Ich traf bei Dinaros vor der anberaumten Stunde bereits ein. Er nahm mich beim Arm und ging. Ohne erst von andern Dingen zu sprechen, ergriff er sogleich, seinem ernsten eifervollen Charakter gemäß, den großen erhabenen Gegenstand, von dem er wohl wußte, daß er mich mehr interessire als alle übrigen Herrlichkeiten seines wunderbaren Vaterlandes. Er begann wie folgt:

Wie in der intellektuellen und leiblichen Erziehung, so in der moralischen. Ja, da des Menschen Seele ein Wichtigeres uns zu sein dünkt als sein Körper, hat die Achtsamkeit der Erzieher sich wo möglich noch zu schärfen, sobald es an die moralische Bildung geht. Die ersten Schritte auf der Bahn dieser Bildung thut das Kind abermals unter Obhut seiner Mutter. Besonderer Unterricht, in den von mir schon erwähnten Vorlesungen, setzt die junge Gattin in die innere Möglichkeit, sich dieser Bildung des Kindes anzunehmen.

Das Grundgefühl, welches die Mutter in ihrem Zögling zu entwickeln sucht, ist kindliche Liebe, kindliches Vertrauen, kindlicher Gehorsam; und auf diesen Gehorsam wird so strenge gehalten daß ich ihn fast blinden Gehorsam nennen möchte. Der Vater lehrt dem Kinde, die Mutter verehren, und umgekehrt. So kommt es daß unsre Kinder ihre Eltern als ihre Gottheit betrachten.

Wächst das Kind etwas heran, so lehrt man ihm sich selbst anziehen, sich selbst reinigen, sein Bett, seine Kammer selbst in Ordnung bringen, ohne hülfsbedürftig auf andere Leute warten zu müssen. Man lehrt ihm frühzeitig, seinen Eltern, ältern Geschwistern und sonstigen ältern Familiengliedern dienstfertig sein, desgleichen den Hausfreunden und Gästen. Auch wird es angewiesen, in allen Vorfällen sein jüngeres Geschwister zu beschützen, zu belehren, zu warnen, zu beaufsichtigen. Alle häuslichen Verrichtungen, die nur irgend ein Kind leisten kann, werden ihm gelehrt, und so geschieht es denn, daß es fröhlich, mit den ältern Mitgliedern zusammen, das Hauswesen in Stand zu halten sich beeifert. Sie finden unsere Kleinen oft singend bei ihren Hausgeschäften; niemals zeigen sie saure Mienen.

Sommer und Winter läßt man um fünf Uhr das Kind aufstehen. Während einer bis zwei Stunden macht es in seinem Hausarbeitskleide die Geschäfte der Wirthschaft, die ihm zuertheilt werden können. Stets unter den Augen eines im Alter vorgerücktern Mitglieds macht es seine Toilette, wobei eine äußerste Reinlichkeit als Hauptsache gilt, doch weiß man auch hierin das Nothwendige mit dem Nützlichen und Schönen zu verschmelzen, damit das Kind früh schon Geschmack an Anstand und Anmuth, sich selbst und andern Personen gegenüber, bekomme. Hierauf beginnt es seine Studirarbeit, seine Mutter oder sonst Jemand überwacht es dabei, bis es zum Frühstück, und nach diesem zur Schule geht, welche um neun Uhr anhebt.

Ich glaube, dieses Alles ist vernünftig und liebevoll. Ich brauche nicht hinzu zu fügen, daß, da kein Hausfrieden bei uns gestört wird, das Kind auch von dieser zarten Seite keine bösen Exempel zu sehen kriegt, und folglich sein junger Charakter keinerlei Zerrüttungen und Zerwürfnisse erfährt. Und dieses ist von höchster Bedeutsamkeit, deucht uns, für die gesammte fernere Entwicklung des kleinen Mitbürgers. Wir lieben unsere Kinder — das ist natürlich, und soll uns nicht zum Ruhm angeschrieben werden, denn es versteht sich. Aber was wir besonders vor andern Nationen voraus haben, das ist eben die Verständigkeit, die regelrechte Taktmäßigkeit, die unverbrüchliche Gleichmäßigkeit, mit der jede Familie ihren jungen Sprößlingen Pflege des Geistes, Herzens und Leibes, ohne Pedanterei, Pinselei, Affenliebe oder Zärtelei angedeihen läßt, und ebenso ohne tyrannische Laune und Härte.

Mit dem dritten Lebensjahre kann das Kind meistens reden, und von da ab bringt man die Kinder aus einer und derselben Straße, Knaben wie Mädchen, zusammen, um sie unter Aufsicht einer oder mehrerer Mütter spazieren im Garten zu führen, oder spielen zu lassen; Zweck ist dabei allerdings die Gesundheit, aber ebenso sehr auch will man dadurch auf ihre Gesellschaftlichkeit einwirken, den Sinn für Brüderlichkeit und für Gleichheit in ihnen frühe erwecken.

Sehen Sie, lieber Freund, hier ist die Schule des Stadtviertels; ich denke, das Aeußere dieses Prachtgebäudes läßt nichts zu wünschen übrig. —

Ich mußte in der That den Worten meines Führers beipflichten; solch ein geschmackvolles, großartiges Schulhaus, mit Bildsäulen und Inschriften geschmückt, hatte ich noch nirgends gesehen;

ringsum ein weiter, freier Platz mit Bäumen. Welches jugendliche Geschöpf sollte wohl nicht durch diese würdigen Eindrücke, die es hiedurch in seiner kindlichen Phantasie empfängt, zur Ehrfurcht und Achtung für die gütige, mächtige Hand, die ihm dieses spendet, frühzeitig hingeleitet werden? Diese Hand ist die Hand der Allgemeinheit, in der es lebt und webt.

Wir sahen mehrere Männer ins Haus gehen; es waren die Lehrer. Bald nach neun Uhr kamen die Zöglinge, eine ganze Straße nahm ihr Zug ein; gleich einer kleinen Armee, in zwölf Bataillone abgetheilt, von verschiedener Größe, Altersstufe und Uniform. Alle Kinder einer Familie begeben sich vorher, unter Leitung des ältesten Kindes, in ein Gebäude ihrer Straße; aus diesem, nachdem sie sich dort aus allen Familien derselben Straße versammelt haben, gehen sie, nach Alter und Schule geordnet, stets unter Leitung des Aeltesten, fort. Abends stellen sie sich wieder familienweise nach der Reihenfolge der Häuser ihrer Straße auf, und kehren ohne Unfall zu ihren Eltern zurück. Mit Vergnügen bemerkte ich eine musterhafte Sauberkeit, und frohe Gesichtchen; es war klar, daß diese Kleinen sich mit vollkommener Zwanglosigkeit mitten durch die strenge Ordnung und Regelmäßigkeit bewegten; so sehr war diese ihnen schon zur Natur geworden.

Wir traten auch in das Schulhaus; ich möchte sagen, in den Schulpalast. Ein ungeheurer Saal empfing uns, in welchem die Bildsäulen und Gemälde in Lebensgröße der Bürger aufgestellt waren, welche im Erziehungsfach die größten Dienste der Nation erwiesen hatten. Die Schüler bestanden zur Hälfte aus Knaben; die andere Hälfte waren Mädchen.

Das Erste war, daß sie einen Gesang anstimmten. In dem einen der zwei Verse, die sie sangen, ward Ikar's Wirksamkeit gelobt, im zweiten die eines der bedeuteten Wohlthäter der ikarischen Jugend; dieses Lied hat über hundert Verse, und jeden Morgen wird ein andres Paar Verse gesungen; so gewöhnen sich unsre Kleinen an Erkenntlichkeit, fügte Dinaros hinzu.

Als ich ihm mein Verwundern bezeugte, hier beide Geschlechter zu finden, belehrte mich mein Führer, die Mädchen kämen abgesondert von den Knaben, auch durch eine besondere Thür kämen sie. Zudem sei das Haus in zwei Theilen erbaut, und nur in der Mitte lägen einige gemeinsame Versammlungssäle. Verwundern Sie sich nicht, daß wir unsre Mädchen bis zu sechzehn Jahren mit unsern Knaben oft in dieselben Schulräume führen; der Knabe wird von frühester Jugend und schon im Familienkreise, unaufhörlich angehalten, in jedem Mädchen, und sei sie ihm ganz fremd, seine Schwester zu achten; andrerseits ist aber auch das Mädchen stets angehalten, sich durch Anständigkeit dieser Achtung würdig zu zeigen. Es versteht sich, daß Eltern und Lehrer und Lehrerinnen aufs pünktlichste die Erfüllung der Anforderungen der Schamhaftigkeit in's Auge fassen, und zwar nicht etwa lediglich zwischen beiden Geschlechtern, sondern, was vielleicht noch schwieriger, zwischen Kindern eines und desselben Geschlechts.

Wir kamen näher an die Klassenzimmer und betraten sie. Da saßen sie mit größter Aufmerksamkeit; Tische und Bänke waren reinlich, nicht zerkratzt und muthwillig von Federmessern zerschnitzelt; keine Flecke auf den Kleidern. So mächtig wirkt die Gewohnheit schon im frühesten Lebensalter; Ordnung und Reinlichkeit werden zur zweiten Natürlichkeit.

Wir durchmusterten mehrere Klassen, deren einige für Mädchen, andre für Knaben bestimmt waren; noch andre für beide Geschlechter, und nur durch eine leichte Gezäunung von einander getrennt; hierauf gingen wir mit den Kindern in die gymnastischen oder Turnräume, wo wir eine bedeutende Auswahl mannigfachster Gestelle für körperliche Uebungen fanden. Die Zöglinge waren alle, ohne Ausnahme, merkwürdig vorgeschritten; sie hatten ihre Muskeln in vollkommner Gewalt und zeigten eben so viel Muth als Anmuth. Ein Kind von zehn Jahren klomm auf einen dreißig Fuß hohen Mastbaum, wickelte oben ein Seil von einer Rolle los und ließ sich herunter gleiten. Es versteht sich daß die Mädchen an diesen Uebungen Theil nehmen, jedoch nicht auf demselben Platze wo die Knaben.

Man erzählte uns, Abends zuvor sei ein ebenfalls zehnjähriges Kind bis an die Rolle geklettert, und sei diese Höhe hinabgesprungen, ohne sich Schaden zu thun; da indessen solcherlei Stücke verboten waren, sollte es jetzt als ungehorsam bestraft werden. Man lud uns ein, diesem kleinen Gerichte beizuwohnen.

Während die Zöglinge, nachdem sie geturnt, in die Klassen zurückgingen, besuchten wir im Hofe die beiden Schwimmanstalten, eine für jedes Geschlecht. Professor Dinaros wies mir die höchst zweckmäßige, Nützlichkeit mit Anständigkeit verbindende Badekleidung, und sagte, sobald ein Kind schwimmen könne, lasse man es diese treffliche, Geist und Leib stärkende Uebung, mit seinem vollen Anzuge vornehmen, damit es auch dermaleinst in Gefahr sich helfen könne, ohne erst sich entkleiden zu müssen; ja, man übe jedes Kind — männliches wie weibliches — besonders noch darauf ein, in's Wasser gestürzte Personen zu retten.

Wir erwarteten die Aburtheilung des kleinen Springers, und spatzierten mittlerweilen in dem schönen, reinlichen, mit Bäumen geschmückten Hofe.

Auf meine Erkundigung nach den Belohnungen zum Aufstacheln des Ehrgeizes, gab Dinaros mir den Bescheid: es sei Grundsatz, durchaus keine Belohnungen zu verleihen, weder Kreuzchen, noch Bändchen, noch Krönchen, noch Preise, noch Obenansitzen, denn das sei Alles dem Gleichheits- und Bruderschaftsprincip schnurstracks zuwider; das reize bloß die schlechte Seite der Selbstsucht. Die einzige Auszeichnung, fügte er hinzu, die wir den Zöglingen angedeihen zu lassen für gut befinden, besteht darin, daß, im Beisein der Lehrer, die Gesammtheit der Zöglinge aus sich heraus diejenigen erwählt, welche die tüchtigsten sind; diese jungen Häuptlinge, wenn ich so sagen darf, haben den Auftrag, in Gegenwart der Professoren selbst Lehrerstelle zu vertreten und ihren Mitschülern Vortrag zu halten. Wir haben folglich keine Faullenzer; sollte sich irgendwo irgend einmal einer finden, so hüten wir uns, ihn zu peinigen, wodurch der Abscheu vor Arbeiten in dem jugendlichen Geschöpfe nur noch größer wird; vielmehr geben die Lehrer sich alle Mühe, ihn für das Lernen zu begeistern und gehen mild mit ihm um. Ich kann Ihnen versichern, was Sie wohl mir nicht leicht werden glauben wollen, ich kann Ihnen versichern, wir haben auch keine Unfähigen, keine Dummköpfe, keine Zerstreuten, und sollte sich einmal so ein kleiner Unglücklicher unter unsern Schülern finden, nun dann wenden wir Alles daran, durch Geduld und Eifer seine Unfähigkeit in Fähigkeit zu verwandeln, und die betrübliche Ungerechtigkeit wieder gut zu machen, welche die Natur gegen ihn, so zu sagen, begangen hatte. Schlechthin verwerflich aber dünkt uns die böse Manier, ein zum Lernen wenig fähiges Kind, oder einen kleinen Faullenzer, zu mißhandeln; das wäre in unsern Augen ein Bubenstreich und eine Verrücktheit, wodurch sich der Herr Lehrer tief unter das unglückliche Kind, dessen Bildung ihm anvertraut ist, erniedrigen würde. Mögen Sie in Europa anders darin urtheilen, immerhin, ich beneide Sie deshalb nicht; wir Ikarier haben nun ein Mal für alle, unsre Methode als die einzig richtige zu erkennen Gelegenheit gehabt, und ich kann Ihnen sagen, Staat und Haus befinden sich gut dabei. Wir haben anderntheils sehr wenig zu strafen; übrigens besteht die Strafe bei uns nur in öffentlichem Tadel, im Ausschließen von gewissen Vergnügen; ja, im Ausschließen von gewissen Studien. Es versteht sich, daß keine Willkührlichkeiten bei diesen Bestrafungen statt haben, da sowohl über diese, wie über die Pflichten des Schülers, ein eignes kleines Buch, betitelt „Schülergesetzbuch" in seinen Händen ist. Dies Werkchen wird oft zum Gegenstande des Besprechens für die Zöglinge gewählt; sie gewöhnen sich auf diese Art, völlig in dem Gesetze und nach dem Gesetze, welches ihnen von allen Staatsgesetzen vorläufig am nächsten steht, zu leben. Es ist bald fünf Jahre, da ist dieses Schülergesetzbuch in allen Schulen des Reichs lange diskutirt und nach allen Richtungen hin untersucht worden; die ungeheure Mehrheit der Zöglinge stimmte für seine Gültigkeit, und so ward er fast einmüthig angenommen.

Wenn ein Fehltritt geschehen, treten die Schüler als Gerichtshof zusammen, innerhalb des Schulhauses; untersuchen den Fall und urtheilen. Kommen Sie jetzt mit mir, Mylord, in den großen Saal, da werden Sie eine solche Schülergerichtssitzung sehen können.

Wir gingen. Der Saal war schon gefüllt; Professoren und Zöglinge waren sämmtlich dort; die Klassen waren bereits beendigt. Einer der ältern Knaben hatte das Geschäft des Anklagens diesmal übernommen; fünf andre sollten die Strafe vorschlagen, und die übrigen waren die Geschwornen. Ein Lehrer, der diesmal die Gerichtsitzung leitete, stellte zuerst die Thatsache auf, dann ermahnte er den Ankläger, nur mit Mäßigkeit anzuklagen; den Angeklagten, sich ohne Furcht zu vertheidigen; die Augenzeugen, ohne Lüge zu zeugen; die Geschwornen, auf Gewissen zu antworten, und die Richter, das Gesetz ohne Parteilichkeit anzuwenden. Der junge Ankläger äußerte Bedauern, seinen Mitbruder anklagen zu müssen, und hoffte, derselbe werde sich als unschuldig herausstellen; doch sei das Schülergesetzbuch ein Buch, an welchem die gesammte Schülerschaft des Staats, und nicht minder der Angeklagte, gearbeitet; alle Vorschriften, Maaßregln, Verbote und Gebote in diesem Buch, so wie die Strafen, seien im Interesse von Allen und Jedem aufgepflanzt worden, vor Aller Blicken und mit Aller Einwilligen und Verständniß; durch den Sprung von dreißigfüßiger Höhe habe der Angeschuldigte sich sehr füglich verletzen, ja tödten können, und es liege jetzt klärlich im allgemeinen Interesse, ihn zu strafen wofern er schuldig; und mehr noch, ihn freizusprechen wofern er unschuldig.

Das angeklagte Kind vertheidigte sich mit vieler Selbstgewißheit; gestand sofort den Sprung ein, gab zu, gegen das Gesetz verbrochen zu haben und strafbar geworden zu sein, obschon ihm sein Ungehorsam gegen das Schülergesetz leid thue; doch füge er hinzu, er sei durch die Lust hingerissen worden, seine Gewandheit und seinen Muth zu beweisen, auch habe er bestimmt gerechnet, keinen Schaden zu nehmen; so gewiß sei er seiner Sache gewesen.

Ein Knabe trat vor und erklärte, den Angeklagten zum Springen aufgemuntert zu haben, er trage also Mitschuld und habe sich in jenem Augenblick nicht des gesetzlichen Verbots entsonnen.

Noch ein Knabe, als Zeuge gerufen, sagte aus, er habe den Angeklagten springen gesehen; ungern thue er dies Zeugniß, doch sei es Pflicht die Wahrheit zu bezeugen.

Hierauf sprach der Vertheidiger; gestand den Fehler zu, doch wolle er ihn entschuldigen durch die Reue und die vorherige Aufmunterung der Kameraden. Er bat die Geschwornen zu erwägen, sein Freund sei anerkannt der unerschrockenste Springer seines Alters, und daß ja doch wohl eigentlich nur seine vorzügliche Gewandtheit und Furchtlosigkeit Veranlassung zu diesem Gesetzesbruche gegeben. — Der Ankläger aber erklärte, ein so muthiger Springer, wäre es Sitte zu belohnen, verdiene einen Kranz; anderseits sei ja gerade gegen die Verwegensten das Verbot gemacht, und die Absicht, ihnen Beschädigung ihrer Glieder zu sparen, sei doch klar wie der Tag. Hierauf berieth die Jury, und stimmte einmüthig auf Gesetzesverletzung, anderntheils aber erklärte sie, mit einer nicht eben sehr starken Mehrheit, daß der Fehltritt zu entschuldigen sei. Der Ausschuß der fünf Richter bevorschlagte, die Strafe möge sich lediglich darauf beschränken, die Thatsache innerhalb des Schulhauses allgemein bekannt zu machen. Die Versammlung nahm es an, und der Oberrath, aus den Professoren bestehend, billigte. Ein Professor hob diese Sitzung auf, mit den Worten: sie sollten ja sich durch das Urtheil nicht abhalten lassen, den jungen Springer nach wie vor als lieben Mitschüler werth zu achten, doch soll auch der Verurtheilte seine Richter nach wie vor lieben, aber am meisten möchten sie die Republik lieben lernen, welche liebevoll für alle Kinder denke und sorge, und um ihr zu gefallen, sollten sich alle brüderlich lieben.

Ich ging mit Dinaros fort. Ich gestehe, ich war bewegt, so etwas hatte ich in keinem Lande gesehen und gehört.

Ich begleitete Dinaros in seine Wohnung. Oh, jetzt verstehe ich, rief ich, Ihre Nation, Ihre Kinder, Ihre Mütter! — Hier ist Moral in Wirksamkeit, und nicht bloß auf der Zunge oder auf dem Papier.

Auch einen Lehrgang der Moral haben wir, erwiederte Dinaros, den jeder Einwohner zwölf Jahre lang besucht, um seine

Pflichten zu ergründen, alle Tugenden, wenn ich so sagen darf, in sich zu entwickeln, alle Untugenden und Laster von sich zu halten oder sofort im Keim zu erdrücken; und ich versichere Ihnen, bester Gastfreund, dieser Cursus, früher so langweilig, ist bei uns sehr anziehend, da dabei durch geschichtliches Beschreiben der großen Gebrechen, Verbrechen, Tugenden und Heldenthümer sehr viel Licht auf das menschliche Wesen und sein Innerlichstes fällt. Die interessantesten Bücher unserer besten Schriftsteller, unsere Bühnenstücke, unsere Poesien, unsere Romane, all dieses wetteifert um die Moral uns angenehm zu machen, oder sie uns als liebenswerth darzustellen. Anderseits verstattet unsere unumschränkte Herrin, die große und erhabene ikarische Staatsgemeinde, nicht, daß irgend ein unmoralisches Werk verfertigt werde. Man darf sagen, jeder unsrer Familienzirkel ist ein fortwährender Unterricht in der Sittlichkeit; und zwar in der thatsächlichen, wirklichen, nicht etwa bloß in der rednerischen, auf weißem Papier schwarz verzeichneten Sittlichkeitstheorie, die nie zur Praxis käme. Jedes ikarische Kind hört und sieht, beobachtet und befolgt nur sittliche Handlungen und Worte. So geschieht's denn, daß z. B. unsre Kinder nicht lügen; wahrlich, wozu und woher sollten sie wohl lügen? die Republik macht auch sie glücklich. Zum bloßen Spaß aber wird ein ikarisches Kind auch nicht lügen, denn es weiß bessere Späße als den da. Sind Sie, Mylord, nicht hiemit einverstanden? Ich glaube, Sie können lange grübeln, ehe Sie Einwände dagegen finden*. Ich empfehle Ihnen, von Zeit zu Zeit das Lehrerjournal zu durchblättern, welches fortwährend sämmtliche Lehrer und Lehrerinnen in dem ganzen Umkreis des ikarischen Staats mit den nothwendigen Kenntnissen und Verbesserungen des Unterrichts- und des Erziehungsfaches in Bekanntschaft erhält und zu Fortschritt veranlaßt. Was sonst noch zu sagen wäre, über dies erhabene Thema, über diesen reichen Gegenstand, das möge ein andermal unsre Unterhaltung sein; es ist jetzt wohl an der Zeit, Ihren Besuch zu machen; überdies kommen Sie ja heute Abend mit Walmor zu meiner Mutter, und dann wollen wir über die Erziehung des Ikarier's zum Bürger, sprechen. —

* Wohl aber wird hiewider ein Pietist oder sonstiger abergläubischer Unmensch, allerlei Dinge einwenden, die zwar nicht witzig, aber desto aberwitziger sind. Zu diesem Gelichter spricht weder der Verfasser noch der Uebersetzer.

Anmerkung des Uebersetzers.

Ich hatte Korilla erst zwei Tage nicht gesehen, und dies deuchten mir Jahre; ich fühlte mich unwiderstehbar zu ihr hingezogen. Als ich in's Zimmer trat, strahlte ihre prächtige Anmuth und Schönheit mir sonnenhaft entgegen; so herrlich hatte ich sie noch bisher nicht erblickt. Ah, endlich sind Sie da, rief sie drohend; endlich würdigt der Herr Engländer uns zu besuchen, nach zwei vollen Tagen Wegbleibens läßt er sich herab, dem Großvater seine Achtung zu erweisen. Das ist nicht hübsch, Großvater ist mit Recht böse; nicht wahr Großväterchen?

— Nun aber da Sie hier sind, sei verziehen. Hören Sie, William, heute Abend singt man bei Dina, und ich will vorher sehen ob ich, ohne mich zu blamiren, mit Ihnen singen darf. —

Wir sangen Probe; sie meinte, ich sänge leidlich, doch hoffe sie, zum zweiten Mal werde ich's besser machen.

Unterwegs war sie reizend heiter, aber immer Maaß haltend, anmuthig, mitten im frohesten Scherzen und Jubeln wußte dieses wahrhaft gebildete Mädchen die einzig richtige Mitte zu gehen zwischen Ausgelassenheit und Zimperlichkeit.

Bei Dina's Mutter war auch eine kleine Familienversammlung von etwa vierzig Personen; ich brauche nicht hinzuzufügen, daß der liebreiche Ton dort ganz derselbe war wie in der Familie Walmor's, und wahrlich, dies Volk ist glücklich, sagte ich zu Dinaros, den ich in eine Ecke genommen.

Ja wohl, sagte er, ich glaube diese Nation ist die glücklichste, und die alleinige Ursache ihres Glück's ist lediglich die Gütergemeinschaftlichkeit, in der hier zu Lande üblichen Weise. Unsre Erziehung, das versteht sich, ist nothwendig um unsre Kinder zur Gemeinde vorzubereiten, und um uns Alle für das wahrhafte politische, gesellschaftliche Dasein empfänglich zu machen.

Wir können sagen, von seinem ersten Lebensalter ab, lernt das Kind, Bürger sein. Schon in der Schule wird es zum Staatsmitglied gleichsam gestempelt, indem es daselbst durch das Schülergesetzbuch, die Prüfungen, die Schülerwahlen, die Schülerjury unaufhörlich, aber allmählig, Staatsbürger wird; so zu sagen im Vorspiele, im Kleinen. Aber glauben Sie ja nicht, wir beruhigten uns dabei; nein, im achtzehnten Jahre beginnt ein neuer Abschnitt von Erziehung und Unterricht, und diesen Abschnitt nennen wir die Bürgererziehung. In jener Epoche lernt der Zögling die Grundrisse der Litteratur, der Redekunst, und die allgemeine Weltgeschichte.

Die erwähnte Bürgererziehung besteht in einem sehr gründlichen Studium der vaterländischen Geschichte, der ikarischen

Gesellschaft, Verfassung, Gesetzgliederung, der Amtsgeschäfte, des Verwaltungsgangs u. s. w. Kurz, in einem Studium der Pflichten und Rechte des Bürgers und der Behörde, die er einsetzte.

Jedes Kind lernt die gesammte Verfassung auswendig. Wie die Knaben, eben so die Mädchen, mit denen keine Ausnahme in dieser hochwichtigen Sache gemacht werden kann, da ja auch sie Mitbürgerinnen werden sollen. Auf diese einfache Art bringt es unsre Erziehung dahin, daß kein Ikarier vorhanden, der nicht vollständig mit den Wahlen der Nationalrepräsentation, den Volkszusammenkünften und der Nationalgarde oder Bürgerwehr, Bescheid wüßte; jeder ist unterrichtet über Das was ein Beamter der Behörden darf, und wo dessen Macht aufhört; jeder weiß was das Gesetz erlaubt und verbietet. Wer seine Bürgererziehung vernachlässigt hätte, würde später nicht Bürgerrechte ausüben können, und das wäre unendlich schimpflich. Ich brauche Ihnen nicht zu versichern, daß jede Ikarierin desgleichen in dieser Kunde des Staatsgetriebes bewandert ist, und deswegen auch stets am Wirken des Gatten, des Bruders, des Sohnes, regen Geistes Antheil nimmt.

Obschon wir den innern Frieden auf immer hoffen, und auch von außen nicht Krieg fürchten, sind dennoch sämmtliche Bürger, d. h. sämmtliche Bewohner des Reichs, Mitglieder der Bürger- oder Landwehr; sie üben sich im Handhaben der Waffen und Ausführen von militärischen Schwenkungen vom achtzehnten bis einundzwanzigsten Lebensjahr. Dieses ist keineswegs ein nutzloses Soldatenspielen, sondern ein republikanischer Abschluß der Bürgererziehung, eine Ergänzung der gymnastischen Leibes- und Gesundheitsübungen, so wie auch für die Nationalfestlichkeiten sehr brauchbar.

Mit einundzwanzig Jahren ist der Jüngling Staatsbürger. Sie sehen, wir machen unsre jungen Leute so gut als möglich, zu guten Söhnen, guten Gatten, guten Vätern, guten Nachbaren: kurz, zu wahrhaft gebildeten Menschen. Ich brauche wohl kaum hinzu zu fügen, daß sie auch zur Friedfertigkeit gebildet sind, denn eine unsrer Grundregeln ist, von Kindheit auf sie zum Respekt vor der Mehrheit zu gewöhnen; daher kommt es, daß sich die Minderheit immer gern in den Beschluß der Mehrheit fügt, und dadurch gelang es uns, daß jedes Mal ohne Zank und Haß, ohne Thätlichkeiten, bloß vermöge einer gewöhnlichen Bedenkung und Besprechung nach allen Seiten hin, die Sachen entschieden wurden, und ich glaube das ist viel werth.

Nach einer kleinen Pause sagte ich, bei dieser Erziehung wären wahrscheinlich auch nicht viel Verbrechen vorhanden? Worauf Walmor entgegnete: Verbrechen können schlechterdings bei uns nicht mehr vorkommen. Diebstahl z. B. ist nicht möglich wo kein Geld besteht, und wo Jeder hat, was er braucht, was er wünscht. -- Um dabei noch zu stehlen, müßte man verrückt sein. Und Brandstiften, Vergiften, Morden ist unmöglich, da der Diebstahl unmöglich ist. Wir sind glücklich, haben deswegen auch keine Selbstmorde.

Ich warf ein, Mord, Duell, Selbstmord könne doch aus andern Gründen, z. B. aus Eifersucht, aus Liebe entspringen.

Hierauf erwiederte der junge Mann, die ikarische Bildung mache aus jedem Bürger und jeder Bürgerin ein Wesen welches vernunftmächtig sei, die Rechte und den Willen des Nebenmenschen achte und nach Gerechtigkeit handle, kurz, die Bewohner dieses Reiches verstehen, sagte er, ihre Begierden und Leidenschaften zu zügeln.

Sie sehen, werther Gastfreund, setzte der Professor hinzu, die Gütergemeinschaftlichkeit ist selbst im Stande, die moralische Seite im Menschen zu veredeln und zu kräftigen; sie zernichtet gründlichst Laster und Verbrechen.

So erging sich das Gespräch in ernst belehrender Weise. Da trat Korilla herzu und machte ein düstres Gesicht; Ihr Herren, rief sie, es gibt, erlauben Sie mir diese Bemerkung, Diebstahl und Diebe und sonstige Verbrecher; es gibt Gerichtshöfe und Richter um zu urtheilen und zu züchtigen; ich bin zwar kein Professor der tiefe Studien der Weltgeschichte gemacht, aber ich will Ihnen doch schlagend genug beweisen daß ich Recht habe; ich bitte um allerseitiges Gehör! (hier kamen die Kinder und stellten sich um sie). Ich singe mich heiser seit einer halben Stunde und schmeichelte mir, den Beifall der Gesellschaft zu verdienen; aber diese vortrefflichen Herren da ziehen die allgemeine Aufmerksamkeit auf sich, und durch ihr Gepredige hindern sie mich; ich sage folglich, ich bin um den Beifall der mir gebührte, bestohlen, bestohlen durch niemand anders als eben diese unsre Herren, die ich hiemit ohne Zaudern für Diebe erkläre.

Wir mußten herzlich lachen; Korilla sprach so zornig und dabei so komisch!

Noch schlimmer; Dina will singen, und die Herren sind im Stande, immer fortzuschwatzen; wahrscheinlich wollen Sie uns zwingen, Ihnen zuzuhorchen, als stünden sie auf einem Lehrstuhl und trügen Staatswissenschaft vor. Das geht nicht so heute Abend; ich erkläre Sie hiemit für Unruhestifter, für Staatsumstürzer; (Bravo!) und ich klage Sie an vor diesem erlauchten Tribunale hier (Bravo! Bravo!) und ich beschwöre auf Ihre Häupter die volle Justiz herab. Aber halt, die Richter könnten bestochen sein (nein, nein!) und daher spreche ich selber das Urtheil und verdamme Sie, als schuldig des Verbrechens der beleidigten Majestät der — Musik, aus der Gemeinschaft auszutreten (nein, nein!) oder lieber da ich keinen Nichtschuldigen treffen möchte, ich verdamme Sie beide, zuerst die Nachtigall zu hören, welche singen wird, und dann selbst wo möglich einen Nachtigallgesang uns zum Besten zu geben. (Bravo, Bravo!)

Ihr da, erbarmungslose Gerichtsdiener, rief sie den Kindern zu, seid beauftragt, mein Urtheil auszuführen; gebietet zuerst Stille; dann laßt die Verurtheilten singen!

Fräulein Dina sang, mit Aengstlichkeit, aber mit einer wunderbaren Stimme, wie ich sie wohl noch nie gehört; ich konnte mich bei diesem Klange einer Thräne nicht erwehren. Der Saal hallte von Beifallsbezeugungen. Jetzt ist die Reihe an Freund Dinaros (die Kinder packten ihn und zogen ihn herbei) und er möge gut singen, die Musikjustiz versteht nicht Spaß.

Korilla ist toll, sagte Dinaros.

Ja wohl, rief sie, aber der gestrenge Herr Philosoph kann da auch einmal sich der Tollheit fügen.

Auch mich zwang sie zu singen, zuerst mit ihr, dann mit Dina.

Jetzt hört mich, sagte Korilla, ich bestimme die Preise: der Herr Philosoph hat gesungen wie eine Lerche die den Schnupfen hat; der bärtige Schüler aus England, wie ein Fuchs, der in eine Grube gefallen, und Dina, wie eine Nachtigall, die sich fürchtet. — Als das Gelächter sich beruhigt, fuhr sie fort: Ich bin bekanntlich die Königin des Gesanges, wer wagt's zu leugnen? Daher erwarte ich sofort gebührenden Beifall in diesem gebildeten musikalischen Publikum, und befehle daß sofort die Kuchen, die von Dina gebacken sind, und die andern schönen Siebensachen ohne Verzug kredenzt werden.

Der Abend verstrich schneller als ich wünschte. Ich war nie so froh gewesen in irgend einem Zirkel, deren ich doch viele in vielen Ländern besucht hatte.

Die herrliche Korilla entschuldigte sich bei mir wegen ihres Necken's; ich kann's nicht unterlassen, sagte sie lächelnd. Der Ton, mit dem sie dies sprach, wollte aus meinem Ohr nicht mehr fort; ich träumte in der Nacht, ich sei selbst ein bunter Singvogel, der auf Dina und Korilla im Scherz Jagd machte.

Zwölftes Kapitel.

Arbeit. — Industrie.

Endlich weckte mich das Morgenlicht; ich fuhr erschrocken in die Höhe. Wie? sollte ich sie lieben? Und doch hatte ich das ernste Wort des ikarischen Konsuls in Kamiris nicht vergessen, der mir beim Einhändigen des Passes unerschütterliche Achtung vor den Töchtern der ikarischen Nation einschärfte, und ich gedachte auch ganz gut des Zurufs, den der würdige Greis, in dessen Haus ich Eintritt gefunden, an mich gerichtet, indem er meiner Ehre seine Kinder anvertraute. Und das Alles noch während ich mit der schönen Miß Henriette in meiner Heimath so gut wie verlobt bin, ja auch ernstlichst Willens bin dieses Gelöbniß zu erfüllen! Wäre es möglich, daß trotz dem ich hier in Ikarien?.. Wohlan denn, ich muß mich prüfen. Und so mit mir selbst redend, machte ich mich zu Walmor auf, der uns in eine Maurerwerkstätte zu führen versprochen hatte. Unterwegs faßte ich mich und fragte mich: findest du sie schön, anmuthig, geistvoll, herzvoll, liebenswerth? Freilich. — Bist du entzückt wenn du vor oder hinter oder neben ihr stehst, und die Möglichkeit genießest, Augen, Locken, Mund, Zähne, Hände, Füße dieses Mädchens zu bewundern? Freilich; alles gefällt mir an ihr. — Bist du froh wenn du an sie heran trittst? traurig wenn du sie verläßest? Freilich. — Ist es wahr, daß du im Tage ihrer gedenkst, und des Nachts ihr Bild dir vorschwebt? Freilich. — O du Bedauernswürdiger, ich glaube du liebst sie! — Und doch ist die Freude, die ich fühle, wenn ich sie sehe, ruhig, rein, und die Unlust, die ich fühle, wenn ich sie verlasse, ist ohne Bitterkeit, ohne Gewaltsamkeit. Ich kann daran denken ohne in Fieberglut zu gerathen; ich kann mit ihr sprechen, von ihr träumen, ohne die Selbstmacht einzubüßen; ich kann ihren Arm fassen ohne zu erbeben; folglich liebe ich sie nur wie eine Schwester, wie eine Freundin! — Aber das Mädchen? wie stehts um sie? wie, wenn ich ihre Ruhe geraubt hätte? Ha, dann wäre ich schuldig, würde schwer leiden. Und doch wieder ... aber nein, nein. Uebrigens gehen wir heute Abend spazieren, und ich will wo möglich mit Geschicklichkeit ihr Herz ausfragen.

Unter solchem Selbstgespräch war ich bei Walmor angekommen. Wir machten uns sofort auf, um die Werkstätte der Maurer zu sehen; da wir noch eine Strecke Wegs haben, sagte Walmor, lassen Sie sich von mir unsere Organisation der Arbeit und Industrie, eine der Hauptgrundlagen der ikarischen Gemeinde, auseinandersetzen. Ich hatte mir dies schon längst vorgenommen zu thun, und so erlauben Sie mir, ohne Umstände anzufangen.

Arbeit. — Industrie.

Erinnern Sie sich, William, gefälligst an einige wichtige Thatsächlichkeiten, die gleichsam der Schlüssel zu dem Uebrigen sind. Ich habe Ihnen bereits mitgetheilt, daß wir in Gemeinschaft der Güter und der Arbeiten leben, in Gemeinschaft der Pflichten und Rechte, in Gemeinschaft der Lasten und Fruchtnießung. Die Ikarier haben weder sogenanntes Privateigenthum noch Geld, weder Kauf noch Verkauf. Gleich in Allem sind wir, wenigstens bis zu dem Punkte, wo eine völlige Unmöglichkeit eintritt. Wir schaffen alle sammt und sonders gleichmäßig für die Republik und für die Gemeinde. Sie ist es allein, welche die Erzeugnisse des Bodens und Fleißes an sich nimmt, um sie sofort gleichmäßig unter uns zu vertheilen; sie nährt, kleidet, behauset uns; sie bildet unsern Geist aus, sie stärkt unsern Körper; sie gibt Jedem was ihm Noth thut. Erinnern Sie sich, lieber Freund, unser Staatszweck ist : glücklich zu sein und glücklich zu machen; das ist das Ziel, welchem alle unsere Gesetze zustreben; demgemäß heften wir den Blick immer zuerst auf das Nothwendige, dann auf das Nützliche, zuletzt auf das Anmuthige, ohne da Schranken vorzuschieben. Um ein Beispiel unter tausend anzuführen: könnte der Staat Jedem Pferd und Wagen geben, so würde kein Ikarier, glauben Sie's sicher, ohne Equipage sein. Aber da dies nicht möglich ist, so hat Keiner Pferd und Wagen, sondern muß sich der öffentlichen Wagen, der öffentlichen Pferde bedienen, auf die natürlich eben deßwegen die höchste Sorgfalt verwendet wird.

Diese Grundsätze finden sich in Anwendung bei der Organisation der Arbeit.

Die Republik, oder die freie Gemeinde, bestimmt jährlich alle diejenigen Gegenstände, die hervorgebracht werden müssen, um als Nahrung, Wohnung, Kleidung des Volks, das heißt der Nation, oder Aller, zu dienen. Unser Staat allein ist berechtigt in seinen Nationalwerkstätten, Nationalfabriken, Nationalmanufakturen (da nämlich nichts privat gemacht wird) seine Arbeiter zu beschäftigen. Unser Staat wählt überall die besten Plätze aus, gibt die besten Grundrisse und die besten Materialen zum Aufbau dieser Werkhäuser oder vielmehr Werkpaläste; er allein weiß jedes Mal diejenigen Gewerke zu verknüpfen, welche getrennt nicht gut bestehen können. Da er, der Herr über Alles, auch keine Ausgabe scheut, so sind seine Unternehmungen mit dem glänzendsten Erfolge gekrönt. Er vermag es, jeden Zweig bis ins Kleinste zu vervollkommnen, die besten Vorschläge nach langem reiflichsten Prüfen anzunehmen, und alle übrigen abzuweisen. Er macht sofort die guten Neuerungen bekannt und führt sie ein. Er bildet in Werkschulen seine Arbeiter, er übt sie theoretisch wie praktisch, er bezahlt sie (nicht mit Geld, welches bekanntlich nicht bei uns vorhanden ist, sondern) in Naturalien. Er endlich ist der Generalhaushalter und Hausmeister im Reiche, denn er sammelt die Produkte in seinen Magazinen und theilt sie von dort an die Arbeitenden, seine Söhne und Töchter, aus. Dieser Staat, ist die Nation selbst, durch das Komité der Industrie dargestellt. Sie sehen jetzt ohne Zweifel schon die ungeheuren Vorzüge dieses Organismus ein; welche Ersparniß an Zeit, Mühe, Kraft, welche Tüchtigkeit sich dadurch gewinnen läßt, ist wahrhaft bewundernswerth. Jeder Ikarier und jede Ikarierin übt irgend eine Handbeschäftigung, oder Kunstfertigkeit, oder Profession aus, die vom Gesetzbuch bestimmt ist.

Die jungen Männer beginnen das Arbeiten mit dem achtzehnten, die jungen Mädchen mit dem siebzehnten Jahre. Früher kann man sie nicht dazu nehmen, da sie ihren Körper ausbilden, ihre Erziehung abmachen müssen. Im fünfundsechzigsten hört der Greis auf, im fünfzigsten die Frau, wenn sie es wünschen; doch ist das Arbeiten so erleichtert, daß nur wenige Personen jenes Alters sich zurückziehen; fast ohne Ausnahme fahren sie fort, ein Geschäft noch weiter zu betreiben. Krankheit macht natürlich arbeitsfrei; in schweren Fällen wird aber, um allem Mißbrauch vorzubeugen, erheischt, daß der Patient sich in den öffentlichen Krankenpalast, das sogenannte Hospital, führen lasse. Jeder Arbeitende kann übrigens in besondern gesetzlich bestimmten Umständen, und unter Bewilligung seiner Mitarbeitenden, einen Urlaub erhalten.

Ich bemerkte oben, die ikarische Arbeit sei leicht, angenehm. In der That, unsere Verordnungen haben stets diesen Zweck vor Augen; niemals ist ein so milder, gerechter Arbeitsmeister in der Welt gesehen worden, als unser Staat ist. Maschinen sind hier ins Endlose vervielfacht und sehr nahe der Vollkommenheit gebracht. Zweihundert Millionen Pferde oder dreitausend Millionen Menschen werden dadurch ersetzt; diese unsere Maschinen haben die gefährlichen, ekelhaften und langweiligen Arbeiten übernommen. In diesem Punkte, glaube ich, zeichnet Ikarien sich am Glänzendsten aus; gerade auf die schlimmen, langweiligen, ekelhaften Geschäfte hat es seine Sorgfalt in der Art gelenkt, daß es sie mit den größten Vorkehren umgibt und unschädlich für Leib und Seele zu machen weiß. Kein Arbeitender gebraucht z. B. seine Hände, um einen gefährlichen oder Ekel erregenden Gegenstand anzufassen. Rechnen Sie, lieber Freund, dazu noch, daß die früheste Erziehung schon dem Kinde, d. h. dem künftigen Staatsarbeiter, den höchsten Respekt vor der Arbeit einflößt, so sehen Sie wohl, daß jede Beschäftigung gleichermaßen in Achtung stehen müsse. —

Ich wunderte mich darüber, und fragte: ob man z. B. auch den Schuhmacher eben so hochschätze wie den Heilkünstler? Worauf Walmor lächelnd erwiederte:

Freilich; Schuhmacher und Arzt sind zwei vom Staatsgesetz, d. h. vom Willen der Nation, verordnete, nothwendige Arbeitszweige, und folglich gleich „anständig" in Ikaria. Keine Profession übrigens, die nicht im Gesetz verzeichnet steht, ist auszuüben; z. B. im ganzen Lande ist kein Gastwirth; kein Mensch denkt daran, in den Schneidewaarenfabriken, auch Dolche zu fabriziren. Jede unserer dem Staate gewidmeten Thätigkeiten ist nothwendig, nützlich; und ich glaube Sie geben mir zu, daß man sich nicht füglich ohne Arzt und Schuhmacher behelfen könne; nicht wahr? Demnach hat die Gemeinschaft dafür gesorgt, daß beide gleichen Wohlergehens sich zu erfreuen haben.

Hier mochte ich nicht die Frage zu unterdrücken: ob die Ikarier denn keinen Vorzug dem überlegnen Geiste, dem Talent, dem Genie einräumten? und ich staunte nicht wenig, als mein junger Freund mich darüber folgendermaßen belehrte:

Sehen Sie, William, wir können, dürfen, wollen in diesem Punkte keine Vorzüge; denn *wir glauben, daß Geistesüberlegenheit ein Naturgeschenk ist, und man durch nichts in der Welt demjenigen Menschen wehe thun soll, der nicht diese Geistesüberlegenheit besitzt.* Im Gegentheil, solche Naturversehen, Naturmängel, Naturfehler, Naturungleichheiten muß die Gesellschaft vernunftvoll ausfüllen, ausgleichen, gütig ausbessern, damit der arge Unfug des leidigen Zufalls möglichst verschwinde; zudem bedenken Sie doch, der Geistesüberlegene hat ja schon lediglich dadurch etwas Großes vor den Uebrigen voraus, denn er fühlt den Segen und die *innere* Macht seines höhern, reichern, stärkern Geistes. Man wäre rasend, wollte man diese Hoheit, die ihm Keiner raubt, noch erhöhen durch *äußerliche* Erhöhungen, Vorrechte und Hervorhebungen. Wenn noch eine

Bevorzugung bei uns gälte, so müßte man sie demjenigen geben, der mühevoller arbeitet als Andere, doch thun wir das auch nicht. Solches Ermuthigen brauchen die Ikarier nicht. Der Arzt sieht sich geehrt, geachtet; weßhalb sollte er sich ärgern, wenn der Schuhmacher es desgleichen ist? — Hiemit steht übrigens keineswegs im Widerstreit, daß wir dem Arbeitenden, der so zu sagen über seine Pflicht arbeitet, oder der eine anerkennungswürdige Geschäftsverbesserung, oder eine Entdeckung, die der Rede werth, aufbringt, einen besondern Beweis der Nationalachtung, öffentliche Auszeichnungen, ja selbst die Ehrerbietung des gesammten Volkes, nach genauer allseitigster Prüfung und Aburtheilung zukommen lassen. — Faulenzer haben wir nicht, denn theils ist das Arbeiten leicht und der Arbeitende sieht, das sein Bemühen Etwas schafft was dem Vaterlande, der Mitbürgerschaft, und folglich auch ihm und seiner Familie zu Gute kommt; theils auch ist der Mensch durch unsre früheste Erziehung, durch die fortdauernde Zucht und Gewohnheit, durch das Beispiel und durch seine Bildung, dahin gelangt, Trägheit und Müßiggang für so niederträchtig, unmoralisch, menschheitschändend anzusehen, wie den Diebstahl in andern Ländern.

Ich bemerkte ihm, in England und Frankreich behaupte alle Welt, es werde ewig auf Erden Saufbolde, Raufbolde, Faulenzer und Diebe geben; der Mensch sei unverbesserlich! —

Hierauf konnte Walmor ein Lächeln nicht unterdrücken. Ja wohl, sagte er, bei der alten Gesellschaftseinrichtung hat man damit Recht; aber was die ikarische Gütergemeinschaft betrifft, so hat man Unrecht. — Arbeiten mußte man in der ersten Zeit unsrer Republik sehr lange, an achtzehn Stunden manchmal; aber das ist jetzt längst vorbei, und heute arbeitet man nur noch im Sommer sieben, im Winter sechs Stunden, nämlich von sechs oder sieben Uhr früh bis ein Uhr Nachmittags. Der Staat wird dieses noch mehr verringern. Es unterliegt keinem Zweifel daß neue Maschinenerfindungen in Stelle der arbeitenden Menschen treten, oder auch wenn die Verminderung in dem zum Fabriziren Nothwendigen, z. B. in den Bauten, einen größern Theil Menschenkraft überflüssig macht. Indessen ist anderseits zu bedenken, daß wenn einige Industrien abnehmen, doch bald wieder andre in ihren Platz treten oder gar ganz neue hinzu kommen, wie z. B. letztes Jahr, als ein neues Möbel erfunden worden, welches in sämmtliche Behausungen der gesammten Bevölkerung der Republik gestellt werden mußte, und zu dessen Verfertigung in hinreichender Menge, nicht weniger als hunderttausend Arbeiter verlangt wurden; da vermehrte sich die allgemeine Arbeitszeit um fünf Minuten. — Sie wissen, William, in meines Vaters Hause thun die Frauenzimmer alle Wirthschaftsarbeiten, von fünf oder sechs Uhr früh bis halb neun; von da ab bis ein Uhr arbeiten sie in ihrer Profession in den Werkstätten. Gerade so ist es in jeder andern ikarischen Familie. Ausgenommen vom Arbeiten in diesen Nationalwerkstätten sind natürlich alle Schwangern und diejenigen welche Kinder säugen; desgleichen alle Familienmütter, oder richtiger ausgedrückt, diejenigen Hausfrauen, welche an der Spitze einer ganzen Familie stehen, denn der Staat meint, das Hauswesen und eine Familie in Ordnung halten, sei ebenfalls eine gemeinnützliche, dem großen Allgemeinen zu Gut kommende Beschäftigung.

Die Frauenzimmer arbeiten in höchst eleganten Werkstätten, wie Sie wohl noch nicht gesehen? nun, wir wollen uns eine Erlaubniß ausbitten und damit in die gehen wo meine jüngere Schwester Celine, oder wo Korilla arbeitet. Daß unsre Werkpaläste so trefflich sind, kann Sie nicht wundern, wenn Sie bedenken daß bei jedem sämmtliche Professionsarbeiter, sämmtliche Männer der bezüglichen Wissenschaften, und das gesammte Volk vorher zu Rath gezogen, und der Plan in einem Konkurs wetteifernd ausgemacht, und dann besprochen und begutachtet wird.

Wir haben auch Werkstätten, welche beliebig von einem Ort zum andern getragen werden können; sie dienen zum Arbeiten in freier Luft. Eine solche sollen Sie jetzt in Augenschein nehmen.

Wir waren bei einer Maurerwerkstatt. Fünf bis sechshundert Arbeitende der verschiedenen Gewerke fanden sich dort vereinigt; es war eine ganze Straße im Bau begriffen. Nebenbei stand ein ungeheurer Schoppen oder ein Zelt, denn es war beweglich und mit einer Leinwand gedeckt, die dem Wasser keinen Durchfluß gestattete. Hierin war der Ankleideraum und der Speiseraum, wie sie in den festen Werkstätten vorhanden sind. Die Gestelle worauf die Leute mauerten, hatte man mit Sorgfalt gegen Regen und Sonne verdeckt. Das Material, Steine und Ziegel, Holz und Eisen, ward, schon zubereitet, herbeigeschaft. Alle diese Steine waren in den Steinschneidereien durch Maschinen fertig gemacht worden; ebenso hatten Maschinen die Ziegel geliefert. Kalk und Mörtel werden theils an Ort und Stelle bereitet, theils auch schon fertig geliefert; immer aber sind es Maschinen die sich dieser Vorarbeiten annehmen. Dies Material kommt auf den Kanälen in die Magazine, und von dort auf

Karren an die Bauplätze. Die Bauleute und Maurer trugen keine Lasten auf den Schultern, noch auf dem Kopfe; sie schienen fast nur dazu gegenwärtig zu sein, um das Material zu ordnen, und die Maschinen zu handhaben oder zu überwachen. Sinnreiche Vorkehren sah ich dort; z. B. tragbare Wege, auf welchen kolossale Lasten hin und her befördert wurden.

Mein Begleiter machte mich auf die Reinlichkeit der Arbeitskleider aufmerksam. Sehen Sie, das sind hier alle Leute, die wenn sie um sechs Morgens in den Staatswagen ankommen, und um ein Uhr wieder nach Hause sich begeben, in ihrem Anzuge und ihren Manieren schlechterdings von Nichtmaurern sich durch nichts unterscheiden; ihre Arbeitskleider werden nur hier getragen, und bleiben in dem Gezelte dort aufbewahrt. Sie begreifen, William, weshalb die Ikarier ganz gern Maurer sind. Und wie es mit diesem Geschäftszweige, ebenso geht es mit allen übrigen die im Auslande noch immer viel Gefährliches und Widerliches mit sich bringen. Für alle weiß die Gütergemeinschaft mütterliche Sorge zu tragen. Sehen Sie z. B. jeder Kärrner sitzt auf dem Wagen; es ist kein Einziger, der gezwungen wäre, nebenher zu traben. Bemerkenswerth muß Ihnen, als Fremden, auch die regelmäßige, gleichsam taktmäßige Ordnung sein, mit der diese Maurer arbeiten; sie haben sich ihre Aufseher und Commandeurs gewählt, und so geht Alles gut und rasch. Wie eine ungeheure Maschine mit den verschiedensten Räderwerken, bewegt sich diese Masse. Ueber die Ordnungsmäßigkeit brauchen Sie übrigens nicht zu erstaunen; bedenken Sie daß in jedem Geschäftszweige die Verordnungen und die Ordnungsvollzieher, d. h. Geschäfsbeamten, von den Mitgliedern ausgesucht sind, und daß die Republik die Gesetze für alle Werkstätten im Allgemeinen macht. Der Arbeiter hier zu Lande hat stets das von ihm gemachte Gesetz.

— Ich erlaubte mir nach einer Pause die Frage, auf welche Weise die Professionen vertheilt würden? ob Jeder eine unbeschränkte Wahl habe, oder ob er die ihm gegebene annehmen müsse?

Um auf Ihre Frage zu antworten, erwiederte er, will ich Ihnen zuvörderst die industrielle oder professionelle Erziehung Ikarien's beschreiben; daraus ergibt sich der Bescheid von selbst.

Vertheilung der Professionen.

Sie erinnern sich daß bis zum achtzehnten Jahr die Kinder einen Elementarunterricht in allen Wissenschaften genießen;

jedes lernt Zeichnen und Mathematik; jedes bekommt allgemeine Uebersicht über die Gewerbe und Künste, bekommt Kenntnisse von den Rohstoffen des Thierreichs, Pflanzenreichs und Steinreichs, und von der Maschinerie. Wir begnügen uns aber nicht mit bloß theoretischem Belehren; nein, wir fügen dazu die Praxis, wir gewöhnen unsre Kinder in den verschiedenen Werkstätten, den Hobel, die Säge, die Feile u. s. w. zu führen; das ist dem jugendlichen Körper heilsam, ist für den Geist ein Erholen, und ist für die Gemeinschaft nützlich. Auf solche einfache Art wird es dem Jüngling nicht sauer, sich ein Gewerbe zu wählen, denn er hat durch das Handhaben der Instrumente bereits eine vorläufige Uebung sich angeeignet. Jedes Jahr veröffentlicht in jeder Gemeinde des ganzen Reichs, die Staatsmacht, eine Liste worauf die Zahl der hier für jedes Geschäft nothwendigen Arbeitenden verzeichnet ist, und ladet die jungen Leute von achtzehn Jahren zum Geschäftswählen ein. Bei Konkurrenz wird nach Prüfungen und Urtheilspruch der Geschwornen verfahren; die Geschwornen sind in diesem Fall keine Andern als eben die Konkurrirenden. Somit wird an einem und demselben Tage im ganzen Lande jedes Geschäft mit Arbeitern versehen. Alle Werkstätten füllen sich aufs Neue. Dies ist alljährlich, in der dem Revolutionsfeste vorhergehenden Woche.

Von diesem Augenblicke hebt für die Jünglinge der spezielle Unterricht im Geschäft an; er ist natürlich an Dauer nicht immer gleich. Es versteht sich daß er theoretisch-praktisch ist. Der theoretische Theil begreift die geschichtliche Entwicklung des in Rede stehenden Gewerbes durch die Epochen und Nationen der Weltgeschichte hindurch, und die Wissenschaft auf die sich dasselbe stützt; der praktische Unterricht geschieht in der Werkstatt, wo der junge Mensch die ganze Bahn, vom Lehrburschen ab, durchzumachen hat.

Das Gleiche geschieht für die jungen Frauenzimmer; man lehrt ihnen Hauswirthschaft, weibliche Industrie, und läßt sie sich eine Profession im siebzehnten Jahr aussuchen. Alle Nachtheile der europäischen, oder überhaupt der Geldprofessionen sind durch unser ikarisches Industriewesen völligst gehoben, alle Vortheile bewahrt und vermehrt. Wir haben auf diese einfache Manier stets Arbeitende so viel wir brauchen, stets am rechten Ort, nie zu viele, nie zu wenige; haben keine Plage mit Privatwerkstätten die den Hausbewohnern lästig würden; keine Privatläden; keine Kommerzbillete, keine Bankerotte, keine gezwungene Ausverkaufe. Unsre Häuser sind somit lediglich zur Beherbergung der Familie bestimmt; unsre Nationalwerkhäuser sind nützlich und sind schön gebaut, so daß sie zur Verschönerung der Stadt beitragen. Bei uns kommen heute keine jener uralten Schlechtigkeiten mehr vor, die darin z. B. bestanden, daß der Schlosser im neuen Hause das Holz der Thür, die Farbe u. s. w. verdarb um dem Maler und dem Tischler abermals etwas zu verdienen zu geben; auch kann bei uns weder zu rasch, noch zu langsam gearbeitet werden, da jeder Mitarbeitende gleichsam für sich und die Seinigen das in Rede stehende Stück arbeitet. Jeder unsrer Bürger, der Handwerker ist, trägt somit das unauslöschliche Bewußtsein der Würde und betrachtet sein Geschäft als öffentliches, als Staatsamt, gerade so wie jeder ikarische Beamte sein Amt als ein Gewerbe, eine Arbeit, anzusehen gelernt hat. Und ich versichre Ihnen, Freund William, die Ikarier stehen sich gut bei dieser Einrichtung.

Oder deucht Ihnen vielleicht unsre scharfe, regelrechte Zeiteintheilung, unsre reine,' klare, unverwirrbare Ordnung ein schlechtes Ding? Glauben Sie etwa, wir langweilten uns, oder verdummten, wenn wir um fünf aufstehen? um sechs die Arbeitenden zur Werkstatt fahren? um neun Uhr Frauen und Kinder? von neun bis eins draußen, arbeiten? und in den Schulen? um halb zwei die Werkstättler sich in die Speisehäuser begeben? um drei Mittag gespeist wird? von da ab bis neun die Leute auf den Dächern, Promenaden, Straßen, in den Gärten, öffentlichen Versammlungsräumen, Vorlesungshallen, Theatern u. s. w. weilen? um zehn Uhr schlafen gegangen wird und von da bis fünf Uhr die Straßen leer sind? Meinen Sie, dieser Mangel an Unordnung sei unangenehm für freie gleiche Menschen?

Nein, erwiederte ich, das meine ich nicht, aber ich wundre mich, daß man sich das tyrannische Gesetz, zu bestimmtem Glockenschlage zu Bett zu gehen, in dieser Republik gefallen läßt.

— Allerdings ist solch Gesetz, sagte mein Begleiter, sehr tyrannisch, ist unerträglich, wenn es von einem Volksbedrücker ausgeht; bedenken Sie jedoch, bester Freund, hier ist es vom Volke selbst sich auferlegt worden, und zwar in der weisen Absicht, Gesundheit und Arbeitsordnung dadurch zu wahren; daher kommt's, daß kein Mensch sich dagegen empört; jeder sieht die Zweckgemäßheit vollkommen ein. Alle Abkömmlinge unsrer ehemaligen Adelshäuser, fügte er lächelnd hinzu, sind jetzt ordnungsliebende Buchdrucker, arbeitsame Schreiner, Schuhmacher, und sind zufriedner als in jener bösen Zeit da sie noch Herzöge, Grafen, Freiherren, Ritter u. dgl. sonstige Herrschaften waren.

Mittlerweile hatten wir, zu meiner Freude muß ich sagen (obschon die Berichte meines Begleiters interessant genug waren) das Haus erreicht, wo ich Korilla zu treffen, und über die mich so nah angehende Sache endlich kurz und gut auszuforschen hoffte. Als wir hineintraten, war Dina's Mutter, nebst der ganzen Familie bereit auszugehen. Schon glaubte ich, Korilla werde, wie bisher, meinen Arm nehmen, aber heute nahm sie den Arm des Professors, den sie über ein geschichtliches Ereigniß, ich weiß nicht welches, befragen wollte; ich möge Dina führen, meinte sie. Walmor ging mit Frau Diname, Dina's Mutter. Ich ward fast bestürzt dadurch; ich bezwang indeß meine aufsteigende Lust, mich unter irgend einem Vorwande wegzuschleichen. Ich weiß nicht, wie es kam, daß meine Mißstimmung noch wuchs, als ich neben Fräulein Dina ging, und ich glaubte zu bemerken, daß auch sie ziemlich verlegen war. Sie schien sich geradehin ein wenig zu langweilen; wir sprachen vom schönen Sommer, von den Bäumen und Blumen, zuweilen verstummten wir auch gänzlich; endlich brachte ich das Gespräch auf Walmor, dem ich aufrichtig Lob spendete; sie hörte dieses gern und sagte, ich hätte nicht unrecht. Ihrerseits lobte sie mir sehr Fräulein Korilla, und sagte, das sei ihre beste Freundin; sie verdiene recht glücklich zu werden; was denn auch bald geschehe, denn Korilla werde nächstens mit einem Freunde ihres Bruders, der dieser Tage ankomme, sich verheirathen.

— Ich war unangenehm betroffen. Ich konnte nicht umhin zu rufen: Also Korilla verheirathet sich? — Worauf Dina gleichfalls etwas betroffen sagte: ich dachte, Sie wüßten es längst. —

— Ich konnte mich nicht wieder sammeln; nun wußte ich allerdings durch Zufall, wonach ich Korilla hatte fragen wollen. Aber ich war trotz dem daß ich jetzt Bestimmtheit hatte, nicht froh; solch seltsames Wesen ist das Herz. Ich versank in Träumerei und die melodische Stimme Dina's vermochte kaum, mich da heraus zu ziehen. Nachdem ich meine holde Begleiterin wieder heimgebracht, fand ich schnell eine Ausrede, und eilte nach Hause.

Dreizehntes Kapitel.

Gesundheitszustand. — Aerzte. — Hospitäler.

„So? das ist doch nicht sehr schön von Ihnen, William; Sie „lassen uns im Stich um Dina zurückzuführen, und Sie kommen „nicht einmal von mir Abschied zu nehmen; ich bin recht zornig. „Aber ich will verzeihen; doch Sie müssen in Person erscheinen „und um Gnade bitten; heute Abend, Schlag acht, erwarte ich „Sie und Sie werden mit mir zu ihr gehen. Wenn Sie nicht „kommen, so kann ich Ihnen nicht das sagen was Ihnen Freude „macht. Danach also richte man sich.“

Dies Billet erstaunte mich. Was bedeutet dieses Zürnen, dieses Verzeihen? Was soll ich erfahren? Etwa daß Sie heirathet? Oder wäre Sie gar eitel? Nein, das nicht. Also Geduld.

Nach dem Frühstück, begab ich mich mit Freund Eugen und einem Arzte den er kannte, in das Krankenhaus, oder vielmehr den Kranken p a l a st unsres Stadtviertels.

Ich war entzückt.

Aber ich muß zuvor erzählen was mir Korilla zu sagen hatte.

Kommen Sie nur her, rief sie mich am Arme nehmend, ich will Ihnen mein Glück mittheilen. Sie wissen, mein Bruder liebt Dina; er ist außer sich, der arme Junge. Uebrigens der Wahrheit ihr Recht: Dina ist reizend, liebenswerth, anbetungswürdig; was ich eigentlich demjenigen nicht zu versichern brauche, der gleich anfangs ihre Stimme „himmlisch“ und ihr Gesicht „engelartig“ fand; mein werther Herr Engländer. Dieser weibliche Engel hat nur einen Fehler; sie ist zu schön, und ist ängstlich mit braven Leuten die ihr noch etwas fremd sind.

Und Dina liebt Walmor'n? — frug ich.

Und weshalb denn nicht? rief Korilla. Was haben Sie an meinem Bruder auszusetzen? Er ist gebildet, geachtet, hübsch, edel; Bruder ihrer besten Freundin, Freund ihres Bruders; das Pärchen ist zusammen erzogen, so zu sagen. Das wäre schlimm, liebte sie ihn nicht. — Uebrigens gestehe ich, sie schien eine abscheuliche Schüchternheit zu hegen, es sah wahrlich aus als fliehe sie ihn; aber das ist nun vorbei. Walmor war auch schüchtern und wollte zu keiner Seele von seiner Leidenschaft sprechen. — William, Sie sind bald auf unserer Hochzeit, und ich erküre Sie hiemit feierlich zu meinem dienenden Ritter für den Hochzeitstag; da haben Sie den Ritterschlag! setzte das liebliche Mädchen schalkhaft lächelnd hinzu, indem sie mir mit dem Handschuh auf den Arm schlug.

Ich wußte nicht recht was ich antworten sollte. Ich frug ob sie mir nichts mehr anzuzeigen habe?

Nein, nichts, rein gar nichts. — So? — Nein, sage ich; was wollen Sie denn noch wissen?

Korilla, Sie schweigen von Ihrer eignen Hochzeit. —

Wie so? die Mutter hat Ihnen gesagt daß —

Nicht doch, nichts hat sie gesagt.

Gehen Sie! —

Ich sage, sie hat nichts gesagt. —

O diese Heirath wird mich glücklich machen; er ist ein edler herrlicher Mensch; in zwei Monaten ist er hier; er wird Ihnen gefallen. Er schrieb meinem Vater heute früh, er sei schon Ihr Freund, so sehr entzückte ihn unsre Beschreibung. Er wird ein liebender Gatte, ich ein glückliches Weib.

— Korilla, was würde ich werden, wenn ich Sie liebte?

— Sie? mich? lachte sie aus vollem Halse; oh das wäre rührend, bester William; was möchte Ihre arme liebenswürdige Miß Henriette sagen! der haben Sie ja in zehn Monaten die Ehe gelobt. Und sie lachte wieder.

Dieser Frohsinn befremdete mich, und ich sagte leise und düster: „Sie scheinen zu *scherzen*, Korilla; aber ich frage wieder, wie „wenn ich Sie *ernstlich* liebte?"

Jetzt ward sie ihrerseits ernst und mit bittendem Tone rief sie: Nun, was ist denn das? Oh, Mylord, William, was ist das? was wollen Sie damit sagen — erklären Sie sich! —

Nun freilich, ich liebe Sie wie eine Schwester.

Ach, so ist's recht; böser Mensch, was haben Sie mich gequält! Nun, das soll mir eine Lehre sein. Jetzt, auf und davon, William, mein Freund; ich eile zur Mutter. —

Ich will hier das Schreiben Eugen's an seinen Bruder mittheilen; ich halte es für durchaus gelungen, und will nichts, oder höchst wenig hinzufügen. —

Lieber Kamill, du Freund der Menschheit, wie schade, daß du nicht bei mir bist; du würdest mit mir dich entzückt fühlen und jauchzen über die Erhabenheiten dieses Reiches, und mit mir trauern und knirschen über das Elend unsrer Heimath. Höre was ich in dem Hospital, welches einer der Oberärzte mir zu zeigen die Güte hatte, gesehen habe.

Es ist ein Prachtgebäude im edelsten Baustyl, auf einem kleinen

Hügel, in mitten großer Gartenanlagen, die ein geschwätziger Bach durchschlängelt. Diese Republik trachtet nach dem Nützlichen, Bequemen und Angenehmen in allen ihren Denkmälern und Werken; das ist ihr oberster Grundsatz ohne welchen sie nichts ausführen kann. Aber eben durch ihn ist sie groß und unvergänglich und schön. So ist auch das Krankenhaus, ich will lieber sagen der Krankenpalast, von einer Hoheit, einer Grazie, einer soliden, berechneten Zweckgemäßheit, die ich noch nie angetroffen. Die kranken Bürger unsres Staates, sagte der Arzt, müssen, nach Vernunftgesetz, noch besser logirt werden, deucht mir, als die nichtkranken.

In mitten des Grünen glänzten die vergoldeten Bildsäulen mancher um die Wissenschaft des Heilwerks verdienter Männer aus verschiedenen Nationen und Zeitaltern. Vortrefflich waren die Vorkehrungen gegen Stöße und Fallen, gegen Geräusch, böse Gerüche und drückende Luft. Auch vernahm man hie und da liebliche Musik von einer unsichtbaren Mechanik gespielt; und ich glaubte gern als man mir versicherte, durch diese Melodien, die sogar nach dem Wunsch der Patienten, noch öfter aber nach dem Gutachten des Arztes abgewechselt werden, überraschende Erfolge zu haben. Hie und da athmete die Nase angenehme stärkende Düfte, und erquickte sich das Auge an heitern Farben, an malerischen Gegenständen. Die Säle nach den verständigsten Anordnungen; die Betten zweckmäßiger wie ich sie je in Europa gesehen; die Operationswerkzeuge von richtigster Einfachheit und zugleich sinnigster Gestalt.

Nur in einem Staat, der keine Ausgaben scheuen darf und dem ein zahlreiches, mit Leib und Seele der Heilkunde ergebenes, durch keinerlei sonstige Nebenabsichten und Rücksichten auf kindisch-spiesbürgerliches Geldscharren abgezogenes, Medicinalpersonal zu Gebot steht, ist solches Hospital möglich. Eine ausgesuchte Bibliothek, ein Turnhof, ein Fechtboden, eine Schwimmanstalt mangelten nicht. In nöthigen Fällen erhält der Kranke ein besonderes Zimmer. Die Angehörigen bekommen so oft als möglich Zutritt, und auf Wunsch verwandelt sich der nächste Raum um das Bett des im allgemeinen Saal liegenden, in einen geschlossenen Raum um die Unterhaltung mit den Seinigen ungestört vor sich gehen zu lassen. Die Besorgniß, daß der Patient hiebei ihm schädliche Nahrungsmittel und Leckerbissen, wider den Befehl der Aerzte, zugesteckt erhalte, ist in Ikarien unerhört; die Ikarier haben ihre und der Ihrigen Gesundheit zu lieb, und die Behandlung im Spital ist zu vernünftig, als daß man Skandale erleben sollte, wie wir Europäer sie uns zu

Schulden kommen zu lassen pflegen. Wem dies übertrieben deucht, bedenke daß jeder Ikarier und jede Ikarierin, auf den verschiedenen Schulstufen, die sie ohne Unterschied bis zu einer gewissen Epoche zu durchlaufen haben, hinreichenden Unterricht über Gesundheit und Krankheit in sich aufnimmt um vor dem trübseligen Ungehorsam, gegen die Vorschriften der Heilkünstler gesichert zu sein; ein Ungehorsam, der in Europa bekanntlich ein Viertel (vielleicht ein Drittel) aller Todesfälle verursacht. — Das gesammte dienstthuende Personal (Aerzte der innern und äußern Krankheiten, Pharmaceuten und Wärter) wohnt hart am Hospital; ihre Anzahl ist groß genug um jeden nur sechs bis sieben Stunden lang zu beschäftigen. Sie beklagen sich daher auch nicht über Ermüdung. Die Oberärzte machen viermal die Runde, und die jungen Unterärzte (so genannt weil sie zeitweilig noch nicht ganz selbstständig sind) wachen unausgesetzt in den Sälen. Jede Visite geschieht von drei Aerzten. Jede Operation im Beisein von zweien, ungerechnet die Gehülfen. In schwierigen Vorkommenheiten versammelt sich der höhere Rath, d. h. sämmtliche Ober= wie Unterärzte des Hauses.

Es versteht sich, daß lediglich die sehr stark Erkrankten sich in's Spital begeben; für geringe Fälle zieht Jeder seinen eignen Familienkreis vor, da ja jedes Familienhaupt einen Kursus in der Heilkunde durchgemacht hat und eine hübsche Privatapotheke besitzt. Durch diese allgemein verbreitete Kenntniß des Heilwerks im Bereich jeglicher Familie ist unberechenbarer Vortheil erworben; den Spitälern wird ungemein viel Mühe erspart, den Erkrankungen oft sofort abgeholfen, und jedem Einzelnen ein fester Muth gegeben, der bei uns sich schlechterdings nicht finden kann, wo entweder Tollkühnheit, oder Zimperlichkeit herrscht. Um dir bloß ein Exempel anzuführen: das Fußbad, so nützlich in vielen Fällen, weiß jeder Ikarier und jede Ikarierin auf die passende Weise zu bereiten, während wir meistens, als Nichtärzte es auf irgend eine der hundert verkehrten Manieren machen. Etwas herrliches sind ferner die genauen Vorkehren, wodurch die Gesundheit weit sichrer erhalten, als durch Arzneien die Krankheit geheilt werden kann. Da siehst du, z. B., nur wenige schlechte Zähne in Ikarien. Bei jeder Werkstatt und Fabrik stationirt ein Arzt nebst Apotheke. — Nur in schweren Fällen wird folglich das Erscheinen des Mediciners im Kreise einer Familie erheischt, und für dieses sind auf den Straßen in gewissen Entfernungen stets Reitpferde vorhanden, um dem Manne des Heils den weiten Weg, und dem Patienten die Ungeduld zu erleichtern. In den Spitälern wird übrigens, wie gebührlich, die Lehrklinik, d. h. der Unterricht am Krankenbett, aber auf die für den Unglücklichen schonendste Weise gehalten. Es fällt hiebei natürlich das schreiende Mißverhältniß weg, nur mit geldarmen und an geldarmen Patienten Lehrklinik zu führen; alle Ikarier und Ikarierinnen sind gleich reich oder gleich arm (wie man's nennen will), und somit kann der Spitalpatient unmöglich sich beschweren, daß bloß deshalb an ihm Lehrvortrag geschieht weil er arm sei; eine Klage die in europäischen Spitälern und in den Volksklassen täglich gehört werden kann.

Merkwürdig ist, daß in Ikaria es auch Aerztinnen gibt, da man dort glaubt, die Frauen würden in gewissen Krankheiten zweckmäßiger den Händen ihres Geschlechtes überliefert als denen des männlichen. Du kannst Damen sehen, welche nicht nur Entbindungen machen, sondern auch noch manche andre schwierige Operationen, die bei Frauen und Jungfrauen nöthig sind. Eine Thatsache ist, wie mir die Aerzte und Nichtärzte dieses Landes versichern, daß Frauenzimmer, bei gehörigen Studien, für Medicin und Chirurgie ihres Geschlechts die nämliche Geschicklichkeit, den nämlichen Scharfblick, Scharfsinn und Muth entwickeln, wie die männlichen Heilkünstler. Das ist eine wichtige Sache, denke ich. Muth fehlt den Frauen übrigens nicht; sie sind mehr als die Männer an Schmerz gewöhnt, und wissen trefflich den Patientinnen mit liebreichem Wort und sanfter Dienstleistung Trost zu spenden. Was die nöthige Muskelstärke anbelangt, so wird auch diese bei ihnen durch Gewandtheit so weit gesteigert, daß sie zu chirurgischen Operationen ausreicht. Nur in seltenen Fällen wendet sich die Aerztin an einen Arzt um Hülfe. Wie gesagt, die ikarische Republik hat weder Entbinder, noch sonstige Aerzte für das weibliche Geschlecht; sie hat dafür Entbinderinnen oder Hebammen, und Aerztinnen. In sehr gefährlichen Fällen werden die Frauen gleichfalls in das Spital geführt; jedes besteht aus zwei abgesonderten Krankenpalästen, deren eins für das weibliche Geschlecht; in diesem sieht man nur weibliche Bedienung und weibliche Hülfeleistung.

Fast jede Ikarierin macht ihr Wochenbett im Krankenpälast ab. Es dauerte lange, ehe die ikarische Republik diese Anordnung traf; es waren dabei viele Vorurtheile, noch aus alter Zeit herstammende, zu bedenken. Allmählig indessen ward durch Erziehung und durch möglichst vollkommene Spitalorganisation jeder etwaige Widerwille besiegt, und jetzt ist keine Rede mehr vom Gegentheil. Jetzt sieht die Ikarierin die Vortheile ein, die aus diesem Staatsverfahren für sie, die Ihrigen und für die Allgemeinheit entstehen. Du begreifst, auf diese Weise ist es leicht, die Zahl der Geburten zu wissen, die ohne Zeitverlust, auf Angabe der Geburtshelferinnen, sofort im Krankenpalast in die Staatsregister verzeichnet wird. Du begreifst ferner, daß im gütergemeinschaftlichen Staate aller und jeder Vorwand, Geburten zu verheimlichen, von vornherein weggefallen ist. Einige Frauen werden jedoch in ihrem Hause entbunden, aber stets in Beisein dreier Geburtshelferinnen. Ueberhaupt wirst du finden, daß mehr Frauen als Männer außerhalb des Krankenpalastes behandelt werden. Kinder vorgerückten Alters finden im Hospitale der Schule, oder auch im gewöhnlichen Krankenhause, Behandlung.

Greise, und die welche mit unheilbaren Schwächen und Gebrechen geplagt sind, werden in den eignen Familien mit bester Pflege umgeben. Du siehst hier nie und nirgend z. B. das abscheuliche und beängstigende Schauspiel, daß ein blinder Greis sich von seinem Hunde leiten läßt und bettelt; im Gegentheil, oft genug begegnet man kleinen zierlich geschmückten Wagen, worin die alten oder schwachen Familienmitglieder von den jüngern gezogen werden, und so geht es auf die Promenaden und in den Gärten umher. Auch die kleinern Kinder werden auf solche Weise mitgenommen, wenn die Familie spazieren geht.

Die fernere Spitalorganisation betreffend, versteht es sich daß sie wieder ganz genau nach dem bekannten Staatsprincip: „durch Maschinerie die edle Menschenhand zu ersetzen" sich verhält. Da siehst du in der Küche, im Waschraum, im Baderaum — die an prinzliche Paläste erinnern — kurz überall siehst du in und bei dem Spital eine Menge Maschinerien, wodurch Speisen, Arzeneien und Verbände, und so manches Andre geräuschlos und ganz sicher zu Dienst des Kranken gestellt wird. Eine kolossale Apotheke, nebst Zubehör (auch der botanische Garten fehlt nicht, mit den nöthigen Pflanzen) befindet sich in dem Stadtviertel des Krankenhauses; sie ist die einzige des Stadtviertels, für dessen kleinere Familienapotheken sie gleichfalls die Lieferungen macht.

Höre jetzt ein Wort über die Erziehung zum Heilkünstler und zur Heilkünstlerin, lieber Bruder. Im achtzehnten Jahre melden sich diejenigen Mädchen und Jünglinge, die einem und dem andern Theile der Medicin und Chirurgie sich zu widmen gedenken. Sie unterwerfen sich zuerst einem Examen über den Elementarunterricht; bestehen sie dieses, so begeben sie sich fünf Jahre lang in die Vorträge der medicinischen Schule, wo sie die vollständige Kenntniß der ganzen, ungeheuer umfangreichen,

Wissenschaft erhalten, und machen das zweite Examen. Hierauf wählt Jeder entweder die Medicin oder die Chirurgie, und besucht zwei Jahre lang besondre Vorlesungen zu diesem Behuf. Nach einem dritten Examen, wählt wiederum jeder ein ganz bestimmtes, besonders Fach, und besucht abermals besondre Vorträge. Wir haben somit Aerzte, die sich für die allgemeine Heillehre und Heilkunde ausgebildet, aber zugleich einem besondern Fache insonderheit zugewendet haben. Wir haben Aerzte für Kinderkrankheiten, Aerzte für Geisteszerrüttungen; eben so steht es mit unsern Chirurgen, die sich theils auf Augen-, theils auf Ohren-, theils auf Zahnkrankheiten legen.

Nach dem vierten Examen bekommt man den Titel Arzt oder Wundarzt der Nation, und übt das Erlernte aus. Es ist hiedurch ein hoher Grad von Gesundheit im Volke erzielt worden. Thatsache z. B. ist, daß die Leute von Kindheit an so gut ihre Zähne zu pflegen, und die Zahnheilkünstler (bei uns in Europa zur Hälfte verachtungswerthe Marktschreier) in Ikarien sind so gründlich und umfassend durchgebildete Aerzte, daß gewiß in keinem Lande der Erde das menschliche Gebiß in einem bessern Zustande sich befindet; was aber die gesunden Zähne für einen fast unglaublichen Einfluß auf die Gesundheit des übrigen Körpers haben, ist ja bekannt. Und mit den Augen, dem Gehöre u. s. w. eben so.

Ich brauche dir nicht zu sagen, wie vorzüglich hier die Museen der Heilkunde und der mit ihr zu verknüpfenden Wissenschaften sind. Die Studenten müssen übrigens in den Spitälern die Verbände machen und Wache halten; es ist die Einrichtung getroffen, daß sie alle an die Reihe kommen. Die Republik hat es endlich, durch Erziehung und ohne Zwang, durchzusetzen gewußt, daß jetzt jedes Ikariers Leichnam im Beisein von Studenten und Professoren geöffnet wird, wobei man einen genauen Bericht über den Befund des Körpers in ärztlicher Weise, abfaßt. Diese Leichenschau zum Nutzen der Wissenschaft, d. h. der Nation, in der diese Wissenschaft betrieben wird, und in Gegenwart der Aerzte, die den Verstorbenen behandelten, verdient als ein merkwürdiger Fortschritt angezeigt zu werden. Das Vorurtheil stemmte sich dagegen im Anfange, eben so wie gegen das Entbinden der Schwangern im Hospitale und im Beisein vieler andrer Frauen. Aber was vermag nicht ein menschlich geordneter, die Menschen mit Menschlichkeit behandelnder, gütergemeinschaftlicher Staat durch unaufhörliche Belehrung, Geduld und Klugheit?

Ich fand übrigens, daß dieses Alles mit großem Anstand, in

jeglicher Beziehung, geschieht. Die Republik hat sogar, um die Leute zu gewöhnen, anfänglich jahrelang die Namen der Entbundenen und Sezirten unbekannt zu lassen für gut befunden; ja, sie ließ anfänglich die Leichen der Frauen in bei weitem öftern Fällen von den der Heilkunst sich widmenden Zöglinginnen öffnen; so vorsichtig, ist sie mit unendlichem Langmuth in allen Punkten zu Werk gegangen! Noch heute werden sehr häufig die weiblichen Leichen nur von weiblichen Aerzten und von Schülerinnen sezirt, und es versteht sich, daß ihr Bericht völlige Geltung hat.

Von den Leichenbegängnissen laß mich dir ein andermal schreiben; dieser Bericht ist schon sehr lang. Ich will dir nur diesmal sagen, daß die Ikarier ihre geliebten Todten nicht den Würmern hinwerfen, wie wir die Mode haben, sondern durch balsamische Flammen in die Lüfte tragen lassen.

Die Einwohner sind, Dank der Nationalerziehung, dahin gekommen, daß sie vor Erkranken und Operationen, ja vor dem Sterben weit weniger Angst haben als wir, und dies ist theils Folge der trefflichen Heilanstalten, die stets durch die Belehrung welche aus den Leichenbefunden für das medicinisch-chirurgische Publikum sich ergiebt, vervollkommt werden, theils Folge der wahrhaft menschlichen Bildung auf der Grundlage der Gleichheit, deren sich Aerzte wie Patienten hier zu Lande zu erfreuen haben. Ich wiederhole dir, die Operationen geschehen mit großer Leichtigkeit, Sicherheit, Schnelligkeit; selbst bei Kindern, bei denen oft ausgezeichnete Ergebnisse dadurch zum Vorschein kommen. Manche Aerzte untersuchen aufs Genaueste das Herz, andre die Leber, andre das Gehirn, u. s. w. Man betrachtet jetzt hier diese Leichenöffnungen als einen der bedeutendsten Fortschritte für das Wohl der Menschheit.

Ich habe nicht nöthig, dir von den vorzüglich eingerichteten Zeitungen und Anzeigen für die Aerzte zu sprechen, worin jede wichtige Frage aufgestellt, und sofort erörtert wird. Nur dies sei noch bemerkt, daß die Ikarier ein herrliches Mittel erfunden haben, den Schmerz zu vermindern*.

* Was der würdige Verfasser hier im Romane prophezeite, ist seitdem durch den Schwefeläther zur Wirklichkeit geworden. Und wer wagt zu behaupten, dies nordamerikanische Mittel werde nicht noch vervollkommnet, oder nicht durch ein besseres ersetzt werden? Die zukunftschwangere junge Demokratie Nordamerika hat der Menschheit seit siebzig Jahren bereits drei ungeheure Güter geschenkt: nämlich die republikanische Freiheit und Gleichheit (soweit sie ohne Gütergemeinschaft möglich), und

Die Wissenschaft der Arzneibereitung ist, wie du leicht dir vorstellen kannst, in Ikarien hoch getrieben. Durch den ungeheuren Aufschwung, der sich in allen Zweigen des menschlichen Wirkens hier zeigt, ist auch die Pharmaceutik gehoben worden. Die Studien und die Uebungen des Arzneifertigers lassen nichts zu wünschen übrig. Was die Krankenwärter betrifft, so haben sie stets, ohne alle Ausnahme, medicinische Kenntnisse die den unsrigen gebrechen. Jedoch muß ich dir bemerken, daß hier diese Profession gewöhnlich von denjenigen Personen ausgeübt wird, denen ein unglücklicher Gesundheitszustand das Heirathen verbietet; diese Leute nun, welche dem Vaterlande keine neuen Bürger geben können, pflegen sich in Ikarien diesem schweren Geschäfte zu weihen, um wenigstens Bürger dem Vaterlande zu erhalten; wobei nicht zu vergessen, daß die Republik aufs Sorgsamste für das Wohlergehen dieser Krankenwärter und Wärterinnen bemüht ist, wie sie denn auch Seitens ihrer Pfleglinge sich der größten Hochachtung zu erfreuen haben.

Aus all diesem, theurer Freund, haben sich merkwürdige, bisher in der Welt unerhörte, unmöglich genannte Dinge ergeben. Ikarien hat manche schlimme Krankheit auf immer von seinem Boden verschwinden sehen. Manche andere, bis jetzt noch in Europa für unheilbar verschrieene Krankheit, wird, wenn sie in Ikarien auftritt, geheilt. Andre Krankheiten wieder, die bei uns sehr gefährlich sind, weichen in Ikarien einer zwecklichen Behandlung in kurzer Zeit. Dadurch ist die Sterblichkeit bedeutend verringert worden Nicht nur die Kuhpockeneinimpfung ist in Ikarien, sondern dort wird durch eine Art Impfung vielen andern eben so schrecklichen Krankheiten vorgebeugt. Und was die Taubheit, Blindheit, Stummheit u. s. w. belangt, kann ich dir aus eigner Anschauung versichern, daß die ikarische Chirurgie und Medicin viel öfter sie heilt als die unsrige, und daß anderseits die Methode, diesen Bedauernswürdigen Sehen, Sprechen und Hören zu ersetzen, auf eine erfreuliche und erstaunliche Weise gesteigert ist.

Und immer ist es die Republik, die jedem Einwohner die erforderlichen Hülfsmittel und Werkzeuge, sich die Gesundheit in Stand zu setzen, liefert. Alle diese sind tauglich, da Niemand ein Interesse hätte, sie schlecht anzufertigen. Sie werden in großen Magazinen aufbewahrt. Gute Chirurgen sind ange-

den Blitzableiter mit der Elektricitätskunde, und den Aether bei Operationen. Was wird sie nicht noch in siebzig Jahren spenden!

Anmerkung des Uebersetzers.

ordnet, im bestimmten Fall dem Leidenden auszusuchen was ihm besonders nützlich. Der Augenheilkünstler z. B. prüft sorgsam den Kranken ehe er ihm die nöthige Brille verabfolgt; er gibt sie nur, nachdem er sich genau von dem Zustande der leidenden Augen überzeugt hat; er gibt meistens verschiedene Gläser für ein und dieselbe Brille. Es versteht sich daß kein Ikarier Brillen zum Spaß trägt; eben so wenig wie Brillen die Schaden bewirken. Sogar das muß ich dir noch bemerken, daß der Tabak als Heilmittel verordnet, sonst aber fast nicht gebraucht wird; du hast dich oft genug darüber geärgert; hier würdest du deine Freude finden.

Fassen wir nun einmal die Hauptpunkte zusammen, so ergibt sich: Ikarien hat keine gesundheitswidrige Werkstätten, keine übermäßige Arbeiten, kein Elend; hat keine Prasserei, keine Völlerei, und nicht die aus diesem entstehenden Krankheiten; hat kein venerisches und nicht jenes andere Leiden, das in Europa mehr junge Leute dahin rafft, als eine Pestseuche thun würde. Jenes andre Uebel, auf welches ich hier deute, und welches dem jungen Menschen das Herz und das Gehirn und die Nerven aussaugt, ist durch die weise Fürsorge der Regierung vermöge der Erziehung, sowohl der häuslichen als der öffentlichen, endlich ausgerottet worden.

Die natürliche Folge ist, daß Ikarien an körperlichem und an geistigem Wohlbefinden über allen Staaten steht; die Zahl der Kranken hat sich seit Einführung der neuen Organisation des Staats, wodurch auch die Organisation des Einwohners verbessert wurde, in einem so starken Verhältnisse verringert, daß nur noch der hundertste Theil von derjenigen Krankenzahl vorkommt, welche in der ältern Epoche Ikarien's vorhanden war. Die Lebensdauer hat sich vermehrt; eine Jugend ohne Kummer und Ueberarbeiterei, ein Mannesalter ohne Ermüdung und Elend, ein Greisenthum ohne Jammer und Plage, haben die Frist des Daseins bedeutend verlängert. Die Bevölkerung wächst, denn weder Krieg noch Hunger, weder Seuchen noch Verzweiflung, weder Ausschweifen noch Kindermord und sonstiges Morden, schmälert sie; auch geben die Frauen — alle bekanntlich verheirathet — mehr Kindern das Dasein, als früher. Im Jahr 1782 hatte das Land 25 Millionen Einwohner, jetzt hat es 50, und dabei rechne ich noch nicht einmal seine Kolonien.

Ich versichre dir, du würdest dich in einer Zauberwelt zu befinden glauben, sähest du die beispiellose Schönheit der hiesigen Frauen. Ich bin jetzt überzeugt, durch eine richtige, dem Menschenthum angemessene, ich möchte sagen rein menschliche

Gesellschaftsorganisation wird man überall den Körper und Geist der Mitglieder eben dieser Gesellschaft, veredeln können. Die gebildetern Reichen in Europa haben bekanntlich, im Durchschnitt genommen, schönere Kinder als die Aermeren, und das ist einfach erklärlich aus der geistigen und leiblichen Vorbildung des Elternpaars und aus der großen Pflege, die dem Sprößlinge angedeiht; nun denke dir aber eine 50 Millionen Menschen fassende Nation aus lauter Gebildeten und Reichen (d. h. Leuten die ihr Auskommen haben, denen nie etwas mangeln kann) und sage selbst, ob es noch zu verwundern, wenn die ikarischen Menschen alle stark, kräftig, schön, edelgeformt, anmuthig sind? Ich wunderte mich anfänglich, aber thue es jetzt nicht mehr. Hier zeigt sich daß die menschliche Natur einer großen, unberechneten Vervollkommnung fähig. Und in der That hat sich seit 50 Jahren, die, vom Dictator Ikar, eingesetzte Kommission, aus Aerzten, Naturforschern und sonstigen wahrhaft Gebildeten bestehend, mit der großen Frage: „wie ist das Menschengeschlecht „der Vollkommenheit zu nähern?" eifrigst beschäftigt. Diese Kommission hat die Ueberzeugung, der Mensch sei mehr fähig fortzuschreiten, in jeglicher Beziehung, als irgend ein andres Geschöpf, und dem Menschen darin eine tückische Schranke setzen, sei eine Menschheitsverrätherei.

Freilich, unsre Aristokraten und Monarchen beschäftigen sich seit Jahrhunderten mit Vervollkommnung der Maulbeerbäume, Pfirsiche, Tulpen; der Pferde- und Hunderassen; und über all diesen trefflichen Vervollkommnungen der Thiere und Pflanzen hatte man nicht Zeit sich mit dem Menschen abzugeben. In Ikarien hat man Thier- und Pflanzenreich wahrlich hoch veredelt und verfeinert, aber das Menschenreich, so zu sagen, auch nicht über jenen vergessen.

Die erwähnte Kommission ist rastlos bemüht, die nöthigen Forschungen und Untersuchungen im weitesten Maaßstabe anzustellen; was sie gefunden, wird in ihrem Journale dem wissenschaftlichen Publikum vorgelegt. Sie ist eine der herrlichsten Einrichtungen die Ikarien besitzt. Alles reiht sich vernünftig, alles ordnet sich, wenn die wahre Wissenschaft als wahre Praxis auftreten darf, und wenn sie über solche Mittel und solches Material, wie in Ikarien, verfügen kann. Ich brauche dir wohl in diesem Briefe nicht die Sache weiter auszuführen; hast du doch selbst oft mit mir über diesen Punkt gesprochen, und ich erinnere mich, du ärgertest dich nicht wenig eines Tages, als über die Zweckmäßigkeit und Unzweckmäßigkeit mancher geschlechtlichen Verbindungen die Rede kam, und wir untersuchten, weshalb z. B. die Ehe zwischen Geschwistern von allen Gesetzgebern verboten sei; dies ist geschehen, weil aus diesen Ehen nur häßliche und schwache Menschen hervorgehen, während im Gegentheil das Kreuzen der Rassen, und Familien, des Blutes allemal, Kinder erzeugt, die leiblich wie geistig Vorzüge haben. Nun wohl, gerade dies verdroß uns, daß man es in diesem hochwichtigen Punkt, mit tausendjähriger Erfahrung, nicht weiter gebracht, als lediglich bis zu einem armseligen Verbote; als wäre nicht vieles dabei sonst noch zu verbieten und zu gebieten. Die Republik trägt unaufhörlich Sorge, daß die Heirathen recht gemischt ausfallen; blonde und dunkle, nördliche und südliche Einwohner verehelichen sich wechselseitig und es ist schon mehrmals geschehen, daß auswärtige Völker, von edler Körpergestalt, eine große Menge wohlgestalteter Kinder beiderlei Geschlechts in die Hände der ikarischen Republik gegeben haben, welche sie an Kindesstatt nahm, erzog, unterrichtete als wären sie in Ikarien geboren, und alsdann mit ikarischen Einwohnern verheirathete; wodurch die Republik nicht etwa bloß Menschenzuwachs, sondern auch Verschönerung und Verherrlichung ihrer Einwohnerschaft bewirkt hat. Ich habe mit Gelehrten gesprochen, die einstimmig ungeheure Vortheile aus der Fortsetzung und Verallgemeinung dieses Verfahrens vorher sahen. —

Freund meiner Seele, theurer Bruder, laß mich diesen schon zu langen Brief endigen. Ich möchte weinen, daß mir das Herz zerspringe, denke ich daran wie unser liebes Frankreich nach der Julirevolution so manche der trefflichen Früchte die Ikarien genießt, bei sich hätte pflanzen und jetzt auch genießen können; statt deren hat unsre Heimath sich mit Aufständen und Bürgerkrieg, mit Verbannungen, Kerkerhaft und Schaffot, mit Flinten- und Kartätschenschüssen die Zeit vertrieben, und was ist das Ergebniß von diesem traurigsten aller Zustände? eine Verfaulung der Herzen, eine Verschimmelung der Geister, so zu sagen; allgemeine Verderbniß, Verunehrlichung, Kriecherei, Bestechlichkeit, Feigheit.... Ach, Bruder, mein Bruder! das arme, arme Vaterland!

Vierzehntes Kapitel.

Schriftstellerei. — Gelehrsamkeit. — Anwalte und Richter.

Eben wollte ich fortgehen, da stand Walmor vor mir und freudig mich umarmend, rief er: Ich bin zu glücklich um dir nicht mein Glück zu verkünden; meine Schwester ist ja beinahe auch die deinige, wir sind Brüder, wollen uns brüderlich behandeln. Mein Glück ist also auch das deinige, dein Schmerz der meinige. Korilla hat uns nach deinem Weggehen alles erzählt, und sie ist deine schwesterliche Freundin; sie ist auch Freundin der jungen Dina, die ich bald zu heirathen gedenke. In zwei Tagen ist es entschieden, hoffe ich, und ich denke, es wird an der Einwilligung nicht mangeln. Ach lieber William, ich sage dir, dies Frauenzimmer ist das trefflichste, schönste, anmuthigste der Welt, und ich sage dir wenn du dich von Liebe zu ihr gefesselt fühltest, sollte es mich nicht verwundern, so herrlich ist sie, aber es müßte mich verdrießen... ich könnte dich ermorden.

Ei, ei, rief ich, das ist ja erbaulich, bester Walmor, du gibst da ein köstlich Beispiel von ikarischer Tugend und willst sogar zum Mörder werden, ein kleiner Kain, und obendrein bist du künftiger Religionslehrer. —

Ja, ja, stammelte er etwas verlegen, bedenke doch, du wirst von Miß Henriette in England erwartet, und anderseits würdest du unsterblich wenn dich die Hand des liebendsten Freundes erschlüge... Aber nicht solches Geschwätz, laß uns verständig sein, und festsetzen, daß du heute Abend auf Korilla's besondern Wunsch uns besuchest. —

Da kam Eugen. Er sah halb ernst halb lustig aus, und rief mit drolliger Stimme: Hört mal, Leute, gestern hätte ich auf ein Haar ein Duell genossen... Und dabei lachte er tüchtig... hört mal, ihr erinnert Euch wohl des ekelhaften Kerls der tonnendick und lang und fuchsroth ist, der ist erst kürzlich angelangt... mit diesem Peter-Paul... ha, ha, ha! —

Nun was war es denn? lassen Sie es uns vernehmen.

Ha, ha, ha! der fuchsige Bursch mit den Dickbauch und der schönen Haartracht, spitzig wie ein Thürmchen, dieser nette Junge wollte bei der Mittagstafel behaupten, die ikarische Republik dürfe nicht bloß Einzelnen erlauben, Gedichte zu veröffentlichen, z. B. Gedichte auf die Frauen; denn die Republik sei freiheitlich, und Gedichte verbieten, sei Censur, also despotisch, und das passe schlecht zusammen, folglich könne Jedermann hier Gedichte veröffentlichen. Ich erwiederte sehr ruhig, die Gütergemeinschaftsrepublik habe völlig das Recht dazu, wie auch zu andern Verboten; sie gestatte z. B. nur den geprüften Pharmaceuten, Apothekerwaaren zu bereiten; eben so könne sie auch Gedichtveröffentlichung wohl auf besondre Einzelne beschränken.

Der Bursche brüllte dagegen: solche Republik sei abscheulich, sei dreihunderttausend Mal schlimmer als ein Königsthum, und er bestreite ihr das Recht, denn Freiheit sei Freiheit... Ich entgegnete ihm, er sei in einem bösen Irrthum, die Freiheit sei nicht die Erlaubniß, das Zeug alles was Einem in den Kopf kommt, zu vollführen, sondern Freiheit sei so zu handeln wie man wolle daß Andre in Bezug auf uns handeln möchten.

Worauf der Gegner die Faust ballte und schrie: ich sei ein Feind der Preßfreiheit... ich sei nichts als ein verkleideter Aristokrat.

Ich mußte herzlich lachen, so gern ich ihm auch ein Denkzettelchen handgreiflich eingehändigt hätte; ich mußte lachen, so schnurrig klang diese Anklage, und die Tischkameraden lachten noch viel mehr, und konnten nicht enden, sich über den armen Tropf lustig zu machen, der mich einen Volksfreiheitsfeind geschimpft, mich, der ich als Volksfreiheitskämpfer bekannt bin. Ich setzte, ruhiger zuletzt, hinzu, in Königreichen sei allerdings schrankenlose Preßfreiheit zu fordern, aber in gütergemeinschaftlichen Staaten ändere sich die Sache.

Nun, rief Eugen, was dünkt Euch von dieser Preßfrage? William, was meinen Sie dazu?

Ich erwiederte, ich glaubte in der That auch, die ikarische Republik betreibe die Herausgabe und Vertheilung aller Werke ganz selbst; Nationalwerk sei ja Alles, und so könne die Republik nur gute, d. h. nützliche, den Fortschritt fördernde Schriften drucken und austheilen.

Eugen stimmte vollkommen bei; die einfache Betrachtung, meinte er, genüge schon, daß ja jeglicher Bürger, betreibe er ein Geschäft, welches er wolle, im Stande sei zu schreiben, wie viel mehr noch derjenige welcher eine spezielle Erziehung, speziellen Unterricht um Schriftsteller zu werden, genossen habe! Die Bildung sei zwar allgemein in Ikarien, aber daraus folge eben, daß die Schriftsteller, die Nationalgedichte, Nationalprosa schreiben sollen, ganz besonders sich zu diesem trefflichen und erhabenen Wirkungsfelde emporschwingen, vorbereiten müssen; wie früher die Prinzen sich mit Gelehrten umgaben, welche für schweres Jahrgehalt sich zum Ausklügeln von allerlei Büchern herbeiließen, so dünke es ihm ganz in der Ordnung, daß die ikarische Republik Nationalschriftsteller habe.

Ich fügte dazu die Bemerkung, die Republik habe ja eine so segensvolle Bildung über alle Mitglieder der Gemeinde ausgeströmt, daß es Unmöglichkeit sei, einen Ikarier, eine Ikarierin zu finden, deren Geist nicht zum Denken, Urtheilen und Zusammenstellen des Gedachten und Geurtheilten fähig, nicht zum

Darlegen des Gedankens und Gefühls, die Feder in Händen, bereits gereift sei. Daß Arbeitsleute, aus den Arbeitssälen nach Hause gekehrt, sehr oft dichten und Prosa schreiben, so gut daß die Republik diese ihre Geistesprodukte veröffentlicht, versteht sich. Aber eben so versteht sich auch, daß die hochwichtige, kernige Klasse der Wissenschaftsmänner, die rastlos die Wissenschaft ausgraben im strengsten Sinn und dem Werden und Vergehen, dem Entstehen und Verändern oder den Eigenschaften der Körper und Stoffe nachspüren — also die Geologen, Chemiker, Physiker, Botaniker, Physiologen, Anatomen, Astronomen, u. s. w. — sich eine lange, schwierige Vorbereitung zu ihrem speziellen Geschäftszweige müssen gefallen lassen. Aus dieser Klasse gehen die Professoren, Examinatoren, Forscher hervor.

Ja freilich, fügte Walmor bei, und die Republik scheut keine Kosten, um dies Alles recht nutzvoll zu machen; auch läßt sie durch Konkurs stets über die Vorzüge entscheiden, und dieser Konkurs ist vor Aller Augen und Ohren. Was folglich von Büchern und Broschüren als Bestes anerkannt ward, das macht die Republik ohne Zaudern im Reich bekannt, ladet die Bürger zum Lesen ein, sendet Exemplare in die Bibliotheken, und sehr oft läßt sie diejenigen Bücher, die nunmehr ersetzt, übertroffen, widerlegt, berichtigt durch andre neuere sind, als unnützes oder schädliches Gerümpel dem Feuer überliefern; so weiß Ikarien sich reinen Tisch zu verschaffen, um die Fortschrittsmühen der jüngern Generationen nicht zu hemmen. Feuer ist kein übles Mittelchen in solchen Fällen, nicht wahr?

Ha, ha, ha, lachte der junge französche Maler, ich wollte, der fuchsige Dickkopf von gestern Abend hörte dieses unser Gespräch, der Kerl führe mit der Faust dazwischen und würde kreischen: ob die Ikarier dem arabischen Prophetenfeldherrn nacheiferten der die Bücher der griechischen Bibliotheken von Aegypten zum Heizen der Badhäuser verwandte, oder dem alten Chinesenkaiser, der die Jahrbücher des Kaiserreichs verbrennen ließ, damit niemand den Ruhm der vor ihm Regierenden erführe. —

Plötzlich ward er ernst, der edle Eugen, und auffahrend rief er: Glückliches Ikarierland, unglückliches Frankreich! warum bist du, mein Vaterland, nicht auch im Adlerfluge (und du kannst, wenn du willst, Adler sein) dem Ziel zugeeilt, wohin Ikarien dich schon lange einladet! und dies Ikarien, es geht immer und immer weiter! und mein Land ist elend und blutend, angstvoll und zornvoll, und ringt wie der Prometheus an öder Felsenwand festgeschmiedet, wo die Geier ihm die Leber nagen!

Und feuchten Blicks ging Eugen fort.

Das ist ein edles Antlitz, sagte Walmor nach einer Pause; er scheint den Schmerz gar tief zu tragen ohne sich jedoch dadurch abstumpfen oder zum Schauspieler machen zu lassen.

Der liebt sein Vaterland!

Nach dem Essen ging Eugen mit zu Walmor. Dort war Frau Diname und die Ihrigen; Eugen hatte schon mehrere ikarische Familien besucht, und fand sich bald ganz wie zu Hause in der Walmor'schen, wo Korilla und Dina ihn freundschaftlich behandelten und ihm ihre Zufriedenheit über seine Briefe an Kamill, welche ich ihnen zu lesen gegeben hatte, bezeigten. Auch der Großvater ermangelte nicht, ihm Angenehmes über seinen Patriotismus und die gute Meinung zu sagen, die Eugen von den Ikariern hegte.

Und von den Ikarierinnen, nicht zu vergessen — setzte Korilla hinzu.

Eugen erzählte unter allgemeinem Beifall seinen Wortkampf, den er am Morgen mit dem spitzköpfigen Kerl gehabt, als dieser ihn Aristokraten gescholten.

Da Sie, lieber Gastfreund, wandte sich der Großvater zu mir, gut Alles errathen haben, was sich auf unsre Gelehrten und Schriftsteller bezieht, so lassen Sie uns sehen, ob Sie in Bezug auf unsre Rechtsverfassung und Magistrate eben so glücklich sind. — Das sei nicht schwierig, meinte ich. — Nun, lassen Sie hören; fangen Sie vom Anfange an, wie man zu sagen pflegt. —

Ich begann wie folgt:

Mit Ihren Männern des Gesetzes steht es gerade wie mit allen übrigen ikarischen Gelehrten. Im siebzehnten oder achtzehnten Jahre — denn wahrscheinlich haben Sie auch weibliche Advokaten („und das sind nicht die ungeschicktesten," bemerkte Korilla) werden die jungen Leute erst nach Ablegung des Examens über den Elementarunterricht, zugelassen; und wenn das geschehen, studiren sie an sechs Jahre in der Rechtsschule unter der Leitung der Professoren des Gesetzes.

Ganz richtig, sagte der Großvater lächelnd.

Dort lernen sie gründlichst nicht nur die ikarische, sondern auch die Rechtsverfassungen fremder Nationen und die der Vorzeit. Sie lernen das Verfahren, das Gesetz, die Praxis, die Theorie; man gibt ihnen die Gewohnheit, auf richtige Weise zu folgern und ihre Ansicht nur mit Vorsicht auszudrücken. Da sie kein Interesse verführt, die Klienten, deren Sache sie vertreten, zu täuschen (denn sie leben ja auch als Staatsbeamte, auf Staatskosten), so vertheidigen sie lediglich diejenigen Sachen, welche wirklich gut sind. Sie können keine bösen, hinterlistigen, heuchlerischen Rathschläge ertheilen. Sie können nicht in den schrecklichen Fall gerathen, wie früher, vor Generalprokuratoren, gegen die sie vielleicht Verachtung hegten, zu kriechen, um nur ein paar erbärmliche Prozesse von diesen Herren zugeworfen zu bekommen.

Sehr gut, William, sagte Korilla.

Und die Huissiers sind in Ikarien, fuhr ich fort, vollkommen gebildete Leute, sind höflich, können leserliche, ja schöne Hand schreiben.

Walmor lachte aus ganzem Halse und klatschte Bravo. Was sagen Sie, Freund, von unserm Richterpersonal? —

Die ikarischen Richter, fuhr ich fort, werden nur aus den tüchtigsten Advokaten erwählt, die eben so ehrlich als wissenschaftlich sind; besonders die Kriminalrichter...

O ho, mein bester Britte, rief Eugen lachend, Sie fallen aus der Rolle, Sie träumen wohl? Was wollen Sie hier mit Kriminaljustiz? Kriminalgesetz? Kriminalität gibt es in Ikarien, wo keine Verbrecher sind, und nicht sein können, auch nicht; wie sollten in einem geldlosen, gütergemeinschaftlichen Gemeindewesen, wo Privatbesitz nicht mehr in der alten Gestalt besteht, wohl Kriminalfälle möglich sein! Die Gesetzbücher gegen Verbrechen, diese faustdicken, zahllosen Bände, sind ganz nutzlose Dinge in solchem Staat, wären dumme Romane, wären verwerfliche Bücher; Ikarien hat keine mehr.

— Vortrefflich, bemerkte Korilla; Dinaros nickte. —

Hören Sie, werther Engländer, fuhr der Franzose neckisch lächelnd fort, Sie sind doch ein prächtiger Mensch in Ihrer Unschuld; Sie merken also noch nicht, daß diese Damen, als sie Bravo riefen, über Sie lachten?

— Mein bester Herr Franzose, entgegnete ich, ich weiß sehr gut, ich habe Recht, denn so wie ich es angab, müßten die Rechtskundigen Ikarien's erzogen werden, wofern Rechtskundige hier vorhanden wären, aber ich habe ja längst gesehen, daß Ikarien Gottlob! keine braucht, und während Sie und die Damen mich aufziehen wollten, machte ich mich mit der ernstesten Miene von der Welt, über meine liebenswürdigen Spötterinnen lustig! —

Und jetzt wurde erst recht gelacht.

Nachgerade ist es also dahin gekommen, sagte Eugen, daß Ikarien sich bequem aushilft ohne jene schauderhafte Schaar Vermummter im schwarzem langen Rock, mit Perrücken und Zopf und Puder, worunter oft junge rothe Backen vergnüglich hervorstrahlen, als welches man oft gesehen hat, nicht wahr mein lieber William? und auch ohne die schwarzen Raubvögel mit den gekrallten Fingern, die wie Raben um die Prozessirer flattern!

Ja, gewiß, rief ich, und Ikarien hat sich auch glücklich los gemacht von jener Bande Richter, von jenem Heere Henker die im rothen Gewande einher stolzen, vermuthlich um die Blutflecken die daran haften, zu verbergen; jene Nichtswürdigen, mein lieber Eugen, wie man deren oft gesehen hat, nicht wahr? die der Wahrheit den Stab gebrochen; in die wievielste Hölle sind diese Trefflichen hinabgestoßen, seit Ikarien sie vor die Thür gesetzt hat? —

Nach einer kleinen Pause konnte Eugen nicht umhin, zu sagen: O Ikarier, ihr seid glücklicher als alle übrigen Bewohner dieser Erdkugel; ihr habt keine Notare, keine Advokaten, keine Wechselhändler, keine Börsenagenten, keine Huissiers, keine Gerichtsdiener, keine Auspfänder, keine Gendarmen, keine Polizeileute, keine Spione, keine Kerkerwärter, keine Henker! Habt keine Großrichter mit rothen Sammetmützen, mit schwarzen Talaren, mit Perrücken, habt dieses Alles nicht mehr! Euch hat ein gütiger und starker Gott geführt!

Und der arme Eugen bemerkte in seinem heiligen Feuer nicht, daß die jungen Mädchen sich zuwinkten und weidlich ihn auskicherten.

Sehr schön, sagte Walmor, aber wir haben doch auch Strafgesetze und Gerichtshöfe.

Ei was, rief Eugen, das ist Scherz; Niemand stiehlt, Niemand mordet, Niemand bankerottirt, Niemand falschmünzert, Niemand unterschlägt, Niemand meineidigt, Niemand gibt falsche Handschrift und falsches Zeugniß, Niemand brandstiftet, Niemand macht Verschwörungen; höchstens mag es kleine, ganz kleine Fehler hier geben. —

Und doch, sagte Dinaros, hat Ikarien große Verbrechen. Wir haben z. B. das Verbrechen des Verspätens, der Ungenauigkeit im Austheilen, im Verlangen; wir haben das Verbrechen der Unklugheit...

Eugen lachte.

Und ein böses Ding ist das Verleumden; es gilt uns als Verbrechen...

Allerdings, bemerkte ich, ist das Verleumden auch eine Art stilles Meuchelmorden, eine Art Stehlen.

Ja, sagte der Professor, aber bei uns fällt glücklicherweise die ganze Last auf den Verleumder zurück, sobald der Verleumdete, welchen wir vertheidigen wie einen von Mördern Angegriffenen, als schuldlos dargestellt ist; bei uns ist er vom Verleumdungsschmutze ganz rein gewaschen, und es haftet ihm nichts mehr an; hier zu Lande kann man nicht mehr sagen: *verleumde nur immer drauf los, es bleibt doch etwas hängen*; das ist ein europäisches Sprichwort, welches bei uns nicht mehr paßt.

Es bleibt wohl etwas, aber nur auf dem Verleumder, und nicht auf dem Verleumdeten — es ist als sagte Jemand z. B. Dina sei nicht schön, sei sogar sehr häßlich...

Holla, wer ist der Verbrecher der das gewagt? (Und hier zeigten alle Kinder jubelnd auf mich und schrien: William, William!)

— Aber die Nationalerziehung, sagte Walmor, pflanzt den Abscheu gegen Verleumden so fest, daß wir, bei unserm regen Gefühl für Bruderthum, seit zwanzig Jahren kein Beispiel mehr gehabt haben. Eher kommt es, daß man Mitbürger gerichtlich verfolgen muß, die ein Vergehen, wovon sie Zeugen gewesen, nicht angezeigt hatten. Die Strafen sind scharf; das Verbrechen wird vom Tribunal bekannt gemacht, und zwar entweder nur innerhalb des Gemeindedistrikts wo es passirte, oder in der Provinz, oder in der ganzen Republik; es folgt darauf Verlust gewisser Rechte in der Schule oder in der Werkstatt, oder in der Gemeinde; Ausschluß auf einige Zeit von den öffentlichen Orten, selbst vom Bürgerpalast... Eugen, Sie lachen? Nun, ich sage, diese Ihnen nichts bedeutenden Strafen und Bußen gelten bei uns, durch Erziehung, für eben so schlimm wie einst der Schandpfahl und das Schaffot. Gefängnisse haben wir allerdings keine, denn im ganzen Reich ist kein Wüthrich, der die Ruhe des Mitmenschen gefährdete; und wäre einer da, er käme in's Hospital.

Ich fragte, ob nicht, bei aller Moral, Liebesmord zuweilen käme? Mord aus Eifersucht, mit andern Worten. Man gab mir *nein* zur Antwort.

Ich erinnerte mich des Auftritts mit Walmor; wollte aber nicht davon hier reden. Man sagte mir, solch ein Mörder würde als wahnsinnig behandelt, und wahrscheinlich geheilt werden* Walmor erröthete und kehrte sich weg. — In der That, fügte Eugen hinzu, Ikarien lebt gar zufrieden ohne jene höllische Erfindung, die man bei uns Polizei titulirt.

Ich rieth dem guten Eugen, wenigstens nicht so verächtlich sich betreffs der englischen Polizeimänner auszusprechen, welche bekanntlich sich nicht mit politischen Quälereien abgeben, sondern nur gegen Diebe und Trunkene auftreten, Nachts dem Fremdlinge den Weg zeigen, und untersuchen ob die Haus- und Ladenthüren gebührlich verschlossen seien.

Sehr schön, sagte er, aber bewundern Sie vielmehr die ikarische Republik, welche gar nicht nöthig hat, die Thüren zu schließen, und in der weder Trunkenbolde, noch Diebe, noch Polizisten sind.

Keine Polizei? rief Walmor; da irren Sie sich, bei uns ist alle Welt Polizei; öffentliche Beamte, sämmtliche Bürger richtiger gesagt, sind beauftragt, die Befolgung der Gesetze zu übernehmen und jeden Fehltritt, jeden Fehlgriff sogleich anzuzeigen, von dem sie Zeugen waren.

— Fürchten Sie nicht die Rache der Angezeigten?

— Niemals; einerseits geschieht das Anzeigen ohne Bosheit, anderseits weiß man, daß die Volksgesetze es befehlen, und wer wollte sich wohl gegen den Willen der Nation auflehnen, deren Mitglied er die Ehre hat zu sein? Folglich wäre der, welcher sich gegen den Anzeiger ereiferte, noch obenein in Empörung gegen den Nationalwillen. Und das würde allgemeine Mißbilligung erwecken. Sie können heute auch davon ein Beispiel sehen; die Nationalzeitung enthält das Urtheil, welches in einer solchen Sache, von der Volksversammlung einer der Gemeinden unsrer Provinz gefällt worden.

— Korilla, sagte der Greis, nimm das Blatt und lies uns den Urtheilspruch vor, oder besser gib's der kleinen Maria, damit nebenher unsre edeln ausländischen Gäste sehen, wie ikarische Kinder von sieben Jahren lesen.

Das liebe kleine Kind that was der Großvater wünschte, und zu seiner und unsrer Freude las es die bezügliche Stelle

* Wie ungeheuer die Gewohnheit auch in dieserlei Dingen wirkt, sah ich einst als eine Mutter ihr unartiges Töchterchen nur dadurch strafte daß sie es seine Himbeersemmel verkehrt essen ließ; das Kind schrie und schluchzte vor Verzweiflung. —

In England wird noch heute der Selbstmord als augenblicklicher Wahnsinn gerichtlich angesehen; früher wurde der Leichnam geschleift und unbeerdigt liegen gelassen.

Anmerkung des Verfassers.

mit vollkommner Reinheit und Sinnigkeit der Aussprache und des Ausdrucks.

Ich theile hier dem Leser dies Stück als Probe eines ikarischen Urtheils mit.

Eine Gerichtssitzung in Ikarien.

„Der Berichterstatter des Aufsichtskomités entwickelt, wie T. „welcher früher von der Versammlung, in Folge eines einge„standenen Vergehens und auf eine von D. gegebene Anzeige, „tadelnd angemerkt worden war, jetzt den letztern, D. in dessen „Abwesenheit anklage, böswillig verfahren zu sein."

„Er bemerkt, diese Anschuldigung, wäre sie richtig, sei für „D. eine ehrenrührige; aber die Versammlung möge sich des „Betragens von D. erinnern, und es werde ihr klar sein, daß D. „damals durchaus nicht als böswillig angesehen worden; dem„nach erscheine die vorliegende Anklage die der T. ausspreche, „falsch und mithin verleumderisch; folglich sei der Anklagende „offenbar ein Auflehner gegen das Valksgesetz, welches jedem „Mitbürger das Anzeigen von Vergehen einschärft und welchem, „als dem Nationalwillen, allerseits gehorcht werden müsse. „Somit sei T. ein Verleumder."

„Der Berichterstatter ernennt hierauf den Untersucher und „ruft die Zeugen."

„Der Vorsitzer ladet sie ein an den Schranken der Versamm„lung zu erscheinen, und befragt sie. Sie bestätigen die so eben „geschehene Aussage des Berichtabstatters. Der Beschuldigte „wird jetzt an die Schranken gerufen; er gesteht die Hauptsache, „und hebt nur einen kleinen Irrthum hervor."

„Er erklärt mit festem Ton, das Gesetz sei völlig gerecht, D. „habe pflichtgemäß als gutes Staatsmitglied gehandelt; er bereut „aufrichtig, sich von einem ersten Aufwallen hinreißen gelassen „zu haben, doch wolle er selbst den Fehler gut machen indem „er die Mitbürger einlade, das Gesetz auf ihn anzuwenden."

„Mehrere Mitglieder nehmen seine Parthei, doch ohne ihn „ganz zu entschuldigen."

„Hierauf greift ihn der Berichterstatter an, doch mit dem „Bemerken, sein eben ausgesprochenes Bedauern sei patriotisch, „sei edel."

„Jetzt befragt der Vorsitzer die Versammlung:

„Ist T. schuldig der Verleumdung?"

„Die Versammlung antwortet Ja, und Alle erheben sich."

„Sind hiebei mildernde Umstände vorhanden?"

„Die Versammlung antwortet Nein, fast mit Stimmeneinhel-
„ligkeit."

„Schließlich berathschlagen der Berichtabstatter und zwei
„Beisitzer des Aufsichtskomités, in kürzester Frist unter sich, und
„schlagen vor, statt aller sonstigen Strafe, nur diese Verhandlung
„im Gemeindeblatt zu veröffentlichen, mit Namenangabe
„beider Theile; dieselbe Verhandlung jedoch nebst Urtheil, ohne
„Namen im Provinzialblatt und Nationalblatt, dem
„Publikum mitzutheilen. Dieser Vorschlag wird einmüthig
„von der Volksversammlung angenommen."

— Ich freute mich so über die kleine Vorleserin, daß ich sie küßte. Eugen wunderte sich, daß der Gerichtshof aus der einfachen Volksversammlung bestehe.

Und warum denn nicht? fragte Walmor. Ihr da drüben behauptet doch täglich, ein Staatsbürger solle stets von seines Gleichen gerichtet werden; spielt Ihr auch diesmal wieder mit Worten?

Nein, aber ich wundre mich daß er sich von Allen soll richten lassen. —

Nun, weshalb denn das nicht! Ist nicht ein Tribunal, von einigen tausend Beisitzern zusammengesetzt, besser als eines aus dreien bestehend?

— Also die Volksversammlung urtheilt über alle und jede Vergehen?

Das nicht; wir haben noch andre Gerichtshöfe; jede Schule ist ihr eigner Gerichtshof, und urtheilt in Vergehen die die Schule näher betreffen; jede Werkstatt ist ihr eigner Hof, dem obliegt die Vergehen der Werkstatt zu richten. Die Nationalvertreterschaft in der Hauptstadt richtet über die in ihr vorgefallenen Vergehen; jede Familie richtet über ihre Familienvergehen. Sie sollten mir zugeben, mein Bester, daß wir eine ungeheure Anzahl Gerichtshöfe besitzen, und in jeglichem der Beschuldigte stets durch seines Gleichen gerichtet wird. —

Am Ende richtet ein Gerichtshof von Frauen über die Frauen?

Nun, weshalb nicht? Z. B. über Vergehen die in den weiblichen Arbeitspalästen vorkommen, richten die Mitarbeiterinnen; in andern Fällen richten die ältern Frauen der Familie über die jüngern; doch in äußersten Fällen richtet über sie die Volksversammlung selber. Ikarien's Frauen sind aber so gebildet an Herz und Geist, daß zu diesem letzten Mittel nicht geschritten zu werden braucht. Die kleinen Vergehen, beim gemeinsamen Mahl z. B. werden von Mitspeisenden gerichtet; es sind ja alles Nachbaren.

Das ist recht hübsch, sagte ich; aber wie wenn diese Leute dabei zu viel des Weines genössen?...

Das fällt nicht vor. — Uebrigens muß nicht außer Acht gelassen werden, daß, wo zwei sich streiten, irgend ein Dritter das Recht bei uns hat, und die Pflicht, sich ins Mittel zu schlagen; er muß sie nur im Namen des Nationalgesetzes auffordern, und sofort trennen sie sich, ohne den Streit in Hader entarten zu lassen. Zudem wählen zwei Streitende fast immer von selbst schon sich einen Religionskundigen, oder sonst einen Mitbürger, zum Schiedsrichter und Schlichter.

Eugen jubelte; ich sehe wohl, rief er, Zwietracht kann bei Euch nicht ihre Geschäfte machen.

Und was sagen Sie, meine Herren, dazu, fiel Dinaros ein, daß wir auch ein Todtengericht haben?

Eugen rief: das sei herrlich; oft genug habe er in Europa behauptet, man solle die Leichen der Volksschinder ausgraben, und nachträglich richten, um gut Beispiel zu geben, oder vielmehr abschreckendes Beispiel, indem man sie der ewigen Schmach überliefre; sei doch nichts fürchterlicher auf Erden als der Triumph des Verbrechers.

Dies Todtentribunal ist vom Dictator Ikar eingesetzt. Im ersten Jahr unsrer Wiedergeburt befahl die Nationalvertreterschaft, jährlich sollten während eines Monats forthin sich die ikarischen Geschichtskundigen versammeln, und nach Besprechung, endlich über die bisher noch zweifelhaft gebliebenen Thatsachen und Personen der Weltgeschichte das Schlußurtheil abgeben. Natürlich machte sich dieses historische Gelehrtentribunal zuvörderst an das zunächst Liegende, nämlich an die Aburtheilung der geschichtlich merkenswerthen Ikarier seit 1772. Dann ging es auch an frühere Persönlichkeiten; endlich unterzog es die auswärtigen seinem Urtheil. Wir haben mithin, so zu sagen, eine offizielle Lebensbeschreibung und Lebensbeurtheilung sämmtlicher Personen, die seit der Vorzeit bis auf uns sich in der Geschichte der Völker auszeichneten, zu liefern uns vorgenommen; mit den ikarischen sind wir fertig; noch nicht aber mit den auswärtigen. Wir haben, wie sich hieraus als eine Folge ergibt, auch einen Tempel, das Pantheon, worin wir die von der Nationalvertreterschaft verordneten, verdienstlichen Volksmänner aufstellen; und wir haben auch einen zweiten Tempel, das Pandämonion, worin wir die dem ewigen Fluche der Menschheit zu Weihenden aufbewahren, in Bildern und Worten. Da steht Ikar der edle Dictator, da steht Lixdox der böse Staatsminister; jeder hat den ihm gebührenden Platz; die

Gestorbenen verdienen allemal daß die Nachwelt sie gerecht behandelt.

O glückliches Ikarien, o unglückliches Frankreich! rief Eugen hier funkelnden Blickes aus; Frankreich, du verstehst nur noch das Kunststück, ungerecht zu sein gegen die wohlwollendsten, tüchtigsten deiner Kinder!

Unwillkührlich mußten die jungen Damen hier wieder lachen; der Großvater aber, um Eugen nicht zu verletzen, versicherte ihm, die gesammte Familie, und diese Mädchen wahrlich nicht am wenigsten, wisse seinen Eifer und Patriotismus, wenn er sich auch oft in etwas brausender Form äußere, vollkommen zu schätzen und zu ehren.

Funfzehntes Kapitel.

Eine Frauenwerkstatt. — Roman. — Heirath.

Es schien, Walmor konnte nicht ruhig bleiben, so sehr drückte es ihn, sein Geschick aus Dina's Entscheidung zu vernehmen. Er sprach über eine volle Stunde mit mir und Eugen von nichts als den Vorzügen seiner Auserkorenen und seinem Glück. Aber endlich rief er: Wir schwätzen hier und sollten schon unterwegs sein; kommen Sie, lieben Freunde, sonst verspäten wir uns noch. —

Kommen Sie mit uns, Eugen? braver Tyrannenfeind! —

— Nein, ich muß wieder schreiben. —

— Morgen können Sie schreiben, mein Bester; kommen Sie jetzt und sehen sich eine Frauenwerkstatt an. —

— Ja, da bin ich dabei; in zwei Minuten folge ich Euch.

— Wir bestiegen den Omnibus, und nach zehn Minuten waren wir an Ort und Stelle.

Walmor ließ uns in den Saal der Direktorinnen treten; dieses Zimmer hatte eine Rundsicht auf die ganze Werkstatt, und man konnte Alles bemerken ohne selbst bemerkt zu sein.

Es war ein entzückender Anblick. Dritthalbtausend junge Damen arbeiteten dort in einer einzigen Werkstatt, theils stehend, theils sitzend, alle hübsch, ja schön; das prächtige Haar aufgerollt oder in Locken und Zöpfen herabfallend; alle in herrlichen Kleidern. So handhabten sie den Atlas und die Spitzen, die Bänder und Hüte, Stoffe der heitersten Farben. Alle diese Arbeiterinnen sind gebildete Frauen; sind Künstlerinnen in Zeichnen und Malen, haben folglich Geschmack. Es sind ja Bürgerinnen des Reiches, Republikanerinnen wie man noch keine bisher sah; sie arbeiten dort am Putz ihrer Mitbürgerinnen oder vielmehr ihrer Schwestern, wie am eignen Schmuck.

Walmor zeigte uns eine der Töchter eines Oberbeamten des Staats, weiter hin die Gattin des Präsidenten der ikarischen Republik, näher nach uns arbeiteten Korilla und Dina's Schwester; keiner dieser Damen kam es in den Sinn, etwas „Höheres" vorzustellen als die andern!

Ich muß gestehen, es war ein paradisches Schauspiel, die bildschönen, zierlich gekleideten Frauen in emsiger Geschäftigkeit; die Räume bestens eingerichtet und geschmückt; Blumen und Parfüm; sogar Musik ließ sich zuweilen hören. Die Republik sorgt gut für ihre Putzmacherinnen!

Eine der Direktorinnen erklärte uns das Gesetz der Werkstatt; es war von den Theilnehmerinnen berathen und votirt worden; die Aufseherinnen werden aus ihnen und von ihnen ernannt; die Arbeiten werden vom Leitungsausschuß vertheilt. Eine andre erzählte uns, die Mode wechsele nie; es gebe nur eine bestimmte Anzahl verschiedener Formen für die Hüte, Mützen, Hauben, Aufsätze und Turbane; eine Kommission von Künstlern und Putzmacherinnen habe die Form festgesetzt; zudem sei jegliche Kopfbedeckung so eingerichtet, daß sie leicht verengert und erweitert werden könne, mithin füglich für fast alle Köpfe passend zu machen sei. Da die Republik das Interesse hat, ein Arbeitstück möglichst schnell in Stand setzen zu lassen, so ist z. B. jeder Hut aus mehreren Theilen zusammengestellt, deren jeglicher auf Maschinen in kolossalen Quantitäten im voraus verfertigt wird; die Arbeiterin hat folglich nur noch wenige Minuten zu nähen, und der Hut ist gemacht. Es versteht sich daß eine Dame immer nur ein und dasselbe Stück arbeitet; dadurch erleichtert sie sich die Arbeit bedeutend, und erreicht bald einen hohen Grad von Vollkommenheit.

Die Arbeitsordnung schreibt während der ersten Stunde Stille vor, damit die Aufseherinnen die Stücke vertheilen und die Lehrmeisterinnen Unterricht geben können. Wir erstaunten in der That über das Schweigen in dieser weiblichen Versammlung von 2500 Personen; ich hätte nimmer geglaubt, daß Frauenzimmer so still in Gemeinschaft sein können.

Als es zehn Uhr geschlagen, sangen sie eine schöne Hymne zu Ehren des edeln Ikar, der zuerst die Erhebung des Weibes seinem Volke als nothwendig, und als möglich dargestellt hatte. Ikar allerdings hat seinen Landsleuten unaufhörlich eingeprägt, daß nur durch wahre Bildung des weiblichen Geschlechts und die angemeßne Behandlung desselben, sich eine Nation glücklich machen kann. Mir schien, ich hörte unter den Singenden Dina's Stimme; so groß war der Eindruck gewesen den sie auf mein Gehör gemacht hatte. Hierauf ertönten mehrere andre Lieder, darunter einige fröhliche, theils im Chor, theils von Einzelnen vorgetragen. Dies dauerte eine Stunde, und hierauf ward wieder geschwiegen. Die beste Ordnung herrschte fortwährend; die Aufseherinnen gingen durch die Reihen und gaben Befehl oder Rath.

Ich wäre gern noch länger geblieben, um die Frauen in der Feierstunde die Schürzen ab- und die Hüte aufthun zu sehen, und in die Omnibus steigen auf denen sie in die verschiedenen Stadtviertel fahren. Auch hätte ich gern mir die großartigen Magazine der Putzstücke und der Stoffe zeigen lassen, doch Walmor wollte fort, obschon die Direktorin uns zu verweilen einlud.

Wie diese, so sind alle übrigen Werkstätten; die des Nähens, des Blumenmachens, des Weißzeuges, der Wäsche, alle sind mit Bequemlichkeiten eingerichtet wodurch die von dem Geschäft oft untrennbaren Unannehmlichkeiten auf den niedrigsten Grad herabgesetzt worden.

Im Gasthause fand ich folgendes Billet:

„Um vier Uhr werden wir das erwünschte Ja hören; kom-
„men Sie zu dieser Stunde, ich will die Freude haben, es Ihnen
„anzukündigen."

„Korilla."

Nicht gering ward ich aber überrascht, als zwei Stunden darnach ich ein andres erhielt, ohne Unterschrift, offenbar von Walmor:

„Komme nicht; aber morgen früh um fünf Uhr finde dich am
„Thor des Nordgartens ein."

Gleichwohl war ich zu neugierig, und ging Abends zu Walmor's Familie; und dort ward mir gesagt: heute wollte sie Niemand empfangen. Ich eilte zu Dina's Mutter; und hörte, sie seien sämmtlich aufs Land gereist.

Was bedeutete dies? Ich hatte mich bereits so an diese zwei trefflichen Familienkreise gewöhnt, daß ich herzlich Theil an ihren Leiden und Freuden nahm. Lange Jahre, und zwar von früher Jugend auf, war ich in der weiten Welt herum gewandert; hatte anfangs oft und in verschiedenen Ländern, nicht bloß in dem meinigen, mich an Leute, die mir gefielen und denen ich zu gefallen schien, anzuschließen versucht. Dies Annähern war mir manchmal schlecht genug bekommen, manchmal hatte es, ohne Schuld der Persönlichkeiten, ein trübes Ende genommen. In der That, dachte ich zuletzt, nach so vielfachen bösen Erfahrnissen ist es am Besten für dich, die Menschen laufen zu lassen wie sie eben wollen, hie und dort Gutes zu thun, doch im Sonstigen ja dich nicht mehr in Freundschaft sogar an diejenigen, die dir zusagen, heranzudrängen. Ich war allmählig abgeschlossen, still, kühl geworden, so jung ich noch war. Meine Reise nach Ikarien trat ich allerdings mit großem Enthusiasmus an, weil ich hoffte, endlich einmal vernünftigere Zustände zu sehen als bisher. Und ich muß gestehen, vom ersten Betreten dieses gelobten Landes an, erschien mir die Menschheit nicht mehr so verwerflich; ich sah dieses Volk, doch auch ein Glied des Menschengeschlechts, auf einen hohen Punkt der Ausbildung erhoben, ich begann nicht mehr so arg an dem menschlichen Wesen zu verzweifeln. Ich wagte es, aus meiner Starrheit, in die ich durch lange frühere Begebnisse hinein gepreßt worden war, heraus zu treten; ich wurde wieder lebensmuthig wie ich es einst als Kind gewesen; ich unternahm es, mit Vertraulichkeit in nähere Beziehung zu den edeln Menschen mich zu stellen, deren Bekanntschaft ein günstiger Zufall mich in Ikarien's Hauptstadt hatte machen lassen.

Ich ward aber durch eben dieses Anschließen wieder auf der andern Seite unruhiger; ich mußte manchmal ein ernstes, bittres Selbstgespräch mit mir führen.

Allmählig kam ich, in gemischten Gedanken einherschlendernd, auf eine der großen Promenaden, und an den Rand eines Baches, der einen kleinen Wasserfall und weiterhin einen Springstrahl nährte. Das Murmeln und Plätschern, eine mir wohlthuende Einsamkeit (es war gerade Arbeitsstunde), der Vogelgesang ringsher, gebot mir Halt; ich lagerte mich ins Gras zwischen den Blumen und Bienen, und nahm ein Buch hervor, welches Korilla mir schon lange geliehen, ich aber noch nicht zu lesen Zeit gefunden hatte.

Ich las mit Vergnügen diesen kleinen Roman, der über die Ehe handelte. Zarte Kupferstiche, Anekdoten, tiefe Blicke in den Seelenzustand des Menschen, wechselten zweckmäßig ab. Ich las ihn dort ganz durch. Die Nationalvertreterschaft hatte einen Konkurs eröffnet, und dieses Buch vor allen Mitbewerbern gekrönt; eine allgemeine Einladung an sämmtliche Nationalschriftsteller und Bürger war ergangen; die Menge der eingereichten Werke war folglich sehr stark geworden. Es kann mir nicht einfallen, das Ganze hier zu übersetzen, jedoch wird mein Leser wohl nicht ungern die Hauptsache sich mittheilen lassen.

Zuerst bemerke ich, im Gütergemeinschaftssystem ist die Mitgift unmöglich (ist ebenso ein Unding wie die Erbschaft); folglich kann die Liebe der Geschlechter nicht mehr nach Geld gehen. Wo nicht Gold oder Goldeswerth das menschliche Herz lockt, verlockt, verblendet, erhitzt, verkühlt, kurz verdirbt, da schwindet gewiß ein gut Stück Jammer und Lasterhaftigkeit. Wenn ein Europäer, oder richtiger gesagt, ein unter dem Joch des Privateigenthums aufgewachsener Mensch ein Mädchen liebt, so ist diese Liebe niemals eine reine. Sie ist jedesmal mit Geldrechnungen gemischt, und muß es sein weil ohne Geld kein Mensch in unsern Ländern leben kann. In Ikarien ist die Liebe aber eine ungemischte, ungetrübte, reine, lautre, folglich echte, denn sie hat dort nichts mit dem Mammon zu schaffen, der längst erwürgt am Boden liegt! In Ikarien sind ferner Mädchen und Jünglinge national-gleichartig unterrichtet, gebildet, so geistig wie körperlich, folglich findet sich dort eine ungeheure, hinreißende Harmonie zwischen den beiden Geschlechtern; von der wir bei uns eigentlich keine Begriffe haben, gerade herausgesagt. Mädchen und Jünglinge sind von der Republik und von den Familienkreisen so sorgsam und so vernünftig erzogen worden, daß die Ehen meist glückliche werden, selbst wollte man durchs Loos heirathen; was natürlich keinem einfällt. Die Leute hier zu Lande wissen sehr gut, daß die Ehe, wenn sie nichts taugt, das ganze Dasein verstört; sie nehmen daher nicht einen Lebensgefährten, den sie nicht vorläufig sechs Monate wenigstens genau gekannt haben. Vor achtzehn Jahren heirathet übrigens hier kein Mädchen, und kein Jüngling vor zwanzig. Es ist sehr gut, daß man den jungen Frauenzimmern, um ihnen Gelegenheit zu gewähren ihre künftigen Gatten kennen zu lernen, erlaubt, frei und frank mit den jungen Leuten zu verkehren und auszugehen, natürlich stets unter den Augen der Mutter, sowohl auf den Promenaden wie im Gesellschaftszirkel. Zwar ist die Erziehung und die Gewohnheit streng; und eine Schwäche, oder was dasselbe bedeutet, ein Emporlodern und Ueberbrausen der Leidenschaft und Begierde ist hier zu Lande vor der Heirath nicht gut möglich, denn hier beaufsichtigen Alle sich gegenseitig; aber dennoch ist die Gegenwart der Eltern immer vorhanden, denn die Mädchen haben kein Geheimniß vor den Müttern, die Söhne keins vor den Vätern. Vertrauen ist hier herrschend, in allen Stücken. Ein unpassende Neigung wird ohnehin sogleich, sollte sie aufkeimen, durch Vernunftzuspruch erstickt und ferneres

Unheil vermieden. Die Eltern haben kein Interesse welches der wahren Neigung des Kindes widerstritte; das Kind seinerseits fügt sich liebevoll den Eltern. Die sich Liebenden stehen auf gleicher Stufe, haben die nämliche Bildung des Geistes und Herzens, können sich also nicht täuschen, nicht verblenden: der leere Schein gilt nichts mehr. Erziehung und Bücher haben sie zur Ehe vorbereitet; sie wissen, daß sie durch Heirath sich für das ganze Leben verbinden, und da der Staat ihnen dieses Leben, als Staatsmitgliedern, angenehm und würdevoll gemacht hat, so ist kein Grund, weshalb sie es sich durch ehelichen Zwist verdüstern sollten... Ich möchte sagen, die Tugend ist ihnen so leicht gemacht, daß es ordentlich schwierig wäre, untugendhaft zu sein. Ein ikarisches Weib liebt den Erwählten, und es fällt ihr nicht ein, ihn nicht, oder nebenher noch Andre zu lieben, denn der ihrige ist vollkommen ihr angemessen, und somit ist sie zufrieden und im Frieden mit sich und der Mitbürgerschaft. Sie ist zu bescheiden als daß sie nach Uebermäßigem streben sollte. Tugend oder Aufopferung des eignen brechenden Herzens ist unmöglich, denn diese kann nur in Ländern statt haben, wo ein Weib sich durch unnatürliche, unmenschliche Willensgewalt zwingt, einen Unliebenswerthen scheinbar zu lieben, oder sich selbst weiß zu machen, sie liebe ihn. Die Ikarierin hätte wahrlich die ungeheuerste Mühe nöthig, untreu zu werden; gerade solche Mühe, wie ein unglücklich liebendes Weib in andern Ländern hat, um treu zu bleiben. Die Rolle der Tugend, der sich selbst zertretenden Aufopferung ist in Ikarien gestrichen; sollte indessen, unter hunderttausenden von Fällen Einmal, sich das Glück aus einer Ehe entfernen wollen, dann würden Eltern oder andre Freunde, ohne Weitres sich in die Sache legen, selbst die Religionslehrer und Religionslehrerinnen würden sich der Sache annehmen, und durch Zurede und Ermahnung, durch Hinweisen auf die sittliche Würde und den Beruf des Menschen, hätte man das Ehepaar bald wieder versöhnt. Uebrigens ist das Nationalgesetz so verständig, daß im Nothfall, wenn beide Familienkreise es wünschen, die Scheidung, und später eine andre Verheirathung angeordnet werden darf. Von dieser Erlaubniß wird aber ungemein selten Gebrauch zu machen für nöthig befunden. Es ergibt sich aus diesem Allen, daß der ehelose Stand als sehr verdächtig, als eine Art Undankbarkeit oder Empörung gegen die Natur, vom Nationalgesetz hingestellt wird; desgleichen spricht sich das Gesetz gegen Ehebruch und gesetzloses Zusammenleben der Geschlechter aufs Schärfste aus, und das genügt, um diese Verbrechen nur auf dem Papier bestehen zu lassen; in Wirklichkeit kommen sie nicht vor, und Strafen brauchen daher nicht hierüber verhängt zu werden. Zudem hat die Regierung oder die Gesammtheit des Staats, Ehebruch und gesetzloses Zusammenleben durch die Einrichtung der Häuser und Städte unmöglich gemacht. Seit zwanzig Jahren ist kein Fall vorgekommen. Die öffentliche Meinung würde gegen den Verführer noch heftiger auftreten als gegen die Verführte; letztere würde vielleicht einiges Bedauern erregen, ersterer aber nur allgemeine Ausstoßung.

Der kleine Roman schildert diese verschiedenen unlautern, wilden, zerschmetternden Stürme und Wogen der Leidenschaft, wie sie einst in Ikarien wütheten, im Gegensatz zu dem jetzigen Wesen; eine gefallsüchtige Wittwe z. B. wird dargestellt, die zwei Liebhaber zum Duell treibt und die Leichen stolz zu ihren Füßen sieht; die öffentliche Meinung verfolgt dies Weib als eine Brandstifterin, eine Giftmischerin. Ein Verführer, der eine Verheirathete zu Fall gebracht, wird im Buche als Mörder und Dieb verfolgt.

Entführung und Verführung sind unmöglich geworden; was könnte der Mann der Frau bieten, nachdem Geld, Erbschaft und Privatgut verschwunden sind? Warum sollte sie davon laufen? —

Sehr bezeichnend für den ikarischen Zustand ist, daß die neue Landessprache für Kindesmord, Kindesaussetzung, kein Wort hat. Geheime Geburtsbeschleunigung, skandalöse Prozesse wodurch die menschliche Natur verhöhnt wird, u. s. w. sind unmöglich. Die erbärmlichen Ränke der Liebelei, die Eifersucht, die Duelle auf Leben und Tod, sind unmöglich. Und doch ist das Dasein dadurch nicht langweilig geworden!

Ikarien ist unstreitig glücklicher in der Liebe als irgend ein Volk. Ich gestehe es, Eugen hat Recht, wenn er Europa beklagt.

Sechzehntes Kapitel.

Dina weigert sich zu heirathen. — Walmors Verzweiflung.

Ich kam mit Tagesanbruch in Unruhe an den Eingang des Nordgartens. Dort sah ich Walmor nicht weit von mir mit langen Schritten umherwandeln. Kaum sah er mich, so sprang er herbei und rief mit zitternder Stimme, außer sich: „Bist du

„mein Freund? komm, komm, folge mir, ich fliehe Ikarien's „Hauptstadt; verlaß mich nicht; ich bin sehr, sehr elend!“ rief er und warf sich mir in den Arm. „Sie liebt mich nicht, William. „Gestern Morgen war ich der Glücklichste, heute bin ich der „Unglücklichste auf der Welt. Sie liebt mich nicht! Seit zehn „Jahren, setzte ich auf dies Mädchen meine Hoffnungen und „Zukunftsträume, und das ist vorbei; sie liebt nicht mich, der „sie anbetet! Und doch bestärkten mich ihre Angehörigen stets „in dem Glauben sie liebe mich; und die Meinigen auch glaubten „es. Meine Familie sah nichts gewisser voraus als diese Heirath; „du kannst denken wie sie die Weigerung schmerzen muß; du „wirst nicht mehr fröhliche Gesichter wie bisher in unserm Hause „antreffen, wenn du wieder kommst!“ —

— Ich suchte ihn zu trösten, so schwer das Trösten auch ist in dergleichen Wendepunkten. Ich machte Hoffnung. —

— „Laß das,“ rief er, mir die Hand drückend; „Hoffnung ist „hier nicht mehr; ja, wenn sie mich haßte, wohl, dann könnte „mit der Zeit, oder durch ein Ereigniß, Liebe daraus werden. „Aber sie hegt Freundschaft für mich, woraus keine Liebe entsteht. „Sie ist betrübt über den Schmerz den ich dadurch leide, aber „sie ist fest im Entschluß, obschon sonst nachgiebig wie ein Engel, „der gern den ihm werthen Personen zu Gefallen ist. Sie ist „festen Charakters, und ändert nicht was sie sich vorgesetzt; sie „hat, wie es scheint, lange in sich gekämpft, bis sie endlich sich „auf diese für uns unerwartete, schreckliche Weise erklärt hat. „Sie behauptet sogar, sie gedenke niemals zu heirathen; und „dies sagt sie unter Thränen!“ —

Mit Mühe brachte ich endlich den jungen Mann zu einigem Verstande; er versprach mir, der Leidenschaft die gleich einem Feuermeer sein Inneres durchtobte, die Macht des vernünftigen Wollens und Denkens entgegen zu setzen. Ich ging mit ihm nach Hause. Alle waren sehr traurig, besonders die herrliche sonst so heitre Korilla; ich begleitete ihn zu Dinaros, der für einige Tage mit ihm das Land besuchen wollte.

Siebzehntes Kapitel.

Feldbau.

Wir verließen mit einander die Stadt, indem wir das Thor durchschnitten, durch welches ich nach Ikara gekommen, und bald flogen wir auf der Eisenbahn dahin, und erreichten den Fluß auf dem ich hieher gefahren. Walmor schien lebhaft bewegt, als wir an der Stelle vorbeigingen, wo Fräulein Dina aus dem Schiffe gestiegen. Ich selbst konnte mich einer leichten Verwirrung nicht erwehren, als es an dem Orte still hielt, wo sie hineingetreten, und ich sie zum erstenmale mit ihrer Mutter — nicht gesehen — aber gehört hatte. Noch höher stieg meine Verwirrung, bei Walmors Frage, ob ich mich dessen erinnere. — O welche Zukunft lächelte mir damals! setzte er hinzu. Und jetzt?.... Wir gingen durch mehrere Meiereien, die mir herrlich schienen. Welch schönes Wetter! rief Dinaros aus; was für eine himmlische Landschaft! —

Ach ja; erwiederte Walmor mit erloschnen Blicken; diese Sonne ist mir aber dennoch zuwider; dies frische Grün kann mich nicht erfreuen; die Natur hat keinen Reiz mehr für mich! — Muth, Freund! Muth! sagte Dinaros zu ihm; bist du kein Mann? — Nicht mehr der wackre Walmor? — Nach einer stündigen Wanderung langten wir bei einem Meierhofe an, der am Fuße eines Hügels lag. Hieher begab sie sich, als wir ihr neulich begegneten, hub Walmor wieder an; mit welchem Vergnügen begleitete ich sie in Gesellschaft ihres Bruders wenn sie sonst, wie es oft geschah, mit ihrer Mutter hieher kam! Heute ist es mir als drücke mich die Luft zu Boden! — Und er konnte nicht fortfahren. Der Bewohner dieses Hofes war Herr Mirol, der Vater von Frau Diname und ein vertrauter Freund von Walmors Vater. Dinaros hatte ihn durch einen Brief von unsrer Ankunft benachrichtigt. Man empfing uns mit herzlicher Freundlichkeit; doch nicht ohne eine Beimischung von Trauer, welche Walmor Thränen ins Auge lockten. — O der Anblick dieser Orte, wo ich so manche Stunde in ihrer Gegenwart verlebt, wird mir wohl, und — sehr wehe — thun; sprach er leise zu mir.

Ich fand Mirols Familie recht zahlreich. Sie bestand aus ihm, seiner Gattin, fünf Söhnen mit ihren Gattinnen, vierzehn Enkeln und zehn Enkelinnen, deren drei verheirathet waren; ferner fünf bis sechs Urenkel, darunter drei oder vier, welche bereits die Schule besuchten. In allem über vierzig Menschen. Einer der Enkel der in sein neunzehntes Jahr trat, hatte seine Lehrzeit beinahe vollendet.

Der Großvater befragte ihn, während des Mittagessens, wobei anfangs Stille und Traurigkeit herrschten, über das Gelernte. Er wollte von ihm wissen, welches die in Feld und Garten schädlichen Thiere wären; und der junge Mensch nannte sogleich alle vierfüßigen Thiere, Vögel, Insekten und Würmer, die die

Wurzeln benagen, die Saaten aufzehren, die Blätter, den Keim der Früchte mit der Blüthe, und die reife Frucht zerstören, oder den brauchbaren Thieren lästig werden. Er erzählte darauf die Naturgeschichte der vorzüglichsten dieser Geschöpfe, ihre Geburt, ihre Sitten, und die Verfahrungsweise bei ihrer Vertilgung. Einer seiner ältern Brüder theilte uns die Geschichte der nützlichen Thiere, das Besondere ihrer Erziehung, Nahrung, Krankheiten und Eigenschaften mit. Eines der jungen Mädchen unterhielt uns von den Seidenwürmern und deren künstlichen Gespinnsten; worauf bei Veranlassung eines kristallnen Bienenstockes voll Honig, dessen Vortrefflichkeit und Schönheit gerühmt ward, uns ihre Mutter über die Bienen und ihr köstliches Erzeugniß belehrte. Und jeder der Zuhörer wußte einige anziehende Umstände beizufügen. Obschon ich Ikarien bereits genug kannte, um über nichts mehr zu erstaunen, mußte ich doch die Leichtigkeit ihres Vortrages, die Zierlichkeit ihrer Aussprache, und ihre ausgebreiteten Kenntnisse bewundern. Auf solche Bauern und Bäuerinnen waren Sie nicht gefaßt? sagte Dinaros lächelnd zu mir; aber Walmor soll Ihnen heute Abend die Erziehung unsrer Landleute erklären; und Sie werden alle die Wunder begreiflich finden, die Sie hier vergnügen. (Wir waren übereingekommen ihn so viel sprechen zu machen, als möglich, um ihn zu zerstreuen.) Nach dem Essen lud mich Herr Mirol ein, das Wohngebäude zu besehen. Ich fand es hinsichtlich der innern Austheilung und der Möbeln den städtischen vollkommen gleich; nur geräumiger, und mit dem Vortheil verbunden, daß auf allen Seiten Fenster die Gemächer erleuchteten. Mehrere der letzteren sind zur Aufnahme von Verwandten und Freunden bestimmt. Die Küche, wo das Mittagsmahl, wie alle andern Mahlzeiten bereitet werden, ist geräumiger und vollständiger, als die in den Stadtwohnungen; so wie sich die Landfrauen zu geschickteren Köchinnen bilden. Der Saal ist eben so prächtig, und größer als die Säle in Ikara, um die Familien zweier benachbarten Landwirthe die sich besuchen wollen, fassen zu können. Ueberall bemerkte ich Pläne und gedruckte Tafeln an den Wänden, welche die nützlichsten gebräuchlichsten Regeln des Feldbaues enthielten. Sie sehen, sprach Herr Mirol zu mir, daß wir Landleute (denn so sind wir Alle eingerichtet) unsern städtischen Brüdern nichts zu beneiden haben; und eben so wenig geblendet und verlegen erscheinen können, wenn wir sie besuchen, als sie über Mangel oder Ekel klagen dürfen, wenn sie zu uns kommen. —

Allerdings steht uns nicht unausgesetzt der Anblick ihrer prachtvollen Denkmäler zu Gebote; allein sie sind auch nicht beständig von der Herrlichkeit der Naturwelt umgeben wie wir.

Ueberdies ist es uns so leicht uns in die Städte zu verfügen, als ihnen sich aufs Land zu begeben. Wir haben gleich ihnen große und kleine Eilwägen, die beständig die Landstraße befahren; und was sie seltner besitzen, Reitpferde und zweirädrige Wagen, die uns bis an die öffentlichen Wagen oder selbst die Stadtthore bringen; wo wir dieselben in den National-Ställen oder Schoppen lassen, und die Gemeinwagen zu nehmen. Sie haben selbst gesehen, wie schön unsere Wege, wie schnell unsere Pferde, und wie nahe unsere Meiereien bei der Gemeindestadt sind. — Zwei Stunden genügen meistens zur Hin- und Herfahrt; so daß wir uns bei allen Volksversammlungen, in den Schulen, Vorlesungen, und selbst bei Schauspielen einfinden können, ohne Verzug und Beschwerlichkeiten. Ferner führen uns besondere Wägen alles zu, was wir zur Nahrung, Kleidung und häuslichen Einrichtung bedürfen. — Bei diesen Worten traten wir aus dem Hause. Er zeigte mir die vier Seiten desselben, die gleichsam vier verschiedene Häuser vorstellten, und mehre Arten der Baukunst vereinten. Kein Meierhof der Gemeinde, fuhr er fort, bietet die nämlichen Außenverzierungen dar; aber alle sind gleich schön. Und sehen Sie dort die Mauern der Hofgebäude; wie sie geschmackvoll, obschon einfach, mit angestrichenen Geländern umgeben, mit Laubwerk und Blumen verzieret sind. Finden Sie sie nicht sehr hübsch? — Und jetzt werden Sie auch die Milchkammern, das Hühnerhaus und das Uebrige zu Gesicht bekommen. — Vorher aber lassen Sie uns die Gärten besuchen. Hier ist der wesentlichste, der Gemüsegarten. Dies ist der Wirkungskreis meiner lieben Elisa und meines Neffen Elois. Elisa ist eine gute Köchin; wie Sie schon können bemerkt haben, und wie sie es Ihnen noch ferner und tüchtiger beweisen wird; und mein Freund Elois ist ein geschickter Gärtner. Sehen Sie nur die schönen Gemüsesorten aller Art! Seit vierzig Jahren haben fast alle durch die wunderbaren Fortschritte des Feldbaues sich verdoppelt, und verdreifacht sogar; selbst hinsichtlich der Größe sowohl, als der Güte. Sehen Sie die Glasglocken, die Mistbeete, die tausenderlei Erfindungen des Menschengeistes; der kühn genug ist, der Schöpfung nachzuhelfen! — Jetzt sind wir in dem Bereiche meiner artigen Alae und ihres guten kleinen Bruders Alvares. Bewundern Sie diese Rosen; ihre hundert verschiedenen Sorten; diese Nelken, die Blumen jeder Art, die unsere Augen entzücken, ehe sie in den öffentlichen Anstalten zu Riechwassern und Oelen bereitet werden, und woraus unsere Bienen ihren Honig saugen. — Dies ist der Palast wo die Hofhaltung der majestätischen Alae ihre reichsten Unterthanen versammelt. Gewöhnliche Blumen werden Sie überall auf dem Gebiete der Republik antreffen, es überall von ihnen verschönert, und umduftet finden. — Gehen Sie nicht weiter! — Dort sind die Bienenstöcke. Die Arbeiterinnen dieser Werkstätte von Glas und Stroh, die eben so scheu und wild als bewunderungswürdig geschickt sind, könnten Ihnen ihren Stachel zu kosten und zu verstehen geben, daß sie die Pflege meiner freundlichen Camilla, der unbescheidenen Neugierde eines englischen Lords vorziehen. — Von hier aus können Sie unsere Spaliere und etwas ferner unsere Erdbeeren und Zwergobstbäume wahrnehmen, das sind die Staaten Euphrasia's und ihres Vetters Comar; denn ein Jedes ist hier Minister oder Fürst und Fürstin, und beherrscht seine Unterthanen unumschränkt; weshalb Sie jedoch nicht glauben dürfen, daß wir den Despotismus oder die Monarchie wünschen. — Nun, nun! Walmor! (er war im Begriff in einen kleinen Bach zu gleiten) kennst Du die Bewässerung unsers Gartens nicht mehr? — Ehemals Mylord, machte uns das Begießen viel zu schaffen; seit ungefähr dreißig Jahren hingegen, ist uns das Geheimniß Brunnen zu graben, Quellen aufzusuchen, oder vielmehr in die Erde zu dringen, so gut gelungen, daß wir ihre unterirdischen Flüsse und Seen als Springfluten herauflocken; und in Haus und Garten, Feld und Wiesen so viel Wasser besitzen, als wir bedürfen. Dabei sind unsere Gießwerkzeuge so bequem, daß Sie sich wenn Sie wollen, ohne naß oder müde zu werden, das Vergnügen verschaffen können, über unsere Blumen und Gemüse Leben und Erfrischung zu verbreiten. Und wenn Sie gerne fischen, so stehen Ihnen alle jene Bäche, Flüsse, Kanäle und Wasserbehälter zu Diensten in welchen Sie jede mögliche Fischart antreffen können; die wir große Sorge tragen zu unterhalten. — Jetzt kommen wir in den Baumgarten. Das ist mein und meiner alten getreuen Kaiserin Reich. Wir sind indessen so wenig herrschsüchtig, sie wie ich, daß uns kein besonderer Gehorsam geleistet wird, und unsere eigenen Kinder uns ausplündern. — Was für schöne Bäume! rief ich voll Verwunderung, welche herrlichen Kirschen! — Und was würden Sie denn von den Herbstfrüchten sagen? entgegnete Dinaros. Ja ja, hub der Greis wieder an, wir scheuen aber auch weder Sorgfalt noch Mühe; wir kennen unser Geschäft; thun für unsere Bäume, wie für unsere Gemüse; legen Schulen an, aus welchen nur die vorzüglichsten Gewächse gewählt werden, pfropfen die besten Arten, rotten alles aus was sich verschlechtert, graben um und begießen; haben immer das Gartenmesser zur Hand; schneiden jeden unnützen Ast weg; entfernen alle überflüssigen Pflanzen; vertheidigen unsere Zöglinge gegen ihre Feinde und pflegen sie von der Kindheit bis zum Alter; und so dürfen Sie sich nicht wundern, daß sie schön und wohl erzogen sind, und ihre Erkenntlichkeit unsere Sorge belohnt. Uebrigens werden Sie nirgends einen unnützen Baum oder Strauch entdecken. Wo auf unsern Feldern ein Obstbaum mehr Nutzen bringt, als etwas anders, steht ein Obstbaum, und Sie können deren unzählige auf dem Lande wahrnehmen. — Aber der Tag neigt sich. Es wird ein schöner Abend werden. Lassen Sie uns ihn bei den Kindern, auf der Zinne des Hauses zubringen; wir können dort ausruhen, und zugleich die Herrlichkeit der untergehenden Sonne genießen.

Wir bestiegen also das platte Dach des Gebäudes, wo sich die Familie in einem Kreise von Blumen versammelt hatte. In der Mitte stand eine große Tafel unter einem Zelte, das sich nach Wunsch auf- oder zufalten ließ. — Die Aussicht in die umgebende Landschaft, nach den benachbarten Meiereien hin, an welchen ein leichter Schimmer sanft hinabgleitete, die letzten Strahlen, die noch die Gipfel der Bäume und Höhen vergoldeten, deren Fuß schon im Schatten verschwand, der Wolkenhimmel, der sich in den vielfachsten Farbenschmelz tauchte, das heimkehrende Vieh das brüllend seinen Stall und das Ende des Tages begrüßte, der Gesang der Vögel, welche die Stunde des Schlafes und der Ruhe feierten, die duftige Frische der Luft, die Glut der Sonne die majestätisch unter den Horizont sich senkte und uns einen schönen Morgen versprach — alles trug bei, mich mit hohem Entzücken zu überströmen. — Nun Mylord, redete mich Herr Mirol an, haben wir nicht auch unsere Schauspiele auf dem Lande, und denken Sie daß sie minder prachtvoll sind, als die Opern der Städte? — Und wenn Sie erst von hier aus ein starkes Gewitter beobachteten, — die aufzuckenden Blitze, welche plötzlich das tiefe Dunkel mit Licht durchfurchen, und unsern Augen ein Bild der Schöpfung darstellen, wie sie auf den Machtruf ihres Meisters aus dem Chaos trat — wenn Sie in lautloser Stille den Schlag des Donners vernehmen und sein fernes majestätisches Rollen, daß der Nachhall von Berg zu Berg wiederschallt! — Aber Sie werden sogleich Millionen von Lichtern allmählig an dem Gewölbe unseres unermeßlichen Saales erscheinen sehen; den glanzvollen Mond unter ihnen, der sie zu übertreffen sucht, um mit seiner verschwindenden

Schwester zu wetteifern. — Alle diese himmlischen Schönheiten habe ich sie hier bewundern sehen! — flüsterte Walmor mir zu, und sie mit ihr bewundert; denn in meinem Herzen wohnte damals Freude und Hoffnung — jetzt!? — Wohlan Walmor! unterbrach ihn Herr Mirol, der ihn vermuthlich verstanden, weil doch Mylord über die Geschicklichkeit der ikarischen Landleute erstaunt ist, so erkläre ihm daß sie nur eine ganz natürliche Folge unserer Erziehung ist und um nichts zu wissen, wir eben so dumm und eigensinnig sein müßten, als unsere Maulthiere. Wir werden uns um den großen Tisch setzen, und dir Alle mit großem Vergnügen zuhören. Fange an. Walmor entschuldigte sich erst. Allein Herr Mirol ließ ihn nicht los. Ich bin dein Vater hier, sprach er endlich mit ernstväterlichem Tone, und gebiete folglich. Wir warten mit Ungeduld. — Nun, also Walmor!

Du weißt lieber Freund, nahm Walmor zu mir gewendet das Wort, daß die Knaben bis in ihr achtzehntes, die Mädchen bis zu ihrem siebzehnten Jahre, eine allgemeine Elementar- oder Grunderziehung erhalten. — Da nun der Feldbau bei uns als die unentbehrlichste der Künste angesehen wird, so will die Republik daß alle Bürger im Nothfall das Feldbauen kennen, und alle darum so erzogen und unterrichtet werden, daß sie zu diesem Berufe sich eignen. Die dem Feldbauer nothwendigen Kenntnisse sind überdies als solche betrachtet, die dem Bürger jeden Standes nothwendig sind. Aus dieser Ursache werden alle Kinder in den Anfangsgründen des Feldbaues unterrichtet; und da man immer so viel als möglich der Lehre die Uebung beifügt, so werden die Kinder fast täglich aufs Land geführt um dort die Erzeugnisse der Erde kennen zu lernen und den Landarbeiten zuzusehen. Das sind eben so angenehme, als heilsame und lehrreiche Spaziergänge für sie. Die stärksten darunter, die ihr vierzehntes Jahr erreicht, werden sogar als Gehülfen hingeführt, um bei irgend einer leichten Arbeit mitzuwirken; die Steine z. B. aus dem Felde zu suchen, oder bei der Ernte zu helfen, u. s. w.; und diese Arbeiten gereichen ihnen zu einem wahren Vergnügen. Im siebzehnten oder achtzehnten Jahre steht es dem Kinde des Landmannes frei, ein anderes Gewerbe zu wählen, wenn eine städtische Familie es zu sich nehmen will; so wie der Sohn eines Städters Landwirth werden kann, wenn man ihn in einem Meierhofe aufnimmt. Die Söhne der Landbewohner ziehen jedoch meist vor, die Erde zu bauen, wie ihre Väter. Jene jungen Leute, welche sich nun der Landwirthschaft widmen wollen, werden ein Jahr lang durch besondern Unterricht und Uebung dazu gebildet, und vollenden ihre Lehrzeit auf dem Gute ihres Vaters; wonach sie gewiß so vollkommenene Landwirthe sind, als es möglich ist. Der Landmann kennt alle Sorten Metalle, Steine, und vorzüglich Erden; ihre Bestandtheile und verschiedenen Eigenschaften; alle Erzeugnisse des Bodens und ihren Nutzen; alle Werkzeuge und ihren Gebrauch und Vortheil; ferner was die Jahreszeiten, die Winde, die verschiedenen Witterungszustände und die Mittel sie zu mildern und sich davor zu schützen, betrifft. Der Landmann kennt zugleich alles, was die Ernte, Traubenlese u. dgl. angeht, und überdies die Bereitung der Früchte zu Wein, Apfelwein, 2c. Keinem ist die Kenntniß der schädlichen wie nützlichen, der wilden wie Hausthiere noch der thierischen Erzeugnisse, fremd. Die Tochter des Landmannes lernt und kennt eben so gut, was sie in Feld, Hof und Garten bestellen kann; besonders was die Milch, das Geflügel, Gemüse, Blumen und Obst anbelangt. Merke dir noch, daß da jeder Landesbezirk oder jede Gemeinde ihren eignen verschiedenen Boden besitzt, die einen z. B. Wein- die andern Getreideland, man in ihrer Schule besonders auf dieses Rücksicht nimmt. Füge noch hinzu, daß da selbst jeder Meierhof seine Territorialstatistik hat, und folglich auch eine besondere ihm ganz eigene Bodenbeschaffenheit und Lage, der Besitzer desselben hauptsächlich in seinem Wirken auf diese angewiesen ist, und den Unterricht dafür erhält; und du wirst nicht mehr über die Kenntnisse und Geschicklichkeiten unserer Landwirthe und Wirthinnen erstaunen.

Sage mir aber jetzt nicht, daß du dich wunderst wie sie so viel zu lernen vermögen; bedenke nur, daß Kinder oder junge Leute bis zu ihrem achtzehnten, neunzehnten Jahre sich Vieles erwerben können; besonders da die Bildung, von ihrer Geburt an, mit größter Sorgfalt geleitet wird. Ueberdies hört der Unterricht unserer Landbauer nicht mit der Schule auf, sondern dauert, wie der aller unsrer Gewerbsleute und Bürger, fort und nimmt zu, bis an ihr Lebensende. Der Jüngling wie das Mädchen findet nach dem Austritt aus der Schule und beim Eintritt in die Meierei, die erfahrensten und freundlichsten Lehrer an den Eltern, Oheimen, Tanten, Brüdern und Schwestern. Sie finden weiter, vom Staate aufs Herrlichste gedruckt: alle Bücher und Abhandlungen, in welchen sie gelernt haben, ein weitläufig erklärendes landwirthschaftliches Wörterbuch, eine Menge Schriften über Gärtnerei, Blumenzucht, 2c., zuletzt die Zeitung für Landwirthe; in welcher sie jede neue Entdeckung und Vervollkommnung finden, die in dem Bereiche der ganzen Republik gemacht worden. Urtheile nun selbst, wie viele Beobachtungen,

Erfindungen, Verbesserungen aus einer so zahlreichen Bevölkerung aufgeklärter Feldbauer hervorgehen müssen, die alles untersuchen, alles beleuchten. Denn wenn du unsere heutigen Landleute mit jenen von ehemals vergleichst, die so roh und dumm waren als ihr Vieh, so wirst du begreifen, daß wir Millionen gebildeter Menschen, statt dummer Thiere besitzen, und daher unser Ackerbau seit einem halben Jahrhunderte, und besonders seit dreißig Jahren, mehr Fortschritte gemacht hat, als in allen vorigen Jahrhunderten. Diese Fortschritte sind in jedem Zweige und in jeder Beziehung, so vollständig und bedeutend, daß wir selbst uns ihrer Ursache erinnern müssen, um nicht darüber zu erstaunen. Du würdest in noch größere Verwunderung gerathen, wenn ich dir die Beobachtungen auf den Sternwarten mittheilen wollte, zu welchen unsre Landleute ihre Dachzimmer nützen. Hier zum Beispiel.... Gut, sehr gut, lieber Walmor, unterbrach ihn Herr Mirol; wir würden Abendessen und Schlaf über dich vergessen; aber du bist wohl müde; und morgen werden wir uns wiedersehen; unter der Bedingung jedoch, daß du uns von Neuem das Vergnügen machst, dir zuzuhören.

Achtzehntes Kapitel.

Feldbau. (Fortsetzung.)

Da ich früh erwachte, holte ich Walmor in die Hofgebäude ab; wo sich Dinaros zu uns fand. Wir besuchten nach einander die verschiedenen Ställe der zahlreichen Hausthiere, die Dünglager, die Karrenschoppen, jene für die Aecker- und Gartengeräthe, die geräumigen Vorrathshäuser zur Aufbewahrung des frischgeernteten Getreides, u. s. w., die Scheuern zum Dreschen, und ähnlichen Arbeiten; die Werkstätte zur Ausbesserung und die Behälter der zur Abfuhr in die Stadt bereiteten Erzeugnisse. Wir beschlossen unsern Umgang mit dem Hühnerhofe und den Milchkammern. Wenn ich nicht gewußt hätte, daß die Meiereien, gleich den andern Arbeitsstätten der Republik, nach Musterplänen angelegt worden, so hätte ich diese noch mehr bewundert als das Wohnhaus; denn wo man sonst gewöhnlich nur ekelhaften Schmutz, Unordnung und Elend gewahrt, bemerkte ich dieselbe Sauberkeit, Ordnung, Bequemlichkeit und Zierde, die ich allenthalben wahrgenommen. Walmor der mir alles erklärte, zeigte auch die kleinen und großen Pflüge, und die zahlreichen, neu erfundenen Maschinen, die dazu bestimmt waren, die Handarbeiten zu erleichtern, abzukürzen, zu vervollkommnen und so dem Ackersmanne fast jede Ermüdung zu ersparen; indem sie Arme und Schultern durch Thiere oder unbelebte Hülfswerkzeuge ersetzen. Die Rolle des Feldbauers beschränkt sich in solcher Weise auf eine Leitung, eine verständige Anwendung. Ein einziger denkender Mann vollbringt heutzutage eben so viel, als zehn oder funfzehn ehemals, und seine Arbeit ist dabei weit vorzüglicher. Das Maulthier und der Hund, sagte Walmor, helfen uns als gleichsam lebendige Werkzeuge; indem sie die Lasten dem Menschen abnehmen und sicherer als er, über die schmälsten Stege tragen. Die Kleidung des Felvarbeiters ist darum auch so reinlich und selbst geschmackvoll, wie die des städtischen: im Winter warm, im Sommer leicht, und undurchdringlich für Regen und Feuchtigkeit. Es ist ein Vergnügen ihn zu sehen. Wahrhaft lieblich ist besonders die der jungen Bäuerinnen, wie sie selbst, in Mitte der blühenden und reichen Fluren ihrer Ländereien, es sind.

Wir begegneten zwei von Dinaros Cousinen in dem Milchraume, deren Hautfarbe der Milch den Rang streitig machte, und auf deren frischen Wangen die Rose neben der Lilie blühten. — Welche Reinlichkeit hier herrschte! Wie diese blendenden Gefässe voll Milch, Rahm und Butter, appetitlich anzusehen waren! Es wurden nebst der Butter zehn verschiedene Sorten Käse hier gemacht. Und nun gar der Hühnerhof. — Welches Leben unter seinen gefiederten Bewohnern! Ein großes Becken voller Schwimmvögel; und ganz mit Häuschen für Geflügel mancher Art umgeben, schmückte ihn. Wie die großen Hähne stolz und eifersüchtig, gleich Sultanen, in ihrem Serail einherschritten! und wie die ganze Völkerschaft beim Anblick ihrer hübschen Herrin, die sich näherte ihre Wohlthaten unter sie zu spenden, herbei eilte! — Sieh dort Dina's Lieblingshuhn! sagte plötzlich Walmor zu mir, indem er auf eine stattliche schneeweiße Henne wies. O, wenn du sie unter diesem Hühnerschwarme gesehen hättest; wie sie glücklich war, wenn sie ihnen Futter darreichte, und die kühnsten kamen, es aus ihrer Hand zu picken! Ich erinnere mich eines Tages, wo ich sie hinter diesen Blätterranken belauschte; wie sie so selig war, die Freude um sich her zu verbreiten! — Ach, ich werde sie also hier nicht mehr sehen!

Nach dem Frühstücke wollte Herr Mirol selbst die Gefälligkeit haben, mich in die zur Meierei gehörigen Felder zu führen. Zuvor zeigte er mir auf einem herrlich ausgeführten Grundrisse des Meierhofes, der an der Wand eines der Säle hing, den Garten zur Rechten, die Felder links, und vor denselben eine Wiese, die ein breiter Bach durchschnitt, und die sich in einem Gebüsche hoher Bäume endigte. Gestern haben wir die Gärten gesehen, hub er an, heute Morgen haben Sie die Gebäulichkeiten besucht; und jetzt werden wir uns nach der Wiese begeben, die uns in die Baumschule und den Wald leitet, von wo wir dann über die Felder zurückkehren.

Wir besitzen keinen puren Luxus-Rasen, fuhr er fort; aber kann es einen schönern Wiesenteppich geben, als diese breite, von blauen, weißen und rothen Blumen durchwirkte Flur? deren Farbenschmelz noch der am Rande blühende, Rübsamen erhöht. Und sehen Sie dort das Vieh, wie es sich in seinen beweglichen Pferchen ergötzt! die uns die Mühe ersparen, es zu hüten. — Uebrigens würde diese Wiese so groß sie ist, bei weitem unzureichend sein, wenn wir nicht fast überall noch andere, angesäete Wiesen, noch andre Gemüse und Kräuter besäßen, die der Ernte vorhergehen oder folgen. Die Kunst die Saaten und Pflanzungen abzuwechseln, ist jetzt so hoch gestiegen daß es uns gelungen ist, jedes Jahr auf jedem Acker mehrere Anpflanzungen nach einander vorzunehmen, ohne ihn je brach liegen zu lassen.

Wie gefällt Ihnen der Teich hier und das Flüßchen? — Bald können wir eine Spazierfahrt darauf machen. Bemerken Sie aber hauptsächlich mit wie vieler Sorgfalt meine Söhne den Rand abgeplattet haben, um Unfällen zuvorzukommen. — Weiter hinten, wo das Ufer von einem steilen Felsen begrenzt ist, haben sie, aus derselben Ursache, ein kleines Geländer aufgerichtet; denn obwohl unsere Kinder, Knaben wie Mädchen, schwimmen lernen, will doch der Staat daß jedes Ufer, der Kanäle, Flüsse, oder welcher Art es sein möge, bearbeitet sei. Nachdem wir den Bach auf einer artigen Brücke überschritten und den übrigen Theil der Wiese betrachtet, gelangten wir an die Baumschule, und darauf an den Wald, oder vielmehr das Gehölze, mit seinen prächtigen Bäumen; die ich sehr erstaunte, eben so gut gepflegt zu sehen, als die des Gartens. Welches Alter geben Sie ihnen? fragte mich Dinaros. Sechzig, achtzig Jahren, antwortete ich, Fünfunddreißig, entgegnete er. — Allein ich muß Ihnen auch bemerken, begann Herr Mirol wieder, daß die Republik ein ganz neues Verfahren hinsichtlich der Wälder eingeführt. Sie hat alle diejenigen ausrotten lassen, die einen zur Nutzung gar zu unbequemen Raum einnahmen, oder sich durch vortheilhaftere Erzeugnisse ersetzen ließen. - Die übrigbleibenden wurden theilweise in Ackerland umgeschaffen und nur kleine Gehölze geduldet, die mit Feld, Häusern, oder Fabriken untermengt sind. Die großen darin enthaltenen Bäume werden gewartet wie die andern. In der Nähe der Meiereien ohne Waldung, ließ sie welche anlegen. Ich selbst habe zu dieser den Platz gewählt und zubereitet, darauf in der Baumschule die Arten und Stämme ausgesucht, die mir die schicklichsten schienen und die brauchbarsten, und dieselben hieher verpflanzt. Seitdem höre ich nicht auf, sie zu beschneiden und zu pflegen, wie man sonst nur mit dem Weinstock, dem Hopfen, der Pappel und den aristokratischen Bäumen that; und wie Sie sehen, lohnen sie meinen Fleiß. So haben wir nun weder weitschichtige Wälder, noch Gebüsch, noch Gestrippe mehr, wie sonst; aber bei allen Meierhöfen befindet sich ein kleines Gehölze, das von den in dem Garten versammelten oder auf dem Felde zerstreuten Obstbäumen, und jenen die allenfalls Flüsse, Kanäle und Landstraßen einfassen, abgesondert ist. Dadurch steht uns wenigstens eben so viel, und jedenfalls das nöthige Brennholz zu Gebote; mit dem Vortheil dabei, daß wir weit mehr Aecker, Obstbäume und schönes Holz aller Gattungen, zum Gebrauch der Gewerbe besitzen. Fügen Sie zu diesem noch den nicht geringeren Vortheil, unser Land von fast allen gefährlichen, dem Ackerbau nachtheiligen Thieren gesäubert zu wissen. Andrerseits haben wir Mittel gefunden, Sträucher oder Bäume auf kahle Gebirge, die nichts als Steine boten, zu pflanzen; indem wir Erde auftrugen, oder auf gewisse Weise schufen, und sie so gleichsam der Unfruchtbarkeit abrangen.

Da sind wir endlich bei unsern Aeckern, und überall sehen Sie meine Kinder und Nachbaren umher zerstreut; denn vom ersten bis zum letzten Tage des Jahres gibt es drinnen oder draußen immer etwas zu thun. Wir sind zwar nicht verpflichtet, länger als sechs bis sieben Stunden des Tages zu arbeiten, wie die Städter, allein unsere Beschäftigung ist so anziehend, daß wir gerne, je nach der Jahreszeit, oder nach Gefallen, uns länger und ununterbrochen, einer eben geeigneten unterziehen. — Ich fühle mich ein wenig ermüdet. Erkläre du, Walmor, deinem Freunde das unsere Aecker Betreffende.

Merke hier vor Allem, nahm hier Walmor das Wort, wie gut der ganze Boden benützt, wie kein Zoll breit desselben verloren ist. — Uebersieh ihn. — Nicht allein nirgends eine Dornhecke, eine Distelstaude, sondern selbst kein Gehäge, keine Mauer, keine einzige unfruchtbare Hecke; nur die unumgänglich nothwendigen Gräben, Rinnen, Wege und Pfade. — An der Stelle dieser hübschen Johannisbeeren=Einfassung stand ehedem ein häßliche dicke verfallene Mauer, die zehn Fuß Erde auf beiden Seiten weg=

nahm. Berechne nun, wenn du willst, den Gesammtbetrag der Mauern, Zäune, Pfähle, ausgemauerten Gräbern: und die gemachte Ersparniß aller Art, die aus der Einziehung der Begrenzungen hervorgeht, wird dir in die Augen springen. Die kleine grüne Anhöhe dort am Wegrande, wo eben eine köstliche Gemüsegattung blüht, bedeckte ehemals ein dorniges Gesträuch voll Raupennester. — Unsere Wege, Pfade, Gräben, ja selbst die Furchen sind wie du siehst in gerader Richtung gezogen; unsere Aecker bilden soviel es sich thun läßt, längliche Vierecke; was den Anbau sehr erleichtert, und zugleich den Boden spart. Auch hat diese Eintheilung keiner Schwierigkeit unterlegen, da der Bezirk jedes Hofes, wie du weißt, von den Feldmessern des Staates nach Gutdünken entworfen ward. — Ueberschaue die große Oberfläche; wie eben sie sich darstellt! selbst dann noch, wenn sie sich neigt. — Du wirst weder Erhöhungen noch Vertiefungen erblicken. Nicht einmal einen Stein! — Und kann man sich reichere Felder, vollere Aehren, schönere Hanf- und Kohläcker vorstellen, als diese? — Vergessen wir zugleich die reinen bequemen Wege, die saubern, wohl ausgestochenen Gräben, die mit Steinen befestigten und mit Sand bestreuten Fußpfade nicht.

Leuchtet hier nicht durchgängig der ordnende, nach Vollkommenheit strebende Menschengeist hervor, der sich seines Werkes mit Verstand und Geschmack erfreut? — Scheint diese Meierei nicht ein einziger herrlicher Garten, dessen freundliche Wege zum Spaziergang laden? — Was sagst du, diese? fiel ihm Dinaros in die Rede; alle unsere Meiereien bilden einen Garten; alle unsre Felder nur einen endlosen Spatziergang. — Du hast recht, erwiederte Walmor. Man findet eben so wenig Grenzmauern und Verzäunungen bei uns, als Prozesse; seit wir das ausschließliche Eigenthum nicht mehr anerkennen. Jeder Gutsbesitzer kann sich auf dem Boden seiner Nachbaren ergehen; wie die Stadtbewohner unsere gesammten Anlagen besuchen können. Fürchte deshalb nicht, daß irgend jemand etwas anrühre, oder sich erlaube, im Vorbeigehen nur den geringsten Schaden anzurichten. Unsere sorgfältige Erziehung gewöhnt uns von Kindheit an, auf alles zu achten; um so mehr da der Städter an nichts Mangel leidet, und wenn er sich auf dem Lande einstellt, niemand ihm einen Blumenstrauß, oder Obst verweigern wird. — Aber, entgegnete ich, alle Meierhöfe können unmöglich eben so schön sein, als dieser! — In den Gebirgen zum Beispiel? — Gerade in den Gebirgen, antwortete er, gibt es noch viel schönere. — Die Lage, eine malerische Aussicht, manchmal ein klarer Bach, ein Wasserfall, eine aufsprudelnde

Quelle — dies trägt natürlich zu ihrer Annehmlichkeit bei. — Freilich haben wir auch schroffe, unwirthliche Gegenden. Allein auf sie ist das Augenmerk des Staates hauptsächlich gerichtet. — Wo sich die Schöpfung minder pünktlich gezeigt, tritt das Wohlwollen unserer vortrefflichen Verfassung ins Mittel, und schafft Wunder. Ich habe wohl nicht nöthig dir zu sagen, daß auch dort sich Gemeindestädte befinden, die den unsrigen in nichts nachstehen, und deren Bezirk dieselbe Anzahl Meierhöfe, von derselben Größe in sich faßt; so wie daß ihre Behausungen den unsern ganz ähnlich und ihre Gebäulichkeiten, je nach ihrer Art und Bestimmung, den unsern ganz gleich sind. Ich brauche auch nicht hinzu zu setzen, daß jene Höfe ihre Gärten haben, wo man Gemüse, Blumen Obst, zieht. Freilich ist die Zucht nicht dieselbe; noch sind die Erzeugnisse den unsern an Menge, und Güte gleich; aber der Boden wird ebenfalls gebaut, und gut bebaut; er bringt so viel hervor als er kann; und in Wahrheit, sein Ertrag ist bedeutend. — Die Kunst hat sich mächtig an ihm bewiesen. Jene Besitzungen haben ihren eigenthümlichen Reiz; und gefallen ihren Besitzern sowohl, als denen die sie besuchen. Alle bringen dem Gemeinwesen einen Nutzen; und soll ich dir es gestehen, die im Grunde wildesten und unfruchtbarsten Orte sind es, die ich allen anderen vorziehe; der wunderbaren Umwandlung wegen die dem menschlichen Geiste mit ihnen gelungen ist.

Es kann aber geschehen, sagte ich, daß einige Meiereien zu viel Arme haben, und andre nicht genug, wie thut man alsdann?

Du begreifst, antwortete mir Walmor, daß verständige Menschen, die zu Fleiß und Brauchbarkeit von Jugend auf gebildet worden, immer an dem Guten noch zu verbessern finden. Wäre aber ein junger Landmann wirklich ohne hinreichende Beschäftigung, so könnte er auf dem Hofe seines Vaters noch ein andres Gewerb treiben, oder seinen Nachbaren helfen. Was die angeht, welche einer beständigen Hülfe bedürfen, so finden sie sie immer bei einem oder dem andern Gliede ihrer Nachbarschaft, oder jenen jungen Städtern, die sich freiwillig dem Landbau widmen und ihren Familien einverleiben, oder bei ihren Freunden, oder den Schülern, oder auch den Stadtbewohnern, die niemals das Vergnügen einer ländlichen Beschäftigung ausschlagen.

Links, Walmor! rief ihm hier Herr Mirol zu. Wir wollen an den Spalieren heraufgehen. Ich möchte sie Mylord zeigen. — Er ließ mich in der That sehr sonderbare Spaliere sehen. Es waren keine Mauern, sondern bewegliche Geländer oder Wände die die Hitze zur Zeitigung des Obstes, noch besser zurückwerfen; und die man wegnimmt, wenn man befürchtet, daß die Sonne zu heiß brennt. Wir ruheten ein wenig unter einer schattigen Laube wo wir den Wohlgeruch eines duftigen Blumengewölbes einsogen; und dann halfen wir den Mädchen im Heimwege Obst für das Mittagessen brechen. — Wie schön sie war, unter ihrem großen Strohhute! flüsterte mir der arme Walmor leise zu, als ich sie hier zum letztenmale Erdbeeren pflücken sah. — O mein Freund, mögest du nie so unglücklich werden, als ich! — Während dem Essen brachte Herr Mirol die Rede auf die Ernte, die Jagd, und den Fischfang, und richtete sich dabei meistens an seine Töchter oder Enkelinnen, welche er mit Vergnügen zu hören schien. Eine erzählte das Verfahren bei der Heu- und Fruchternte, der Weinlese, dem Abnehmen der Bohnen, Linsen, Gemüssorten, ꝛc., des Obstes und der Blumen. Sie erörterte zuerst, daß jeder Landmann die ihm für jede Ernte schicklichste Zeit wählte, und sich so einrichte, daß er sie immer, d. h. eine jede, in einem Tage vollenden könne, um einer günstigen Witterung desto sicherer zu sein; daß wenn er Hülfe brauche, er sich an seine Nachbaren darum wende, welchen er gerne wieder diene; oder die jungen Leute aus der Schule darum anspreche, oder seine Freunde aus der Stadt, welche letztere ihm nie ihren Beistand versagten, da der Lese- oder Erntetag immer ein Festtag sei, und daß sich zu diesem Zwecke Fuß- und Kopfbekleidungen für vierzig bis funfzig Fremde, und die nöthigen Geräthe auf allen Höfen in Vorrath fänden. Sie beschrieb sehr anmuthig, wie diese städtischen Bauern und Bäuerinnen in Eilwägen oder Droschken, u. s. w. ankämen, von Maulthieren begleitet die die Lebensmittel trügen; darauf erzählte sie mit vielem Witze, der oft ein allgemeines Lächeln erregte, von der lauten Fröhlichkeit der Knaben und Mädchen, die mitkommen dürften; von dem Spaße, den ihnen die Verkleidung mache, von den Liedern bei der Arbeit, den muntern Feldmahlzeiten, den lustigen oder sinnreichen Zeremonien bei Beginn des Geschäftes und den Tänzen und Spielen, die zuweilen bis in die tiefe Nacht dauerten und unter den Augen der Eltern statt fänden, die selbst mit Vergnügen Theil daran nehmen. — Vermuthlich rief die schmucke Erzählung glückliche oder vielmehr schmerzliche Erinnerungen in Walmor auf, denn ich sah mehr als einmal Thränen in seinen Augen glänzen. Ein andres junges Frauenzimmer unterhielt uns von der Jagd; nicht der Wolfs- oder Wildschweinsjagd, da man alle gefährlichen Thiere ausgerottet hat, und sie keine Schlupfwinkel mehr fänden, sondern von der Jagd gegen schädliche Vögel, denen alle Arten Netze gezogen werden, und besonders gegen die Insekten. Wie ihre Schwester belustigte sie uns sehr durch die Erzählung einer Hauptjagd, die sich über das ganze Gebiet des Freistaates erstreckte, und gegen einen Vogel gerichtet war, der das Viertheil des Getreides auffraß, und den man an demselben Tage gänzlich vertilgte. Eben so angenehm unterhielt sie uns von einer Insektenjagd, gegen eine gewisse Gattung, die zu einem gewissen Zeitpunkt in ungeheure Menge sich einstellt, und welche man an einem und demselben Tage in allen Meiereien des Landes bekriegt. Die Städter eilen dazu in Fülle heran; wie zu der reichlichsten Ernte. — Einer der Knaben mußte uns die Ausbesserung eines mehreren Höfen gemeinen Weges mittheilen; wie alle Bewohner mit ihren Kindern, in eine Truppe versammelt und von einem Aufseher angeleitet, gewöhnlich das Werk in zwei oder drei Tagen vollbringen.

Nach Tische begleiteten wir Dinaros an das Schiff. Er konnte nicht länger bei uns bleiben. Es war mir sehr leid; denn in der kurzen Zeit, welche uns zu einer Unterredung vergönnt war, hatte ich einen eben so gutmüthigen, gebildeten Menschen in ihm gefunden, als ich ihn durch Kenntnisse ausgezeichnet wußte. Seine Anhänglichkeit an Walmor machte mir Beide noch werther. Dinaros bezeugte mir seinen Dank für die Freundschaft, die ich Walmor bewies, mit einer Wärme, als ob er sein eigner Bruder wäre; und nahm mir das Versprechen ab, ihn nach unserer Rückkehr öfters zu besuchen. Der arme Walmor war einer Ohmacht nahe, als er ihn zum Abschied umarmte. Wie feige muß ich dir erscheinen! sagte er darauf zu mir. Aber ich werde mich wieder ermannen; du sollst es sehen! — Wir gingen im Rückwege durch fünf oder sechs Höfe, davon immer einer schöner als der andre war; und ich konnte nicht umhin, ihm mein Erstaunen zu bezeigen. Was wäre es denn erst, sagte er, wenn du den Segenstand unsers heutigen Feldbaues mit unserm ehemaligen Elend verglichest? — Ich erstaune zwar über unsere Fortschritte nicht; aber es ist wahr, sie sind unermeßlich. — Wohin wir auch die Blicke wenden, ist Alles vervollkommnet; zum Bewundern vervollkommnet. Der baufähige Boden hat sich durch die Urbarmachung der ehemals wüsten oder vernachläßigten Orte, verdoppelt; eben so der Ertrag dieses Bodens vermöge der bessern Kenntniß des Feldbaues, der Mischung der Erden und des Düngers, und durch die mehrfachen in einem Jahre auf einander folgenden Saaten. Diese sind nicht allein ergiebiger, sondern unsere Erzeugnisse unvergleichlich besser. —

Wir besitzen selbst neue, sehr nutzreiche Gattungen. Du wirst z. B. in dem Garten eine Art ungemein großer Melonen bemerkt, und gehört haben, daß sie alles Obst an Geschmack übertreffen. Vor dreißig Jahren kannten wir sie nicht; und die ersten, die aus einem benachbarten Lande eingeführt wurden, waren mittelmäßig an Größe wie an Güte. Jetzt sind sie ungeheuer; ihr Geschmack ist köstlich, und sie tragen so stark, daß alle Ikarier sich daran ergötzen. Und was ich dir hier von den Früchten sage, bezieht sich auf alle Gewächse, auf die Thiere und thierischen Erzeugnisse. Der Freistaat hat nichts gespart, sich aus fremden Ländern zu verschaffen, was sie Vorzügliches an Pflanzen- und Thiersorten, oder an Verfahrungsarten besaßen. Auch haben sich unsere Pferde, Ochsen, Schafe und ihre Wolle eben so vortheilhaft verwandelt, als unser Korn, Gemüse, Obst und Blumen. Kurz, nach Berechnung aller Verbesserungen, um wieviel glaubst du, daß sich nach der Nationalstatistik der Gesammtertrag des Bodens seit funfzig Jahren erhöht habe? — Wie kann ich es wissen? antwortete ich. Fünfmal? — Zwölfmal, entgegnete Walmor, und du kannst dich selbst davon überzeugen. — Erstaune jetzt noch, daß die Bevölkerung sich beinahe verdoppelt hat; und diese funfzig Millionen Ikarier genährt, gekleidet, eingerichtet sind, und wohnen, wie du es siehst! — O ich erstaune über nichts mehr, erwiederte ich. — Er wollte fortfahren, als wir Herrn Mirol mit einigen seiner Kinder auf uns zukommen sahen, wie er es versprochen. Er wünschte uns einen schönen Brunnen zu zeigen, sagte er; wir waren aber müde und zogen uns frühe in unser Schlafzimmer zurück. Noch überdachte ich alles was ich gesehen und gehört; als schon Walmor von unruhigem Schlummer befangen, verworrene Reden stammelte, bei welchen ich die Worte: schön... Engel... ewiger Schmerz — vernahm.

Neunzehntes Kapitel.

Feldbau. — Handel.

Vor dem Frühstücke, während Walmor an seine Schwester schrieb, zeigte mir Herr Mirol die Pläne und Risse, die die Wände seiner Büchersammlung schmückten. Der erste war ein gedruckter Grundriß der Gemeinde. Die Kommunalstadt befand sich ungefähr im Mittelpunkte. Sie war von Dörfern umgeben und enthielt die Anzeigen aller Meierhöfe, Straßen, Wege, Flüsse und Berge. Herr Mirol machte mich auf Höfe aufmerksam, welche nur Wein, andere welche nur Getreide bauen; so auch auf mehrere Bergwerke und große Manufakturen. Er sprach viel über eine sehr merkwürdige Fabrik, die eine Stunde von hier lag, und die er nach dem Frühstück besuchen wollte. — Ein zweiter Plan enthielt den Inbegriff einer Meierei, alles was zu einer solchen gehört, ihr Inventarium; ein dritter, dessen schöne Schrift mir gefiel, und welcher von einem öffentlichem Abschreiber der Republik verfertigt worden war: die Statistik des Hofes, den Inhalt alles dessen was er im vorigen Jahr an Erzeugnissen hervorgebracht; was davon für den eignen Gebrauch zurückbehalten, und was auf die öffentlichen Lagerhäuser abgeliefert worden war. — Ich verstummte vor dieser außerordentlichen Summe des Ertrages, und begriff vollkommen wie der Ackerbau dem Staate das liefern konnte, was dieser zu der köstlichen Nahrung, Kleidung, Einrichtung und Wohnung seiner Bürger bedurfte. — Ein fernerer Plan zeigte die Liste der von dem Staate für das laufende Jahr geforderten Erzeugnisse; und Herr Mirol ließ mich darin bemerken, daß ihnen mehr von dem einen als dem andern begehrt, und der Versuch eines neuen Produktes aufgetragen werde. Er erklärte mir darauf das Verfahren hinsichtlich der Fortschaffung; die theils durch seine Fuhren, theils durch öffentliche bewerkstelligt wird. Für das Gemüse, Geflügel, Obst, Milch, 2c., das was jeden Tag in die Stadt geliefert werden soll, besitzt jeder Hof seine passenden Gefähr und Körbe, die zu bestimmten Stunden an die Weggrenze gestellt, und dort von dafür eingerichteten Gemeinwägen abgeholt werden.

Die Fabrik welche wir nun besehen gingen, war eine Fayence-Fabrik, die eine halbe Stunde von der Gemeindestadt, an einer Erdader liegt, welche sich nirgends ringsum vorfindet. — Der ganze Freistaat bezieht von dort sein Fayence; und fast alle Bewohner dieser Stadt sind darin beschäftigt, und fahren jeden Tag in fünf Minuten auf einer Eisenbahn hin und zurück. — Wie viel verschiedene Werkstätten! wie viele Maschinen! welches Leben! welche Thätigkeit! Welche Gewölbe zu der vorläufigen Aufbewahrung der Geschirre! — Wie regte es sich in den Packhallen, an den Wagen zur Abfuhr in die verschiedenen Gemeindestädte der Republik! Wir hätten den vollen Tag dort zubringen können, und nicht die Zeit gehabt, alles zu beschauen und zu bewundern. Ich sehe, daß Ihr den Handel nicht bedürft, sagte ich zu Walntor. Nein, gewiß nicht, antwortete dieser. Die Republik selbst fordert von jeder Gemeinde die Erzeugnisse des Bodens oder Gewerbfleißes, wozu sich ihre Lage und ihr Erdreich am Meisten eignet; führt ihren Ueberfluß aus, und vertheilt ihn in den andern Bezirken, so wie sie ihr ihren Antheil von dem Ueberflusse aller andern Bezirke zuführt. Es ist ein Austausch oder vielmehr eine Austheilung der Landeserzeugnisse; die wohl niemand besser zu besorgen vermöchte, als der Staat selbst. — Stelle dir einen reichen geschickten Kaufmann vor, oder eine Gesellschaft, die zwischen zwei Gemeinden oder zwei Provinzen, oder zwei Ländern, einen Tauschhandel führt, und einer jeden ihren Ueberfluß abkauft, während sie ihr den der andern, der ihr mangelt, verkauft. — Du begreifst, daß die Republik dasselbe thun kann, und viel leichter und besser; da alle Handelsleute im Verein weder ihre Macht, noch ihre Einheit, und am wenigsten die Mitwirkung und freiwillige Unterstützung des ganzen Volkes besitzen können. — Sie hat alle nothwendigen Aus- und Zufuhrmittel: Karren, Pferde, Dampfschiffe und Wägen, Kanäle, rc., nebst Fuhrleuten, Schiffern, Geschäftsleuten aller Art, und zwar ihr ergebenen Leuten; da sie sie herrlich nährt und beherbergt. Ihre Wagen fahren oft ohne anzuhalten, von einem Ende des Landes bis zum andern, aber die Führer derselben und die Pferde verlassen den Umkreis ihrer Gemeinde, oder Provinz nicht; sie werden an deren Grenzen von andern ersetzt. — Welche Schnelligkeit! Und nie kehrt der vollgeladene Wagen leer wieder heim! — Bedenke auch die Einlagerung. Jede Gemeinde hat dazu ihre Vorrathshäuser, in welche vor allem ihr eigener Bedarf niedergelegt wird; dann besitzt sie noch Gewölbe für die Provinzen, und ferner National-Lager. Der Ueberschuß wird in die beiden letztern gebracht; zuvörderst für den Landesbedarf und dann für die Fremde. Was die Voraussicht und die Mittel einer Hungersnoth auszureichen betrifft, wer könnte sie sicherer besitzen, als die Republik? — Wer könnte die Gefahr, welche die Erndten bedroht, besser kennen, als die vereinten Anbauer selbst? und wer besser wissen, wie viel von einer Provinz für den Bedarf der übrigen zu fordern ist, als die Verwaltung Aller? der wohlunterrichtete Staat selbst? — Und welches einzelne Ansehen könnte bei Unterhandlungen mit dem Auslande ihm den Rang abstreiten? Auch unterhandelt er nicht mit den Kaufleuten, sondern mit den Regierungen; wenigstens mit den ihm verbündeten. Zuerst untersucht er genau, welches die Erzeugnisse sind, die er zu versenden, und welches die sind, die er zu beziehen hat. Das Volk, oder seine Abgeordneten entscheiden die Frage, und die Landesverwaltung bespricht mit den Fremden den Austausch. Und sie hütet sich wohl, bauen oder verfertigen zu lassen, was sie leicht aus andern Ländern sich verschaffen kann, und verwendet Boden und Geschicklichkeit auf die ihr nützlicheren Dinge. — Du verstehst welche Ersparnisse und Vortheile auch hieraus dem Volke erwachsen.

Am Abend verglich man das Vergnügen des Landlebens mit den städtischen Vergnügen. Ich weiß nicht, sagte ich, ob Eure Städtebewohner mehr oder minder glücklich sind, als Ihr; allein was ich mit Bewunderung wahrnehme, ist, daß es schwer scheint, so glücklich zu sein als Jene; und unmöglich, so viel Glück zu besitzen als Diese. Wenn der römische Dichter jetzt lebte, würde er, statt auszurufen: O fortunatos nimiùm, sua si bona nòrint, agricolas! sagen: glücklich die Landbewohner, denn sie wissen ihr Glück zu schätzen! — Sie haben recht, antwortete Herr Mirol, der sehr gut lateinisch verstand; auch vermisse ich weder den Palast, den ich ehemals in der Stadt besaß, noch das Schloß in meiner Grafschaft, noch Park, noch Jagd, noch selbst meine Opernloge, und wenn Sie morgen frühe vor vier Uhr den Schlaf überwältigen können, so werde ich Sie an die große Eiche auf den Gipfel des Hügels begleiten, um dem Aufgang der Sonne beizuwohnen, und Sie sollen sehen, daß dies schöne Schauspiel in heiterer Luft wohl das abendliche Schauspiel der Städte werth ist.

Zwanzigstes Kapitel.

Religion.

Eine Viertelstunde vor Tagesanbruch befanden wir uns auf dem Berge, Herr Mirol, Walmor und ich. Welche Pracht, rief ich, verkündet die Erscheinung der Sonne! Wie die helle Venus selbst vor ihr verschwindet, nachdem sie dem Hirten geleuchtet! wie reizend ist die Morgenröthe! Die heitere Einbildungskraft der Griechen hatte recht, sie in eine junge Göttin mit blühenden Wangen und rosigen Fingern umzuwandeln, wie sie den Thau, Blumen und Wohlgeruch um sich her träufelt; den Pinsel in Purpur taucht und die leichten Morgenwölkchen malt; wie sie die Ankunft ihrer großen Herrin verkündet und ihr endlich die weiten Himmelspforten aufthut. Sie nahet; noch unsichtbar; aber schon bestrahlt, wärmt und belebt ihr Glanz die wieder grünenden Pflanzen, um die der sanfte Zephyr fächelt; die Blumen öffnen ihren duftenden Kelch; die Vögel singen ihren Dank, und das Landvolk verbreitet sich fröhlich über die erwachte Erde. — Da kommt sie, die mächtige Sonne! Von feurigem Lichte umflossen! Alles erbleicht vor ihr. Sie allein leuchtet dem Himmel und der Erde, und blendet das verwegene Auge, das nach ihr aufzuschauen wagt! Sieh, wie majestätisch sie an dem blauen Himmelsgewölbe auf ihrem Strahlenwagen emporfährt! vier rasche prächtige Rosse ziehen, und die Horen begleiten ihn. — Ströme von Licht, Wärme und Leben gehen von ihm aus. — Sie ist die Mutter, die Wohlthäterin, die Göttin der Natur. Fast überall beten die Sterblichen zu ihr.

Und alles das ist Täuschung und Lüge! rief Walmor aus. Täuschung, setzte er seufzend hinzu, wie das Glück dieser Erde. — Dein schneller Sonnenwagen, deine wohlthätige Gottheit ist nichts als eine kleine Lampe, oder ein fast unbewegliches Oefchen, das an einem Posten steht, unsere noch kleinere Erde und einige andere um sie her wandelnde Punkte zu wärmen und zu erleuchten unter Milliarden anderer Sonnen und Erden, davon eine jede ihren Platz und ihr Amt hat, in der großen Werkstätte des Weltalls. — Dies Weltall ist es, das unsere Bewunderung verdient; diese unendliche, unermeßliche Werkstätte; ohne Anfang, ohne Grenzen, ohne Breite noch Höhe; in welcher unzählbare Heere von Arbeitern, jeder Größe, jeder Gattung und eben so unzählbare Maschinen sich her bewegen, die in großartiger Ordnung im Raume aufgehängt, mitunter von ungeheurem Umfange und Gewicht, oft Millionen Male größer als die Erde sind und demungeachtet tausend Male schneller als eine Kanonenkugel fliegen; während andere Geschöpfe von unsäglicher Kleinheit und Zartheit Millionen Male kleiner als das kleinste bemerkbare Milbchen sind. — Walmor schien uns bei dieser Erklärung mehr und mehr hingerissen von seinem hohen Gegenstande. Niemand unterbrach ihn, und es ist mir leid, seine schönen Worte nur unvollkommen hier verzeichnen zu können. Und man konnte glauben, sagte er unter anderm, diese Sonne, diese Lampe, dieser kleine Feuerheerd sei ein Gott!! — Alle jene unzähligen Sonnen wären demnach Götter! Und wo kämen sie her, diese Götter? wer hätte sie geschaffen? wer beherrschte sie? wer hätte ihre Reiche, ihre Unterthanen gebildet?— Ich kann mir keine Erde denken, die nicht geschaffen, keinen Gott, der nicht ein Schöpfer, ein Vater sei! — Ich muß folglich an einen e i n z i g e n Gott Schöpfer, Vater, Erbauer des ganzen Weltalles glauben. Aber andrerseits dringt sich uns die Frage auf: wer ist dieser Baumeister, der den Plan des Universums gezeichnet und ausgeführt? Wo hat er die Materialien und Werkleute hergenommen? Welche Macht in der Schöpfung dieser wundervollen Maschinen und andern Werken sich offenbart! — Warum, für wen hat er so viele Wunder hervorgebracht? — Und dieser Schöpfer, dieser Baumeister, dieser allgemeine Vater, ist er auch geschaffen? Wann, wo, wie, von wem ward er es? — Wie die Allmacht, die Ewigkeit, das Unendliche begreifen? — Aber wie auch die Grenzen des Raumes und der Dauer? den Anfang und das Ende des Weltgebäudes, die Grenzen des Möglichen und Unmöglichen? — Gäbe es vielleicht keinen Gott? Bestünde vielleicht die Materie durch sich selbst und von Ewigkeit? Diese außerordentliche Macht, diese bewunderungswürdige Ordnung, welche den Verstand und die Voraussicht eines ungemein geschickten Werkmeisters bezeugen; alle Wunder in dem Bau der Pflanzen, der Thiere, in der Beschaffenheit der Steine, wären sie vielleicht bloß eine Eigenschaft der Materie? — Das bunte Gefieder der Vögel, der wunderbare Bau des Auges, die ausdrucksvolle Gestalt des Mundes, alle die merkwürdigen Theile der merkwürdigen Maschine des menschlichen Körpers, haben sie sich vielleicht gebildet, wie die Salze und Krystalle? — Allein wie selbst die Bildung eines Krystalles verstehen? Wie die Macht der Materie besser, als die Macht und das Dasein eines Gottes? — Und wäre dies nicht endlich nur ein Wortspiel? — Denn hätte in jenem Falle die Materie nicht alle Eigenschaften die man der Gottheit beimißt? die Allmacht, die Unendlichkeit? — Das ewige, das unendliche Bestehen? — Wäre eine solche Materie mit solchen Eigenschaften nicht dasselbe, was man mit den etwas unbestimmten Ausdrücken: Gottheit, Natur, höchstes Wesen, sagen will? — Mir ist die Gottheit jene erste Ursache, davon ich die Wirkungen sehe; jenes Etwas dem ich einen menschlichen Namen leihe, um es besser zu verstehen, und leichter davon sprechen zu können, aber dessen Gestalt oder Wesenheit ich mit meinem beschränkten unvollkommenen Sinne nicht wahrnehmen kann. Ich neige mich vor ihm in dem Gefühle meiner Unvollkommenheit und Niedrigkeit. Ich fühle es, daß mir ein Sinn fehlt wie den Tauben oder Blinden, um es zu sehen oder zu begreifen; und daß, wenn mein schwacher Verstand darauf beharrt dies Geheimniß ergründen zu wollen, er sich verfinstert und in Wahnsinn verfällt; wie mein schwaches Auge erblindet und mir Schwindel verursacht, wenn ich unverwandt in den Glanz der Sonne schaue. — Ich erstaune über die Wunder die er hervorgebracht, und finde oft allenthalben einen Grund dazu; selbst im Schlamm und Koth, aus dem Tausende von Pflanzen oder lebendige Wesen erstehen; und bisweilen bewundre ich nichts mehr, oder vielmehr ich erstaune auch über nichts mehr; noch viel größere Wunder ahnend. — Ich empfinde den Drang seine

Güte zu segnen, (wenn ich dieses menschlichen Ausdruckes mich bedienen darf) ohne jedoch mir erklären zu können warum z. B. diese allmächtige Gottheit das unschuldige Kind zu so gräßlichen Schmerzen beim Hervorbrechen der Zähne verdammt, die ihm nöthig sind; noch warum, ach! diese Gottheit mich so unglücklich gemacht; der ich niemand hasse, nie jemand ein Leid zugefügt; der ich alle Menschen ehre, und sie in meiner Zuneigung nur durch ein wärmeres Gefühl für Freunde und Verwandte unterscheide. Warum mußte ich unglücklich werden? — (Ich dachte er werde nicht fortfahren können, so beklommen war er.) — Ich möchte an seine Gerechtigkeit in einem andern Leben glauben; an eine ewige Belohnung des Guten und an eine Strafe des Verbrechens; denn um ihn nicht zu beschuldigen, muß ich zuweilen hoffen, daß das Leiden der Unterdrückten durch Glückseligkeit einer andern Art vergolten werde, und daß der freche Triumph der Unterdrücker in Demüthigung und Schmerz sich verwandle. — Ich muß an eine Strafe der Tyrannen glauben, ohne ihnen jedoch eine endlose Züchtigung zu wünschen! Und wenn ich hier von Tyrannen spreche, so meine ich damit die der andern Völker; denn wir haben besser gethan als sie zu verfluchen, oder zu verdammen. Wir haben sie verjagt auf immer; wir haben unser Glück nicht erst in eine zweite Welt verlegt. — Es macht mir oft Freude zu glauben daß die Seele von Gott ausgegangen; besonders wenn ich die Macht der Vernunft; des Verstandes, und des Genius bedenke, die in einem so kleinen Kopfe, in einem so schwachen Körper wohnen. — Ich glaube gerne an die Unsterblichkeit der Seele; denn ich entdecke in der ganzen Natur nur Verwandlung, nirgends Vernichtung. — Wie könnte ich den Gedanken ertragen, daß ein so liebes, so vollendetes, so engelhaftes Geschöpf... Eine tiefe Bewegung verhinderte ihn hier fortzufahren; er verbarg das Gesicht in seine Hände; und der Greis, der den Schmerz seines jungen Freundes sah, nahm uns Beide unter den Arm und führte uns zu einer herrlichen Grotte, die sich einige Schritte von da, an dem Abhange des Hügels befand. — Habt Ihr Materialisten in Ikarien? fragte ich ihn, um ihn wieder anzuregen. Ja, etliche; antwortete er. — Und Ihr duldet sie? — Und warum sollten wir sie nicht dulden? welches Uebel kann uns ihre Meinung zufügen, da alles von den Gesetzen geregelt ist, und da sie den Gesetzen gehorchen? — Was für Wichtigkeit kann irgend eine religiöse Meinung etlicher Menschen haben, wo Alle glücklich sind? — Und hängen überdies unsere Meinungen immer von uns ab? — Bist du frei zu glauben, oder nicht zu glauben? Soll man den Glauben des andern nicht ehren, wie man seinen Geschmack ehrt? Zu lange waren unsere Vorältern abergläubisch, unduldsam, vertilgungssüchtig und blutgierig. Zu lange war die Religion, die das Heil der Menschheit sein sollte, ihre Geißel! Wäre der Krieg gegen die Meinungen nicht eben so thöricht als er es gegen die wäre, welche die Erdbeere der Johannistraube oder die Johannistraube der Erdbeere vorziehen? — Die Materialisten verfolgen, wäre eben so gut ein Akt der Ungerechtigkeit, der Unterdrückung, der Barbarei und der Raserei, als es die Verfolgung derer wäre, welche bei den tausend Fragen der Sternkunde, der Arznei und andrer Wissenschaften, nur der Meinung der Minderzahl huldigten. — Ihr habt also mehrere Glaubenssekten? — Ja. Und da wir an diesem Gegenstand sind, der, wie ich aus den täglichen Fragen abnehme welche du an mich richtest, viel Anziehendes für dich hat, so will ich dir unser Religionssystem erklären, wenn du willst, und es unser würdiger Freund erlaubt. Rede, rede, antworteten wir zu gleicher Zeit. — So höre. Es ist dies eins der Meisterstücke unsers guten göttlichen Ikar, der die Meinungen klug und geduldig zu schonen verstand, bis er sie zu einer bessern überführen konnte. — Was ich dir also mittheilen werde, ist wie alle unsere Einrichtungen das Werk des ganzen Volkes. — Höre wohl zu; denn hierin, wie in allem Andern, haben wir eine gründliche Umwälzung vorgenommen, und es in Folge des Prinzipes der Gütergemeinschaft umgestaltet. Zuerst wurden die Ausdrücke: Gott, Gottheit, Religion, Kirche, Priester, durch neue, so bestimmte ersetzt, daß sie zu keiner zweideutigen Auslegung Veranlassung geben können. Zweitens ist auch in diesem Stücke die Erziehung der Grundstein des ganzen Gebäudes. Bis zu ihrem sechzehnten oder siebzehnten Jahre hören die Kinder nichts von Religion und stehen unter keiner der verschiedenen Glaubensfahnen. Es ist gesetzwidrig, vor dem Alter der Vernunft einen Einfluß auf ihre Meinung auszuüben. Erst mit diesem, bei sechzehn bis siebzehn Jahren, wo ihre allgemeine Erziehung beinahe vollendet ist, macht sie der Lehrer der Philosophie und nicht der Priester, mit allen Glaubenssystemen, und allen religiösen Meinungen ohne Ausnahme bekannt. Dieser Unterricht dauert ein Jahr lang. — Aber, fragte ich Walmor, welches ist denn Euer Zügel für die Jugend? — Von welchem Zügel sprichst du? antwortete er. Und wozu ein Zügel? — Ehemals konnte ein solcher ihr nothwendig sein; aber — ich sage nicht welches Verbrechen, ich sage bloß, welches Böse — könnte ein Kind bei unserer heutigen Erziehungsweise begehen? Ist sie nicht Bürge seiner guten Aufführung? Ist es nicht die liebevolle Achtsamkeit seiner Erzieher und Lehrer, die aufgeklärte Zärtlichkeit seiner Eltern, und das Glück das es genießt? — Frage unsern verehrungswürdigen Freund, ob sich eine Gelegenheit darbietet, den Kindern Ikarien's einen ernsten Vorwurf zu machen. — In obengenanntem Alter bekennt sich nach vollkommner Sachkenntniß ein Jeder zu der Meinung, die ihm die beste dünkt, und wählt frei die Religion, welche ihm am Meisten zusagt. — Welches auch sein Glaube geworden, er wird geachtet; welches sein Gottesdienst sei, er wird ihm erlaubt; und sobald eine Sekte stark genug ist, um eines Tempels und eines Priesters zu bedürfen, gewährt ihn der Freistaat Beide. Denke deßhalb nicht, daß die Sekten zahlreich seien. In der Religion, wie in der Politik, wie in der Sittenlehre ist die Wahrheit eine. Ich sage nicht die absolute, doch die relative Wahrheit; und unser Volk strebt in Hinsicht seiner Glaubensansichten, wie in andern Dingen nach der Einheit; Erziehung, Vernunft, Besprechung leiten natürlich einen Jeden zu der Meinung der Hellsehendsten hin, welche dann die allgemeine wird. — Vielleicht, wahrscheinlich selbst, ändern wir Einiges an unsern religiösen Meinungen, wie wir schon davon geändert haben; und wie wir in unsern wissenschaftlichen und Gewerbsmeinungen gewiß eine kleine Aenderung vornehmen werden. Für jetzt indessen, und seit funfzig Jahren, sind die Sekten selten, ihre Glieder nicht zahlreich, und man kann sagen, daß die Ikarier im Ganzen denselben Glauben haben. — Und welcher ist dieser Glaube? fragte ich. Setze voraus, war seine Antwort, daß in dem jetzigen Zustande unserer Kenntnisse die Gelehrtesten, Weisesten, Einsichtsvollsten sich zu einem Konzil vereinigten, wie es die ersten Christen ehemals gethan, um frei von jeder Persönlichkeit die verschiedenen Glaubensmeinungen zu untersuchen, und darauf zu erklären, welche die vernünftigste sei. Du begreifst, daß dieses Konzil erklären könnte, wenn nicht einstimmig, doch mit großer Mehrzahl: daß es einen und denselben Glauben annehme. —

Ich begreife es; welches ist aber dieser Glaube, den Ihr allgemein angenommen? —

Es würde zu weitläufig sein, dir ihn jetzt auseinander zu setzen; da man über einen solchen Gegenstand nicht leicht sprechen kann, ohne in manche Einzelheit einzugehen, und ich deinen religiösen Neigungen nicht zu nahe treten mag.

Fürchte nichts. Sage mir, welches ist dieser Glaube? —

Ich bitte dich, laß mich heute. Ich verspreche ihn dir späterhin zu erklären. Was ich dir jedoch sogleich sagen kann, ist, daß die Religion nicht mehr mit Staat und Regierung gleichbe=

deutend ist, daß wir sie gänzlich davon getrennt; daher sie nicht die geringste bürgerliche Gewalt mehr besitzt, und in keinem Falle sich von dem Gehorsam gegen das Gesetz los zu machen vermag. Dagegen mischt sich das Gesetz nur in die Religion, um die Glaubensfreiheit zu schützen und den öffentlichen Frieden zu erhalten. Es sucht alles Gute aus ihr zu ziehen, das sie zu leisten im Stande ist, und allen Uebeln zu begegnen, dazu sie nur allzuoft die Veranlassung gewesen. — Unsere allgemeine oder Volksreligion, die Wahrheit zu gestehen, ist ein reines System der Sittenlehre und der Weisheit, und hat keinen weitern Nutzen, als die Menschen zu brüderlicher Liebe gegen einander zu stimmen, indem sie ihnen als Regel ihres Betragens die folgenden drei Grundsätze vorschreibt: Liebe deinen Nebenmenschen wie dich selbst. Füge keinem Andern das Böse zu, was du nicht wolltest, das er dir zufüge. Erzeige den Andern alles Gute, das du dir selbst wünschest. — Unser Gottesdienst ist äußerst einfach. Ein jeder preist, bewundert, betet die Gottheit an, dankt ihr, im Innern seines Hauses, nach seinem Gefallen. Wir haben auch Tempel zu unserer Belehrung und zu einer allgemeinen Anbetung. Allein wir glauben, daß die Gerechtigkeit, der Brudersinn, und folglich die Unterwerfung unter den Gesammtwillen, die Liebe des Vaterlandes und der Menschheit, der der Gottheit angenehmste Dienst sind. Wir glauben, daß der, welcher der beste Vater, der beste Sohn, der beste Bürger zu sein versteht, auch die Gottheit am Besten anzubeten und ihr zu gefallen weiß. Vor allem denken wir, daß ächte Liebe und Verehrung des Weibes dieses Meisterstückes der Schöpfung, sich mit ächter Gottesverehrung sehr wohl verträgt und dazu stimmt. Wir denken daß die Entbehrungen und Selbstquälereien, welche ein schwärmerischer Sinn sich auferlegen könnte, Vergehungen an Gottes Güte sind, und daß die freie Natur der schönste Tempel des höchsten Wesens ist. Unser Gottesdienst ist ohne alle Zeremonie und äußere Uebung, welche zu Aberglauben oder Priesterherrschaft führen könnte. Keine Fasten, keine Abtödtungen, keine freiwillige oder auferlegte Buße! — Begeht Jemand ein Unrecht, so straft er sich damit, daß er es vergütet und den Eifer seinen Mitmenschen oder dem Vaterlande nützlich zu sein, verdoppelt. Wir würden es lächerlich finden, in einer unbekannten oder nur fremden Sprache zu beten, und dumme, öffentliche Gebete herzumurmeln, die nicht aus eines Jeden Herzen kämen. Unsere schönen, besonders gesunden und bequemen, aber bilderlosen Tempel, dienen hauptsächlich zur Predigt und zum religiösen Unterricht. Zum Schlusse füge ich noch bei, daß unsere Priester weder eine weltliche, noch geistliche Gewalt besitzen. Sie können weder strafen, noch lossprechen; sind bloß Prediger der Sitten und Tugend, religiöse Lehrer, Räthe, Führer, tröstende Freunde. — Glücklich genug, fügte er hinzu, wenn sie des Trostes nicht selbst bedürfen!... Er hielt inne, und schien in eine tiefe Schwermuth versinken zu wollen. — Wie, sprach ich, du willst dich dem Priesterstande widmen, weißt folglich alles was ihn angeht, und kannst auch wissen, daß er mich schon deinetwegen mehr anzieht, als etwas anders, und du sagst mir nichts Weiteres darüber? — Belehre mich über die Erziehung, Aufnahme und Verrichtungen der Priester. — Je nun, begann er von neuem, mit freundlichem traurigem Tone. Wisse denn ferner, daß wir Priesterinnen für die Frauen, so wie Priester für die Männer bilden; und was ich von letzteren gesagt, und sagen werde, sich auch auf erstern bezieht. Das Priesterthum ist wie die Arzneikunst ein Gewerbe, oder wenn du willst ein öffentliches Amt. Mit achtzehn Jahren, nach Beendigung der allgemeinen Erziehung, wo jeder junge Mensch sich einen Stand wählt, besteht der, welcher sich dem priesterlichen geweiht, eine Prüfung; damit man wisse, ob er die erforderlichen Kenntnisse, Anlagen und Eigenschaften besitze. Wenn er zur Bewerbung zugelassen wird, studirt er sofort Wohlredenheit, Sittenlehre, Weltweisheit und Religion, und befaßt sich zugleich mit dem Unterricht und der Erziehung der Jugend. Er verheirathet sich vor dem achtundzwanzigsten Jahre, um so viel als möglich gegen den Sturm der Leidenschaften gesichert zu sein, und damit man urtheilen könne, ob er in jeder Lage des geselligen Lebens den Andern zum Muster zu dienen vermöge. In seinem fünfundzwanzigsten Jahre besteht er eine zweite Prüfung. In dieser überzeugt man sich von seiner Würdigkeit und Fähigkeit, denen Rath und Trost zu ertheilen, die dessen bedürftig sind; denn obgleich die Ikarier zu Menschen, werth dieses Namens, erzogen werden, obgleich Eltern und Freunde sehr fähig sind, ihren Kindern und Freunden zu rathen oder sie zu trösten, so ist doch auch die Stimme des Priesters bei besondern Gelegenheiten nicht unnütz, und wirkt um so kräftiger, als man sie seltener vernimmt. Da nun der Priester im Unglück ein Trost und Führer, der Jugend ein zweiter Vater, Seinesgleichen ein Bruder, den Uebrigen ein Freund sein soll, so wird eine ausgezeichnete Klugheit, Weisheit, Geduld und die Gabe zu überzeugen und zu überreden, von ihm erfordert. Wenn diese letzte Prüfung zu Gunsten des Bewerbers ausfällt, tritt er in den Rang der Kandidaten, und unter ihnen wählen die Bürger jeder Stadtabtheilung ihren Priester. Aber sie wählen ihn nur auf fünf Jahre, um frei zu sein, den entfernen zu können, dessen Tugend nicht beständig würdig befunden worden, Andern als Muster vorzuleuchten; denn die Tugend ist es ganz besonders, die man von ihm fordert. Je mehr er geehrt wird, um so gewisser wird sie erwartet, und je tugendhafter er ist, um so mehr verehrt man ihn. — Auch harrt man deinem fünfundzwanzigsten Jahre mit Ungeduld entgegen, unterbrach ihn der Greis; denn niemand hat seine erste Prüfung glänzender bestanden als du, mein lieber Walmor, niemand erfreut sich eines bessern Erfolges als Lehrer; niemand ist so allgemein geliebt und geschätzt; niemand so sicher, zum Kandidaten ausgerufen, und einstimmig zum Priester erwählt zu werden, als du; und du weißt, wie großen Antheil ich an dieser allgemeinen Achtung nehme, der ich dich liebe wie eines meiner Kinder, der ich der älteste Freund deines Großvaters bin. — Ach, rief Walmor mit schmerzlicher Beschämung aus, Sie sprechen von allgemeiner Achtung! — Diese Achtung, die ich zu verdienen gesucht, und verdiente: — denn, ich nehme den Himmel zum Zeugen, wessen Herz ist reiner, als das meine? — ich bin ihrer nicht mehr werth! — Könnte ich Andern rathen, ihre Leidenschaften zu bekämpfen, da ich mich von den meinigen hinreißen lasse? — Mit welcher Stirne dürfte ich vor Andere hintreten und sie ermuthigen, sich in ein Unglück zu ergeben, da ich selbst mich schwach und feig erwiesen? — Allein, gibt es auch einen Kummer, ein Unglück, über dem meinen? — Sie, ihr Großvater, die Sie ihre Seele kennen — sagen Sie mir! — Und sein lange verhaltener Schmerz brach endlich los, wie ein Strom, der seinen Damm durchreißt, und der Unglückliche zerfloß in Thränen. — Wie wehe thun die Thränen eines Freundes! Wir weinten Beide mit ihm. — Er indessen zürnte sich selbst. — Schaut her! sagte er, indem er uns seine rothe, von seinen Nägeln fast verwundete Brust zeigte: schaut, wie ich gegen meine Thränen gekämpft, und mich für meine Schwäche gestraft. — Weine mein Sohn, antwortete ihm der Greis gerührt. Weine immerhin mit deinen Freunden ohne Zwang. Ich habe auch in meiner Jugend gelitten, und verstehe deinen Kummer. — Ich habe auch geweint. Wenn wir aber versucht sind, den Himmel für unsere Leiden anzuklagen, so müssen wir wenigstens gestehen, daß die Zähren eine Wohlthat sind. — Ach ja, erwiederte Walmor, und ich fühle mich recht durch sie erleichtert. —

Und nun Vernunft! Muth! fuhr der Greis fort. — War meine Tochter Naira kein Engel? Und doch haben wir ihren Verlust ertragen müssen. — O, sprach Walmor, wenn ich Dina durch den Tod verloren, wäre ich vielleicht minder unglücklich!

— und er weinte von Neuem. Walmor! erinnerte ihn hier Herr Mirol; und sein Ton ward sanft strenge; es ist genug. Fasse dich jetzt. Werde ein Mann. Es ist Zeit zu zeigen, daß du weißt was Tugend heißen will. Der ist nicht ganz tugendhaft, der dem Mißgeschick unterliegt! Statt zu sprechen: ich bin schwach, und nicht mehr würdig Priester zu sein, solltest du sprechen: ich will Priester werden, und mich dessen würdig zeigen. — Ja, so sei es! rief nach einiger Sammlung der arme Kämpfer aus, indem er sich Herrn Mirol in die Arme warf. Ich verspreche es Ihnen, Dinas Großvater, der der meine werden sollte; aber lassen Sie mir Zeit zu überwinden. — Wir wollen wieder von hier abreisen. Ich will sie nicht fliehen. Alle sollen bald mit mir zufrieden sein! —

Armer Walmor! Er wird noch manche schwere Stunde zu ertragen haben. Allein er ist von Freunden umringt, die ihm Trost zusprechen, — und ich, der ich zu ihrer Zahl gehöre, ich werde vielleicht bald selbst des Trostes bedürfen. Er kann genesen und noch glücklich werden, ich vielleicht nicht mehr! —

Einundzwanzigstes Kapitel.

Walmors Heilung. — Lord Williams Triebsinn.

Ich hatte Walmor zu seiner Familie zurück gebracht, und man wußte nicht, wie man sich erkenntlich genug gegen mich bezeigen sollte, daß ich die Freundschaft gehabt, ihn auf das Land zu begleiten. Vorzüglich verdoppelte Korilla, der ihre Traurigkeit etwas Rührendes gab, ihre Liebkosungen gegen ihn und ihre Freundlichkeit gegen mich. — Schon eine Stunde nach unserer Ankunft, besuchte Walmor Dinaros; und am Abende gingen wir mit einander zu Frau Diname. — Jedes bestrebte sich in den frühern Ton einzustimmen. Walmor und Dina vermieden sich nicht; nur näherte sich letzterer ihr nicht mehr so häufig als sonst. Die Uebrigen schienen einverstanden, Beide zu unterhalten, indem sich die Einen um Walmor die Andern um Dina versammelten. Ich selbst nahete ihr einigemale, wenn Korilla bei ihr war, und konnte mich nicht enthalten Walmor lebhafter zu beklagen; wohl nie hatte sie mir entzückender geschienen. Ich war von ihrem minder schüchternen Betragen gegen mich überrascht; ihr Ton dünkte mir fast freundschaftlich, gerade als ob sie mir wie Korilla, für meine Sorge um Walmor danken gewollt.

Ich wagte sie genauer zu beobachten, und verstand Walmors Schmerz immer besser; — besonders wenn ich ihre Stimme vernahm, die mir jedesmal ein Erbeben verursachte. Oft erinnerte ich mich dessen, was Walmor von ihr gesprochen. Sein ruhiges Verhalten setzte mich in Erstaunen! Einmal sah ich ihn jedoch bei einem Blick auf sie erblassen; aber es war nur wie das Zucken eines Blitzes. — Nun, fragte er beim Weggehen Korilla und mich: seid ihr mit Walmor zufrieden? — Wenn ihr wüßtet, was es mich gekostet! — Ich hatte mich für stärker gehalten. O der Mensch ist schwach! — Aber ich habe gesiegt, und werde ferner siegen! Ihr sollt keine Sorge mehr um mich tragen, gute Schwester, und du guter treuer Freund; und mehrmals schüttelte er mir die Hand. — Walmors beruhigender Zustand, seine Freundlichkeit gegen mich, Dinas Empfang, waren Ursachen genug, mich froh zu stimmen; und — ich kehrte traurig und trübe zurück; ohne mir selbst die Ursache meiner Traurigkeit recht erklären zu können. — Wäre sie eine Vorsage von Unglück gewesen, das mich betreffen soll? wie eine schwüle Luft gewöhnlich dem Ungewitter vorangeht.

Zweiundzwanzigstes Kapitel.

Nationalversammlung.

Wir waren überein gekommen, Korilla, Dinaros und ich, daß ich Walmor so oft als möglich mit mir aus dem Hause nähme, um ihn zu zerstreuen; und ich hatte ihn demnach zu dem Versprechen bewogen, mir ihre Staatseinrichtung genauer zu erklären, und eine anschauliche Probe davon sehen zu lassen. Von seinen Großvater wußten wir, daß die nächste Sitzung manches Anziehende bieten werde, ich bat ihn also, mich nebst Eugen, dessen Gesellschaft ihm angenehm war, hin zu begleiten. Wir Beide holten ihn frühe ab, und gingen unter Gesprächen weg; nachdem wir vorher unsere unmittelbare Rückkehr zugesagt, weil Frau Diname mit den Ihrigen kommen sollte. — Die Nationalversammlung, fuhr Walmor fort, ist nach dem Volke die erste Gewalt. Sie besteht, wie Ihr sehen werdet, aus zweitausend Abgeordneten die man auf zwei Jahre wählt, und wovon die Hälfte alle Jahre erneuert wird. Da nun eine jede der tausend Gemeinden, aus welchen der Freistaat gebildet ist, zwei Abgeordnete hat, so erwählt sie jedes Jahr einen. Die Wahlen finden an demselben Tage, am ersten April nämlich, im ganzen Lande statt. Sie werden in einer einzigen Sitzung vollendet. Dieser sind zwei, zehn Tage von einander geschiedene, vorhergegangen, in welcher die Kandidatenlisten aufgesetzt und besprochen wurden. Die Bürger erlangen in den gewöhnlichen Volksversammlungen eine gewisse Uebung in Staatsgeschäften; fast alle bekleiden irgend ein Amt in den Gemeinden oder Provinzen; die fähigsten darunter beinahe alle nach einander. Da nun die Abgeordneten unter den Brauchbarsten gewählt werden, so begreift Ihr, daß sie aus lauter Männer bestehen, welche das Alter und die Erfahrung gereift; aus den Besten des Landes; ausgezeichnet durch ihren innern Werth, durch Fähigkeit des Geistes und durch Vaterlandsliebe. Ihr werdet einige jüngere Männer unter ihnen bemerken, die die Reihe der Aemter nicht von unten herauf durchlaufen. Diese haben sich durch ihr Genie das allgemeine Zutrauen in so hohem Grade erworben. — Die Nationalversammlung ist fortdauernd wie das Volk selbst, und wie die Volksoberhoheit, die sie vorstellt. Es sind ihr drei Ferien im Jahre gewährt, jede von einem Monate. Während diesen wird sie von einem Ausschusse ersetzt, der sie zurück rufen würde, sobald es nöthig wäre. Die Volksvertreter vereinigen und trennen sich zu dem von der Verfassung bestimmten Zeitpunkte, ohne einen andern Befehl als die Verordnung des selbstherrschenden Volkes. — Alle wohnen und speisen in dem Nationalpalaste. — Ich werde Euch später einmal ihre Wohnungen und den Speisesaal zeigen, und Ihr werdet Euch überzeugen, daß ihnen nichts Köstlicheres zu Theil wird, als einem jeden Andern. Auch ihr Berathungssaal, und was zu ihrem ausschließlichen persönlichen Gebrauch dient, hat nichts ungewöhnliches. Anders verhält es sich mit dem Nationalpalaste. Betrachtet ihn; hier steht er. — Habt Ihr je einen königlichen oder kaiserlichen Palast gesehen, der ihn übertraf?... Es ward in die ganze Welt nach Mustern ausgesendet; der Plan ward vier Jahre lang bearbeitet und besprochen. Das Gebäude selbst ist erst seit zweiundzwanzig Jahren vollendet, nachdem die Ausführung achtundzwanzig Jahre gedauert. Ikar und der Freistaat hatten sich das Wort gegeben, daß der Versammlungspalast des selbstherrschenden Volkes das schönste Gebäude der Erde sein solle. — Aber, treten wir ein, denn die Stunde der Sitzung naht. — Ich übernehme es nicht das Innere zu beschreiben! Ich glaube nicht, daß irgend ein Thronsaal in dem Palaste irgend eines Herrschers, der Majestät, der Pracht, der Herrlichkeit des Versammlungssaales der Vertreter dieses Volkes gleichkomme, das mehr als Kaiser, König, Papst geworden. — Mehrere weite Galerien enthalten über sechstausend Zuschauer. Nicht ein Soldat, keine Wache, kein Gewehr! sondern zuweilen eine schallende, zuweilen eine sanftere Musik. — Um vier Uhr weniger fünf Minuten traten der Präsident, die Vicepräsidenten und die Sekretäre ein. Zahlreiche Saalwächter gingen voran, und die zweitausend Abgeordneten folgten. Alle in prachtvollen Gewändern. Sie nahmen ihre Plätze, und ein majestätisches Schweigen herrschte. — Es war ein ergreifender Anblick! — Diese zweitausend Abgeordneten auf ihren halbzirkelförmigen Bänken übereinander; diese sechstausend über ihre Häupter gereiheten Zuschauer, diese feierliche Kleidung, die geschmackvollen glänzenden Anzüge der Frauen; alle die schönen oder anmuthigen Gesichter, die Tribüne gegenüber, die Offiziere dahinter oder etwas höher; der Präsident in ihrer Mitte und noch höher; die Inschriften und Bildsäulen umher, die blitzenden Kronleuchter und Fahnen, die Musik und die Stille — aus welcher eine Stimme zu ertönen schien: hier wird über das Glück oder Unglück eines großen Volkes entschieden! — Dies alles bot ein Schauspiel dar, das sich weder mit dem dürftigen Glanze eines Hofes, noch mit der eiteln Feerei einer Oper in Vergleich bringen läßt. Es schlug vier Uhr. Ein stattlicher Greis in der Bürgerkleidung erschien über dem Präsidenten und sprach mit feierlicher Stimme folgende Worte: Vertreter Ikariens! Bedenkt, daß Euch das Volk hieher gesandt, um an seinem Wohle zu arbeiten; daß Eure Brüder von Euch das Beispiel aller Tugenden erwarten! — Sogleich erklärte der Präsident die Sitzung eröffnet. Er rief darauf den Hauptmann der Wächter: — Sind alle Abgeordneten auf ihren Plätzen? —

Nein. —

Wie viele fehlen? —

Drei. —

Wer sind sie? —

Er nannte ihre Namen.

Ich habe der Versammlung anzuzeigen, daß die beiden ersten mir die Ursache ihrer Abwesenheit bekannt gemacht, und werde ihre Briefe dem Aufsichtskomité vorlegen. —

Wünscht jemand einen augenblicklichen Urlaub? —

Vier Abgeordnete erhoben sich und erklärten ihre Gründe. — Die Versammlung gewährte dreien ihren Wunsch, und verwies den vierten an das Aufsichtskomité. Ein Berichterstatter las darnach auf der Sprecherbühne, im Namen des Ausschusses für die häusliche Einrichtung, seinen Bericht über einen Gesetzvorschlag hinsichtlich eines den Möbeln jeder Familie beizufügenden neuen Möbels. Er erklärte, daß der Ausschuß einstimmig für die Annahme sei, und setzte kurz seine Gründe auseinander. Da Niemand gegen den Bericht das Wort begehrte, stimmte die Versammlung durch Aufstehen und Sitzenbleiben, und nahm das Gesetz ohne Besprechung an. Ein anderer Berichterstatter trat eben auf die Bühne, als sich die Saalthür mit einen Schellengeklingel öffnete, das alle Augen auf sich zog. Gebt wohl acht, sagte Walmor zu uns: das ist der dritte Abgeordnete; dessen Abwesenheit mündlich gerügt worden. — Zu was aber, fragte ich ihn, diese rasselnde Thür, die den Sprecher unterbrach? — Dazu, antwortete er, daß die Versammlung den Eintritt des Verspäteten wahrnimmt. Du wirst sogleich sehen. Der Berichterstatter der so lange eingehalten, bis der Angekommene auf seinem Platze war, beendigte seine Rede. Nachdem die Versammlung gestimmt, richtete sich der Präsident an Jenen: Abgeordneter B..., Sie haben Ihren Mitbürgern kein Beispiel der Pünktlichkeit in Erfüllung einer Pflicht gegeben: was haben Sie zu Ihrer Entschuldigung vorzubringen? — Der Abgeordnete nannte den Grund seiner Verspätung. — Will die Versammlung an das Aufsichtskomité verweisen? sprach hierauf der Präsident. Alle blieben sitzen. — Nimmt sie die Entschuldigung an? — Alle standen auf. — Dieser Gebrauch, rief ich aus, (ohne sehr darauf zu achten, ob man mich höre) dieser Gebrauch ist schon eine harte Strafe! — Da drehte sich höflich ein neben mir sitzender Greis zu mir; mein Herr, sagte er, ich bin gekommen unsere Vertreter zu hören, und nicht Ihre Bemerkungen; wollen Sie mich gefälligst nicht meines Rechtes berauben! — Entschuldigen Sie! bat ich ihn; denn er hatte Recht. Funfzehn bis zwanzig Gesetzvorschläge wurden auf die nämliche Weise angenommen, und einige verworfen; alle ohne Besprechung, mit Einstimmigkeit der Ausschüsse und der Versammlung. Darauf erklärte ein Berichterstatter, daß sein Ausschuß einen gewissen Vorschlag nur mit der Mehrheit von zwei Dritteln angenommen. Ihm trat ein anderer von der Minderzahl gewählter entgegen, und setzte die Gründe ihrer Gegenmeinung auseinander; wonach mehrere Redner das Wort für und gegen den Vorschlag nahmen, und sich mit einer bewundrungswürdigen Kürze ausdrückten. Da die Versammlung nicht einig war, so zählte man die Minderheit die sich zum Gegenbeweis erhoben, und fand sie aus hundert und fünf Mitgliedern bestehend. Schnell wurden ihre Namen niedergeschrieben, und die der achtzehnhundert fünfundneunzig, welche die Mehrheit zu Gunsten des Gesetzes bildeten, auf diese Weise gleichfalls bekannt. — Nach diesem unterbrach man die Sitzung auf eine Viertelstunde. — Die Bemerkung meines Nachbaren war richtig, sagte ich jetzt mit größerer Freiheit zu Walmor; aber die meinige nicht minder. Eure Schellenthür und die Unterbrechung des Sprechers sind eine wahre Strafe für die zu spät kommenden. O, antwortete er, wir scherzen mit unsern Pflichten nicht. Das Amt eines Volksvertreters ist kein Spiel! Ihr habt dem Manne des Volkes vom Verein erinnern hören, daß er demselben das Beispiel aller Tugenden schuldig sei. Der Abgeordnete, der freiwillig sich seiner Pflicht begibt, erscheint uns weit strafbarer als ein anderer Mensch; und die öffentliche Meinung ist so streng in diesem Stücke, daß vor zehn Jahren einer einstimmig von der Versammlung ausgeschlossen ward, weil er ein einziges Mal ohne gesetzlichen Grund gefehlt hatte. Auch fehlt Niemand. Ihr habt selbst nur einen Einzigen zu spät ankommen sehen. — Ich bin weit entfernt, erwiederte ich, diese Strenge zu tadeln, ich billige und bewundere sie. Es scheint, sagte Eugen, daß Eure Ausschüsse einen großen Antheil an der Gesetzgebung haben. — Wie wirken sie? — Ihr wißt, fuhr Walmor fort, daß es funfzehn Haupt-Ausschüsse, einen jeden von hundert dreiunddreißig Mitgliedern bei uns gibt. Diese zertheilen sich in sechzig Unter-Ausschüsse von dreiunddreißig Gliedern. Alle Ober- wie Unter-Ausschüsse haben ihre besondern Gegenstände, wie ihre besondern Säle, und empfangen die Vorschläge ihres Faches, die sie unter sich und ungesäumt untersuchen und besprechen. Ihre Sitzungen sind öffentlich und finden jeden Morgen von zehn bis ein Uhr Nachmittags statt; während die der Hauptversammlung von vier Uhr Nachmittags bis acht, manchmal neun Uhr Abends, dauern. Obschon diese Ausschüsse alle Statistiken besitzen, die sie nur wünschen mögen, und obschon sie mit allen ähnlichen Ausschüssen der Volksversammlungen in regelmäßiger Beziehung stehen, so stellen sie doch oft, nach Bevollmächtigung der Kammer, noch öffentliche Befragungen an; sei es bei den Staatsbeamten, sei es bei den Bürgern. Sie schaffen sich selbst Seitenvereine, in welche sie Bürger berufen die keine Abgeordnete sind, und denen sie Erkundigungen auftragen, und ihre Meinung vernehmen. Eben diese freien Seitenvereine haben bei Bildung der Gütergemeinschaft außerordentliche Dienste geleistet. — Nachdem der Ausschuß seinen Schluß gefaßt, verfertigt der Berichterstatter einen Bericht, der eingereicht, gedruckt, und zehn Tage vor der öffentlichen Verlesung und Berathschlagung ausgetheilt wird. Bloß in Fällen dringender Eile, die äußerst selten sind, leidet dies eine Ausnahme.

Als die Sitzung wieder eröffnet ward, hatte ich das Vergnügen der lebhaften Verhandlung einer wichtigen Frage beizuwohnen, welche an die Volksversammlung abgesendet worden, und diese, wie der Ausschuß selbst, war in ihrer Meinung darüber getheilt geblieben. Es handelte sich darum zu entscheiden, ob es nicht besser wäre, täglich achthalb Stunden zu arbeiten, statt sieben, und alle fünf Tage zu ruhen, statt alle zehn, wie bisher; des öfteren Genusses der Landluft wegen. — Die Mehrheit wie die Minderheit hatten beide ihren zwei geschicktesten Rednern die Enduntersuchung der Sache überlassen. Diese stellten sich nun Frage um Frage, Einwurf um Einwurf, Urtheil um Urtheil, eine halbe Stunde lang entgegen, antworteten sich, vereinten sich über viele Punkte, und endigten damit einen Versuch während drei Sommermonaten vorzuschlagen; um welche Annahme wieder die Volksversammlungen befragt werden sollten. Die Nationalversammlung hatte ihnen schweigend zugehört, wie das Gericht zwei Anwalten zuhört, und fast einstimmig in ihre Meinung gewilligt. — Hierauf wohnte ich einer ziemlich seltenen Erscheinung bei; der des Präsidenten vom vollziehenden Ausschuß, welcher vor die Nationalversammlung berufen, auf die Sprecherbühne trat, um ihr über den Erfolg einer Unterhandlung mit fünf fremden Mächten, die die Kammer verordnet, Auskunft zu geben. Diese Unterhandlung betraf eine insgesammt auszuführende Niederlassung. — Der Präsident las verschiedene Briefe, beantwortete alle Fragen, und that dar, daß drei dieser Höfe die Vorschläge des Freistaats angenommen, und die zwei übrigen sie noch annehmen würden. Alsdann zog er sich mit den nämlichen Zeremonien zurück, die seinen Eintritt begleitet hatten. — Bei einer zweiten Unterbrechung, fragte ich Walmor, ob der Präsident niemals verweigere, der Einladung der Kammer Folge zu leisten? — Verweigern! rief er aus; das wäre Widerspenstigkeit, und die Versammlung würde ihn abdanken und in Anklagestand versetzen. Sie ist die Herrschaft, sie die Obrigkeit; oder stellt sie vor, vielmehr; er ist der Untergeordnete, der Vollstrecker ihrer Gesetze, von ihr erwählt und verantwortlich vor ihr. Auch beruft die Kammer den Präsidenten jedes Jahr, an einem ihm angezeigten Tage, um über die Vollstreckung aller Gesetze ihm Rechenschaft abzufordern; gar häufig beruft sie die Minister zu demselben Zwecke.

— Und alle Eure auswärtigen Angelegenheiten werden also öffentlich abgehandelt?

— Ganz gewiß! Kann ein Geheimniß für die Nationalversammlung bestehen? Wäre das nicht unsinnig, da sie die Regierung ist?

— Wenn indessen der Präsident erheischte, daß die Sache von Niemand weiter gekannt sei?

— Unsinn! freche Lüge der Tyrannen und Unterdrücker! Wenn der Präsident erklärte, daß die Sache geheim gehalten werden müßte, würde es die Kammer selbst sehen; und bliebe ihr ein Zweifel übrig, würde sie eine Kommission ernennen, die in das Geheimniß eingeweiht, ihr ein Gutachten darüber vorlegte. Sobald aber sie der Meinung ist, daß eine mehr oder minder vollständige Oeffentlichkeit keinen Nachtheil bieten kann, so ist Niemand mehr befugt das Gegentheil zu behaupten. Uebrigens hat dieser schwierige Fall noch nicht stattgefunden, und alle unsere auswärtigen Angelegenheiten wurden bisher so öffentlich verhandelt wie die andern. — Nachdem die Sitzung nochmals begonnen, fertigte die Kammer eine Menge Geschäfte ab; vertheilte an die Ausschüsse einige Bittschriften die ihr von der Volksversammlung zugekommen, so wie einige Vorschläge ihrer eignen Mitglieder, die vorher laut abgelesen wurden; alsdann setzte sie die Tagesordnung für den folgenden Tag fest, und trat ab wie sie eingetreten. — Die Zuschauer waren von Ehrerbietung erfüllt, Eugen von Bewunderung hingerissen.

Wenn jede Sitzung so mit Geschäften ausgefüllt ist, sagte ich zu Walmor, welch eine Menge Gesetze muß Eure Nationalversammlung nicht während neun Monaten abfassen? — Da aber alle, wie die heutigen, zum Vortheil des Volkes sind, erwiederte Eugen, so beklagt Ihr Euch wohl nicht über ihre Anzahl? — Eugen hat Recht, antwortete Walmor; und um dich davon zu überzeugen, will ich dich die Liste der vorjährigen sehen lassen. — Ich habe immer gehört, sagte ich, der gesetzgebende Körper dürfe keinen Antheil an der Verwaltung haben, und nicht konzentriren, doch bei Euch sehe ich, daß er verwaltet und konzentrirt! — Nein, entgegnete Walmor, unsere Nationalversammlung verwaltet nicht; sie berathschlagt, entscheidet und verordnet vieles in die Verwaltung Eingreifende, wie alle Gesetzgeber: und wir bedauern, daß sie nicht jeden Akt der Verwaltung zu besprechen vermag; denn welchen Nachtheil kann es haben, daß zweitausend Gesetzgeber eine Verrichtung anordnen, und nicht etliche Hauptübernehmer, oder ein einziger? Ist es nicht vortheilhafter selbst, daß sie von der Gesellschaft untersucht werde welche die meiste Einsicht besitzt, und die zugleich jede andere, ja das ganze Volk berathen kann? Du sagst, die

Kammer konzentrire? — Um so besser! Möchte sie Einheit und Gleichheit überall herstellen können, indem sie immer darnach strebte, alle Hindernisse zu vermeiden, und alle Vortheile zu vereinigen! Die Konzentrirung ist nur unter der Herrschaft des Despotismus eine Geißel; in einer Republik, bei Gütergemeinschaft, ist sie eine Wohlthat.

Als wir nach Hause kamen, hörten wir von Dinaros, daß wir seine Mutter und Schwester nicht sehen würden, Korilla sich bei ihnen befände; so übergab Walmor Eugen die versprochene Liste sogleich und dieser las sie laut ab: Gesetz, welches die Einschreibung eines neuen Gemüses auf das Speiseverzeichniß, seinen Anbau und seine Vertheilung verordnet; zehn fernere Gesetze dieser Art, Speisung, Kleidung, Wohnung und häusliche Einrichtung betreffend. — Gesetz, welches eine Verbesserung an allen Landstraßen verordnet; fünf andere derselben Art, hinsichtlich der Kanäle und Flüsse. — Gesetz, welches die Abfassung, den Druck und die Vertheilung einer chronologischen alphabetischen Tafel aller menschlichen Erfindungen enthält. Ein Dutzend ähnlicher Gesetze. — Gesetz, welches die Vorrichtungen und Versuche eines vorgeschlagenen Hagelableiters verordnet. — Funfzehn Gesetze zum Nutzen und Vergnügen der Frauen in ihren Werkstätten, &c. — Vierzig Gesetze, welche die Errichtung und Anwendung neuer Maschinen in den Nationalwerkstätten verordnen. —

Es ist genug, hoffe ich. — Nein, nein, fahren Sie fort, sagte Walmor. — Funfzehn Gesetze zur Verbesserung des Unterrichts. — Zwei Gesetze, welche die Bereitung gewisser Gegenstände zum Zwecke haben, die zur Austheilung unter ein wildes Volk, und zu seiner Bildung bestimt sind. — Gesetz, auf dem Kongresse der Verbündeten gemeinsame Ausgrabungen und geologische Untersuchungen des Bodens vorzuschlagen. —

Genug! genug!

Die zweihundert oder dreihundert übrigen Gesetze haben alle das öffentliche Wohl zum Gegenstand, wie diese.

Nun, redete mich der eintretende Großvater an, haben Sie sich in Ihren Erwartungen nicht getäuscht gefunden? — Ich bin entzückt! antwortete ich ihm; und doch habe ich keine Meisterstücke der Rednerkunst, nichts dramatisches gesehen und gehört. Aber ich muß der Vernunft, der Weisheit, dem Anstande, der Würde, der rednerischen Kürze Ihrer Abgeordneten, meinen höchsten Beifall zollen! Wie Richter auf ihren Sitzen! Immer aufmerksam; ruhig, und auf ihren Plätzen! Keine Unterbrechung, kein Ausruf, nicht das kleinste Geräusch, das den Sprecher oder die Zuhörer zu stören vermöchte! Im Gegentheile, nichts als ehrende Rücksichten, Beweise von Achtung und Brudersinn. Gewiß ist es, daß Ihre Volksversammlungen, Ihre Beamten und Bürger hier Muster finden! O dies war immer mein Wunsch; dies entzückt und begeistert mich! — Ich gestehe, daß ich Ihre Begeisterung nicht wohl begreife, antwortete mir der Greis, Sie haben ja heute nur das gesehen, was Sie in unsern Schulen, Werkstätten, Schauspielen und in allen öffentlichen Vereinen wahrnehmen können. Sollen vielleicht die Auserwählten des Volkes sich unvernünftiger betragen als unsere Schüler? Bedenken Sie, daß wir von Kindheit auf, sittlich und körperlich dazu gebildet werden, in Gesellschaft und besonders bei bürgerlichen Versammlungen, uns zu benehmen zu wissen. Ruhig anhören, kurz antworten, seinen Nachbar nicht belästigen, ist etwas sehr Leichtes. Was schwerer schien, war: der Versammlung die Gewohnheit beizubringen, mehrere Stunden fast unbeweglich still zu sitzen, und aufzumerken; aber durch die frühesten Uebungen darin ist es uns vollständig gelungen. Was die Höflichkeit, den Brudersinn, die Pünktlichkeit und die Erfüllung aller Pflichten betrifft, so wäre es ein wahres Verbrechen von den Auserlesenen des Landes, ihrer nicht zu achten. — Wie Sie glücklich sind! rief Eugen aus. — Um so glücklicher, sagte der Greis, als es vor unserer großen Staatsumwälzung 1782 ganz anders war. Zu jener Zeit, unglücklichen und schmachvollen Andenkens, machten sich die meisten Abgeordneten ein Spiel aus ihrer Pflicht. Die, welche sich oft die größte Mühe gegeben, gewählt zu werden, ließen Wochen und Monate verstreichen, ohne die Berathungen zu besuchen, und opferten ihre Schuldigkeit dem Vergnügen oder dem Eigennutze. Zu jeder Sitzung fanden sich eine Menge Mitglieder nach ihrer Eröffnung ein, und begaben sich vor dem Schlusse derselben weg. Zum großen Aergerniß des Volkes sah man oft alle Schauspiele voller Abgeordnete, während der Palast der Gesetzgebung leer stand und der Präsident genöthigt war, die Sitzung aufzuheben um ihr nicht allein beiwohnen zu müssen. Während der Besprechungen gingen sie im Saale auf und ab, aus und ein; lasen auf ihren Bänken die Zeitungen, schrieben ihre Briefe oder redeten mit ihren Nachbaren; hörten auf nichts als die Thüren, die sich öffneten, die Herumgehenden, Schwatzenden, und den Lärm jeder Art; verhinderten auch die Andern zu hören, und den Sprecher zu sprechen. Unsere jungen Leute kommen nicht von ihrer Verwunderung zurück, wenn man ihnen von den Gewohnheiten jener Zeit der Uneinigkeit und Unterdrückung erzählt. Es fällt ihnen schwer, an so wenig Rücksicht auf Andere, so viel Unhöflichkeit, ja Grobheit unter der Blüthe des Landes zu glauben; allein dieser ungeheure Widersinn, dieser Umsturz aller Vernunft ist nur unglücklicherweise zu wahr, und war nur zu gewöhnlich damals! Diejenigen die sich eher hätten ersticken lassen, ehe sie vor einer Sängerin oder Tänzerin laut aufgeathmet, betrugen sich wie Betrunkene in dem sogenannten Heiligthume der Gesetze! — Es war keine Schule, keine Wachstube, keine Kaserne, keine Schenke, kein Jahrmarkt selbst, wo man nicht mehr Anstand und Ordnung entdeckte, als zuweilen in der feierlichen Versammlung der Gesetzgeber. — Aber lieber Großvater! bat Walmor. — Lasse mich, mein Sohn; entgegnete der ehrwürdige Greis; ich weiß daß du vor diesen Wahrheiten erröthest; allein die Schande und Thorheit des Vergangenen erhöhen die Weisheit und den Ruhm der Gegenwart; und es ist heilsam, uns an die Laster und das Unglück unserer ehemaligen Verfassung zu erinnern, um das Glück und die Tugenden, welche wir dem trefflichen Ikar verdanken, desto mehr zu würdigen. Auch für unsere jungen Freunde ist es gut zu erfahren, was wir gewesen, damit sie die Wunder der Gütergemeinschaft danach beurtheilen lernen. Ich fahre also fort: die Gesetzgebung theilte sich in zwei Zweige; die Majorität, welche den Vortheil der Aristokratie vertheidigte, und die Minorität oder Opposition, welche zum Vortheil des Volkes sprach. Diese Partheien bildeten zwei Schlachtfelder, zwei feindliche Heere, die sich mit Blick, Stimme und Geberde bedroheten, sich schimpften und beleidigten, wie Verrückte den eignen Redner beklatschten, und während dem Vortrage des Gegners schrieen und ihm das Wort abzuschneiden bemüht waren. Man heulte, brüllte, lachte und trampelte mit den Füßen, als wäre man toll; man wieß sich die Fäuste und stieß ein wildes Feldgeschrei aus, wie Barbaren die gegen die feindliche Schanze gehen; man erzwang ein Gesetz wie Soldaten eine Festung stürmen, mitten in Verwirrung und im abscheulichsten Gelärme; man duellirte sich auf Leben und Tod; man dachte nur daran sich zu ächten, wenn man sich nicht wirklich ächtete.

Das war eine böse, böse Zeit, und wer schauderte nicht bei der bloßen Erinnerung? Alles stand damals, in der Epoche der Tyrannei, verkehrt; Bürgerkrieg und Schandthaten waren nichts seltnes. Die Minister die eigentlich die Trefflichsten, Tugendhaftesten, Geist- und Wissensreichsten von Allen sein sollten, bestiegen oft die Redebühne lediglich um das erbauliche Beispiel von Lügen, die man, so zu sagen, mit allen zehn Fingern greifen konnte, zu geben; sie sprachen frech die niederträchtigsten, unsittlichsten Grundsätze öffentlich aus, beleidigten und schwärzten an, priesen den Verrath, ja belohnten den Meuchelmord. Diese lobenswerthen Herren Minister waren so widrig eitel daß sie sich selbst belobten, sich selbst Weihrauch streuten, geradehin verkündigten: sie allein seien weise und wacker und das Volk sei pöbelhaft, dumm, faul, läppisch und täppisch, und wer des Volkes wahres Interesse vertheidigte, galt in ihren Augen als ein Dummkopf oder als ein Aufwiegler.

Die Herren Minister hatten natürlich stets eine hübsche Mehrheit in der Deputirtenkammer für sich, und siegten dadurch jedesmal, indem sie sich von ihr Bravo zuwiehern und Beifall zuklatschen ließen. Sie thronten wie Generalfeldmarschälle an der Spitze ihrer Majorität, gaben Order und Zeichen zu murren oder zu heulen, zu klappern oder zu zischen, aufzustehen oder sitzen zu bleiben. Die den Ministern zugeschworne Anzahl von Deputirten erlaubte denselben, abscheuliche Gesetze wider die Freiheit durchzubringen; Blut und Schrecken ging von dieser Schaar Volksschänder aus die sich mit dem Edelnamen „Nationalvertreter" brüsteten. Auch bewilligten sie lachenden Mundes die Millionen Goldes welche die Königin alle Augenblicke durch ihre Minister in der Deputirtensitzung abfordern ließ, theils für sich, theils für die drei Prinzen.

Wahrlich, es ist ein schnurrig Ding gewesen mit dieser furchtbaren volksbedrückenden Majorität in der Kammer.

Woraus bestand sie denn im Grunde? Was für Geschöpfe waren denn darin? Allerhand Thiere, eine ganze Thierbude so zu sagen; da waren kriechende Bestien, Hausthiere, reißende Bestien, auch giftiges Gewürm fehlte nicht; da saßen Füchse, Vielfraßbären, Luchse; Hunde aller Sorten.

Eine Handvoll reicher Kerle, nicht über zweihundert, waren von einer andern Handvoll reicher Pilze, dreißig- bis vierzigtausend an der Zahl, erwählt, oder eigentlich von den Ministern bezeichnet und erkoren worden, denn die Minister hatten volle Gewalt über die Wähler, und vermochten sie durch Gunstbeweise zu allen Streichen zu verlocken. So kam es denn daß zu Deputirten Aristokraten erwählt wurden die dasselbe Interesse mit ihnen hatten; und öffentliche Beamten welche am treuesten waren, d. h. am mehrsten Liebe zu ihrem Amtsgehalt hatten; und die Kammerherren, Stallmeister, Gardeoffiziere, Großoffiziere der Krone, oder (was das Nämliche) die Oberlakaien, ja sogar die schöngewachsenen Pagen und Ehrendiener der jungen Herrscherin, alle diese Personen wurden Deputirte.

Man hätte wahrhaftig meinen sollen, die Minister würden zuletzt noch, um die Krone zu vertreten, die königlichen Hofdamen und Zofen als Deputirtinnen hinschicken; allein die hohen Räthe des Thrones zogen es vor, sich selbst zu Deputirten zu erkiesen, und so durften sie denn dreist mitstimmen und gaben zuweilen den Ausschlag in wichtigen Dingen.

Ich erinnere mich dieser verruchten Zeit wie eines argen Traumes, aus dem ich erwacht bin seit unsre glorreiche Revolution den Satanas von hinnen peitschte! Wir nannten jene alte Regierungsmaschine damals eine Repräsentativregierung, aber mit Unrecht, denn sie war nichts als ein miserables Possenspiel, wozu das Volk Blut, Schweiß und Pfennige liefern mußte. Die Königin und ihre Minister herrschten, machten das Gesetz nach Belieben, waren auch gewiß viel frecher als hätten sie in einem sogenannten absoluten Staate, ohne Mitwirken von Deputirten, gelebt; bei uns konnten sie sich trefflichst hinter die Deputirten verkriechen und jedesmal sagen: „das ist Volkssache, das ist volksthümlich, wir sind Volksvertreter," u. s. w., u. s. w. Die Gesetze die von dieser erbärmlichen Landesvertreterschaft binnen zehn Jahren, von 1772 bis 82, fabrizirt wurden, sind namenlos abscheulich; man sollte heute sie für Erdichtungen halten, und dennoch leider! haben sie einst wirklich gegolten in unserm unglücklichen Ikarien. Da gab es zu Ende des Jahres immer Rechnungen des Staatshaushalts, und da wurden von den Kammerknechten Ausgaben fürs folgende bewilligt, daß einem die Haare zu Berge stiegen; da gabs eine Civilliste oder einen Jahrgehalt für die Landesmutter aus dem Reichsschatze, da gab es Apanagen oder Jahrgehälter für die Prinzen, und eine Mitgift für die Prinzessin; dann kamen in dichtem Zuge ganze Schaaren von Schreckgesetzen, Drohgesetzen, Einschüchterungsgesetzen verschiedenster Sorte, sämmtlich natürlich zu Nutz und Frommen des Herrscherhauses und seiner Diener, zu Gunsten der Minister und der Aristokratie, und allemal gegen das Volk gekehrt. Zuweilen ließ man auch wohl aus Furcht oder aus Pfiffigkeit, um sich beim Volke beliebt zu machen, hie und da ein Gesetz geben welches für dasselbe zu sein schien, aber flugs ward es widerrufen, entstellt, oder man ließ es still vergessen werden, indem man es nicht in Wirksamkeit brachte.

Wenn der Despotismus seinen Pesthauch über das Ganze athmet, dann wird auch das Gefühl der Schaam erstickt. Die Herren Volksrepräsentirer, von denen es hieß: sie wären abgeschickt um die Räthe der Krone zu überwachen und im Nothfalle in Anklage zu versetzen, trieben sich stets in den Palästen dieser Minister und selbst im Schlosse der Königin herum, und rannten wie hungrige Hunde zu den Ministertischen und Festgelagen des ihnen schmeichelnden Hofes und der Hofleute. Da ward denn weidlich gezecht, und gespeist, und getanzt, und gejubelt, zwischenein geschmeichelt, und gewedelt, und gekrochen, und gelogen. Es ist fast unglaublich, aber dennoch wahr, diese trefflichen Deputirten, denen „das Wohl des Reiches am Herzen „lag" wie sie immer prahlten, haben einmal zwei volle Stunden in größtem Ernste die wichtige Frage besprochen: „ob die „Königin in einem Federputze nicht schöner aussehe als in einem „Blumenputze?"

Es versteht sich daß die Minister, um sich die Gunst der Majorität zu erhalten, rastlos für die Deputirten, deren Frauen, Kinder und sonstige Anverwandten die besten Stellen, Geschenke aller Art, Ordensbändchen, Kreuzchen, Titelchen u. s. w. in Bereitschaft hatten; die redlichen aber unter den Deputirten, die sich nicht für Sündenlohn verschachern mochten, wurden auf alle erdenkliche Weise geärgert, verhöhnt, geschmälert, und oft geradezu ruinirt.

Nachdem die Minister sich in der Deputirtenkammer eine starke Parthei gemacht, hatten sie leichtes Spiel gegen die nicht ministerielle Minorität, und hetzten ihren Anhang, wie Gassenjungen einen Hund auf einen andern, auf die geringere Zahl. Somit war es ihnen nicht schwer zu herrschen; ja sie wußten es dahin zu bringen daß die Minderheit in der Kammer nicht mehr zu Worte kam und folglich keinen dem Volke günstigen Vorschlag aussprechen konnte. —

Hier unterbrach ich den Greis: Was sagten nun aber die Zuschauer zu diesen Sitzungen? und was das Volk wenn es den Tagesbericht las?

Sie sagten, erwiederte er, es sei ein endloser Skandal, ein Knäuel von Unmoralität und Niedertracht, eine Greuelhöhle sonder Gleichen, ein Irrenhaus, eine Kneipe, eine Mordspelunke, ein sittenverpestendes Haus, welches allerdings gereinigt werden sollte.

— Und machte denn, rief ich, das Volk keine Bittschriften wie in England? —

— Bittschriften! Bittschriften! Ei, und an wen! etwa an die Fürstin? an ihre Herren Minister? an ihre knechtischen Deputirten?

— Aber konnte sich denn das gequälte Volk nicht, wie in England, in großen Meetings öffentlich versammeln?

— Nein; diese Versammlungen waren von dem Gesetze das die Reichen, die Hochgebornen, gemacht hatten, aufs Schärfste verboten worden.

— Weshalb aber griff das Volk nicht nach Straßenkoth und schmiß ihn den Reichsverräthern, die sich Deputirte nannten, nicht an die feilen Köpfe?

— Darum nicht, weil diese Volksfeinde so klug waren, stets sich von einer Bande geübter Prügeler und Raufer, mit Knütteln, begleiten zu lassen.

— Aber du lieber Himmel, warum schrie das arme Volk nicht gegen die Minister wie in London, wo bekanntlich der alte Herzog Wellington sich genöthigt sah, wegen des Volkshasses seinem Palaste eiserne Gitter, eiserne Thüren und eiserne Fensterladen zu geben!

— Deshalb nicht, weil bei uns alsbald die königlichen Kanonen auffuhren und dem Volke ihrerseits ins Ohr sprachen; auch weil die Polizeimeister ihr Aemtchen verstanden...

— Es gab also kein Mittel, wie in England, wo das Volk friedlich eine Reform des Parlaments bewirkt hat?

— Wie meinen Sie das, lieber William? Hat ein gütiges Geschick uns nicht den Ikar und die ikarische Gütergemeinschaft gesendet? und zwar vierzig Jahre bevor Sie in Großbritannien Ihre sogenannte Parlamentsreform zu Tage brachten. Ich gebe gern zu, England darf stolz auf diese seine Reformirung sein, aber sie ist doch nichts im Vergleiche mit der unsrigen. Gerade herausgesagt, wir lachen, hören wir vom englischen Radikalismus so viel reden. Als ich einst Ihr Vaterland bereiste, Lord, freute ich mich, ich gestehe es, wenn die vornehmen, reichen, eleganten Herren, die ins Parlament gewählt werden wollten, als demüthige Kandidaten der Reichsvertreterschaft, in freier Luft auf die Wahlbühne oder Hustings treten und dort vor dem ganzen Volke ihre Grundsätze darlegen, ihm gleichsam huldigen mußten; aber ich begriff nicht weshalb nun wieder eben dieses Volk tagsdarauf, wenn abgestimmt wird, sich verächtlich ausgeschlossen sieht? Wozu auch dies Geheul, diese Schimpfereien, Schlägereien, diese Verleumdungen gegen die Mitbewerber? weshalb ist das englische Volk so pöbelhaft grob gegen die Männer welche seine Vertreter werden sollen? Was bedeutet dieser Unfug? Und wozu dies schändliche Bestechen mit Goldstücken rechts und links um die Stimmen zu kaufen! Dadurch zeigt sich ja wieder kläglicher Weise wie verderbt und wie verderbend Ihr englisches Gesellschaftswesen, mit seinem Reichthum und seiner Armuth, beschaffen ist. Nein, Lord, reden Sie den Ikariern nicht mehr von Ihrer neulichen Parlamentsreform; das macht lachen; nicht wahr, Demokrat Eugen? namentlich wenn man einer Sitzung unsrer jetzigen Reichsvertreterschaft beigewohnt.

Der junge Maler hatte öfters während des Gespräches seine innere Aufregung durch Geberden an den Tag gelegt. Er barg zuletzt sein erglühendes Antlitz in die Hände. Dann fuhr er in die Höhe und rief: Ja freilich, freilich, ich bewundre die ikarische Deputirtenkammer, und die Verfassung, die Erziehung, die Gemeinschaft noch mehr, durch deren Einfluß eben die Wähler, Deputirten und Minister des ikarischen Volkes so rühmlich umgeändert worden sind! Ich fühle mein Blut in den Adern kochen, aber ich höre auch eine Stimme, es ist die der Vernunft: wirf nicht den Stein auf die Personen, sondern auf die Gesetze, Einrichtungen, Anordnungen; bessere diese, und du wirst jene sich bessern sehen; merze aus den wahnwitzigen Unterschied zwischen Arm und Reich, und die Deputirten werden gewissenhaft, die Staatsdiener pflichtgetreu werden! — Der Greis drückte ihm froh die Hand.

Obschon die Unterhaltung interessant genug war, herrschte doch eine seltsame Mißstimmung in dem Zirkel, selbst unter den Kindern; es schien man könne nicht heiter sein wo Korilla und Dina abwesend waren.

Dreiundzwanzigstes Kapitel.

Die Provinzialvertretung. — Das Pantheon.

Weißt du, sagte ich zu Walmor, unser Eugen hat in der pariser Deputirtenkammer diese Nacht zugebracht und ist ganz roth vor Aerger aufgestanden; er ist wüthend über diesen Traum.

Nun, das wird sich geben, meinte Walmor, und um ihn zu beschwichtigen, laßt uns zusammen unsre Pairskammer besuchen.

Oho, schrie Eugen, Ihr macht Euch über mich lustig; Pairs wird es doch nicht in Ikarien geben?

— Bewahre! Wir haben eine Pairskammer, d. h. eine hohe und erlauchte Versammlung, welche befugt ist die wichtigsten Gesetze, die von der Deputirtenkammer votirt wurden, zu bestätigen oder zu verwerfen; unsere Pairskammer besteht aber nicht etwa, wie die englische und französische, bloß aus etlichen hundert Mitgliedern, sondern aus vielen Tausenden, und im Grunde haben wir nicht eine sondern tausend Pairskammern.

— Sie scheinen nicht zu verstehen, lieber Eugen, sagte ich, was Walmor damit meint; er spricht offenbar von den Bürgern des ganzen Staates, die alle gleich sind und in den eintausend Volks- oder Kommunalversammlungen des Reiches allerdings hunderttausende oder richtiger Millionen von Pairs darstellen, welche über Annehmen und Abweisen der Gesetze, die ihnen die Vertreterschaft aus der Kammer zusendet, das letzte und entscheidende Wort zu sprechen haben.

Nun, das lasse ich mir gefallen, rief Eugen, und die will ich auch sofort gern sehen, obschon ich ihrer bereits mehrere zu sehen die Ehre hatte.

So schnell geht es nicht, sagte der Ikarier, denn die Sitzung findet erst morgen statt; vorher indessen wünsche ich Ihnen eine Sitzung von Provinzialvertretern zu zeigen. Und wundern Sie sich nicht, wandte er sich zu mir, daß wir die Gemeindeverfassung als ein Hauptgetriebe beibehalten; wir haben erkannt, es sei unumgänglich nöthig für die Wohlfahrt der Provinzen, daß eine jede ihre Vertreterschaft in der Provinzialhauptstadt, in einem Palaste mitten in der Stadt, besitze. Die Provinz besteht bekanntlich stets aus zehn Gemeinden, und die Hauptstadt derselben liegt regelmäßig in deren Mitte. Die Anzahl der Provinzvertreter besteht aus hundert und zwanzig Deputirten, die von den zehn Gemeinden erwählt sind; übrigens ist sie ganz wie die große Reichsdeputation in der Landeshauptstadt, organisirt, erneuert sich alljährlich zur Hälfte, theilt sich in funfzehn Ausschüsse und hält öffentliche Berathungen. Kurz jede Provinz hat ihre kleine Deputirtenkammer.

— Fürchtet man nie, entgegnete ich, daß doch einmal eine derselben in Feindschaft der Nationaldeputirtenkammer entgegengestellt werde?

— Nein, sagte Walmor; sie wäre zu schwach an Zahl; auch versammelt sie sich nur vier Monate lang, in vier Sitzungsfristen von zehn Tagen jede, mit langen Pausen. Zudem beschäftigt sie sich lediglich mit Dingen die ihr von der Verfassung angewiesen worden. Sie steht gänzlich in demselben Verhältnisse zur Reichskammer, wie eine Provinz zum ganzen Reiche. Ihre Pflicht ist: auf Vollstreckung der Gesetze in ihren Provinzialgemeinden zu sehen, und hierhin zielen alle ihre Berathungen und Beschlüsse; sie besorgt auch die Ordnung gewisser Angelegenheiten die bloß diese Provinz betreffen.

Da diese Versammlung im Grunde nur das Abbild der Nationalkammer sein konnte, zog ich vor, das Museum der Geschichte oder Pantheon in Augenschein zu nehmen.

Ich fand alle Figuren aus farbigem Wachse in natürlicher Größe dargestellt, mit ihrer besonderen Kleidung angethan, und ich gestehe, dies machte einen tiefen Eindruck auf mich. Die Kunst hatte die interessantesten Stellungen und charakteristischen Gebärde ihnen zu geben gewußt. Gleichwohl bemerkte ich unserm Eugen, der ganz außer sich vor Entzücken gerieth, diese Wachspuppen, so bezeichnend sie für historische Persönlichkeit wären, böten dennoch weit weniger dem Kunstsinne ein Genüge als Bilder aus Stein und Erz, welche bekanntlich weit schwieriger zu machen sind. Eugen aber meinte, in einem geschichtlichen Museum komme es mehr auf Aehnlichkeit an als auf schwierige Kunstdarstellung. Walmor fügte hinzu: die Wachsbildung sei gar nicht so leicht wie ich zu glauben scheine; die größten Künstler der Republik hätten jahrelang wetteifernd die Proben eingereicht und einer Kommission zum Begutachten und Auswählen vorgelegt; die Kostüme, die Waffen, die Stellungen, die Mienen, alles bis ins Kleinste, sei sorgfältig berechnet, und anerkanntermaßen so richtig, daß jetzt Maler und Schauspieler in diesem Museum oft die ihnen unerläßlichen Studien machten.

Wir durchmusterten eine lange Reihe von Sälen, sowohl im Pantheon, wo die Wohlthäter, als im Pandämonium, wo die Uebelthäter an der Menschheit dem ewigen Gerichte der Nachwelt aufbewahrt worden. Es lag etwas erschütterndes in dieser öffentlichen Ausstellung der weltgeschichtlichen Menschen vergangener Tage..... Hier hatte jede Nation und jede Epoche ihre eigenthümliche Repräsentanten. Mit besonderer Neugier suchte ich mir Ikar und Lixdox auf; im Dictator hatte ich eine ausgezeichnetere Gestalt zu finden gewünscht; ich bemerkte nur daß sich seine Züge durch eine ruhige, ich möchte sagen unendliche, selige Heiterkeit vor den übrigen hervorthaten, so wie sein Gegner, der vom Fluche des Volkes belastete Lixdox, ein bucklicher, einäugiger Mensch, mit allerdings widerlicher Miene, auf den ersten Blick weit weniger tiefe Verworfenheit zu besitzen schien als er in der That gehabt. Was die junge Königin aber für einen seltsamen Eidruck auf mich machte, werde ich nie vergessen; Eugen hatte sie kaum gesehen, so schrie er fast erschrocken: „Wie die der Schwester des Dinaros gleicht!“ Walmor erröthete; ich war bestürzt. Man denke sich das reizendste, rührendschönste Antlitz das je eine Krone trug, auf einem untadlig geformten Körper, der mit ungezwungener, ich möchte sagen, anmuthiger Majestät den Thronsessel einnahm. Es fehlte nichts als Dinas Zauberstimme.

Armes Weib, sprach ich leise, dein Unglück war einen Lixdox zum Minister zu haben!

Sagen Sie lieber; dein Unglück war Königin zu sein, denn das ist ein Standpunkt auf dem die edelsten Herzen geschwindelt und gestrauchelt haben!

Als wir weitergingen, sah ich noch ein Mal zurück nach diesem wunderbaren Frauenbilde. Ich nahm mir vor, bald wiederzukommen.

Vierundzwanzigstes Kapitel.

Die Volksversammlungen.

Wirklich lehnte ich Tags darauf den Vorschlag Eugens, ein Monument zu besehen, ab, und ging in die Säle des Pantheon, wo ich die Bildsäule der Chloramide aufs Neue betrachtete, deren Aehnlichkeit mit Dina mich sonderbar ergriff.

Nach dem Mittagsessen mußte ich Eugen zuerst beschwichtigen, der mir grollte ihn nicht begleitet zu haben. Doch ließ er sich gern bereden zu Walmor und dann in eine Volksversammlung zu gehen.

Könnte das Gesammtvolk der Republik sich in der Hauptstadt versammeln, sagte der Ikarier, so brauchten wir keine Nationalvertretung; gerade wie wir, wenn die Bewohner einer Provinz alle in der Provinzialstadt zusammenkommen könnten, auch keine Provinzialvertretung nöthig haben würden. Doch ist das naturgemäß unmöglich. Aber eine Gemeindevertretung haben wir nicht, denn es sind keine materiellen Hindernisse vorhanden, weshalb nicht die Einwohner einer Gemeinde sämmtlich und bequem sich im Gemeindepalaste versammeln können.

Das Volk der Gemeinde wählt also, mit andern Worten, keine Vertreter, sondern es vertritt sich in eigener Person durch seine eigene Anwesenheit, sobald es über Gemeindesachen beräth. Das Volk der Gemeinde ergreift die nothwendigen Maßregeln um innerhalb seines Gemeindekreises die Gesetze der Nationalkammer, und die Beschlüsse der Provinzialkammer zu vollführen. Auch gibt es, in den von der Verfassung angewiesenen Fällen, Befehle wodurch es seine eigenen, d. h. die Gemeindeverhältnisse, regelt. Dreimal monatlich findet seine Versammlung statt, folglich alle zehn Tage oder jede Woche. Aber es kann, wenn eine große Anzahl Bürger oder die Behörden darauf antragen, sich auch außer dieser Zeit zusammenrufen.

Die gewöhnlichen Gemeindesitzungen finden an demselben Tage und zur selbigen Stunde in sämmtlichen Gemeinden des ikarischen Volkes statt, so daß die Ikarier sagen können: in diesem Augenblicke berathen wir alle.

Die Versammlung beginnt nie eher als um vier Uhr Nachmittags, folglich nach vollbrachten Tagesarbeiten und nach dem Mittagessen. Sie dauert bis acht oder neun Uhr; die Theater, Museen, Vorlesungen, Konzerte und sonstigen Oerter sind an solchen Sitzungsabenden geschlossen, weil sämmtliche Bürger ohne Ausnahme zur Berathung gehen. Auf der Straße sieht man alsdann nur Frauen, Kinder und junge Leute; und wenn man zu jener Zeit einige Männer begegnet, so kann man gewiß sein, daß dieses Ausländer sind. Selbst die Omnibus sind während jener Versammlungsfrist selten; ihre Kutscher haben der Sitzung beizuwohnen, da sie ja Bürger wie alle andern Einwohner sind, und überlassen die Besorgung der Fuhrwerke jungen Leuten, welche noch nicht die Weihe des Reichsbürgerthums empfangen haben. Niemand fehlt bei diesen Versammlungen. Du begreifst das, wenn du erwägst, daß alle Bürger von der Republik ernährt werden und die Werkstätten Punkt ein Uhr sich schließen. Wegbleiben wäre eine Selbstverletzung, eine Selbsterniedrigung, ich möchte sagen Selbstentehrung, oder ein Raub zum Nachtheil der Republik, folglich ein ungeheures Verbrechen; welches indessen ohne Beispiel ist. Wir betrachten unsere Versammlungen als ein heilig Recht worauf wir stolz sind.

Sieh, setzte Walmor hinzu, indem er uns ein Druckblatt wies, da steht die Tagsordnung für heute. Du kannst bemerken, daß wir vielerlei abzumachen haben werden; elf Gemeindesachen, fünf Provinzialsachen, acht allgemeine oder Nationalsachen sind diesen Abend abzufertigen. Es wird aber rasch geschehen, denn seit der vorletzten Sitzung ist die Anzeige da; auch haben die besondern Komités schon der Reihe nach sie geprüft und in letzter Sitzung die Berichte darüber eingeliefert, die Tags darauf an die einzelnen Bürger vertheilt worden sind, so daß Jeder im Klaren ist.

Ich fragte ob diese Versammlung gleich der Nationalkammer in besondere Komités oder Ausschüsse getheilt sei?

Ja freilich, sagte Walmor, und außerdem besteht sie aus sechzig Unterkomités, deren jedes seine besondere Sachen bekommt, um sie vor der nächsten Sitzung reiflich erwägen zu können. Wir haben also Zeit genug gehabt, nachzudenken und uns in den Gesellschaftszirkeln und in den Werkstätten darüber zu besprechen.

— Ich las auf dem Anschlagblatte den Antrag, den Fremdenpalast zu vergrößern. Walmor sagte uns, er rühre von ihm her; seit letzter Sitzung habe man ihn bedenken können und heute werde er diskutirt werden.

— Jetzt sahen wir ins Versammlungslokal eine Menge Bürger eilig eintreten und die bestimmten Plätze nehmen. Es schlug eben vier Uhr; der Präsident und die Mitsitzer der Büreaus waren bereits auf ihren Stühlen; der junge Ikarier verließ uns und begab sich an seinen Sitz, mit dem Versprechen uns bei der ersten Pause wieder aufzusuchen.

Der Saal war groß und mit fürstlicher Pracht geziert. Zehntausend Männer saßen dort; fünf bis sechsmal mehr als es Deputirte gibt; auf der Zuhörergalerie, die kleiner war als die im Deputirtensaale, waren nur fast Frauen.

Die Sitzung begann. Unter tiefem Schweigen, nachdem die Uhr geschlagen, nahm man zuvörderst die Angelegenheiten der Gemeinde vor, darnach die der Provinz, endlich die der Republik. Ueber jeden Punkt ward zuerst der bündige Bericht der betreffenden Kommission verlesen. Die meisten Fragen entschieden sich ohne weitere Diskussion, einfach durch Aufstehen und Sitzenbleiben, und mit großer Mehrheit. Nur einige Fragen wurden von Rednern erörtert, welche stehend von ihren Plätzen aus sprachen. Man schritt auch zur Wahl von fünf bis sechs Gemeindebeamten, nach einer Namensliste die in der letzten Sitzung festgestellt und veröffentlicht worden. Man kündigte andre Wahlen an, für welche Jeder seine Kandidaten vor der nächsten Sitzung in Vorschlag zu bringen aufgefordert ward.

Nach Abfertigung der Gemeinde- und Provinzialsachen wurde die Sitzung eine halbe Stunde aufgehoben, und wir ergingen uns mit Walmor auf dem anstoßenden Platze. Eugen sagte voll Verwunderung: welche anständige Ruhe, welche Ordnung! und wie schnell ihr eure Geschäfte abmacht! — Da aber kam die Reihe an Walmor sich zu verwundern und er rief: Das ist doch wirklich seltsam, lieber Eugen, Sie thun auch schier gar nichts als sich verwundern, und zwar über Dinge die sich wahrlich von selbst verstehen; ich denke, Aufmerksamkeit und Ruhe und Kürze sind schlechthin nothwendig wenn es ans Besprechen von Gemeindesachen geht. Warum sollten wir nicht ruhig sein, da wir ja nicht in Partheien zerrissen, keine politischen Besonderinteressen, keine speziellen mit den übrigen im Streit begriffenen Absichten bei uns möglich sind! Sie vergessen, Freund, die Macht unsrer Erziehung, sowohl der allgemeinen als der bürgerthümlichen. Am Ende erstaunen Sie auch daß wir bei unsern Wahlen weder Intriguen, noch Pöbelhaftigkeiten, noch Bestechungen, seit unsrer neuen Organisation kennen!

Wir gingen in den Saal zurück, wo die auf die ganze Nation bezüglichen Dinge vorgenommen wurden; mehrere derselben hatte die Nationalkammer an das Volk geschickt um sein Gutachten darüber zu erfahren. Unter diesen war eine Frage die ein Provinzialbürger in seiner Gemeindesitzung vorgebracht hatte, und die von dieser angenommen worden; darnach hatten sämmtliche Versammlungen jener Provinz sie angenommen und folglich der Nationalversammlungen überbracht. Von letzterer war sie endlich an sämmtliche Versammlungen der übrigen Provinzen der Republik gesendet worden. Die Diskussion dauerte ziemlich lange; eine größere Anzahl Redner als bisher ließ sich hören und das Abstimmen geschah diesmal durch Ja und Nein, so daß genau die Summe der dafür und dawider stimmenden Mitglieder in den eintausend Gemeindeversammlungen, d. h. der wahrhafte Volkswillen, schwarz auf weiß zu Papier gebracht und der Nationalkammer in der Hauptstadt eingeschickt werden konnte.

Als die Tagesordnung erschöpft war, beantragte der Präsident den Tag der folgenden Sitzung festzusetzen. Sodann wurden zehn bis zwölf Vorschläge von verschiedenen Mitgliedern abgegeben: einige betrafen die Nation, andere die Gemeinde und Provinz. Alle wurden augenblicklich den speziellen Komités überwiesen, um vorläufig untersucht und begutachtet zu werden. Unter diesen Vorschlägen fiel mir der Antrag eines Schuhmachers auf, die Arbeit in den Nationaldruckereien zu verkürzen: er schlug vor, als einen einzigen Buchstaben diejenigen Worte gießen zu lassen welche im Druck der Gesetzsachen sich oft wiederholen, z. B. Nationalversammlung, Republik, Volksregierung oder regierendes Volk, u. dgl. mehr.

Beim Fortgehen sagte Eugen ganz in Gedanken: hört, ihr mögt über mich lachen, aber ich muß schon wieder meine Bewunderung äußern.

— Nun immer zu, rief Walmor, und morgen kann unser französischer Gast den Sitzungsbericht, von den Stenographen nachgeschrieben, in der Zeitung lesen.

— Wie schön dies klare, dreiste Ja und Nein! sagte Eugen.

— Ei, rief Walmor, das Gegentheil wäre noch schöner! wir, freie und gleiche Ikarier, sollten uns scheuen öffentlich zu stimmen? haben wir etwas durch Offenherzigkeit zu verlieren? ich wüßte wahrlich nicht was? Und sollte einmal der Fall kommen, nun so hat uns die ikarische Erziehung den nöthigen Bürgermuth dazu gegeben; aber dieser Fall kommt nicht. Ich finde es auch gar nicht einmal des Belobens werth; es versteht sich rein von selbst. Ihr seid kuriose Leute da drüben in Europa, nehmt es mir nicht übel, ihr schwatzt von Demokratie und wundert euch ungeheuer wenn man in einer Demokratie wirklich sich als Demokrat aufführt. Warum wundern Sie sich nicht noch gar über das Recht des Einzelnen bei uns: aus der Gemeindesitzung Vorschläge die den Staat betreffen, vorzutragen? ein Recht welches durchaus nothwendig, natürlich und leicht zu handhaben ist, sobald das Ganze seine zweckdienliche Organisation besitzt.

Eugen meinte: die Europäer seien dahin gekommen, die Hände über den Kopf vor frohem Erstaunen zusammen zu schlagen, wenn eine Sache vernünftig sei. — Dann muß es bei euch im Ganzen nicht eben sehr vernünftig aussehen, lächelte Walmor.

Was das Bittschriftsrecht belangt, sagte er, so wird nicht selten vom Einzelnen davon in der Gemeindesitzung Gebrauch gemacht; ist seine Petition von letzterer angenommen, so geht sie an die Nationalkammer. Wird sie hier verworfen, so kann man sie nächsten Jahres wieder einsenden, oder auch auf der Stelle an die Versammlung einer andern Gemeinde. Auf diesem Wege dürfen alle gesunde Ideen ans Tageslicht, und die ungesunden beschweren nicht den Geschäftsgang der Nationalkammer. — Walmor wollte uns noch vom Journalismus sprechen, aber da er zu thun hatte, verhieß er es auf morgen, und entfernte sich.

Fünfundzwanzigstes Kapitel.

Die Zeitungen.

Als wir uns wieder beisammen fanden, begann unsere Unterhaltung da wo sie neulich abgebrochen war. Wir sprachen über die Tagespresse. Eugen meinte, die Preßfreiheit mit all ihren

Ausschweifungen sei nöthig gegen die Aristokratie und das Königthum, aber sie ist mit abscheulichen Mißbräuchen ausgestattet; es ist eine lügnerische Freiheit, wo das Monopol, die Geldspekulation, das rein persönliche schlechte Interesse, die Parteilichkeit und die Bestechlichkeit, die Verleumdung, die falschen Nachrichten und Irrthümer die man beim besten Willen nicht einmal hinterdrein ausmerzen kann, die täglichen Widersprüche, die Unsicherheit und Verwirrung in dem politischen Lehrsysteme, kurz die größten Uebelstände sich mit dem Mantel weitschallender schimmernder Worte decken. Aus der Vielfachheit der Journale entsteht nothgedrungen eine Konfusion sonder Gleichen, wodurch den Leuten die Köpfe theils verdreht, theils in der Verdrehtheit erhalten zu werden pflegen. Unsere sociale und politische Organisation daheim muß wahrhaftig entsetzlich sein, da wir gegen sie eine so unerträgliche Bundesgenossin anrufen!

— Diesem Unheil, erwiederte Walmor, haben wir die Wurzel abgeschnitten indem wir erstens eine Organisation angaben in der die Feindseligkeiten der Tagespresse entbehrlich gemacht sind; zweitens, indem wir nur ein einziges Journal für jede Gemeinde, ein einziges für jede Provinz, und ein einziges für die Nation erlauben; drittens, indem wir die Redaktion dieser Blätter einigen, vom Volke Erwählten, oder seinen Vertretern, anvertrauen, folglich ganz uneigennützigen Männern, die nur für eine gewisse Zeit verwalten und abgerufen werden. Das Hauptmittel gegen die Mißstände der Presse haben wir jedoch darin gefunden: daß wir die Zeitungen lediglich als Protokolle, als Berichterstattungen von Thatsachen, ohne weitere Diskussion von Seiten der Journalisten, betrachten. Wie jeder sonstige Bürger, so hat auch der Journalist das Recht seine Meinung der Gemeindekammer vorzulegen, die darüber verhandelt und urtheilt. Nun aber dünkt es uns völlig überflüssig, wenn Jeder in seiner Versammlung sich Gehör verschafft, ihm zu gestatten noch außerdem in Blättern sich auf eine Weise vernehmen zu lassen, die zu beklagenswerthen Mißgriffen führen müßte. Wissen Sie, worin eigentlich die ikarische unbeschränkte Preßfreiheit besteht? lediglich in dem Recht eines Jeglichen, Vorschläge in seiner Versammlung zu thun. Die öffentliche Meinung bei uns bethätigt sich in eben diesen Volksversammlungen, welche häufig genug und ordnungsmäßig genug statt finden, um Lebendigkeit und Interesse in der Brust des Einzelnen für das Ganze und die Theile wach zu erhalten. Unsere Journale bringen die genauen Register der Majorität und Minorität in jedem vorliegenden Falle, und geben hiemit den einzig richtigen Aufschluß über den Stand dieser öffentlichen Meinung, sind so zu sagen die wahren Thermometer derselben, die sich nicht irren und irre machen können.

Eugen sprach seine Bewunderung aus, und ich pflichtete bei.

Bedenken Sie ferner, sagte Walmor, daß unsere Journalisten, die erwählt werden, die dazu tauglichsten Bürger sind, die eine Ehre darin setzen die Thatsachen mit aller Klarheit zu berichten und zu analysiren; sie entwickeln dabei eine Kunst welche den Leser anzieht, auf die Hauptpunkte weist, jedes unnütze Wort sorgsam sich und ihm erspart. Das Aeußere der Blätter selbst ist dem entsprechend; schönes Papier, schöne Lettern, bequemes Format, zweckdienliche Eintheilung des Inhalts findet man eben nicht in französischen und englischen Zeitungen, glaube ich.

Wahrhaftig, rief der Maler, die Republik Ikarien in ihrer hohen Machtvollkommenheit muß wohl fähiger sein, eine gute Tagespresse zu schaffen als unsere Journalfabrikanten die mehr oder weniger Schacher treiben.

Nicht wahr? sagte Walmor lächelnd.

Sechsundzwanzigstes Kapitel.

Die Vollziehungsbehörde.

Eine Grundregel, belehrte uns Walmor, ist daß die Vollziehungsmacht wesentlich der gesetzgebenden Macht untergeordnet sei, deren Beschlüsse sie auszuführen hat. Demnach handelt sie immer nur im Namen des Volkes und der Nationalvertretung, ist folglich durchaus verantwortlich, kann zur Rechnung gezogen und abgesetzt werden. Daß diese Behörde wählbar ist, versteht sich; ebenso daß sie stets aus einer Körperschaft mit einem Präsidenten zusammengesetzt ist; woraus sich ergibt daß Ikarien nicht einen „Präsidenten der Republik" hat, sondern nur einen Präsidenten des Vollziehungsraths oder der Vollziehungsbehörde. Auf dieselbe Weise hat jeder unsrer gesetzgebenden Körper neben sich einen Vollziehungsrath. Wir haben folglich eine Nationalvollziehungsbehörde, einhundert provinziale, und eintausend kommunale oder Gemeindevollziehungsbehörden.

Die nationale besteht aus sechzehn Mitgliedern, unter dem

Namen Generalvollstrecker, welche Zahl mithin um eins größer ist als die der Hauptausschüsse der Nationalkammer. Jeder dieser sechzehn Vollstrecker ist so zu sagen ein Minister, der ein besonders Fach beaufsichtigt und befehligt; ihr Präsident ist ein Präsident des Ministerraths.

Die nationale Vollziehungsbehörde nun hat in der Hauptstadt, in den Hauptörtern der Provinzen und in jeder Gemeindestadt, die nöthigen Unterbeamten zur Verfügung. Die sechzehn Mitglieder sind auf zwei Jahre gewählt; alle Jahre erneuern sie sich, wie die Nationalvertreter, zur Hälfte.

Die Wahl geschieht vom Volke, nach einer dreifachen Liste von Kandidaten die von der Nationalvertreterschaft ernannt sind. Alle Unterbeamten werden theils durch die Vollziehungsbehörde, theils auch durch die Nationalvertreterschaft, meistens jedoch durch das Volk ernannt. Demzufolge ist die Verantwortlichkeit der vollziehenden Behörde, was die Handlungen der Unterbeamten betrifft, eine begrenzte; man kann jene nur für dasjenige zur Rechenschaft ziehen was wirklich ihre eigene Schuld ist.

Die sechzehn Vollstrecker und ihr Präsident wohnen im Nationalpalast, neben der Nationalvertreterschaft. Dort befinden sich auch die sämmtlichen Ministerien, oder doch ganz in der Nähe, so daß die Kommunikation zwischen der Nationalvertreterschaft und Nationalvollziehungsbehörde möglichst erleichtert ist.

Ich brauche Ihnen wohl kaum ausdrücklich zu sagen, daß die Vollstrecker weder Garde noch besondere Belohnungen, Gehalt, u. dgl. haben. Keiner derselben speist besser, wohnt besser als irgend ein andrer Ikarier. Bei uns gelten die Aemter nicht mehr und nicht minder als Professionen, oder umgekehrt: jede ikarische Profession gilt als ein Amt. Es gibt selbst Behördestellen, durch deren Besorgung man nicht einmal vom Arbeiten in den Werkstätten befreit wird.

Die vollziehende Behörde besitzt gar kein Mittel zum Bestechen, zum Einschüchtern, und eben so wenig ist sie im Stande sich Anmaßlichkeiten zu Schulden kommen zu lassen.

— Ereignet es sich nicht zuweilen, unterbrach ich hier, daß Ihr Vollziehungspräsident, der offenbar an den Platz des Königs getreten ist, sich erniedrigt fühlt? erniedrigt durch seine untergeordnete Stellung?

Walmor erstaunte über diese meine Frage. Wie, rief er, wie wäre es möglich daß solcher Wahnwitz unter uns einrisse! Diese Beamten stammen nicht etwa aus königlichem Geblüte, sondern gerade wie alle übrigen Beamten, sind auch sie Handarbeiter gewesen oder sind es auch noch. Unser jetziger Präsident, mit dem wir ganz zufrieden sein können, ist ein Maurer. Früher bekleidete er den Posten des Präsidenten der Nationalvertreterschaft; in der Zwischenzeit, ehe er aufs Neue mit dem Zutrauen beehrt ward, hat er sein Handwerk wieder getrieben, und seine Söhne arbeiten in den Werkzeugen, nicht minder seine Töchter.

Uebrigens, um jede Spannung zwischen den beiden Hauptmächten, der gesetzgebenden und gesetzausführenden, zu meiden, desgleichen um jedes Ueberschreiten unmöglich zu machen, wollte man anfänglich eine dritte Körperschaft, die Behörde der Erhalter, einsetzen, welche ein wachsames Auge auf die Verfassung haben sollte. Allein dieses Auskunftmittel ist als überflüßig verworfen worden.

Von den Vollziehungsbehörden der Provinzen brauche ich nur ein Wort zu sagen. Sie besorgen die Verwirklichung der sich auf Provinzialinteressen beziehenden Gesetze; ernannt werden die Mitglieder durch die Einwohnerschaft der Provinz; nach einer Liste die von der Vertreterschaft dieser Provinz entworfen ist. Auch sie sind in Komités oder Ausschüsse oder Büreaus getheilt.

Die Vollziehungsbehörde einer einzelnen Gemeinde besteht ebenfalls aus sechzehn Personen, deren eine die Präsidentur bekleidet; sie werden vom Volke dieser Gemeinde gewählt, haben jeder einen besondern Wirkungkreis und stehen an der Spitze eines Unterpersonals von Beamten. Dieser niederen Gemeindebeamten sind sehr viele, so daß jeder ein besonderes Fach bequem versieht; auf solche Art läßt sich das Amt leicht mit Ausübung eines Gewerbes verknüpfen, was sonst unmöglich wäre. Auch erzweckt man dadurch, daß recht viele Bürger sich an die Verwaltung öffentlicher Geschäfte gewöhnen. Wir haben in der Gemeinde, auf dem Lande, in Dörfern und Städten besondere Beamten für Schule, Hospital, Werkstatt, Magazin, Theater, Straßen und Plätze, Monumente, u. s. w.

— Sehr gut, sagte Eugen; aber ach! Leute, euch fehlt die stehende Armee, euch fehlen Generale und Bürgergarde auf Kriegsfuß, und Gendarmerie und Stadtpolizei, und die Spione fehlen euch, ihr bedauerlichen Ikarier! Es ist wahr, ihr habt auch keine Kriege im Lande, keine Zwietracht, keine politische Parthien, keine Aufstände und Verschwörungen.

Walmor lachte.

— Und euch fehlen auch die Henkersknechte sammt dem Schaffot, und Kerker und Kerkerwärter.

— Die braucht man nicht, sagte Walmor, in einem Lande wo keine Verbrechen vorfallen.

— Und Auflagen, und Douanen, und Mauthen habt ihr auch nicht, wie es scheint?

— Nein; aber wir haben Eintheiler, Buchführer, Rechenmeister, Registrirer, wo es auf Vertheilung der Produkte ankommt; wir haben Ober- und Unterdirektoren der Nationalwerkstätten, kurz eine ungeheure Masse Verwalter oder Beamten um die Interessen jedes und aller Bürger wahr zu nehmen. Alle diese Beamten wählt das Volk jährlich; sie wohnen stets den Versammlungen bei, und sind immer bereit Rechenschaft zu geben.

— Sie, sind also niemals grob und hochfahrend gegen die Nichtbeamten?

— Das wäre schön! Sie sind ja bloß Beauftragte, haben weiter nichts zu thun als den Willen der Mitbürger zu vollstrecken, and beeifern sich, im freudigen Bewußtsein ihres Amtes, sich stets des Vertrauens der Nation, deren Söhne zu sein sie die Ehre haben, würdig zu machen. Da wäre Grobheit übel am Platze. Sie wissen sehr gut, daß dem selbstregierenden Volke, dessen Glieder auch sie sind, höchster Respekt gebührt. Unser Volk, das ist ja unser Landesherr und Landesvater. Anfangs wollte man dem Nichtbeamten erlauben, jedem Beamten der ihm zu nahe träte, sofort Widerstand zu leisten; doch sah man bald ein dies sei unnütz, und hat verordnet: jeder Bürger sei den Beamten Gehorsam im Namen des Volkes und des Gesetzes schuldig, hinterdrein mag er sie vor das Volksgericht führen; wenn sie wirklich ihre Macht als Beamte gemißbraucht haben sollten.

— Die ikarischen Beamten sind also nicht unverletzlich?

— Nein, das sind sie nicht; das Volk hat sie als die Würdigsten, als die in socialer wie politischer Beziehung Tauglichsten, zu seinen Vorwaltern erkoren; aber ebendeshalb gilt das Vergehen eines Beamten von rechtswegen für desto schlimmer, je höher er vom Zutrauen der Mitbürger auf den Stufen der Geschäfte und Geschäftsehren gestellt ist. Sollte ein ikarischer Beamter Mißgriffe und Fehler sich zu Schulden kommen lassen, so würde auf der Stelle die Sache veröffentlicht, er würde scharf getadelt und abgesetzt werden. Diese Bestrafung gilt für so hart, und unsre Erziehung und das Beispiel wirken so günstig, daß zu solchem Aeußersten nie geschritten zu werden brauchte.

— Ja, rief Eugen nach einer Pause, die Gütergemeinschaft hat die Menschen umgeschaffen. Wohl dir Ikarien!

Siebenundzwanzigstes Kapitel.

Eine Heirath. — Ball.

Schon vor einigen Tagen waren Dina und Korilla zur Hochzeit einer ihrer Freundinnen eingeladen. In Ikarien ladet man in solchem Falle stets die ganze Familie mit ein, da es nicht anständig wäre, sähe man ein junges Mädchen ohne ihre Mutter, eine Frau ohne ihren Gemahl und umgekehrt.

Man hatte zuerst abstehen wollen, aus Zartheit für Walmor, doch merkte der junge Mann bald den Grund und hatte nicht nachgelassen mit Bitten und Versicherungen, er fühle sich Mann genug um jegliche Prüfung zu ertragen. Da nun die Familien mehrere Ausländer oder Provinzialen mitzuführen gedachten, ward mir zu Theil, Ehrenritter für Korilla zu werden, mit der wie mit Dina ich folglich zu tanzen hatte.

Um fünf Uhr kamen wir zum Hochzeitspalast, wo sich bald alle Familien aus den Straßen der beiden Eheleute zusammen fanden; diese sind allemal gegenwärtig, während eine spezielle Einladung spezielle Bekannten trifft.

Dina's Mutter kam zur selbigen Zeit wie wir, und nahm neben uns Platz. Alle Anwesende waren in Festanzügen, und ich muß gestehen, dies Gemisch von jungen Männern, Kindern, Greisen, Frauen und Mädchen machte einen malerischen Eindruck. Mit geheimer Freude bemerkte ich, daß meine beiden Damen offenbar die Blicke Aller auf sich zogen; Korilla war in der That die schönste, Dina die einnehmendste unter den anwesenden, durchgängig hübschen Mädchen.

Die Zeremonie dauerte nicht lange, denn die Ikarier verschieben es nicht bis auf den letzten Moment, die zu Verheirathenden über die Verpflichtungen zu belehren, welche sie gegenseitig und gegen die Republik eingehen. Der Beamte, im Feiergewande, richtete nur einige bündige, doch kräftige Worte an sie, erklärte sie danach für Gatten und stellte sie unter den Schutz der Gemeinde und Nation.

Hierauf begab man sich in den Ballsaal, der in dem nämlichen Gebäude liegt. Obschon ich manches öffentliche Tanzlokal besucht, überraschte mich dieses durch seine Pracht, die wahrhaft königlich war, und seine geschmackvolle Eleganz. Vergoldungen, Spiegel, Kronleuchter, Blumen, Wohlgerüche waren nicht gespart; ringsum Stufen und Sitze mit grünsammtenen Teppichen belegt, so daß jeder bequem sehen kann was in der

Mitte vorgeht; auf dieselbe verständige Weise sind alle öffentliche Säle hieselbst gebaut. Auch für nöthige Durchlüftung war sinnreicher als bei uns gesorgt. Ich bemerkte, daß der Raum mittelst einer leichten Scheidewand zwischen Decke und Estrich verlängert und verkürzt werden konnte.

Das junge Ehepaar begann den Tanz ganz allein; sie schienen nicht im mindesten durch die Blicke der Zuschauer genirt zu sein, die mit Vergnügen auf ihnen verweilten. Dann tanzten die Kinder alle mit einander. Hienach kam die Reihe an die jungen Leute beiderlei Geschlechts. Endlich tanzten Frauen und Männer, auch Greise, denn die ikarische Tanzkunst ist so anstandsvoll, so durch und durch anmuthig und maaßreich, daß sie mit Fug eine edle genannt, und von Allen bis ins hohe Alter geliebt wird. Die Ikarier sind sogleich bei der Hand einen Ball, ein Ballet, ein Theaterstück, worin jeder seine Rolle hat, aufzuführen. Ich glaube, dies beweist daß sie Kopf und Herz nicht auf dem unrechten Flecke haben.

Der Tanz besteht, abweichend vom Tanz unsrer civilisirten Welt, meist aus mannigfachen Wandlungen und Schwenkungen, in Promenaden, Figuren und Gruppirungen, die nicht albernes Gliederverreken und Springen, wie bei uns, nicht schwindelndes Kreiseln zur Hauptsache machen. Etwas anders ist natürlich der Ballettanz auf der Bühne. Auch bemerkte ich daß die Männer anders tanzen als die Frauen. Ein junger Mensch tanzte einige Minuten allein, dann zwei zusammen, dann drei, dann alle junge Leute gruppenweise. So auch die Mädchen, die mit Castagnetten und selbst mit Guitarre und sonstigen Instrumenten sich accompagnirten. Es ward ferner von einigen hochbejahrten Damen und Herren ein gravitätisch-komischer langsamer Charaktertanz aufgeführt, der herzlich lachen machte.

Hierauf walzte man; zuerst Männer mit Mänern, Frauen mit Frauen, da die Eheleute allein das Recht haben mit einander zu walzen. Ich dachte es würden nicht viele Walzende sein; aber ich hatte mich geirrt.

Andere Tänze, nicht Walzertänze, kamen hinterher, und es versteht sich, daß in diesen Männer mit Frauen zusammen tanzten.

Der Ballsaal lag dem Quartiersrestauranten gegenüber, und dieser hatte Erfrischungen von Früchten und Likören hergeschickt; die kleinen Mädchen boten herum, und zwar bei den Vätern, die kleinen Knaben bei den Müttern, stets aber zuerst bei den Bejahrtesten.

— Sie haben, sagte ich zu meinen zwei Begleiterinnen, viel Geschmack am Tanzen; Bälle wie die in London und Paris, sind allerdings hier zu Lande nicht, doch verlieren Sie nichts dabei; weder auf unsern privaten noch auf unsern öffentlichen würde ein Ikarier Freude haben. Bei uns * ladet man oft eine ungeheure Masse unbekannter Leute ein (Korilla lachte), ja wohl, und zwingt diese Unglücklichen, da die Zimmer zu klein, draußen auf der Treppe zu stehen (Dina machte ein Zeichen des Erstaunens). Wer das Glück hat im Salon zu sein, wird erstickt, zerquetscht oder zerstoßen.

— Das thuen die Engländer also? rief Korilla; das macht Euch Ehre; wenn ich darnach Euer übriges Verhalten beurtheilen dürfte....

— Dina meinte, man müsse in Privathäusern immer nur in gemessener Anzahl tanzen, zwei, drei Familien wären genug, denn zum Genuß des Tanzens gehöre eine gewisse Bequemlichkeit. Uebrigens tanzen wir weniger in unsern Häusern als in diesen öffentlichen Lokalen, wo so viele Hochzeiten allemal einen Ball für die Familien derselben Straße geben und für Familien die mit ihnen verbunden sind, so daß wahrlich nicht über Mangel an Gelegenheit geklagt werden kann. Es sind in jeder Straße gewiß acht oder zehn Hochzeiten im Jahre; woraus folgt daß jede Familie daselbst auch acht oder zehn Bälle mit macht. Außerdem bringt der Winter für jede Straße vier bis fünf Bälle, wo man nur hingeht um das Vergnügen des Tanzes zu genießen, und ohne weitere Veranlassung.

— Du vergißt unsre Sommerbälle, ergänzte Korilla, diese hübschen Reihentänze auf unsern Spatzierplätzen, wo jede Familie eine Stunde lang zuschauen und tanzen darf, im Grünen und unter bunten Lampen und farbigen Gaslichtern.

— Ja wohl, auch unsre ländlichen Tänze muß der Lord sich ansehen, sagte Dina, unsere Runden und Ringeltänze, wobei gelaufen und gegangen wird; die führen wir oft auf sobald zwei Familien beisammen sind.

— Und Musik? fragte ich.

— Die Musik ist fast immer künstlich mechanisch, wie die hier in diesem Saale, wo Sie keinen Musiker am Orchester sehen weil allerdings eine Maschinerie ihn ersetzt. Auf dem Lande tanzt man zur Flöte, zum Flageolet, zur Guitarre und zum Gesange; wir sind ja alle musikalisch.

* In London.

Anmerkung des Uebersetzers.

Korilla tanzte vorzüglich; Dina schien mir noch hinreißender zu tanzen, und als ich ihr gegenüber stand, machte ich sonderbarer Weise Verwirrung, obgleich ich mit Korille ganz leidlich getanzt hatte. Ich wußte nicht wie das kam, aber jedesmal wenn Dina mir die Hand reichte, verlor ich die Wendung und ging verkehrt. Ich trat den Leuten auf die Füße, stieß an, ja der Reihentanz mußte meinetwegen beinahe aufhören an der Stelle wo ich zu stehen das Unglück hatte. Darüber lachte Korilla und meine ganze Nachbarschaft; Dina wurde roth und bestürzt, ich nahm mich indessen zusammen und tanzte besser als vorher.

Der Ball schloß mit einem Tanz worin ein Einziger auftrat, so daß die Uebrigen sich vor dem Nachhausegehen erholen konnten. Um ein Viertel nach neun verließen alle den Saal.

Korilla neckte uns: Dina gib deinem vortrefflichen Tänzer den Arm, er kann dich zurückführen. —

Mit Entzücken nahm ich dieses an, um mich bei ihr wegen meiner Zerstreutheit zu entschuldigen; ich sagte, ich hätte wohl etwas Verdruß gemacht, doch sei anderseits auch wieder die Grazie einer Tänzerin dadurch aufs Anmuthigste an den Tag gekommen. Dina antwortete mit der klangvollen Stimme die — so deuchte mir — noch wohltönender war als gewöhnlich; auch was sie sagte war ohne Ziererei und ganz gescheidt, ja geistreich. Ich hatte nicht zu erwarten gewagt daß meine Ungeschicklichkeit solche großmüthige Verzeihung finden werde.

Achtundzwanzigstes Kapitel.

Spatzierritt.

Der Schlaf floh mich. Ich stand verdrießlich und gedankenschwer auf, und schlug dem Maler wiederholt ab ihn zu begleiten. Ich bat ihn es nicht übel zu nehmen, und ging dann allein ins Museum der Geschichte; wo ich nochmals das Bildniß der Königin anschaute. Endlich kam die Stunde wo Dina und Korilla mit mir ausreiten gewollt. Ich fand bei Korilla ihre Freundin und deren Bruder, und wir bestiegen, zwölf an der Zahl, Pferde von ausgezeichneter Rasse. Das Wetter war vortrefflich, und ich freute mich nach so langer Zeit wieder im Sattel zu sitzen, und zwar auf einem der schönsten Renner. Mir erschien Alles was mich umgab, herrlich; der

Sandweg, den man benetzt hatte, zwischen zwei lachenden Wiesen; rechts und links trabten kleine Gruppen, oder ritten im Schritt, oder machten Reitschulstücke mit vieler Gewandtheit.

Ich erinnerte mich einer Promenade im londoner Hyde-Park, zwischen einer jungen Herzogin und einer liebenswürdigen Gräfin; aber ich ward entzückter jetzt da ich dies ikarische Mädchen dahersprengen sah, elegant und kühn daß eine großbritannische Edeldame sie beneidet haben müßte; und das Mädchen kam so eben aus der Werkstatt! Und wie diese, so die andern die uns begegneten; nur deuchte mir, meine Gefährtinnen seien die schönsten von allen.

Korilla wollte mit einem Galopp schließen; ich war etwas besorgt um Dina die mir minder beherzt schien, und unwillkührlich beinahe griff meine Hand ein paar Male nach dem Zügel ihres Zelters; aber ich fand bald daß meine Unruhe unnütz sei; Dina wußte trefflich sich zu benehmen. So flog ich in seligem Gefühle zwischen den lieblichsten Amazonen die ich je gesehen.

Der Lauf war zu Ende. — Als ich abgestiegen und allein war, beschlich mich eine Beklommenheit, von der ich mir keine Rechenschaft zu geben vermochte.

Neunundzwanzigstes Kapitel.

Der Lord liebt Dina. — Geschichtliches über Lixdox, Chloramide und Ikar.

Ich war eben aufgestanden und meine Gedanken beschäftigten sich mit dem gestrigen Abende; da ging die Thür auf und Freund Eugen trat mit ernster Miene herein. Gut daß ich Sie noch treffe, Sie scheinen das Morgenroth gerade nicht sehr zu lieben, sagte er; ich habe Ihnen etwas zu sagen. Hören Sie, William, rücken Sie mal frei heraus mit der Sprache: was in aller Welt ist Ihnen passirt? Sie verzeihen meine Neugier, ich kann nicht länger das Ding ruhig ansehen.

— Was denn? fragte ich verwundert.

— Sie thun noch als wüßten Sie von nichts! Sagen Sie mir, Ihrem Freunde, was drückt Sie? haben Sie einen stillen Groll gegen mich? Erklären Sie sich näher, weshalb Sie nicht mehr wie sonst mit mir sind; Sie fliehen mich beinahe. Habe ich Ihnen Leides angethan? wann? wie?

— Lieber Eugen, ich begreife nicht was Sie wollen; erlauben Sie mir Ihnen zu erwiedern, daß ich in Ihnen täglich die gute Meinung, die ich gleich anfangs über Sie faßte, bestätigt finde; Sie sind mir theuer und werth.

— Sehr gut, aber trotz dem sind Sie düster und schweigsamer als früher. Sie scheinen den verwünschten englischen Spleen zu bekommen, oder leiden Sie am Heimweh?

— Gott bewahre! Sie irren sich.

— Also auch das nicht. Nun was ist es denn? Seit einigen Tagen finde ich Sie ungeduldig und hastig; Sie haben keine Ruhe und laufen herum; kaum sind Sie irgend wo, so gehen Sie auch wieder fort. Möglich daß Sie es nicht merken, aber ich sage Ihnen, Ihr Betragen ist ein verändertes. Sie sind auffahrend, quälen Ihre Umgebung, und der gute John hat schon öfter darunter zu leiden gehabt.

— Das wäre! ist dem so? das sollte mir wehe thun.

— Ja, dem ist so. Sie schlafen schlecht oder gar nicht, Sie haben wenig Appetit, sehen übel aus, sind mißtrauisch gegen mich... Dahinter steckt etwas, ich wette.

— Eugen, Sie täuschen sich, es ist nichts.

— Und ich bleibe dabei, es steht nicht ganz richtig, Sie haben vielleicht eine böse Nachricht aus England bekommen, Geldverlust z. B. oder Untreue Ihrer Miß Henriette?

— Ich sage Ihnen, kein Mensch hat mich beleidigt, nichts hat mich gekränkt.

— Wirklich? Nun, dann ist es einfach: Sie sind verliebt. Dagegen gäbe es aber ein sicheres Mittel, Sie brauchten nur schleunig nach London zurück zu reisen, wo Ihre junge, reiche und liebenswürdige Braut Sie erwartet.

— Ei, Sie sind ein sehr geschickter Arzt daß Sie sogleich errathen, Miß Henriettens Andenken mache mich krank....

— Ha, was ist das? nicht Ihre Henriette? — O ich beklage Sie, William... also eine Ikarierin!... Jetzt weiß ich es: Sie lieben entweder Fräulein Korilla oder Fräulein Dina...

— Das fehlte noch; Eugen, reden Sie heute dummes Zeug! Sie sind ganz thöricht geworden.

— Ja, Sie oder ich, Einer von Beiden wird's wohl sein. Ich bin es schwerlich; meine alleinige Thorheit ist, in Ikarien und seine Gütergemeinschaft verliebt zu sein, und ich denke die darf ich ungehindert mit vollster Inbrunst meiner Seele anbeten. Aber William! nein, das ist zu arg. Uebrigens mir ahnte das! Sie standen immer zwischen zwei Feuern, ganz unbesorgt und unschuldig wie ein Kind, während ich mich zusammennahm und kaum hinzusehen wagte, aus Angst, von allen beiden verbrannt zu werden. Da haben wir's! Es ist eigentlich eine schöne Historie; so ein Engländer hat Muth, Muth bis zum Flammentode. Jetzt wird mir auch klar warum Sie mich nicht bemerkten, als ich Ihnen auf der Reitpromenade mit der Hand zuwinkte; Freund William konnte nichts sehen und hören, denn er stolzirte zwischen zwei Sonnen die seine Blicke blendeten... Wie dem auch sei, ich bedaure Sie mein Lieber.

In dieser Weise redete er weiter; ich leugnete, er betheuerte. Nur könne er noch nicht entscheiden, meinte er, ob es Korilla sei oder ihre Freundin.

Jetzt gingen mir selber die Augen auf; ich mochte mich anstellen wie ich wollte, ich mußte schweigend gestehen er habe leider Recht. Die Glut der Leidenschaft war in meiner Brust erwacht. Ich untersuchte nunmehr genauer, und ich kam zur Gewißheit. Allerdings schwebten mir die Bilder Henriettens und Korillas stets auch vor, wenn ich an Dina dachte, aber mit Unterschieden die, näher betrachtet, mir keinen Zweifel ließen. Ich kam nur zu sehr zu der Einsicht, daß nichts mich so tief und bleibend ergriffen wie Dinas Stimme; ich entsann mich jetzt, nie in meinem Leben durch die Gegenwart eines Frauenzimmers so erfreut, durch ihre Abwesenheit so verstimmt worden zu sein. Bei schärferem Nachdenken entdeckte ich daß das Unheil schon lange her sei. Korillas Schönheit und Lieblichkeit hatte mich entzückt, aber zugleich verhindert, mich richtig zu beobachten. Während ich Korilla bewunderte, hatte ich Dina zu lieben begonnen, still, leise, ohne es mir bewußt zu sein. Ich erschrack und auf der Stelle war mein Entschluß gefaßt; ich mußte nach England entfliehen.

Aber — wenn auch sie mich liebte! — Neulich war ich im Zimmer ihres Bruders, sie kam herein und eilte sogleich wieder weg, als hätte sie nicht gewußt daß ich dort säße; sie war blaß und verstört; und sie mußte es wissen. Sonderbar! und bei alle dem weigert sie Walmor zu heirathen, ist kalt und ängstlich gegen mich — und doch weigert sie sich erst seit sie mich gesehen. — Das ist schlimm.

So besprach ich mich mit mir selbst; den ganzen Tag war ich in großer Aufgeregtheit. Ich gerieth in einen wahren Schwindel, ich wußte nicht was thun, was festsetzen: einerseits war ihre Liebe ein Unglück, anderseits ertappte ich mich auf dem jubelnden Gedanken, es könne sein daß sie mich liebe. Darnach kam die Verständigkeit; ich erinnerte mich der leidenschaftlichen Neigung Walmors für das junge Mädchen, und ich malte mir grell seine Schmerzen aus und die Vorwürfe die man mir machen würde, er und Korilla und die übrigen Familienmitglieder. Diese Betrachtung siegte; der Schweiß stand mir vor der Stirn, meine Adern pochten, und ich sagte zu mir: „wohlan, auf! du „mußt abreisen.“ Weil indessen für heute Abend eine Zusammenkunft im Walmor'schen Zirkel festgesetzt worden, wo der Großvater, der noch lebende Zeuge der Revolution, Eugen und mir über Ikar Mittheilungen zu machen versprochen hatte, hielt ich es für zweckmäßig noch ein Mal nebst Eugen hinzugehen.

Man urtheile von meinem Erstaunen, von meiner Verwirrung, als ich dort Frau Diname und Fräulein Dina fand, die Korilla herübergeholt hatte. Und Dina erschien mir jetzt reizender denn je! Und um das Maaß noch voller zu machen, sah ich wie sie auf mich zu kam und mit der unbeschreiblichen Stimme sagte: Lord William, Sie sind blaß; was fehlt Ihnen? sind Sie unwohl nach dem gestrigen Spatzierritte?

Und Eugen schaute mich viel öfter an wie sonst, er drehte zwar den Kopf weg, doch gleichsam unwillkührlich fiel sein forschender Blick auf mich... Als ich wieder nach Dina sah, stand sie neben Walmor und sprach mit ungewohnter Wärme; das verdroß mich! Jetzt war mein Mißgeschick vollendet: ich merkte in dieser Sekunde, ich sei — eifersüchtig...

Nach einiger Zeit sagte der Großvater, ich hätte ja im Museum die Statuen Ikar's und Chloramida's mir genau angesehen, und würde gewiß gern Geschichtliches über diese Personen vernehmen. Korilla, willst du die Erzählung anfangen? fragte er seine Enkelin. — Korilla nöthigte nachher Dina, die Geschichte Ikar's vorzutragen. Während letztere sprach, stürmte und wetterte es mir im Busen. Diese Stimme, diese Anmuth: ich sollte sie von heute ab nicht mehr hören, nicht mehr sehen! Der Kampf in meinem Innern ward so heftig daß ich mich wundre, ihn ohne mich zu äußern ertragen zu haben.

Daß ich vom Vortrage nicht eben viel behielt, versteht sich; Eugen hat in seinem Reisebuche desto genauer, theils nach diesem Gespräche, theils aus frühern Unterhaltungen mit Professor Dinaros und Büchern den Gegenstand abgehandet, obschon, wie er mir später gestand, er an jenem Abende auch zerstreut gewesen.

Chloramida und Lirdor.

Nach der Vertreibung des greisen Despoten Korug im Jahre 1772 wählten die Ikarier, oder richtiger, nahmen an als Königin die junge Chloramida, die ein Theil des Adels unter Leitung des Lirdor auf den Thron setzte. Dieser unselige Mensch war der Bruder des verjagten Herrschers und unermeßlich reich; sein Einfluß war bedeutend, seine Persönlichkeit war aber abscheulich. Er hatte ein sehr ungünstiges Aeußere, er war einäugig, bucklig, von fratzenhaftem Gesicht; er war höchst schlau, beredt, hatte viele Kenntnisse, ja es ist unleugbar daß er auch Genie besaß. Ein unerschütterlicher Ehrgeiz nagte ihm am Herzen; es war sein alter Plan gewesen, seinen Bruder und Gebieter der Krone zu berauben und sich damit zu schmücken. An der Spitze einer aristokratischen Parthei hatte er nichts gespart, zum Ziele zu gelangen; keine Heuchelei und Kriecherei, kein Versprechen, keine Lüge war ihm zu schlecht, wenn er nur dadurch sich bei Hofe und bei der Nation einschmeicheln und dem Ansehen seines Bruders schaden konnte. Nach dem Falle desselben heuchelte er weiter; er weinte oft bittere Zähren über das Unglück des Gestürzten, und zugleich hetzte er seine Anhänger auf, den alten Fürsten zu fangen, vor Gericht zu stellen und zu enthaupten. Er ließ heimlich die Königin, seine Schwägerin, erdolchen und ihre Kinder vergiften; nur der jüngste Sohn ward von treu gebliebenen Dienern außer Landes und an einen benachbarten königlichen Hof gebracht. Lirdor hätte jetzt leicht die Krone ergreifen können, da seine zahlreiche Parthei in der Aristokratie und im Volke sie ihm öffentlich und wiederholentlich antrug; doch zog er vor unter anderm Namen zu regieren.

Mit vielem Geschick wußte er es dahin zu bringen daß man eine Königin zu wählen beschloß, die er in der Person der Gräfin Chloramida, aus einem der ältesten und mächtigsten Häuser des Adels, gefunden zu haben glaubte.

Die Fürstin stand in ihrem zwanzigsten Jahre, als sie unvermuthet zur höchsten Würde des Reiches sich erkoren sah. Sie galt allgemein für die schönste Frau im Lande, wie das getreue Bild im historischen Museum denn auch darauf schließen läßt. Von ihrer Charaktergüte und Bildung war desgleichen ein endloses Rühmen. Ihr Gemahl war einer der vorzüglichsten Generale gewesen; als er starb hinterließ er eine Tochter und zwei Söhne, deren Erziehung Chloramida, so sagte man sich, aufs Musterhafteste leitete. Es kam wirklich wie Lirdor berechnet hatte: sie gewann die Adelklasse und die bürgerliche, bezauberte Arme und Reiche; während er scheinbar sich zurückzog und ganz seinem Sohne in Privatexistenz zu leben schien. Die geräuschvolle Politik werde er von jetzt ab aufgeben, streute er aus. Da kamen von allen Seiten Gesuche, und Petitionen mit zahlreichen Unterschriften bedeckt: er möge doch ja, als erfahrner Staatsmann, seinen Rath der jungen Herrscherin nicht entziehen, möge ihr die Last der Regierungsgeschäfte tragen helfen; kurz, man lud ihn ein, erster Minister zu werden. Er selber steckte natürlich hinter diesen Bittschriften und Lobeserhebungen; er schonte seinen Geldbeutel nicht dabei. Anfänglich spielte er den Gleichgültigen, oder schützte seine wankende Gesundheit, oder die heilige Pflicht, alle Zeit seinem Kinde zu widmen, vor.

Endlich, nachdem er noch vierzehn Tage eine Krankheit erheuchelt hatte, trat er, gleichsam nach einem harten Kampfe mit sich, hervor und erklärte: aus reiner Vaterlandsliebe und aus Achtung vor dem Volkswillen übernehme er die Stelle.

In Kurzem war er unbeschränkter Herr der Handlungen seiner Königin. Sie that nichts ohne seine Erlaubniß und vollzog pünktlich alles was er ihr im Geheimen vorschlug. Wahrscheinlich hat er schon damals den Plan gehegt, sie bei gelegener Zeit ums Leben zu bringen: doch zog er noch vor eine Rolle weiter zu spielen, die einen so guten Anfang gehabt hatte. Er und Chloramida wußten trefflich durch eine Reihe von Kunststückchen die Gunst der Nation zu bewahren.

Allmählig wandte Lirdor sich ausschließlich der Klasse der Reichen zu; auch verbündete er sich eng mit einem benachbarten Fürsten, der nicht weniger als 300,000 Mann an der Grenze Lager beziehen ließ.

Da wagte er die Maske zu lüften und er ward Despot; ohne jedoch ganz und gar zu verschmähen sich auf die Königin zu berufen, die immer noch geliebt und geehrt ward.

So ging es wieder eine Weile, bis auch dieses Mittel ihn im Stiche ließ; die Fürstin nahm bereitwilligst seine Maximen an und machte sich verächtlich, gehaßt. Mehrmalige Aufstände und Mordangriffe auf sie und ihn schlugen fehl, doch gelang zuletzt die gewaltige Empörung von 1782. Zwei Kronräthe wurden vom siegreichen Volke in Stücke gehauen; vier andere, in Lakaien und Mägde verkleidet, von den triumphirenden Revolutionären durch die Straßen geführt; Chloramida sah sich plötzlich von den eigenen Gardesoldaten im Schlosse arretirt. Lirdor war nicht sofort zu finden; er hatte sich in die Kleider einer Köchin gesteckt; endlich indessen entdeckte man ihn.

Diese Tyrannen, die so vielen Unschuldigen Blut und Thränen erpreßt, standen nun, oder lagen zum Theil auf den Knieen, vor den Schranken der Deputirtenkammer, der Vertreterin desselben Volkes dem sie seit Jahren frech den Titel „Unterthan" an den Kopf zu werfen gepflegt: dem sie zugemuthet hatten, der Königin als „Landesmutter" blindlings zu gehorsamen, und sich mit Knechtsrücken vor den königlichen Dienern zu biegen und schmiegen!

Das feierliche Verhör gab erbauliche Aufschlüsse über die Gesinnung der Angeklagten. Die Zuhörer vernahmen mit Entsetzen und Ingrimm z. B. die Aussage der Zeugen: „am 13. „Juni war Lixdox durch falsche Siegesnachricht getäuscht wor„den; mit großer Behaglichkeit lag er auf goldenem Kanape „und rauchte zu seinem köstlichen Kaffee; und ohne die Pfeife „aus dem Munde zu nehmen befahl er, Ikar und zehn andere „Anführer der Empörer unter sein Fenster zu schleppen; er „wolle sie dort durch Pferde aus seinem Marstalle zerreißen „lassen."

Außer diesem kamen noch mehr Greuel zum Vorschein; von der endlosen Reihe Bestechungen und Betrügereien im Großen nicht einmal zu reden, die von den Excellenzen seit Jahren verübt worden. Die Kammer erklärte diese Herren „sämmtlich für „Meineidige, Verräther, Räuber und Diebe, Mörder und „Verführer," folglich ohne Milderung des Todes schuldig. Die unglückliche Königin verurtheilte man, in Betracht ihrer Willensschwäche, zu ewigem Gefängniß. Lixdox aber, als Hauptverbrecher, Präsident des ehemaligen Ministerraths und allgemeinkundiger Beherrscher des Landes bekam die Strafe geschärft; er sollte baarfuß, im Hemde, den Kopf mit einem schwarzen Schleier verhüllt, zum Schaffot gehen, der Hinrichtung aller seiner Kollegen beiwohnen, und dann erst nach vorläufiger Abhauung der rechten Hand, mit der er so viele arge Befehle unterzeichnet hatte, durch Schwertstreich geköpft werden.

Gleichwohl übertrug die Versammlung der Landesvertreter ihrem Vorsitzer die Macht, dieses Urtheil abzuändern. Ferner beschloß sie, hundert Millionen aus den Gütern der Verurtheilten an das von ihnen ausgesogene Volk zurückzuerstatten; sie erklärte: zum heilsamen Beispiele verdamme sie die Kinder derer die einst tausend und aber tausend Wittwen und Waisen an den Bettelstab gebracht, nunmehr zum Almosenempfange. — Auf Ikars Antrag wurde in der That die Todesstrafe gestrichen.

Die Verbrecher waren mit der Verwandlung des Urtheils

absichtlich nicht bekannt gemacht worden. Man führte sie zum Hochgericht, durch die zahllosen Schaaren des Volkes, welches sie diesmal nicht mit Geschrei, sondern mit eisigem Schweigen empfing; dies schien manchem der elenden Tyrannen, der noch trotzig und verstockt einen Anschein von Muth hatte erheucheln wollen, den letzten Stoß zu versetzen. Auf dem Richtplatze hörten sie zitternd die Lesung des Urtheilspruches und ganz zuletzt die neue Strafe.

Dem Lixdox ward hierauf von Henkershand der Kopf geschoren; man sperrte ihn so in einen eisernen Käfig und stellte ihn den Blicken der Menge aus. Da umtönten ihn die gräßlichsten Verwünschungen... Frauen drängten sich herbei und forderten ihre Kinder und Männer zurück. Andere Leute schleuderten Koth und Steine nach ihm; und man hat bemerkt daß die Eifrigsten in dieser Rache gerade die ärmern Einwohner waren, die er durch Vorspiegelungen auf seine Seite zu locken versucht hatte, und die Inhaber von Kaufläden, die es ihm vermöge der pfiffig berechneten Verleumdungen und falschen Gerüchte einst gegen ihre Mitbürger zu hetzen, gelungen war.

Die Minister kamen in lebenslänglichen Kerker. Die Königin ward auf freien Fuß gesetzt, doch mußte sie einen Monat lang an dem Thore des Deputirtenpalastes betteln stehen.

Das war das jämmerliche Ende der Laufbahn des Lixdox und der Chloramida; ein großes Exempel für gekrönte Häupter und Minister, die gegen das Volk sündigen.

Ikar.

Dieser Mann hatte nur eine einzige Leidenschaft: die Liebe zur Menschheit.

Schon in seiner Kindheit fand er sich schmerzlich berührt wenn er Jemand leiden sah; war es ein andres Kind, so eilte er zu ihm und theilte mit ihm. Eines Abends begegnete er einem Jünglinge, der in der strengen Kälte, in Lumpen gehüllt, vor Hunger umstürzte. Ikar gab ihm seine Kleider die er erst seit wenigen Tagen hatte, und entzückt, aber selbst fast nackend, kehrte er nach Hause; wo der Vater, ein unbemittelter und sehr heftiger Mann, ihm wüthende Vorwürfe wegen des Verlustes der Kleidungsstücke machte die er mit großer Noth dem Sohne für die harte Jahreszeit gekauft hatte; ja er ging so weit, den großmüthigen jungen Menschen mit einer Peitsche blutig zu schlagen. — Ein andermal sprang er in ein brennendes Haus, während die Leute entsetzt zuschauten, und brachte einen Knaben noch lebendig aus den

Flammen; ihm selbst aber war die Hand stark verbrannt und die Kleidung wieder ruinirt. Als Sohn eines kümmerlich lebenden Karrenmachers, erfuhr Ikar die volle Qual des armen Handwerkers; er trieb selbst einige Jahre dies Geschäft. Seine Neigung für Bücher entwickelte sich frühzeitig, und er widmete der Lektüre manche Stunde die sonst verspielt oder verschlendert zu werden pflegt. Hatte er eine Schrift zu lesen begonnen, so ruhte er nicht eher als bis er sie vollendet. Er las im Gehen, auf der Gasse, auf dem Felde, während des Essens, während der Nacht, und mochte sein zorniger Vater noch so strenge gegen ihn auftreten. Namentlich philosophische Bücher verschlang er; wie junge Mädchen es mit Liebesromanen zu thun pflegen. Sein Nachdenken wurde durch Alles und Jedes rege; er ließ sich durch kein Hinderniß von dieser steten geistigen Beschäftigung abwenden. So z. B. machten ihm einst die Anfangsworte des Christengebetes „Vater Unser," viel zu schaffen; er folgerte aus ihnen: die Menschen, da sie alle Gott zum Vater hätten, wären offenbar Brüder, wären gleich. Sie sollten, meinte er, als Gotteskinder, eine einzige Gottesfamilie bilden, deren Mitglieder sich zu lieben und zu unterstützen hätten. Ein Nachbar, ein wahres Bild der Faulheit und Bosheit, wurde plötzlich durch Erbschaft der tiefsten Armuth entrissen und wohlhabend; und zwar in der nämlichen Woche wo ein anderer Nachbar, ein braver fleißiger Arbeiter, durch den Blitz Werkstatt und Magazin verlor und ein armer Mann wurde. Bei diesem doppelten Ereignisse, was oft genug vorkommt und unbeachtet bleibt, erwachte in Ikar die Einsicht in die elendigliche Gesellschaftsorganisation. Was ist das für eine Menschheit, rief er verwundert, in welcher Reichthum und Armuth von den Launen des Zufalls abhängig sind! Und dieser Gedanke keimte in ihm und erzeugte bald andere.

Eines Tages betrachtete er einen Steinhauer bei der Arbeit und verglich damit die Anordnungen des Architekten beim Bau des Hauses. Hieran knüpfte sich in seinem rastlos thätigen Geiste ein näheres Eingehen auf die Art und Weise, wie ein ganzes Land zweckmäßig verwaltet werden könne. Und als er in seinem Karren nach einem alten reichen Kloster fuhr und dort die Mönche beobachtete, entdeckte er — was freilich schon Mancher vor ihm wußte — daß durch Leben in Gemeinschaft manches erspart werden könne, und schloß weiter: durch gegenseitiges Arbeiten müsse eine ganze Bevölkerung in Gütergemeinschaft und Geselligkeit existiren.

Die Gedanken waren gewiß anfangs bei ihm sehr wenig ausgeführt, doch war schon viel gewonnen daß sie in seinem jugendlichen Verstande auftraten.

Ein seltsamer Umstand machte ihn zum Priester; er wollte übrigens schlechterdings auf irgend eine Weise sich für das Wohl der Menschen weihen. Nach einiger Zeit war es ihm möglich, nach der Hauptstadt zu kommen und dort zu predigen. Sein Talent der Rede, seine Begeisterung, seine männliche Kraft machten ihn beliebt und berühmt; die Kirche füllte sich nie so sehr als wenn es hieß: Ikar wird heute die Kanzel besteigen. Mit ungeheurer Energie sprach er gegen die Verschwendung und die Misere, gegen das Elend des Arbeiters und die Praßerei der Nichtarbeitenden; er kannte aus seiner Kindheit die Sachlage schon, und studirte sie jetzt täglich mehr auf seinen frommen Besuchen bei den Darbenden in der Stadt und Umgegend. Mit evangelischem Zorn griff er, der Diener Gottes, die schlechte gesellschaftliche Einrichtung an, in welcher Mildthätigkeit auf der Zunge sitzt und fast nie in Wirklichkeit übergeht, und wenn sie es thut, durch eine verkehrte Anwendung beinahe immer mehr schadet wie nützt. Er berief sich unverdrossen auf Jesus Christus, sobald er von Gleichheit und Brüderlichkeit zu sprechen hatte; auch auf Gütergemeinschaft verwies er öfters. Die Predigten machten zü viel Lärm, er selbst ward zu gefeiert, als daß seine Oberen lange dem Treiben des jungen Priesters hätten geduldig zusehen sollen; sie verboten ihm, nach vorherigem fruchtlosen Ermahnen, alles fernere Reden.—

Unwillig sagte er der Kirche Lebewohl für immer, und ging an die Veröffentlichung mehrerer Schriften die ihm Seitens der Landesregierung Verfolgungen zuzogen. Da er sich nicht abschrecken ließ, zog man auch strengere Saiten auf: und so kam es denn zuletzt dahin, daß er gerichtlich zur Ausstellung auf dem Schaffot und am Pranger verurtheilt ward, „weil er gedruckt „habe: Christus sei der kühnste Revolutionsheld auf Erden „gewesen." Glücklicherweise schreckte diese infame Behandlung den edeln Ikar nicht ab. Mit vermehrtem Eifer wandte er sich nun der socialen Frage zu. Er untersuchte aufs Ernstlichste alle bisherigen Systeme alter und neuer Philosophen und Menschheitsfreunde, inländischer wie ausländischer; er sann über Jesu Lehre nach, erwog die vielen tausende von Gemeinschaftstheorien religiöser Gesellschaften die auf der christlichen Lehre beruhen, und entwarf allmählig den Plan einer ganz neuen politischen und socialen Organisation, deren Grundlage vollkommene Gleichheit und Gütergemeinschaft sein sollte. Nach jahrelangen Studien, die ihm einen bedeutenden Schatz von

Kenntnissen verschafften, kam Ikar zur Gewißheit: dieser Plan sei ausführbar und sei der allein dem Menschen Glück verheißende und gewährende.

Begeistert veröffentlichte er eine Broschüre hierüber. Alsobald gerieth er wieder in die Hände der Justiz und diesmal ging es um seinen Kopf. Er ward als Kommunist oder Gütergemeinschäftler, gleich den Christusbekennern der frühesten Zeiten, des Hochverraths angeklagt. Man beschuldigte ihn: gegen die Sicherheit des Staats, der Krone und der Kirche, ja der Moral, zu Verschwörung aufzureizen. Man nannte ihn einen Anarchisten, d. h. einen Frevler der sich gegen alle bestehende, göttliche wie menschliche Ordnung und Satzung empöre, die bösen Leidenschaften der Armen wider die Reichen im Staate hetze, folglich Bürgerkrieg, Mord, Raub, Diebstahl lehre, die Nichtsthuerei empfehle, den Besitzenden ihre sauer erworbene Habe und ihre von Rechtswegen zuertheilte Erbschaft entreißen wolle, u. dgl. saubere Anklagen mehr. Ikar, „der Volksfeind „und Blutmensch," wie er hieß, entkam nur mit Noth dem Henker; die Richter erklärten: sein Leben habe er eigentlich verwirkt, doch wollten sie ihn loslassen, wofern er öffentlich Widerruf thue. Er blieb jedoch fest, und schwur: lieber wie Sokrates und Jesus und Morus von England zu sterben, als eine Wahrheit zu verleugnen die einst sich den Erdkreis unterwerfen werde. Die Hälfte der Richter sprach den Tod aus; die andre Hälfte entschied: seine Lehrsätze seien verrückt. Auf diese Weise allein ward er gerettet. — Da lächelte ihm plötzlich, zum ersten Male, das Geschick: ein alter Oheim in Ostindien starb und hinterließ ihm sein ungeheures Vermögen. Ikar that das Gelübde, es gänzlich für die Befreiung seines Vaterlandes anzuwenden; denn er glaubte, würde erst ein einziges Land gütergemeinschaftlich sein, so werde die Menschheit unendlichen Nutzen daraus ziehen.

Von dieser Stunde an ward er Revolutionär und machte er Propaganda, d. h. verbreitete sein System wie der Sohn des jüdischen Zimmermanns, auf friedlichem Wege. Er war bereit sich mit einer untergeordneten Rolle zu begnügen, wenn ein Andrer aufträte der da fähiger wäre, die Massen des Volkes zu einigen und die Wiedergeburt des Staates zu betreiben. Von dieser Stunde an umgab er sich mit kenntnißreichen und edelstrebenden Jünglingen, die ihn in seinen Schriften und sonstigen Arbeiten unterstützten. Ihnen trug er unter anderm auf, sämmtliche Ansichten alter und neuer Zeiten für und wider zu sammeln, und dem Volke in allgemein verständlichem Style zu erschließen, damit es einen Ueberblick auf Alles bekomme was je und irgendwo betreffs des Systemes der Gemeinschaft der Güter geschrieben und gethan worden. So entstand eine lange Liste und die Hoffnung Ikars ward immer stärker; er sah daß hohe und herrliche Männer der Vorzeit sich gleichfalls derselben erfreut hatten. Damals, sagte er, konnte das System nicht durchdringen; warum sollte es aber in Zukunft dies Mißgeschick nicht bezwingen dürfen? Er vernachläßigte jetzt kein ehrbares Mittel, sich bei den Mitbürgern beliebt zu machen. In wenigen Jahren gelang es ihm, an die Spitze einer mächtigen revolutionären Parthei zu treten. Seine Einfachheit in den äußern Lebensdingen, die er trotz des Reichthums beibehielt, seine herzgewinnenden Manieren, die rastlose Thätigkeit in der er seine Liebe für das Volk darlegte, sein Muth, seine Gewandheit: dies Alles hob ihn täglich mehr in den Augen der mit Lixdox Unzufriedenen. Glücklich ward er jedesmal, wenn es ihm gelang, vermöge seines moralischen Einflußes die thörichten, obschon gutgemeinten Angriffe Einzelner gegen die bestehende Macht zu hintertreiben, hochherzige doch unbesonnene Freiheitsmänner vor Schaffot, Kerker und Verbannung zu schirmen. Oft mußte er freilich für seine Warnungen die ärgsten Verleumdungen hören.

Als endlich der Augenblick gekommen war, da gab er selbst das Zeichen zum Aufstande und stürzte sich in das Gewühl des Kampfes; sein Schwert und seine Aufrufe an das Volk hatten den erwünschtesten Erfolg: die gute Sache der Menschheit errang die Palme des Sieges. Das Volk triumphirte 1782 am 14. Juni; Ikar, leicht verwundet, ward von demselben zum Dictator erkoren. Mit dieser schrankenlosen Gewalt bekleidet und im unerschütterlichen Vorhaben: nichts als des Landes Wohl zu beabsichtigen, errang er alsobald einen noch herrlichern Sieg, indem er dem Blutbade Einhalt that, Einigung schuf, das Volk wie Einen Mann organisirte und die theuer erkämpfte Freiheit nach Außen wie nach Innen sicherte, d. h. auf die feste Basis der politisch-socialen Reform stellte. Der Dictator schlug seinen Landsleuten aber nicht bloß die politische, sociale Gleichheit, Gütergemeinschaft und demokratische Republik vor; er gab auch den weisheitsvollen Plan eines Uebergangs der während funfzig Jahren zu befolgen sein sollte.

Nach einem schweren und langen Kriege gegen die sämmtlichen wider uns verbündeten benachbarten Könige, worin Niederlagen und Siege furchtbar wechselten, und zuletzt unser Volk die hochmüthige Bosheit der frechen feindlichen Regierungen zu Boden schmetterte, ward ein allgemeiner Frieden auf einem Völkerkongreß geschlossen. Hierauf kehrte Ikar seine volle Thatkraft nach Innen; seine Plane wurden angenommen, und sofort begannen auf allen Punkten des Reiches die unermeßlichen Vorarbeiten zu der unerhörten, nie im Großen dagewesenen Gemeinschaft der Güter, und zwar mit dem besten Erfolge.

Mehrere Provinzialgemeinden des Landes hatten schon Gütergemeinschaft, und über drei Millionen armer Leute genossen die Vortheile derselben, als am 7ten Januar 1798, im sechzehnten Jahre der Freiheit, der große Dictator, neunundfunfzig Jahr alt, durch den Tod dem Menschengeschlecht entrückt wurde.

Nie vielleicht hat ein Sterblicher sich größern, besser verdienten Ruhm erworben, nie ist ein Sterblicher während des Lebens und nach dem Tode mehr gefeiert worden als Ikar! Er trat, nach Ablauf der Dictatur, in den Privatstand zurück; nur eine Zeitlang verwaltete er noch eine Stelle auf einem Dorfe; aber wo er sich dem Publikum zeigte, da ward er begrüßt und gesegnet. Man nannte ihn deshalb auch den glückseligsten aller Erdenbewohner.

Bei der Nachricht seines Verscheidens unterbrach jeder Bürger die Arbeit und enthielt sich alles Vergnügens. Die Nationalvertreterschaft befahl die Leiche nach der Hauptstadt zu bringen. Man verordnete eine Feier an einem und dem nämlichen Tage in allen Gemeinden des Staates. Die Nationalvertreter legten auf ein Jahr Trauer an, setzten ihm eine riesige Bildsäule auf dem Mittelplatze jeder Stadt, stellten sein Brustbild in sämmtliche Nationalgebäude und schickten sein Gemälde in jedes Privathaus. Man begeht jährlich seinen Geburtstag. Früher hatte man die beiden Revolutionstage durch zwei Feste gefeiert, das eine für die Märtyrer der Freiheit, und das andere dem Andenken des Sieges geweiht; jetzt dekretirte die Volksversammlung, es solle fortan ein drittes Fest zu Ehren der Dictatur, dem sich Ikar aus Bescheidenheit stets widersetzt hatte, hinzugefügt werden. Ferner ward beschlossen, die Nation werde den alten Namen verlassen und sich nunmehr die ikarische nennen.

Es darf gerade nicht wundern, daß nicht Wenige nach seinem Tode behaupteten, er wäre ein zweiter Christus und im vollsten Ernste ihn als einen Gott zu verehren vorschlugen. Glücklicherweise war dies nicht die Meinung der Mehrheit des Volkes, und man begnügte sich Ikar als einen hohen Genius der unendlich die Menschheit in ihrem Fortschritt gefördert, anzuerkennen.

Dreißigstes Kapitel.

Theater.

— Sagen Sie, werden Sie rein toll? was Teufel wecken Sie mich so früh? Neulich erhoben Sie sich spät wie ein Patient, heute sind Sie wie ein Hahn mit dem Sonnenaufgang! Ach, Sie sind ein Ruhestörer, sagte Eugen gähnend und die Augen reibend; wollen Sie mir den besten Schlaf rauben weil Sie vor Liebeskummer nicht schlafen können! Armer William, Sie sind allerdings krank; aber wie können Sie sich nur einbilden, keine Seele merke etwas? Sie sind rasend genug eine Ikarierin, die keinen Ausländer heirathet, zu lieben, und obendrein noch eine Dame die sich gar nicht verheirathen will; denn es ist Unsinn verhehlen zu wollen, daß Sie die schöne Dina verehren, Dina und niemand anders: obschon Sie sich Mühe gaben gestern sie nicht oft anzuschauen und mit Korilla zu reden, die übrigens, nach meiner Meinung, noch schöner ist; ja, ja, mein Bester, das sind schlimme Geschichten...

— Lassen Sie das, Eugen, ich entfliehe allen Ikarierinnen; ich reise.

— Das ist gut! Mich betrübt es, ich bleibe allein; aber ich freue mich Ihrethalben, Freund... Wohl gibt es feindliche Mächte die der Mensch nur dadurch besiegen kann, daß er eine weise Flucht ergreift, ausweicht, nicht aber kindisch ihnen in den Rachen rennt. Wenn Sie den Pfeil im Herzen mit sich forttragen, freilich ein trauriger Denkzettel an Ikarien: nun so ist wenigstens viel geholfen, daß Sie sich nicht mehr der Gefahr preisgeben, noch mehr Pfeile aufzufangen. Ich beschwöre Sie, reisen Sie bald ab!

— Heute bereits...

— Nein, in zwei Tagen, und ich begleite Sie bis an die Grenze...

— Ich will nicht Abschied von der Walmor'schen Familie nehmen, entgegnete ich.

— Es ist aber unmöglich, lieber William, daß Sie bis zur Abfahrt sich selbst überlassen bleiben; kommen Sie heute Abend mit mir, ich habe Sie oft vergebens in das Theater zu gehen aufgefordert; eine mir bekannte Familie wird dort sein.—

Wir fanden uns zu rechter Zeit ein. Eugens neuer Freund, Almas, schien mir ein liebenswürdiger junger Mann; seine Schwestern waren auch da, und konnten für schön gelten.

Namentlich die ältere schien recht gesprächig und geistreich. Der Saal hatte sich ganz gefüllt, das Stück fand allgemein Beifall, Ich langweilte mich aus leicht erklärlicher Ursache, und hätten meine Nachbaren sich die Mühe genommen mich genauer zu beobachten, sie hätten den seltsamen Abstich bemerken müssen, den mein Gesicht und meine Haltung mit ihrer Fröhlichkeit machte. Beim besten Willen von der Welt konnte ich nicht an der Conversation zwischen Eugen und den Ikariern theilnehmen; ich bat ihn mir sein Tagebuch zu leihen, wo das was Almas ihm über die Theater sagte verzeichnet ist. Ich gebe hier wieder einen

Auszug aus Eugen's Papieren.

Ikarisches Theater.

Wie ist es doch nur den Einwohnern gelungen, das Mittel zu erfinden um allesammt das Theater zu besuchen! fragte der französische Künstler unsern Begleiter. Sie haben alle ohne Unterschied die nämlichen Anrechte, und es wäre wohl möglich, daß die welche gerade Lust zum Genusse des Bühnenspiels haben, nicht Plätze genug fänden.

— Die Sache ist wahrlich nicht mit vielem Kopfzerbrechen verbunden gewesen, lachte Almas; sollte Ihre Erfindungskraft, mein Herr, Ihnen nicht selbst den Weg anzeigen, den unsere Republik einzuschlagen für gut fand?

— Nun, ich wills probiren; die Aufgabe hieß: zu bewerkstelligen daß die gesammte Bevölkerung der Hauptstadt, die Provinzbewohner und Ausländer eingerechnet, ohne sich zu hindern, in das allzeit unentgeldliche Schauspiel gehen können. Da mußte man, denke ich, vorerst dem Einzelnen einen Platz sichern, ohne ihn an der Thür warten zu lassen.

— Ganz richtig.

— Wie groß ist die Zahl des Publikums, welches auf Theatergenuß in einem Jahre in der Hauptstadt Anspruch macht?

— Rechnen wir etwas weniger als eine Million, also neunmal hunderttausend Personen, worin Einwohner und Reisende begriffen sind.

— Und wie viele faßt der Saal?

— Funfzehntausend, glaube ich.

— Nun aber ist, wenn ich nicht irre, in den Staatslisten die Summe der Familien der Hauptstadt, und der Mitglieder die zu einer jeglichen gehören, ganz genau vorhanden; demnach muß die Behörde stets auch Bescheid geben können, wieviel Familien dreißig, wieviel Familien zwanzig, fünfundzwanzig Mitglieder zählen. Nicht wahr?

— Ja wohl. Und gerade deßhalb kann die Theaterverwaltung leicht für jede Vorstellung eine gewisse Zahl Familien zu dreißig, fünfundzwanzig, zwanzig Köpfen ꝛc., nebst einer zu bestimmenden Summe von Gästen der Reichsprovinzen und des Auslandes, aufzeichnen.

— Wahrscheinlich macht die Verwaltung Billette für Familien und Einzelne zu jeder besondern Vorstellung und vertheilt sie durchs Loos; dieser Gestalt kriegt jede Familie, jede Einzelperson ihre Eintrittskarte und weiß vorher welches das Stück ist, dem sie zuschauen können wird.

— Ganz gut, da haben Sie's ja errathen. Aber wie wenn das Stück nicht dem Inhaber des Looses gefiele?

— Dann würde man leicht, nach dem Register der zu spielenden Stücke, sich eins aussuchen dessen Billetinhaber tauschen möchte.

— So ist es. In derselben Weise verfahren wir für alle heater, öffentliche Festlichkeiten, Museen und wissenschaftliche Vorträge, sogar für die Zuhörergalerie in den Sitzungen der Deputirtenkammer. Dasselbe thuen wir bei unsern Reitpromenaden, wo jede Familie alle zehn Tage an die Reihe kommt: aus dem Grunde weil wir nur für ein Zehntel der Einwohner der Hauptstadt Reitpferde haben. Sie sehen, mein Herr, das Vertheilen der Vergnügungen und der Nahrung ist gar nicht so schwierig, wie sie auf den oberflächlichsten Blick hin erscheint.

— Aber jede Familie kommt nur alle zwei Monate ins Theater!

— Nun, was schadet das? dafür stehen ihr Museen, Vorlesungen, Bibliotheken, Konzerte, Zirkel aller Art (wo auch Privattheater zuweilen gespielt wird), Promenaden zu Fuß und zu Pferde, und sonstige Unterhaltungen zu Gebote. Ueberdies hat die Stadt vierzig bis funfzig Theaterhäuser von einer und derselben Größe, für verschiedene Schaustücke. Wer das gern mag, kann auf diese Weise sich abwechselnde Schaugenüsse verschaffen. Sie haben wohl nirgend so viele Puppenspiele, Schattenbilder, Taschenspielereien, wobei die Kinder das Hauptpublikum sind, bemerkt als bei uns; und nirgend so niedliche, denn die große und reiche Republik ist Unternehmerin auch von diesen Dingen. Sogenannte physikalische Unterhaltungen mit Elektricität und Licht, Chemie, Mechanik, Astronomie, u. s. w., mangeln gleichfalls nicht.

Wir fuhren in einem Omnibus, deren eine Menge zum Behuf der Theaterbesucher in jedem Stadtviertel vorräthig stehen, zu funfzehn Personen fort und stiegen unter einem bedeckten Säulengange ab. Der Eingang, die breiten mit Teppichen bekleideten Treppen, die Rundgänge, alles war großartig und bequem. Der Schausaal sucht in der That seines Gleichen; was nicht zu verwundern, da die Architekten die Grundrisse der besten Theatergebäude in der ganzen Welt zu Rathe ziehen durften und sich nicht durch allerlei Kleinlichkeiten behindert sahen. Logen gibt es nicht; die Ikarier halten das für eine hochmüthige Absonderung die nach Privilegium strebt, was sie als ächte Demokraten aufs Höchste verabscheuen. Zudem finde ich wirklich daß die Logen viel Raum wegnehmen und beengend sind. Man wies uns mit einer Art von gerechtem Stolz die prachtvolle Einrichtung der ungeheuren Halbkreise von Bänken, die über einander im Amphitheater emporstiegen. Die Opernhäuser der Pariser und Londoner sind nicht so schön, auch die Beleuchtung in Ikarien ist besser. Die Schwestern des jungen Almas meinten, die Theater für Kinder wären fast eben so groß und unstreitig noch hübscher.

Der Vorhang rollte auf. Es erschien ein geschichtliches Drama, die berüchtigte Pulververschwörung im Jahr 1777 gegen Lixdox und der Prozeß Kalars, der unschuldig als Anstifter verurtheilt wird.

Die Parteileute des Fürsten Korug machen ein Komplott, wobei Lixdox durch seinen Vertrauten, einen Hofmann, die Hand im Spiel hat und sie zuletzt verräth, doch mit der Absicht die Hauptverschwörer, lauter Adlige, durchschlüpfen zu lassen; zu diesem Zweck scheint ihm nichts besser als den gefährlichen Demokraten Kalar in die Schlinge zu ziehen und in den Tod zu schicken.

Zuvörderst sieht man eine heimliche Berathung zwischen Lixdox und dem Hofherrn, die das Komplott zum Ergebniß hat. Ein Graf übernimmt die Ausführung. Der Versuch schlägt fehl und es folgt ein Verhör, worin man den Edelmann zwingt Kalar anzuklagen. Darnach dieser im Gefängniß; er weigert sich zu antworten und zeigt den erhabensten Muth.

— Dieser Schauspieler ist vortrefflich als Kalar, sagte Eugen in der Pause des ersten Aktes. Wie ausdrucksvoll er seine Weigerung zu antworten, zu sprechen weiß, zwanzig Mal hinter einander wiederholt und immer in abwechselnder Betonung. Darin liegt wahre Kunst! Auch die Gebehrden und Stellungen des Körpers sind gut; sein Schweigen selbst ist beredt, möchte ich sagen. Uebrigens stellen seine Kollegen auch nicht schlecht dar.

— Mag sein, meinte Almas, aber die übrigen Rollen sind in diesem Stücke so leicht daß Sie nicht genug von der Tüchtigkeit der Spielenden heute schon überzeugt werden können. Wir haben allerdings herrliche Bühnenleute, und warum auch nicht? In Ikarien wird man ein Schauspieler nur aus reiner Neigung, auch wird man lange in besondern Schulen dafür vorbereitet und geprüft. Nichts ist dort vergessen was das Talent entwickeln kann. Daher sind alle ohne Unterschied, sowohl die männlichen als weiblichen Mitglieder unsres Bühnenpersonals, litterarisch und dramatisch gebildete Personen. Zum Auftreten kommen sie nicht ohne ein vorläufiges Examen.

— In Europa sind sie sehr wenig geachtet und eigentlich auch nicht achtungswerth, Männer wie Frauen....

— Hören Sie, das ist höchst wahrscheinlich wiederum die Schuld der europäischen Einrichtungen. In Ikarien sehen Schauspieler und Schauspielerinnen sich vom Staate erzogen, gebildet, ernährt; nicht anders wie die Aerzte und Philosophen und Chemiker u. s. w. Es ist kein Grund, weshalb jene Künstler nicht ebenso achtungswürdig sich betragen sollten. Ich versichere Ihnen, und jeder Ikarier würde Ihnen das nämliche sagen, es fällt keiner Seele hier zu Lande ein daß z. B. eine Opernsängerin, eine Ballettänzerin, nicht zugleich gute Ehefrau, gute Mutter, gute Tochter sei. Keine Ikarierin wird den leisesten Zweifel dawider hegen. Nicht wahr Silona? frug Almas die ihm zunächst sitzende Schwester.

Die beiden Damen hatten zugehört und waren über die Bemerkung die ich betreffs der europäischen Schauspielerinnen fallen gelassen, erstaunt. Begreifst du, Nalina, wandte sie sich an die jüngere, was der fremde Herr uns erzählt? Wenn dem so ist, wundre ich mich daß Europäer sich noch finden die ihre Töchter und Schwestern zum Theater hergeben, und warum die dortigen Behörden nicht....

— Ach, mein Fräulein, unterbrach Eugen spöttisch lächelnd, die haben schier anderes zu thun!

— Aber ich verstehe nicht wie es möglich ist, sagte Nalina, daß europäische Damen sich zur Bühnenthätigkeit bestimmen, wenn wirklich....

— Ei, mein Fräulein, fiel der Maler wieder ein, unsere Damen haben allerlei Beweggründe, die aus der sogenannten freien Kunst eine verdammt unfreie machen; Sucht nach Glanz, nach Geld, nach sogenanntem ungezwungenem Leben,

Ueberdruß am Joch des Schlendrians und der Philisterei das auf Europa drückt: dies Alles mehr als reeles Talent treibt bei uns zur Bühnenlaufbahn.

Die jungen Mädchen zuckten mitleidsvoll die Achseln.

— Ihre Schwestern sind glücklich, raunte Eugen dem Almas zu, sie begreifen das Elend unsrer Frauen kaum.

— So sind die Ikarierinnen, sagte dieser; und so werden einst alle Frauen der Erde sein; sie werden, in der Gütergemeinschaft geboren und erzogen, nur mit größtem Erstaunen und mit Widerwillen die fürchterliche Verworfenheit vergangener Zeitalter begreifen, in welchen noch die Menschen durch die Sklaverei des Eigenthums sich herabwürdigten, so zu sagen sich verniederträchtigten. —

Im zweiten Aufzuge erschien der Prozeß. Man sah das hohe Gericht, die Redner des Gerichts; ein vorgeblicher Köhler trat mit einem Thürwächter, einem falschen Zeugen, wider Kalar auf. Der Großrichter und die aus Edelherren bestehende Gerichtstafel machten einen eigenthümlichen Abstich gegen die Tugend eines jungen Mädchens, welches sich weigerte falsches Zeugniß abzulegen. Dann kam die Scene zwischen dem Verurtheilten, seiner Frau und Tochter, zuletzt der schaurige Opfertod Kalars. Die Zuschauer waren erschüttert.

Nach dem Schlusse erschienen die Namen der Spieler in schöner durchsichtiger Schrift. Mit Beifall begrüßte man die Namen derer welche Kalar, den Köhler und die zwei Mädchen dargestellt hatten. Weniger oder gar nicht wurden die übrigen begrüßt.

Hierauf erschienen die Namen der Personen des historischen Dramas. Allgemeiner Jubel erscholl bei Kalar und der Tochter des Pförtners; ich hätte kaum geglaubt daß die glücklichen Ikarier solches Enthusiasmus fähig wären! Die Namen des Lixdox, des verrätherischen Hofschranzen, des Grafen, des Großrichters, des Pförtners und der Herren des Hofes, erregten einen Sturm von Pfeifen und Zischen.

Wir machten uns auf den Weg. Künstlerischen Werth hat das Stück eigentlich nicht, sagte Eugen, aber es ist klar daß der Verfasser sich getreu an das Geschehene gehalten hat. Ich vermuthe, Ikarien besitzt viele solche Dramen, und begreife jetzt vollständig weshalb sein Theater so patriotischen, sittlichen Einfluß auf das Publikum ausübt.

Ja wohl, entgegnete der junge Almas; das Stück ist 1784, also kurz nach der Revolution geschrieben worden. Man hat es alle acht oder zehn Jahre einmal gespielt; wir haben aber einen großen Vorrath von ähnlichen, darunter eins das, wo möglich, noch mehr ergreift: die Verurtheilung des letzten Tyrannen Lirdor. Gesehen habe ich es noch nicht, höre aber unser erster Spieler sei unübertrefflich in der Scene wo er die Anklage wider den Volkszertreter schleudert. Im letzten Akte erscheint der Elende im eisernen Käfig auf dem Marktplatze; die Flüche des Volkes sollen von prächtigster Bühnenwirkung sein. Glauben Sie jedoch nicht, unser Nationaltheater entbehre der Mannigfachheit; es hat sich mit allen Richtungen beschäftigt, wir spielen heitere, komische, drollige Stücke; immer natürlich ist ein patriotisch-sittlicher, menschheitlicher Hintergrund vorhanden, der uns unablässig erinnert, daß wir einerseits das Glück genießen der Entmenschung in der Knechtschaft entronnen zu sein, und anderseits uns ermahnt nicht ungerecht hochmüthig gegen die minder vorgerückten Nationen zu verfahren. Es versteht sich, daß wir kein Stück haben, welches nicht auch Kinder und junge Frauenzimmer sehen könnten; wir betrachten die Bühne nicht nur als eine angenehme Schule der schönen Künste, sondern des Menschenthums überhaupt, so daß die Sittlichkeit nie verhöhnt wird. Unser Theater belehrt und erheitert. Fast alle unsere frühern Stücke, und ohne Ausnahme alle unsere jetzigen werden von Staatswegen bestellt und geprüft, und die Verfasser haben keine andere Triebfeder als ihr Talent und ihre Liebe zur Menschheit, verbunden mit Patriotismus, gebildet in angemessenster Erziehung.

— Und wissen Sie, fragte Eugen, was mir mitten in all dieser Herrlichkeit die größte Freude macht?

— Nun?

— Der Gedanke daß die große, funfzehntausend Menschen zählende Versammlung keineswegs eine sogenannte feine, ausgesuchte, sondern geradezu nichts mehr und nichts weniger als zufällig zusammengekommene Bürger, Arbeiter verschiedentlicher Beschäftigungen waren; mit einem Worte: Volk.

— Ja, aber wie kann Sie dieses so ungemein verwundern? ist das denn so etwas absonderliches?

— Für uns Europäer, leider! In den Theatern Englands, Frankreichs und sonstiger Länder hört man Geheul, Gezisch, brutales Gerede, sogar während des Spieles; bekommt auch Prügeleien zu sehen. Das ist....

— Auch wieder Schuld der Europäer und ihrer socialen Organisationen, denn wir waren ehedem eben so albern und unanständig, und Ihr Volk könnte nicht minder gesittet sich betragen als das unsrige.

Ach, ich weiß nur gar zu gut wie wahr dies Wort ist, rief der Franzose seufzend; unsre verabscheuungswürdigen Zustände in Europa, oder richtiger in der gesammten sogenannten Civilisationswelt, d. h. in der Eigenthumswelt, werden nie etwas anderes erzeugen; wir werden uns immer im Kreise drehen statt vorzuschreiten. Fortschritt ist offenbar nur in Gütergemeinschaft möglich!

Einunddreißigstes Kapitel.

Ein geschichtliches Drama.

Nicht als literarisches Werk will ich das gesehene Bühnenstück zergliedern, sondern ich thue es um eine Anschauung vom ikarischen Theater zu geben, dessen Hauptabsicht stets die ist: die gräßlichen Folgen des alten Gesellschaftsorganismus ans Licht zu stellen.

Erster Akt.

Scene 1. Ein fast dunkles Zimmer. Man kann die Personen nicht erkennen, doch hört man die Stimme des königlichen Prinzen Lixdox und seines Günstlings, des Herzogs von Koron.

Lixdox ist durch die unablässigen Verschwörungen und Angriffe gegen sein Leben etwas erschreckt worden. Adlige die dem vertriebenen Sohne des alten Tyrannen Korug noch anhängen, und viele ächte Demokraten, die keinem Könige sondern dem Volke wohlwollen, sind rastlos bemüht, den freiheitsmörderischen Gewalthaber zu Falle zu bringen. Dieser beschließt einen äußerst schlauen Racheplan, auf den nur ein Mensch wie er kommen konnte, ins Werk zu setzen. Er will unter seinen Feinden Schrecken verbreiten. Er hat zu dem Zwecke bei den Meistern und Meisterstücken der schwarzen Kunst, das Volk zu betrügen, sich Raths erholt, hat sein großes Buch durchmustert worin die Hauptkniffe von alter und neuer Zeit sorgsam und in Registern gesammelt sind. Jetzt ist sein Verschwörungsentwurf fertig; es gilt nunmehr, die hervorragendsten Herren vom Adel dort hinein zu ziehen und zugleich die bedeutendsten Männer der Volkspartei ins Garn zu locken.

Hiefür bedarf es eines zuverläßigen Helfers, eines Geschöpfes dem er wie sich selber vertrauen kann: er hat dazu den Herzog erkoren. Dieser hat eine Beleidigung vorgegeben, und die Rolle so brav zu spielen verstanden, daß die zur Empörung entschlossene Adelspartei ihn zum Anführer erwählte. Seitdem weiß er durch allerhand Mittel die Gemüther anzufeuern, und fast jeden Abend schleicht er zu Lixdor um Bericht abzustatten.

Die Sache geht gut. Zwölf mächtige Mitglieder der Adelsklasse hat er auf diese Nacht in sein Schloß geladen und wird ihnen Welteres mittheilen, wenn die Köpfe durch Wein erhitzt sind.

Aber die Aufgabe ist hart, mit der Eure Hoheit mich belastet haben, sagt er; ich bin nunmehr ein erbärmlicher Anstifter, ein Meineidiger, und bald noch ein Verräther!

— Freund, erwiedert der Staatsmann, Sie retten das Vaterland, den Thron, die Religion; Sie retten mich der es so edel mit Ihnen meint; meine Erkenntlichkeit wird grenzenlos sein; nur Sie und ich, sonst kein Sterblicher, werden um das Geheimniß wissen. Sie werden Ruhm und Vermögen ernten; fahren Sie fort!

S c e n e 2. Ein glänzendes Gastmahl im Schloß des Herzogs von Koron. Zwölf Edelleute sitzen am Tisch und speisen. Sie reden heftig.

— Ja, ruft Koron, trotz Allem was ich für den Minister that, verweigert er mir für meine Tochter die Stelle einer Kammerdame bei der königlichen Prinzessin; Lixdor ist undankbar, ist ein jämmerlicher Wicht, dem ich niemals verzeihen darf.

— Er ist ein Heuchler, ein Schurke, setzt der Freiherr von Rosan hinzu.

— Ein Frevler am Heiligsten! ich glaube der Sünder hat Lust sich für einen Gott erklären zu lassen, sagt ein Kirchenfürst.

— Es ist der Satan selber! fügt ein Priester hinzu.

— Er hat meinen Sohn hinrichten lassen! sagt der Baron von Halas mit thränenden Augen.

— Und mir hat er meine Geliebte entführt! ruft Graf Gigas wüthend.

— Hat er doch seinen Bruder den König umgebracht, und die Königin und seine Neffen gefangen gesetzt! ergänzt ein Andrer.

Der Herzog. In der That, alle Einwohner hassen ihn, und stürbe er, es wäre ein Jubel im ganzen Reiche…

Der Graf. Schlüge Jemand ihn todt, keine Seele würde ihn bedauern!

Der Herzog. Allerdings hat man oft gegen ihn sich verschworen...

Der Graf. Wem die kühne, edle That mißlang, wird jetzt als Märtyrer verehrt.

Der Herzog. Und wem sie glückte wäre der Befreier des Landes; aber ach! es giebt keine gescheidten Verschwörer!

Der Graf. Bisher waren alle ungeschickt. Und doch, Ihr Herren, ein Mittel gibt es — ein Mittel dessen Erfolg untrüglich —

Viele Stimmen. Welches?

Der Graf. Sie wissen, unter dem Palast der Königin liegt ein Keller wo der Kohlenhändler wohnt; zwanzig Pulvertonnen dahin, ein wackrer Mann wirft Feuer hinein während einer königlichen Rathsitzung: und die Königin, die Prinzen, der Minister mit seinen Helfershelfern fliegen gen Himmel; was meinen Sie, edle Herren?

Der Herzog. Sehr gut, aber — wo ist der wackre Mann?!

Der Graf. Er ist anwesend.

Der Herzog. In diesem Saale?

Der Graf (aufspringend). Ich bin's!

Alle Gäste fahren in die Höhe und schreien: es lebe der Befreier! Ruhm den Helden! Verderben den Tyranen! Nur Einige haben auszusetzen, die Adelsklasse werde durch solche Gewaltthat sich verunehren. Der Graf aber und namentlich der Herzog wissen mit Beredsamkeit ihnen ein langes Register von Verschwörungen, Vergiftungen, Erdolchungen und sonstigen Greueln vorzurechnen, welche sämmtlich von Adligen und Bischöfen, ja von königlichen Prinzen und Prinzessinnen verübt worden. Sie erinnern auch an die Ermordung so mancher Kaiser und Päpste durch ihresgleichen, und schließen daraus, man dürfe sich nicht mit schwächenden Gewissensskrupeln diesmal aufhalten; diesmal oder nimmer! rufen sie, und das Komplott wird festgesetzt. Man füllt die Becher und trinkt auf die Wiederkehr des jungen Prinzen der außer Land getrieben ist, aber bald den Thron seines Vaters besteigen soll.

Der Graf will sich als Kohlenhändler verkleiden und den Schloßkeller übernehmen. Er verspricht zu rechter Zeit die Pulverfäßer unter Holzscheiten zu verbergen und die brennende Lunte anzulegen, wonach er sich schleunig entfernen werde.

Die Uebrigen wollen die Zurückberufung des Kronbewerbers vorbereiten. Der Herzog äußert sein Entzücken und fordert zum feierlichen Eidschwur auf, der auch ohne Weigern geleistet wird.

Scene 3. Das Kabinet des Herzogs; Lampenschimmer erhellt es nur zum Theil. Die Verschwörer sind fort. Ehe er zum Minister geht, rathschlagt er mit sich allein, ob er nicht lieber diesen Elenden verrathen solle? Er kann nicht zur Entscheidung kommen; ein schrecklicher Kampf erhebt sich in seiner Seele. Ohne bestimmten Entschluß zu fassen und erkennen zu können auf welcher Seite sein eigner Vortheil, geht er ab.

Scene 4. Das Kellergewölbe. Man hört das Rollen der Hofwagen; die Sitzung hebt an, die Palastkapelle läutet, wie gewöhnlich. Der Graf als Köhler tritt ein, er schaut nach den zwanzig Tonnen; sie stehen in Ordnung. Jetzt blasen die Trompeten Tusch, die Königin und Lirdor sind in den Rathsaal gekommen. Er nimmt ein Holzscheit weg, hinter dem das Ende der Lunte verborgen war; fünf Minuten bleiben ihm zur Flucht. Ein neuer Trompetenstoß; er erbebt: er freut sich einen Thron, einen Ministerrath, eine Monarchie, ganz allein zu zernichten! jetzt greift er zum Feuer, die Lunte erglüht: da erschallt wüthendes Geschrei unter den Holzstößen, und eine Anzahl Soldaten stürmen hervor; er wehrt sich und stößt fünf derselben todt nieder. Dann springt er auf die Treppe, schon ist er oben: da werfen ihn andere Soldaten von draußen wieder die Stufen hinab; Blut fließt; er ficht wie rasend, doch sinkt er zusammen und wird sterbend fortgeschleppt. Die Soldaten entdecken schaudernd die verborgene Mine von zwanzig Fässern. Aber einer der Gardisten sucht nach der Lunte die ruhig weitergebrannt hat, und siehe! er findet daß sie in der Mitte entzwei geschnitten, folglich unschädlich gewesen.

Scene 5. Düstrer schmutziger Kerker; ein Bündel Stroh, worauf ein Mensch, mit Leinwandstreifen umwickelt, sich wälzt und stöhnt. Es ist der Graf Gigas. Ringsher Justizbeamte, Hofleute, Gardesoldaten; alle stoßen Drohungen und Verwünschungen gegen ihn aus. Er antwortet nicht; endlich, nachdem die Aerzte ihn untersucht und verbunden, nachdem er etwas getrunken, kommt er zu sich.

— „Dein Name?" fragt ihn der Untersuchungsrichter.

— Ich heiße Migef, antwortet der Verwundete mit kaum vernehmbarer Stimme.

— „Dein Gewerbe?" — Ich bin Köhler.

— „Deine Heimath?" — Sirmach, in Kassia, zweihundert Meilen von hier.

— „Wolltest du die Königin tödten?" — Nicht sie, den Tyrannen.

— „Was hat S. Excellenz dir Böses gethan?" — Er knechtet das Volk.

— „Welches war dein Zweck?" — Das Vaterland befreien, der Menschheit dienen.

— Frevler! donnert ihm ein Hofmann zu. — Verruchter! ruft ein anderer.

— Nenne deine Mitschuldigen. — Sie heißen Alle, Hundert, Niemand!

Die Flüche, die Drohungen der Umstehenden vermögen ihn nicht zu erschüttern; er hat keine Mitschuldigen, er verlangt zu sterben. Der Tod, sagt er, ist für mich der Anfang der Unsterblichkeit...

Scene 6. Ein anderer Kerker; ein anderer Gefangner. Es ist der verwundete Herzog von Koron.

Lixdox war mit ihm übereingekommen, ihn arretiren zu lassen um jedem Verdachte vorzubeugen. Der Herzog sollte keinen der Polizeidiener erstechen, sich selbst eine leichte Wunde beibringen; dann wollte man aussprengen: er sei gefährlich krank. Einige Tage darauf wollte Lixdox erklären man habe sich getäuscht, der Herzog habe sich nur gegen ungesetzliche Gewalt gewehrt und dabei vom gebührenden Rechte der Selbstvertheidigung Gebrauch gemacht.

Ferner hatten Beide abgemacht, die Liste der Verschwörer bei einem derselben zu finden. Endlich waren Maaßregeln getroffen. um Kalar, das Haupt der Volkspartei, dem Anschein nach zu verdächtigen.

Jetzt tritt ein Mann im Mantel ein, es ist Lixdox. Er erzählt seinem Günstlinge alles. Die Theilnehmer des Komplotts sind auf der Flucht oder versteckt. Die Polizei hat die Liste bei demjenigen angetroffen den der Herzog bezeichnete; zugleich ist dem Publikum das Nähere verborgen geblieben und man hat verbreitet, diese höllische Verschwörung sei ein Werk der Volksmänner die den Köhler Migef zu ihrem Instrument brauchen wollten. Nunmehr toben die Herren des Hofes, eben erst der Pulvergefahr entronnen, und die Anhänger des Ministers rasen; gegen sie schreit die Parthei des vertriebenen Fürsten; die Demokraten sind eingeschüchtert..... Lixdox und der Herzog jubeln im Stillen.

Doch jetzt gilt es auch Kalar zu stürzen und bei der Gelegenheit die ganze Volksparthei anzuklagen. Hiezu hat der Minister einen Plan bereit, und er sagt zum Herzog:

Sie werden mit Graf Gigas eine Unterredung bekommen. Sie müssen ihm erzählen, wie man Sie festgenommen, wie Sie einen Todschlag begangen, selbst verwundet worden sind; dann machen Sie ihm Vorwürfe über seine Unbesonnenheit; Sie müssen ihm sagen (und die Journale werden es wiederholen) er habe durch Ungeschicklichkeit und auffallendes Benehmen in der Nähe des Gewölbes den Argwohn eines Polizeiagenten erregt. Nachts sei man darnach mit einem falschen Schlüssel hinabgestiegen und habe Alles entdeckt. Sie fügen hinzu, einer meiner Vertrauten sei zu Ihnen gekommen und habe geäußert: ich würde dem Grafen verzeihen und Sie selbst freilassen, ja ich würde aller gerichtlichen Verfolgung entsagen, sobald der Graf unsern gemeinsamen Feind Kalar anklagen wolle. In diesem Falle, setzen Sie hinzu, verstehe es sich, daß der Name Gigas bei der Sache unbekannt bleibe; die ganze Schuld wälze sich auf die Demokraten, als deren Handlanger der Köhler gelten müsse.

Um dem Grafen zu helfen kaufe ich einen oder zwei falsche Zeugen; um die übrigen Minister und Richter vollends zu betrügen, müssen Sie, mein Bester, dem Grafen und diesen Zeugen gegenüber Ihre Rolle noch weiter treiben. Ich erhebe Sie später in den Fürstenstand!

Gigas geht darauf ein; sie schütteln sich froh die Hände und Lirdor verläßt den Kerker.

Scene 7. Der Herzog im Bett. Die Thür rasselt auf: der kranke Graf erscheint. Man hatte ihm geheimnißvoll gesagt Koron sei verhaftet, liege hart verwundet darnieder, dem Tode nah. Graf Gigas hörte zudem, ihre Kerker lägen nahe bei einander; so hatte er denn den Wunsch geäußert seinen Nachbar zu sehen. Der Herzog hatte sich zuerst geweigert. Jetzt nimmt der Schurke hohe Sprache an und wirft dem Grafen vor das Unglück lediglich durch seine Schuld herbeigeführt zu haben; und während er spricht, wächst ihm die Frechheit und er spricht eindringlich, setzt sich absichtlich in Zorn, schwitzt, schlägt sich vor die Stirn, ballt die Fäuste, faltet die Hände, blickt rührend gen Himmel und weint eine Zähre dem Angedenken seiner theuren Genossen. Gigas geht ins Garn; er steht beschämt da, er weint, er fleht den Herzog um Verzeihung...

Der Herzog läßt sich erweichen; er drückt ihn an seine Brust! Endlich erzählt er ihm: Lirdor habe die Liste, könne folglich die ganze Parthei des Kronbewerbers vernichten! Gleichwohl, sagt er, wird der Minister Gnade für Recht ergehen lassen; ich freilich habe mit Abscheu den Vorschlag zurückgewiesen, meine

Rettung durch das Verderben eines Unschuldigen zu erkaufen. Ich werde mit Muth zu sterben wissen; mein Entschluß steht fest!

Der Graf möchte indessen gern zur Rettung seine Freunde beitragen, möchte seiner Parthei, möchte dem Kronbewerber nützlich sein... und ein Demokrat ist eigentlich ein Verruchter, ein Ungeheuer mit dem man nicht lange Umstände zu machen braucht. Der Graf kommt also dahin den Herzog zu bitten, er möge das Anerbieten des Ministers annehmen, und der Graf ist's der in der Verblendung die Güte des großen Lixdor jetzt hochpreist!

Noch immer will der treffliche Herzog nicht zustimmen, doch endlich gewinnt er es über sich, aber lediglich in der Absicht, sagt er, die Freunde, insonderheit den Grafen, und die Ehre des Adels zu retten. Er sieht sich seinem Ziele näher, er zieht also ein Papier aus der Tasche worauf Lixdor einen Plan entworfen hat, nach welchem die Anklage gegen Kalar zu leiten.

Der Graf liest; es ist die angebliche Geschichte und das Leben des Köhlers Migef, seine Verbindung mit Kalar und das Komplott; hinten folgt eine genaue Angabe wie der vermeintliche Migef sich gerichtlich vertheidigen und bei der Klage wider Kalar benehmen solle.

Lixdor und die beiden Edelleute werden die Einzigen sein die um die Sache wissen. Man wird die Richter für den Grafen, d. h. Migef, vorher bearbeiten und ihren ganzen Grimm gegen Kalar lenken; was um so leichter sich wird machen lassen, als viele in der That an die Schuld des Demokraten glauben werden.

Gigas versteht sich zu Allem. Er dankt dem Herzoge gerührt und studirt die Rolle ein. Zuerst wird er behaupten, er habe keine Mitschuldige, er wird Kalar als der Angelegenheit völlig fremd darstellen. Nach und nach wird er Gewissensbisse zu bekommen scheinen, wird allmählig mit der Wahrheit herausrücken, zuletzt den Kalar förmlich anklagen und ihn als den alleinigen Erfinder, Aufhetzer und Führer schildern; dann wird er in Zorn gerathen, wird jammern er sei durch Kalar verführt und mit der Behauptung schließen, dieser sei ein Feigling der ehrliche Leute verlocke und dann im Stich lasse.

Der Herzog wird sofort auf freien Fuß kommen und zwei falsche Zeugen herbeischaffen.

Scene 8. Ein andrer Kerker. Eine Schaar Polizeisoldaten stoßen einen Mann hinein, mit Fußtritten und Faustschlägen; einen Mann von hoher, schöner Gestalt, in anständiger doch so eben zerrissener Kleidung, im bloßen Kopf. Er ist traurig, doch gefaßt. Ein Polizeidiener schlägt ihn mit dem Stocke, ein andrer mit einer Reitpeitsche; ein dritter reißt ihm den Schnurrbart aus, ein vierter den Backenbart und eine Handvoll Haare vom Haupte. Dieser Gefangene ist Kalar, der Volksmann.

Sie werfen ihn auf das Stroh, und der Kerkerwärter läßt ihm ein wenig schwarzes Brod und Wasser. Als er sich allein sieht, beklagt er sein Unglück, aber „ich weiß für die Freiheit zu dulden," setzte er hinzu. „Die Richter werden kommen und mich „ausfragen; was soll ich antworten?— Oh, das sind keine Richter, das sind meine Todfeinde, sind Räuber, Mordbrenner... „Gut; ich werde nichts antworten."

Bald darauf kommen die Minister, Ritter und Herren des Hofes, der Großrichter, der Untersuchungsrichter, und das Gewölbe füllt sich mit Soldaten.

Der Untersuchungsrichter. Kennen Sie den Migef?

Kalar. Sagen Sie mir zuerst: wessen klagen Sie mich an?

Der Großrichter. Sie sind einer der Urheber und Leiter der teuflichen Pulververschwörung!

Kalar. Ich bin unschuldig; das ist was ich zu sagen habe.

Der Großrichter. Kennen Sie den Migef?

Kalar. Ich brauche kein Wort mehr zu verlieren. Behauptet man ich sei schuldig, so beweise man es mir! Setzt mich in Freiheit, oder stellt mich schleunig vor Gericht, dann werde ich antworten; aber ich will weder leugnen noch gestehen, und ich will keine Sylbe antworten so lange ich nicht Angesichts des Publikums bin und meinen Advokaten neben mir sehe.

Der Untersuchungsrichter. Wir fragen einfach nach der Wahrheit, und dazu bedarf es keines Advokaten, dünkt mir. Geben Sie uns klar und bündig Bescheid über Thatsachen die Sie persönlich betreffen. Die Beamten der Gerechtigkeit stehen vor Ihnen; da Sie unschuldig sind, werden Sie uns gewiß leicht Ihre Unschuld darthun können.

Kalar. Nein, nein, und nochmals nein; ich will nicht Antwort geben!

Der Großrichter. Bedenken Sie, Ihr eignes Interesse erheischt daß Sie antworten, um wo möglich Ihre Unschuld zu erweisen.

Kalar. Ich antworte nicht!

Der Polizeikommandant. Jeder Angeklagte hat die Pflicht, der Justiz Bescheid zu ertheilen.

Kalar. Ich antworte nicht!

Ein Minister. Sie scheuen sich also nicht, gegen die Justiz Ihres Vaterlandes widerspenstig zu sein?

Kalar. Ich antworte nicht.

Baron von Tumar. Angeklagter. Sie scheinen sich über die Justiz lustig zu machen....

Kalar schweigt.

Der Großrichter. Sie setzen also kein Vertrauen in mich?

Kalar schweigt.

Der Polizeikommandant. Sie haben es sich selbst beizumessen, wenn wir Sie fortan für schuldig betrachten werden.

Der Großrichter. Herr Kalar, Sie schaden nur sich durch dieses seltsame Verfahren; denn sehen Sie, eigentlich ist doch....

Kalar. Ich will nicht reden, nicht hören, nicht antworten.

Ein Minister. Nach Ihrer Antwort würden wir Sie bald entlassen...

Fürst von Horesa. Wahrhaftig, wer Ihnen diese stumme Vertheidigungsweise angerathen hat, ist nicht sehr gescheidt oder nicht Ihr Freund; ich bedaure Sie aufrichtig.

Kalar. Und Sie — doch ich antworte nicht.

Eine Hofdame. Sie wollen Ihre Familie opfern!

Der Polizeikommandant. Wir haben Saral und Jarid verhaftet, Ihre vertrauten Freunde; über die wollen Sie also auch Unheil bringen?

Der Großrichter. Ihre Freunde werden bald erfahren daß Kalar es ist, der sie im Kerker hält.

Der Untersuchungsrichter. Ihr hartnäckiges Schweigen ist fruchtlos und kann Ihnen nur schaden; die Zeugenaussage ist vorhanden...

Ein Minister. Ihre Mitangeklagten betragen sich klüger, wenn auch minder standhaft; wir haben durch dieselben ein Geständniß erhalten und wissen jetzt daß Sie, trotz Ihres Verstummens, Anstifter und Haupt des Komplotts gewesen. Kalar, Sie sind von Ihren Helfershelfern geradezu nahmhaft gemacht worden; opfern Sie sich also nicht nutzlos.

Gräfin von Mahas Gedenken Sie der Ihrigen, Kalar!

Freiherr von Pasim. Wir sind vollkommen gut über Alles unterrichtet was Sie gethan; nur durch Offenherzigkeit können Sie hoffen...

Kalar. Ich antworte nicht.

Und trotz des Grimmes und der Schmeichelworte der hohen Besucher bleibt der Märtyrer fest.

Als sie hinweg sind, spricht er: Wie leicht hätte ich antworten, hätte sie sammt und sonders beschämen, verwirren können, aber ich glaube, besser war's ihre verfluchten Schlingen zu meiden...—

Jetzt tritt der Großrichter wieder auf. Wir sind jetzt allein, sagt er mit herablassender Miene; ich spreche nicht mehr als Beamter zu Ihnen, sondern lediglich als ein Mensch der Ihren Müth, Ihre Großmuth, bewundert und sich für Ihr Wohl interessirt; — ich wage sogar Ihnen zu sagen daß ich, im Grunde meiner Seele, Ihrer Meinung zugethan bin...

Kalar. Sie scheinen vorzugeben, Sie kämen als Freund; ich sage Ihnen, ich mag keine Freunde im Kerker, ich plaudere nicht im Kerker; ich antworte nicht. Verlieren Sie Ihre Zeit nicht bei mir. —

Der Versucher geht fort. Kalar sinkt ermattet auf das Stroh und seufzt: wohl weiß ich daß die Niederträchtigen mich verurtheilen wollen und werden: aber eben deshalb will ich ihnen beweisen daß sie Meuchelmord begehen. Mein Tod wird dem Volke nützen!

Zweiter Akt.

Scene 1. Ein altes, ungewöhnlich großes und hohes Gerichtszimmer; trotz der Kerzen ist es düster. Garden marschiren auf; ihnen nach kommen einhundert Richter, zahlreiche Justizdiener; Polizeileute und Häscher führen die geketteten beiden Angeschuldigten in schwarzem Kleide; hierauf die Zeugen. Soldaten verschiedener Truppengattungen besetzen die Thüren, deren eine der bedeutenden Menge von Zuschauern Eingang gewährt.

Die Herren der Gerichtstafel thronen in Armstühlen auf einer Erhöhung; unten, zu ihren Füßen und ihnen gegenüber sitzen die Angeklagten. In der Mitte sieht man die Lunte und die Pulverfässer. Die prachtvollen Anzüge der Richter, die glänzenden Uniformen, bilden ein großartiges Schauspiel. Der angebliche Migef hat eine freche Miene, Kalar erscheint ruhig und gesammelt. Der Großrichter beginnt das Verhör des vermeintlichen Köhlers. Dieser gesteht sein Verbrechen, erkennt dessen Gräßlichkeit, er schluchzt und stürzt auf die Kniee und fleht die Gnade der Königin, der Minister, der Herren des Hofes an. (Es sitzen die nämlichen vor ihm, die in die Luft gesprengt werden sollten). Dann steht er auf und lobt und schmeichelt; er preist die Religiösität, die Tugendhaftigkeit, die Ehre dieser seiner Richter. Er eifert darnach gegen die Revolutionsmänner, deren unheilige Lehre so viel bösen Saamen streue und auch sein

Herz verwirrt habe. Er kommt endlich zum Hauptschlage und betheuert, Kalar sei sein Verführer und habe ihm die Mittel des Mordplans angegeben. Und nicht etwa aus Rachsucht klage ich ihn an, ruft er mit weinender Stimme, nicht um meine Begnadigung dadurch zu erbetteln, nein lediglich weil mein Gewissen mir befiehlt, dem Staate und der Gerechtigkeit zu dienen. Darum allein denuncire ich, und ich hoffe daß meine Reue, meine Bestrafung und meine Geständnisse dem Vaterlande nützlich sein werden! So schließt er.

Zu zehn verschiedenen Malen haben Zuhörer und Richter ihn mit Beifallsmurmeln ermuthigt; der Polizeikommandant und der Großrichter loben ihn ihrerseits wegen seiner Aufrichtigkeit und Buße.

Jetzt wird Kalar befragt.

Alle glauben — oder heucheln zu glauben — er sei der Hauptverbrecher; die Gesichter sind hart, die Blicke die ihn treffen, zornvoll. Großrichter und Polizeikommandant reden drohenden Tones zu ihm.

Ehe er antwortet, weist er die Richter zurück. Ihr, ruft er, seid die Generale im Heerlager der Volksbedränger, und ich bin ein Kämpfer des Volksheerlagers; euch hat das Pulverfaß bedroht, ihr seid meine Feinde auf Leben und Tod, aber eben darum verweigere ich euch das Recht, meine Richter zu sein! — Die Gerichtsbeisitzer ergrimmen, und die Obern befehlen ihm Antwort zu geben.

Da muß ich denn, sagt er aufstehend, den Himmel zum Zeugen meiner Unschuld nehmen; mehr aber habe ich nicht zu sagen und verlange von euch mir meine Schuld zu beweisen.

Migef bezeugt es, schreit der Großrichter wüthig.

So? Migef? erwiedert Kalar; aber der hat sich tausend Male schon in seinen Aussagen verwirrt, hat selbst gestanden daß er gelogen.

Heute spricht er wahr, ruft der Polizeikommandant.

So? wißt ihr etwa nicht, daß Migef ein Fremdling ist, ein Dieb obenein, ein Falschmünzer? ein Meuchelmörder der acht Polizeimänner getödtet hat, ein Königsfeind der die Herrscherin und euch allesammt umzubringen im Sinne hatte; Migef ist bekanntlich ein Ungeheuer, ein Verbrecher... und auf sein Zeugniß stützt ihr euch gegen mich! Das ist zu toll.

Migef hört dies und erblaßt, zittert; vielleicht steigt Reue in ihm auf. Aber die hohen Richter murren, äußern laut ihren Zorn gegen Kalar, stampfen mit den Füßen.

Der Polizeikommandant, der Großrichter, viele der Herren

von Hofe, bestürmen ihn mit Fragen und fahren ihn trotzig an. Er bleibt gelassen und fester Stimme antwortet er jedem.

Endlich springt der Polizeikommandant empor und ruft in heftigem Unwillen: Antwort wollen wir auf die Aussagen des Migef!

Worauf Kalar:

Ein Königsmörder ist ein Frevler in euren Augen, hoffe ich, und ihr meint ich solle mich herablassen, einen Frevler zu widerlegen?

—Die Gerechtigkeit stellt Ihnen Fragen, zürnt der Großrichter, und die Gerechtigkeit duldet keine Beleidigungen.

— Gerechtigkeit? wo ist die? schreit Kalar, doch nicht etwa bei euch? ihr seid nichts als meine Todfeinde, und ich sehe keinen einzigen Richter in euren Reihen. Das habe ich euch im Gefängniß erklärt, das wiederhole ich euch hier in der Oeffentlichkeit.

— Das Gesetz befiehlt Ihnen zu antworten, bemerkt der Polizeikommandant.

— Nein, nimmer und nimmermehr, ruft Kalar, und ich sehe deutlich der Ankläger will mich betrügen, will mich ins Verderben stürzen; ich sage euch (und hier erhob er seine große Gestalt und reckte den linken Arm aus; den rechten mußte er, nach den teuflischen Mißhandlungen durch die Polizeidiener und Spione bei seiner Verhaftung, noch in einer Binde tragen), ich sage euch: ihr seid verabscheuungswerthe Unmenschen!

Jetzt kommen Zeugen vor. Der Pförtner des von Kalar bewohnten Hauses sagt aus: mehrmals den Migef zu Kalar kommen gesehen zu haben, ja er entsinnt sich, Kalar habe jenem einen Brief zugesteckt der bei ihm gefunden worden und der allerdings gefährlich war.

(Die Richter reiben sich froh die Hände.)

Was haben Sie auf diese schwere Belastung zu entgegnen? fragt der Großrichter mit emporgehobenem Kopfe.

— Migef ist freilich zu mir gekommen, antwortet Kalar (die Richter nicken sich zu) und ich begreife nunmehr daß er eine Infamie gegen mich im Schilde führte (Murren): aber er hat nie mir vom Komplott gesprochen; er ist nichts als ein miserabler Schuft, dem ich nie im Leben einen Brief gegeben habe, wie der Zeuge da behauptet der ein falscher Zeuge ist und eine nichtswürdige Lügenzunge.

Der Polizeikommandant. So kann jeder Spitzbube reden!

Kalar. Und auch jeder Unschuldige.

Der Großrichter. War der Zeuge Ihr persönlicher Feind vielleicht?

Kalar. Ich weiß es nicht, er hat mir stets Achtung bewiesen.

(Die Richter freuen sich laut.)

Der Fürst von Horesa. Welchem Antriebe sollte denn der Mann gehorchen, um falsch zu zeugen?

Kalar. Weiß ich's? Möglich daß er sein Zeugniß verkauft hat!..

Der Polizeikommandant. Kalar, nehmen Sie sich in Acht, Sie verleumden die Gerechtigkeitsdiener.

Kalar. Ich wiederhole: ich habe den Brief ihm nicht gegeben, er ist ein Lügner.

Wohl, ruft hierauf der Großrichter, Sie werden jetzt in einer andern Aussage die Bestätigung jener hören; ein Kind, ein unschuldiges, aufrichtiges Geschöpf, wird Sie beschämen und verwirren.

Man führt die zwölfjährige Tochter des Pförtners herein. Liebes Mädchen, sagt der Großrichter in kosendem Tone, du hast Kalar einen Brief dem Köhler dort geben sehen, nicht wahr?

Das liebe Mädchen antwortet aber nicht; es wird roth und blaß. Man klopft ihr auf die Wangen, streichelt ihre Locken, spricht ermuthigend, spricht drohend zuletzt.

Dein Vater hat es ja schon gesagt; ist denn also dein Vater ein Lügner?

Das Kind weint. Man bestürmt sie wieder, da seufzt sie das Wort: Ja.

So schwach ihre Stimme ist, das lauschende Ohr der Richter, der Hofherren, hat es gehört und sie sehen sich lustig und guter Dinge an.

Der Großrichter aber erhebt seine dröhnende Stimme und ruft: Angeklagter, Sie auch haben es vernommen; Sie sahen wohl wie schwer es der Unschuld ward gegen Sie die Wahrheit auszusagen.

Kalar. Ja wohl, ich sehe wie man die Unschuldige quält daß sie einen Unschuldigen tödten helfe!

(Mehrere Richter stoßen einen Laut des Zornes aus; einer schlägt mit der Faust auf den Tisch.)

Sieh dir den Angeklagten genau an, sagt der Großrichter. Das Kind wagt nicht die Augen aufzuheben.

Nun, sieh mich doch an, du armes, armes Mädchen! spricht Kalar in einem unbeschreiblichen Ton.

Er ist es! ja! ja! schluchzt sie, aber ich habe nicht gesehen daß er einen Brief gegeben. Und nach diesem Ausruf stürzt sie schreiend und in Zuckungen zur Erde.

Dieser Umstand kommt den hohen Gericht sehr ungelegen. Die Herren gerathen in eine Art Verwirrung, sie lassen die Kleine wegtragen, und heben die Sitzung für einen Augenblick auf. —

Das Kind wird wieder hereingeführt und abermals bestürmt. Jetzt leugnet es und sagt dreist: „Nein, Nein!"

Man sagt ihr, es sei sonderbar daß sie plötzlich andres Zeugniß ablege, da sie doch vor dem Untersuchungsrichter Ja gesagt, und auch eben jetzt; man müsse daraus schließen sie sei eine Lügnerin; man droht ihr. Hierauf antwortet sie: ich bin dazu getrieben worden, ich ward überredet meine Aussage könne Niemanden schaden.

Wer hatte dich überredet? sprich!

Das Mädchen senkt den Kopf und schluchzt ohne Antwort zu geben.

Wir dürfen diesen Skandal nicht länger dulden, ruft der Polizeikommandant; entweder der Vater oder seine Tochter legt falches Zeugniß ab; wir verlangen die Aussetzung der Sitzung auf eine halbe Stunde, und wünschen daß Beide einzeln eingesperrt werden ohne mit Jemand reden zu können. Die Wahrheit muß an den Tag.

Scene 2. Ein fürchterlicher Kerker mit gräßlichen Marterinstrumenten.

Die Kleine wird weinend hineingeschleppt. Auf dem Fuße nach folgen der Großrichter, der Kommandant des peinlichen Halsgerichts, mehrere Ritter und selbst eine Herzogin. Alle drängen sich um das Kind, Einige suchen sie zu schrecken, Andre mit Liebkosungen zu ermuthigen.

Du hast ihn erkannt, sagt man ihr, du solltest die Wahrheit sprechen... dein armer guter Vater ist sonst entehrt und verloren, kommt am Ende auf Zeitlebens in Ketten, oder gar an den Galgen; du wirst doch nicht Vater und Mutter tödten um einen verworfenen Schurken zu retten, der in jedem Falle sterben muß!

Dann stürzt die Mutter heran, jammert, schreit, zerrauft sich die Haare; der Vater, mit Ketten belastet, wird auch vorgeführt. Alle geben sich Mühe, ihr das Ja abzupressen. Sie verspricht es endlich und wird zurückgebracht.

Scene 3. Die Sitzung hebt wieder an.

Der Großrichter nimmt das Wort: Jeder dieser beiden Zeugen ist abgesondert, in einem besondern Zimmer eingesperrt worden, ohne daß eine Mittheilung zwischen Beiden möglich gewesen wäre. Sie haben vollkommen Zeit gehabt ruhig nachzudenken; jetzt wird unstreitig die Wahrheit uns enthüllt werden.

(Vater und Tochter werden hereingeführt; alle Mienen sind ängstlich gespannt.)

— Bestehen Sie, fragt man den Pförtner, darauf, den Brief aus den Händen Kalar's in die Hände Migefs gehen gesehen zu haben?

— Ja wohl.

— Hat ihre Tochter es mitangesehen? Wir verlangen die Wahrheit.

— Ja wohl. (Die Richter athmen frisch auf.)

— Dein Vater hat der Wahrheit gemäß berichtet, wendet sich der Großrichter an das Kind. Folge seinem Beispiel, sage uns, hast du gesehen daß der Brief abgegeben ward?

Das Kind zittert, senkt das Gesicht zu Boden, zerfließt in Thränen, und sagt „Ja," aber mit kaum hörbarer Stimme.

— Es ist nichts zu verstehen! rufen einige Richter. Was hat sie gesagt?

— Sie hat „Ja" gesagt, ruft der Großrichter. Und auf allen Gesichtern der Richter strahlt Freude.

Da schreit Kalar: Ihr seid keine Richter, ihr seid blutlechzende Tiger!...

Und der Großrichter, der Kommandant des Halsgerichts, mehrere andre Richter stürmen auf Kalar ein, und wollen ihm beweisen, gegen diese Aussage des jungen Mädchens könne er gar nichts mehr vorbringen, denn durch sie werde dies Geständniß des Migef und ihres Vaters bestätigt. Sie haben gesehen, ruft der Großrichter, wie das Kind mit sich gekämpft hat. Jetzt hat es Ihnen Ihr Endurtheil gesprochen.

— Nein! nein! nein! kreischt das Kind, ich habe gar nichts gesehen! gar nichts!

Und im nämlichen Augenblick fällt sie um. (Allgemeines Staunen; viele Richter sind ernstlich erzürnt.)

Man hebt die Kleine auf, trägt sie mitten in den Saal, bedrängt sie mit neuen Fragen. Da ertönt ein durchdringender Schrei: sie hat sich die Zunge aus Verzweiflung quer abgebissen, und sie stürzt abermals zur Erde.

Unter großer Verwirrung wird die Sitzung wieder aufgehoben.

Aufs Frische beginnt man. Neue Zeugen treten vor. Der Kommandant hält die Klage aufrecht; er belobt die Freimüthigkeit Migefs, nennt ihn ein bedauerliches Schlachtopfer Kalars, und weiß beinahe einen Helden aus ihm zu malen. Dann wirft er seine Netze gegen Kalar, dessen Widersprüche in der Aussage mit der des Migef er gebührlich herausstreicht, geschickt betont, in die Länge und Breite zerrt. Kalars Schuld erhellt, behauptet der Beamte, schon einfach aus dem Grimme Migefs, aus dem Zittern und Zögern des Kindes, dieses armen Geschöpfes, welches jetzt noch gar sich Leid zugefügt! dies bestärkt mich in der Ueberzeugung von Kalars Verworfenheit. Und nun endlich das Betragen Kalars! Sein verstocktes Schweigen, seine Betheurungen, sein Trotz. Das sind wieder Beweise gegen ihn. Kurz, dieser Mensch ist ein Scheusal, von dessen Gegenwart die Erde baldigst befreit werden muß.

Nach dieser Predigt bittet der falsche Migef demuthsvoll um das Wort. Er fleht nochmals um Verzeihung; doch bietet er seinen Kopf dem Sühnungsmesser, er wolle ja gern die Folgen seines Unrechts büßen, und er hofft durch seinen Tod werde er dem Volke die Lehre geben, an kein Komplott mehr zu denken.

Graf Gigas weiß nämlich daß sein Gönner Lixdox ihm das Leben schenken wird.

Kalar aber ist auf den Tod gefaßt, und wiederholt: er sehe in dem ganzen Getreibe nur eine höllische Bosheit.

— Meuchelmörder, schweigen Sie! krächzt der Kommandant.

— Brandstifter, kein Wort mehr! schreit der Großrichter.

— Ihr seid eine große Mörderbande, spricht Kalar festen Tones. — Da befiehlt man ihm zu schweigen, und die Gardisten zwingen ihn sich niederzusetzen. Er spricht aber: Ich weiß, mein Tod ist schon lange von euch beschlossen; ich, der Volksfreund, ich soll für die Schuld des Adels bluten, meinen Leib wirft man in den Rachen der Tyrannei! Gut! so sei es denn; drauf und dran! Ich sterbe als Märtyrer. —

Auf einen Wink des Großrichters setzt man ihm einen Knebel in den Mund, doch hat er noch so viel Zeit zu rufen: einst wird das Volk mich zu rächen wissen! — Hierauf führen die Soldaten ihn fort, und die Richter begeben sich in den Berathungssaal.

Scene 4. Die Richter am grünen Tische.

Einige behaupten geradezu, es lägen keine Beweise vor, der Ankläger sei unglaubwürdig und ohnehin ein schlechtberüchtigter Mensch; Kalar ist unschuldig, fügen sie hinzu, wir schänden uns wenn wir ihn verdammen, und machen obendrein einen Märtyrer aus ihm: was ganz unnöthig ist.

— Nicht doch, sagen Andre, seine Schuld ist unleugbar, übrigens ist er ein Revolutionär, und das genügt. Wer gegen die bestehende Ordnung ankämpft, der verdient kein Mitleiden.

Sie streiten gerade heftig: da eilt Lirdox herein und beschwört sie, sich nicht an Kleinigkeiten zu stoßen, das Auge auf das Staatsinteresse, das Wohl des Ganzen zu heften; besser sei daß ein Kopf falle, als daß die Nation beunruhigt werde; man möge das Leben der Königin, die Sicherheit der höhern Klassen in Erwägung ziehen, worauf seit lange schon die frevelhaften Angriffe der Umwälzer gerichtet wären. Meine Herren, ruft Lirdox, eine Hinrichtung ist durchaus nothwendig, zudem ist die königliche Gnade vorhanden...

— Ist Kalar schuldig? fragt endlich der Großrichter.

Fast alle Richter geben aufstehend das Ja zu erkennen.

Beide Angeklagte werden als Majestätsverbrecher zum Tode verurtheilt.

Scene 5. Der vorgebliche Köhler spatziert heiter in einem hübschen, reinlichen, wohlmöblirten Zimmer umher; dies dient ihm als Kerker. „Der arme Kalar!" sagt er, und trinkt ein Glas Wein. „Der arme Kalar; aber zum Teufel, er ist Demokrat, Demagog!" Jetzt kommt der Herzog von Koron und liest ihm den Todesspruch; aber er umarmt ihn und kündigt ihm die Freiheit an; man wird unverzüglich die Leiche eines Gefangenen, der sich so eben erhängt hat, in diese Stube einschließen, und während Graf Gigas in frischer Luft sich vergnügt, wird die Hofzeitung ausposaunen: der Bösewicht Migef sei im Kerker durch eigene Hand erdrosselt gefunden worden.

Scene 6. Der scheußliche Kerker Kalars. Er ist in Ketten. Er schlummert ermüdet; da rasselt der Wärter herein, weckt ihn mit einem Tritt und legt ihm noch eine Kette mehr an.

Darnach kommt der Henker und liest ihm das Urtheil. In einer halben Stunde wird er lebendig gerädert, geviertheilt und verbrannt werden.

Kalar schleudert Flüche gegen die Justiz, gegen die Gesellschaftsorganisation, gegen den Adel und den Tyrannen.

Mit Angst gedenkt er seines Weibes, seiner Tochter und ihres Jammers. Er erinnert sich ihrer Tugend, ihrer Liebe; — er fühlt daß sein Herz weich wird. Auch die Vorstellung der ungeheuern Folterschmerzen, denen er entgegen geht, macht ihn schaudern; aber die Vaterlandsliebe ermuthigt!

Ein Minister der Königin erscheint und bietet ihm Gnade, sobald er einen andern Anführer der Volkspartei, der so eben gestorben, als Hauptschuldigen bezeichne Kalar weist empört den Ritter zurück.

Ein Fürst kommt und verlangt weiter nichts als: er solle sich schuldig bekennen. — Kalar stutzt; schweigt. Sogleich nimmt man ihm die Fesseln ab. „Nein, ruft er, nein.“

Man schlägt ihm vor, nur um Gnade zu flehen; seine Rettung hänge lediglich von dieser einzigen kleinen Bitte ab. Da stürzt seine Gattin mit der Tochter herein, sie fliegen ihm jammernd in die Arme; er weint. Der Fürst von Horesa weist den Gnadenbefehl, von der Königin unterzeichnet, vor und erklärt den beiden Frauen, es handle sich allein darum, Kalar zum Bitten zu bewegen.

Gnade erbitten, ruft dieser, heißt seine Schuld gestehen, und ich bin schuldlos!

Seine Frau hängt an seinem Halse, die Tochter liegt ihm zu Füßen und streckt die zitternde Hand empor mit dem Gnadenbefehl der Königin.

Kalar erbebt; er ringt in sich; er schweigt; schon hofft man er willige ein.

Da ruft er: O mein Vaterland! welch Opfer bring ich dir heute!

— „Rad! Viertheilung! Scheiterhaufen!“ sagt der Fürst erstaunend.

Weib und Kind stoßen ein krampfhaftes Geschrei aus. Kalar reißt sich los, sie sinken ohnmächtig nieder, und er eilt zum Martertode. Aber er kehrt nochmals zurück in göttlicher Begeisterung, nimmt die Tochter an seine Brust und weint heftig; „Freiheit — Volk — Tyrannen,“ dies sind die Laute die er gebrochen ausstößt.

— Bitten Sie um Gnade! rufen Soldaten und Hofherren.

Aber schon gehört er nicht mehr der Sinnenwelt an; er eilt wieder hinaus und zum Schaffot.

Zweiunddreißigstes Kapitel.

Eifersucht und Geisteskrankheit. — Wiedererwachen der Vernunft.

Ich habe seit zwei Tagen schon keinen von ihnen gesehen; heute Abend (24. Mai) soll ich reisen, und kann ihr nicht das Unglück, das sie mir angerichtet hat, anzeigen!

Aber Walmor will ich schreiben; einfach schreiben, daß

ich auf einige Tage mich bei den Seinigen entschuldigen lasse. Späterhin schreibe ich, vom Wege aus, sie möchten mich entschuldigen, daß ich selbst das Land verließe ohne Abschied genommen zu haben.

Wüßten diese edeln Menschen was mich drückt, wahrlich Sie würden mich herzlichst beklagen.

Ich hatte in der That den Brief an Walmor begonnen. Allein er bekam mir schlecht.

Mitten im Schreiben ward mir sonderbar zu Muthe; es sauste mir wie Herbstwind in den Ohren, und das Blut brauste und schäumte mir in den Adern; ich fühlte es wie siedendes Blei durch meine Nerven rinnen, und dazwischen wie schrecklich kalte Eiszapfen in's Gehirn und in die Herzkammer fahren; die Schädeldecke wollte mir schier abspringen, so toll klopfte es und pochte es darunter! Die Zähne biß ich klappernd zusammen, der Blick ward in Dunkel gehüllt, und die Feder entsank meinen Fingern; ich weiß nicht was darnach geschah....

Krankheit; erstes Genesen.

Welch böser Schlaf war das? und wie lange quälte ich mich um nur einzuschlafen! Nacht und Verwirrung sind schlimme Dinge. Schwarze Wirbel flatterten vor mir, ich starrte immer hinein, und konnte nicht klug daraus werden.

— Eugen, sind Sie's? So lange waren Sie nicht bei uns? Dina hat geweint; warum? und wo ist Dina?

Oh welche beschwerliche lange Reise! die Knochen sind mir wie zerknickt; — aber mein Himmel, wo bin ich denn?

— Bei einem treuen Freunde, sagte Eugen, und drückte mir die Hand; nur ruhig, lieber William, schlafen Sie wo möglich.

— Ich versuchte es; seine Worte hatten mich erquickt. Aber es dauerte nicht lange, so fiel ich wieder in den schlimmen Zustand zurück.

Allmählig erholte ich mich; Eugen sagte mir ich sei sehr krank geworden, und jetzt im Hospital, nicht aber, wie ich mir einbildete in England, sondern in Ikaria. Ich durfte noch nicht reden.

Eugen kam täglich und benahm sich musterhaft behutsam. Ich war acht Tage lang in Geistesabwesenheit gewesen; Korilla hatte oft bei mir gesessen und geweint; ich hatte sie für Dina gehalten. Eugen gestand mir, ich habe oft Dina's Namen ausgerufen, und Walmor, der auch anfangs dabei gewesen, sei plötzlich aufgestanden und nicht mehr wiedergekommen. Warum besucht mich aber Dinaros nicht! Eugen wollte oder konnte nicht Bescheid geben; Korilla aber ließ täglich nach meinem Befinden erkundigen. Ich sah mich im Spiegel, und fand, mein schwarzes Haar war hie und da grau! Ich ward indessen nachgerade munter, und konnte den Brief lesen den Korilla mir durch Eugen schickte.

„Endlich, bester William," schrieb sie, „sind Sie auf der Besse-„rung! Ach wenn Sie wüßten, wieviel Thränen um Sie in „zwei Familien geflossen, die Sie so freundlich aufnahmen! Ich „bin aber froh daß es mit Ihnen besser geht. Sie haben Di-„naros und der armen Dina viel Kummer gemacht..."

— Wie so? Dina? Eugen, sagen Sie mir die Wahrheit, Eugen, reden Sie, was macht Dina?

— Dina ist besser.

— War die auch krank? warum? erzählen Sie...

— Freund William, beruhigen Sie sich, sonst erzähle ich nichts; Korilla und Dina waren beisammen, als Dinaros kam und sagte Sie seien erkrankt. Korilla ward dadurch sehr ergriffen, Dina schien gleichgültig. Aber Tags darauf erzählte Walmor, Sie nennten im Fieber oft den Namen Miß Henriette; und da ist Dina plötzlich wie vom Blitz getroffen, in Nervenzuckung gefallen.

— Dina liebt mich! rief ich und fiel in Ohnmacht. Als ich mich erholt, wollte ich mehr wissen; Eugen sagte sie sei seit einigen Tagen wieder bei ihrer Mutter, nachdem sie lange im Hospital auch sehr krank gewesen; Walmor sei nicht mehr wieder gekommen.

— Eugen! sagte ich, mag dem Allen sein wie ihm wolle, wir beide müssen fort; unseres Bleibens ist in diesem gesegneten Lande nicht; wir machen sonst noch mehr Unheil; das Eine erfreut mich, daß sie mich liebt! Aber abreisen will ich doch.

Nach einiger Zeit las ich den Brief aus:

„Ja, William, Sie haben der guten Dina ihre Ruhe geko-„stet, deren Mutter noch obenein mir vorwirft, Sie in die Familie „eingeführt zu haben; Dinaros weiß auch nicht Sie zu vertheidi-„gen; eine meiner Tanten, auch deren Gatte ist geradehin auf „Sie böse: Sie seien Schuld! Walmor ist fast wahnsinnig vor „Verzweiflung. Ich allein habe mich nicht in Bezug auf unsre „Freundschaft, William, geändert; ich weiß wer Sie sind und „vertheidige Sie immer, bis die Andern Ihnen wieder gewogen „werden. Das wird auch geschehen; ich habe mir Mühe gege-„ben, und gebe sie mir noch stündlich. Also Muth, William,

„Muth; es wird besser werden; die Meinigen fangen schon an „ihre Gesinnung betreffs Ihrer zu mildern, und es ist Hoffnung „daß Aussöhnung stattfinde. Ich wenigstens hoffe; hoffen Sie „es auch, und bewahren Sie ihre Freundschaft der Schreiberin „dieses Briefes, die so viele Freundschaft für Sie hegt."

„Korilla."

Nachschrift. „Ich weiß nicht ob Sie auf Ihrem Vorsatz, „sofort nach Ihrer Herstellung abzureisen, bestehen; am Ende „thuen Sie gut daran; aber ich bitte, William, reisen Sie nicht „ohne uns vorher ein Lebewohl gesagt zu haben! — Nein, nicht „solch ein Lebewohl!"

Ich war entzückt über diese Zeilen; ich umarmte Eugen mit Thränen; welche edle Seele, diese Korilla! welch ein starkes, selbst in der Trauer freudiges Herz! kein Sterblicher wäre glücklicher als ich, wenn Korillas Freund auch der Gemahl Dinas sein dürfte! Aber der unglückliche Walmor! — Hören Sie, Eugen, lassen Sie uns reisen, und zwar ohne Abschied in Person zu nehmen! und dies bald.

E n Billet.

3. Juni.

„Eugen erzählt mir, Sie bäten mich um Alles in der Welt „Ihnen die Wahrheit zu sagen über Dina und Walmor, und „Sie versprächen mir verständig und voll Muthes zu sein; „wohlan denn, hier sende ich Ihnen einen Brief der armen „Dina; aber nehmen Sie sich zusammen, William; Sie haben „es mir versprochen."

„Korilla."

Brief Dinas an Korilla.

1. Juni.

„Du bist gewiß sehr ermüdet, theure Freundin; du hast so „viele Nächte schlaflos an meinem Bett zubringen müssen, und „jetzt quäle ich dich noch mit Briefen. Aber wenn ich dich „nicht spreche, so muß ich wenigstens an dich schreiben oder et„was von dir lesen, liebe Korilla. Wie befindest du dich? „Komme bald, damit ich dich umarme. Nicht wahr, du kommst? „Ich habe gut geschlafen, und geträumt; ich will dir meine „Träume erzählen. Du hast mir so zu sagen das Leben wieder„gegeben durch ein Wort, das du mir in's Ohr sagtest."

„Aber führe mir nicht deine Tante noch einmal her, ich mag „sie nicht sehen. Ist es meine Schuld daß ich das Herz nicht „bezwingen kann? Ich sprach von den trefflichen Eigenschaften „Walmors, seinen Talenten; — niemand würdigt besser sein „Wesen als ich, niemand hochachtet ihn so sehr; niemand „findet ihn so liebenswerth. Ja, ich habe ihn geliebt, ich „glaubte es wenigstens; noch liebe ich ihn, so wie dich, so wie „du dich liebst. Ich wäre seine Gattin geworden, in dem Glau„ben ihn zu beglücken; ich wäre glücklich gewesen sein Weib zu „sein. Ich ahndete nicht, daß ein Anderer mir andere Gesinnun„gen einhauchen würde! Ach, da kam der junge Engländer, „und von dem Augenblick bin ich wie umgeändert. Weshalb? „ich weiß nicht. Ich wiederhole, ich liebte schon meinen Ju„gendfreund und Mitbürger Walmor, den Bruder meiner „theuersten Freundin, und William ist ein Fremdling den ich „zum ersten Mal sehe, und der mir wahrhaftig gerade so gleich„gültig anfangs war wie ich ihm. Daß er mich liebe, hat Wil„liam mir nicht ein einziges Mal gestanden, hat es sich auch nie„mals merken lassen; ich wußte auch nichts darum; ich meinte, „ich sei ihm ganz gleichgültig; und Trotz alldem bin ich bei sei„nem Anblick in eine Unruhe gerathen, die mir bisher unbekannt „war. Vergleiche ich den Britten mit Walmor, so zieht mich „die Vernunft zu Walmor; und dann wieder zieht eine unwider„stehliche Gewalt, die mir unerklärbar, mich zu dem Fremd„linge hin. Uebrigens, du hattest ihn auch lieb, und Walmor, „mein Bruder, meine Mutter, Alle hatten diesen Menschen, der „aus einem fernen Erdtheil zu uns gekommen, herzlich gern. „Jetzt ist das Unheil da; Mutter ist höchst angegriffen, wegen „Walmor, und ich leide wegen Mutter. Du kannst mich mit „vollem Recht bedauern, denn mein Herz blutet aus mehrfachen „Wunden. Meine theure Mutter wagt nicht einmal mir zu „zürnen; heute früh, als du weg warst, wollte sie sich beklagen: „du habest ihr meine Liebe zu William verborgen. — Aber, „Korilla, das ist nicht richtig, denn ich wußte selber nicht daß „ich ihn liebe, und du wußtest es folglich auch nicht. Denke „dir, wie es mir mit ihm gegangen ist: das allererste Mal, auf „dem Dampfboote, wo ich ihm nebst deinem Bruder begegnete, „versteckte ich mich hinter den Schleier, gleichsam unwillkühr„lich, als wäre da ein Feind dem ich mich zu entziehen habe. „Seither, du mußt es eben so gut wissen wie ich, habe ich Wil„liam, wenn man sich traf, stets vermieden; er hat auch keines„falls mich gesucht. Du hast sogar mich zuweilen geneckt mit „meiner Schüchternheit ihm gegenüber, und ich glaube, ich

„wüßte noch zur Stunde nicht daß ich ihn liebe, wenn nicht — „(ich erröthe) — wenn nicht plötzlich sich die — Eifersucht — in „mir geregt hätte! Es ist jetzt klar, er liebte mich auch ohne es „zu wissen und zu wollen; er brachte mir und Walmor ein „Opfer ohne sich laut zu beklagen. Das Fieber, und fast der „Tod, das hat euch erst unsre Liebe verrathen, ohne das wäret „ihr, wären wir gar niemals auf unser vor uns selbst sich ver„borgen haltendes Geheimniß gekommen. Deine Tante (die „brave Dame hat vielleicht in ihrem Leben nicht geliebt) sollte, „statt zu zürnen, uns bedauern. Du weißt, von Natur bin ich „etwas schüchtern, aber deine Tante ist ganz ungerecht gegen „mich und William, denn keiner von uns Beiden hat Schuld; „ich werde jetzt muthig und fest. Ich fühle, durch diese Unge„rechtigkeit deiner Tante werde ich zum Aussprechen veranlaßt; „nun denn immerhin, ich spreche es aus daß ich dem Mißgeschick „mit Energie die Stirn bieten will. Ja, ich liebe William, ich „bin überglücklich durch seine Gegenliebe, und es ist einerlei, „mag er reisen oder bleiben, lieben werde ich nur diesen Men„schen. Deine Tante kann mich quälen mit Vorwürfen, aber „weder sie noch sonst Jemand kann mir diese meine Neigung „rauben, eben so wenig wie man mich hindern könnte deine „Freundin zu sein. Sterben vor Kummer kann ich, das ist „wahr, aber mehr nicht. — Da kommt mir wieder der Gedanke „an unsern armen, theuren Walmor! ich sage dir, ich liebe ihn „auch, mehr als je, möchte ich sagen. Weißt du nun, was ich „beschlossen? Ich kann nicht Beiden angehören; ich liebe „Beide, wenn auch nicht in gleicher Weise, aber ich liebe sie; „nichts bleibt mir als keinem meine Hand zu reichen; ich schwa„ches Geschöpf will fortan unverheirathet bleiben und meinen „Trost in der Freundschaft finden; Freundschaft darf ich zu Bei„den hegen, wie ich sie ja schon längst zu dir hege und zu der „übrigen Familie!"

„Dina."

Der Leser wird begreifen, daß ich unmöglich zu schildern vermag, in welch einen Zustand mich dieser Brief versetzte. Und auf diese Zeilen folgten noch andere, die ich desgleichen mittheilen will.

Ein Billet von Korilla.

6. Juni.

„Lieber William, freuen Sie sich! mein Bruder kommt wieder, „und ich schicke Ihnen seine Briefe, auch einen Brief von mir „an ihn."

Erster Brief Walmors.

Mola, 24. Mai.

„Liebe Korilla, mache nur sofort daß unsre Mutter sich beru„hige; ich bitte sie um Verzeihung wegen des Kummers dessen „Ursache ich war. — Ich reiste hundert Meilen in zwanzig „Stunden, zu Fuß, zu Pferde, zu Wagen, auf der Dampfbahn, „zu Wasser, und bin ganz müde, ganz wie innerlich zerbrochen; „geistig ermattet eben so wie körperlich; aber das thut mir gut, „ich wäre sonst geradezu erstickt, so ungeheuer thürmten sich die „Bewegungen in mir! — Ich will dir morgen schreiben. Du „magst nach Waldira schreiben, ich werde den Brief auf der „dortigen Post holen.

Zweiter Brief Walmors.

„Ich sage dir, ich that gut daran mich fortzumachen, ich hatte „ganz den Verstand eingebüßt; ich hätte ein Unglück angerichtet, „glaube ich. Ich schäme mich es zu gestehen, Korilla, ich hatte „den rasenden Einfall: nicht bloß ihn, sondern auch sie, und „zuletzt mich zu tödten; ich gestehe dir, sogar nach einigen „Stunden, nach dem ich über Land gelaufen, ist mir dieser tolle „Gedanken wieder erschienen.

„Anderseits mußt du mir zugeben, liebste Schwester, ich habe „ein Unglück sondergleichen zu erdulden; ich nahm den Fremden „auf, überhäufte ihn mit Freundschaftsbeweisen, behandelte ihn „als Bruder; ich vertraue ihm das Geheimniß meiner Liebe „(Geheimniß, ich will sagen den Schatz, das Innerste) und siehe „da! William bringt mich darum! Noch mehr: kaum bin ich „etwas erholt, da ist er es der mich wieder verwundet, denn als „ich zu ihm ins Hospital eile (ich blieb Nachts sogar bei ihm „und sorgte für ihn aufs Beste), was geschieht? er wiederholt „in der Fieberhitze daß er mein Nebenbuhler sei. Und sie, was „thut sie? sie sagt mir geradezu, sie ziehe mir einen Verräther vor, „denn sie war nicht bloß vergeßlich genug um sich über zehn „Jahre lange Freundschaft und Neigung, über Versprechen und „Hoffnungen hinwegzusetzen, sie hat nicht etwa nur die schlechte, „heuchlerische Ausflucht vorgebracht, sie wolle niemals heirathen: „— nein, kurze Zeit darauf hängt sie sich an den ersten besten „Ausländer. Uebrigens jetzt ist die Sache vortrefflich einge„richtet; sie lieben sich, sie wollen für einander leben und sterben, „sind ganz selig und triumphirend; sie können jetzt über meine

„Dummheit und Qual lachen... Aber halt, ich will nicht allein „unglücklich sein, ich reise zurück, sie sollen mich recht bald „sehen.“ —

Nachschrift. „Nein, beste Korilla... Nein, sie sollen mich „nicht sehen, ich kehre nicht zurück; ich mache dies Schreiben „wieder auf um dir zu melden daß ich unsinnig war! Ich reise „weiter.“

Dritter Brief Walmors.

Waldira, 29. Mai.

„Ich lese eben dein Schreiben vom 28., liebe Schwester. „Sie ist also gefährlich krank? und er reist ab, sagst du, um „meinethalben, ohne ihr seine Zuneigung zu gestehen? Sprich „— ist dem so? Ach Korilla, eile zu William — nicht doch, „zu Dina lieber — eile! — Gib mir schleunigst Nachricht, „hörst du? ich vergehe vor Ungeduld.“

Brief Korillas an Walmor.

Ikara, 2. Juni.

(Dieses Schreiben, im vorigen erwähnt, enthielt die Abschrift des obigen Briefes.) —

Vierter Brief Walmors.

Waldira, 3. Juni.

„Freue dich, theure Korilla, denn du hast mir eine große „Freude ja auch gemacht indem du mir anzeigtest daß Beide „außer Gefahr sind! Ich erhalte deinen Brief vom 2. Mai und „die Abschrift des Schreibens von Dina. Also William besteht „auf seiner Abreise? Dina will mir ihre Liebe zum Opfer „bringen? — Neben diesen zwei Personen bin ich sehr, sehr „klein. Aber ich fühle wie Feuerglut im Kopf, ich mag dir „noch nicht mehr schreiben, ich muß laufen, rennen, in freier „Luft. — Später will ich dir schreiben, und du sollst mit mir „zufrieden sein, denke ich.“

Fünfter Brief Walmors.

Waldira, 4. Juni.

„Höre, Schwesterchen, ich werde Rache nehmen, Rache an „mir. Ich habe die Briefe die du mir geschickt, noch zehn Mal

„gelesen, stets mit neuem Interesse. Ach, jetzt sehe ich ein wie „verrückt und wie feige, wie ungerecht und wie überheftig ich „gewesen. Die verfluchte Eifersucht, ja wohl die fluchwürdige „Eifersucht, diese böse, verstandlose, tückische, blutdürstende „Begierde, hatte mich in Beschlag genommen, mich wie einen „armen Besessenen entmenschlicht. Aber ich will mich rächen „für diese Unbill. Theure Schwester, ich danke dir; ich bin „stolz dein Bruder zu heißen; ich bin dir viel, viel schuldig.

„Jetzt eile zu William, umarme ihn, und auch Dina. Ich „bin nunmehr entschlossen, mein Glück mit dem ihrigen zu ver= „knüpfen; ich willige darein, mögen sie sich lieben und mir „ihre Freundschaft bewahren. Vielleicht werde ich noch manche „Kämpfe in meinem Busen durchzumachen haben: allein ich „bin dazu bereit. Wenn ich euch nicht sofort wie sonst bin, „wundert euch nicht zu sehr darüber; ich werde schon zu seiner „Zeit wieder der alte sein. Und ich bin überzeugt, ich werde „vollständig den Sieg über meine blinde Leidenschaftlichkeit „erringen; ich will trachten, so viel wie möglich, euch den „Kummer zu vergütigen den ich euch gemacht, ohne Absicht „freilich. Vor Allem aber danke ich dir, schöne liebe edle „Schwester!"

Acht Tage hinterher, zwei Tage vor den großen Festtagen der ikarischen Nation, war Walmor zurück. Dina hatte sich erholt, und ich befand mich so nahe an der vollkommenen Genesung, daß ich durch ihren Anblick ganz hergestellt ward.

Walmor umarmte uns mit ungeheucheltem Entzücken und es schien endlich, nach den bösen vierzehn Tagen, ein günstiges Geschick uns zu lächeln. Gleichwohl dachte ich allen Ernstes abzureisen. Ich hatte Ikarien sattsam kennen gelernt, ich hatte auch die Liebe dort gefühlt; es war Zeit auf andere Verhältnisse daheim den Blick zurückzuwenden. Dina bestärkte mich in diesem Vorsatze; sie erklärte, sich nie verheirathen zu wollen. Unverhofft stellte sich Walmor diesem entgegen! Er brachte allerlei Gründe vor, uns von unsern Entschlüssen abzuleiten. Ich werde euch Beide schon zum Gehorsam zwingen, rief er. Und da wir lachten, erklärte er seinerseits, er heirathe Dinas Cousine, die junge Alae, zu der er stets Freundschaft gehabt und die ihn herzlich liebe.

Groß ward unser Erstaunen bei dieser Wendung; wir dachten anfangs er scherze, aber glücklicherweise sprach er ernsthaft. Er hatte in der That vor seiner Ankunft vier Tage bei Dinas Großvater verweilt und ihm die Sache erzählt. Dort hatte man die Heirath mit Alae angeordnet. Beide Familien waren es gern zufrieden. — Korilla, das edle Mädchen die wie das Schutzgeist des Hauses zu betrachten war, flog ihrem Bruder um den Hals. Eine sanftrührende Scene allseitigen Aussöhnens und Beglückwünschens fand statt, und wir entwarfen allerlei Pläne wie man zu thun pflegt wenn man aus schweren Nöthen emporsteigt. Zudem war das große Fest vor der Thür.

Dreiunddreißigstes Kapitel.

Vorspiel der Festtage des Volkes. — Geburtsfeier des Schülers, des Arbeiters, des Bürgers.

Morgen ist Jahresfeier der Wiedergeburt des ikarischen Staates. Eröffnet wird sie durch dreierlei Vorgänge vom größten, allgemeinsten Interesse. Das ikarische Jahr hebt an mit dem 13. Juni, dem Tage des Volksaufstandes. Auf diesen ewig denkwürdigen Tag hat man die Geburtsfeier des S c h ü l e r s anberaumt, für alle Kinder die das fünfte Lebensjahr hinter sich haben; die Geburtsfeier des A r b e i t e r s für alle Knaben von achtzehn, alle Mädchen von siebzehn Jahren, und die Geburtsfeier des S t a a t s b ü r g e r s für die jungen Männer von einundzwanzig Jahren.

Am heutigen Morgen ist in sämmtlichen Gemeinden auf prachtvollen Anschlagzetteln die Liste der neuen Schüler, das will sagen aller dortigen Kinder von fünf Jahren, veröffentlicht worden.

Desgleichen die Liste der achtzehnjährigen Jünglinge und siebzehnjährigen Jungfrauen, nebst Beibemerken der bestimmten, einzelnen Profession welche in dem für sie veranstaltet gewesenen Konkurse, von Jeglichem und Jeglicher erkoren worden ist.

Heute Abend endlich erscheint der öffentliche Anschlag der das Verzeichniß aller neuen Bürger enthält, nämlich derer die im Laufe dieses Vorfesttages der Ehre theilhaftig wurden, in die Reihen der Bürger zugelassen zu werden. Letzteres ist eine so interessante Zeremonie daß Walmor mich und Eugen (dieser edle junge Franzose ist forthin unzertrennlich von uns) dazu einlud.

Aufnahme unter die Staatsbürger.

Wir trafen im Gemeindepalast eben ein als die Feierlichkeit begann. Der Vorsitzer dort im Lehnsessel, sagte Walmor, ist Präsident der Volksversammlung der Gemeinde; ihm zur Rechten thront der Präsident der Vollziehungsmacht der Gemeinde; links befindet sich der Religionslehrer; rings herum die bedeutendsten Magistratspersonen des Volks. Jene stattlichen jungen Leute, in der ersten Einzäunung da, sind die Söhne der Gemeinde welche heute zum Bürgerthum Zutritt bekommen sollen; sie haben das einundzwanzigste Jahr zurückgelegt. Hinter ihnen befinden sich Männer verschiedenen Alters, es sind ihre Taufväter, ihre Gevattern so zu sagen, das heißt Freunde ihrer Familien und durch diese werden die Jünglinge gleichsam vor die Schranken der ikarischen Gesellschaft geführt; diese Gevattern werden den Einzuweihenden als Freunde und Rathgeber für das ganze Leben dienen.

Auf den obern Bänken sitzen sämmtliche junge Männer der Gemeinde die zwanzig Jahre alt sind. Sie begeben sich pflichtmäßig zu dieser erhabenen Feier, besuchen auch emsig während des laufenden Jahres die Volksversammlungen, um solcherart ihre Erziehung zum Bürger zu vollenden. Im nächsten Jahre wird die Reihe an sie kommen, in den Kreis der Bürger aufgenommen zu werden. Die übrigen Anwesenden sind zahlreiche Zuschauer.

Als die Musik (in Ikarien wird bekanntlich bei den Volksversammlungen zu politisch-gesellschaftlichem Zwecke musicirt, wie in andern Ländern in der Kirche) aufgehört, eröffnete der Präsident die Sitzung und gab das Wort einem Magistratsmitglied, welches eine kurze paßliche Rede sprach. Hierauf begann der Sekretär den Namensabruf der neuen Bürger und ihrer Gevattern. Präsident und die übrigen Beisitzer des Amtstisches legten alsdann einer durch's Loos bestimmten Anzahl dieser jungen Männer (etwa zwanzig) über Verfassung und Bürgerpflichten wie Bürgerrechte, die gebührenden Fragen vor. Ueberflüssig ist es wenn ich bemerke, daß alle Antworten mit erfreulichster Kenntniß und würdigster Zuversicht ausfielen. Der Präsident las jetzt den Bürgereid: „Sich dem Vaterlande zu widmen, den „Gesetzen zu gehorsamen, alle Obliegenheiten zu vollziehen, „Bruderthum gegen die Mitbürger zu üben," und zugleich schärfte er ihnen die Wichtigkeit dieses Eides ein, den die große Republik nur ein einziges Mal im ganzen Leben dem Ikarier abverlangt, wie auch immer späterhin die Geschäftskreise, worin er sich bewegt, sein mögen. Die Jünglinge standen auf, hoben beide Hände in die Höhe und schwuren mit lauter, langsamer Stimme; wonach der Präsident Namens der ikarischen Republik sie für neue Bürger erklärte, Mitglieder der selbstständigen, sich selbst gebietenden, sich selbst gehorchenden Volksgemeinde Ikariens, zu gleicher Zeit Wähler und wählbar. Er befahl ihre Namen in die Tafeln der Mitglieder der Versammlung und der Volkswehr einzuschreiben. Auch befahl er daß ihnen die Uniform des Bürgers gegeben werde; er überreichte schließlich jedem der Gevattern oder Taufzeugen, die ich oben erwähnte, das Zeichen des Bürgerthums, und jeder heftete es an die Brust seines jungen Pathen. Die Musik ließ sich wiederum hören. Nachdem der Vorsitzende noch eine bündige, sinnige Anrede gehalten, war diese erhebende Nationalfestlichkeit geschlossen.

So wurde denn heute, auf der weiten Fläche des ikarischen Gebietes, fast eine Milion neuer Bürger geweiht; alle zur selbigen Stunde, in den sechzig Gemeinden der Hauptstadt und in den eintausend Gemeinden des Reiches. Die unsterbliche Majestät des Volkes hatte somit wieder neue Vergegenwärtiger bekommen.

Auf dem Rückwege sah ich bereits großartige Vorkehren zur Feier des Jahrfestes der Revolution; die morgende Zeremonie wird ein getreues Abbild dieses geschichtlichen Ereignisses liefern, höre ich. Schon organisiren sich die zwei Schaaren, deren eine die einstige Königsgarde, die andere die Volksmassen darzustellen haben wird. Die Geschwader, die Banden, die Patrouillen stellen sich zusammen und bekommen das Losungswort. Man vertheilt die Posten und Rollen; Ikar der Ordner und seine Generale einerseits, Lixdox und Chloramida anderseits. Auch an Material für die Barrikaden fehlt es nicht. Auf dem Gefilde der Empörung, neben dem alten gewaltigen Glockenthurm der in der Frühe des 13. Juni 1782 Sturm läutete (dies ist, wohlgemerkt, die einzige Thurmglocke die noch aus der bösen Vorzeit übrig gelassen worden) erheben sich schon heute Steinwälle. Auch das Bild des alten Königspalastes worin die Landesmutter Chloramida, wie ihre Schmeichler das bedauerliche, junge, schöne Weib genannt haben, sich aufhielt; auch dieser Palast, sage ich, steht bereits in Nachahmung von Holz auf einem Ende des Siegesfeldes. Kurz, alles ist angeordnet.

Der Sonnenuntergang ist prachtvoll, verspricht gutes Wetter auf morgen und übermorgen. Walmor sagt mir, das Nationalfest währe zwei Tage.

Jahresfeier der Revolution.

Erster Tag.

Aufstand; Kampf; Sieg.

Das Gewölbe des Himmels ist wolkenleer; die Sonne schießt, gleichsam selber kriegslustig, ihre heißen Strahlen herab, als wolle sie ihre Freude bezeugen am heiligen Triumphfeste einer großen Volksgemeinde, welche einst an diesem Tage böse Ketten (auf immer hoffentlich) sprengte und zerschmetterte! Dieses Volk ist sich seiner Geschichte klar; es will aber auch an den Tag legen daß es sich klar sei, und darum hat es für gut befunden, das furchtbare Todesspiel des Ernstes, der Verzweiflung, das die Väter einst gekämpft, jährlich dem Auge der spätern Geschlechter als stolzes Schauspiel im heitern, rührend erhabenen Feste vorzuführen. Diese Nation erinnert sich dankbar der Großthat der blutkühnen Ahnen, welche ihr Dasein in die Schanze schlugen für das Wohl der Enkel. Der Segen jener gestorbenen Märtyrer schwebt immerdar über dem ikarischen Staate!...

Seit fünf Uhr früh tönte mir schon die Sturmglocke in's Ohr; dann gab es Geschrei und Trommelschlag. Ich eilte zu Eugen, und wir holten der Verabredung nach Walmor und Dinaros ab. So gingen wir zur Glocke.

Kaum hinausgetreten, begegnen wir zahlreichen Gruppen junger Leute; Gesang der Kampflieder und Freiheitslieder erschallt; ein Aufruf zur Empörung, von Ikar unterzeichnet, wird angeklebt, und sie rennen umher mit den kleinen schwarzen Fähnlein, und unter dem Geheul: Zu den Waffen! Bürger, zu den Waffen!

Wir nahen dem grauen hohen Thurm; die Glocke tönt unaufhörlich, und eine ungeheuer große schwarze Trauerfahne wird aufgezogen und rollt langsam in der blauen Luft.

Jetzt stürzen Bürger aus den Häusern und stellen sich vor die Proklamationen an den Mauern; man schreibt sie ab in fliegender Hast; tausende von Abschriften verbreiten sich durch die Gassen und in die Familien. Aber es kommen auch die Wachen der königlichen Garde, kreuzen das Bayonnet, oder feuern. Die Haufen stieben auseinander, doch werden die Leichname weggeschleppt, und die Träger schreien: Rache, Rache, zu den Waffen! Allmählig halten die Haufen Stand, antworten auf Flintenschüsse mit Flintenschüssen; auch die Barrikaden wachsen gleich Pilzen schnell empor; man bedient sich dazu der Ketten, Stricke, Wagen, Stangen, gleichviel! So schießt man sich zu beiden Seiten nieder. Wir kamen hier nicht weiter, und bogen in andere Straßen. Dort gab es Pelotonfeuer, Bataillonfeuer, selbst Kanonendonner, und überall tönte der Ruf: Auf zu den Waffen! — Zum Gefilde der Empörung! — zwischen dem Lärm des Geschützes, der an Heftigkeit zunahm.

Ich ward etwas betäubt, obschon ich Gefallen daran fand. Eugen war wie außer sich; er glaube sich in Paris 1830 am 27. Juli, schrie er, und riß mich fort.

Hier und dort trafen wir Schaaren Flüchtender, theils königliche Soldaten, theils Empörer; auch Gefangene begegneten uns, zuweilen Bürger in den Händen der Soldaten, zuweilen umgekehrt. Wir selber wurden manchmal angehalten, oder gar mitgenommen, bald von den königlichen, bald von den Volkskämpfern; bis wir endlich uns aus dem Staube machten. So gelangten wir unter einer großen Menge auf das erwähnte Feld der Empörung; dort nahmen wir Platz auf den Stufen ringsum; ein Drittel der Bevölkerung schaute zu, während ein zweites Drittel in diesem großen Drama mitspielte.

Schon waren viele der Aufrührer in der Kampfbahn; dort sah man die Uniformen der Bürgerwache und unterschied die Redner durch welche die Gruppen angefeuert wurden. In hellen Häufen zogen die Leute herbei; Frauen, Kinder in Bürger- und Handwerkskleidung, und schleppten Waffen. Ikar erscheint zu Pferde mitten unter ihnen, organisirt sie, ermuntert sie; neben Ikar zeigt mir Dinaros einen der Adjudanten, besser gekleidet als Ikar; er ist verwundet; ich erkannte Walmors Großvater. Jetzt nähert sich das Geschützfeuer, die Insurgenten sind mit der Garde handgemein; die Garde hat gesiegt, doch das Volk schlägt Barrikaden auf und hemmt den Lauf der Soldaten. Die vorderste wird wüthend angegriffen, wüthend vertheidigt, doch endlich von der Garde gestürmt. Ebenso die zweite. Die dritte Barrikade wird heldenkühn vertheidigt: die Kanonen donnern, ein Knabe steckt eine Fahne auf die Höhe, aber er sinkt erschossen zusammen, nachdem er lange den Musketenkugeln Trotz geboten.

Nun schreien die Gardisten Sieg und trommeln Sturm, aber auch die Sturmglocke heult gewaltig, dazwischen schmettern Trompeten und Ikar sprengt mit den Bürgerwachen die er so eben geordnet, heran, und ein Kampflied singend, werfen diese den Stoß der Garde zurück. Die andere Barrikade fällt dem Volke nicht minder in die Hände. Die Gardisten werden verfolgt; das Getümmel schwindet nach und nach.

Wir gingen jetzt nach Hause; Zuschauer und Spieler räumten die Bahn, da die Hitze stark wurde. Gegen drei Uhr machten wir uns wieder hinaus; Korilla, Dina, beide Familien. Alle begaben sich nach dem Siegesfelde, ebenso die Zuschauer als die Spieler, welches übrigens mit der ikarischen Ordnung geschah, da der Weg zuvor durch das öffentliche Programm aufs Umständlichste angezeigt worden, und jeder sicher war einen guten Platz zu bekommen. Polizei und Polizeispione fehlten; aber dafür befanden sich dort Aufseher aus den Stadtvierteln gewählt, eben so geachtet als höflich. Dieses Siegesfeld ist ungeheuer groß, noch größer als das Marsfeld zu Paris. Der Boden des ikarischen Siegesfeldes ist aber nicht staubig noch kothig, sondern fest gestampft, mit Mörtel geebnet, und wird zu Zeiten angefeuchtet. Ringsher, zehn Fuß über der Ebene, erheben sich bequeme Stufen im Kreise, wie im Amphitheater; über eine Million Zuschauer haben dort Platz unter einer leichten Decke, welche aus tausenden von Gezelten, auf zarten Säulen ruhend, besteht. Das Volk aus allen sechzig Vierteln der Hauptstadt, die Provinzbewohner, die Fremden, die Gesandten des Auslands, die Beamten, jedem sind verschiedene Zelte mit verschiedenen Fahnen und Farben angewiesen. Welch köstlicher Anblick!

Das Feld ist mit königlichen Truppen in rothen, grünen, gelben, blauen Uniformen angefüllt, und die mannigfachsten Waffen kreuzen sich dort; der Palast der jungen Königin, an einem der Ausgänge des Feldes, ist mit Wachen und Kanonen besetzt. Die Sturmglocke erdröhnt wieder, das Gewehrfeuer naht; fünf bis sechshunderttausend Zuschauer bedecken die Stufen. Es schlägt vier Uhr, der Kampf beginnt aufs Neue. Die königliche Armee manövrirt und formirt Schlachtreihe; Chloramida und Lixdox mit dem ganzen Hofstaat, in herrlichem Anzuge, gallopiren auf und ab und geben sich viele Mühe, den Soldaten einige Vivats zu entlocken. Da krachen Schüsse; die Aufrührer stürzen wie ein überschwemmendes Wasser herbei, und treiben vor sich her den Vortrab der Garden, der bereits auf der Flucht sich nicht mehr sammeln kann; Pferde, Geschütz, Männer, alles wild durch einander. Einige Kanonen am Eingange feuern fortwährend auf das Volk, doch siehe! Kinder kriechen am Boden längs der Säulengänge an den Seiten und bemächtigen sich plötzlich einer Batterie; zugleich jagt ein Schwarm berittner Volksleute auf eine dabeistehende Batterie, und es gelingt dieselbe zu erobern. Jetzt barrikadiren die Soldaten: aber eine zahllose Masse Personen jedes Alters, jeder Kleidung, jeder Waffengattung tobt herbei und in einem heißen

Sturm erscheint ein Mädchen mit der Volksstandarte auf der Spitze dieser Schanze, neben ihr steht ein Jüngling in Uniform. Ungeheurer Zuruf begrüßt das tapfre, gewandte Paar, und die Schanze wird den Soldaten entrissen.

Da bewegt sich die königliche Armee selber und rückt zum Todesstreite; so stehen sich zwei Heere gegenüber, das eine der Krieger, das andre der Volkshaufen, mit Soldaten hie und da gemischt, in deren Mitte Ikar zu Pferde, mit seinen Adjudanten, darunter wieder Walmor's Großvater.

Als das Morden wieder anhebt, sieht man bereits mehrere Regimenter Kavallerie und Infanterie ihre Säbel, Lanzen und Gewehre umkehren; ja sie senken hie und da die Fahnen, schreien dem Volke Lebehoch und marschiren im Sturmschritt in seine Glieder; das Volk ruft: Ehre den Soldaten! — nieder die Tyrannei! — und die Zuschauerschaft klatscht und ruft ein donnerndes Bravo. Dieser Abfall erschüttert die Garden; die aus Fremdlingen geworbene Leibwache der Fürstin eilt in den Palast, oder flüchtet auseinander. Ikar stürzt vom Pferde, eine Kugel traf ihn: doch bald zeigt er sich wieder, und durch seine Wunde scheint der Eifer des Volks sich zu erhöhen. Hier beginnt der Angriff auf das Königsschloß; es wird wüthend vertheidigt, rasend gestürmt; die Spieler zeigen hiebei wahre Wunderstücke von militärischen Leibesübungen. Noch ein Mal erhebt sich die Schlacht in schrecklichster Glut, Kanonen- und Kleingewehrfeuer kracht: endlich ist das Schloß genommen; hunderte von Trompetenstößen verkündigen von seiner Terrasse das volksbeglückende Ereigniß, und sofort stürzt die Schaar der Rächer durch die Säle und schleudert viele Gardisten (an ihren rothen Röcken kennbar) zu den goldnen Fenstern hinaus, auch viele Kleider von Hofherren, Kammerherren, u. s. w., bedecken alsbald die Erde am Fuß der Mauern des gestürmten Palastes. Unter unermeßlichem Hurrah und Klatschen wird die Königsfahne von dem Dache des Gebäudes herabgerissen. Nunmehr wird auch die Königin, von ihrer eignen Garde arretirt, unter Jubel und Gezisch herbeigeführt, und als Lirdor, der Minister den man noch kürzlich in seinem goldbetreßten Schranzenrocke sah, und den man jetzt in einer Kohlenkammer versteckt gefunden, gleichfalls hergeschleppt wird, und zwar in der Verkleidung einer Köchin: da erzittert die Luft von dem Rachegeschrei, den Flüchen, dem Gepfeife der Sieger!

Inzwischen brechen Flammen im Schlosse aus; das von der Königin aufgespeicherte Pulver sprengt die Mauern ihres Hauses. Ein prächtiges Feuerwerk, ein herrliches Konzert von tausend und aber tausend Instrumenten und Stimmen — funfzigtausend Mitspieler, sechshunderttausend Zuschauer singen — beschließt gegen neun Uhr den glorreichen Gedächtnißtag. Die Anwesenden verfügten sich hierauf in bester Ordnung unter Kriegsmusik und dem Gesange der Nationalhymnen, Kampf-Sieg-und Freiheitslieder, nach Hause. Ich war so enthusiastisch, so glühend aufgeregt, daß ich mich nicht erinnre, je früher es in diesem Grade gewesen zu sein. —

Zweiter Tag.

Bestattung; Ehrenbezelgungen für die früheren Märtyrer, für die gefallenen Helden, und die letzten Schlachtopfer.

Vom frühen Morgen an erschallt abermals die große Glocke; Kanonen ertönen in langen Zwischenräumen in allen Stadtvierteln, und durch die Straßen gehen Trauertrommeln. Ein Leichenbegängniß wird angekündigt. Die gesammte Einwohnerschaft erscheint in Trauerkleidung, und die Volksfahne ist mit Leichenflor umwickelt. Jetzt liest und bespricht man allerorts das Lob der getödteten Freiheitshelden, und die Bürger werden aufgefordert, Grabreden und Grablieder zu machen. Nach fünf Uhr gehen sämmtliche sechzig Grabgeleite ab, jedes aus vier bis fünftausend Personen bestehend; an sechshunderttausend Zuschauer nehmen auf den Stufensitzen des großen Siegesfeldes Platz. In jedem Zuge sind die Trommler, Musik verschiedner Sorten; eine Schaar Jungfrauen mit Blumenkörben, und eine Schaar Knaben mit Kränzen und Girlanden; drei Haufen, Darsteller der verwundeten Bürger, der nicht verwundeten und in vollen Waffen, endlich derer die sich durch irgend eine Heldenthat besonders ausgezeichnet; dann gehen auch weiße Rosse mit schwarzem Behäng verziert, im Zuge mit; dann kommen Wagen voll Verwundeter, dann Wagen mit Särgen; Wagen mit den Kindern und Frauen der Geopferten; schließlich die Magistrate der Gemeinde und die Bataillone der Bürgergarden zu Pferde und zu Fuß. Mitten in dem Gefilde des Sieges ragt ein hoher breiter Scheiterhaufen empor, von einhundert Altären umstellt; auf den Altären brennen wohlduftende Flammen. Ueber dem riesenhaften Holzstoße schweben Unsterblichkeitskronen mit den Namen der bedeutendsten Gefallenen; ringsher, doch weniger erhöht, steht der Kreis der die Namen der Helden enthält, dann kommt der dritte mit den Namen von hundert der ältern Märtyrer; jeder dieser drei

Kreise trägt eine besondre Farbe. Um sechs Uhr verkündigt Glockengeläute und Kanonendonner die Ankunft des ersten Leichenzuges; er betritt das Gefilde, Pferde und Wagen vorauf, und umgibt den Scheiterhaufen. Die Trommeln werden gedämpft geschlagen; man trägt die Särge hinüber, Musik erschallt; die Mädchen und Knaben werfen Kränze und Blumen hinein, und die Bürgersoldaten senken Gewehre und Standarten. Hierauf tritt der Zug den Rückweg an, marschirt langsam an dem ihm folgenden Leichenzuge vorbei, macht bei dem Eingange Halt durch den er eingetreten war, und stellt sich in gerader Linie auf den Scheiterhaufen hinschauend in Reihe und Glied; vornan die Knaben und Mädchen, hinter diesen die jungen Männer, die Musikanten, die Bürgergarde, Pferde und Wagen zuletzt dicht an der untersten Stufe. Die gehenden Verwundeten, die Helden und Mitkämpfer setzen sich auf die ersten Sitze; die Magistratspersonen begeben sich an die bestimmten Plätze. Sechzig solcher Leichenzüge gingen ohne Unterbrechung, wie ein einziger Zug, hinein. Dann erschien Ikar, verwundet, zu Pferde, die Nationalvertreter vollständig und alle im großen Trauerkostüme; diese stellten sich ringsum die Särge.

Gegen acht Uhr war Alles in Ordnung und Ruhe. In der Mitte stand, wie gesagt, der kolossale Scheiterhaufen mit einhundert Altären; über ihnen hunderte von Kronen und Inschriften inmitten des Weihrauchgewölkes; weiter ringsher der Kreis der Nationalvertreterschaft; dann die sechzig Leichenzüge wie Strahlen vom Scheiterhaufen ausgestreckt bis an die Grenzlinie des Gefildes; und diese Strahlen wieder in verschiedner Färbung abgetheilt, nämlich vornab ein Ring von sechzig Schaaren weißgekleideter Mädchen, darnach ein Ring von sechzig Schaaren schwarz gekleideter Knaben, sonach die Kreise der Musikchöre, der Bürgergarden zu Pferde und zu Fuß, dann Kreise der weißen und der schwarzen Pferde; darnach ein Ring leerer Wagen, ein Ring von Wagen mit den Wittwen und Waisen, und über diesen mannigfaltigen Ringen und Kreisen die Stufensitze mit dem Ringe der Verwundeten, dem der Helden, und dem der Kämpfer; darüber zwölf gemischte Kreise, und über allem erhoben die tausend Zelte, von tausend Fahnen, Flaggen und Standarten überweht. Das Ganze war prachtvoll und rührend, bis in's Kleinste, Geringste hinein; jede Person konnte bequem sehen und gesehen werden.

Hierauf begann die Todtenehre.

Auf ein Zeichen ertönte Glockengeläut, die Trommeln erdröhnten, die sechzig Musikchöre rauschten, frischer Weihrauch ward gestreut, und die Nationalvertreter nebst Ikar warfen Kränze und Kronen den Märtyrern, den Helden und den Streitern zu. Hienach begaben sie sich nach ihren Stufensitzen; in den nunmehr freigewordenen Platz rückten sämmtliche übrige Ringe vor, so daß diese dichter am Scheiterhaufen zu stehen kamen als vorher. Jetzt stimmte der Kreis der Mädchen ein Lied an, und während des Gesanges streuten sie Blumen gegen den Holzstoß. Sie hoben ein Trauerlied und Danklied an für die Märtyrer, die Helden und die Kämpfer. Die Schlußstrophe ward von dem Chor der jungen Männer wiederholt, welche ihrerseits das begonnene Lied fortsangen, und die Mädchen fielen wieder in die Schlußstrophe ein. Darnach sang der Ring der Bürgerwache, indem er die Fahnen und Standarten, Gewehr und Säbel neigte, den dritten Vers, dessen Schlußstrophe in den beiden vorigen Ringen sein Echo fand. Der vierte und letzte Vers wurde von allen Kreisen innerhalb der Schranken gesungen, und sechshunderttausend Zuschauer stimmten in die Schlußstrophe desselben ein.

Plötzlich leuchtete funfzig Fuß hoch über dem Holzstoß ein feuriger Schein; man las in Flammenbuchstaben die Worte:

„Das Vaterland nimmt sich hinfort ihrer Kinder und
„Frauen an"

und alle Trompeten erklangen. In diesem Augenblick strahlten sechzig Sterne auf den sechzig Gruppen der Wagen der Wittwen und Waisen. Und beim Schmettern der einhundert Trompeten, von denen Luft und Boden erzitterten, erhoben sich von ihren Sitzen die Nationalvertreter, die Provinzbewohner, die Kolonisten, das Volk und seine Magistrate, streckten die Hand aus und bestätigten somit die Flammenworte. Jetzt erlosch die Inschrift, und eine andre erglänzte: „Ruhm und Preis den Helden;" sechzig Sterne erblinkten wieder über ihren Häuptern, und wieder stand die ganze Versammlung auf unter dem Klange der Trompeten und dem Brausen der Musikchöre. Hienach kamen noch einmal sechzig Gestirne zum Vorschein, noch einmal erhob man sich, und las eine dritte Inschrift: „Ehre den Verwundeten, Ehre den Kämpfern."

Unter Gewehrsalven und Kanonengebrüll, unter den Fanfaren der sechzig Musikbanden, dem Wirbeln der Trommeln und Schmettern der Trompeten, in welches sich das Glockengeläut mischte, schlugen Flammen aus dem Scheiterhaufen hervor. Eine majestätische, ungeheure Feuersbrunst loderte auf und rollte langsam ihre mit Wohlgerüchen versehenen Wolken in die Lüfte.

Als die Glut erlosch, strahlten abermals die Worte in Flammenlettern: „Ewiger Ruhm den Märtyrern der Revolution," aus dem Qualm empor, und die Namen der Märtyrer und Helden erglänzten.

Zuletzt erschien ein gewaltiger Kreis von hundert Luftballons verschiedener Farben, fünf bis sechshundert Fuß hoch über dem Gefilde. An diesem Kreise hingen feurige Kronen in buntem Lichte.

Man ging langsam, in bester Ordnung, nach Hause. Die Ausgänge der Säulenreihen ringsum waren absichtlich ohne Beleuchtung geblieben, damit die Himmelsbeleuchtung desto mehr in die Augen falle. Die sechzig Chöre spielten und marschirten jeder in sein Stadtviertel.

Es war das großartigste Fest was ich je zu sehen bekommen, und diese zahlreiche Zuschauerschaft die anständigste und zugleich begeisterungsvollste die ich je getroffen.

Dritter Tag.

Ikar Dictator. — Triumph.

Kanonen und Glockenläuten eröffnen auch diesen Tag. Die alte Sturmglocke spielt ein Lied; es ist ein Freudenfest. Banden zu Pferde und zu Fuß durchziehen die Straßen; Musik und Gesang überall. Um vier Uhr Nachmittags füllt sich das Gefilde des Sieges. Hunderttausend Provinzialen, die Mehrheit der Bewohner der Hauptstadt, zehntausend Kolonisten (und darunter an achttausend Schwarze oder Kupferfarbige), und fünfundzwanzigtausend Fremde versammeln sich dort, in Gruppen die sich an den Fahnen und Kleidern erkennen. Da sind die zweitausend Deputirten, diese wahrhaften Vertreter der Nation Ikarien's; da sind die hunderttausend Provinzialen, die zehntausend Bewohner der ikarischen Kolonien, die Gemeindemagistrate der sechzig Viertel, endlich auch die fünfundzwanzigtausend Ausländer nebst ihren Gesandschaften, auf dem Ehrenplatze zwischen den Nationalvertretern und dem Volke. Die untern Kreise der Stufensitze sind mit Kindern und jungen Personen beides Geschlechts bedeckt, da diese später hinabsteigen und tanzen oder singen werden. Jetzt marschiren dreihunderttausend Bürgerwachen zu Pferde und zu Fuß heran, denn so stark ist die Nationalgarde der sechzig Viertel der Hauptstadt; ihre sechzig Musikchöre stellen sich in gleichen Zwischenräumen auf den Stufen in Ord=

nung; die sechzig Brigaden der Garde selbst postiren sich in der Mitte des Feldes, und machen Front nach den Zuschauern.

Die Beamten in ihren Prachtkleidern, die Nichtbeamten in ihren Festkleidern; überall Gold und Silber und Edelgestein; Sammet und Seide und Federbüsche; wehende Fahnen und Flaggen, Girlanden von Blumen und Blättern. In der Mitte dampfen hundert schönduftende Altäre rings um eine Frau auf hohem Throne; sie ist das Bild der ikarischen Republik. Ich war wie bezaubert... Und dazu saß ich zwischen meiner Dina und Korilla, beide anmuthig wie immer, und heute in ungewöhnlichem Schmuck. Mir war als thronte auch ich, der so lange glücklose Fremdling, der Wanderer ohne Rast und Ruh, als thronte auch ich zwischen Göttinnen, die mir den vieljährigen Gram auf immer wegzuzaubern, mich in die Gesellschaft des gesegnetsten Staats der Erde aufzunehmen würdigten. Ich konnte nicht, ich mochte nicht viel sprechen, worüber Korilla sich ärgerte; Dina war auch gesprächiger als sonst. Ich kam nicht los von dem trübseligen Gedanken: „Warum ist mein Vaterland „nicht ein Ikarien?" Da krachten die Geschütze mich aus meinem Geträume auf. Die Vorstellung begann. Eine Schaar Kämpfer betritt das Siegesfeld, Männer, Weiber und Kinder bunt durcheinander, manche zu Pferde, manche gut und manche elend bewaffnet, manche in jämmerlichen Kleidern, die Aermel aufgestreift; sie rufen: „Ikar sei Dictator! Ikar Dictator!" So wenden sie sich zu Ikar, der wieder auf einem Pferde erscheint, jedoch verwundet; und ein Mann befindet sich ihm zur Seite den ich als Korilla's Großvater erkenne. Ikar und sein Gefolge machen die Runde zwischen der Nationalgarde und den Sitzstufen des Cirkus; überall beugen sich vor ihm die Fahnen; man präsentirt die Waffen und ruft: „Dictator!" Ein zweites Mal machen sie die Runde, zu den Zuschauern gewendet. Diese stehen auf und wiederholen das Geschrei der Vorsteller im Cirkus. Die Trommeln wirbeln, die Trompeten schmettern.

Jetzt reitet Ikar in die Mitte, steigt vom Sattel, und geht zu der Ikaria empor, die ihm einen Lorbeerkranz aufsetzt. Abermals erdröhnt Geschütz und Musik, Waffen und Fahnen grüßen den Erkorenen, und unter Schwenken der Hüte und Tücher rufen die Zuschauer: „Ikar Dictator!"

Hierauf wird die Scene des Triumphes dargestellt.

Der Schwarm siegreicher Empörer, der den Dictator hieher begleitete, marschirt, von dem andern Ende wieder hereingekommen, unter einem Siegesbogen durch, der durch einen Vorhang verhüllt gewesen war, sich jedoch jetzt plötzlich den Blicken zeigt.

Diese Schaar schleppt die Bruchstücke des eroberten Königshaus herbei; das sind ihre Siegeszeichen, diese Trümmer des Thronstuhles, diese Lappen des rothen Thronsammets und Goldbrokats, diese Hofgewänder, diese Adelswappen; da tragen sie und schleifen hinter sich auf dem Boden, die Krone und das Scepter, und jauchzend marschiren sie so rings herum unter Kanonendonner und Geläut, Musik und Hurrah. Die Zuschauer schleudern eine Menge Kränze, Blumensträuße und Lorbeerzweige diesem Zuge in den Weg. Hinter ihm erscheint die unglückliche ehemalige Königin; sie wird von ihren eigenen Leibgarden geführt, von denen sie bekanntlich verhaftet worden als der Sieg des Volkes ihnen nicht mehr zweifelhaft geschienen hatte. Neben ihr treibt man die Minister einher, die ehemaligen Räthe der Krone, die einen in gestickten Röcken, die Andern zur Abwechslung in Lakaien und Bettler vermummt; man schleppt auch die großen Herren des Thrones mit, in ihren prächtigen aber zerrissenen Kleidern; zuletzt kommt ein Karren, auf dem Karren ein eiserner Käfig, und im eisernen Käfige Lixdox, als Küchenmagd verkleidet.

Als die junge Fürstin naht, schweigt man. Doch als die Minister kommen, und die Kammerherren und Hofschranzen, und gar der Lixdox im eisernen Bauer: da erbebt die Luft vom Geheul der Flüche und von Gezisch. — Endlich erscheinen die Triumphirer zu Pferde und auf Wagen; zuletzt Ikar auf einem Wagen, unbedeckten Hauptes, zu den Füßen der Ikaria, die mit Herrschermantel und Krone glänzend angethan ist. Ikar und Ikaria steigen vom Wagen; sie setzt sich auf den Thron in der Mitte des Feldes; er stellt sich auf die erste Stufe ihres Thrones. Nunmehr beginnen die Spiele des Festes. Sechzig Mastbäume erheben sich aus dem Boden, und die Knaben suchen daran aufzuklimmen; nach einer Viertelstunde sind die Mastbäume verschwunden, und junge Leute halten Sacklaufen. So geht eine Reihe mannigfacher Vergnügungen blitzschnell (denn nichts ist wirklich in diesen Dingen übler als das Einerlei) am Zuschauer vorüber. Auch wird mit Wagen gerannt, auf denen Mädchen und Jünglinge nach einem Ziele jagen; dann folgen Reitstücke, gleichfalls von jungen Leuten beider Geschlechter ausgeführt.

Hierauf ist Heerschau. Ikar hat die Bürgerwache organisirt und jetzt reitet er auf einem Prachtrosse, in Begleitung des Generalstabs rings um die Front vor den Sitzreihen vorbei. Ein militärisches Uebungsstück folgt, worin die Kavaleristen und Infanteristen der Nationalgarde ihre Kunstfertigkeit entwickeln. Dieses vollbracht, steigt die gesammte zweitausend

Mann zählende Deputirtenschaft von den Schaubänken in die Bahn hinunter, und wie Ikar einst sie zusammenrief zumfeierlichen Vaterlandseide, nach beendigtem Umsturze des alten Baues, so zieht sie auch jetzt, in hundert Haufen zu je zwanzig, vor Ikaria und Ikar in Reihe und Glied vorüber, mit hundert Provinzfahnen und tausend Gemeindefahnen verschiedentlichster Farben und Abzeichen. Sie stellt sich um die hundert Altäre, von der Volksgarde umgeben, leistet den Schwur auf die republikanische Verfassung den Ikaria und Ikar ihr darbieten, und dieser Schwur wird von der Garde und den Zuschauern, stehend, unbedeckten Kopfes, die Arme ausgestreckt, im Chor nachgesprochen.

Jetzt nahen zwanzigtausend Kinder von sechs bis zehn Jahren; sie steigen in den Cirkus nieder, zwischen die Brigaden der Garde, und machen einen ersten Kreis. Ihnen folgen dreißigtausend Mädchen und dreißigtausend Jünglinge von zehn bis einundzwanzig Jahren, und machen zwei weitere Ringe; die Einen tragen Blumensträuße und Kränze, die Andern Girlanden, Zweige, Fahnen und Schärpen.

Es beginnt ein Tanz; Kreise von achtzigtausend Tänzern und Tänzerinnen werfen Blumen in die Luft, führen Schwenkungen aus, mit flatternden Flaggen, Tüchern und Bändern.

Es folgt ein Gesang; die zwanzigtausend Kinder, die dreißigtausend Mädchen, die dreißigtausend Jünglinge, endlich eine Million Stimmen, wiederholen ein Lob- und Danklied der Gütergemeinschaft.

Hierauf das Konzert; das Glockenspiel beginnt, der Kanonendonner fällt ein auf allen Plätzen der Stadt, dann wirbeln sechshundert Trommeln und eben so viele Trompeten erklingen; dann die sechzig Musikbanden von den Stufensitzen her, zuletzt eine ungeheure Symphonie aller dieser Chöre und von zehntausend Instrumenten die um den Mittelpunkt des Gefildes, wo Ikaria thront, gestellt sind. Die Nacht ist angebrochen. Jetzt flammt ein kolossales Feuerwerk los, auf Gerüsten die durch Blumengehänge, Lauben und Fahnen verdeckt gewesen.

Beim Auseinandergehen findet das Volk, von seinen Musikern begleitet, daß die Säulenhallen und Bogen in der ganzen Stadt mit Schmuckgehäng und Flaggen geziert, und die gewöhnliche Straßenerleuchtung durch eine Festillumination, aber auch wie jene in Gas, ersetzt worden. Diese Illumination ist fast zauberhaft; das ikarische Gas nimmt alsdann die mannigfachsten Färbungen und Gestaltungen an. So sind die Monumente, die Volkspaläste aller Art, die Baumgänge, die Plätze, die

Flußufer und Brücken, mit allen Farben des Regenbogens überstrahlt. Sinnreiche Inschriften mangeln auch nicht.

Als wir zu Hause kamen, nahmen wir das Abendessen auf dem Dache ein; die Familie hatte, ehe sie ausging, das Erforderliche dazu in Stand gesetzt. Welch köstlicher Anblick! von oben her sahen wir sämmtliche Dächer (sie sind alle platt) illuminirt und mit den Familien bedeckt, die da jubelten, sangen und speisten. In der Ferne ragten die Gipfel der öffentlichen Bauwerke tausendfarbig in den dunkeln Himmel empor. Und diese Dunkelheit stach anmuthig ab gegen eine Zahl von mehr als hundert Ballons, die mit allen möglichen Farben hierhin und dorthin, in einer Höhe von fünfhundert Fuß, über der Hauptstadt einhertrieben.

Ich werde in meinem Leben kein sogenanntes „Volksfest" in welchem Lande es auch sei, mehr mit Genuß betrachten können.

Vierunddreißigstes Kapitel.

Feste; Spiele; Vergnügungen; Luxus.

Am andern Abende waren Eugen und ich zu Frau Diname eingeladen. Beide Familien saßen in der Kühle des Gartens, mitten unter Blumen, Gras und Laub. Meine Dina im Gartenanzuge pflanzte und säte, während die Kinder mit Gießkannen herumliefen und unsre liebe Korilla Befehle gab. Sie winkte mich heran. Sehen Sie, Freund Engländer, sagte sie leise, was das da für ein kokettes Mädchen ist: sie hat offenbar sich als Gärtnerin nur deshalb heute Abend gekleidet, damit William sehen soll daß sie so noch hübscher ist als im Ballkleide oder beim Fest, und als ich im Gesellschaftsanzug. — Dina hatte es gehört und rief: Wie boshaft sie ist! — Worauf Korilla entgegnete: Wie schlau sie ist! — Ich sagte ihnen, sie seien alle zwei entzückend und brauchten folglich sich gar nichts vorzuwerfen. Dies Wort zog mir den Titel: Schmeichler! zu, den sie mir nachriefen, als ich sie verließ um den würdigen Großvater Walmor's aufzusuchen.

Nun, ihr Herren, sagte dieser, wie befindet ihr euch heute? ich frage nicht ob Freund Eugen gut geschlafen, denn ich bin sicher er hat die ganze Nacht Gewehrfeuer gehört und selbst drein geschlagen. Und Mylord, haben Sie noch das Fieber? Die letzten Tage schienen Sie ganz wie zum Sturm bereit, ganz wie unser lieber Eugen; Mylord hatte Feuer und Flamme gefangen.

Und wer sollte auch, rief Walmor, nicht Feuer fangen, wenn man unterm Feuer steht, zwischen zwei Feuern, ringsher Feuer!

So? mein Junge, sagte der Greis lächelnd; du kannst dich freuen daß Dina und Korilla dies nicht hören; du fängst auch an? — Mylord, wandte er sich zu mir, meinen Sie unsre ikarischen Feste seien minder schön als die englischen? — Ja, unterbrach Eugen, englische Feste! das ist etwas Großes, bei Gott! Die sind gut genug freilich für die hohe Aristokratie, für Hofaudienzen in steifen Anzügen und Zeremoniell, mit Karrossen worin man das eitle Vergnügen hat einige Stunden lang in Reihe und Glied zu warten bis man zur Ehre und zum Glück kommt, eine unterthänige Verbeugung dem Könige, der Königin, oder irgend einem Kindlein in der goldenen Wiege zu machen. Englische Feste! dabei kriegt man den Schnupfen in einer Kirche wo man sich die Ohren von einem halb Tausend Musikanten vollschmettern lassen muß; die Pferderennen sind auch sehr hübsch, man ruinirt sich dabei sehr hübsch mit Wetten. Aber sie haben auch Militärparaden und Manöver, das ist wahr, und mächtige Frühstücke in den Parks, und gewaltige Abendessen in ihren Sälen. Das Alles ist für die Reichen und die Hohen, aber die Aermeren und Niedrigen haben kaum das Zusehen; für die Volksklassen sind ein paar klägliche Prozessionen an den Feiertagen eines alten Heiligen den irgend eine Körperschaft zum Schutzpatron hat; für den Pöbel ist manchmal eine geschmacklose Illumination gut genug, am Königsfest z. B. und auch der Anblick der Lakaien und Equipagen in Gala ist sehr erquicklich für die Hungerleider wenn sie einen Arbeitstag opfern wollen um sich an den Weg oder am Palast eines erlauchten Festgebers hinzustellen. Das ist Alles ganz herrlich, aber abscheulich.

Und, Eugen, was sagen Sie von einem Vergleich der französischen Feste mit den unsrigen, sagte der Greis. — Hier war's an mir, und ich kam dem Franzosen zuvor indem ich rief:

Oho, die französischen? Ei die sind hübsch; da gibt es Lobhudeleien für den König Karl X wie für den Kaiser Napoleon; für einen Prinzen der feige ist oder ein Kind werden Triumphbogen aufgepflanzt als wäre er ein Held; auch Bälle, Frühstücke, Mittagsessen der Aristokraten fehlen nicht. Für die Massen des Volks gibt es Revüen, wo sie nichts zu sehen finden als Staub und Sonnenschein, magere Feuerwerke die man nur sieht wenn man mühsam sich auf die Zehen stellt und seinem Nachbar auf die Schultern drückt und den Hals verdreht, alles in Gefahr bestohlen oder zerquetscht zu werden. Ach, ich hätte beinahe das Beste vergessen, Freund Eugen, bei euren Festlichkeiten; da wimmelt's von Polizeidienern, Gendarmen und Polizeispionen aller Sorten: diese Leute haben das Geschäft die Anwesenden möglichst zu peinigen, zu kränken, und schließlich einige Verhaftungen zu machen. Wie rührend ist das! Und ich darf auch nicht vergessen, der Erfrischungen zu erwähnen die dem Volke gegeben werden: Wurst und Wein, damit man das Ergötzen habe dieses Volk sich um das elende Fressen prügeln und besaufen zu sehen. Wie erhaben menschenfreudlich das! — Und ich muß des Jahresfestes der Julirevolution nicht unerwähnt lassen, welches wahrhaftig seines Gleichen sucht in...

Halt, schrie Eugen aufstehend, ich bitte William, reden Sie keine Sylbe vom Jahresfeste dieser Juligeschichte. Wir Franzosen haben kein Julifest mehr, so zu sagen. Ja, wir haben gar niemals ein solches gehabt, denn erst in Ikarien's Hauptstadt habe ich ein Nationaljahresfest gesehen und Sie haben auch früher keins zu Gesicht bekommen. Dies ikarische Segensfest ist unvergleichlich; hier ist ein Volk welches seinem eignen Werke nicht abtrünnig geworden. Hier in Ikarien ist eine Nationalregierung, die zwar auch aus den Steinhaufen der Straßen emporgewachsen, aber der revolutionären Wiege nicht abhold geworden; eine Volksregierung welche nicht die Erzählung der Heldenthaten des Aufstands verbietet, die nicht sorgsam die Löcher ausschmiert welche von den Freiheitskugeln in die Mauern der Tyrannenhäuser geschlagen wurden; die nicht ängstlich zurücktaumelt vor dem Ruhm einer biedern, braven, menschheitsrechtlichen Revolution, eines ehrlichen, ehrbaren, ehrenvollen Aufstands der Freiheit gegen die Despotie; eine Regierung die nicht in die herrliche Nothwendigkeit sich stürzt, die Sieger mit dem Bannblitz zu schlagen nachdem sie selbige für Helden ausgeschrieen hat; eine Regierung die nicht bebt vor Aufruhrsanzeigen, vor dem Ruf zu den Waffen, vor Volksrotten, vor der Erinnerung an Abfall der Regimenter und an Ergrimmen der Garde gegen einen Tyrannen; eine Regierung endlich die nicht durch Königsfeste und fürstliche Feierlichkeiten das gewaltige, erhabene Werk des Volkes ersetzt, des Volkes welches sein gutes Blut verströmte um sich frei zu machen und um endlich glücklich zu werden!...

Eugen hätte wahrscheinlich noch lange fortgeredet, doch fiel ihm der Greis ins Wort und sagte: Lieber junger Mann, erlau=

ben Sie mir Ihnen rundweg zu bedeuten, Ihre Klage dünkt mir nicht sehr vernunftvoll. Ich bitte Sie um Alles in der Welt, wie können Sie verlangen, das Königthum und die Aristokratie sollten der Freiheit um den Hals fallen! sollten das Andenken an einen Aufstand, an eine volksthümliche Umwälzung, hochhalten! Sie müssen logisch sein, lieber Eugen, selbst in Ihrer Trauer. Und wie kann ein Fest schön ausfallen wo das Volk nicht mitwirkt? Beachten Sie wohl, bei uns organisirt die freie Gemeinde, das heißt die Republik, das Jahresfest; bei uns befiehlt das Volk, bei uns macht es sich seine Feste, seine Vergnügungen mit all seiner Pracht, in vollster Hoheit seiner Stärke und Kraft. Unmöglich kann solcherlei in andern Ländern vorkommen. Wir feiern unsre großen Schauspiele oder Nationalstücke wie ein Familienstück: alle spielen mit; die Nation ist ja nur eine einzige Familie von Gleichberechteten und von Gleichverpflichteten.

— Ach, seufzte der junge Maler, auch wir in Frankreich haben gehofft, geharrt! — Ja, ich weiß es, sagte Walmor's würdiger Großvater in tröstendem Tone, ich weiß es; ihr habt lange gehofft, aber hofft noch weiter; wir mußten auch lange hoffen, bis endlich unserm Volke die Geduld brach und aus dem furchtbaren Bruch plötzlich die öffentliche Meinung, geeinigt und gereinigt, zusammenwuchs zu selbstständigem Wollen und Thun. Begreifen Sie aber, bester Lord, wohl, daß alle unsre Bürger streben in den öffentlichen politischen Vorstellungen, selbst Darsteller zu sein? Begreifen Sie, William, wie es kommt daß sämmtlich dazu fähig sind?

— Gewiß begreife ich das...

— O nicht doch! riefen Korilla und Dina lachend, er begreift gar nicht wie dies zugeht.

— Was wollen Sie denn damit sagen? wandte ich mich zu den beiden Damen die sich zu uns setzten; ich denke die Sache ist unschwer zu verstehen. Man hat mir nicht gesagt, daß das Jahresfest durch ein Gesetz vorher geregelt wird, das Jahresfest so gut als andre Feste; ich begreife sehr genau daß dies Gesetz vom Festkomité ausgearbeitet wird, welches Komité die Feste aller Zeiten und Oerter bestens vorher studirt hat; ich verstehe ganz gut, auch ohne mich danach erkundigt zu haben, daß dies Gesetz dem Volke zum Beurtheilen vorgelegt worden, mithin eigentlich das Volk selber sich sein Fest ordnet, folglich das größte Interesse dabei findet, ordnungsvoll mitzuwirken als Zuschauer und als Darsteller. Warum sollte es nicht ausführen was es sich selbst vorgezeichnet? Niemand hat mir dieses erzählt, aber ich glaube es ist so. — Bravo! riefen Alle. — Ja wohl, und ich weiß ohne es mir vorher sagen zu lassen, daß jenes Festgesetz weiß was es verlangt, denn da so und soviele Sänger und Tänzer und Musiker nöthig sind, ist die Nationalerziehung auch dahin gerichtet, und die Leute lernen diese edeln Künste von Kindesbeinen an bis zum einundzwanzigsten Jahre. Wäre es etwa in der ikarischen Lebensmethode unmöglich, jede Person ein bestimmtes Instrument, oder mehrere, lernen zu lassen? Gewiß ist dem Dinge so, und nicht anders.

Man freute sich daß ich das Alles richtig folgerte. Ich fuhr lächelnd fort: Was Wunder daß Ihr Volk gern der Feier beiwohnt, wo kein Gedränge der Bosheit und Mißordnung ist, keine Dieberei, keine Rohheit, kein schlechter Platz: sondern alle Welt sehen und gesehen werden kann. Und ohne Zweifel hat Ikaria sich jedes Fest als ein dramatisches, als ein Schauspiel eingerichtet, damit das Interesse und Behagen sich gleichmäßig unter Zuschauende und Darstellende vertheile; zudem hat gewiß jedes Stück, ich meine jedes ikarische Volksfest, seinen bestimmten Zweck, seine eigentliche sittliche Idee, oder vielmehr sittlich-politische Idee: denn bei den Ikariern ist die Sittlichkeit im Staat und der Staat in der Sittlichkeit! Ikarien hat nicht jene Spielereien zum Gefallen eines Herrschers, mag er heißen wie auch immer; Ikarien will sich selber gefallen, und das genügt ihm. Wahrlich, ich bewundre stets aufs Neue die Weisheit, die Taktfreiheit, die Anständigkeit, die Ordnungslust; kurz, — ich finde kein ander Wort — ich bewundre Ihre erhabene und segenspendende Republik.

— Haha, da haben wir's, rief Korilla, William hat Fortschritte zu machen beliebt, er ist ganz begeistert, seht ihn mal euch an! er wird bald Republikaner sein!

— Versteht sich, bemerkte Walmor, und Mylords Demokratismus wird nächstens dem unseres Eugen über'n Kopf wachsen; o Wunder! — Großvater, ich bin so frei dir zu sagen, wer dies Wunder bewirkt hat: das sind wir hier, Dinaros, Eugen und ich.

— Bitte, sagte Eugen, nicht noch vier andere Personen zu vergessen die desgleichen viel zu jener glückseligen Umwandlung des Lords beitrugen: das ist die Republik selbst, und die Gütergemeinschaft, und dann.....

— Nun wer denn sonst noch? rief Walmor.

— Ei, Sie kennen sie nicht?

— Wollen Sie sogleich sie nennen?

— Ich frage erstaunt ob Walmor nicht die beiden andern Heidenbekehrer kennt?

— Ach, das sind wir, Dina und ich! rief Korilla fröhlich in die schönen Hände klatschend.

— Nein! — Ja doch! —

Und der arme Eugen ward von den lieben Gärtnerinnen so lange geneckt, bis er gestand, es sei schwieriger sich gegen zwei junge Mädchen zu vertheidigen, als gegen zwei wilde Kampfhelden.

Eine allgemeine Heiterkeit brach aus. Walmor's Großvater sagte endlich: Hört einmal, ihr Lacher, wißt ihr auch daß unsere zwei Gartenmädchen, so jung sie sind, euch vielleicht den Rang abstreiten? Die Korilla, zum Beispiel, mit dem Aufruf an's Volk den sie entworfen, und Dina mit ihrem glühenden Gedicht an das Vaterland?

Wir lasen hierauf beides, und auch eine Proklamation von Professor Dinaros die vortrefflich war, aber wir machten uns den Spaß letztere auszuzischen und die Geistesprodukte der Blumenmädchen mit stürmischem Beifall aufzunehmen; der Lärm ward so toll daß unsere Nachbaren rechts, die auch im Garten saßen, mitlachten.

Walmor bedeutete uns, alle Ikarier und Ikarierinnen ohne Ausnahme hätten die Einladung im Namen des Staates, zu den drei Festtagen solche Sachen zu schreiben; eine ungeheure Anzahl derselben circulirte im Publikum, mehrere wirklich ausgezeichnete darunter. Eine besondere Kommission beschätigt sich mit Beurtheilen dieser Produkte und die zehn besten jeder Sorte werden nach einiger Zeit bekannt gemacht, gedruckt und vertheilt.

Das Gespräch ging auf die übrigen Nationalfeierlichkeiten der Republik, die stets als große Schaustücke in einem der beiden Gefilde, deren ich oben mehrfach erwähnte, stattfinden. Dort erscheinen manchmal z. B. alle handarbeitenden Staatsmitglieder beiden Geschlechts, gruppenweise nach ihren Geschäften, die verschiedenen Geschäftsbanner von bunten Farben in der Luft flatternd und mit Gesang. Ein andermal erscheinen dort Pferdespiele, Hundespiele, Wagenspiele, Wasserspiele wobei man Wasser bis zehn Fuß Höhe in dem Cirkus aufstaut und eine Menge Manöver durch Schwimmer und durch Fahrzeuge, Kähne wie Dampfschiffe, ausführen läßt; im Winter hat man auf diese Art eine hübsche Eisbahn zum Schlittschuhlauf.

Sie sehen wohl, unterbrach der Professor, wie sehr die Republik in den Festlichkeiten der Monarchie überlegen ist, und man muß doch gestehen, es gibt auch in der Monarchie recht schöne Feste. Aber das ist nichts im Vergleich mit uns. Ikarien übertrifft alle Länder in Gesellschafts= und Staatseinrichtung; in Spielen und Vergnügungen aber desgleichen. Und wie so nicht? wir haben alles sich hierauf Beziehende sorgfältig studirt, alles so Altes wie Neues bei den verschiedenen Nationen, und mit größter Genauigkeit konnten wir das Gute behalten, das Nichtgute wegwerfen. Wir sind zudem nicht solche Duckmäuser, die da sich vor Genuß von Vergnügungen scheuen; nein, wir meinen, weil die Natursinne nun einmal vorhanden sind, diese Sinne mit welchen das Menschenwesen in Beziehung tritt zur Natur und die Natur mit ihm: so ist es Pflicht diese Sinne zu läutern, zu erstärken, zu ertiefen, zu bereichern. Nur auf diesem Wege gelingt es den Bewohnern des Erdballs, die Naturschätze von denen sie umgeben sind, wahr zu nehmen und zu erschließen, zu genießen. Es versteht sich daß die Genüsse allemal vernunftvoll sind, sonst würde ja die Republik sie nicht anordnen. Jedes Gefährliche, Anstößige, Sittenwidrige, Langweilige ist gleichermaßen aus unsern öffentlichen und privaten Spielen entfernt. Die Republik liefert zum Spiel jedweder Sorte das Erforderliche. Die Republik verdammt auch keineswegs den Luxus, das Ueberschüssige und Ueberflüssige in diesem Punkte; denn ein Vergnügen in dem Vernunft ist, kann doch unmöglich ein überflüssiges gescholten werden! Um aber ganz sicher zu gehen, beobachten wir auch hiebei drei Grundsätze: erstlich, jedes Vergnügungsgesetz wird von den Augen des Volks, d. h. Aller, durchgesehen und beurtheilt ehe es Gültigkeit bekommt; zweitens, das Angenehme, Anmuthige darf nicht eher gesucht werden als bis das Nothwendige und Nützliche fertig ist; drittens, nur diejenigen Vergnügungen werden erlaubt an welchen jeder Einwohner Theil nehmen kann. Wir haben gründlichen Ekel vor allen Aristokrateleien und Vornehmheiten im Genusse.

Diesem Satze gemäß hat Ikarien zuvörderst die Bauten der Fabriken gemacht, und später die öffentlichen Denkmäler darauf folgen lassen; hat zuerst die Schlafzimmer möblirt, später die Gesellschaftssäle vergoldet; hat vorher Wollfabrikate geliefert, später Sammet und Seide. Vor zwanzig Jahren hatten wir noch keine Pferde zum Spatzierritt; seit fünf Jahren erst haben wir welche für unsre Kinder. Ueber zehn Jahre (dies ist gesetzlich bestimmt) wird z. B. jede Familie oben auf ihrem Dache ein Billard haben, welches zugleich zum Speisetisch dient; heute dagegen muß man sich mit einem einzigen Billard für eine ganze Straße behelfen, d. h. für zweiunddreißig Familien im Durchschnitt. Es wird z. B. ferner bald jedem Säulen=

gang ein Gärtchen oder wenigstens ein Schmuck von Blumen beigegeben werden. Wie jener Despot von Persien einst demjenigen Belohnung versprach der ein neues Vergnügen entdecken würde, so laden wir alle Bürger ein, die Lustbarkeiten und Genüsse durch den Vorschlag neuer zu mehren; wobei freilich der Unterschied, daß der Perserkönig den neuen Genuß nur für sich wollte, aber die Republick will ihn für die Gesammtheit. Die englische vornehme Welt hat auch ihre Hand auf alles gelegt was ihr behagte; sie hat die Vergnügungen dem Volke am Sonntag vor der Nase weggenommen, hat es so einzurichten gewußt daß in Wochentagen nur die Arbeitscheuen, und die Reichen sich vergnügen können; sie läßt dem Kernvolke von Großbritannien kein anderes Genießen, keine andere Lebensfreude, als sich zu berauschen und das Elend ein bischen zu vergessen in den Schnaps- und Bierkneipen... Aber das ikarische Volk, wird bestens gepflegt und genießt Besseres als alle Aristokraten und Völker der Erde zusammengenommen, sowohl in geistiger wie in leiblicher Hinsicht. —

Eugen gerieth wieder ins Feuer und konnte sich nicht erwehren, seinem Grimm gegen die Volksfeinde Luft zu machen. Die heitern Damen konnten ihrerseits nicht umhin, mit den Kindern weidlich über ihn zu kichern. Dadurch ward das Ding aber noch übler, denn jetzt beschenkte er uns mit einer wüthenden Rede gegen die Tyrannei sowohl als gegen das Auslachen, und der gute Großvater hielt die Hand Eugen's in der seinigen und sagte: Recht so, mein junger Ritter der Freiheit!

Fünfunddreißigstes Kapitel.

Kolonieen.

Beim Nationalfeste hatte ich zehntausend Koloniebewohner gesehen, fast alle schwarz, braun oder gelb; mit Freuden hörte ich zudem oft, daß die ikarischen Kolonien reißend schnell um sich griffen, und ich las manches interessante über die Eigenthümlichkeiten der noch ziemlich wilden Völker die unweit Ikarien's Grenzen hausen. Ich ersuchte Dinaros mir das System der Kolonisirung zu erklären.

Während langer Zeit, sagte er, hatten wir keine Niederlassungen nöthig. Aber da wir voraussahen daß wir einst überzählige Einwohnerschaft haben könnten, machten wir uns an die Errichtung einer großen fruchtbaren Kolonie, in einem fast wüsten Striche den nur kleine wilde Stämme bewohnten, denen wir eine Civilisation zu bringen im Sinn hatten. Unsern Doppelplan zu erreichen, verständigten wir uns mit sämmtlichen Nachbarvölkern die bereits unsre Bundesfreunde waren, dahin, eine gemeinsame Kolonie zu stiften, so daß jedwedes Volk eine gleiche Anzahl Familien schicken sollte. Diese Kolonisten würden dort im Gütergemeinschaftsstaate eine einzige Völkerschaft bilden, und ihre Kinder sich nur in Rassenkreuzung und Blutvermischung verheirathen; welchen Plan wir noch dadurch zu vervollkommnen strebten daß wir eine große Menge ausländischer Kinder beides Geschlechts, meist Waisen, oder im Elend zu versinken drohende Geschöpfe, die wir in unserm Ikarien als Staatsmitglieder aufgenommen und erzogen hatten, in die Kolonie sandten. Und wir trugen Sorge nicht etwa die häßlichen, sondern gerade recht schöne, hinüber zu schicken. Es versteht sich daß die Mittel, den wilden Stämmen zu gefallen und sie uns zuzuneigen, sämmtlich von uns und unsern Verbündeten angewendet wurden. Wir schickten ihnen z. B. Greise und Kinder, also Personen die ihnen keine Angst einjagten oder ihren Zorn reizten; diese Sendlinge brachten ihnen vielfältigste Geschenke, ließen sich unter ihnen häuslich nieder, nahmen ihre Sprache an. Anderseits zogen wir zu uns einige Wilde, Erwachsene und Kinder, die wir freundlich empfingen, belehrten, und nachdem sie sich in der ikarischen Sprache ausdrücken gelern, zurückführten. Schwierigkeiten waren da, doch überwanden wir sie und wurden von den Wilden fast wie Gottheiten verehrt: so daß wir endlich von ihnen feierlich eingeladen wurden, uns in ihrer Mitte niederzulassen, um ihnen noch mehr Wohlthaten anzuthun. Folglich hatten wir, als der Moment uns zu Kolonisationen günstig schien, keine Gewalt zu gebrauchen.

Als wir festen Fuß bei ihnen gefaßt, gingen unsre Sendboten häufiger hin wie zuvor; auch sie reisten öfters zu uns; wir gaben ihnen gutes Exempel durch ordnungskräftige Arbeitsweise, ohne doch gerade von ihnen Arbeit zu erheischen. Wir ließen diese rohen Menschenkinder allmählig den Genuß sowohl als den Nutzen der aus Arbeit entsprießt, empfinden. So brachten wir sie durch sich selber an die Arbeit. So ging es weiter, und heute, d. h. nach nur dreißig Jahren, hat die Republik Ikarien drüben eine Kolonie nicht weniger blühend als das Mutterland; sie hat sieben bis acht kleine Völkerschaften ringsum civilisirt, die mit ihr wetteifern.

So haben wir Ikarier die Bildung, die Vermenschlichung so zu sagen, in jene Länder getragen und nimmer mehr kann sie daraus wieder vertrieben werden; sie wird sogar immer weiter schreiten. Zwar hat es uns viel gekostet; wir haben den Wilden viel geliefert und geradehin geschenkt, doch glaubt die ikarische Nation der freigleichen Gütergemeinschaftler, daß sie ein gutes Werk hiemit gethan und nebenbei sich selber einen Nutzen ausgeführt hat. Unsre Wohlthaten so zu sagen haben schon ein zweites Ikarien dort erschaffen, und ist das nicht ein Segensschritt? ein riesenhafter Schritt zur Beglückung der Menschheit? Wohl uns daß wir auf diese und keine andre Manier kolonisirten.... —

Eugen konnte seinen Grimm nicht unterdrücken; er rief: Ja wohl, wir weisen Europäer, wir frommen Christen, wir Großprahler der Bildung, wir Maulhelden der Moral, wir kaufen Sklaven, d. h. wir ermuntern zum Menschendiebstahl in Afrika; wir martern sie bis sie arbeiten; wir destilliren ihr Blut, ihren Schweiß, ihre Thränen, zu Kaffee und Zucker. Wir edeln Ritter der Civilisation, wir tödten die Wilden oder Halbwilden des Goldes halber. Wir fangen gerade jetzt wieder das erbauliche Schauspiel von vorn an was die erstaunende Erde schon zweimal sah: in der alten Völkerwandrung des Barbarenthums, und im Einbruch der Spanier in das eben entdeckte Amerika, Wir morden, plündern und brennen seit etlichen Jahren wie Rasende; wir hacken Köpfe ab und hängen sie an den Sattel unsrer Kavaleriepferde in Algier, als wollten wir mit aller Gewalt und um Alles in der Welt uns zur Rohheit und Barbarei zurückbegeben! —

Eugen ward roth vor Zorn und Scham.

Sechsunddreißigstes Kapitel.

Religion. (Fortsetzung.)

Ich hatte Walmor schon öfter dringend ersucht mir Aufschlüsse über den religiösen Glauben in Ikarien zu geben. Er hatte dies jedoch, ich weiß nicht wie es kam, immer ausgesetzt. Eines Abends aber fand ich nebst Eugen Gelegenheit den jungen Ikarier in den Gegenstand zu bringen; die Unterredung wurde äußerst interessant, wir sprachen zugleich über England und Frankreich. Eugen hat übrigens das Gespräch in seinem Tagebuche niedergeschrieben, da er ohnehin mehr als ich mitredete. Ich kopire seinen Bericht.

Auszug aus Eugen's Tagebuch.

Ikarische Religionszustände.

Auf unsere Aufforderung sagte Walmor: Ich habe dir schon erzählt, William, daß zwei Jahre nach der ikarischen Revolution, in welcher Zeit sie natürlich bereits viel Gutes gewirkt hatte, Ikar der Dictator durch die Volksvertreterschaft den Beschluß fassen ließ: es solle nunmehr ein großes Konzil sich versammeln, bestehend aus Priestern welche von der übrigen Priesterschaft, aus Professoren welche von der übrigen Professorenschaft gewählt; aus Philosophen, Morallehrern, Schriftstellern und sonstigen Wissenschaftsmännern zusammen kommen, auf dem somit die ausgezeichnetsten Talente und Kenntnisse sich begegneten. Diese hohe Versammlung sollte über Göttliches und Religiöses die allseitigen Ueberzeugungen austauschen. Die übrigen Bürger fanden durch dieses sich in sofern mit vorgestellt, als es ihnen frei stand, ihm einzelne Mittheilungen zu machen. Vier Jahre lang wurde diskutirt und disputirt; alle Fragen wurden mit starker Stimmenmehrheit, ja oft mit Einheit entschieden.

Jetzt versetzt euch in der Phantasie auf jenes gelehrte Konzil; ihr könnt Alles sehen und hören, doch ohne dreinzusprechen. Bemerkungen könnt ihr nachher machen. Man beginnt wie folgt:

„Gibt es einen Gott, das heißt eine Erste Ursache aus der „alles Daseiende als Wirkung herfließt?"

Man wird durch Aufstehn und Sitzenbleiben entscheiden lassen welcher Ansicht die Majorität huldige. Und siehe: Alle stehen auf, d. h. Alle sind vom Dasein einer solchen Ersten Ursache überzeugt. Man macht die Gegenprobe mit Sitzenbleiben: und Keiner steht auf.

„Ist dieser Gott bekannt?" — Einstimmig: Nein.

„Ist seine Form bekannt?" — Einstimmig: Nein; denn tausende von Völkern geben ihm tausend verschiedene Formen.

„Ist der Mensch nach seinem Ebenbild erschaffen?" — Wir möchten es gern glauben, doch wissen wir nichts darüber.

„Glaubt das Konzil an die Offenbarung die Moses von diesem „Gotte in Menschengestalt empfangen zu haben sagt? — Einstimmig: Nein.

Hier unterbrach der Engländer; doch bedeutete ihm der junge Ikarier, das ganze glaube dies nicht und er könne später die Gründe lesen.

„Glaubt man die Bibel sei Menschenwerk?" — Einstimmig: Ja.

Hier fuhr William wieder auf, doch beschwichtigte ihn abermals Walmor und verwies ihn auf die Gründe die das Konzil dafür gegeben und die er nachlesen möge.

„Glaubt das Konzil an das was die Bibel sagt?" — Nein; und es gibt keine Zaubergeschichten, keine Berichte von Gespenstern, Feen, Hexen, Dämonen, die nicht beinahe eben so glaublich sind.

„Glaubt das Konzil daß Christus Gott sei?" — Antwort: Die vielen tausend Religionen welche die Erde zählte und zählt, sind allesammt menschliche Einrichtungen, gemacht um die Völker zu beherrschen und zu lenken. Alle die Stifter der Hauptreligionen: Confucius in China, Buddha in Japan und Indien, die Brahmanen in Indien, Zoroaster in Persien, Osiris und Isis in Aegypten, Jupiter und sein Hofstaat in Griechenland, Minos in Kreta, Moses im jüdischen Lande, Pythagoras in Süditalien, Numa in Alt-Rom, Odin in Skandinavien, Muhamed in Arabien, Manko Kapak in Alt-Peru*, und noch manche andre in andern Ländern und Epochen: sie alle waren geniale Menschen, aber immer nur Menschen, Gesetzgeber, Civilisatoren und Führer ihrer Nationen. Jesus Christus, verkannt und verurtheilt von seinen Landsleuten; drei Jahrhunderte lang von den Philosophen verschmäht, das will heißen von der wissenschaftlichen, aufgeklärten damaligen Welt, ist gleichfalls nichts weiter als ein Mensch, aber ein Mensch der wohl den obersten Rang in der Menschheit durch seine Hingebung für das Glück des Menschengeschlechts, und durch seine Verkündigung des Grundsatzes der Gleichheit, Brüderlichkeit und Gütergemeinschaft verdient.

„Wie ist das Weltall, wie der Mensch entstanden?" — Wir wissen's nicht.

„Weßhalb ist der Mensch den geistigen und leiblichen Qualen „unterworfen?" — Wir wissen's nicht.

„Soll man die Bibel als das Buch der Bücher annehmen?" — Nein; in den Zeiten der Unwissenheit, des Barbarenthums konnte sie nützen, weil die übrigen Bücher noch

* Nicht zu vergessen die Azteken in Alt-Mexiko.

Anmerkung des Uebersetzers.

schlechter waren. Heute im Gegentheil enthält sie nur einige gute Sittlichkeitsregeln die man herausziehen mag; der Rest ist völlig irrthümlich geworden, völlig abgeschmackt, sogar unziemlich und unanständig, unsittlich, folglich schädlich. Z. B. lehrt sie die Sonne drehe sich um den Erdball, und doch ist seitdem klärlichst entdeckt und erwiesen daß die Erde sich drehe. Gewiß hatten einst, zu ihrer Zeit, Moses und Christus Recht; aber sie behaupteten selber nicht, ihr Werk sei für alle Zukunft. Jetzt daraus eine Regel für alle Völker und Epochen, für alle Bildungszustände der Menschheit machen, ist ein empörender Widerspruch, ist die greuelhafteste Verkehrtheit. *

„Glaubt das Konzil an ein Paradis?" — Die in Materiellen geknechteten, elenden Völker hatten ehedem diesen Glaubensbalsam, diesen Trost nöthig; wir aber heute wollen dem Unglücklichen gratulirenden die Hoffnung eines bessern Lebens den Leiden hienieden ertragen hilft; Ikarien hat fast nur noch Seelenleiden.

„Glaubt das Konzil an eine Hölle?" — Die Schlachtopfer der Tyrannen fühlen sich gestärkt durch den Glauben ihre Peiniger würden nach dem Tode gestraft; dieser Glaubensartikel ist indessen zugleich gefährlich da er nur zu leicht die Gläubigen einlullt, und sie behindert selber Hand anzulegen und die Quäler zu bestrafen. Vielleicht wäre die Hölle auch in dem Falle nützlich wenn die Tyrannen an sie glaubten, allein diese glauben keineswegs daran; im Gegentheil wünschen sie, die Unterdrückten möchten daran glauben und somit sich nicht auflehnen gegen Peitsche und Zaum; aber wir Ikarier haben heute keine Tyrannen, keine Bösewichter mehr, keine Verbrecher, folglich brauchen wir den Höllenglauben auch nicht; er ist für Ikarien abgethan, ist in die Vergangenheit zurückzuschieben.

„Glaubt das Konzil an Heilige, an Wunder, an den Papst, „an des Papstes Unfehlbarkeit?"

Oh, meinte William, ich errathe die Antwort; ihr habt eine schnurrige Religion, Ikarier, nehmt es mir nicht übel: ihr habt eine Religion die keine ist.

* Dies dürfte insofern nicht richtig sein, als Moses und Christus und die übrigen Religionsgründer doch wohl für alle Ewigkeit zu bauen meinten. Man lasse sich ja nicht durch einzelne Aussprüche derselben hinters Licht führen. Es scheint uns vielmehr wesentlich die Haupteigenthümlichkeit jeder Religion zu sein, daß sie sich für die beste, einzig wahre, folglich ewige ansieht.

Anmerkung des Uebersetzers.

Was verstehst du denn unter dem Wörtchen Religion? rief Walmor. Vermeinst du etwa, nur derjenige Mann sei religiös welcher an einen Gott in Menschengestalt und mit Menschenleidenschaften, glaubt? z. B. an den mosaischen Herrn Zebaoth der da ist eifrig, eifersüchtig, jähzornig, streng bis zur Rachsucht und blutgierig?* Hättest du mich ausreden lassen, würdest du die Entscheidung des Konzils gehört haben. Dasselbe fragte sich:

„Ist eine Religion, d. h. eine systematische, regulirte, mit „einem absonderlichen Gottesdienst versehene, den Ikariern unent„behrlich?" — Bescheid: Nein.

Da hast du es, mein lieber William, und hast die verneinende Antwort aus dem Munde der Priester, Gelehrten, Wissenschaftlichen, und durch diesen Mund hat das Gesammtvolk dazumal Nein geantwortet.

Und es hat richtig gesprochen, rief ich. Sehen Sie, Freund Engländer, die Sache ist einfach. Die hohe erleuchtete und wahrhaft erlauchte Versammlung (man mißbraucht oft diesen Titel, hier aber steht er mit Fug) hatte erklärt: sie glaube weder an den Gott Christum, noch an den himmlischen Ursprung der Bibel, noch an die übermenschliche Offenbarung des Moses, noch an eine überweltliche Gottheit die zugleich Menschenform habe, die da belohne, bestrafe, Gebete annehme, u. s. w. Sie werden doch nicht von dieser Versammlung verlangen, sie solle sich auf einmal den Schein geben zu glauben! eine neue Religion in Geschwindigkeit aufbauen, der Nation daran zu glauben befehlen, und die eigenen Kinder darin erziehen? Und wie sollte es wohl möglich sein, dem ikarischen Volke etwas zu befehlen? das Volk selber saß so zu sagen mit im Saale zu Rath, und es hatte Bildung und keinen Glauben. — Auch das ging nicht, die Kinder im Glauben aufwachsen lassen, denn die Väter glaubten nicht mehr. Diese Väter waren ohnehin schon entschlossen, ihren Sprößlingen eine Erziehung der Wahrheit und der Vernunft zu geben. Hätten sie ihren Kindern Gaukelspiel vorgemacht, sie hätten wahrlich dadurch Verrath am Heiligen, an der Menschheit, begangen; hätten gefrevelt gleich

* Es ist durch neue wissenschaftliche Forschungen nunmehr aufs Unwiderleglichste bewiesen daß jegliche Religion, mochte sie später noch so sehr gegen Menschenopfer am Altar, schreien, gleichwohl im Anfange Menschenopferungen befohlen hat. So z. B. die mosaische, griechische, römische; man muß ja nicht ihr späteres Eifern wider Altar-Menschenopfer für ursprünglichen Abscheu nehmen.

Anmerkung des Uebersetzers.

heuchelnden Götzendienern, gleich Aristokraten, hätten den Weg des Lichts, den die Revolution ihnen mit Mühe eröffnete, wieder böswillig verlassen.

Wollte man ferner einwerfen, unter gewissen Umständen sei es heilsam, den Kindern einen Glauben von dem man als Erwachsener selber nichts hält, einzuimpfen: dann könnte man sich auf die fürchterlichsten Folgen gefaßt machen, die weit ärger wären als die paar etwaigen Vortheile. Denn das ist sicher, Irrthum, Aberglauben, Aberwitz, Lügen verderben den Menschen, verunmenschlichen ihn so zu sagen. Die Ikarier wollen aber ihre Nachkömmlinge zu wahren, d. h. muthigen, geistreichen, edeln Menschen heranbilden. Uebrigens wozu sollte den Ikariern die Angst vor die Hölle helfen? wir haben die Gütergemeinschaft, in ihr ist die Lehre, das Wort, die tausendjährige Predigt von dem Bruderthum, verwirklicht; in ihr ist Tugend, und mehr zu sagen ist unnütz. Erreicht sie nicht mit Bestimmtheit das Ziel von dem alle Religionen reden, nämlich das Glück der Menschen? William, welchen Vortheil fände man denn wohl in einer andern Religion, wenn man an kein Verbrechen mehr denkt, keine feindlichen Interessen hegt, Sinn für Menschenwürde besitzt? Allerdings kann die Gütergemeinschaft nicht zaubern, sie kann nicht ausführen was eine überschweifende, übersprudelnde Einbildungskraft sich vorzeichnen kann: z. B. vermag die Gütergemeinschaft nicht alle Krankheiten und Leiden, für welche der Religiöse mit Religion sich tröstet, zu heilen. Aber vergeßt nicht daß die Gemeinschaft die Zahl dieser Uebel sehr verringert hat; daß sie durch Erziehung Kraft sie zu ertragen gibt; daß die Vernunft fast immer ausreicht. Nur wenn Alles nicht hilft, im schlimmsten Falle kann sich auch der Ikarier zur Hoffnung eines bessern Daseins jenseits des Grabes wenden; unsere Gesetze haben dies vorgesehen und für Gebet, Tempel, und Religionskundige gesorgt, die als Rathgeber und Trostspender auftreten wenn sie in Anspruch genommen werden.

Deine Priester sind ja nichts weiter als Vernunftpriester! rief William. — Desto vernünftiger sind sie, entgegnete Walmor lächelnd.

Deine Gesetze sind Gesetze der Atheisten!

Du sprichst da ein gefürchtetes Wort, sagte hierauf der junge Ikarier; lebten wir in der Vorzeit, so müßte man mich verbrennen, nicht wahr? Aber verständigen wir uns, machen wir es nicht wie jene Unsinnigen die zuerst sich prügeln und während sie ihre Wunden verbinden, auf näheres Besprechen eingehen und dabei entdecken daß sie völlig einer und derselben Meinung waren; worüber sie denn sehr erstaunen. William, was verstehst du unter Atheisten? Etwa Leute die nicht einen Gott in Menschengestalt glauben, wie Jupiter und der mosaische Gott: nun dann gibt es hier viele. Verstehst du jedoch darunter Leute die an gar keinen Gott halten, dann ist kein Atheist unter uns. Sonach sind auch unsere Gesetze religiöse und nicht atheistische. Wir Ikarier glauben unsere Gesetze seien die religiösesten, denn sie beruhen auf der Gütergemeinschaft und betreiben unser Aller Wohl. —

Hier unterbrach ich den jungen Mann mit dem Bemerken, ich stimme ihm bei und bedaure nur daß Frankreich, mein theures unglückliches Land, nicht bei seinen vielfachen Umwälzungen auch die Religion der Gütergemeinschaft und des allseitigen Wohles aufgepflanzt habe. Kaum hatte ich dies gesagt, als Freund William mir in die Rede fiel. Ihr guten Franzosen, sagte er, seid zwar geistreich und liebenswürdig, aber ungläubig, glaubt an keinen Gott und lauft Sonntags, statt zur Kirche, in's Theater; selbst eure Könige, ich habe es ungern gesehen, lassen Sonntag in ihren Schlössern allerlei Arbeiten ausführen.

— Ja nun, werther Lord, lachte ich, es fehlt noch bloß daß die Engländer uns auch echtchristlich verdammen weil wir die Albernheit haben fröhlich zu sein und zu philosophiren; oder weil wir dumm genug sind den neunten Karl nicht leiden zu können, der unter einer Decke mit Papst und Priesterschaft steckend, einmalhunderttausend Protestanten in seinem Reiche tödten ließ, und den zehnten Karl ebensowenig, obschon dieser auch ein sehr frommes Haupt war und mit Papst und Priesterschaft im schönsten Einklang stand und tausende von Parisern niederkartätschen ließ. Ja wohl, mein Lord, Sie scheinen mir gerade im besten Zuge und ich lade Sie ein fortzupredigen, nach der Melodie „die Franzosen sind Hunde" die bei manchen Engländern sehr beliebt ist; bei solchen wenigstens die nicht begreifen das sie die trübseligen Werkzeuge in den Händen der Unterdrücker sind. Aber halt, Sie sagen meine Landsleute seien Gottesleugner; gut, ich behaupte die Herren Britten seien desgleichen Ungläubige; ich gehe wie Sie sehen auf den Kampf ein den Sie mir anbieten.

Was Sie, William, persönlich betrifft, eine ganz kleine Frage: auf Ihren Gütern und in London geben Sie sich die Mühe ein frommes Aeußere zu zeigen; Sie eilen in die Kirche, versagen sich am Sonntag jedes unschuldige Vergnügen, gähnen, langweilen sich am Tage des Herrn bestens zu seiner Ehre; das ist Geschmacksache; aber wenn Sie in Paris sich aufhalten, wie da?

besuchen Sie dann auch den englisch-protestantischen Tempel? fliehen auch da die Sonntagsvergnügungen? —

— Nein, gewiß nicht!

— Da haben wir's, Sie sind ein Gottloser.

— Wieso?

— Ah, Sie fragen noch? Sie Ungläubiger und Gottloser; und ich will es Ihnen beweisen, doch erlaube man mir vorher ein Geschichtchen zu erzählen welches mich besonders angeht. Der arme Lord William weiß schwerlich daß ich, den er irreligiös nennt, in früher Jugend fast toll vor Frömmigkeit war. Sie wundern sich; ich muß es erklären.

Ich war dreizehn Jahr alt, als ein würdiger Pfarrer mir zugeneigt ward und aus mir einen Gottesmann zu machen beschloß. Er nahm mich in die Lehre und wußte mir einzureden Gott habe allwärts sein Auge offen, sehe Alles; man erwerbe sich Gottes Beistimmung und Hülfe durch aufrichtige Gebete, auch seien ihm alle Entbehrungen die man freiwillig sich auferlege um ihm zu gefallen, höchst angenehm. Dies glaubte ich mit völligstem, reinstem Feuer meiner Seele, ich war der unschuldigste Junge von der Welt und zugleich der allerfrömmste; das bekam mir übel. Hören Sie jetzt wie das.

Es schien mir immer, ich sähe unablässig das Auge Gottes, ein ganz ungeheures offenes Auge mich anstarrend — lachen Sie nur, ich lachte damals nicht. — Ich schrack zusammen wenn ich oben am Himmelsgewölbe dies Auge sah, ich hätte um nichts in der Welt, selbst nicht in der Finsterniß, irgend etwas gethan was dem Gottesauge mißfallen gemocht. Ging ich zur Klasse, dann flehte ich zu ihm er wolle mir eine gute Arbeit zu leisten verleihen, und ich schlug das Kreuz insgeheim damit man es nicht bemerke, ich machte z. B. die vier Handbewegungen in langen Pausen eine nach der andern; doch gewiß hätte ich das heilige Zeichen ganz deutlich gemacht wenn ich das für nöthig erachtet. Kam ich hungrig vom Spatzieren, und fiel mir ein er möge es gern daß ich ein Lieblingsgericht stehen liesse, so that ich es. Ja, überraschte ich mich auf der Sünde daß meine Blicke einem schönen Mädchen zufielen, dann bekreuzte ich mich inbrünstig und mehrmalen, um den Herrgott gegen den Versucher anzurufen. (Allgemeine Heiterkeit.)

— Und wie sind Sie da herausgekommen? frug Walmor.

— Ein einziges aber ernstes Gespräch mit einem edeln Greise, dem Oheim eines meiner Schulgenossen, rüttelte mich empor aus dem Taumel der Andachtüberschwenglichkeit, der mich geradewegs bald an den schauerlichen Abgrund des religiösen Blödsinnes und

Wahnsinnes geführt hätte. Da stürzte ich denn zuerst nieder und bat Gott feurig mit gefaltenen Händen und Händeringen, mir durch ein ihm beliebendes Zeichen die Wahrheit zu vermelden, etwa durch ein Winken mit seinem unermeßlichen Auge; ich gelobte ihm forthin meine Tage zu weihen, ich würde auf sein Geheiß in's Feuer springen.... Ich rief, wie ich mich noch heute entsinnen kann: O Herr, o Allmächtiger, Allgütigster, zeige dich nur ein Mal dem ganzen Erdkreise wie du dich einst Moses zeigtest; zeige dich jetzt, sprich vom hohen Himmel herab, befiehl, und Alle ohne Ausnahme werden gewiß niederfallen und dir gehorsamen wie ich; und das Geschlecht der Menschen welches zur ewigen Qual hinwandelt wird alsdann erlöset sein; allmächtiger Gott, Allgerechter, Allweiser, du gütiger Vater des Weltenalls, rette deine unglücklichen Kinder indem du dich ihnen zeigest! — Aber das große Auge blieb starr und machte mir nicht das mindeste Zeichen, und seitdem habe ich aufgehört zu glauben; wohlgemerkt ohne daß mich der leiseste Gewissensbiß verfolgte...

— Und wenn Sie heute gläubig wären? warf der Engländer dazwischen.

— Wenn ich heute gläubig zu sein das Schicksal hätte, sagte ich, o dann fiele ich unbedenklich aufs Angesicht vor des Allerhöchsten unendlicher Majestät, ich thäte alles um ihm zu dienen und zu gehorchen; ich schösse z. B. Sie todt, bester William, und Korilla dazu und Ihre Dina, ohne Zaudern und Mitleiden sobald ich dächte Gott wünsche es; oder auch, ich bäte ihn flehentlichst Ihre Seelen zu erretten, zu bekehren! Vielleicht würde ich es machen wie die heiligen Christen einst, welche kurz und bündig den Heiden das Lebenslicht ausbliesen um dieselben zu verhindern in die Hölle zu fahren, doch würde ich vorher gleichfalls ein paar Tröpfchen Weihwassers ihnen auf den Scheitel gießen und somit ihre Seligkeit sichern.... Vielleicht auch sänke ich in den Staub und betete Tag und Nacht auf Holzbündeln und Kies, baarfuß, im härenen Rocke und mich geißelnd, er möge mein Land und die Menschheit erleuchten. Und meine Franzosen, denen Sie die Sonntagsvergnügungen als Sünde anzuschreiben scheinen, William, wie würden diese nicht, wären sie plötzlich gläubig geworden, vor dem zürnenden Meister knieen, wie würden diese nicht schaarenweise sich in die Kirchenthüren drängen um seinen Grimm zu sühnen! Und die gesammte Menschheit, hörte sie wirklich eine göttliche Stimme vom Himmel, würde wahrlich stracks niedersinken und Buße thun vor dem Allgewaltigen.

Allein meine Landsleute sind im Grunde nicht gläubiger als ich. Ihre Schuld ist es nicht, die meinige auch nicht, denn wir wären Muselmänner oder Protestanten, hätten wir in Konstantinopel oder London zuerst die Welt erblickt. William wäre Katholik wenn seine Geburt und Erziehung in Paris oder Rom geschehen. Meine Franzosen lachen über die Frömmlinge, aber die Frömmlinge lachen nicht sondern fluchen und brechen über uns den Stab. Und der Lord Carisdall, der eben über mich und meine Jugendschwärmerei herzlich mitlachte und uns der Gottlosigkeit bezichtigte, diesem Lord beweise ich daß auch er gottlos lebt. Im Ernst, William, antworten Sie auf meine einfache Frage: Warum feiern Sie den Sonntag nicht gerade so wenn Sie in Paris sind, wie wenn Sie in Ihrer Heimath? Weshalb fahren Sie in Paris zur Oper an demselben Tage des Herrn, an dem Sie in England nicht einmal Musik hören und machen wollen? Reden Sie! Sie schweigen?... Warum? Antwort will ich haben. So? Sie wissen keine? Das ist schön. Ich will es sagen: Sie glauben auch nicht an den Sonntag mehr; folglich nicht mehr an Gott der die Welt in sechs Tagen fabrizirte und am siebenten von seiner Anstrengung sich erholte, an Gott der einem Hebräer den Auftrag gab allen Erdbewohnern zu befehlen: sie sollten diesen siebenten Tag wo der Weltallschöpfer ausgeruht, auch ausruhen und erst am Montage die Arbeiten wieder vornehmen; obschon eben jener Schöpfer seither fort und fort ausruht. Aber dann glauben Sie auch nicht an die Bibel, an die Offenbarung, an Moses, ja an Christus nicht. Altes und Nenes Testament sind für Sie keine Glaubensbücher. Ja, ja mein bester Lord, Sie sind zwar ein rechtschaffener Mensch den wir alle liebhaben, allein was hilft's? Sie sind ein Gottloser! werden in die Flammen des göttlichen Gerichts wandern, mein armer Lord William Carisdall!

Hier hielt ich etwas inne, und Dinaros und Walmor riefen Beifall; dieser stürmische Angriff sagte ihnen zu.

Ich begreife übrigens daß ein rechtgläubiger Mensch, der stets, wie ich damals, das große Gottesauge sieht, sehr eifrig für die Religion erglüht; auch wohl verrückt wird, und in's Irrenhaus wandert; auch wohl ein Fanatiker wird, wie die Büßer im brittischen Ostindien die sich freiwillig unter die Räder des heiligen Wagens stürzen auf dem die riesenhafte Bildsäule ihres Götzen zu Schagernat herumgefahren wird. Ich verstehe jetzt wie der englische Deputirte Andrew im Parlament verlangt, man möge ein Gesetz machen welches am Sonntage die Omnibus und Droschken verbiete, nicht zufrieden mit dem schon vorhandenen Verbote der Zeitungen am heiligen Tage*. Das aber begreife ich nicht wie, wenn es sich um Paradis und Hölle handelt, der Lord William trotz seines Glaubens am Sonntag Abends in die pariser Oper, ins Ballet läuft**. Nein, William ist auch nicht mehr recht religiös. Wenn Sie, mein Bester, an den Hof des Fürstleins gehen das man zum Oberherrn über das Sandkörnchen Großbritannien benannt, gemacht: dann sind Sie schier ganz außer Athem, glaube ich, beim Anblick solcher Majestät. Aber wenn Sie einen Tempel betreten wo der König der Könige thront, der Herr der untergegangenen Nationen und der Schöpfer der künftigen und der gegenwärtigen, der Gebieter der Welten, sind Sie da nicht im Grunde ein bischen gleichgültig? ein bischen gelangweilt? Ha, Sie sind auch ein Ungläubiger, mein werther Lord. Um eine kleine Sache, die Sie etwas interessirt, da laufen Sie kreuz und queer, und sparen keine Worte, keine Briefe. Um Ihr Seelenheil, um Ihre Verdammniß jedoch scheinen Sie sich keinen Schritt zu bemühen. Lord, Sie auch sind gottlos. Ich sehe gleichwohl dort oben im Himmelsraum das große offene Auge des Herrgottes; der erwartet nur Ihr Gebet England zu beglücken, und dennoch werfen Sie sich nicht nieder vor ihm? Lord, Sie sind stark ungläubig, sonst thäten Sie es. Sie haben trotzdem den schlimmen Scherz sich gemacht, sich als gläubig und sehr fromm uns zu schildern. (Während ich so sprach, nickten Dinaros und Walmor mir jedesmal Beifall.)

William wußte nichts zu entgegnen. Da rief der junge Ikarier: Am Ende wird er uns sagen, die gebildeten Klassen und die Edelleute und die Millionäre brauchten nicht zu glauben, wohl aber das niedere Volk, denn es sei ein reißendes Unthier, welches uns verschlänge wäre es nicht durch den Schlaftrunk der Religiosität unschädlich gemacht!...

Nicht doch, erwiederte ich, Freund William ist nicht so aristokratisch; er liebt das Volk, und spricht das nicht. Aber wäre er toll genug so zu sprechen, dann würde ich ihm zuschreien: das Volk ist ein Thier weil es von der hohen und höchsten Klasse dazu gemacht wird. Das Volk, würde ich ihm zudonnern, ist mordlustig weil seine Zwingherren barbarisch sind und seinen Zorn bis zur Wuth in die Höhe treiben. Sehe

* Wirklich darf die Post Sonntags in England keine Zeitungsblätter austheilen, auch keine Briefe.

** Wenn in London Samstags das Theater über Mitternacht währt, so eilen viele Leute Punkt zwölf weg, weil — der heilige Tag beginnt! —

man nur die Ikarier, die leben ohne hohe Herrschaften, ohne Zuchtmeister, ohne Barbarei; sind nicht mordgierig, nicht tückisch, verlangen auch nicht nach einer volksknechtenden Religion; eine Aristokratie die dem Volke den letzten Pfennig abzwackt und es nachher in die Kirche schickt, kommt mir just vor wie eine Räuberbande die den Passagier niederwirft, knebelt, mißhandelt, bestiehlt, und ihn zuletzt zu beten nöthigt, damit er sich ruhig in sein Loos ergebe. Nicht wahr? —

Dinaros und Walmor stimmten bei.

Uebrigens weil William, fuhr ich fort, so stark meine Landsleute angriff (ich hätte gemeint er sei weniger vorurtheilsvoll), muß ich dieselben vertheidigen, obschon ich über sie oft zu klagen habe; ich ärgere mich über sie, ich hasse sie, und doch liebe ich sie im tiefsten Herzen. Der Herr Engländer wird erlauben daß ich ein bischen seine Landsleute aufmarschiren lasse.

Sehen Sie, Lord, wenn Einer von euch aus Paris nach Alt-England zurück geht, dann schimpft er und lästert gräßlich über Franzosen und Frankreich, das böse Land der Gottlosen und der Sünder. Aber jedes Jahr kommen diese oder andere schimpfende Engländer und Engländerinnen haufenweis wieder zu uns, sehen sich unsere Verderbniß an, achselzucken, streichen sich pharisäisch das Kinn und lispeln: „ach wie danken wir dir „Gott daß du uns nicht hast werden lassen wie dieser Einen." Und die schimpfenden Herren Engländer vergnügen sich weidlich bei uns, bekommen selbst Freude am Genuß der schönen Künste, da sie in ihrer Heimath keine kennen.

Einige Ihrer bedeutenden Männer, O'Connell z. B. den ich oft bewunderte, verschreien uns stets als unreligiös. Damit schaden sie eigentlich der französischen Nation viel weniger als ihrem eignen Rufe von Weisheit und Umsicht und Beobachtungsgabe worin sie stehen; in der That auf dem weiten Erdboden ist kein Mensch berechtigt wie ein übermenschliches Wesen sich hinzupflanzen und mit Gerichtsstimme zu rufen: „Frank„reich ist gottlos, folglich unwerth der Freiheit, ich allein kann „dies beurtheilen." Die Engländer sind oft so toll daß sie Sonntags, wenn ein Fremder sie anredet, ihm nicht einmal den Namen der Apfelsine sagen wollen, weil dies ein weltliches Reden sei; so toll daß ein englischer Mann Gottes öffentlich einen Bierbrauer rügte weil er am Sonntag gebraut, folglich Schuld sei daß sein Bier am Tage des Herrn arbeitete oder in Gährung gerieth (die beiden Ikarier mußten sich vor Lachen die Rippen halten). Ja, die englischen sehr frommen Mädchen lesen Sonntags in der Bibel gewisse recht schlimme Geschichten, und erbauen sich in einer Wochenzeitung am Lesen der Skandäle die eine erhabene Aristokratie unverdrossen sechs Tage in der Woche vorher geleistet hat. Trotz alledem heißt England stets das tugendhafte England! — Jetzt wollen wir einmal Ihre Frömmlinge zählen. Zuerst lassen wir von vorn herein alle weg die nicht den Zeremonien der Kirche nachkommen. Ungeheuer viele junge Stutzer nach der neuesten Kleidermode, und elegante Frauen, und Aristokraten, die wohl das Wort Religion im Munde führen, treten nie in eine Kirche und machen nie die Bibel auf. Doch das niedre Volk rennt am Sonntage lieber in das öffentliche Haus wie in London die Trinkläden heißen, und berauscht sich statt zur Predigt zu gehen. Natürlich; es hat ja sonst kein Vergnügen in der Woche und Sonntag ist ihm auch keines dargeboten. Unter diesen Ungläubigen Englands sind sehr viel wissenschaftliche, gescheidte Männer, und sogar Parlamentsmitglieder. Rechne man hiezu noch diejenigen Engländer die z. B. an einem Sonntag zwar, aber nicht am folgenden, zum Gottesdienste sich begeben; diejenigen welche Gott in London anbeten und den Teufel in Paris, alle diese Halbgläubigen sind pure Spaßtreiber. Ich werde wohl mit Recht diese Leute Gottlose tituliren können. Ferner, von denen die eifrig alle Zeremonien der Kirche mitmachen, lassen wir einmal alle Heuchler weg, deren Ihre Insel sehr viele zählt, wie Frankreich. England hat auch Männer Gottes die z. B. wie bei uns, Mädchen verführten und dann selbsthändig tödteten, und die Leichen in Stücke zerschnitten; England hat auch Priester die ihre Geliebte erwürgen; hat auch Priester die ihre Frauen prügeln, was alles in Frankreich vorgekommen.

Es bleiben also nur die offenherzigen Ausüber der Religion übrig, deren Zahl schwerlich in England viel größer ist als in Frankreich, denn die englischen Tempel sind nicht gefüllter als unsre Kirchen; und unter den Leuten die darin sind, befinden sich schrecklich viel Gezwungene, Kinder, alte Weiber, Köchinnen und Lakaien, Blödsinnige, Unwissende, Geschöpfe die bloß deshalb gläubig sind weil man es ihnen anräth oder kommandirt. Das große Auge des Herrgottes welches ich einst sah, hindert aber gar nicht diese Personen auf fremder Wiese das Gras abzumähen; die Ladenkrämer betrügen ihre Käufer, die Dienstboten ihre Herren und verleumden deren Ehefrauen, die Männer schlagen ihre Gattinnen, diese wiederum stehlen mancherlei zum Schaden von Mann und Kind. Auch frage ich, ob man in

England nicht noch vor Kurzem manchmal einen gottseligen Schiffsbefrachter sah, der Gott bat er möge ihm eine starke Ladung von Negern senden um viel Geld zu machen; oder eine Dame die in der Kirche fleht Gott möge ihren Ehemann Schiffbruch leiden lassen; gleich dem italienischen Räuberhäuptling der den Rosenkranz ableiert damit Gott ihm einen recht reichen Lord vor die Klinge sende, oder gleich jenem Könige der oft vor der heiligen Maria niederknieete um sie zu bitten, sie möge ihm noch in aller Eile ein kleines Meuchelmordchen erlauben. Wahrhaftig, die Geschichte der Religion ist die Geschichte der Verbrechen, der Tollheiten, der Skandäle die von jeher der Menschheit so viel des Jammers zuwege brachten. Und die hohe Aristokratie von England, die so rührend salbungsvoll von Religion spricht und Zeremonie macht, diese hat keine Religion, denn sie schändet ihren Namen auf ewig durch die Greuel die sie am niedern Volke von England und an der Nation von Irland verübt.

Theurer Freund, entgegnete William, Ihre Liebe zum Volke scheint Sie etwas ungerecht gegen die Aristokratie Englands und gegen die englische Nation zu stimmen.

Ich wiederhole, sagte ich hierauf, ich wiederhole daß ich stets Gerechtigkeit suche. Niemals ist es mir eingefallen die Engländer nicht da zu vertheidigen wo man sie verleumdete; ich kenne in England und Frankreich manche vornehme Familie von edelm Sinn und richtiger Bildung, manche handarbeitende Familie, manche bürgerliche deren Eigenschaften ich schätze und liebe. Ich weiß, manche religiöse Sekten besitzen viel Menschenliebe. Ich gebe es gern zu, in England sind bewunderswerthe Dinge. Aber ich behaupte dreist, dies ist nicht weil ihr religiös seid, sondern obgleich ihr es seid. Nicht doch, religiös ist nicht das Wort: ich sollte abergläubisch sagen, denn die zahllosen Zeremonien mit denen man sich in England herumschleppt, sind unwürdig eines Volks von wahrhaft gebildeten Menschen. Und bei alle dem gestehe ich sogar, die Franzosen gleichen lieben Kindern unter denen sich einige Erwachsene von hohem Geiste befinden, und die Engländer gleichen Männern, umgeben von liebenswürdigen Kindern. Aber ich behaupte immer Ihre Nation hat nicht viel Religion; ich sage Ihnen, Ihre am besten Gläubigen sitzen im Bedlamer Irrenhause; die da drinnen sind am aufrichtigsten gläubig. Zu den oft sehr mildthätigen englischen Frömmlingen sagte ich manchmal: Ihr seid einfach in Kleidung, bescheiden in Wohnung, genügsam in Speise und Trank; das ist schön; ihr seid sanft gegen eure Frauen, Kinder,

Diener und Religionsbrüder, und daran thut ihr Recht. Aber bei alle dem habt ihr Geld während es viel Arme und Hungerleidende gibt; habt Ueberfluß, während Millionen eurer Mitmenschen keinen Rock, keine Stube, kein Bett, kein Brod finden. Wenn ihr an Christus glaubt, dann werft alles Ueberflüßige weg und gebt es den Armen, dadurch baut ihr dem Elende etwas wenigstens vor und ihr werdet schon Nachahmer finden. Aber ihr seid taub gegen die laute Stimme Gottes im Neuen Testament: ihr behaltet den Luxus, ihr seid keine Christen.

Zudem müßte, denke ich, die allerreligiöseste Nation auch die allertugendhafteste, allerglücklichste sein, und bei all eurer Frommheit und Bibelleserei, haben eure Gerichtshöfe nicht weniger Verbrechen als die unsrigen zu verfolgen; eure Kinder haben nicht größere kindliche Liebe, eure Frauen nicht größere Keuschheit, eure Männer nicht höhere Tugend und Ehre, euer Volk nicht größeres Glück. Ich glaube nicht daß Sie, William, das Gegentheil versichern möchten; aber nun sprechen Sie auch nicht mehr von der Religion der Engländer und Gottlosigkeit der Franzosen.

Von den Ikariern wollen wir sprechen, von diesem Volke vor allen, stets von ihm sprechen, und ich bitte die Herren um Entschuldigung daß ich so lange Antwort dem englischen Freunde gegeben. Da er die ikarische Religion kritisirte, hätte ich allerdings ihm ganz kurz sagen können: Mylord, Sie sind weit in der Welt herumgereist; in welchem andern Lande sahen Sie aber so zärtliche Eltern, so ehrerbietige Kinder, so keusche Mädchen, so treue Gatten; eine so väterliche Regierung, so freie Bürger, so wenig Verbrechen, so viel Bruderthum, so viel Wohlsein und Tugenden, und solche ehrwürdige Religionskundige? In welchem Lande sahen Sie den Menschen einen so guten Gebrauch von jener erhabnen Gabe, der Vernunft, die ihm Natur mitgegeben, machen? Die Vernunft wahrlich ist ein Göttliches, wenn schon einmal von Göttlichkeit die Rede sein soll; sie ist dem Menschen ein bodenloser, unversiegbarer Bronnen von Glück und Segen, von Vervollkommnung. Unter keiner andern Religion sehen Sie ein so glückliches Volk, so weit auf der Bahn der Menschheit vorgeschritten; nennen Sie mir eine einzige Nation die so gut wie die hiesige alle Schätze und Pracht der Welt zu bewundern und zu benutzen weiß; eine Nation die so gut es versteht die Haupteigenschaften des Gottes der Gläubigen, die Gerechtigkeit und die Güte, zu erkennen und zu üben; eine Nation die so gut Bruderschaft zu verwirklichen wußte, und hiemit dem Befehl des Gottes der Religiösen:

„Liebt Euch als Brüder, als Kinder Eines Vaters" besser nachkommt. Sie werden nicht umhin können zu gestehen, die ikarische Republik habe auch die beste Religion.

Siebenunddreißigstes Kapitel.

Frankreich und England.

Die Republik hatte vor einigen Tagen eine Sendung englischer, französischer und sonstiger Zeitungen bekommen, und veröffentlichte nunmehr den Hauptinhalt der seit einem Jahre ihr zugeschickten.

Walmors Großvater konnte sich nicht erwehren, seinem schmerzlichen Erstaunen Worte zu verleihen. Das ist schon wieder ein häßliches Bild, was die uns bringen! da wimmelt es von Feuersbrunst und andern Beschädigungen, an welchen die Schlafmützigkeit der Behörden offenbar Schuld ist; von Bankerotten; von Allmosen die von arbeitlosen, d. h. brodlosen Arbeitsleuten gesucht werden; von Prozessen, von Selbstmorden, von Duellen... Verbrechen aller Art, Gift und Dolch... Betrug und Gewalt... Da sind auch wieder schauderhafte Berichte aus dem Blutbade in Algier und den Mordhöhlen Spaniens; und zum alleinigen Troste stehen dazwischen die herzerfrischenden Schilderungen von Festen und Feiertagen der Frommen, und von Banketten der Aristokratie, recht umständlich bis ins Kleinste ausgemalt... Wie erbaulich! Schmauserei und Verhungern! —

Nach einer Pause fuhr der würdige Greis fort: Da, eine Thronrede; ganz gleißend von lauter Glück und Herrlichkeit; das Land blüht, die gute Nation ist glücklich! Wie reimt sich das doch mit den Greueln? ich muß gestehen, alle Länder, außer dem unsrigen, kommen mir täglich immer kläglicher vor. Aber ich will auch gestehen, bester Eugen, theurer William, ich begreife nicht mehr wie eure beiden Staaten sich bei der Sache anstellen? England, nun das läßt sich noch ein wenig erklären; da thront noch eine alte, mächtige Aristokratie die nicht leicht zu entwurzeln sein mag; da ist das Volk an uralte Ehrfurcht gewöhnt, wird am Ende nicht allstündlich geplackt, hat Freiheit sich zu versammeln und eine Volkspartei zu organisiren, die stets Fortschritte in der öffentlichen Meinung macht und ihm die Geduld erleichtert. Aber ich bitte euch, Kinder, dies Frankreich! nein, das begreife ein Anderer, nicht ich... Die einst mit dem Titel „Freiheitshelden" beehrten Leute im Kerker, oder vertrieben und geächtet, oder sonst noch... Und der Gegenstand der Volkswahl gar von Emeuten und geheim ausgebrüteten Verschwörungen angefeindet! die Wähler ernennen Revolutionsfeinde in die Kammer, und die Jury verurtheilt volksfreundliche Schriftsteller!

— Ich unterbrach den Großvater, und sagte: Ja, und halten Sie es für möglich, unsern Eugen hat man dort vor der Jury verurtheilt, weil er gesagt: die Machthaber seien entschlossen, die Emeutenmacher niederzukartätschen? Ist das nicht beinahe wie damals wo Galilei verurtheilt wurde, weil er behauptet hatte: die Sonne stehe still und die Erde laufe um sie herum?

Es ist ein seltsames Geschick, fuhr der Alte fort, welches auf diesem Frankreich ruht; zuerst das Feudalreich, dann das Konstitutionsreich, dann der Freistaat, dann das Kaiserreich, dann das Restaurationsreich. Dann die Julitage voll Ruhm, voll Bürgerruhm, wie einst der Kriegsruhm die Welt erstaunte... und dann wieder tiefes, immer tieferes Einschlafen; hundertfunfzigtausend Wähler genügen für dreiunddreißig Millionen Einwohner; Jury, Presse behindert... Und Schmeicheleien... Ach, lieber Eugen, welch wunderliches Vaterland haben Sie doch!

Eugen durfte nicht so hart berührt werden, um in helle Glut aufzusprudeln. Er flog in die Höhe und flammenden Blicks rief der feurige Jüngling: man solle ja einen Unterschied machen zwischen dem s c h e i n b a r e n, und dem w i r k l i c h e n Lande; das demokratische Frankreich sei allezeit wacker, edel gewesen und sei es noch; aber faul und selbstsüchtelnd sei das aristokratische; verfluchen wolle er zwar nicht, aber innigster Jammer durchschüttre sein Gebein bei dem Hinblick auf die gräßliche Zerrissenheit des Landes in zwei Partheien... Ach, setzte er hinzu, meine Heimath wäre ja auch ein Ikarien, hätte Napoleon z. B. ein Ikar sein wollen, oder zu sein vermocht! —

Ich warf ihm hier ein, der Unterschied des bedächtlichen starren Charakters der Britten, von dem vorschnellen Charakter der Franzosen, sei wohl der Grund des Vorzugs den Englands Verfassung vor der französischen habe.

Damit zog ich mir einen neuen Sturm zu; Eugen rief: Schweigen Sie doch, lieber Freund William, und rühmen Sie mir um Gotteswillen nicht Ihr abscheuliches Nationalvertreterregiment; nichts ist bei Ihnen vertreten als die Aristokratie; denn Ihr Volk schmachtet im Elend und weiß kaum, was sich vertreten lassen ist. Ihr Wort **Volk** ist eine pure Lüge. Die englische Aristokratie weiß sehr gut, wie sie den Volksversammlungen mit Polizei, mit Säbeln und Flinten einen Damm stellen kann, sobald sie Gefahr für sich wittert. Und gesetzt, Frankreich wäre heute hinter England zurück — was nicht wahr ist, denn unsere jungen Leute sind bloß deshalb so hart zusammengepreßt, weil sie mehr Sturmkraft im Busen und in den Armen haben als die Engländer, denen die Aristokratie meist ruhig dies alte Versammlungsrecht gewährt — gesetzt, wir wären heute hinter euch zurück: vergeßt nicht, wir haben euch 1789 geweckt, wir halten euch auf den Beinen seit 1830, wir sind Schuld, daß eure Reform gelingt.... Aber William, geben Sie mir die Hand! —

Ich und der Greis umarmten ihn.

Achtunddreißigstes Kapitel.

Lord Williams Heirath festgesetzt.

Unsere Wasserparthie sollte heute stattfinden. An sechsunddreißig Personen, begaben wir uns zum Ufer des Tahir, und bestiegen dort ein für uns bereites Fahrzeug; es gibt deren von allen Größen, und jede Familie wählt sich eins auf mehrere Tage im Voraus. Die kleinern Fahrzeuge rudern; größere segeln, andere gehen mit Dampf. Nichts fröhlicheres als diese Gesellschaftsschiffe, mit bunten Wimpeln, Blumenkränzen, heitern Farben, hübschen Zelten, und solcher Schiffe deckt eine große Menge den breiten Rücken des Gewässers, auf dessen Gestaden sich liebliche, von der Republik angelegte Baumgruppen und Aussichten zeigen; wie bei uns ein reicher Besitzer es mit seinem Parke zu machen pflegt. Nach einer Stunde Fahrt landete man auf der Blumeninsel, die an's Zauberhafte mahnt. Dort, mitten in der schönen Natur und Kunst, unter herrlichem Himmel und den Himmel in unserm Busen, plauderten wir sorgenfrei und selig über unser nahes Glück; doch wollte mir bedünken, als thue Walmor sich mehr Zwang noch an als bisher, und das that mir weh. Die Familie hielt einen großen Rath; Walmor sprach höchst edel, beredt wie immer, und bewies, wir müßten die dreifache Heirath feiern sobald nur möglich. Ich dachte aber an Walmor und Miß Henriette; ich durfte nicht das Herz dieser trefflichen Menschen ohne Weiteres aufs Spiel setzen. Zwei Briefe aus meiner Heimath, die ich Abends zuvor erhalten, bestärkten indeß Walmor in seinem Eifer; er betheuerte, er wolle nicht alberner Weise ein edles Weib unglücklich machen, und er drang so sehr in uns, daß die Heirath nach Ablauf zweier Monate angesetzt ward. Dina verlangte als Bedingung, unter Beifall der Uebrigen, ich solle mich als Anhänger des republikanischen Gemeinschaftssystems der ikarischen Nation erklären; was ich ihr mit Handschwur feierlich gelobte. Sie fügte hinzu, ich solle auch rüstig Propaganda daheim bewirken und — ergänzte sie mit einem leisen Seufzer — „versprich mir alle zwei Jahre bei den Meinigen einen „Besuch!" Ich brauche nicht zu bemerken, daß ich auch dieses gelobte. Eine kleine Schwierigkeit fand sich noch: die Republik erlaubt einer Ikarierin nur dann einen Fremden zu ehelichen, wenn dieser die Naturalisation zweiten Grades in Ikarien bekommen hat; wodurch er übrigens keineswegs die Rechte und Pflichten in seinem angebornen Vaterlande aufgibt. Diese Naturalisation — es ist gleichsam ein an Kindesstatt nehmen Seitens der Republik — wird aber nur als Ehrensold, so zu sagen, für Verdienste die der Ausländer um sie sich erworben, zugestanden. Walmors Großvater meinte indessen, die Ausbreitung des ikarischen Princips in England, der ich mich unterzöge, sei so wichtig und ein so hohes Verdienst, daß durch seinen vermittelnden Antrag er mir schon ohne Umstände das Bürgerrecht Ikariens zu verschaffen sich erbiete.

Wir waren überglücklich. Wir scherzten, sangen, erzählten uns; da fiel eins unserer Mädchen, von sieben Jahren, aus Tollkühnheit ins Wasser. Zwei Knaben sprangen sofort hinterdrein und schwammen wacker; Walmor rief uns zu ruhig zu bleiben, und stürzte in den Fluß. Auch Dinaros, bekannt als ein eben so guter Taucher und Schwimmer, sprang hinein, nachdem er mir Stange und Seil zugeworfen um im Nothfall damit auszuhelfen. Eine kleine Glocke die zu diesem Behufe dort steht, ertönte, und sogleich pflanzten sich mehrere benachbarte Barken unterhalb queer auf, so daß die Kleine ihnen nicht entgehen konnte. Das Kind war aber bereits im Schwimmen begriffen und jauchzte; die Rettungsbemühungen waren folglich unnütz, im besten Sinne dieses Worts. Die Eltern wußten ohnehin daß sie gut schwimmen gelernt, und so lachte man am Ende nur über meine Erschrockenheit. Die Ikarier kommen, vermöge ihrer körperlichen wie geistigen Erziehung, gar nicht so leicht wie die Europäer außer Fassung; daher gibt es sehr selten Unglücksfälle bei ihnen.

Neununddreißigstes Kapitel.

Die Frauen.

Wir waren heiter und guter Dinge, da sah Walmor den Maler durch den Garten kommen. Ich beschloß einen kleinen Sturm zu erregen und bat die Damen mir zu vergönnen, den guten Eugen in Harnisch zu jagen, was sehr schnell geschieht sobald man ihn auf das weibliche Geschlecht zu sprechen bringt. Korilla und die andern riefen Ja, und ich begann. Aha! rief ich lachend, da kommt unser galanter Franzose.

Er grüßte mit dem ihm eignen liebenswürdigen Anstand rechts und links, gab mir die Hand, und sagte: Ah, da ist ja unser boshafter Engländer. — Nun, wie so boshaft? — Nun, wie so denn galant? — Was Tausend, Eugen, nicht galant? — Nein; aber doch... — Nun, was denn? doch hoffentlich eins von beiden?

Hören Sie, rief er, eines Tages hatte eine nicht mehr junge Dame, die sehr gefallsüchtig war, rothe Schminke aufgelegt und ärgerte sich daß ein junger Herr ihr nichts Schönes über ihre blühende Farbe sagte; auch hatte sie noch mehr Kummer, als derselbe Jüngling den Handschuh, den sie absichtlich hatte entschlüpfen lassen, nicht vom Boden aufhob; sie rief verächtlichen Tones: ist dieser Mensch ungalant! — Woraus zu schließen, mein boshafter Lord, daß der in Rede stehende nicht so sehr galant ist als Sie glauben. — Ei, Teufel, Sie sind dieser Held; Eugen, Sie sind ganz wie ein ächter Ikarianer, der um nichts in der Welt einer Mitbürgerin Schmeicheleien oder Lappalien und dummes nichtssagendes Zeug vorplappert.

Mylord, aus diesem Grunde halte ich noch nicht die Ikarier für ungalant; diese Leute haben recht, und wären unsere Damen nicht zugegen....

— Nur immer zu; die Damen hier erlauben.

— So? nun dann sage ich, wenn man mit Frauen zusammen kommt, wenn man ferner wahr sprechen darf...

— O armer Eugen, Sie verhaspeln sich, Sie können nicht fort mit Ihrem schlechten Satze...

— Nun, ich sage die Ikarier haben Recht, und die ikarische ist die wahre, rechte Galanterie, die nicht auf dem Zungendreschen und Mundwinkelverzerren beruht, sondern auf Handlungen; das ist diejenige Galanterie welche nicht den verzogenen, verdorbenen, lächerlichen Koketten behagt, sondern die dem Manne und dem Weibe zugleich zusagt; die Ikarier lieben ihre Frauen, beten sie an...

— Ei, Freund Eugenius, nicht so hastig...

— Ja, und die Männer dieses segenreichen Landes verschönern, bilden ihre Weiber, machen sie glücklich in aller Weise, tragen sie, so zu sagen, auf Händen...

— He, Eugen, das Feuer steigt Ihnen zu Kopf, bester Freund!...

— Ja, Lord, ich behaupte, nicht albernes Liebkosen bekommt die ikarische Frau; ich urtheile auch nicht darnach, Gott behüte mich. Ich urtheile nach dem Großen, Edeln, Guten, Schönen das die Republik den Bürgerinnen lehrt und gibt und abverlangt; und deshalb sage ich, die Ikarier sind wahrhaft galante Männer...

— Wie Sie wünschen, Theuerster; ich aber behaupte, die Ikarier sind ungalant.

— In Ikarien habe ich noch nirgend und niemals die Männer in abgeschlossenen Gesellschaften, Klubs, Ressourcen, Kasinos u. s. w. liegen gesehen, während die Frauenzimmer zu Hause sich langweilen; und hier zu Lande wird kein Mann der Frau den bessern Platz wegnehmen, oder...

— Aber, Freundchen, in welcher Wildniß haben Sie solche Skandale aufgefischt?

— Selten in Frankreich, aber recht häufig in einem Nachbarlande welches Mylord ziemlich kennt; es fängt aber schon sich etwas zu bessern an. Sehen Sie, Lord, hier in Ikarien ist ein Bruder gegen die leibliche Schwester so galant wie anderswo gegen seine Geliebte. Hier zu Lande behandelt Jeder die Frauen der andern Familien so wie er die seinigen behandelt zu sehen wünscht. Das ist eben schlimm in Europa: wir retten wohl die Ehre, rächen die Ehre unserer Schwestern und Mütter u. s. w., aber wir haben selten Respekt vor der Ehre der Mütter und Schwestern unserer Mitbürger; die jungen hübschen Frauen umgeben wir mit zu hohen Diensten, und die ältern Frauen werden von uns gar nicht angesehen; das ist anders hier, wo Jeder eine alte Frau behandelt als wäre sie seine Mutter, und eine junge als wäre sie seine Schwester; deshalb sage ich, das ikarische Volk ist das galanteste auf Erden. (Die Damen klatschten Beifall.) — Ich warf dagegen ein, diese Damen seien viel zu artig um ihm zu widersprechen, besonders in Gegenwart von jenen Herren; aber man nenne doch allgemein Paris: das Paradis der Frauen.

Eugen ward ganz beredt, und rief: Ja, ja, es sollte in Frankreich, in Paris sein, ich glaub's! Aber ach, es ist nur ein kurzes, gefahrdrohendes, schreckliches Paradis für die junge schöne Günstlingin des Reichthums und der Aristokratie; es ist eine Hölle für die unseligen Weiber des Volkes; während die Republik und der Einzelne in Ikarien das Weib in seinem Frühling und Sommer, und in seinem Herbst und Winter gleicherweise schätzt und ehrt, und daher leben die Ikarierinnen wie im Paradise… (Die Zuhörerinnen zollten wieder Beistimmung.) — Diese Damen werden es nicht gestehen, aber ich frage Sie, Eugen, ob die Ikarier nicht ein bischen egoistisch und eifersüchtig sind, da sie nicht einmal ihren Frauen allein ins Theater und in Gesellschaften zu gehen verstatten?

Nein; ich müßte dies nur alsdann für abscheuliche Despotie erklären, wenn die Männer ohne die Frauen sich hier Vergnügungen suchten; aber die Männer haben, wie gesagt, keine besondere, von den Frauen trennende, Vergnügungsörter, gehen nicht ohne sie spatzieren, u. s. w. Was sich alles tausendfach leichter hier machen läßt als bei uns, weil Ikariens Frauen bessere Bildung haben als die unsrigen. —

So? Eugen billigt auch am Ende wenn die ikarischen Frauen den elegantesten Anzug zu Hause, im Zusammensein mit ihren Männern, tragen?

Nun, weshalb nicht? ich sehe bei Gott nur etwas Gutes darin, wenn die Nationalerziehung die Frauen zur Koketterie mit ihren eigenen Männern erzieht; ich denke, das Glück der Liebe ist hier ungetrübter als in unsern Ländern.

Ah? So? und Sie werden erlauben, daß ich eine Frau auf englische, auf französische Art nehme.

Ich glaube, Lord, Sie werden es gern sehen, wenn Ihre Gemahlin z. B. in den bekannten geselligen Spielen mitspielt und sich von diesem und jenem Herrn küssen läßt?

Ah, weshalb nicht? das wäre noch kein Unheil weder für mich noch für die Frau. Auch sehe ich nicht ein, warum ich nicht einen braven, biedern Hausfreund, z. B. Eugen, zum Kavalier und Führer meiner Gattin machen, ihm auftragen sollte mit ihr auszufahren, zu tanzen, zu reiten, ins Schauspiel zu gehen und in Konzerte, wenn ich anderwärts zu thun habe;

das ist das Meisterwerk der Civilisation; immer vorausgesetzt daß Sie mein bester Freund sind.

Ei, ei, Lord! Sie sprechen seltsam... Gefahr ist... für die Frau... nein, denn man hätte zu hohen Respekt vor ihr... aber, sehen Sie, Lord, wenn nun ein Mal diese Sonne so gewaltig leuchtete und glühte, daß rings um alle Welt...

Nun, was denn? dieser Gefahr würde Eugen dadurch, daß er z. B. sich ins Wasser stürzte, leicht entgehen...

— Hören Sie, William, Sie sind heute guter Laune (die Damen lachten) aber ich sage, gesetzt diese Sonne...

— Ah, Eugen, Sie sind ein Schmeichler, und ich würde nicht mit Ihnen meine Frau zusammenführen... sehen Sie, sie ist schon ganz roth vor Zorn ob Ihrer Schmeicheleien...

Ich weiß wohl, es gibt Leute die sich arg rächen wenn sie Wahres gehört haben, aber ich kenne auch edle Seelen die da verzeihen... Uebrigens bin ich verrückt, daß ich Ihnen auf Ihre schlechten Späße antworte (die Damen lachten wieder). Ihre Frau wäre verständiger als Sie, und hätte der Engländer dummes Zeug im Sinn, die Ikarierin würde es nicht gestatten.

Oh, was ist das? nicht gestatten? ich wäre also nicht mehr Herr und Meister in meiner Ehe? und die Franzosen, haben sich diese Herren nicht ein schönes Gesetz gemacht: die Ehefrau ist Gehorsam ihrem Ehemann schuldig? — (Korilla zuckte mitleidig die Achseln.)

— Ja, Lord, wie in England der Ehemann sein Weib mit einem Stricke um den Hals öffentlich für ein Spottgeld wie ein Schaaf verkaufen darf...

— Eugen, Ihr Gesetz stammt aus unserm Zeitalter, und das englische aus uralter Barbarenzeit...

— Trotzdem ist das französische Ehegesetz ein abscheuliches, von einem Tyrannen stammend, der das Weib dem Manne, und den Mann dem kaiserlichen Despotismus unterworfen wissen wollte.

— Die Geschichte wird schön: Sie wünschen am Ende das Weib möge dem Manne Befehle auferlegen? mein galanter Herr!

— Und Sie, Spaßvogel Englands, Sie kommen mir komischer vor als nöthig; denn ich denke, Ihre Frau ist verständig und will nicht daß Sie sich lächerlich machen; sie will, wie alle ehrlichen Leute, daß Gleichheit der Ehegatten durch das Gesetz erklärt und festgestellt sei.

— Alles ganz trefflich. Aber das geht nicht in Frankreich,

wo, wie neulich ein großer Herr der englischen Königin sagte es keine Frau gibt die nicht durch Gold verführbar wäre!

— Sie sind leichtgläubiger als ein Kind, Lord; Ihre schönen Ladys mögen sich solche Geschichtchen erzählen, weil sie eifersüchtig sind auf die Nachbarinnen und selbst ja ein Vergnügen haben die Zimperlichkeit bis auf jene Spitze zu treiben, wo sie in Ohnmacht oder wenigstens in Schamröthe gerathen, wenn man vor ihren Ohren das unschuldige Wort „Hemde" oder „Hühnerschenkel" ausspricht. Uebrigens laden Sie doch einmal alle Lords ein, ihr Gold hieher zu bringen um eine einzige Ikarierin zu verführen.

— Sehr gut, Eugen; aber Frankreich ist kein Ikarien...

— Das weiß ich, und Sie brauchen mir's nicht wieder zu sagen; ich traure täglich daß unsere französischen Frauen so elend sind, im Vergleich mit den ikarischen

---

Vierzigstes Kapitel.

Verhältniß zum Ausland. — Plan einer auf Gemeinschaft beruhenden Vereinigung.

Die Fremden in der Hauptstadt, welche bekanntlich in ihrem Gasthause oder eigentlich Fremdenpalaste, zusammen speisten, pflegten sich mit Eifer ihre Bemerkungen über Ikarien gegenseitig mitzutheilen. Eine gewöhnliche Frage war dabei: ob das ikarische System auch auf andere Länder Anwendbarkeit finde? So entzückt sie über Ikarien waren, geschah es doch, daß die Meisten gegen die Anwendbarkeit sprachen. Es kam oft zu heftigem Streite. Der alte Einwurf: „Das Ding sei herrlich, auch anwendbar sobald die Leute tugendhaft genug seien, doch wo „dies nicht der Fall, könne auch das System nicht bestehen," kam immer wieder. Der junge Maler rastete nicht. Jedesmal, wenn er dort speiste, sprach er mit glühender Ueberzeugung für die Einführbarkeit des Systems in andere Reiche. Er hatte sich bereits den Beinamen „der Ikarusheld" zugezogen. Er hatte endlich den klugen Gedanken, die Tischgäste zu einer öffentlichen Zusammenkunft zu ersuchen, auf der alle Ausländer ihre Meinungen für und wider dreist und in Ordnung zu Tage bringen und austauschen sollten; es sei ohnehin lächerlich, und traurig zugleich, daß Ikarien noch immer nicht nachgeahmt werde von andern Nationen, die doch wohl einmal ernsthaft sich an die große, heilige Aufgabe machen könnten! Wir theilten diese Idee einigen der ausgezeichnetsten Fremden mit, besonders dem wackern schottischen Missionär Sir Francis, einem würdigen, einsichtigen Greise, der sich eines nicht geringen Einflusses erfreute. Dieser edle Mann billigte unser Projekt, rieth jedoch, es zuvor einigen Ikariern anzuzeigen.

Am Abende desselben Tages sprachen wir mit Walmors Großvater darüber, der sich innig freute und zugleich die Verhältnisse des Reiches mit dem Auslande uns folgendermaaßen erklärte. Er hub an:

Nachdem der Dictator das Prinzip der Bruderschaft zwischen Ikarien und allen übrigen Völkern des Erdballs aufgestellt, that er, und die Republik, nichts was auch nur im Mindesten diesem Prinzipe hätte entgegentreten können. Es wurde nie gegen eine fremde Nationalität mit Unachtsamkeit, oder gar mit Absicht, kränkend verfahren; nie wurde eine Gefälligkeit, ein Dienst von der Republik einem Volke verweigert, aber ebenso hielt sie auch darauf, nicht vorwitzig sich in die innern Angelegenheiten des Auslandes zu mischen. Besonders hütete Ikar sich, die Gemeinschaft einem fremden Volke aufzudringen oder einzuschmeicheln. Er wußte, Ikarien sei unstreitig am Besten zu einem Versuche geeignet, der nur ein günstiges Ergebniß für andere Nationen haben konnte. Auch besorgte er, wenn andere Länder sich mit dem Systeme voreilig befaßten, möchte ein Fehlschlagen eintreten, und damit ein unberechenbarer Nachtheil für die gute Sache. Es ward folglich unser Grundsatz: uns erst dann mit anderweitigen, ausländischen Versuchen abzugeben, wenn der unsrige völlig gelungen wäre. Manchmal mußten wir selbst die Regierungen bitten, ihrem wohlgemeinten aber gefährlichen Eifer Schranken zu setzen. Unser Einfluß war groß, denn nicht eine einzige Eroberung machten wir, weder mit List, noch mit Waffen; ja, eine kleine Völkerschaft, die inmitten unseres Reichsgebietes wohnte, ward erst auf ihr wiederholtes, dringliches, umständliches Ersuchen in den Gemeindeverband aufgenommen, erst nach Verfluß mehrerer Jahre, und nach Einholen der Beistimmung unsrer übrigen Nachbaren. Wohl aber pflogen wir nähere Verbindungen, Bündnisse, Handels- und Schiffahrtsverträge; — kurz, alle sonstigen freundschaftlichen Verhältnisse wiesen wir durchaus nicht von der Hand. Wir hielten einen jährlichen Kongreß, um gemeinnützige Unternehmungen, namentlich mit den ikarischen Kolonien, zu machen.

Heute sind wir freilich längst erkräftigt, und dürfen unser

Brüderlichkeitssystem weiter ausdehnen, ohne Gefahr für uns und für die gute Sache. Heute sind ohne Zweifel alle meine Mitbürger bereitwillig, das System zu unterstützen wo irgend es Anklang findet. Zu diesem Behuf wünschen wir, mehr als früher von Fremdlingen besucht zu werden; deshalb auch hatte Walmor, in der Volksversammlung, eine Vergrößerung des Fremdenpalastes vorgeschlagen. Vor Allem jedoch müssen die Fremden sich selbst zu Rathe ziehen, sich auf ihre eigenen Beine stellen, selbststrebend verfahren, sich ja nicht von uns das Ding bringen lassen. Daher freut mich so sehr der Plan unseres lieben Eugen, daher bin ich so froh über die Anwesenheit unseres Mylord. Ja wohl, vereinigt euch, Freunde; besprecht, berathschlagt, erwägt das für und wider. Ich wünsche, euch gelänge, eine Association der hiesigen Fremden in großem Maaßstabe zu bewirken, damit dieselben, in ihre Heimathländer zurückgekehrt, dort Rede und Rath zu geben wissen über das was Noth thut.

Wenn euch dieses vonstatten geht, so wird der Einfluß des ikarischen Reiches euch nicht mangeln, hoffe ich. Und um meinen guten Willen schon jetzt zu zeigen, mache ich mich anheischig, euch zu dieser feierlichen Berathung ein entsprechendes Lokal zu besorgen, dessen ihr euch, so oft als nöthig, bedienen möget. Mit freundlichem Händedrucke entließ uns der würdige, greise Held. Er genießt in der That der allgemeinen Hochachtung. Eugen war entzückter wie je, er umarmte mich. Ich konnte eine Thräne nicht zurückdrängen. O mein England!...

Einundvierzigstes Kapitel.

Erste Berathung über den Plan der Vereinigung.

Unser trefflicher Freund hatte den Entwurf mitgetheilt und allgemeines Interesse ward ihm gezollt, in solchem Grade daß man uns einen der größten Säle für öffentliche Zusammenkünfte hergab, und eine bedeutende Menge ausgezeichneter Ikarier, worunter Deputirte, der Versammlung beizuwohnen versprachen.

Diese Sitzung war schon mehrmals im Nationaljournal vorher angezeigt worden, und zwar in den billigendsten Ausdrücken. Endlich kam der bestimmte Tag.

Der Präsident erörterte in kurzen Worten den Gegenstand der Zusammenkunft, bemerkte daß die Republik daran ein Interesse habe, und eröffnete die Debatten.

Alle Redner bezeugten ihre Bewunderung, ihren Enthusiasmus für die Organisation der ikarischen Gesellschaft; indessen kamen mancherlei Einwendungen zum Vorschein, es gab viel „Aber" und viel „Wenn" zu hören. Da sprang Eugen auf, bat ums Wort und sprach, nachdem er offenbar mit Absicht seiner Zunge so lange die Zügel angelegt hatte, folgendes:

Wir kennen alle, denke ich, dieses Ikarien, und brauchen eigentlich keine Lobeserhebungen davon heute zu machen, da wir hier zu anderm Zwecke versammelt sind; ich stelle also einfach die Frage, um endlich dem Hin- und Hergerede eine bessere Wendung zu geben: Ist die ikarische Organisation für unsere eigenen Länder wünschenswerth, oder nicht? — Die Versammlung nahm diese Fassung der Frage an, und entschied: die seit mehr als zehn Tagen angelangten Fremden allein dürften stimmen, und zwar durch Aufstehen und Sitzen.

Wir rechneten nur auf eine Majorität von vier Fünfteln. Groß war unsre Freude als sich die Versammlung zu Gunsten des ikarischen Systems wie Ein Mann erhob. Das freudige Ueberraschtsein grenzte diesmal so nahe an Tumult, daß der Präsident für gerathen hielt, die Sitzung einige Zeit aufzuheben. Es sah aus — so mächtig und so stolz fühlen sich die Menschen in Versammlung — als sollte das Geschick des Erdkreises entschieden werden! Inmitten einer lebhaften Gruppe rief Eugen: wenn seine Landsleute alle Ikarien kennten, wie es von dieser Versammlung gekannt sei, dann unterliege keinem Zweifel daß Frankreich ohne Umschweife das Gemeinschaftssystem beschließen würde. Aehnliches meinten Andere über ihre Heimath. Eine gewaltige Stimme rief sogar: „wäre das Menschen„geschlecht versammelt wie wir jetzt hier: es würde nicht zaudern „und die Gemeinsamkeit anerkennen und einführen in das Gebiet „der Wirklichkeit!" —

Eine nicht minder starke Kehle donnerte darauf: „Die Zeiten „sind nahe, die Menschheit wird bald auf ihren rechten Weg „kommen!"

Nach einer Pause von funfzehn Minuten eröffnete der Präsident wieder die denkwürdige Sitzung und gab die Frage: ob das System anwendbar sei oder nicht?

Er forderte zum Widerspruch auf, und siehe! die Menge der Widersprechenden ward so groß, daß nothgedrungen eine Vertagung der Sitzung angeordnet werden mußte. Es ward ein

Ausschuß erwählt der einen Bericht entwerfen sollte. — Hiemit schloß die erste Zusammenkunft. —

Im Ganzen konnten wir zufrieden sein. In dieser Versammlung ward doch wenigstens ausgemacht „daß die in Ikarien „anwesenden Ausländer das ikarische System für ihr Vaterland „wünschten." Es war mehr als bloß wahrscheinlich daß in Kurzem auch die noch Widerstrebenden, bei der Erörterung der Frage „über die Anwendungsfähigkeit," der bessern Ueberzeugung Gehör geben würden. Wir wurden unseres Sieges gewiß, als wir die angenehme Nachricht bekamen, Dinaros wolle, auf Gesuch des Großvaters des jungen Walmor, mit Nächstem für die Fremden einen Abriß der ikarischen Entwickelung vortragen.

Ende des ersten Theiles.

Inhaltsverzeichniß.

Erster Theil.

Reise. — Bericht. — Beschreibung.

Reise

nach

Ikarien.

Zweiter Theil.

Diskussion. — Einwürfe. — Deren Widerlegung. — Geschichliches. — Ansichten der Philosophen.

Erstes Kapitel.

Geschichte Ikariens.

Mit Freuden hatte die Mehrzahl der im Fremdenpalast vereinigten Ausländer den artigen Vorschlag des Professor Dinaros angenommen. Eine zahlreiche Sendschaft war an ihn abgeschickt worden um ihren Dank zu bezeugen. Und als er im großen Saale, wo Geschichte vorgetragen zu werden pflegt, erschien, empfing ihn ein lange anhaltendes Beifallklatschen.

Meine Absicht, sagte er, ist nicht, Ihnen im Einzelnen die geschichtlichen Ereignisse Ikariens zu erzählen; ich will nur nachweisen auf welchem Wege bei uns die Gütergemeinschaft Eintritt fand, welche Hindernisse sie kühn und gewandt besiegte, und warum sie in rüstigem Fortschritte begriffen ist. Dazu ist allerdings ein Abriß der Geschichte meines Vaterlandes nöthig, wie selbiges vor dem großen Umschwunge war.

Vor vierhundert Jahren und darüber, eroberten wilde Volksstämme unser Land und setzten sich in ihm fest. Der Kampf dauerte länger als ein halbes Jahrhundert. Die rohen Eroberer zerstörten alle Städte, metzelten die größere Menge der Einwohner nieder, und machten die übrigen zu Sklaven. Hierauf vertheilten sie unter sich Ländereien und Sklaven nebst deren Hab und formten solcherweise eine Gesellschaft von Herrschern, Eigenthümern, Aristokraten. Wäre diese Klasse von Priestern und Edelleuten stets in sich einig geblieben, so hätte sich das Geschick des Volkes nimmermehr geändert; von Geschlechtsreihe zu Geschlechtsreihe hätte sich die Knechtschaft desselben fortgepflanzt. Aber die Sieger, unwissend zugleich und barbarisch, stellten unter sich eine Ungleichheit des Besitzes und der Macht dar; sie gaben sich einen Erbkönig und einen wählbaren Oberpriester. Der Streit und Krieg endigte gar nicht mehr unter den Siegern. Da kam es vor daß bald die Könige sich mit den Priestern gegen die Adligen verbanden, und die Adligen mit den Priestern zuweilen gegen die Könige; bald wieder verbündeten sich die Könige mit einem Theile des Adelstandes gegen den andern, oder gegen den Priesterstand; alle erdenkliche Mittel waren ihnen gut genug, nicht nur die Gewalt, der offne Krieg, Plünderung und Morden und Gütereinziehung: sondern ebenso sehr auch Verschwörung, Gift, Meuchelmord, Diebstahl. Oft unterdrückte der Fürst des Landes die Adligen, ließ deren manche aufhängen und verbrennen, und nahm ihnen die Güter fort um sie den Priestern zu schenken, oder er machte es so mit den Priestern um die Adligen zu bereichern. Wiederholentlich geschah es daß Aristokraten und Priester den König beschränkten, absetzten, in's Kloster schickten, in den Kerker stießen, niederhieben oder selbst auf dem Schaffott enthaupteten. In der langen Reihe ikarischer Erbkönige und Erbköniginnen (denn sogar auch Frauen erbten die Krone), gab es viele die als kleine Kinder den Thron bestiegen; viele andere blieben stets blödsinnig oder verrückt; noch andere waren diesem oder jenem Laster, dieser oder jener Sünde eifrigst ergeben; ja manche dieser Herrscher waren von Lastern verschiedener Sorten zugleich erfüllt. Im Ganzen waren nur drei bis vier unter ihnen, welche Fähigkeit zum Regieren besaßen und des Ehrentitels eines Königs sich würdig bezeigten. Es konnte somit nicht anders sein, als daß eine Menge der ikarischen Landesväter jämmerlich ermordet, oder abgesetzt und im Gefängniß, oder durch das Henkerbeil getödtet wurden.

Unter den Oberpriestern, deren Verzeichniß nicht kürzer ist, findet der Forscher desgleichen keine Tugend, keine treue Amtserfüllung. Er findet gewaltsame Todesarten in Menge! Und wie die Häupter der Priesterschaft, so waren auch die einzelnen Mitglieder derselben; wie die Könige, so waren auch die Edelleute.

(Der Redner führte hier viele Könige und Oberpriester auf

die einen immer schlechter als die andern, und die durch Todschlag das Leben eingebüßt hatten.)

Während indessen die Aristokraten sich vor den Blicken des Volkes zerfleischten, lernte dieses allmälig die Sachlage richtiger einsehen, und ging daran, aus dem Zwiespalte der Bedrücker Vortheile zu gewinnen. Die Herrscher des Landes ließen oft ihre Sklaven frei, um sie gegen die Adligen zu gebrauchen. Aber auch der Adel machte manchmal seine Leibeigenen zu freien Leuten, da er ihre Hülfe gegen die Könige nöthig hatte. Solcherweise kam das Volk allmälig, wenngleich sehr langsam, aus dem härtesten Joch heraus; es bekam das Recht für sich, auf eigene Rechnung zu arbeiten, eine Industrie zu treiben, zu handeln, Grundstücke zu besitzen und Kapitale zu erwerben. So entstand in den Reihen des Volkes eine Klasse die man die reiche bürgerliche nannte; doch verblieb die Mehrzahl arm und elend. Nach und nach ward das Volk aufgeklärter, lernte seine abscheuwürdige Lage kennen, und versuchte sie zu verbessern. Es machte zu dem Behufe Verschwörungen, Emeuten, und trieb dies meist immer auf Veranlassung irgend welcher großen Machthaber, die sich mit ihren Geldbeuteln in die Streitigkeiten des Volkes einzumischen und große Verwirrung daselbst zu stiften pflegten; das Volk schlug los, ohne zu wissen wozu und wofür. Oft ließ es sich auch durch ehrgeizige Mitglieder des königlichen Hauses verleiten, und machte Aufruhr. Dann geschah es wohl, daß das elende Volk auf kurze Frist siegte, und sich mit Feuer und Schwert und Diebstahl an den hundertjährigen Tyranneien des Adels rächte. Allein solche Volksaufstände sind bekanntlich ohnmächtig gegen die Kraft einer organisirten Regierung, und deshalb wurden sie denn auch jedes Mal im Blute des Volkes ohne Weiteres erstickt. Diese ganze Geschichte Ikariens ist, so zu sagen, nur ein Todtentanz von Bürgerkrieg und Metzelei, Empörung und Knechtung. Gleichwohl erlangte das Volk das Recht, sich in Gemeinden zu organisiren und Vertreter zu erwählen, wodurch es theils die Provinzialstände beschickte, theils die General- oder Reichsstände. Dies waren schon wichtige Erringnisse, wodurch es größere zu machen das Mittel fand.

Es ging nun durch zwanzig mehr oder minder blutige Staatserschütterungen hindurch; probirte nach und nach alle Regierungsformen: Aristokratie, Theokratie oder Priesterherrschaft, uneingeschränktes Königthum, beschränktes oder konstitutionnelles; ferner Republik, Demokratie, Dictatur. Es wurde von seinen Dictatoren nicht besser behandelt als von seinen Königen; es erhob auch umsonst einige neue Fürstenfamilien auf den Thron, und rief die älteren zurück, alles in dem Wahne, endlich ruhigen Glücks sich erfreuen zu dürfen. Alles aber fruchtlos.

Da kam es 1772 soweit, daß es den bejahrten Korug, seinen tyrannischen König, entthronte, und zehn Jahre später die Königin Chloramida nebst Lixdox. Hienach war das Volk so glücklich in der Person des Ikar einen Dictator zu finden, dem das Wohl Aller ernstlich am Herzen lag. Dieser unsterbliche Mann war überzeugt, die geheime Ursache so vieler Umwälzungen stecke nicht nur in der politischen, sondern auch in der socialen Einrichtung, welche ebenso schlecht sei. Demgemäß schritt Ikar muthvoll zur Umgestaltung des Ganzen und zwar von den Wurzeln aus; er organisirte aufs Neue sowohl die Politik als die Gesellschaft, was eigentlich im Grunde genommen Ein und Dasselbe ist. Auf solche Weise bekam unser Land seine jetzige Form, die ihm zum Heile gereicht. Sie sehen folglich, meine zu ehrenden Zuhörer, die Geschichte Ikariens bis zum Auftreten Ikars ist so ziemlich die Geschichte aller übrigen Nationen.

In der morgenden Vorlesung sollen Sie ersehen daß unsre vormaligen Zustände an Erbärmlichkeit nichts den Zuständen Ihrer Heimathsstaaten nachgaben. Sie werden die Hindernisse kennen lernen, die sich einst bei uns der Verbesserung entgegen stemmten, aber auch zugleich die Mittel durch die unsere Väter siegreich durchdrangen.

Hier schloß Dinaros unter einstimmigen Beifallsbezeigungen. Ich habe seinen Vortrag nur im Auszuge mitgetheilt; doch wird dies wohl dem Leser genügen. —

Die Versammlung ging auseinander; es wurde manche Stimme laut die mit herben Worten das Elend der Menschheit beklagte.

Zweites Kapitel.

Mängel der alten Gesellschaftseinrichtung.

Sie sehen, hochzuehrende Anwesende, begann der Professor Dinaros, wir sind heute glücklich inmitten weiser Einrichtungen. Sie werden vielleicht Mühe haben, die Gebrechen unsrer ehemaligen Gesellschaftsorganisation zu begreifen. Und dennoch mußte sie eine schlechte in jeder Beziehung sein, da sie nicht das Werk eines Einzigen noch einer einzigen Versammlung war; da sie nicht aus freier Ueberlegung entstanden, sondern durch Zufall.

Jahrhunderte lang hatten sich die verschiedenen Stücke auf einander gefügt; ohne die rechte Einsicht in das Zeitgemäße hatte man dabei verfahren. Aufs Gerathewohl war das Ganze und die Theile zusammengewachsen. Die alten Eroberer hatten aus Rohheit gesündigt, ihre Enkel aus Faulheit. Eigentlich gab es keine Gesellschaft, keine Vergesellschaftete, außer in der Aristokratie, und das Volk war eine Heerde von Besiegten, Unterdrückten, Knechten, Ausgebeuteten, denen eine ganz kleine Anzahl Unterdrücker das Netz über den Kopf gezogen.... Zwar hatte sich eine gewisse Aufklärung über manche Theile verbreitet, und mehrere gar zu schreiende Mißbräuche der Vorzeit waren verschwunden; aber es blieben immer noch ihrer eine ungeheure Masse, als der segenspendende und von günstigem Geschicke begleitete Ikar mit der Leitung des Staates beauftragt wurde.

Eine ungeheure Menge von Uebelständen aller Art war noch, ich wiederhole es, übrig. — Ich ersuche Sie, meine Herren Zuhörer, mir Ihre ganze Aufmerksamkeit zu schenken; alle Länder sind bisher auf die nämliche Weise organisirt gewesen, und somit wird mein Vortrag die Geschichte der Einrichtungen sämmtlicher Staaten, sämmtlicher sogenannten Gesellschaften besprechen, während er die Geschichte des frühern Ikariens abhandelt. Ich weiß übrigens recht gut daß kein einziges Land alle Fehler und Gebrechen in sich vereint, die ich aufzählen werde. Mag das Gemälde schaurig ausfallen, ich will Ihnen die Wahrheit sagen; in der That, wenn eine Krankheit das Dasein bedroht, muß man nicht den Kopf wegwenden und die Augen zudrücken und thun als sei die Todesgefahr nicht vorhanden. Dadurch wird der Patient nicht kurirt.

Möglich daß, wenn ich Ihnen, meine Herren, die Greuel der Staatsorganismen in voller Scheußlichkeit enthüllt, ein Gefühl des Ingrimms gegen Personen Sie beschleicht; aber wehren Sie dies Gefühl von sich ab, verwechseln Sie ja nicht die Menschen mit den Einrichtungen. Immerhin, werfen Sie den feurigsten Blitz des Fluches auf die Irrthümer, Mängel, Vorurtheile, Tollheiten aller Art unter denen die Menschheit seufzt; aber vergessen Sie nie die gebührliche Achtung vor unsern frühern Gesetzgebern, vor den Organisirern der Vorzeiten; bedenken wir ja stets daß viele derselben nur durch Mangel an Erfahrung irrten, indem sie redlichsten Eifers voll das Wohl des Landes beabsichtigten. Sie ahndeten nicht das Unheil das aus ihren Einrichtungen einst entspringen mußte. Auch wollen wir den Eroberern nicht nachträglich zürnen, denn diese rohen, wüsten Barbaren wußten es nicht besser zu machen als gerade so wie sie es gemacht haben. Ich werde der Versammlung den schlechten Zustand der ikarischen Nation vor einem halben Jahrhunderte aufzeigen um ihm in dem jetzigen blühenden sein Gegenbild zu geben; woraus der Schluß folgt, daß keiner der anwesenden Fremden am künftigen Wohle seines Vaterlandes verzweifeln dürfe. Und so beginne ich denn.

Das erste Grundübel, dieses giftige Ei aus dem alle übrigen Uebel hervorgekrochen, war die Ungleichheit der Vermögensverhältnisse und der Wohlfahrt. Ob man sie eine Ungerechtigkeit nennen könne, will ich heute nicht untersuchen; ich begnüge mich einfach die Sache und ihre Folgen hinzustellen; ich bemerke daß durch sie das ikarische Gesammtvolk in zwei Völker, das Volk der Reichen und das Volk der Armen, zerspalten ward; in das Volk der Unterdrückten und das Volk der Unterdrücker, der Glücklichen und der Unglücklichen. Daher mußte es geschehen daß fortwährend Haß, Neid, Tücke, Rachsucht, Angst, Hochmuth und Kriecherei zwischen den beiden Klassen vorhanden war.

Ein anderes Grundübel war das Eigenthumsrecht, jenes Recht welches, wie ein altes Römergesetz lautete, darin bestand „mit den Naturgütern nach Laune und Belieben zu walten und „zu schalten, Gebrauch und Mißbrauch zu treiben."

Durch den Säbel der Eroberung hatten die ins Land gedrungene Fremdlinge alle liegenden und alle beweglichen Güter sich zugeeignet, d. h. gestohlen. Sie hatten dieselben ungleich unter sich vertheilt, so daß alle begütert, einige selbst sehr reich geworden.

Hierauf wollten die Eroberer ihr Eigenthum heilig und unverletzlich machen; zu dem Zwecke gaben sie Gesetze, wodurch es für das ärgste aller Verbrechen erklärt wurde, wenn die Eroberten, die Knechte, sich daran vergriffen. Dies Verbrechen ward mit dem Tode oder mit Ketten und Ehrlosigkeit bestraft. Um nun innerhalb ihrer Familien das Eroberte auf ewige Zeiten zu bewahren, hatten sie fürs Beste befunden die Anordnung der Majorate oder Familienerbstücke zu schaffen, desgleichen das Erstgeburtsrecht; dadurch war den Adligen untersagt ihr Eigenthum zu verkaufen und der älteste Sohn der adligen Familie bekam jedesmal die Hinterlassenschaft des Vaters, zuweilen auch noch die Erbschaft mehrerer anderer Verwandten, dergestalt daß die Adelsklasse ununterbrochen das gesammte Vermögen in ihrer Faust zusammenhalten und das Volk in ununterbrochener Dienstbarkeit und im Elende lassen konnte. Die Majorate und das Erstgeburtsrecht wurden später abgethan und es stand demnach zwar frei das Eigenthum zu veräußern; aber Jeder bewahrte immer noch das schrankenlose Recht zu erraffen, zu erwerben, aufzuhäufen, zusammenzukratzen so viel er irgend vermochte, sei's durch Geburtstitel, sei's sonst wie, so daß einige reiche Privatleute stets im Besitz der Schätze blieben.

Nur Aristokraten machten die Gesetze, sonst Niemand, und machten sie zu ihrem eigenen Wohle, ohne auf die andern Einwohner zu rücksichtigen; hatten folglich verordnet, dies Eigenthum allein gäbe Macht und Ansehen, wenn auch der reiche Mann von Lastern und Schandflecken wimmele; der arme Mann aber, selbst der fleißigste, bravste, hatte nur Unehre und Verachtung zu erwarten.

Beim Ausbruche der Revolution zählte das ikarische Land fünfundzwanzig Millionen Einwohner *, worunter fünfundzwanzigtausend Reiche, hundertfunfzigtausend Wohlhabende und vierundzwanzig Millionen achthundertfünfundzwanzigtausend Arme. Die fünfundzwanzigtausend Reichen besaßen mehr Vermögen als die vierundzwanzig Millionen Armen; sie hatten so gut wie Alles, denn die hundertfünfundzwanzigtausend Wohlhabenden hatten Wenig, und die vierundzwanzig Millionen Armer hatten Nichts, außer ihren Händen womit sie im Schweiße ihres Angesichts das Brod erwerben mußten. Mancher große Herr hatte genug um das Glück von zwei bis dreihunderttausend Armen oder Nichtshabern machen zu können, wenn er gewollt. Diese fünfundzwanzigtausend Reichen schwammen im Ueberfluß, in Vergnügungen aller Art und sannen stets auf Verfeinerung des Luxus, indeß das Volk am Nothwendigsten Abbruch litt.

Dieser Adel war nicht bloß müßig und unnütz, sondern auch schädlich. Er verwendete zur Fütterung seiner Luxuspferde und Luxushunde die Produkte welche von der Natur für den Menschen bestimmt sind. Er ließ ungeheuer weite Strecken von Gärten, Parken, Rasen, Sümpfen, brach liegen um sich darauf

* Hierunter ist natürlich zunächst Frankreich zu verstehen. So war es in der That mit Frankreich im Jahr 1789. Heute hat es über dreißig Millionen.

Anmerkung des Uebersetzers.

mit Jagen, Fischen, Spatzierengehen und Reiten zu erlustigen. Ja, manche Adlige hatten die Gewohnheit, unermeßliche Flächen unbebaut zu lassen ohne selbst daraus Vergnügen zu ziehen, und ohne tausend Verhungernden Nahrung zu gewähren. Ferner schadete diese Aristokratie der Gesellschaft dadurch, daß sie eine ungeheure Menge Dienstboten und Luxusarbeiter für sich in Beschlag nahm und somit gleichsam dem Lande raubte, indem sie dieselben lediglich zum eigenen Vergnügen verwendete. Ehedem hatte sie das ganze Volk, oder alle Nichtadligen, mit dem Namen Sklaven und Eigenthum des Adels belegt; im Grunde war auch immer die Sache geblieben, obschon sich die Benennung geändert hatte; das Volk arbeitete stets noch für die Aristokraten, und diese arbeiteten nicht für das Volk. Es war dies Volk aus seiner ursprünglichen Sklaverei losgelassen, allein seine Befreiung blieb ein leeres Wort, ein eitler Schall. Seine Freiheit war nur eine stückweise, theilweise, folglich unvollkommen; es erfreute sich erst der sogenannten bürgerlichen Freiheit in gewissen Punkten, aber keineswegs der politischen Freiheit. Demnach war seine vermeintliche Freiheit eine wirkliche Knechtschaft, nur etwas verändert, wie denn ja auch in Athen die Knechtschaft einst eine andere Form gehabt hatte als in Sparta. Jede Familie des Volkes konnte zwar sagen: ich bin nicht mehr Sklave und Eigenthum dieses oder jenes Edelherrn. Die Edelherren vertheilten nicht mehr unter sich die Volksfamilien wie Stücke Besitzthums. Aber dennoch war das gesammte Volk der Sklave und das Eigenthum des gesammten Adels, und dieser hatte immer noch das Volk in Besitz und beutete es aus, nicht mehr einzeln, aber im Ganzen und unter anderm Namen wie früher. Der Adel ließ es für eigene Rechnung arbeiten und für eigene Ernährung dabei sorgen, sich kleiden und sich logiren; es mußte zusehen wie sich das Alles mit dem Tagelohne bestreiten ließ. Der Adel nahm auch noch die Arme und Beine des Volks für die Kriege in Anspruch, und unterwarf es stets seinen adligen Gesetzen, mithin seinen adligen Launen.

Das sogenannte freie Volk blieb also Sklave.

Diesem Sklaven erging es herzlich schlecht. Er mußte immer arbeiten, in der Jugend, im Alter, in Krankheiten; gleichviel, er mußte arbeiten wie ein Lastvieh, vom Morgen bis zum Abend. Auch waren seine Arbeiten ungesund und ekelhaft.

Die übermäßige Arbeit sog dem Kinde die Kraft aus, schwächte den Mann, und brach dem Greise das Genick. Wenige Volksmenschen wurden übrigens sehr bejahrt. Die Masse der Arbeitenden war und blieb verkümmert; die Frauen waren unschön an Gestalt, unsicher in ihrer Gesundheit. Es war dahin bereits gekommen daß, wenn man einen Vergleich zwischen dem Aeußern der Edelleute und des Volks anstellte, man hätte meinen können, es seien zwei ganz verschiedene Gattungen Geschöpfe. Dies darf aber nicht verwundern.

Der Arbeiter welcher nicht einen hinreichenden Arbeitslohn hat, schlecht genährt, schlecht gekleidet und den traurigsten Sorgen zur Beute ist, kann nicht anders als schwächlich, kränklich und häßlich werden. Viele aßen damals weder Fleisch noch Brod, wohnten in Kellern, Dachstübchen oder sonstigen Steinhöhlen, ohne Feuerung, ohne Möblirung, und bedecken sich mit Lumpen. Fast alle aber waren minder glücklich als die Dienstboten, auch minder als die Pferde und Hunde der Edelleute. Viele hatten es offenbar schlimmer als die Sklaven der alten Heiden von Rom und Griechenland, und als Hausthiere deren Herren sie pflegen damit sie nicht untauglich zum Arbeiten werden.

Viele konnten keine Arbeit finden, und lebten mitten in der Gesellschaft unglücklicher als die wilden Völkerstämme und die wilden Thiere in den Wäldern. Man sah Schaaren von Bettlern und Landstreichern, unreinem Gethier ähnlicher als dem „Ebenbilde Gottes“ wie Moses den Menschen nannte.

Wenn aus Noth der Arme an den Ueberfluß des Reichen rührte, schimpfte dieser ihn „Dieb“ und „Bösewicht,“ und ließ ihn ins Gefängniß, oder auf die Galeere, oder auf das Schaffot bringen. Der große Herr schlug denjenigen armen Mann todt, der sich eines Rebhuhns oder Kaninchens bemächtigt hatte. So kam es daß man oft Greise und Kinder, Männer und Frauen sah, welche vor Hunger und Kälte starben.

Zuweilen auch beging der arme gemeine Mann Selbstmord, oder schnitt seinen kleinen Kindern die Gurgel ab, um sie vor jedem Elend künftig zu sichern.

Auch geschah es daß Mütter und Väter ihre Töchter, wenn sie mannbar waren, an den Meistbietenden verschacherten um mit dem Blutgelde der ruinirten Unschuld und Schönheit das eigene Dasein zu fristen. Viele dieser Mädchen verkauften sich auch selbst, ohne etwas Arges dabei zu denken. Das Unheil ging immer toller; es konnte unmöglich durch erbärmliche Mittelchen kurirt werden die man dawider anwendete; z. B. eine Abgabe die zu Gunsten der Armen den Reichen auferlegt ward; einige Privatspenden, einige Mildthätigkeitsanstalten welche Essen und sonstigen Beistand in die Häuser der Darbenden schickten, die paar Hospitäler für Greise und Unheilbare, und etliche Werkstätten für Arbeitsfähige: — das Alles war wie ein Sandkorn in die Wüste, wie ein Tropfen Wasser ins Meer; es war nicht zu verspüren.

Uns erscheint dies Gemälde heute fast unwahr, und dennoch ist es jener schrecklichen Vergangenheit ganz anpassend. Die schlechten Institutionen waren es, durch die das Uebel entstand und wuchs — wir wollen nicht die einzelnen Personen beschuldigen.

Das Geld, dessen Erfindung man als etwas Nützliches pries, vermehrte das Uebel, denn es verschaffte dem Aristokraten die Möglichkeit, seine Bodenprodukte, die er nicht in so enormen Massen aufspeichern konnte, zu verkaufen, d. h. in Gold und Silber verwandelt aufzuhäufen, folglich immer reicher zu werden. So konnte es nicht anders geschehen als daß alle Welt nach Geld strebte, und um es zu erjagen schienen alle Wege erlaubt.

Die Ungleichheit des Besitzes mußte eine Quelle von bittern Leiden für die Reichen selbst werden. Es lag in dieser Ungleichheit etwas Abscheuliches! Prassen, in Gold wühlen, während Tausende von Mitgeschöpfen, oder richtiger Millionen, nicht das trockne Brod haben, ist wider das Menschenrecht. Hat die Natur nicht jedem Säuglinge in der Wiege schon Ansprüche auf Dasein und Lebensgenüsse gegeben? der arme Mann konnte diese aber nicht befriedigen. Er lief hastig über die Erde, von der Geißel des Elends gehetzt, und ohne sich gefreut zu haben sank er ins Grab. Der Ueberfluß der Reichen war mit dem Darben der Armen untrennlich verknüpft, und das war empörend.

In dieser Grundnoth lagen die Keime aller übrigen Nöthen, aller Laster, aller Gebrechen: da lag der Egoismus, der Dünkel, die Grausamkeit mitsammen.

Die reichen Aristokraten hatten diese bösen Eigenschaften mit sich herumzuschleppen. Sie prahlten zwar viel mit Tugend, aber was mochte das für eine Tugend sein, die Berge Goldes aufhäufte und das Volk verkümmern ließ? Sie renommirten auch oft mit ihrem Christenthum, aber was war das für ein Christenthum, das ihnen erlaubte, trotz Jesu Lehre: „alle Menschen sind „Brüder" — unbrüderlich zu verfahren?

Die Reichen waren übrigens nicht nur unbarmherzig gegen die Armen, sondern auch unter einander; die weniger Reichen sahen sich durch die Reicheren geplündert. Da galt keine Moral, kein Gewissensbiß wurde gespürt.

Habsucht war oft nur das geringste der Laster dieser Herr=

schaften; durch ihre Faulenzerei geriethen sie auf allerlei schlechte Gelüste, und während sie die Männer der Armenklasse durch Arbeit entnervten, verführten sie die Frauen und ruinirten die Familien derselben.

Die Adligen, da sie einmal ein Grundunrecht begangen hatten, bemühten sich das Volk in Dummheit und Unwissenheit zu erhalten und in ihm Laster zu erwecken, um die Ketten desto fester zu ziehen und es moralisch zu entwürdigen.

Zugleich befahlen sie dem Volke, tugendhaft, mäßig, geduldig zu sein! Priester von liederlichem Lebenswandel predigten die Religion der Entsagung, aber vergeblich, denn verwerfliche Handlungen schreien lauter als heuchlerische Worte; zudem laden glückliche Laster stets zur Nachahmung ein.

Wie gesagt, die Gemächlichkeit, der Ueberfluß gegenüber dem Darben, war eine Ungerechtigkeit, eine frevelhafte Anmaßung, Daher kam es daß die Armen oft nur darauf sannen die Reichen zu bestehlen. Der Diebstahl in allen seinen mannigfachen Gestaltungen (als da sind: Ausbeutung, Gaunern, Bankerott, Vertrauensmißbrauch, Betrug, Lug, u. s. w.) war an der Tagesordnung, und sozusagen die allgemeine Beschäftigung der reichen wie der nicht reichen Einwohner unseres beklagenswerthen Vaterlandes.

Die Armen bestahlen keineswegs bloß den reichen Mann; sie plünderten sich gegenseitig auch. Die Nation bestand aus Stehlern und Bestohlenen; außer diesen zwei Abtheilungen gab es keine.

Betrachten wir, meine zu ehrenden Zuhörer, die damalige allgemeine Dieberei näher, so finden wir daß es schwierig, vielleicht unmöglich ist, alle ihre Sorten aufzuzählen. Umsonst hatte der reiche Mann die strengsten Gesetze wider Diebstahl losgelassen; vergebens ließ er Tag und Nacht die Gefängnisse und Galeeren mit Dieben aus der armen Klasse füllen; auch daß er ihr Blut in Strömen durch den Scharfrichter vergießen ließ, half nichts. Die Armen stahlen fort, und stahlen überall wo ihre Finger hinlangten; das Elend stachelte sie, auch hofften sie unentdeckt zu bleiben, und so stahlen sie denn auf dem Felde, in den Häusern, auf der Landstraße, und in den Gassen der Stadt. — Der gewandte Taschendieb beraubte die Personen bei hellem Mittage auf dem Spaziergang, und in Gesellschaft. Der kecke Gauner gebrauchte Lüge und Pfiffigkeit; er verschacherte fast werthlose Gegenstände, oder quetschte den Leuten Geld aus indem er ihre Leichtgläubigkeit und Gutmüthigkeit sich zu Nutzen machte.

An Falschmünzern und sonstigen Verfälschern gebrach es nicht. Auch nicht an Wuchern, diesen Diebskönigen sozusagen. Auch nicht an Goldfressern von der Bank und von der Börse, an Aufkäufern, Monopolmännern, Lieferanten, u. s. w.

Es wimmelte im Lande von Spekulirern die sich durch öffentliche Unglücksfälle bereicherten, geradezu Kriege und Einmärsche feindlicher Heere gern sahen und herbeiführten soweit es in ihren edeln Kräften stand, geradezu auch Hungersnoth bewirkten um Geld aufzuspeichern.

Dann gab es eine ungeheure Menge Stehler und Hehler die mit tausend Freuden die öffentliche Gesundheit zerstörten, indem sie Speisen und Getränke verfälschten; oder die wenn sie als Generale in Kriegen in Feindesland waren, die Einwohner im Namen des Sieges so entsetzlich brandschatzten, daß dadurch unser Land schlimmen Wiedervergeltungen preisgegeben ward.

Neben diesen Schändlichkeiten vollbrachte man stündlich eine Anzahl anderer, in allen Klassen der Gesellschaft ohne Unterschied.

Doch diese Greuel hieß man keineswegs bei ihrem rechten Namen im Gesetzbuch; man hütete sich sie Dieberei zu tituliren! Im Gegentheil, die ärgsten, die welche in den Reihen der reichen Leute vorfielen, wurden ganz und gar nicht bestraft. Das Gesetz schwieg darüber! Trotzdem waren es Diebereien! Es gab Ausnahmen, die ehrlichen Leute waren allerdings noch nicht sämmtlich ausgestorben, weder in der Reichthums- wie in der Armuthsklasse; aber ich glaube nicht zuviel zu behaupten wenn ich sage: damals war Jeder, mochte er reich, oder arm, oder wohlhabend, mochte er großmüthig, standhaft, ehrlich sein, mehr oder weniger zu abscheulichen Handlungen geneigt, sobald die fürchterliche Riesenmacht der bösen Verhältnisse ihn packte und schleuderte. Dann stahl ein Jeglicher, ohne es „Stehlen" zu nennen.

Das Rauben nun führte unwiderstehlich zu den übrigen Gräßlichkeiten. Man folterte, um Geständnisse zu erpressen. Man vergiftete dreist Geschwister und Eltern, man verkaufte Gattin und Tochter, man verhandelte sich an reiche Frauen, man verschacherte die Würde des Ehrenworts, man stahl Kinder und verkaufte sie in die Prostitution, man stahl und mordete junge Personen um deren Fleisch auf dem Markte oder den ganzen Leichnam zu verkaufen.

Die Gesellschaft sah aus wie ein Schlachtfeld.

Und wie es einst bei uns gewesen, so ist es auch bei andern Nationen, wo das Eigenthumsrecht herrscht.

Aus diesem scheinbaren Recht, welches ein wirkliches

Unrecht ist, entsprang nicht nur Morden und Rauben, sondern manches andere Unheil.

Es entsprang aus dem Privateigenthum eine endlose Reihe von Streitigkeiten zwischen Nachbaren, Käufern und Verkäufern, Erben, u. s. w., und daher kam eine ebenso endlose Menge von Prozessen, durch die sich oft die Kläger an den Bettelstab brachten.

Das Vermiethen und Verschachern des weiblichen Leibes war gäng und gäbe.

Die Ehen ferner konnten kein Glück enthalten, da entweder nur um Geld geliebt werden mußte, oder aus Geldmangel kein Essen vorhanden war, folglich die Liebe abhanden kam. Alle Tage geschah es, daß ein junger Mensch nur aus Geldsucht eine reiche alte Frau heirathete, und umgekehrt. Aus diesen Verruchtheiten ergab sich die unmittelbare Folge bald: Skandal auf Skandal trübte das eheliche Leben; Ehebruch, Eifersucht, Gift und Dolch (oder wenigstens Schlägerei und Fußtritte), Duelle, u. s. w., kamen hinterdrein. Von reinem Familienleben war keine Spur.

Die Aristokraten wollten ihr Geld zusammenhalten und wußten daher immer nur wenige Kinder zu zeugen; doch die ärmere Klasse, in welcher zehn Kinder gerade so arm sind wie zwei, und welcher ohnehin keine höhere Genüsse, keine edleren Freuden gelehrt wurden, ergab sich darein, und zeugte eine ungeheure Summe Kinder, aber meist schwächliche.

Die Armuth allein hinderte viele am Heirathen; Personen beiderlei Geschlechts lebten daher ehelos miteinander. Auch kam es täglich vor, daß junge Männer den ehelichen Frieden von Familien störten, in die sie sich eindrängten. Vergebens deklamirte das Gesetzbuch eifervoll wider allen diese Jammer, und schleuderte mit großer Rohheit Schimpf und Schande auf die unglückseligen Mädchen und unschuldigen Frauen die der Verführung und der Gesellschaft zum Opfer gefallen; eine ganz natürliche Folge dieser Gesetzeswuth war Kindermord, Kinderaussetzung, Selbstmord. Wohl hatte man ein paar Hospitäler für Schwangere und verlassene Kinder, aber solches Auskunftsmittel war fast völlig bedeutungslos. Als ein anderes Mittel galten die öffentlichen Frauenhäuser; man bildete sich sogar etwas darauf ein und meinte, dadurch werde die Sittlichkeit geschirmt und gepflegt!

Der Gelddurst trieb viele Leute an, sittenlose Bilder zu zeichnen; was ihnen selbst keineswegs zum Ruhm gereichte, und der Lüderlichkeit den schönsten Vorschub leistete.

Die beiden Gegensätze: Reichthum und Armuth, beeinflußten sehr ungünstig die Vergnügungen der Gesellschaft. Die Aristokraten wußten vor lauter Nichtsthuerei gar nicht, wie sie ihre Muße zubringen sollten; sie trieben sich daher einen Theil des Jahres auf der Jagd herum, und es ist unzweifelhaft, daß ihre Tödtungslust gegen die unschädlichen Thiere viel beitrug, sie auch gegen ihre Mitmenschen mitleidslos und grausam zu machen. Man liebte das Hasardspiel und die Wetten, man vermehrte und verminderte solcherweise schnell das Vermögen; man gewöhnte sich dabei, seinen sogenannten Freunden das Geld abzunehmen, sich anderen Verzweiflung zu ergötzen und Weib und Kind zu ruiniren.

Uebrigens widerstand selten ein Vermögen den tollen Launen des Luxus und der Mode; man suchte sich den Rang in Erbärmlichkeiten abzulaufen, und wandte den Geist auf nichts als diese. Am gesuchtesten war jedesmal nicht etwa das Nützlichste, sondern das was gerade zufällig der Laune gefiel.

Eine Frau trug an ihrem Körper mehr Gold, Silber, Diamanten, Perlen und theure Stoffe, als nöthig um tausende von Hungerleidern zu speisen.

Außer Jagd, Würfeln und Karten, behagte den Adligen Galanterie und Koketterie, woraus diese faulenzenden Geschöpfe beiderlei Geschlechts ganz ernstlich eine Hauptbeschäftigung ihres Daseins machten. Verheirathete Männer mußten schlechterdings Nebenweiber, und verheirathete Frauen Liebhaber sich anschaffen; man hatte sich ein für alle Male in den Kopf gesetzt, ohne das sich nicht behelfen zu können! Damit flog das Geld von dannen, das der Volksschweiß gemünzt. Es schien, als ob die Leute „von Geburt" nichts zu thun hätten als Liebesgeschichten veranstalten; Bilder aller Art stellten fortwährend diesen Gegenstand vor, und h e t z t e n sozusagen zur Wollust geradezu auf.

Bälle und Konzerte wurden fast nur besucht um Prunk auszukramen und zu verführen. Nachts tummelte man sich in ermüdenden Vergnügungen, und Tags suchte man oft den Schlaf vergeblich.

Die Mütter mochten nicht mehr ihren Säuglingen die eigene Milch reichen, sondern zogen vor, dafür Frauen aus dem Volke zu miethen. Sie behielten auf diese Weise Zeit zu Intriguen, Ausschweifungen und Zerstreuungen.

Da Geld allmälig allein Ansehen verschaffte, eiferten die Mitglieder der Bürgerklasse, selbst die unbegütertsten, den Aristokraten möglichst nach und strebten wenigstens reich zu s c h e i n e n.

Die religiösen Zeremonieen, die Messe, besonders die Mitternachtsmesse, dienten wie der Fasching zu nichts als zum Stelldichein, zu Anknüpfung von Liebelei. Soll ich noch der unzähligen Kneipen aller Art erwähnen, wo der arme Mann sich mit schlechtem Getränke krank machte, um im Rausche sein Elend zu vergessen, wo der Mensch sich gewöhnte unter das Thier hinabzusteigen? Soll ich erzählen, daß die Aristokraten den Hohn so weit trieben, dem Volke, gleich einem Hunde, bei Festlichkeiten Speisen zuwerfen zu lassen? nicht etwa um es zu ernähren — bewahre! lediglich um ihren Spaß zu haben wenn „der Pöbel" freßgierig sich um die Bissen prügelte.

Aus jedem dieser verächtlichen Mißbräuche erwuchs eine Schaar anderer. Ihre Einbildungskraft, meine Herren, würde schaudern, spräche ich von den Selbstmorden, Duellen und Mordthaten die aus Spiel, Luxus, Eifersucht, Liebe, Verthierung und Elend entstanden. Ich habe vielleicht schon zuviel gesagt.

Erlauben Sie mir jetzt ein Wort von dem materiellen Zustande unseres Vaterlandes zu jener Zeit.

Die Aristokratie, in ewigen Kämpfen und Raufereien begriffen, hatte stets auf der Hut zu sein, konnte demnach nie auf Verwaltung des Landes ordentlich sich einlassen. Das war schon schlimm, noch schlimmer aber, daß sie auch nicht den einzelnen Gemeinden gestattete, sich selbst volksthümlich zu verwalten; sie fürchtete das Aufkommen dieses bedrückten Volkes; die Städte hatte man aufs Gerathewohl bald hier bald da gebaut, ohne Plan, ohne Ueberlegung; daher litten sie sämmtlich an erbärmlicher Lage, an verrückter Bauart. Ein paar hübsche Straßen für die reichen Herrschaften, und eine Unmasse scheußlicher, krummer Gassen, wo ewige Krankheit und ewiger Schmutz und Gestank hauste, wo alle Tage Unfälle vorkamen: das hieß eine Stadt! Man erstaunt heute, liest man die wahrheitstreuen Berichte von zerbrochenen Gliedmaßen, und selbst von Todschlägen die durch jene Mißstände hervorgebracht wurden. Das Privateigenthum hieß heilig, folglich durfte jeder Eigenthümer mit dem seinigen „Gebrauch und Mißbrauch" treiben wie ihm beliebte, ganz ohne Rücksicht auf öffentliches Wohl. Schöne Paläste besaßen die Adligen und hohen Beamten; aber die Werkstätten und Wohnungen des gemeinen Mannes waren inwendig und auswendig entsetzlich.... Der Adel amüsirte sich in prächtigen Landhäusern und Schlössern, jedoch die Dörfer und Bauerhöfe waren abscheulich.

Die Hauptstadt konnte stolze Quartiere voll Prunk aufweisen, aber sie verschönerte sich nur für den Genuß der reichen Klasse und auf Kosten des Landes, hatte übrigens auch ganz unglaublich schlechte Theile; dicht neben dem Luxus lag das Elend.

Die großen Landstraßen waren meist kreuz und queer nach der Willkühr des Zufalls, oder aus Gründen die einst richtig gewesen sein mochten, gezogen. Zudem waren sie fast alle nicht gut im Stande, weder für den Fußgänger aus dem Volke noch selbst für die Wagen. Die Unglücksfälle auf ihnen endeten nicht. Ein Gleiches ist von den Flüssen zu sagen. Aber sehr gut waren die zu den Schlössern der Herren von Adel führenden Wege gehalten; sie waren sogar schön und angenehm. Die Schloßbesitzer wußten schon dafür zu sorgen, während jene Wege, deren der Ackerbau und die Dorfleute nöthig hatten — wenn sie überhaupt vorhanden — mehrentheils voll tiefsten Kothes lagen, oder über Felsen und an Abhängen liefen, so daß man oft den Hals brach.

Müßiggang und nutzlose Arbeiten lasteten gar hart auf der Nation. Denken Sie an die nichtsthuenden Adligen, die unnützen Beamten, die Soldaten, die Polizeidiener, die Lakaien, die Mönche, die Luxusarbeiter: und Sie werden begreifen, daß Millionen rüstiger Arme und Köpfe nicht bloß dem Lande verloren gingen, sondern selbst zum Schaden gereichten. Daher schmachtete denn auch der Ackerbau, die Ackerkunst möchte ich sagen, in der jammervollsten Verwahrlosung. Ich glaube, ein Drittel des baufähigen Bodens lag brach; die Viehzucht war miserabel und stieß überall auf Hindernisse. Ganze Schaaren von Bauern lebten ohne je Brod und Fleisch zu essen, und zwar in einem von der Natur begünstigten Gebiete, wo die dreifache Menschenmenge bequem hätte bestehen können!

Es begreift sich daß die Arbeiten nicht geregelt wurden. Daraus erwuchs großer Schaden für das Ganze, großes Elend für die Einzelnen. Die Besitzlosen fühlten das Joch, und um es zu erleichtern wünschten sie soviel Freiheit, um wenigstens sich jedesmal eine Industrie, einen Handel wählen zu dürfen. Aber keiner verstand die Wahl richtig zu leiten, und nahm deshalb ins Blaue hinein irgend ein Geschäft; die arbeitende Einwohnerschaft formirte folglich eine Werkstätte der Verwirrung und Verkehrtheit. So zum Beispiel hatte man zu viele Arbeiter für das Holz, und zu wenige für das Eisen; manchmal gab es überflüssig Wein und nicht genug Korn. Unwissenheit, Schlendrian, Armuth und Angst bewirkten, daß die uralten, untauglichen Arbeitsweisen beibehalten wurden, während neue, unendlich bessere und billigere hätten eingeführt werden können.

Zahllose Arbeiter gingen mit ihren Familien trotz allen Fleißes zu Grunde, und viele Produkte verdarben oder gebrachen. Damit hingen Bankerotte zusammen die sich wie Lauffeuer weit fortpflanzten, und furchtbar verwüstende Handels- und Gewerbekrisen, die gleich Kartätschen ganze Reihen von Menschenexistenzen niederrissen...

Die Maschinen, vom Genie oder auch durch Zufall erfunden — und das Genie ist ja selber nur, wie die Schönheit, ein Naturzufall, der freilich von verständiger Bildung vervollständigt werden kann und soll — die Maschinen, sage ich, dienten meist lediglich zur Aufhäufung ungeheurer Besitzthümer einiger Personen, indeß tausend andere dadurch brodlos wurden; in Wuth zertrümmerten diese die unschuldigen Instrumente, steckten die Werkstätten in Brand, und schlugen den Besitzer todt; bis die erbitterten rasenden Schaaren ihrerseits den Säbeln und Bayonetten der Soldaten oder dem Scharfrichter anheimfielen.

Meine zu ehrenden Zuhörer, ich schließe für heute hier, fast selber schmerzlich erregt durch das trübe, doch getreue Gemälde der Leiden unserer unglückseligen Vorfahren. Für die morgende Zusammenkunft sei uns ein Abriß der *politischen* Unordnung, die sich mit der *gesellschaftlichen* innig verschmelzen mußte, vorbehalten.

Drittes Kapitel.

Mängel der alten Staatseinrichtung.

Gestern habe ich vor Ihrem Blicke die Gebrechen enthüllt mit denen unser ehemaliges geselliges Leben behaftet war. Das Ergebniß der Auseinandersetzung war deutlich genug, glaube ich, und Sie haben ersehen daß *die Vermögensungleichheit, das Privateigenthum und das Geld* der unerschöpfliche Schacht gewesen, woher ein endloses Elend emporstieg.

Heute werde ich die Ehre haben, die Mängel unserer frühern politischen Organisation Ihnen darzulegen; Mängel, die ebenfalls aus jener Quelle entsprangen. Wenn einmal eine böse, zum Bösen wirkende Kraft im Mittelpunkte des Daseins ihr Wesen treibt, dann strömen von ihr unaufhaltsam zahllose Folgen aus, die oft eine so weite Bahn durchlaufen daß man kaum seinen Augen mehr traut und nur mit Widerstreben ihren Zusammenhang mit jener bösen Kraft anerkennen mag. Dennoch ist dieser innige Zusammenhang nicht zu leugnen. Ich widerhole: Ungleichheit des Vermögens, Privatbesitz und Geld enthielten Gift genug, um den gesammten Staat zu verpesten.

Es wird Ihnen klar werden daß die Geschichte der frühern politischen Ordnung (oder richtiger Unordnung) Ikariens nichts anderes ist, als die Geschichte der politischen Unordnung Europas und der ganzen Menschenwelt; aber eben deshalb dürfen Sie, meine Herren Zuhörer, nicht verzweifeln, einst auch in Ihren Ländern eine Umgestaltung, eine Wiedergeburt bewirkt zu sehen wie die in Ikarien. Ich habe wohl nicht nöthig Ihnen nochmals ins Gedächtniß zu rufen, was Gerechtigkeit und Philosophie Ihnen lehren: nämlich nie Menschen und Einrichtungen zu verwechseln. Die schlechten Einrichtungen innerhalb derer sich die Menschen bewegen, sind gleich einem Waldstrome der Jedermann mitreißt, Arme und Reiche, Gebildete und Ungebildete, und der alle zu Schlachtopfern macht indem er sie mit einander rettungslos ertränkt.

Im Jahre 1772, ein Jahrzehent vor unsrer Befreiung, bemühte sich Lixdox an der Spitze der fünfundzwanzigtausend Aristokraten oder Reichsten des Landes, eifrigst sich in den sichern Besitz einer fortan unerschütterlichen Macht zu setzen. Diese Schaar und deren Abgeordneten verfaßten eine Konstitution und regelten nach ihrer Manier den Organismus der Regierung und des Staates. Bemerken Sie daß der Aristokrat es gewesen, er ganz allein, der unsere damalige Konstitution fabrizirte. Dies war ein Unheil, und von ihm mußte unfehlbar anderweitiges herfließen. Keine menschliche Kraft wäre im Stande gewesen, einen Damm entgegen zu stellen nachdem die Ueberschwemmung hervorgerufen worden. Man wunderte sich über die schrecklichen Folgen: man hätte sich an die eigne Brust schlagen, in sich gehen, das menschenfeindliche Prinzip, welches jenen Folgen den Ursprung und die Nahrung gab, aufheben sollen.

Der Aristokrat herrschte, und durch seine Vorrechte zermalmte er den Mann der Armuth.

Der Aristokrat mußte Vermögen und Gewalt zu behaupten trachten. Daher war das von ihm ausgehende Gesetz stets nur der Spruch des Willens der Aristokratie. Seine Klasse übte die Absolutheit, den Despotismus: das Volk war nothwendig eine Horde von Sklaven.

Um das Volk zu betrügen und das betrogene zu ketten, hatten seine Gebieter in ihrer Konstitution von „Volkssouveränität,“

von „Freiheit," von „Volksvertreterschaft" geredet; ja, sie hatten in ihr drucken lassen: „alle Ikarier sind gleich vor dem Gesetze." Mit diesen Kniffen schmeichelten sie sich, die Einfältigen zu täuschen; sie rechneten auf die Verthiertheit der Massen.

Die Aristokraten hatten sich die Gesetzgebung vorbehalten und vollzogen dieselbe vermöge einer Bande von zweihundert Deputirten, die von ihnen auf zehn Jahre ernannt wurden. Sie überlieferten einer Erbkönigin, die eigentlich nur ein Instrument in ihren Händen war, die Vollziehungsmacht.

Es kommt mir nicht bei, hier zu untersuchen ob die auf solche Weise angeordnete Regierung eine aristokratische Monarchie oder eine monarchische Aristokratie war. Gewiß ist, daß die königliche Familie, das Herrscherhaus, die Königin und die Aristokratie ein dem Volksinteresse widerstreitendes Interesse hatten, um nicht zu sagen: feindseliges. Gewiß ist, daß die Aristokratie, ihre Deputirten und die Herrscherin gleichermaßen die Zwingherren des Volkes waren.

Daher hieß die Königin „Gebieterin, Herrin," ihre Kinder nannte man „Prinzen, Prinzessinnen, königliche Hoheiten," die königlichen Minister titulirte man „Ew. Gnaden" und das Volk „Unterthanen."

Um diese Unterthanen möglichst in Unterwürfigkeit zu erhalten, stellte sich die Aristokratie als sähe sie in der Königin eine Gottheit, und lehrte dem Volke vor dem Throne in den Staub zu knieen. Geringfügige Gunstbeweise dieser Gottheit galten als höchste Seligkeit. Die Aristokraten mußten alles thun um das Volk zu verführen und zu betäuben; alles hervorsuchen um in die Klasse der Armen Zwietracht zu streuen. Dazu gab es ein brauchbares Miteel: es galt, die Eitelkeit der Leute zu erregen. Zu diesem Zwecke lud die Fürstin oft zu Hoffesten und zur Tafel die Frauen der bedeutendsten Mitglieder der Bürgerklasse, ja selbst der Armenklasse ein; reichte ihnen die schöne Hand zum Ehrenkuß; fragte theinahmsvoll nach ihren Kindern und Gatten, erkundigte sich nach ihren Angelegenheiten, auch mitunter nach ihren Papagaien und Affen. Das entzückte weidlich die Bürgerfrauen, und deren Männer wollten in die Lüfte springen vor Freuden wenn Ihro Majestät sie zu Rittern „vom königlichen „Strumpfband," oder „vom königlichen Pantoffel," oder „von „der königlichen Stecknadel," oder „vom königlichen Haarkamm" ernannte. Diese bedauerlichen Bürgersleute verloren vollends ihr bischen Verstand, wenn einmal die allerhuldreichste Landesmutter sich soweit herab ließ, mit eigener allerhöchster Hand ihnen ein kleines Strumpfbändchen von Gold, oder ein Kämm=

chen von Silber an die Nasenlöcher zu befestigen! Es klingt uns heute glücklicherweise unglaublich; dennoch ist es öfter vorgefallen. Uebrigens, warum hätte die Königin nicht so handeln sollen? und wie wäre es damals möglich gewesen von den ärmern Leuten zu verlangen, nicht diesen Eitelkeiten zu fröhnen?

Aus obigem Grunde hatte die Aristokratie der Herrscherin das Recht gegeben, etwa hunderttausend öffentliche Beamte zu ernennen. Natürlich wählte sie stets Adlige, oder diejenigen Bürgersleute und Männer aus der armen Klasse welche sie durch dies Mittelchen erkaufen wollte. Die von Armuth Geplagten waren meist so tief verderbt, daß sie mit Thränen der Dankbarkeit gegen die königliche Gnade gern ihr Gewissen verschacherten um dem Drucke des Mangels zu entschlüpfen.

Auch dies war ganz „natürlich" zu erklären; die Königin kaufte, und kaufen ließ sich nur wer kein Ehrgefühl hatte, oder ärger darbte als er ertragen konnte.

Das Volk hatte die Verantwortlichkeit der königlichen Minister begehrt, die Aristokratie aber, die unmöglich diese Bitte gewähren durfte ohne selbst Gefahr zu laufen, ersann Ränke aller Art, um scheinbar sie zu erfüllen. So z. B. posaunte die Konstitution: alle Minister und deren Untergebene seien verantwortlich für das Mißbrauchen ihrer Macht. Aber siehe! wenn es drauf und dran ging, trat die Aristokratie dazwischen und sagte: ich allein besitze das Recht solch eine gewichtige, gerichtliche Untersuchung zu machen. Demzufolge blieb fast jedes Vergehen eines Ministers wider die Armuthsklasse, wenn es nur der Aristokratenklasse nützlich, unbestraft, ward selbst belobt. Also war die sogenannte ministerielle Verantwortlichkeit ein leeres Wörtchen, richtiger eine infame Lüge. Daher zeigte irgend ein ganz untergeordneter Polizeiagent, ein ganz hintenanstehender Kommis im Ministerialbüreau die ärgste Frechheit gegen das Volk; bestraft wurde er nicht, das wußte er, denn die Aristokraten schützten ihn und die königlichen Minister freuten sich.

Außer den funfzig Millionen die theils der Königin theils dem Lixdor gehörten, hatte die Aristokratie aus dem Staatsschatze fünfundzwanzig Millionen jährlich ausgesetzt womit die Herrscherin für den „Glanz der Krone" recht würdige Sorge tragen sollte. Zudem benutzte Chloramida eine Unzahl der stattlichsten Paläste. Ihr Hof diente, außer zum Belustigen und Ködern der unschädlich zu machenden Leute und zum Schmeicheln, auch vorzüglich zu geheimen Verschwörungen gegen das Volk. Nicht zu leugnen aber ist, daß durch das hohe Beispiel dieses verderbenspendenden Hofes die Einwohnerschaft des ganzen Landes angesteckt ward.

Nicht zu rechnen die fünfundzwanzig Millionen sogenannter Krongelder, die der Königin Jahr aus Jahr ein zuflossen, erhob die Aristokratie jährlich über neunhundert Millionen Steuern. Das Büdget, oder die Art der Vertheilung der zu entrichtenden Steuern und ihrer Anordnung, besorgte die Aristokratie mit der Königin. Es versteht sich daß die neunhundert Millionen meist der Armenklasse abgezwackt wurden; dies Schweißgeld ward beinahe nur für die Aristokratie und den Hof verwendet, indem man damit die ungeheuren Gehalte der aristokratischen hohen Staatsdiener bezahlte, oder dem Hofe Anhänger aus den Reihen der Armen erschacherte; auch floß ein guter Theil der Summe in die zahlreiche Armee und Polizei, welche beide von vielen Leuten für die zwei Säulen angesehen wurden, worauf der Thron und die privilegirte Klasse ruhte. Und das war abermals nur eine unabweisliche Folge des Grundirrthums. — Etwa vierzig bis funfzig Millionen von jenen neunhundert wurden zur Wohlfahrt des Volkes verbraucht, z. B. zur Erziehung. Aber diese Anwendung geschah nicht geradewegs, sondern vermittelst Aristokraten durch deren Finger dieses Geld gehen mußte.

Die Reichen trugen wenig bei zu den neunhundert Millionen. Der Luxus ward nicht belastet, der Aristokrat behielt seinen Ueberfluß, die Besitzer von unermeßlichen Kapitalien und Renten blieben so gut wie abgabenfrei. Aber jeder arme Mann mußte dem Fiskus (Staatsschatze, d. h. Schatze der königlichen Majestät und der Aristokratie) einen Theil seiner knappen Habe liefern, mußte bezahlen was er brauchte um nicht zu sterben. Er bezahlte sein Essen, seine Hütte, seine Athemluft, sein Sonnenlicht, seine Erwärmung, sein Gewerbe, selbst das bischen Unterricht welches man ihm, wie zum Spotte, angedeihen zu lassen die Güte hatte. Das Salz, fast alle übrigen Nahrungsmittel der armen Klasse, sein Holz und seine Kohlen, seine Thüren und Fenstern, seine Arbeitserlaubniß und seine Tagesblätter, alles was ihn anging, war mit Steuern beladen. Sein Strohbett und die Lumpen die der sterbende Vater ihm gelassen hatte; sogar die Justiz, die Prozesse, die Erbschaften, ja die Schulden in den Erbschaften, ja die Verluste in Bankerotten: — dieses ward besteuert. Der Fiskus erhob Geld von der Lotterie, von Spielbanken, von öffentlichen Frauenhäusern; doch nicht um dadurch solche zu verhindern; nein, um den Armen selbst bis aufs Letzte zu schinden, erlaubte man diese Anstalten.

Mit einem Worte: die Armen, die nichts als ihren elenden Tagelohn besaßen, mußten zusammen drei Viertel und darüber der Auflagen entrichten.

Nicht nur waren diese Auflagen eine schmerzliche Geißel bei der Mittellosigkeit der Besteuerten, sondern auch stifteten sie ein schweres Unheil durch die Entsittlichung und die hundertfachen Plackereien mit welchen das Vollstrecken der Besteuerung verbunden zu sein pflegte. Man war längst gewohnt dieselbe als Willkühr, fast als Raub anzusehen, machte sich also kein Gewissen zu lügen, falsch zu schwören, alle Wege zu versuchen um wieder den Fiskus zu bestehlen und dessen Agenten zu täuschen. Die Reichen gingen auch hierin mit Beispiel vorauf. Anderseits trieben die Steuereinnehmer die Schlauheit im Spüren soweit wie möglich, da der Fiskus sie ermunterte und ihnen einen Theil des Erpreßten zufließen ließ. Daher kamen sehr quälende, sehr schädliche Verpflichtungen, die gewissen Industrien aufgezwungen wurden; daher endlose Hausuntersuchungen bis in das Bett der Kranken und Wöchnerinnen; * daher die Mauthen und Douanen, das Nachstöbern im Gepäck der Reisenden, und sogar in deren Kleidern auf dem Leibe. Ergebniß von solchem Verfahren war natürlich eine steigende Erbitterung; doch konnte darauf eine Aristokratie nicht Rücksicht nehmen welche fort und fort Geld brauchte.

Vielleicht war jene Steuer weniger hart, als die „Blutsteuer;" denn jährlich bewilligte die privilegirte, reiche, aristokratische Klasse, außer einem Büdget von neunhundert Millionen Geldes, noch hunderttausend Soldaten, die von den königlichen Beamten unter den über achtzehn Jahre alten Jünglingen des Landes ausgehoben wurden. Die Reichen blieben hievon frei, oder warben flugs um ein paar Goldstücke einen Ersatzmann, oder hatten Offizierstellen, sodaß die Armenklasse allein die hunderttausend Mann lieferte; diese Blüthe der Volksmassen, diese hunderttausend Arbeiter wurden der Industrie und dem häuslichen Heerde entrissen, und gerade in einem Alter wo ihre Arbeit anfing, den darbenden Familien zu Gute zu kommen. Sie marschirten zur Schlachtbank des Krieges um sich für die Vertheidigung der Schätze und Paläste ihrer Aristokraten erschießen zu lassen, oder deren hochmüthigem Ehrgeize wider das Ausland zu dienen, oder

* Diese Greuel, die übrigens viel zu Napoleons Absetzung beitrugen, wurden unter ihm oft in Frankreich verübt, seitdem einige Male allerdings in oder unter den Betten steuerbare Gegenstände versteckt gefunden waren.
Anmerkung des Uebersetzers.

um deren Herrschaft über die Armenklasse des Vaterlandes zu sichern. Der Sohn gab seine Fäuste her um den Vater in Banden zu schlagen und den Bruder zutödten.

Wahrlich, diese Form der Knechtschaft schien die ärgste von allen. Aber sie war unumgänglich nöthig; die privilegirte Klasse hatte ein für alle Male es sich in den Kopf gesetzt, sie brauche nur für ihre eigene Wohlfahrt zu sorgen; folglich mußte sie zu diesem egoistischen Zwecke auch nicht sich scheuen, das Volk durch das Volk zu besiegen und die Lasten der Feldzüge auf seine Schultern allein zu wälzen. Kurz, unter dem unermeßlichen Schwarme von Gesetzen, Verordnungen, Geboten, Verboten aller Sorten gab es keine dem Volke günstige; sämmtliche waren von privilegirten Köpfen ersonnen und diktirt worden. Diese Gesetze sahen abscheulich aus; im langsamen Laufe der Jahrhunderte entstanden hatten sie sich verwirrend, widersprechlich, und in Wust aufgestapelt. Oft klangen sie räthselhaft, waren boshafter Weise mehrsinnig und undeutlich ausgedrückt, so daß die Gesetzkundigen selber sich schwer zurecht finden konnten. Vieles davon war einst in grauer Vorzeit zeitgemäß gewesen, und war es jetzt nicht mehr; trotz dem galt es noch; man schleppte es noch mit, wie einen Leichnam, und verpestete durch solch abgestorbenes Gesetz die lebendigen Menschen.

Die meisten Leute aus der Armuthsklasse konnten nicht wissen was das Gesetz wollte; da ward immer befohlen und untersagt; aber die Leute hatten nicht lesen gelernt, und hätten sie es gelernt, so war dasselbe viel zu konfuse oder verzwickt abgefaßt, als daß sie es hätten verstehen mögen.

Natürlich erschien das Gesetz dem armen Manne durch und durch ungerecht. Vergeblich putzte die Aristokratie es mit den wohltönendsten Redensarten auf, nannte es „heilig und hehr," schwatzte allerwärts vom „Gehorsam den man dem Gesetze schulde," predigte: „das Gesetz sei der Lebensnerv des ganzen Staates," und wie die abgedroschenen Worte sonst noch lauteten. Das arme Volk haßte grimmig oder verspottete die Gesetze.

Der Zustand der Gemüther war nun folgender: Einfaltspinsel und völlig Abgestumpfte fühlten die Tyrannei gar nicht; Memmen erduldeten sie; Habgierige benützten sie und dienten ihr; aber manche Leute murrten und widerstanden. Daher entsprangen endlose Verschwörungen, geheime Verbindungen aller Arten, theils zur Nothwehr theils zum Angriff, Meutereien, Empörungen, Blutbad, Hinrichtungen: kurz die gesammten Schrecknisse des Bürgerkrieges.

Da sahen Hof und Aristokratie daß Gefahr drohe, und scheuten kein Mittel um sich zu schützen und die Gegner zu lähmen oder zu vernichten. Und doch ging Alles „mit natürlichen Dingen zu," wie man zu sagen pflegt, das heißt sowohl die Gewaltsamkeit der Herrscherpartei, als auch die Unzufriedenheit der Unterjochten waren die nothwendigen Folgen eines und desselben falschen Grundsatzes.

Wie in den Kolonien der Europäer die Einwohner weißer Rasse, die Herren, unablässig Gesetze schmiedeten um die Sklaven, die der schwarzen oder braunen Rasse angehörten, im Joche zu erhalten: geradeso machten in unserm Vaterlande die Aristokraten Tag für Tag neue Gesetze um ihre weißen Sklaven unterm Drucke zu fesseln, das Volk am Erwachen und Sichsammeln zu verhindern; wofür ein Hauptmittel darin bestand, es vom Lesen, Schreiben und Sprechen abzuhalten.

Jedes neue Gesetz erzeugte neue Geldbußen, Gefängnißstrafen, Verbannungen, Hinrichtungen. Es war eine tolle Schreckenszeit. Und um diese blutdürstenden Gesetze zu vollstrecken gab man durch abermalige Gesetze der Königin Macht, eine zahllose Polizei, ein starkes Heer, eine Bürgerwehr und Gerichtshöfe in Stand zu halten.

Die Polizei trieb ein abscheuliches Wesen, Tag und Nacht. Unter allerlei Vorwänden brach sie willkührlich in die Wohnung des armen Mannes, durchstöberte seine Möbeln, seine Papiere, nahm fort was ihr beliebte; entriß der Frau ihren Ehegatten oder umgekehrt, die Kinder dem Vater oder umgekehrt, zuweilen schleppte sie auch alle mitsammen in die Kerker und schickte sie spät erst vor die Richter. Wen sie nicht verhaften konnte, ließ sie durch besonders dazu von ihr besoldete Schreiber öffentlich verleumden; hierin war sie am unermüdlichsten, wenn sie einen Mann haßte der durch Tugenden hervorragte. Ungeheure Schaaren von Polizeispürhunden drängten sich überall ein, streuten Zwietracht in die Armenklasse, hetzten zu Eifersucht, Mißtrauen, Verrath, Angeberei, Verführung, Bestechung, zu wahren Seelenverkäufen. Eine Menge Aufstachler reizten die Armenklasse zu Verschwörungen, und verhafteten dann sofort die Verschwörer. Das Briefgeheimniß ward oft verletzt; in dem sogenannten schwarzen Kabinet erbrach die Post die Siegel, die Polizei suchte sich aus dem Inhalte heraus was ihr in den Kram paßte, und arretirte die Leute hundertweise. Dies ganze Spiel der Hölle gehörig zu betreiben ließ die Aristokratie es sich große Summen kosten, um die verworfensten Bursche, unter ehemaligen Galeerensklaven und sonstigem Gesindel welches Tücke gegen alle Mitmenschen im Busen trug, in Dienste zu nehmen. Mit solcher Bande ausgerüstet, trat sie täglich auf den Kampfplatz, und überantwortete Ehre, Freiheit und Anstand der einzelnen Personen und Familien der zarten Fürsorge dieser Banditen.

Es versteht sich, daß die Aristokratie immerfort die Worte: Moral, Tugend, Ehrlichkeit, Ehre, im Munde führte.

Mein Gemälde ist düster; aber worauf es besonders ankommt, hoch zu ehrende Zuhörer, ist die Einsicht, daß die mannigfachen Greuel nur einem einzigen Urquell entsprudelten.

Dieser Urquell hieß: „Reichthum und Armuth."

Sie können errathen, meine Herren, was es mit den Gerichtshöfen der Aristokratie auf sich hatte. Das Richterpersonal ward unter Aristokraten oder Anhängern derselben ausgesucht, stand in Abhängigkeit von Ihrer königlichen Majestät, und mußte folglich alles thun was höchstderselben gefiel. Wo nicht, so sahen die Richter sich und ihre Kinder der königlichen Gnade beraubt, kamen oft in Elend. Lassen Sie uns also nicht den Stein auf jene Behörden werfen, die, stets abhängig vom Thron, für sich und ihre Familien zitterten und selbst bei Rechtsgefühl und edlem Streben dennoch bald partheiisch urtheilten und handelten. Die Aristokratie wiederum mußte aufs Dringendste die Züchtigung ihrer Feinde wünschen.

Die zahlreichen Gefängnisse waren allezeit voll von Staatsgefangenen. Es wurden mit dem Namen Gefängnisse entsetzliche Todeshöhlen beehrt, wimmelnd von Ungeziefer, voll stinkenden Qualms, lichtlos, feucht und schmutzig. Die Aristokratie stieß dort hinab wen sie verderben wollte; die Volksfreunde hatten Zeit, da unten nachzudenken, wofern die Kerkerkrankheit sie nicht daran hinderte.

Mit diesen mannigfaltigen Ränken und Niederträchtigkeiten, den unabwendbaren Folgen des menschheitswidrigen Grundprinzips der Aristokratie, brachte man es gleichwohl nie zu etwas leidlichen Endergebnissen, und die Herrscher sahen, wie täglich die zornige Verzweiflung wuchs. Verzweifelnde Menschen brechen Eisen. Das geschah oft; Empörer stürzten wild in die Gassen und schlugen sich gegen die Leute der Regierenden.

Die Bürgerwehr, die man manchmal gegen die Empörer losließ, hatte man auf recht pfiffige Manier organisirt. Das Heer anderseits, dem Volke, aus dessen Reihen es rekrutirt wurde, mitleidsvoll geneigt, war von Aristokraten kommandirt, und zur Vertheidigung der Aristokraten bestens eingeübt. So kam es daß der Krieger, selbst der anfänglich volksfreundlichste, bald volksfeindliche Handlungen vollzog, wenn auch gerade nicht volksfeindliche Gesinnungen hegte. Er ward aber gleichsam behext, ja wohl, meine Herren, behext, denn seine Willenskraft ward allmälig gefesselt, ohne daß er es merkte; sein junges Herz ward verstockt durch falsche Erzählungen und lügnerische Lehre die seine Oberen ihm täglich in die Ohren schütteten; sein Verstand ward verblendet durch verruchtes Gaukelspiel; und was noch von Edelmenschlichem in ihm etwa geblieben, ward bei nächster Gelegenheit fortgeschwemmt durch Androhen der gräßlichsten Strafen und durch die Allgewalt der militärischen Zucht. Er marschirte vielleicht mit dem festen Vorhaben nicht auf das Volk zu schießen, und dennoch, wenn „halt" kommandirt ward, und es ans Feuern ging, war er nicht mehr er selber, und schoß wie seine Nebenmänner. Die Aristokraten waren der militärischen Dressur so sicher, daß sie den Soldaten ganz dreist durch den Soldaten besiegen lassen konnten. Aber Polizei, Bürgerwehr, Armee genügte ihnen noch nicht; die Königin ward von ihnen ermächtigt, eine Edelgarde (aus Herren vom Adel bestehend) und eine Hofgarde, ja selbst eine Fremdengarde zu halten; so geschah es daß eine Masse von funfzigtausend Söldnern, d. h. durch sehr reichliche Lösung dem Elend entrissene Menschen, immer bereit stand gegen das Volk zu fechten.

Und trotz alledem tauchten die Empörungen stets aufs Neue empor; man lieferte sich Scharmützel in Straßen und Häusern, und niemals kam es zu völliger Entscheidung. Bevor wir Blicke auf die Revolutionen zu werfen, denen das ehemalige Ikarien zur Beute ward, wollen wir jetzt Erziehung und Religion einer nähern Betrachtung unterziehen.

Die Aristokratie durfte, in ihrem eigensten Interesse, den Armen nicht einen Unterricht gewähren, durch den sie die Gleichheitsideen in sich hätten aufnehmen können. Daher erlaubte sie das Lehren nur den ihr gänzlich ergebenen Professoren, und schrieb selbst diesen genau das zu Lehrende vor. Wer seinen Schülern Politik gepredigt hätte, in einer andern Absicht als ihnen die blindeste Unterthänigkeit vor der Königin und dem aristokratischen Gesetze einzuprägen, wäre flugs seiner Stelle entsetzt und des Hochverraths bezichtigt worden. Die halbe Bevölkerung konnte nicht schreiben noch lesen, und die andere Hälfte wußte nichts mehr als das. Die jungen Leute des Bürgerstandes verschleuderten die kostbare Zeit im Studium der todten Sprachen oder sonstiger fast unnützer Dinge; die der

Aristokratie lernten beinahe ausschließlich nur Künste des Vergnügens und um sich die Muße zu vertreiben.

Die Journale keuchten unter der Last der Stempelgebühren, der Geldpfänder * und anderweitiger Maaßregeln, wodurch man ihnen Zaum und Zügel anzulegen bemüht war. Kurz, wenn das Volk etwas hie und da von seinen Rechten aufschnappte — vergönnen Sie mir diesen Ausdruck, der zwar nicht eben zart ist, aber die Schlechtigkeit der Sache bezeichnet: so geschah dies wider Willen der Regierung und vermöge des unwiderstehlichen Fortganges der Bildung.

Die häusliche Erziehung war jämmerlich, weil die Eltern selbst nur große Kinder waren. Die Aristokraten hatten eine schlechte Erziehung genossen, erzogen folglich genau so schlecht, strotzten von Verrücktheiten; namentlich regierte sie das Vorurtheil, sie gehörten zu einer höhern, fast göttlichen Rasse, die das Recht habe dem Pöbel zu kommandiren. Aber dieser Wahnwitz mit seinen verruchten Folgen ist doch nicht den Einzelpersonen beizumessen, sondern dem Systeme, dem bösen menschenwidrigen Systeme, worin sich Adelskaste und Volk seit Jahrhunderten bewegt und vergiftet hatten. Der Baum war längst gepflanzt und gepflegt worden; er trug Früchte die abscheuliche Zufälle erregten wenn sie genossen waren; aber die Schuld lag am Baume und keineswegs an den Früchten, welche nie ohne den Baum entstanden wären.

Die Opfer verwerflicher Einrichtungen sind zu bedauern, und nicht speziell zu hassen.

Außer der Erziehung mußte sich die Aristokratie auch der Religion bemächtigen. Diese war ein herrliches Instrument um das Volk in den Nebeln der Dummheit zu erhalten. Lange waren die Gottesdiener und Priester der Christenheit höchst unduldsam und grausam bis zur Blutsäuferei gewesen; Zeuge sind ja die Geschichtsbücher vergangener Zeitalter. Jetzt galt es, mit minder gewaltsamen Manieren das Eroberte zu schützen, und so nahmen denn Jesuiten sowohl, wie Ignorantiner ** die

* Auch in Frankreich muß jedes politische Wochen- und Tagesblatt eine sehr hohe Geldsumme, als Caution, der Regierung bei seinem ersten Auftreten einhändigen, damit letztere es für Preßvergehen strafen könne. Die Summe beträgt manchmal an neunzigtausend Franken.

Anmerkung des Uebersetzers.

** Sie nennen sich mit Recht die unwissenden Brüder, sind aber eifrig dahinter her, Schulen anzulegen. Ihre Gesellschaft ist in Frankreich unermeßlich reich.

Anmerkung des Uebersetzers.

Kinder aus der Wiege, und gaben sich alle Mühe sie des menschlichen Bewußtseins zu berauben, plapperten auch den armen Leuten vor, Briefe Cristi und der Jungfrau Maria fielen vom Himmel, und sonstige Wunder geschähen.

In ihren Katechismen, Predigten und Gebeten machten sie aus der Königin eine Gottheit.

Sie schickten durch das ganze Land fanatische Missionäre, und bliesen den Glaubenseifer der Frauen und Greise zu lichten Flammen. Allerdings war ihr Stichwort stets „Moral" und „Religion," aber dies trug keinen Segen. Die Gottesdiener lebten in erzwungener Keuschheit, die sie oft zu Verbrechen hinriß; sie haschten nach Geld; schacherten mit heiligen Gegenständen und den Sakramenten, kurz, brachten „Moral" und „Religion" in Mißkredit.

Ueberhaupt war es lächerlich, den Mitmenschen Moral eintrichtern zu wollen — ich bediene mich absichtlich dieses handgreiflichen Ausdrucks, — in einem Staate wo die Regierung, diese mächtigste Predigerin von allen, durch unmoralisches Handeln Unmoral lehrte; wo die Deputirtenkammern und die Gerichtshöfe nun zu häufig der Unmoral Thür und Thor öffneten; in einem Staate wo stündlich die Sittlichkeit verhöhnt ward durch die Verräthereien der Polizei, durch das schwarze Kabinet der Oberpostverwaltung, durch die Unterschleife und Eidbrüche öffentlicher Beamten, wo folglich geradehin zu Diebstahl und Treulosigkeit eingeladen wurde; wo endlich das stets wachsende Wohlergehen einer Unzahl Abtrünniger und Ränkemacher und Kriecher den Beweis lieferte, daß die leibhaftige Unsittlichkeit frank und frei umherspatziere.

Aber auch die religiösen Mißstände waren wieder nur Folgen der betrübsamen Grundsätze, die ich bereits bezeichnet.

Aus all diesem entstand nothgedrungen, wenn die Leidenschaften gar sehr erglühten, Bürgerkrieg; manchmal sank ein König vom Throne, und der Adel hob einen andern hinauf; manchmal entzweite die königliche Familie sich in sich; oder ein Theil des Volkes probirte ob er seine Ketten brechen könne. Unsere frühere Staatsgeschichte weist dem Leser die greuelvollsten Ereignisse auf, die dreist mit denen in der griechischen und römischen wetteifern; nicht minder mit den Schrecknissen Frankreichs und Englands, Spaniens und Portugals, kurz aller übrigen Nationen der Erde.

Ich richte Ihre Augen, meine Herren, nur in schnellem Ueberblicke auf jene argen Zeiten, wo funfzigtausend Ikarier auf

Befehl der rasenden Gottesknechte lebendig verbrannt oder erschlagen wurden; wo vierzig bis funfzig Empörungen, fünfundzwanzig Thronbewerber, achtzehn Aufstände mit gewaffneter Hand, neun lange Bürgerkriege, siebzehn auswärtige Kriege, einunddreißig verschiedene Herrscherhäuser, zwanzig Staatsumwälzungen, zwölf Thronraube, fünf sogenannte „Herstellungen der Ordnung," in der Geschichte mit blutigem Griffel eingeschrieben stehen; wo sechsmal eine allgemeine Achtserklärung, ein Mordbrennen und Plündern (wie in Alt-Rom zur Zeit des Sulla und Marius und Octavian), wo siebenmal ein Abschlachten gleich dem der französischen Bartholomäusnacht, wo über hundert Verschwörungen, (darunter mehrere wie die des Catilina in Alt-Rom, und die Pulververschwörung in London, und die sogenannten Höllenmaschinen) dem Fluche der Nachwelt preisgegeben sind.

Millionen Menschen fielen in den ausländischen und inländischen Kriegen; über eine Million wanderte ins Exil; über dreihunderttausend verbluteten unter den Schwertern der Machthaber oder unter der Faust des Henkers; elf große Städte sanken in Asche. Frauen und Kinder wurden niedergemetzelt gleich Männern, Schuldlose nebst den Schuldigen, wenn die bewaffneten Heerschaaren der einstweiligen Gewaltbesitzer eine Empörung dämpften. Der Sieg wurde abwechselnd jeder Parthei einige Male zu Theil; den Reichen, den Armen, den Adligen, dem Bürgerstande, der Aristokratie, den Volksmassen.

Interessant ist namentlich die Verwüstung welche die Aristokratie in sich selbst anrichtete; im Ganzen mußten zweiundzwanzig Minister, alles — wie sich versteht — Mitglieder der Adelskaste, auf Befehl der Aristokratie das Schaffot besteigen; über zehntausend Edelleute wurden von Königen und anderen Adligen im Laufe der Zeit enthauptet; fünfundvierzig Fürsten starben durch Fürstenhand. Sieben Könige und Königinnen wurden vom Oberpriester in Bann gethan; einundzwanzig von ihren Söhnen oder Brüdern oder sonstigen Verwandten entthront; funfzehn von Adligen oder Priestern gemeuchelmordet, ja fünf Könige verurtheilt und auf dem Schaffot hingerichtet; zwei mußten auf Befehl ihrer Nachfolger sich die Augen ausstechen lassen und an der Kirchenthür Almosen erbitten; vier bis fünf Landesfürsten gab es die zwar am Leben blieben, aber fürs Räthlichste hielten sich in ein befestigtes Schloß einzuschließen, und sich weder ihrer Gemahlin noch ihren Kindern, weder einem Barbier noch einem Koche mehr anzuvertrauen.

Die Verwirrung stieg mitunter auf den Punkt, daß (gleich den Jesuiten in Frankreich und dem Herzoge von Burgund) zwei Prinzen und mehrere Priester sich nicht schämten, öffentlich zu lehren und zu predigen: „einen Despoten morden ist erlaubt.“ Eine ruchlose Lehre ist es, die den Mord beschönigt, die den Präsidenten der Republik ebenso gefährlich wie den Königen werden kann, den besten wie den verworfensten; denn jeder einzige hat Feinde, und ihr oft ungerechtes Hassen kann leicht den Tyrannentitel einem Manne anhängen, der kein Tyrann ist.

Wir haben, meine zu ehrenden Zuhörer, das große Gefilde der Todten eiligen Schrittes durchmustert, auf dem die frühere Geschichte unseres jetzt glücklichen Volkes gespielt. Sie geben mir gewiß ohne Mühe zu, daß die Aehnlichkeit mit dem Treiben der übrigen Nationen, seit Beginn der Menschenwelt, auffallend genug ist. Die Gesellschaft ist überall aus zwei oder drei Einwohnerschaften zusammengesetzt, die nur zeitweilig Pausen machen um bald den Kampf von vorne wieder anzufangen. Man darf sagen, es sei dies ein Vulkan, der stets bereit sein muß einen neuen Feuerauswurf zu thun: Könige und Unterthanen, Aristokraten und Bürgerstand, Reiche und Arme, sind allerorten und zu allen Zeiten von Sorgen gemartert, sind Schlächter und Schlachtopfer zugleich. Alle haben, deucht mir, das gemeinsame Interesse, jenes Uebel zu zerstören, aufdaß die Erde nicht mehr eine Hölle sei.

Ohne Heilmittel keine Heilung. Das Mittel besteht aber schwerlich im Auferlegen des Sklavenjochs, im Anwenden der Folter und der Furcht. Ach, die Menschheit hatte niemals Mangel an Marterinstrumenten mannigfachster Sorte, und niemals ist ein günstiges Resultat entstanden.

Die Axt möge also an des Baumes Wurzeln kommen. Diese Wurzeln, die so weit sich ausstrecken unter dem gesammten Menschheitsboden, diese Wurzeln wodurch die stetige Ernährung des Baumes geschieht, werden verschieden benannt. Ich könnte sie Habgier und Ehrgier nennen, doch glaube ich sie richtiger die verkehrten Erziehungen zu heißen, oder noch genauer Vermögensungleichheit, Privateigenthum und Geld.

Untersuche man aufs Genaueste die Regierungs- und Verwaltungsformen, die Republik wie das Kaiserthum, betrachte man die Religionen und Rechtsverfassungen, die Wissenschaften und Künste: überall findet man einen und denselben Stein des Anstoßes, der da heißt: „Reich und Arm.“ Wandre der Gedanke vom Morgenlande ins Abendland, die weiten Fluten der Jahrhunderte entlang, immer und überall taucht die böse Zweiheit „Reich und Arm“ empor. Jesus Christus hat auf die

Vernichtung dieser Zweiheit seine Lehre gründen wollen. Man erklärte ihn für Gott selber.

Ikar der Dictator hat auf jener Lehre die ikarische Gesellschaft erbaut; vermöge welcher Mittel, werde ich morgen entwickeln. Ehe wir uns heute trennen, vergönnen Sie mir die Frage: warum wollen Sie an der Rettung Ihrer Heimath verzagen, wenn Sie Ikariens ehemalige Hölle in ein Paradis verwandelt sehen?

Viertes Kapitel.

Revolution von 1782. — Die Gütergemeinschaft.

Bis jetzt habe ich die Uebel gezeigt; ich stehe nunmehr daran Ihnen das Heilmittel zu weisen dem sie gewichen sind, fuhr Professor Dinaros am nächsten Abende fort. Sie wissen, meine Herren Zuhörer, daß vor dem Aufstande, der durch die Konstitutionsverletzung und die Frechheit der Regierung bewirkt wurde, es dem reichen Bürger Ikar gelungen war, das Volk von allen vereinzelten weitern Angriffen auf das Bestehende abzuhalten. Als nun der Kampf zu Ende, da that er alles was in seinen Kräften stand, um das Vertrauen des Volkes zu rechtfertigen. Im Augenblicke wo das Blutvergießen aufhörte, ließ er überall einen Aufruf anschlagen und vertheilen. Ich lese Ihnen selbigen vor um Ihnen dadurch Ikars Ideen aufs Klarste darzuthun. Hier ist er:

Ikar an das Volk.

Vergönnet daß mein erstes Wort euch wegen des Heldenmuthes beglückwünsche den ihr bewiesen; ihr habt euch um das Vaterland und um das Menschengeschlecht verdient gemacht.

Ich nehme die Dictatur an, ich bin stolz auf diese Ehre, und ich weihe mein Leben fortan um die Wahl euch nicht gereuen zu lassen; meinen Ruhm suche ich darin mich eurer Wohlfahrt zu widmen. Ihr kennt meine Grundsätze: „Volksherrschaft, „allgemeines Stimmenrecht, Gleichheit, Brüderlichkeit, gemein„sames Glück;“ diese hohen Gedanken mögen von jetzt ab eurer Fahne zur Inschrift dienen. Wenn eure Vertreter versammelt sein werden, will ich meine Macht aufgeben und vor ihnen erscheinen, ohne Begleitung, und werde von allen meinen Handlungen Rechenschaft ablegen. Ihrer Entscheidung werde ich gehorchen.

Ich will sofort die besten eurer Freunde berufen und ihren Rath benutzen. Euer furchtbarster Feind wäre Unordnung und Anarchie; es ist daher höchst wichtig daß wir wie ein einziger Mensch, mit Weisheit und Einigkeit auftreten. Mögen die nützlichsten der Bürger unverzüglich uns ihre Unterstützung nicht versagen.

In mich könnt ihr Vertrauen setzen; hört meine Worte an und verwerft sie nicht ganz.

Ueberwacht uns, aber vergönnt daß man euch eine Zeitlang Anleitung gebe; Niemand, und ich nehme den Himmel zum Zeugen, trachtet mehr als ich nach allem was euch dauerhaft glücklich machen soll. —

Zugleich ernannte der Dictator Minister und Kommissarien die augenblicklich nach sämmtlichen Provinzen abreisten. Er bestellte eine große Menge besonderer Komités und Kommissionen, aus den zahlreichen Bürgern bestehend die ihre Dienste angeboten.

Wenige Stunden hiernach erschien ein Aufruf an die Armee; erschien eine Adresse an die fremden Regimenter; ein Beschluß betreffs der Pflege der Verwundeten, der Beerdigung der Gefallenen und der Sorge für die Hinterbliebenen.

Zugleich veröffentlichte er einen andern Entscheid über die einzurichtende allgemeine Bewaffnung mit folgender

Adresse Ikars an die Volksgarde.

Nicht genug ist es gesiegt zu haben: man muß den Sieg sicher stellen. Laßt uns großmüthig sein, doch klug zugleich. Möge die Volksgarde ohne Vorzug überall sich organisiren.

Alle Bürger die im Stande sind die Waffen zu führen, mögen sich im Gebäude der Verwaltung ihrer Stadtviertel einfinden.

Diejenigen welche nicht ohne ihre Arbeit leben können, werden Uniform, Waffen und Sold empfangen.

Während einiger Tage möget ihr, werthe Mitbürger unablässig unter der Fahne bleiben, stets bereit wenn eure Regierung eurer bedarf.

Ziehe sich Niemand zurück, denn es gilt euer Interesse. Je tüchtiger, je schneller wir organisirt sind, desto besser können wir wirken, desto geringern Widerstand werden wir finden!

Sogleich erschien ein Beschluß, die Entwaffnung der besiegten Parthei und deren Ausscheidung aus allen Aemtern betreffend. Ein zweiter verkündigte allgemeine Amnestie.

Die entthronte Königin, Lixdox, die Minister und zehn der höchsten Würdenträger waren allein davon ausgenommen; auf ihnen lastete der Zorn des Volkes zu schwer, als daß von Verzeihung die Rede hätte sein mögen. Auch ward festgesetzt daß die Richter der bedeutendern Kriminalhöfe, desgleichen zwanzig Lieferanten, die ungeheures Vermögen durch ungeheuren Unterschleif sich ergaunert hatten, vor Gericht gestellt werden könnten, doch nur um zu Schadenersatz in Gelde an die Betrogenen, oder an die Nation, verurtheilt zu werden. Diese beiden Dekrete wurden von folgenden zwei Anreden begleitet.

Ikar an die Sieger.

Unsere Gegner legen in diesem Augenblicke die Waffen nieder, oder sind schon entwaffnet.

Ihr aber vollendet unverzögert eure Bewaffnung. Sie werden ohne Organisation dastehen, während ihr mit der ganzen Macht ausgerüstet seid.

Sie traten von allen öffentlichen Aemtern ab, und ihr tretet in alle ein.

Ihr seid im Besitze der Gewalt über Alles; sie haben nicht mehr die mindeste Kraft um anzugreifen oder zu widerstehen. Die Gerechtigkeit muß das Haupt der hervorragendsten Missethäter treffen. Nur allzu lange haben grausame Wüthriche die Armenklasse gepeinigt. So falle denn auf ihre Schädel das Blut und die Thränen, welche durch ihren Frevel ausgepreßt worden! Sie stehen bald vor euren Vertretern, und eine feierliche Züchtigung, ein nationales Strafgericht wird über die Sünder ergehen, aufdaß hinfort jede abermalige Tyrannei unterbleibe.

Die Gerechtigkeit muß jetzt ihren Arm erheben gegen die falschen Richter welche das Recht gebogen und gebrochen haben, und gegen die vornehmen Diebe, welche tausende von Familien zu egoistischem Vortheil bestohlen; diese alle sollen das Genommene dem Nationalschatze ersetzen.

Die Uebrigen mögen Verzeihung finden; sie können nicht mehr schaden; wir aber wollen nicht unnützer Rache fröhnen. Die Bestrafung der Despoten hat genug gethan; wir wollen nicht mehr daran denken. Ich rufe euch auf und ersuche euch, der Regierungsbehörde zu vertrauen, daß sie mit eurem Beistand den Feind, sollte er sich aufs Neue erheben, zu Boden schmettere.

wird. Ihr habet viel erduldet, und euer Zorn ist groß, ist natürlich; ich weiß es. Aber bedenkt, die Masse der Unglücklichen durch die eure ehemaligen Herrscher euch so arg peinigten, ist selbst nur von ihnen gedungen oder belogen gewesen. Wir thuen klug überdem, diese unglücklichen ehemaligen Werkleute der gestürzten Tyrannei nicht zu erbittern, nicht in Verzweiflung zu stürzen; es könnte sonst ein neues Blutvergießen entstehen.

Ich wende mich an eure Vernunft. Ihr sehet ein, der inländische Feind ist völlig außer Stande sich wieder aufzuraffen. Seid also edelherzig in demselben Grade wie ihr tapfer waret. Mögen alle guten Bürger ihre Stimme mit der meinigen vereinen!

Uebt Gnade und Barmherzigkeit, wackre Kämpfer und Sieger. Ich, der von euch erkorne Dictator, befehle es euch: und als euer Freund, euer bester Freund, beschwöre ich euch darum!

Ikar an die Besiegten.

Als das Glück auf eurer Seite stand, habt ihr es mißbraucht. Damals habt ihr unser Blut vergossen, und uns in die Verbannung geschickt; heute seid ihr unterlegen, und wenn wir Wiedervergeltung übten, was hättet ihr dagegen einzuwenden?

Was könntet ihr sagen wenn, gleich euch, wir sofort allerlei Schreckensgesetze machten, um an euch Rache zu nehmen?

Was könntet ihr sagen wenn wir euch schlügen, schlügen durch den Arm der von euch einst verfaßten Gesetze, vermöge welcher ihr uns so oft einkerkertet, zu Bettlern machtet, aufs Schaffot schicktet? Leget die Waffen nieder, denn das Volk ist großmuthsvoll, ich weiß es; das Volk wird euch die Hand reichen und begnadigen.

Leget die Waffen nieder, tretet aus euren Aemtern. Ihr müßt einsehen, wir haben das Recht, dieses zu unsrer Sicherheit zu erheischen. Auch euer Wohl erfordert es: denn ihr wäret Thoren, wolltet ihr noch euch wehren. Wir wollen ein Ende machen, wollen keinen fernern Bürgerkampf (merket auf diese Worte) und keine Zwietracht im Lande; laßt uns ohne Widerstand die Bahn des Fortschritts betreten.

Füget euch also; das befiehlt euch die Gerechtigkeit, das befiehlt euch der eigene persönliche Nutzen; füget euch, und ergebet euch ohne heimlichen Rückhalt, und wir werden bald die Freude haben, euch als Brüder zu umarmen.

Bisher waret ihr, waren wir in den Morast der Unterdrückung

versenkt, und man konnte unmöglich einander verstehen, weil verschiedenes Interesse euch von uns feindlich trennte. Unser Aller gemeinsamer Unterdrücker wußte uns gegenseitig zu scheiden; doch von heute ab ist die Wand zwischen uns gefallen; ja ihr würdet unverantwortlichen Frevel begehen, wolltet ihr euch nicht mit uns verständigen, nachdem wir brüderlich euch entgegen gekommen.

Nochmals geschieht hiemit die Aufforderung: Ergebt euch. Ich, der Dictator, beschwöre euch darum. Ich will sehnlichst das Wohl meiner sämmtlichen Mitbürger! —

Unnütz wäre es, auch die übrigen Proklamationen und Manifeste des Dictators aufzuzählen. Sie hatten den besten Erfolg. Das Zutrauen des Volkes fand sich bestätigt. Der Enthusiasmus des Volkes umgab ihn; die gesammte Presse unterstützte ihn. Einige königlich Gesinnte entflohen aus übergroßer Furcht, oder verbargen sich; doch die Masse der Ueberwundenen war nicht in Schrecken gesetzt, sie faßte Vertrauen in den Dictator. Die niedern Klassen zeigten wahrhaften Edelmuth; nur äußerst wenige Personen von denen, die unter der gestürzten Regierung am Mehrsten zu leiden gehabt hatten, gaben dem Zorne nach und versuchten persönliche Rache zu üben; da aber versammelten sich überall sofort die Handwerker, und wußten durch energisches Einschreiten diese Versuche zu verhindern.

Diejenigen Leute aus dem Volke endlich, die durch das im Großen betriebene Verleumden bisher verführt worden waren, waren nunmehr eifrig und schrieen dem Dictator und der Revolution Beifall zu. Ja, hätten wir das vorher gewußt, hieß es; die Verruchten hatten uns doch schrecklich belogen! —

Nach wenigen Tagen ging von Ikar ein Beschluß über die Nationalvertretung aus, die in zweitausend Mitgliedern bestehen sollte. Folgendes ist das Manifest welches zugleich erschien:

Erklärung Ikars die Wahlen betreffend.

Das Volk ist alleingebietend.

Ihr habt die Pflicht und das Recht, euch eine Verfassung zu entwerfen; könntet ihr euch alle zugleich und an demselben Orte versammeln um zu berathen und zu stimmen, so beriefe ich euch sofort. Aber da die Sache aus Mangel an Raum völlig unthunlich ist, so wählet Vertreter; diese mögen gründlichst die Verfassung durchsprechen, und nach reiflicher Verhandlung euerm allgebietenden Willen zum Begutachten oder Verwerfen vorlegen.

Ihr seid sämmtlich Mitglieder der Gesellschaft, sämmtlich Bürger. Ihr arbeitet alle für sie; ihr habt für sie gekämpft, und würdet, falls es Noth thäte, wieder kämpfen! Deswegen seid ihr sämmtlich Wähler, seid berechtigt eure Vertreter zu ernennen. Nur wer nicht zwanzig Jahre alt, und wer Dienstbote ist, also unter dem Einflusse eines Brodherrn steht, möge sich vorläufig es gefallen lassen wenn wir ihn vom Mitstimmen solange entfernen, bis die Verfassung ein Anderes über diesen Punkt verfügt haben wird. Eure nun gestürzten Bedrücker verweigerten euch das Recht, euch aufzuklären und zu belehren, behaupteten folglich, ihr wäret unfähig zum Wählen. Aber darin handelten sie schlecht; sie waren unbillig und verleumdeten euch. Ihr habt das unbestreitbare Recht eure Deputirten selbst auszusuchen. Traget also eure Namen in die Wahlregister der Gemeinden ein; versammelt euch; besprecht euch eifrig und gründlich über den Werth der Bewerber die man euch vorstellt, oder die Vertrauen genug in ihre Vorzüge haben um sich zur Wahl bei euch zu melden.

Wenn ihr euch besprecht, so geschehe dies mit jener Würde die man von freien Staatsmitgliedern erwarten darf.

Auch die Presse sei vernunftvoll; sie achte die Wahrheit und befleißige sich der Vaterlandsliebe!

Das Wählen wird nicht eher als nach fünfundzwanzig Tagen stattfinden; in dieser Zeit könnt ihr eure Gedanken in Ordnung bringen, und es wird unmöglich sein, euch auf irgendwelche Weise zu überrumpeln und zu hintergehen. Ernennt zuerst eure besten Freunde, die Vertheidiger der Armen und der Handwerker; erküret unter ihnen die schätzenswerthesten, und unter diesen, die fähigsten und kraftvollsten Männer. Und damit ihr im Stande seid ohne Rücksichten lediglich diejenigen zu wählen, welche Liebe zum Allgemeinwohle, Tugenden und Talente besitzen, sollen eure Gewählten eine hinreichende Geldentschädigung erlangen. Vergeßt es nicht, diese Deputirten werden große Dinge zu thun bekommen; sie sollen über den Dictator ein Urtheil abgeben, über eure ehemaligen Zwingherren desgleichen; sollen eure Verfassung machen, sollen vorläufig in euerm Namen die unumschränkten Gebieter des Reiches sein. Und so bedenket denn, daß in eure Hand nunmehr euer Geschick, das Geschick des Landes und eurer Kinder gelegt ist! —

Am zweiten Tage bereits nach der Revolution hatte der Dictator eine Kommission zum Veröffentlichen der Beschlüsse eingesetzt. Sie bestand in fünf der trefflichsten und beim Volke beliebtesten Schriftsteller; diese hatten den Auftrag, alle Schritte des Dictators in einem Journale zu erörtern und zu beleuchten; es wurde unentgeltlich in ungeheuren Massen (ich glaube, jedesmal in einer Million Exemplare) unter die Bürger vertheilt. An demselben Tage organisirte Ikar eine Kommission zum Entwurfe der Verfassung; neun der gebildetsten und wackersten Männer sollten den Plan einer solchen ausarbeiten. Er hatte ihnen seinen eigenen Plan mitgetheilt, den er übrigens schon sehr lange fertig liegen gehabt, und in welchem die verschiedenen Abschnitte erstens von den Gebrechen der alten politisch-gesellschaftlichen Zustände; zweitens, von einer in funfzig Jahren einführbaren Gütergemeinschaft; drittens, von einer Uebergangsfrist handelten.

Nach mehrtägigem Prüfen hatte die Kommission mit Begeisterung beide Entwürfe angenommen, doch nicht ohne gewisse Veränderungen darin vorzuschlagen, die Ikar seinerseits gern annahm. Um jeden Landesbewohner in den neuen Gesellschaftsplan einzuweihen, um jeden Argwohn von Geheimnißkrämerei aufs Entschiedenste zu verhüten, ließ Ikar seine Gedankenarbeit in einer ungeheuren Menge von Exemplaren drucken und fügte einen bündigen Auszug hinzu, worin die Hauptstücke des Uebergangsplanes sowohl als der künftigen Gütergemeinschaft deutlich erörtert waren.

Groß mußte die Verwunderung sein, als zum ersten Male diese neue Idee der Nation vorgelegt wurde; doch schien sie so sachkundig und allseitig besprochen, daß man bald die Furcht vor der Unausführbarkeit verlor und sich freudigsten Hoffnungen überließ. Wir haben jezt, wie Sie wissen, meine Herren Zuhörer, längst die Grundzüge Ikars vollzogen, und wer noch zweifeln könnte, dem würden wir sagen: du glaubst also nicht an die Sonne, die dich mit Licht und Wärme beglückt?... schaue sie doch an!

Ich ermahne Sie, meine Herren, namentlich die ebenerwähnte Schrift des Dictators und der Kommission zu studiren; ich bin stets zu allen Erklärungen bereit, wenn deren nöthig sein sollten. Heute werde ich Ihnen einen Ueberblick über dieselbe geben, und dann noch zwei seiner Manifeste vorlesen, woraus man klar genug ersieht was er wollte.

Ikar hatte, wie schon bemerkt, erkannt, daß ein plötzliches Abschaffen des Privatbesitzes, des Geldes und der Vermögensungleichheiten nicht statthaben dürfe. Seine wohlerwogenen Gründe waren folgende:

Erstens: die ganz Reichen und die minder Reichen, ja selbst die kleinern Eigenthümer, würden durch die hastige Einführung der Gütergemeinschaft sich in ihren Gewohnheiten und Vorurtheilen heftig gekränkt fühlen. Diesen Leuten mit einem Rucke Hab und Gut entreißen — sogar in dem Falle wo man ihnen anderes gegeben hätte: — dies wäre für sie vielleicht gerade so arg wie der Tod gewesen. Man hätte sie in Verzweiflung gestürzt, statt, wie die neue Ordnung der Dinge beabsichtigte, sie mit Glück und Wohlfahrt zu beschenken. Leicht auch hätte man sie dadurch zum Widerstande getrieben, und das heilige Werk wäre nur verzögert worden. Zweitens: die ärmern Einwohner selber, längst im Joche der Aussauger und Zertreter gelähmt, besaßen wahrscheinlich noch nicht im Ganzen die nöthigen Eigenschaften, ohne welche der Erfolg unmöglich ein günstiger werden konnte. Drittens endlich, und dies war die Hauptsache, erschien die unmittelbare Ausführung ihm selbst nicht möglich, denn es mußte dazu eine Riesenarbeit geschehen, unendlich viel größer als alle seit Beginn der Menschheit unternommene; es wurden zum Beispiel für alle Familien des Landes Gebäude von einer und derselben Zweckmäßigkeit erheischt.

Ikar bestand folglich unwiderruflich auf einem Uebergange, einer Allmäligkeit; und dadurch unterschied sich eben sein Entwurf so vortheilhaft von den Ideen der früheren Gesellschaftsumänderer, die philosophisch zwar, aber nicht mit praktischer Klugheit, auf die vorhandenen Verhältnisse losgingen. Ich setze später die Prinzipien des allmäligen Umgestaltens auseinander, und sage hier nur, daß er beschlossen hatte eine demokratische Republik zu bilden; das Eigenthumsrecht beizubehalten solange die damaligen Eigenthümer am Leben bleiben würden; sorgsam alle sogenannten herkömmlichen, erworbenen Rechte zu respektiren; vorsichtig mit den Reichen zu verfahren; ohne Zögern das Loos der Armen zu verbessern; nach und nach die Ungleichheit des Besitzes zu heben, und so sich der vollkommenen Gleichheit schrittweise zu nähern.

Unbeschreiblicher Jubel empfing diese Grundsätze, zu denen der Dictator folgendes fügte:

Manifest Ikars die Gemeinschaft der Güter betreffend.

Theure Mitbürger! Ihr seid bisher elend und unglücklich gewesen. Auch ihr Reichen waret schwerlich froh und zufrieden!

Diese Unbehaglichkeit, dieses Elend kommt aus der Vermögensungleichheit, dem Gelde, dem Eigenthum, aus diesen Hauptgebrechen unsrer gesellschaftlich-staatlichen Verhältnisse, die so alt wie das Menschengeschlecht sind, und die immerdar fortwuchern und Gift streuen werden, wenn wir sie nicht mit den Wurzeln ausreuten.

Ist nun aber nicht die Gemeinschaft der Güter das einzige Mittel dagegen? und kann sie unmöglich sein, sobald eure Regierung mit euch vereint Hand ans Werk legt? Ja, es wird euch zieren, wenigstens den Versuch nicht zu scheuen; obwohl er manche Schwierigkeiten bietet. Und ist es nicht klar, daß keine Stunde verloren werden dürfe, damit die Länge der Zeit, in welcher das hohe Ziel erreicht werden kann, sich verkürze?

Ihr habt Großes vollbracht. Den Feind habt ihr zerschmettert, der euch noch vor wenigen Tagen belästigte; aber wollt ihr jetzt die Hände sinken lassen und den Geist einschläfern, jetzt gerade wo ihr reine Bahn vor euch habt? Das Schicksal eurer Nachkommen und der ganzen Menschheit, wie das eurige, steht nun in eurer Gewalt; zaudert nicht! eure Vorfahren hatten nie eine solche Gelegenheit zum Schaffen erhabener Dinge wie sie euch jetzt zu Theil geworden. Prüfet genau unsere Fragen, werthe Mitbürger! besprecht sie überall, während eure Deputirten sich vorläufig darüber entscheiden, um sie nachmals eurem Gutachten unterzubreiten.

In der Gemeinschaft gibt es keine Arme, keine Müßiggänger mehr; keine Verbrechen und Strafen; keine Abgaben und Polizei; keine Prozesse, keine Qual und Sorge. Die Mitbürger sind Brüder und Freunde, alle glücklich und gleich glücklich.

Wenn ihr, wie ich, davon überzeugt seid, verschwendet keinen Augenblick; nehmt, sobald das Prinzip euch gefällt, keinen Anstoß an der Mühe des Ausführens.

Aber im Namen eures Wohles, des Wohles eurer Familien und der Menschheit, bitte ich euch, übereilt euch nicht, aufdaß die erhabenste Angelegenheit nicht durch Hastigkeit Schaden leide.

Weil die Gemeinschaft nicht ohne Umstände sofort verwirklicht werden kann (dies ist wenigstens mein Dafürhalten), möge mit Ueberlegung, mit Geduld verfahren werden. Geduld, ja freilich, Geduld ist nöthig, und Vertrauen in die Deputirten, deren Handlungen ihr zudem stets kritisiren und, mißbehagen sie euch, widerrufen könnt.

Gewiß wollt ihr auf das Interesse des Landes ebenso achten wie auf das eigene Privatinteresse; was kann es euch demgemäß anthun, wenn die große Sache erst nach einigen Jahren zu Stande kommt? Was lange währt, wird gut; dieses Sprichwort möge hier seine richtige Anwendung erleben.

Gesetzt, ihr dächtet lediglich an euer Privatglück: so möget ihr euch denn mit demjenigen vorläufig begnügen welches heute möglich ist. Allerdings seid ihr minder glücklich als eure Kinder, aber ihr seid glücklicher als eure Väter. Ihr Reichen werdet, hoffe ich, zum Wohle des Vaterlandes beitragen, und ihr Armen werdet nicht vergessen haben, daß es sich vor Allem um die Ruhe und Sicherheit eurer bisher unglücklichen Söhne und Töchter nunmehr handelt...

Theure Mitbürger: das Menschengeschlecht erwartet von euch eine unerhörte Großthat; es richtet die Augen auf euch! Ihr werdet doch wohl, so hoffe ich zuversichtlich, der erhabenen Rolle entsprechen, die euch gegeben ist? —

Nicht zufrieden mit diesen Adressen, erließ der Dictator unzögerlich noch eine ergehen.

Ikar an die Priester und an die Christen.

Diener Jesu Christi! ich, der Dictator, wünsche euer Glück nicht weniger als das der übrigen Bürger. Ihr werdet eure Kirchen und Kapellen behalten, und könnet Gott verehren nach wie vor unter dem Schutze der öffentlichen Macht. Predigt also Sittlichkeit und Recht, ihr Diener und Sendboten jenes Gottes der euch darin mit Beispiel voranging. Predigt nicht nur in Worten, sondern auch in Thaten!

Lasset euer Wort ertönen zu Gunsten der Armen; denn war es nicht Christus der am Schärfsten wider die Pharisäer und Reichen sprach? der am Deutlichsten seine Liebe zu den Duldenden an den Tag legte? — Predigt Bruderthum, Gleichheit. Der Gott zu dem ihr betet, ist in den Tod gegangen um die Menschen zu befreien und jegliche Sklaverei, wie sie auch heiße, zu vernichten. Predigt Gütergemeinschaft, denn Jesus Christus hatte sie schon im Kreise seiner Schüler eingeführt und allen Menschen dringend empfohlen. Oder waren die Jünger Jesu nicht in der Gemeinschaft? und haben nicht auch die christlichen Anhänger während der ersten Zeiten nach der Hinrichtung ihres Meisters in Gemeinschaft gelebt? Und spätere Jahrhunderte sahen tausende von feurigen Christusdienern, tausende von frommen Arbeitern in religiöser Gemeinschaft, so dem Worte nach als der That.

Wahrlich, wolltet ihr die Gütergemeinschaft von euch weisen, ihr wäret keine rechte Christen! Und ich glaube demnach, da Christus für Wiedergeburt des Menschen durch die Gütergemeinschaft, sein Blut vergossen hat, so werdet auch ihr dem großen Werke nicht widerstreben, und gern den Dank dieser Erde verdienen, um dereinst nach eurem Hinscheiden auch der himmlischen Belohnungen theilhaftig zu werden!—

Nie hatte ein Staatsmann, noch nie ein Dictator in dieser Weise zu seiner Nation geredet. Ein ganz außergewöhnlicher Aufschwung und Umschwung der Geister geschah; die Leute schienen gar nicht mehr dieselben zu sein, die noch vor acht Tagen dem vielhundertjährigen Götzen des Despotismus geräuchert und geflucht. Sie schienen, sagte ich? ich irre mich, sie waren wirklich verwandelt. Die alte böse Epoche zerfloß, wie ein böser Traum beim Erwachen, im Morgenlichte neuer Thatkräfte und Kraftthaten. Der Kranke war urplötzlich zu sich selber gekommen, nach langer, wüster Sinneszerrüttung, und athmete dem Leben und Wirken frisch entgegen.

Auf allen Punkten des Landes ward jetzt über die wichtigste der Sachen gesprochen, gelesen, studirt, geschrieben, gedruckt. Eine ungeheure Menge von Gelehrten, Männern verschiedenster Wissenschaften, Schriftsteller, Philosophen, Priester (aus der untern, ärmeren Geistlichkeit namentlich), kurz die gebildetsten Personen aller Klassen und Stände nahmen bald Parthei für die Pläne des Dictators. Daß eben die Regierunhsbehörde es gewesen, die den unerhörten Aufflug gegeben, entzückte Viele insonderheit; zahlreich meldeten sich Reiche und Edelleute und versicherten dem Dictator, auf ihre Hülfe rechnen zu können. Diese Bekehrungen wirkten erfreulich zurück auf die Armen, die ihren Augen kaum trauten; es schien ihnen als wäre ihnen der Staar gestochen worden. Man gerieth außer sich vor Erstaunen über die Verworfenheit der Jahrhunderte hindurch die Vorfahren gefröhnt; mancher, und besonders wer einst vermöge Lug und Trug in die Netze der gestürzten Regierung sich hatte locken lassen, machte seinem gerechten Grimme durch entsprechende Worte Luft.

Es gab einige Leute die, von Ehrgeiz gepeinigt, dem Dictator in der Volksliebe den Rang ablaufen, noch bessere Demokraten als er heißen wollten, und deshalb ein Gesetz zu sofortiger Ausführung der Gemeinschaft begehrten; auch fanden sich hie und da Ränkemacher mit allerlei Verdächtigungen gegen Ikar ein, und erfahrungslose Hitzköpfe denen das Ansehen eines Einzelnen unerträglich schien. Diese Versuche führten zu nichts als zur Schmach ihrer Erfinder; das Volk stand bei Ikar, und jene wenigen Gegner schwanden wie Nebel vor der Sonne.

Ich brauche kaum ausdrücklich der Denkmäler zu erwähnen, die vorläufig auf den Siegesplätzen, wo das theure Bürgerblut geflossen, errichtet worden; noch der Gräber die für die Freiheitskämpfer sich erhoben; noch eines großartigen Begräbnisses, wobei der Dictator neben zwei jungen Heldenleichen ging, neben einem zwölfjährigen Knaben dessen Leib von zweiundzwanzig Flintenkugeln getroffen worden, als er eine Fahne auf einem Hügel von Gefallenen aufpflanzte, und einem Mädchen welches zur Seite ihres Vaters fechtend, beide Arme durch die Säbel der königlichen Kavalerie verloren hatte.

Der Dictator hielt in der Hauptstadt eine Musterung der Volksgarde und des Heeres ab; dasselbe thaten zugleich seine Kommissarien in den Provinzen; vierzehn Tage nach dem Umsturze war bereits durch die Begeisterung Aller eine Armee von zweihunderttausend Soldaten, und zwei Millionen volksthümlich organisirter Bürger vorhanden!

Mein nächster Vortrag, zu ehrende Herren Zuhörer, wird sich mit der Wahl der Nationalvertreter zu beschäftigen haben. Vielleicht bin ich weitschweifig — (ein vielfaches Nein unterbrach ihn hier); — aber ich wünsche Ihnen anschaulich zu machen daß die Masse der Nation stets mit Vertrauen diejenigen beehrt, welche ernstlich das Heil Aller wollen; ich wünsche zu zeigen daß eine Regierung, die im Besitze dieses Vertrauens ist, keine unübersteigliche Hindernisse vor sich findet! —

Unter allgemeinerm Beifall als nach den frühern Vorlesungen, verließ Professor Dinaros den Saal.

Fünftes Kapitel.

Wahl. — Verfassung. — Krieg.

Zum zwanzigsten Juli, etwas über vier Wochen nach der Revolution, meine Herren, ordnete der Dictator ein Nationalfest an. Die Säle worin die Deputirtenwahlen geschehen sollten, waren prachtvoll mit Fahnen und Standarten, Flaggen und Wimpeln, Inschriften und Blumengewinden geschmückt; die Manifeste der höchsten Behörde waren angeschlagen und wurden nach vorherigem Glockengeläute und Kanonendonner verlesen. Musikchöre standen hie und dort vertheilt.

Das Volk ging in feierlicher Ahndung eines großen Werkes an das Geschäft des Wahltages.

Nur eine verhältnißmäßig schwache Zahl von Ränkemachern fand sich zum Stimmen ein; sie wurden schimpflich zurückgewiesen. In mehreren Städten räumten die Bewerber freiwillig demjenigen den Platz, der ihnen der würdigere zu sein schien. An andern Orten mußten die Wähler sogar manchen trefflichen Bürger in seinem Hause aufsuchen, der aus überschwänglicher Bescheidenheit sich selbst vorzustellen gescheut hatte.

Oft fielen die Stimmen der Reichen sogar auf ein verständiges und wackeres Mitglied der Handwerksklasse; oft auch beehrten die Arbeiter mit ihrem Zutrauen einen Volksfreund der in den Reihen der Reichen, ja der Adligen stand. Solcherweise waren die Erkorenen wirklich der Kern der Nation zu nennen. — Einige Tage darauf hielt die Vertreterschaft in die Hauptstadt ihren Einzug, und nahm unter dem Schmettern der Trompeten und Donner des Geschützes Besitz von dem Palaste, worin noch kürzlich eine verdorbene Aristokratie gethront hatte. Die Deputirten sandten an Ikar die Botschaft: sie wären in Ordnung, und da sein Amt hiemit zu Ende, habe er vor ihnen zu erscheinen.

Der Dictator antwortete ohne Verzug: er werde das Beispiel des Gehorsams gegen die Sendlinge des Volkes geben und seine Macht niederlegen.

Am nächsten Tage trat er in den Saal. Er war unbewaffnet, ohne Gefolge, und unbedeckten Hauptes. So stand er vor den Schranken der Vertreter, die, den Hut auf dem Kopfe, sitzen blieben.

Der ehemalige Dictator that Bescheid von sämmtlichen Schritten, erwiederte auf jede Frage, und zog sich zurück, als Gefangener, bis die Richter beschlossen haben würden.

Das Ergebniß der Berathung war, daß die Versammlung ihm einhellig den Ehrentitel eines Wiederherstellers des Vaterlandes zuerkannte. Man erwählte ihn ferner zum vorläufigen Präsidenten der Republik (ich brauche wohl nicht zu erwähnen, daß die erste Sitzung bereits mit Begeisterung die Republik erklärt hatte), — und führte ihn hierauf mit Pomp und in Masse nach dem Nationalpalast zurück. Unterwegs grüßte ihn und die Deputirten das Volk mit unendlichem Freudegeschrei.

Ikar hatte gewünscht, seine neue Wahl möge dem Volke zur Bestätigung oder Verwerfung vorgelegt werden. Demzufolge befahl die Deputirtenkammer, wenn der Entscheid eingelaufen, sollten besonders dazu erkorene Mitglieder den Willen des Souveräns, das heißt des Volkes, bekannt machen, und eine allgemeine Feier solle das ganze Land begehen. Man wollte sogar von dem Tage der Bestätigung an eine neue Zeitrechnung im Lande einführen; so weit ging die Dankbarkeit.

Ikar ward von der Nation in seinem Amte für würdig erklärt; doch lehnte er die übrigen Beweise des Entzückens, als gar zu große, ab; er schlug vor, wenn man schon einmal die frühere Aera, um nämlich mit der schlechten Vergangenheit gänzlich zu brechen, verlassen wolle, so möge man die neue mit dem 13. Juni beginnen, dem Tage des Aufstandes und Volkssieges.

Einige Tage darnach kam der Prozeß der entthronten Herrscherin und ihrer ehemaligen Minister an die Reihe. Alle ohne Ausnahme wurden schuldig befunden; Lixdox mit seiner Bande erhielt Todesstrafe, die Königin ewiges Gefängniß; alle zusammen mußten tausend Millionen Bußgeld an den Staatsschatz zahlen. Ikar ward mit der Erlaubniß beehrt, die Strafe zu verändern, und sogar zu begnadigen.

Am nächsten Morgen erschien folgendes

Manifest Ikar's in Betreff des ehemaligen Premierministers Lixdox.

Mitbürger! wären eure Tyrannen gestorben ehe ihr euch befreit, so würdet ihr mit Fug und mit Recht ihre Leichname aus den Gräbern reißen, Gericht sprechen, und ihr Andenken auf immer verfluchen.

Aber jetzt leben sie, und ihr Leben ruht in eurer Hand. Die Volksjustiz hat gerichtet, hat kraft derselben Gesetze, durch die der Tyrann euch schlug, nunmehr endlich den Tyrannen getroffen. Die Köpfe der Volksschänder werden auf dem Schaffote, das euer Blut oft geröthet hat, rollen und das große Exempel der Gerechtigkeit allen Tyrannen der Erde geben. Mitbürger! wenn ihr es wünschet, fallen noch heute fünf verrätherische Häupter!

Und doch — bedenkt es wohl — wozu?

Warum diese fünf Elenden tödten? ihre Macht ist vernichtet, die eurige ist allgebietend. Was sollen wir mit den paar Blutstropfen und mit den Gebeinen unsrer ehemaligen Minister, heute, da wir die großartige Revolution der Wiedergeburt begonnen haben?

Die Aristokratie ist stets schwach, zittert, dürstet Rache, und ist beinahe gezwungen, unbarmherzig zu verfahren. Aber das Volk, seiner Riesenkraft bewußt, braucht nichts zu fürchten; es ist allmächtig, es ist im Stande binnen vierundzwanzig Stunden mit einem Hiebe die Niederträchtigkeiten vieler Jahrhunderte auf ewig zu entfernen; das Volk hat nicht nöthig, nach dem blutigen Siege noch Blut rinnen zu sehen; das Volk ist edel und hochherzig, es schenkt Gnade!

Und weil ich euch kenne, weil ich euch, meine Freunde, in's Herz schaue, weiß ich auch im Voraus eure Antwort:

Ja, wir wollen sie am Leben lassen — und abgeschafft auf immer sei die Todesstrafe!

Aber damit Recht und Vergeltung nicht zum leeren Schall herabsinke, kerkert die Verbrecher ein. Möge Lixdox der Bösewicht das Schaffot besteigen, möge ihm das Haar vom Schädel geschoren werden durch die Hand des Henkers, der ja stets sein geliebter Gefährte gewesen! Und wenn das geschehen, schleife man den Elenden in denselben Eisenkäfig, den er einst erdacht um einen der trefflichsten Märtyrer eurer guten Sache einzusperren; in ihm möge er den Blicken Aller öffentlich preisgegeben sein. Zuletzt erhebe sich ein ernstes, großes Denkmal auf dem Platze, wo das Blut der Gerechten ehedem verströmte, und es zeuge vom Kampfe für Freiheit und Gleichheit den ihr durchgefochten zu ewigem Ruhme; es zeuge dort von der strengen Strafe die das Volk ausübt, und vom Hasse gegen die Zwingherren, und vom Aufhören des Blutvergießens! —

Ikar verlangte, das Volk solle um Rath befragt werden. Es geschah; Widerspruch erlitt sein Vorschlag nur hie und da von einigen Müttern, die noch nicht ihre Augen über den Opfertod der Söhne trocknen konnten; aber die Mehrheit nahm an. Die Hinrichtungen waren hiemit abgethan. — Ich überlasse Ihrer Phantasie, meine Herren, sich den Verbrecher Lixdox im Eisenkäfig, und die unglückliche Königin als Bettlerin am Thor des Palastes der Volksvertreter vorzustellen. Gewiß, Chloramida hatte diese öffentliche Züchtigung, die sie vier Wochen lang ausdauern mußte, reichlich verdient; dennoch war es ein trüber Anblick, da man wußte, daß sie von den Ministern und Hofleuten zum Bösen verlockt worden, und daß wiederum diese Minister, die so viele Thränen und Qualen ihren Mitmenschen bereitet hatten, selber Schlachtopfer einer verrückten Gesellschafts- und Staatseinrichtung waren.

Wenden wir uns zu einem schönern Schauspiele.

Zweitausend Deputirte saßen im Saale, und beriethen in eifriger Anstrengung, gesammelten Gedankens, die neue Organisation; das Schicksal eines zahlreichen Volkes, das Loos der Zukunft.

Die beiden Hauptartikel wurden fast einhellig angenommen, sowohl die Gütergemeinschaft, als der Zwischenraum von funfzig Jahren. Nur hundertvierundfunfzig Stimmen fielen gegen die Gemeinschaft, und hundertzwei gegen die zweite Frage. Der Präsident der Republik ersuchte die Kammer, dieses nur als vorläufigen Entscheid anzusehen, und er bewies mit triftigen Gründen, daß in einer so überaus wichtigen Sache einige Monate, einige Jahre selbst nicht viel zu bedeuten hätten; Einstimmigkeit wäre hiebei etwas Unschätzbares, und um alles in der Welt müsse man selbst den leeren Schein meiden, als würde die Minderheit von der Mehrheit, in der Kammer wie im Lande, unterdrückt. Er bat, man möge die Diskussion weiter führen um alle Einwürfe vollständig zu widerlegen, und die mehrheitliche Meinung zur Meinung Aller, ohne Ausnahme, zu erheben.

Allenthalben ward bereits aufs Neue der Gegenstand, mündlich wie schriftlich, erwogen; abermals trat man in Kommissionen und Komités zusammen, und berieth: da erscholl der Kriegsruf.

Ikar wünschte den Frieden, um die Nation ohne Zaudern sich dem zu unternehmenden Riesenwerke widmen zu sehen. Der Ausschlag eines Kampfes war nicht vorherzusagen; durch irgend welche Zufälligkeit konnte er ein übler werden, und die große Sache hätte Aufschub erlitten. Ikar mußte auch sehnlich die stehende Armee abzudanken wünschen, da Leute und Besoldung auf Besseres verwendet werden konnten. Gleichwohl hoffte er, den Krieg glücklich zu führen, und darnach einen wahrhaft segensreichen Frieden über das Land zu bringen, vielleicht einen ewigen Frieden. Bei näherem Betrachten überzeugte er sich, daß die benachbarten Fürsten erst durch die Kanonenkugeln der Republik Respekt vor ihr bekommen würden... Er sah wie einige Könige, nach bereits mißlungenem Versuche einer Wiedereinsetzung des Prinzen Korug (Sohn des entthronten), die neue Gelegenheit benutzen wollten; auch wie andere Fürsten, durch ihre Aristokraten angetrieben, schon sich zur Aufrechthaltung der Knechtschaft und gegen ein eben freigewordenes Volk verbündeten, dessen Vorbild ihnen Gefahr drohte. Der Dictator hatte übrigens auf alle Fälle, unmittelbar nach der Revolution, Volksgarde und Linientruppen organisirt, und an die auswärtigen königlichen Regierungen eine Botschaft erlassen, des Inhalts: „das ikarische Volk ziehe den Frieden vor, werde auch keines„wegs in die Sachen fremder Nationen sich einmischen; allein „frühere Kriege wider dasselbe wären noch zu deutlich in der „Erinnerung, als daß es nicht Garantiren der allgemeinen Ruhe „fordern sollte; es begehre somit Abstellung des Kriegsfußes, „wobei es in gutem Beispiel vorangehen würde." Er fügte hinzu: „Wenn wir binnen vierundvierzig Tagen keine Jaant„wort bekommen, nehmen wir auf der Stelle das Schwert zur „Hand, und setzt irgend eins der ausländischen Beobachtungs„heere sich in Bewegung, so erklären wir die Feindseligkeiten „für ausgebrochen."

Bis Bescheid eingelaufen sein würde, hatte er alle Gesandte der Nation zurückberufen. Anderseits hatte er die der ausländischen Mächte fortgeschickt, mit der Erlaubniß jedoch, sich an der Grenze niederzulassen, um unter sich zu verkehren. Sehr weise war es von ihm gehandelt, daß er allen Ausländern abzureisen befahl; nur diejenigen durften bleiben, denen er, als des Vertrauens würdig, es zumuthen durfte, daß sie dem ikarischen Staate bei ihren Landsleuten nützlich sein würden.

Während jener sechs Wochen hatte er die Festungen aufs Beste in Stand setzen, Munition und Magazine anfertigen lassen. Es versteht sich, daß keine diplomatische Friedenslüge ihn saumselig machte, und so konnte er mit ziemlicher Zuversicht den Termin abwarten. Genügende Antworten schickte ihm übrigens nicht ein einziger der benachbarten Könige; ja, am fünfundvierzigsten Tage fingen mehrere ihrer Regimenter zu marschiren an. Ikar zögerte jetzt nicht weiter, und schlug der Deputirtenkammer vor, zu verkünden: „der Krieg sei begonnen, und die Nation habe „sich nunmehr in Masse zu erheben, um die theuer errungene „Freiheit und das Vaterland zu schützen." Die Deputirten stimmten ohne Zögern ihrem Präsidenten bei, und beschlossen einmüthig: der ausgebrochene Krieg sei ein durchweg volksthümlicher, betreffe die wohlverstandenen Interessen der Gesammtheit, müsse deshalb von der ganzen Nation durchgefochten werden; falle eine Provinz des Reiches in Feindeshände, so solle sie für den Schaden später aus dem Nationalschatze Ersatz erhalten. Zugleich wurde Ikar fast einstimmig wieder mit der Dictatur bekleidet.

Mit größter Schnelle erging der Kammerbeschluß an die Volksgemeinden, und ward dort vollkommen gebilligt. Der Dictator erließ hierauf sofort folgendes

Kriegsmanifest.

Wir verlangten Frieden: das Ausland bietet uns Krieg! — Wohlan denn, es sei; Krieg! — Das Ausland droht, es stellt sich zum Sprunge auf uns bereit! Wohlan denn, es sei; wir wissen uns zu vertheidigen! — Mitbürger, ich brauche euch nicht Muth zu predigen... Wir stehen schlagfertig, denn längst schon sahen wir, was kommen sollte. Die Zwingmeister und Edelleute jenseit unsrer Grenzen können nicht anders; haben sie doch oft Soldaten hergegeben, um unsern ehemaligen Unterdrückern zu helfen! Die Königin war im Bunde mit ihnen; wie mußte es jene Herrscher kränken, als wir den unsrigen die Krone abrissen! Das mußte ihnen gleich einer Empörung gegen sie selber sein.

Unsere jetzigen Feinde sind die Feinde der Freiheit und des Fortschritts; es sind die Tyrannen ihrer Unterthanen. Sie dürfen keine Nation neben sich dulden, die das Joch zertrümmert hat; sie dürfen es uns nie verzeihen, die Kinderschuhe und das Gängelband bei Seite geworfen zu haben; sie werden nimmer gutwillig uns in unsrer jetzigen Gestalt, als freie gleiche Menschen, anerkennen; sie werden stets knirschen ob unserer Frechheit, die Gütergemeinschaft, das heißt, das Glück des Menschengeschlechts zu wollen.

Je vernünftiger, je milder, je gemessener wir auftreten, desto mehr werden uns ihre beklagenswerthen Knechte lieben und Beifall unserm Streben spenden, aber die Tyrannen müssen uns fluchen, uns hassen.

Seit Anbeginn der politischen Welt halten alle Könige und alle Aristokraten in gemeinsamen Zwecken zusammen, und drücken ihre Völker nieder. Daher wundert euch nicht, wenn sie euch den Handschuh der Fehde hinwerfen, denn sie müssen in ihrem Interesse Vieles wagen, um der Freiheit und der Revolution den Hals zu brechen, um das Sklaventhum herzustellen. Ihre Throne wanken; darum setzen sie Alles daran, sie zu befestigen. Sie möchten gern die Trefflichsten unter uns abschlachten; möchten die Tapfersten in ferne Wüsten schleppen; unsere zarten Kinder aus unsren Armen reißen um sie zu zerhacken; unsre theuren Weiber möchten sie dem Gelüste ihrer rohen Soldaten preisgeben, und zuletzt vielleicht das verheerte Land unter sich vertheilen!

Die Zwingherren erklären uns Krieg auf Leben und Tod, den Krieg der Vernichtung und Knechtschaft.

Sprecht, sollen wir das dulden? Ist doch der Tod auf dem Kampfplatze viel besser als solcher Greuel. Ja, ich höre eure Stimmen; ihr ruft: Krieg! Krieg! Siegen oder Untergehen! *

Nun denn, Genossen, wir brechen hervor und ziehen zur Schlacht bis auf den letzten Mann, bis auf den letzten Athemhauch, bis auf den letzten Fußbreit unsres Heimathbodens.

Wir liefern keine Stadt aus; lieber brennen wir selber sie nieder bis auf den Grund; wir zerstören lieber unsre Brücken und Straßen; wir begraben Frauen und Kinder und uns unter den Trümmern des Vaterlandes. Die Vorfahren haben uns Beispiele hinterlassen; die Völker des Alterthums sind uns Vorbilder; wir wollen endlich auch zeigen, was die Freiheit vermag.

Ja, das erstaunende Menschengeschlecht soll sehen, hören, was ein großes Volk ausrichtet, das in Einigkeit für Ehre, Glück und Tugend die Waffen ergriff. — Zwei Millionen Soldaten marschiren gegen uns auf das Kommando der Könige; das ist viel. Aber wir haben mehr. Wir sind sechs Millionen Liniensoldaten und Landwehr; wir wollen die Tyrannenknechte mit unsern Kugeln schon von fern begrüßen.

Und wir haben achtzehn Millionen Greise, Frauen und Kinder; auch diese werden kämpfen, auf viele verschiedene Weisen.

Bedenkt, die Feinde sind uneins; Eifersucht, Habsucht und Eitelkeit trennt sie oft, aber wir sind ein Herz, ein Sinn, ein Arm, eine Seele. Ihre Sklaven werden ungern angreifen, wir werden in Begeisterung unsre Sache vertheidigen, die zugleich ihre und der Menschheit Sache ist.

Vermuthlich machen wir anfänglich einige Fehler, doch durch Fehler laßt uns lernen.

Vermuthlich entgeht uns zuweilen der Sieg; doch wo der Ruhm, wenn keine Gefahr?

* Unwillkührlich gedenkt man hiebei des wunderbar schönen Liedes, das die französischen Volksklassen im Jahr 1792 sangen, als die verbündeten Heere aller Könige und Fürsten gegen Frankreich stürmten um die alte Sklaverei herzustellen. Der erste Vers lautete:

La république nous appelle,	Die Freiheit ruft uns zum Kriege,
Sachons vaincre ou sachons périr:	Zum Tode oder zum Siege:
Un Français doit vivre pour elle,	Der Franzose mag für sie werben,
Pour elle un Français doit mourir!	Der Franzose mag für sie sterben!

Anmerkung des Uebersetzers.

Wir werden am Ende unüberwindlich dastehen.

Ihr habt bereits eure Landesaristokratie gestürzt, warum sollte es euch mißlingen, auch die verschworenen Tyrannen zu stürzen, diese Mordbrenner und Räuber, welche euch wieder mit einer Aristokratie beschenken wollen? Wenn die Könige ins Land der Freiheit und Gleichheit dringen, werden sie sich dort ihre eigenen Gräber graben; aber unsere scharfen Schwerter dürfen jetzt nicht eher ruhen, als bis ringsher der letzte Despot, der letzte Aristokrat verblutet; denn vergesset nicht, wir sind angegriffen worden, obschon wir Frieden vorschlugen. Setzt in eure edeln Fahnen die Worte: „Keine Eroberungen! Ewige Bruderschaft den Völkern!" Solcherart wandeln wir als ihre Freunde zur Menschheitserlösung. Und jetzt zu den Waffen! der Sturm ist los, das Meer steigt auf!

Die gesammte Einwohnerschaft des Reiches ist ein einziges Heer, das Reich ein einziges Feldlager, ein Zeughaus.

Ihr Greise, schürt die Flamme in den jungen Mitbürgern! Ihr Frauen, begeistert eure Brüder, eure Gatten, eure Söhne! Bürger, Kämpfer, vorwärts! nach den Grenzen geflogen! — Das Schlachtgeschrei ist : „Vaterland und Gemeinschaft!" — Vorwärts! Zum Siege oder Tode! — — —

Der Dictator verschickte noch viele andere Aufrufe, außer an die fremden Völker, auch an die inländischen Generale, an die Bauern, und insonderheit an die ehemaligen Anhänger der Aristokratie. Es war von Wichtigkeit, den Rücken frei zu halten; er setzte den letztern daher umständlich auseinander, wie nothwendig die Nation jedem einheimischen Feinde, der nur zu leicht mit den ausländischen sich verbinden könnte, zuvorkommen müsse. Ikar sprach sich mit Sanftmuth, doch mit Kraft, hierüber aus, und hatte in diesen Versuchen abermals das Gelingen auf seiner Seite.

Nur sehr wenige Adlige verließen das Land; die Mehrzahl derselben hatte längst eingesehen, daß ihr wahres Interesse mit dem der übrigen Staatsmitglieder dasselbe war, und wetteiferte in aufrichtigem Enthusiasmus. Der Dictator fand sich sofort von den geachtetsten Einwohnern unterstützt; Beamte, auch sehr viele reiche Männer, und beredte Priester, nicht minder die herrlichsten der Frauen, sprachen Muth und Geschwindigkeit ein. Stündlich kamen Leute und boten für die Dauer des Krieges ihr Vermögen, ihre Kinder, sich selbst dem Vaterlande an. In der That, meine Herren Zuhörer, die Regierungsbehörde eines Staates vermag unendlich segenvoll zu wirken, wenn sie auf dem Wege des Rechts und der Weisheit voranschreitet.

Der Dictator unterließ natürlich kein Mittel, die Geister zu stählen und zu spannen. Dichtkunst, Musik, Tagespresse, Bühne, Zirkel, Militärübungen, Feste: alles wußte er dafür zu benutzen.

Die Landleute eilten überall an die Straßen, wo die ersten Kolonnen der Freiheitskämpfer nach den Grenzen zogen. Die Städtebewohner empfingen am Thore diese Schaaren und begleiteten sie. Linientruppen und Volksgarde, Handwerker und Zöglinge der wissenschaftlichen Anstalten, alle, alle reichten sich die Bruderhand. Es war ein erhabener, ein Ehrfurcht gebietender Anblick, diese Reihe todeskühner und doch lebenskräftiger Männer, die unter Glockenklang und brausender Musik, unter Siegesgesängen und Zuruf durch das ganze Land sich bewegten.

Allerorten sah man Bewaffnete; aber auch unsere Frauen, und zwar aus den verschiedensten Klassen (denn damals war, wie es nicht anders sein konnte, noch nicht der Ständeunterschied verwischt), bildeten Bataillone und Regimenter für sich, und zogen mit, um die Verwundeten zu verpflegen und aufs Schlachtfeld zu gehen.

Die Handwerker und Handwerkerinnen arbeiteten nur noch für den Krieg; kein Luxusartikel ward verfertigt. — Umsonst plagten sich die Könige, lügnerische Proklamationen ins Land zu werfen; die Zugänge waren gesperrt. Zudem waren die Manifeste Ikars stets bereit, die Heuchler da draußen zu entlarven.

Fünfundzwanzig Armeen Ikariens — so stark war unsre Macht — marschirten längs der Grenze auf. Diese Truppen hatten nicht nur Muth, sondern auch ein verständiges Vertrauen in ihre Offiziere, die von ihnen selbst erwählt worden.

Das flache Land war mit unzähligen kleinen Freischaaren bedeckt; in allen umliegenden Ortschaften standen Volksgarden unterm Gewehr, fünfhundert Deputirte hatten sich als Vertreter der Nation neben die kommandirenden Generale begeben, theils um zu beaufsichtigen theils um zu ermuntern, während die übrigen funfzehnhundert Kammermitglieder bei dem Dictator sich aufhielten, bereit ihm die erforderliche Unterstützung zu gewähren.

Da kam die erste Kanonenkugel aus dem Heerlager der alliirten Könige herüber...

Ich brauche hier nicht auf eine Beschreibung des Feldzugs einzugehen; er war reich an Heldenthaten und Aufopferungen seitens der freien Männer; es fielen neben glänzenden Beweisen von Kriegskunst auch mancherlei Fehler vor; das Glück neigte sich bald hierhin, bald dorthin. Es war aber herrlich anzuschauen, wie die Despoten trotz ihres Uebergewichts an Truppen erbleichten, als sie die freudige Begeisterung der Vaterlandsrächer merkten, als sie die Freiheitslieder hören mußten, mit denen die Unsrigen in die feindlichen Reihen stürmten. Die Soldaten der Knechtschaft fochten wider Willen; man jagte sie durch Drohungen, Strafen und sklavische Belohnungen immer aufs Neue den republikanischen Bayonnetten entgegen; doch gebrach der Enthusiasmus, und Mannszucht konnte ihn nicht ersetzen. Zudem fingen die unterdrückten Völker, im Rücken ihrer Könige, an, bedenkliche Aeußerungen von Sympathie für die Gütergemeinschäftler laut werden zu lassen.

Sieben Tage nach Eröffnung des Handgemenges kam es zu einer großen Schlacht bei Dorak, wo wir unser Blut zwar in Strömen vergossen, aber auch Lorbeeren ernteten, wie nur je ein für Heimath und Menschheit zugleich kämpfendes Volk sie ernten konnte. Die Sache des Feindes stand fortan schlecht; seine Anführer geriethen in Zwietracht, es brach Meuterei aus, ja, vierzigtausend gut disciplinirte Soldaten aus Miraka, das einer der verschworenen Könige jüngst unterjocht und zum Beistande wider uns gezwungen hatte, richteten auf dem Kampfplatze unvorgesehen ihre Batterien gegen den Tyrannen und riefen uns Bruderschaft zu.

Bald empörten sich fast alle feindlichen Staaten, und ertrotzten von ihren Zuchtmeistern mehr oder weniger volksfreundliche Zugeständnisse. Wir hießen fortan nur „die Erlöser."

Aus den drei bedeutendsten Nachbarvölkern, denen sich nachher andere anschlossen, gingen Bevollmächtigte auf einen Kongreß, wo endlich der Frieden zu Stande kam. Der Kriegsfuß ward abgestellt, die Völker befreundeten sich durch Handelsfreiheit und Abschaffung der Douanen; ja man verpflichtete sich, in diesen Staaten die Erinnerungen an frühere Siege auf allen öffentlichen Denkmälern für immer auszulöschen, damit das gute Vernehmen nicht mehr durch Nationalhochmuth und Verhöhnen fremder Nationalitäten gestört werde. Derselbe Kongreß verordnete einen Staatenbund, und beschloß jährlich sich zu versammeln und die gemeinsamen Interessen zu besprechen.

Unsere Krieger kehrten zurück; sie hatten die furchtbare Probe glorreich bestanden. Sie trugen ehrenhafte Wunden heim; Wunden nicht bloß für den eigenen Heerd empfangen, sondern auch für das gesammte Menschengeschlecht. Frohe und ernste Feste wurden zur Feier des Heldenthums, des Sieges und des Friedens veranstaltet.

Ikar legte zum zweiten Male die schrankenlose Gewalt nieder, und präsidirte wiederum in der Deputirtenkammer die Diskussionen über die Verfassung; von diesen werde ich morgen reden. Vergönnen Sie mir jedoch, meine zu ehrenden Herren Zuhörer, den heutigen Vortrag mit dem dankbaren Jubelrufe zu schließen, den wir Ikarier den Nationalruf nennen: „Ewiger Preis und „Ruhm unsern Ahnen! Ruhm und Preis dem edeln Ikar!"

Und der weite Saal erdröhnte von Beifall und Jubelruf.

Sechstes Kapitel.

Uebergangszustände. — Politische Gleichheit; Schwinden der gesellschaftlichen Ungleichheit; Aufkommen der gesellschaftlichen Gleichheit.

Der Einfluß des ehemaligen Dictators war durch den Feldzug auf den höchsten Grad gestiegen. Man schlug vor, ihn wieder mit der Dictatur, und zwar auf Lebenszeit zu beehren; er wies dieses verständiger Weise ab, da, wie er sagte, das Volk an Selbstverwaltung sich gewöhnen müsse. Auch dankte er für den Titel: „Präsident der Republik," und begnügte sich mit dem bescheidenern: „Präsident der Vollziehungsbehörde," denn, meinte er, das Volk sei zu erhaben als daß von jetzt an je eine Einzelperson auch nur den Anschein haben dürfe, Nebenbuhler desselben in der Macht zu sein.

Die Kammer nahm die Gütergemeinschaft wieder in Betracht, und erklärte sich diesmal einmüthig dafür, durch Allmäligkeit und nach Ablauf eines halben Jahrhunderts, sie zu verwirklichen.

Ich habe nicht nöthig Ihnen, meine Herren, die Gemeinschaft zu erörtern, Sie sehen sie täglich; wohl aber will ich anführen was in der funfzigjährigen Periode der Vorbereitung geschah. Folgendes waren nun die:

Grundzüge des Gesellschaftsorganismus im Uebergange.

1) Während der funfzig Jahre bleibt das Privateigenthumsrecht ungekränkt, und die Arbeit ist ins Belieben gestellt; erst nach Ablauf dieser Frist wird jeder Bewohner, jede Bewohnerin

der Republik zum Ausüben eines Geschäftes sich zu verpflichten haben. —

2) Die jetzigen Besitzstände werden respektirt, so ungleich sie auch sind; aber von heute ab beginnt ein System wodurch diese Ungleichheit abnehmen wird.

3) Jeder Besitzende behält sein Eigenthum noch, unterwirft sich jedoch gewissen Aenderungen betreffs der Erbschaften, Schenkungen, Vermächtnisse und Ankäufe für die Zukunft.

4) Kein Einwohner der über funfzehn Jahre alt, wird zum Arbeiten verpflichtet, aber wer noch nicht funfzehn Jahre hat, bekommt eine Gewerbserziehung, die ihn befähigt ein Geschäft auszuüben sobald die Gemeinschaft beginnt.

5) Vom heutigen Tage an wird das Gesetz auf Verbesserung des Looses der Armen und Verminderung des Ueberflüssigen sehen.

6) Die Summe der Steuern kann nicht verringert werden, wohl aber sind sie anders zu vertheilen und anzuwenden als bisher.

7) Die Gegenstände des Nothwendigen, deren sich der Arme und der Arbeiter bedient, zahlen keine Steuern mehr.

8) Die Gegenstände des Luxus zahlen fortschreitende Steuern.

9) Jede unnütze öffentliche Ausgabe fällt weg.

10) Jeder öffentliche Beamte wird vom Staatsschatz besoldet, und zwar hinreichend, aber nicht übermäßig.

11) Der Arbeiterlohn wird geregelt.

12) Die Preise der zum Leben unumgänglich erforderlichen Dinge werden taxirt, so daß Bauer, Handwerker und Eigenthümer hinfort vom Einkommen ihrer Arbeit und ihres Eigenthums bestehen können.

13) Fünfhundert Millionen werden jährlich verwendet, um den Arbeitern Arbeit, den Armen Wohnung zu schaffen.

14) Zu diesem Zwecke werden die Vorbereitungsarbeiten der Gemeinschaft sofort begonnen.

15) Die Truppenzahl wird, unter Auszahlung einer Entschädigung, möglichst vermindert.

16) Bevor die stehende Armee gänzlich abgeschafft werden kann, läßt man durch sie, unter besonderer Löhnung, Arbeiten des öffentlichen Nutzens vollziehen.

17) Die Staatsdomäne wird, wo möglich, auf der Stelle zur Anwendung der Gemeinschaft bestimmt; man schafft Städte, Dörfer und Meiereien, und übergibt sie einem Theile der Armenklasse.

18) Es sind die nöthigen Mittel zu treffen, um der gezwun-

genen Ehelosigkeit Schranken zu setzen und die Bevölkerungszahl zu vermehren.

19) Die Ehen der Arbeiter sind zu erleichtern.

20) Erziehung und Unterricht der jungen Generationen sind ein Hauptaugenmerk der öffentlichen Sorgfalt.

21) Zweck hiebei ist, Gesellschaftsmitglieder oder Arbeiter heranzubilden, die zur Gemeinschaft fähig.

22) Dafür sind hundert Millionen, wenn es nöthig ist, jährlich auszugeben.

23) Die Lehrer sind in aller Weise, sammt ihren Familien, auf Kosten der Republik sorgenfrei zu erhalten; sie sind die wichtigsten unter allen Staatsbeamten.

Ich mache Sie, meine Herren, aufmerksam auf die Zartheit womit die Republik den Eigenthümer und seine „wohlerworbenen „Rechte" zu behandeln beschloß. Die Gemeinschaft sollte, wie Sie sehen, nur die Kinder unter funfzehn Jahren, und die künftigen Kinder befassen. —

Hier entwickelte Dinaros das was ich im fünften Kapitel des ersten Theiles die Grundzüge der politischen Organisation genannt. Er beschrieb die Basis einer demokratischen Republik, die da auf der Allgewalt des Volkes und auf der Gleichheit der Provinzen, Gemeinden und Staatsbürger beruht. Es versteht sich daß die Republik kein Mittel versäumte, den Einwohnern das Besuchen der Volksversammlungen und das Ausüben der politischen Rechte zu vermöglichen. — Dinaros fuhr fort:

Da das Eigenthum, wie gesagt, noch eine funfzigjährige Dauer vor sich hatte, war kein plötzliches Aufhören der Vergehen, die mit ihm verwachsen sind, zu erwarten, folglich durfte die Gerichtsbarkeit nicht ohne Weiteres abbrechen. Der Dictator öffnete sofort die Gefängnisse für alle diejenigen, welche einst von der Aristokratie und den Reichen dort eingekerkert gehalten worden waren. Sie gingen in ihre Familien zurück und traten theils in die Nationalwerkstätten, theils in das Militär. Man schenkte selbst Dieben, welche Arbeitslust bezeigten, die Freiheit, und man sah mit freudiger Verwunderung, daß sie fast sämmtlich fortan untadelhaft blieben. — Die Gerichtsform betreffend, wurde verordnet wie folgt (und es las der Professor uns ein langes Dokument vor, dessen Schluß hier Platz finden möge):

Die Richter sind nunmehr nur auf eine Zeitlang im Amt, und werden gewählt.

Die Geschworenen sprechen sich über die Thatsache aus, sowohl in Civil= wie in Zuchtpolizei= und in Kriminalfällen. Das

Strafgesetz ist ganz umzuändern; die Todesstrafe hört auf. Auch das Kriminalverfahren ist abzuändern; die Freiheit der Person ist gegen alle Tyrannei der Justizbehörden sicher zu stellen, und lediglich wer eines Hauptverbrechens angeklagt ist, darf vor dem Urtheil verhaftet werden, und zwar nie ohne Ermächtigung einer vorläufigen Verhaftsjury. Die alten Kerker sind umzugestalten; sie müssen zur Gesundheit und zur Bequemlichkeit eingerichtet sein.

Das waren die Prinzipien der Uebergangsverfassung, und Sie begreifen leicht, daß unsere Nation ihr in den Versammlungen gern Bestätigung ertheilte. Von einem Ende des Reichs zum andern feierte man Freudenfeste. Die Provinzen wählten ihre Provinzialkammern, die neuen Beamten traten ein, die Gemeindeversammlungen organisirten sich völlig; somit war das erste Werk vollbracht: Ikarien hatte seine demokratisch republikanische Regierung. Keinerlei inländische und ausländische Störung hinderte jetzt die Vertreter, sich endlich aufs Eifrigste dem Volkswohle zuzuwenden. Das ganze Land betheiligte sich gleichmäßig dabei; die Gemeindemitglieder kamen zusammen und berathschlagten die Gemeindesachen. Die Provinzvertreter kamen zusammen und bearbeiteten die Provinzsachen. Diese sowohl wie jene beriethen sich auch über allgemeine Sachen, die ihnen die Verfassung anvertraute. Die Nationaldeputirten in der Hauptstadt endlich beschäftigten sich mit den Staatssachen.

Es war eine Riesenarbeit! Um sie zu bemeistern, hatte die Deputirtenkammer sich in funfzehn große Ausschüsse gesondert (für Ackerbau, Nahrung, Industrie, Kleidung, Wohnung, Handel, Erziehung, u. s. w.). Jeder bestand in hundertdreiunddreißig Deputirten; es gab sechzig Unterausschüsse, jeder von dreiunddreißig Deputirten. Neben jedem Ausschuß befanden sich Kommissionen aus Männern die, obwohl nicht Deputirte, dennoch durch Kenntnisse und Einsicht nützlich waren und Gutachten abgaben. Von hier aus ergingen unabläßige Erkundigungen und Untersuchungen; man korrespondirte mit andern Ausschüssen und Kommissionen in den Provinzvertreterschaften und in den Volksversammlungen der Gemeinden, so daß das ganze Volk der Republik in diesen Ausschüssen und Kommissionen enthalten war. Auf solche Weise mußte es geschehen daß die Nationalvernunft und der Nationalwillen an den hellen Tag kamen, ohne die geringste Verheimlichung, ohne Verstellung, ohne Uebertreibung, ohne Furcht und Zaudern. Damit das Volk sachgemäß urtheilen könne, hatte jede Gemeinde ihr Gemeindejournal für Gemeindeangelegenheiten; jede Provinz ihr Provinzjournal für Provinzangelegenheiten; die Nation hatte das Journal der Republik oder Nationaljournal für Angelegenheiten der Gesammtheit.

Jedes dieser Blätter ward von öffentlichen, durch die Staatsmitglieder ernannten Beamten redigirt, und auf Kosten der Gemeinde, Provinz und Nation (folglich ohne dem Einzelnen zur Last zu fallen) vertheilt. Solchergestalt las jedes Familienoberhaupt unendgeltlich immer drei Journale: das der Nation, das seiner Provinz und das seiner besondern Gemeinde. Man betrachtete dies als eine nothwendige Ausgabe, zu Gunsten des Volksunterrichts und der Volksherrschaft.

In gleicher Absicht verordnete man überall besondere und stets in Wirklichkeit bleibende Beamte, um die Statistik jeder Gemeinde und Provinz, und der Nation aufzunehmen.

Jede Gemeinde legte sofort ein Register an, worin Zahl, Zustand und Gebrauch ihrer Häuser verzeichnet ward; desgleichen Zahl, Zustand und Vermögen ihrer Familien; Zahl, Zustand und Vermögen der einzelnen Mitglieder jeder Familie, also Alter, Geschlecht, Gewerbe eines Jeden; die Zahl der Verehelichten, Unverehelichten und Verwittweten; die Zahl der einjährigen Kinder, der zweijährigen, dreijährigen, u. s. w., bis hinauf ins höchste Alter; ferner die Zahl der Schmiede, Zimmerleute, Schneider, Schuhmacher, u. s. w. Nicht minder war darin genau Rechenschaft über die Pachthöfe, Bauerngüter, Staatsgüter und Gemeindegüter abgelegt, und zwar wieder ins Kleinste hinab, bis auf die Zahl der Schaafe, Schweine, des Rindviehs und Zugviehs, des Geflügels, wie der Aecker nach Umfang, Kultur und Ertrag.

Jede Provinz schrieb im Provinzregister die Statistiken ihrer Gemeinden zusammen.

Alle Provinzstatistiken wurden im Nationalregister, dem Kataster, als Statistik der Republik vereinigt. Jede dieser drei Statistiken lag in einem besondern Gebäude im Hauptorte der Gemeinde, der Provinz und der Hauptstadt des Reiches.

Jede dieser drei Statistiken ward jährlich berichtigt, neu gedruckt und an das Haupt jeder Familie im Lande vertheilt, so daß die klarste Einsicht in die Zustände der Gemeinde, Provinz und Nation jeglichem Einzelnen hiemit möglich gemacht war. Die oberste Staatsbehörde fand in diesen Katastern desgleichen allen wünschenswerthen Aufschluß, um darnach ihre Maaßregeln für Bodenbau Industrie, Handel und Vertheilung der Arbeiten und Arbeiter zu ergreifen. Daß die Oekonomie unermeßlich dabei gewann, ist leicht einzusehen.

Vorschläge zu Reformen aller Art konnten jetzt ohne Mühe von jeder Familie, Gemeinde und Provinz zur Deputirtenkammer emporsteigen, und ebenso sicher und schnell von letzterer hinunter gehen und sich im Volke vertheilen, um es zu leiten oder um Rath zu fragen. In schweren Fällen entschied, wie recht und billig, das Volk in seiner Ganzheit, als unumschränkter Herr seiner selbst. So, meine zu ehrenden Zuhörer, haben wir schon damals auf der Uebergangsstufe die Selbstregierung des Volkes verstanden.

Eine der gewaltigen Fragen die Ikar und die Deputirten dem Lande vorlegten, hieß:

„Wie fängt man es an, unter funfzigjähriger Beibehaltung „des Privatbesitzes, die Versunkenheit und das Elend der Armen„klasse allmälig zu heben, so daß sie baldigst besser genährt, „gekleidet und behaust werde?"

Die Worte erregten unbeschreibliche Bewegung. Zum ersten Male auf der Erde erging an alle Einwohner eines großen Staates diese kühne, menschenfreundliche Aufforderung. Eine neue Welt that sich auf!

Man begann mit Abstellung der Mißbräuche. Die Nation erhob sich: und in einem Augenblicke waren sie auf ewig vernichtet; es war als hätte man sie mit einem einzigen Besenschwunge weggekehrt. Man hatte so zu sagen reine Tafel gemacht.

Uebrigens steckte Mißbräuchliches in Allem und Jedem; daher mußte man überall ändern: Maaße und Gewichte, Eintheilung des Reichsgebietes und der Zeit, Bezeichnungen; Gebräuche. Man machte eine gründliche Verwandlung, eine wahre Wiedergeburt. Die Personen selbst nahmen neue Namen an, so schien ein anderes Volk erstanden zu sein; Provinzen, Städte, Berge, Flüsse wurden umgetauft. Man wollte schlechterdings mit der bösen Vergangenheit brechen; es gelang; wie durch Zauberschlag trat ein neues Land mit neuen Menschen auf.

Als dies vollbracht, ging man weiter. Obenan stand stets der Satz: „Zuerst das Nothwendige, dann das Nützliche, zuletzt das Anmuthige."

Um die Armenklasse gehörig kleiden, ernähren und behausen zu können, ward von Einigen vorgeschlagen, den Preis der Nahrungs- und Kleidungsstoffe und der Wohnungen zu erniedrigen und den Lohn zu erhöhen, zugleich aber Arbeit zu sichern; von Andern, Wohnung, Kleidung und Nahrung an sie auszutheilen, oder Geld zum Ankaufen dieses Nothwendigen ihnen zu liefern, und für diesen Behuf eine Armensteuer auf die Nichtarmen zu legen; Andre wollten Anleihen im Großen und ein Papiergeld gemacht wissen, um den Armen zu unterstützen ohne dem Reichen gar zu wehe zu thun.

Keines dieser mannigfachen Mittel konnte allein angewandt werden, aber alle zusammen und in richtiger Weise verflochten, thaten erwünschte Wirkung, und produzirten ein mächtiges Kapital, vor dem sich die Schwierigkeiten ebneten. Die Republik fand solcherweise das Nöthige, um ihre Ausgaben zu bestreiten.

Der Ackerbau nahm, wie sich von selbst versteht, eine vorzügliche Sorgfalt in Anspruch. Es wurden Kommissarien ins Ausland geschickt um zu diesem Behufe Studien zu machen, sowohl hinsichtlich des Bodens, als der Gewächse und der Kultur derselben. Da indessen der Landmann in der frühern Gesellschaftsunordnung schlechterdings nicht vorbereitet worden war, jetzt plötzlich den Schlendrian abzuwerfen und sich eines bessern Verfahren in Pflanzen= und Viehzucht zu befleißigen, so führte dieses die Regierung wohlweislich zuvörderst auf den Nationaldomänen ein, desgleichen auf den Gemeindegrundstücken. Hier ward ein Muster aufgestellt dem die übrigen Ackerwirthe und Viehzüchter nachzueifern hatten. Ich brauche kaum zu erwähnen, daß die Behörde allen möglichen Vorschub ihnen leistete, theoretischen wie praktischen. Außerdem thaten die eintausend Landbaukommissionen in den eintausend Gemeinden ihre Pflicht, und gingen mit zweckmäßiger Lehre, die sie in besondern Vorträgen und einem Journal volksthümlich spendeten, überall zur Hand.

Wie diese Ackerbauvereine aus den tüchtigsten Ackerbauern und Professoren der Ackerwirthschaft, so bestanden die Kommissionen für die Ernährung aus Aerzten, Chimikern und Küchenmeistern; diese beriethen mündlich und schriftlich sich über die Nahrungsstoffe, deren klimatische Verschiedenheit, die Anzahl und Tagesstunden der Mahlzeiten, deren Anordnung und Zubereitungen, je nach Alter und Geschlecht, Gesundheitszustand, Körperzustand und Profession. Interessante Ergebnisse kamen da zum Vorschein über diese wichtigen Dinge, die man früher „geringfügig“ nannte und in Jedermanns Willkühr stellte, wodurch denn auch unwillkührliche Unglücksfälle in zahlloser Menge entstanden waren. Die Kommissionen konnten nicht völlig aufräumen, da die Gütergemeinschaft noch nicht da war; sie erwiesen wenigstens die Verwerflichkeit des alten Treibens, und bahnten der neuen Zeit kräftig vor; sie sorgten auch, wie die Acker=

baukommissionen, für Verallgemeinerung der Kenntnisse in diesem Punkte durch Wort und Schrift. Sehr wichtig war, daß die Regierung, d. h. die Deputirtenkammer, die Anwendung des neuen Speisesystemes in Hospitälern, Schulen und Werkstätten befahl, soweit dies möglich, und dem Volke bereits damals, im Uebergangsleben, eine gesundere Existenz verschaffte.

Die Kleidungskommissionen arbeiteten rastlos an einer verständigern Bedeckung des Körpers, und dies war in der That viel schwieriger, als Sie, meine Herren, glauben dürften. Die Kommissionen, aus Aerzten, Zeichenmeistern und Handwerkern zusammengesetzt, hatten hunderte von Fragen über die Bekleidung der Männer, Frauen, Kinder, Handarbeiter, u. s. w., aufzuwerfen und zu lösen. Es galt, das Nothwendige und Nützliche mit dem Schönen zu verschmelzen; die bisherigen Moden in verschiedenen Ländern mußten einer Kritik unterzogen werden. Die Nationalvertreterschaft bestimmte schließlich die in der Gemeinschaft anzuwendende allgemeine Tracht, und verfügte über die vorläufige während der funfzig Durchgangsjahre.

Da die Gesetzgeber, vom Volke erwählt, dessen volles Vertrauen genossen, ihm jegliches Projekt zu Berathung vorlegten, und kein einziges darunter war, was nicht geradewegs das Wohl des Volkes bezweckte, so gab es nirgend Widersetzlichkeiten. Man beeilte sich, die Beschlüsse der Vertreterschaft zu vollstrecken; selbst unmaßgebliche Andeutungen über Nahrung und Kleidung die von ihr ausgingen, fanden pünktliche Befolgung.

Nicht schlechter verhielt sich die Sache mit Wohnung und Möblirung. Da nach einem halben Jahrhundert alle Leute gleichmäßig und möglichst gut logiren sollten, verhieß die Deputirtenversammlung dem der den besten Plan eines Hauses einliefern werde, im Namen der Nation sein Brustbild in allen Häusern der Republik aufzustellen, und eine große Belohnung außerdem zu geben.

Als sämmtliche eingereichte Planzeichnungen in einem öffentlichen Konkurs beurtheilt worden waren, nahm die Nationalrepräsentation diejenige die den Preis erhalten, an, und befahl, daß forthin jedes Haus in der Gemeinschaft so zu bauen sei. Kein Bewohner der großen Republik, der nicht bald die Vortheile begriff, welche diese Gleichförmigkeit in sich schloß; es wurden nunmehr, in kolossaler Menge, alle zu einem Hause, zu einem Pachthofe, einem Dorfe und einer Stadt erforderlichen Stücke verfertigt, wodurch selbst der Dummheit einleuchtete, daß eine bisher auf der Erde unerhörte Sparniß an Zeit, Arbeitskraft und Mühe geschehen werde, so daß die hierauf gewonnene

Mühe, Arbeitskraft und Zeit zu Anderem, Größerem, Weiterem forthin verwendet werden könne. Nur wer ganz verstockt, das heißt bösen Willens voll, mag bekanntlich durch keinerlei Verstandespunkte zum Verständniß gebracht werden, muß sich folglich bescheiden geduldeu, bis er die Sache selbst in Wirklichkeit, im Bereiche der Sinnenwelt, mit eigenen Sinnen wahrnehmen kann.

Inzwischen räumte man viele öffentliche Gebäude für arme Familien ein. Die Freude über Dieses und Aehnliches ward so groß, daß selbst manche reiche Leute fortgerissen wurden, und der Republik Wohnungen für die Obdachlosen unentgeltlich zu Gebot stellten.

Die Musterplane für Landhaus, Werstätten, Spitäler, Schulen, u. s. w., wurden auf dieselbe Weise errichtet. Ebenso verfuhr man mit der Möblirung, und mit jedem einzelnen Möbelstücke.

Da alle Städte der Gemeinden nach funfzig Jahren ähnlich sein sollten, schrieb die Volksvertreterschaft eine sehr bedeutende Belohnung und eine Ehrensäule für denjenigen aus, der den besten Plan einer Gemeindestadt liefern würde. Ebenso ging es mit dem Plan für die Provinzialstädte und die Hauptstadt, ebenso mit den Denkmälern in den Städten.

Man kündigte durch das ganze Reich an, welche Städte schlecht gebaut und schlecht belegen wären, welche ganz und welche theilweise umgebaut werden müßten, und gab die Veränderungen zum Uebergange an.

Hierauf befahl die Deputirtenkammer den Neubau der im Kriege verbrannten Oerter, und mehrerer andrer, wo verwundete Soldaten und Besitzlose bereits jetzt in Gütergemeinschaft zu leben anfingen. Die Dörfer waren fast überall jämmerlich, und wurden umgebaut.

Das Gebiet der Republik theilte sich von nun ab in einhundert, soviel als möglich an Ausdehnung gleiche, Provinzen, und jede in zehn beinahe gleiche Gemeinden. Man sorgte möglichst dafür, jede Provinzialhauptstadt in die Mitte ihrer Provinz, jede Gemeindehauptstadt in die Mitte ihrer Gemeinde zu versetzen, und zog genügende Landstraßen, so daß die Gemeindemitglieder stets ohne Mühe in die Gemeindestadt von allen Seiten her sich begeben konnten.

Jede Provinzstadt und ihr Stadtgebiet enthielt die Bevölkerung und das Gebiet von drei Gemeindestädten und drei Gemeinden. Die Reichshauptstadt enthielt sechzig Gemeinden. Man wußte übrigens die Einwohnerschaft so zu vertheilen, daß jede

Gemeinde und jede Provinz mit den andern gleich an Bevölkerung wurde.

Die schlecht gezogenen Landstraßen wurden notirt, desgleichen die Kanäle und die Flüsse, die entweder ausgegraben, oder geradegeführt, oder kanalisirt werden mußten. Ebenso mit den Eisenbahnen.

Eine große Sorgfalt ward auf die Bergwerke gelegt, deren manche ältere, als nutzlos, mit neuen vertauscht wurden, und bei denen die besten Methoden in Gebrauch gesetzt werden konnten, da jetzt keines der früheren Hindernisse mehr obwaltete.

Um dieser ungeheuren Aufgabe Herr zu werden, wandte sich die Industriekommission an das mechanisch-industrielle Genie der ganzen Nation, und selbst der Ausländer, um die Maschinen zu vervollkommnen, welche den Menschen in den gefahrvollen und widerlichen Arbeiten zu ersetzen.

In den Fabrikationen, zum Beispiel der Kleidungen, hatte man bald diejenigen Formen welche leicht und schnell zu verfertigen waren, ausfindig gemacht; auf solche Weise wurde es vielen Schneidern möglich, das bisherige Geschäft zu verlassen, und sich zu andern zu wenden. Die Republik war übrigens keineswegs abstoßend gegen Fremdlinge; sie zog sogar über eine Million ausländischer Gewerbleute an sich, und machte sie zu Bürgern. Sie hatte aber dabei die Klugheit, nur Männer von Talenten und Geschäftsbildung, und von körperlicher Gesundheit und Schönheit aufzunehmen; diese Fremden heiratheten Ikarinnen und vermehrten nicht nur die Einwohnerzahl, sondern — was ebenso wichtig in jener Uebungsepoche — auch unsere Industrie.

Die Volksvertreterschaft warf zugleich einen Blick auf Handel und Kunstfleiß; sie konnte bald, zufolge der Tabellen, erfahren, welche Fabrikationsfächer überladen waren, und welche Mangel hatten. Sie that den kühnen, aber unerläßlichen Schritt, und machte sich, Namens des Volkes, zum Großkaufmann und Großindustriellen, wenn ich so sagen darf; denn sie beauftragte die Vollziehungsbehörde mit ungeheuren Ankäufen von Rohstoffen im Auslande, und mit der Organisirung mächtiger Staatsmanufakturen, Staatswerkstätten, wo die Nothwendigkeiten der Existenz (Kleidung, Möbeln und das zum Häuserbau Erforderliche), fabrizirt ward.

Desgleichen schlug sie großartige Werkplätze bei unsern Bergwerken auf. In allen diesen bisher noch nie vorhanden gewesenen republikanischen oder wahrhaft nationalen Arbeitsstätten wurde der Arbeiter, nicht gerade besoldet, aber auf Republikkosten logirt, gekleidet, genährt; er genoß, neben dem beruhigendem Gefühle, der scheußlichen Hungermarter und der Unsicherheit des Daseins auf immer entflohen zu sein, die frohe Gewißheit, daß seine Kinder nicht minder das genügende Auskommen haben würden. Es war den Leuten zu Muthe, als hätten sie nach den unendlichen Leiden des Schiffbruchs endlich einen guten Hafen erreicht. Der Arbeiter und die Arbeiterin begannen zu sehen, daß diese Staatsbehörde, aus den Wahlen des Volkes selber hervorgegangen, ernsthaft sich um sein physisches wie geistiges Wohl bekümmere, und keineswegs mit Worten klimpere. Nach ungeheurer Pein hatte die Arbeiterklasse wirklich die Bahn erreicht, auf der sie unwiderstehlich alle Hindernisse ebnen, und dem Ziele entgegengehen sollte; die Arbeiter erhoben sich, nicht etwa nur durch das Niederwerfen einer höhern Klasse, sondern durch eine gesellschaftliche (das heißt jede Klasse umfassende) Neugeburt über jenen kläglichen Standpunkt, auf dem sie getriebene Maschinen in Menschengestalt, und nur zu lange, gewesen.

Um die weitschichtige Masse des Aufbauens und Fabrizirens zu bewältigen, bestimmte die Kommission der öffentlichen Arbeiten, von einem Ausschusse Gelehrter und Industrieller unterstützt, die Reihenfolge in der das Einzelne vorzunehmen war.

Das Komité der öffentlichen Gesundheit war rastlos beschäftigt, Vorsichtsregeln für die Werkstätten zu geben. Eine Abhandlung über „Volksgesundheit" wurde von der Deputirtenkammer als bestes unter den eingelaufenen Büchern gewürdigt und unentgeldlich in einigen Millionen Exemplaren vertheilt. Es versteht sich, daß es in einfacher, allgemein verständlicher Sprache abgefaßt war, und keineswegs über den Arbeitern in der Werkstatt die zu Hause Arbeitenden vergaß. Das Büchlein belehrte Jedermann.

Eine andere Kommission, ernannt zur „Vervollkommnung des Menschengeschlechts," unternahm, in steter Verbindung mit den vorigen Kommissionen, die dahin zielenden Arbeiten mit größtem Eifer, und bald auch mit günstigem Erfolge.

Für das Unterrichtsfach, welches die alten Tyrannen absichtlich vernachlässigt hatten, arbeiteten nunmehr viele tüchtige Männer. Hier bedurfte unser Vaterland einer völligen Umschaffung; Philosophen, Erzieher, Aerzte, die gesammte Nation war zum Mitwirken aufgefordert.

Zuvörderst eröffnete man vorläufige Bildungsanstalten, und begabte sie mit den schönsten Gebäuden, die früher zu allerlei Thörichtem dienen gemußt. Eine leider sehr starke Anzahl Halberwachsener und Erwachsener von funfzehn bis dreißig Jahren konnte zu jener Zeit noch nicht schreiben und lesen! An diese wendete sich die Nationalvertreterschaft vor allen Dingen, und ließ sie die Anfangsgründe erlernen, um sie wenigstens einigermaßen in Stand zu setzen, als Staatsmitglieder und Arbeiter zu existiren.

Nachdem sie über das System des Unterrichts nach Ablauf der funfzig Jahre einig geworden und es votirt hatte, stellte sie unverzüglich ein zweites, sofort in Wirklichkeit tretendes Uebergangsystem auf, welches möglichst genau dem zukünftigen den Weg bahnte.

Alle Kinder zwischen zehn und funfzehn Jahren, beiderlei Geschlechts, arme wie reiche, erlernten jetzt nach eigener Wahl ein Gewerbe, und wurden über die neue Organisation des Ganzen und die Gemeinschaft unterrichtet; alle Kinder unter zehn Jahren ließ man gemeinsam, und bis zum Alter von achtzehn Jahren erziehen; solcherart gewann die Republik eine lebendige Gewähr für die einstige Umgestaltung im Großen.

Aus der jungen Pflanzschule sollte sich die künftige gütergemeinschaftliche Generation entwickeln; Sie können sich vorstellen, meine Herren, mit welchem Respekte, mit welcher Freude man an das erhabene Werk schritt, als es hieß: „Auf diesen Kindern „beruht forthin die Hoffnung der Welt, darum scheut „keine Opfer, um die Bildung der jungen Leute fest zu begründen und reich auszustatten!“ — Daß für Lehrer und Lehrerinnen die nöthigen Bücher mit nicht weniger Sorgfalt ausgearbeitet wurden, als für die Zöglinge, versteht sich.

Ikar brachte jetzt eine Idee in Vorschlag, die er lange schon nach allen Seiten durchdacht und zu einem fertigen Plan ausgeprägt hatte; eine ganz außerordentliche Idee, vor der jede übrige Nation, und auch die seinige vor einem Jahre — was sage ich? noch vor wenigen Monaten zurückgeschaudert hätte, — und die in der That nur unter jenen Umständen ausführbar geworden: Dies war das Abschaffen unserer bisherigen Sprache und das Schaffen einer neuen, bessern. So lange die Sonne scheint und Tag und Tag wechseln, war solches nicht vorgekommen, in keinem Lande, zu keiner Zeit! Und es gelang, dieses unerhörte Wagniß! Ikar entwickelte vor den Nationalvertretern, wie nothwendig die Sprache auf Gefühl, Gedanken und Handlung einwirkt; wie folglich eine ganz regelmäßige, vernunftvolle Sprache, die, mit wenigen und einfachen Regeln gebaut, dem Menschen möglichst geringe Schwierigkeit im Erlernen und Gebrauchen in den Weg legt, von unermeßlich segensreichem Einfluß auf Individuum und Nation sein müsse*. Wie das revolutionäre und selbstgebietende Volk Ikariens schon die Namen der Personen, Oerter, Flüsse und Berge verändert hatte, um zwischen sich und den alten bösen Einrichtungen gleichsam eine Mauer zu errichten: so, und noch viel mehr, konnte es durch Umschaffung seiner Landessprache eine unausfüllbare, ewige Kluft zwischen sich und der gesammten Vergangenheit befestigen.

Ikars Vorschlag ward angenommen; die Deputirten beschlossen dem, der den Musterplan zu einer Sprache einreiche, ein Ehrenbild in allen Schulen und Bildungsanstalten zu gewähren. Sie entschieden zugleich, diese neue Sprache solle allen Kindern gelehrt, und die besten Schriften der Vorzeit in dieselbe übersetzt werden, wobei man sich kurz und bündig die schlechten vom Halse schaffte, indem man sie nicht übertrug, und somit der gebührenden Vergessenheit anheim gab. Ikarien hatte wahrlich keine Zeit mehr mit dem Lesen des elenden und mittelmäßigen Gedankenauswurfs zu verschleudern, den die Nation in langen Jahrhunderten sich aufgebürdet und aufbürden gelassen hatte.

Hienach richtete die Deputirtenkammer und das Volk ein scharfes Auge auf Religion und Religionsdiener. Auch hier galt es vor Allem einen Uebergang festzustellen.

Man verkündigte zunächst: „Achtung aller Glaubensformen, „Duldung jedes Kultus."

Man trennte die Religion gänzlich von dem Staate und der Regierung; man führte sie auf einfache Verehrung der Gottheit und Sittenlehre; dieses hieß fortan Religion.

Alle jungen Priester wurden von ihren Glaubensbrüdern gewählt; die Priesterehe ward gestattet. Die Kaste der Geistlichen erklärte sich von jedem im Auslande residirenden Oberpriester und Priesterfürsten für unabhängig, und sich selbst für dem Landesgesetze unterworfen. Während man nun die Gewohnheiten der bejahrteren Priester und Frömmlinge respektirte, bildete man neue Priester durch einen zweckmäßigen Unterricht. Nur durch diese jüngere Klasse schien es der Staatsbehörde möglich, die Religion der künftigen Gütergemeinschaft zu reinigen und rein zu erhalten.

Nach der angegebenen Methode, meine Herren, haben die

* Dieses ist ein Punkt, der zu den originellsten im Buche gehört, und gewiß eine tiefe Wahrheit ausspricht.

Anmerkung des Uebersetzers.

Volksrepräsententen, das Volk und Ikar damals den politisch-gesellschaftlichen Durchgangszustand organisirt. Eine hohe Weisheit, ein tiefes und weites Eindringen in die Verhältnisse und in die Menschennatur thut sich dabei kund; daher kam es aber auch daß die Hindernisse nichts gegen unser rüstiges Fortschreiten auf der glorreichen Bahn zur Vermenschlichung hin, auszurichten vermochten. Wir übereilten nichts, wir verspäteten nichts. Als Ikar 1798 starb, erlitt der Gang der Dinge keine Unterbrechung; so gut war Alles vorher berechnet. Tausende von Schülern des edlen Mannes lehrten überall im Reiche die Doktrin, das gesammte Volk war ihr geneigt. Man diskutirte fortwährend das Prinzip und seine Anwendungen; man studirte ununterbrochen die dazugehörigen Seitenfragen; es kam zuletzt nur noch auf eine Handlangerarbeit, so zu sagen, an.

Sehr erfreulich, und was kaum erwartet gewesen, war das Resultat welches der begonnene Umschwung schon jetzt auf viele Millionäre und Reiche zweiten und dritten Grades hervorbrachte: diese Leute verschrieben öfters ihre Güter der Republik und traten in eine der vielen kleineren Gemeinschaften, mit denen sich Ikarien füllte. Der Dictator gab sein bedeutendes Vermögen her um eine Gemeinschaft von hundert armen Familien als ein Dorf zu bilden. Einer der reichsten Adligen, ein Herzog und ehemaliger königlicher Kammerjunker, der Herr von Alisos folgte diesem Beispiel, und formirte durch sein kolossales Vermögen eine Gemeinschaft von dreihundert Familien der Armenklasse, unter denen er fortan zu leben beschloß. — Der Graf Makbill nahm zweihundert Knaben von neun oder zehn Jahren aus den Findelhäusern und eben so viele Mädchen von fünf Jahren, that sie in die Bildungsanstalten, verheirathete sie und bestritt mit seinen Kapitalien und Landgütern die Gütergemeinschaft in der sie forthin lebten. — Der Ritter Duhirid associirte sich zwanzig Barone, Grafen, Junker und Ritter um ein Gleiches zu thun. — Ein Priester brachte es in seinem Städtchen dahin, daß die Pfarrkinder alle ihre Habe für Gemeingut erklärten. Solcher Vorgänge gab es zahllose.

Der Enthusiasmus stieg. Tausende von Petitionen, an deren Spitze viele Reiche, verlangten, die Deputirtenkammer möge dem Volke vorschlagen, den Termin der funfzig Jahre abzukürzen.

Die Arbeiten gingen so gut, daß diese Frist auf vierzig, dann auf dreißig Jahre herabgesetzt werden konnte; im Jahr 1812, vierzehn Jahre nach dem Tode Ikars und dreißig Jahre nach der Wiedergeburt der Nation, erschien die Gemeinschaft im Besitz des gesammten Landes.

So weit, meine zu ehrenden Herren Zuhörer, hatte ich Ihnen die Geschichte unseres Volkes vorzutragen. Sie sehen es jetzt im glücklichsten Fortschritte, rastlos in Wissenschaft und Industrie sich weiter entfaltend; Sie sehen unsern geselligen und politischen Organismus. Ich könnte Sie hierauf verweisen und jedes Ihrer Bedenken mit den Worten beantworten: „blicke um dich.“ Allein ich halte die Diskussion für ein hochwichtiges Element, wenn es sich um inneres Ausbilden handelt, und ich bin daher stets geneigt, Einwürfe zu widerlegen, Einwände zu heben. Wir wollen also, mit Ihrer Bewilligung, die nächsten Abende hiezu ansetzen. Es wird, ich weiß es, nichts anderes gegen die ikarische Gütergemeinschaft von Einigen aus Ihrer Mitte gesagt werden können, als was längst bei uns gesagt, längst bei uns berichtigt und entkräftet worden; das vorige Jahrhundert schon hat alle etwaige Zweifel in Ikarien hinweggekehrt. Die Einwürfe sind immer dieselben, ich bin davon so überzeugt daß ich sie Ihnen im Voraus aufzeichnen, in die Feder diktiren kann.

Indessen beruhigen Sie sich, meine Herren; das Volk hat diese Schwierigkeiten alle gelöst, es hat den Zauberbann zu brechen verstanden in welchem Jahrtausende lang das Menschenthum, wie im ungeheuren Netze einer giftigen Riesenspinne, gefesselt lag. Das ikarische Volk hat triumphirend innerhalb der dreißig Jahre Vorarbeitens mehr und größeres geleistet als in seiner ganzen früheren, vielhundertjährigen Existenz. Es hat aber auch in jener Uebergangsfrist ein reineres und reicheres Glück, das Glück des unermeßlichsten Sieges den je Menschen errungen, zu genießen gehabt; es ist ein freudiges, mit stolzer Wehmuth gemischtes Entzücken gewesen, als unsre Väter die zerschellten blutigen Ketten mit den Füßen zur Seite schoben, diese Ketten in denen viele Generationen, richtiger die ganze Menschheit, seit Anfang der Welt geschmachtet hatten. „Unsere Kinder,“ riefen sie, „werden die Bahnen betreten, deren Pforte wir erstürm„ten; über unsern Gräbern werden sie die ruhmwürdigsten „Thaten ausführen: wir aber haben die Genugthuung ihnen die „Stufen gelegt zu haben, auf denen sie bald hoch über uns sich „emporschwingen werden.“ — Und dasselbe sagen auch die heute lebenden Ikarier! —

Siebentes Kapitel.

Einwürfe und Bedenken.

Der geräumige Saal hatte sich wieder gefüllt. Ein Spanier, Don Antonio, wollte diesmal das Wort nehmen; er war einst Richter am Inquisitionstribunal gewesen, ein Mann von bedeutenden Kenntnissen und großer Geistesschärfe, der einige Anhänger hatte, die in der That meinten, er werde siegreich durchdringen.

Einer der Anwesenden sagte zum Professor: ich glaube gehört zu haben daß man alle Häuser, Städte und Dörfer neu gebaut hat; wie war dies in der verhältnißmäßig kurzen Zeit eines Menschenalters von dreißig Jahren möglich? Auch die ungeheuren Mittel angenommen über die man zu gebieten hatte, dünkt mir gleichwohl die Arbeit eine überschwängliche, und ich begreife nicht die Ausführbarkeit. —

Hierauf entgegnete Dinaros:

Allerdings mußte zu der bestimmten Zeit Alles fertig dastehen, doch half man sich dadurch daß man weniger auf Dauerhaftigkeit als auf Schnelligkeit sah; man ordnete die Weise an, wie das Haus am Geschwindesten geliefert werden könnte, und behielt sich vor, später umzubauen; auch ließ man vor der Hand die zur Verzierung dienenden Monumente auf den dazu abgesteckten freibleibenden Plätzen weg. Eben so verfuhren unsere Väter mit der Möblirung; das Nothwendige kam schon in der Uebergangsfrist, das Nützliche und das Schöne ward auf die künftige Gemeinschaft verschoben.

Daß man die besten Maschinen des Auslands anwendete, und eine Menge neuer erfand, habe ich bereits gesagt. Die volle Intelligenz des Volkes kehrte sich jetzt mit Nachdruck der industriellen Thätigkeit zu; die Million fremder Arbeiter, in die Reihen der Ikarier freundlich aufgenommen, trugen nicht wenig dazu bei; es ist berechnet worden, daß die Kraft von dreitausend Millionen (das heißt drei Milliarden) Arbeiter oder zweihundert Millionen Pferde durch die damaligen Maschinen ersetzt wurde. Da man im Ganzen und Großen fabrizirte, ward eine fast fabelhafte Geschwindigkeit erreicht; unter den Augen Ikars entstand ein Haus in einem Tage; eine Straße war in fünf Tagen fertig, die Hauptstadt eines Gemeindebezirks erhob sich in drei Monaten. Die meisten Städte enthielten Lücken, und man baute dem Grundrisse zufolge allmälig die fehlenden Wohnungen nach, jemehr die Bevölkerung wuchs. —

— Ich begreife das, erwiederte einer der Zuhörer, aber mir ist der Uebergang nicht deutlich, vermöge dessen die riesenhafte Umwandlung in so kurzer Frist stattfinden konnte. —

— Dieser Uebergang war keineswegs ein plötzlicher, sagte Dinaros; erlauben Sie mir den Punkt nochmals zu erörtern.

Unsere Vorfahren begannen die Arbeiten bei Provinzen die am ärgsten durch den Krieg gelitten, und gingen dann zu solchen über, die offenbar die größte Neigung für Möglichkeit des schleunigstens Gelingens darboten. Jahr um Jahr ward das Verjüngungssystem in einer, in zwei, in drei unsrer Provinzen verwirklicht, so daß die Gütergemeinschaft, vom zweiten Jahre nach der Revolutiou an, auftrat, und allerdings dreißig Jahre brauchte. In der Provinz, die sich zur Einführung des Systems meldete, war, wie gesagt, im Register aufs Genaueste der Befund der Familien, Wohnungen und des Mobiliars verzeichnet worden. Man wußte, wie vielerlei eine Familie nöthig habe; das Wohnungsgesetz hatte klar diese Punkte bestimmt. Nichts leichter nun, als die nothwendigen Möbeln herschaffen. Sobald ein neues Wohngebäude von außen und von innen fertig war, schenkte es die Regierung den Armen, und — ich spreche immer von irgend welchem Gemeindebezirke — nachdem diese Armen einquartirt und möblirt worden, kam die Reihe an die Wohlhabenden und Reichen. Jene lieferten ihr bisheriges Mobiliar in die Möbelmagazine ab, weil es zu schlecht für die neue Ordnung der Dinge war; diese gaben die übermäßigen und luxuriösen Gegenstände ebendorthin, und entledigten solcherart ihren Hausstand vom Ueberflüssigen, so daß in unglaublich schneller Zeit das richtige Gleichgewicht eintrat, und durchweg die gesetzliche Möblirung herrschte.

War nun die gesammte Anzahl der Familien einer Gemeinde logirt, so wählte sie, nach Verlauf eines Jahres oder zweier, neue Beamte, und proklamirte die Gütergemeinschaft, was jedesmal mit unbeschreiblichem Jubel im ganzen Reiche bekannt gemacht wurde.

Ja, dieser Anfang geschah als ein theilweiser dennoch zu gleicher Zeit in allen Gemeinden der Republik. Denn, sobald im Jahre Eins, das Gesetz die sofortige Gleichheit der Provinzen, Gemeinden, Städte und Dorfschaften, Stadt- und Landwohnungen ausgesprochen hatte, erschien ohne Zaudern die Karte dieser sich verjüngenden Provinz mit allen neuen Gemeinden; erschien die Karte jedes Gemeindebezirks mit allen neuen Dörfern, Landhäusern, Landstraßen, u. s. f.

Man bestimmte, welche der neuen Ortschaften auf ganz andern

Plätzen, und welche auf den alten, mit Umgestaltung des alten Planes, errichtet werden sollten. Die Ingenieure hatten viel zu thun; doch erlangten sie bald durch Uebung die nöthige Gewandheit. War eine Straße fertig, und hatte man die neuen Wohnungen trocken werden lassen, so zogen die Leute aus einer alten dort ein, und man riß letztere nieder. Das alte Material wurde oft wieder benutzt, ebenso altes Mobiliar, welches während der dreißig Jahre, ohne der Republik beträchtlichen Verlust zu verursachen, füglich Dienste versehen konnte.

— Aber wenn auch auf dieser Seite kein Abbruch vom Gesammtkapital der Republik geschah, wie ward es mit den Edelsteinen, Juwelen, Kleinodien und sonstigen Luxusstücken? fragte einer der Anwesenden. Gingen die nicht durch das Verbot verloren?

— Freilich, entgegnete Dinaros; allein bedenken Sie, daß jene Sachen eigentlich ohne reellen Werth waren; übrigens war unter ihnen bereits scharf aufgeräumt worden; die Luxusfabrikation fand keinen Beifall mehr zu einer Zeit wo das Nothwendige und immer das Nothwendige sich geltend machte, und vieles war in Geld verwandelt und zum Ankauf von Nationalgut im Umlauf und außer Land gekommen. Nach dreißig Jahren lieferten die Reichen ohne Widerspenstigkeit den Rest in die Nationalmagazine, denn sie wußten nichts mehr damit anzufangen.

— Was das Geld betraf, wurde wahrscheinlich ein Gleiches gethan? bemerkte ein junger Mann.

— Allerdings, sagte der Professor, es war völlig entwerthet; die Besitzer von Papieren büßten nicht mehr dabei ein, als die welche Gold und Silber in Händen hatten; die Gemeinschaft erstattete Alles wieder, indem sie den Bedürfnissen durchgängig abhalf; Schuldbücher und Quittungen waren fortan inhaltsloses Gekritzel geworden, und Gläubiger wie Schuldner schickten ihre Münze in die Staatsmagazine.

— Aber hieraus, sollte ich meinen, entstand eine Schwierigkeit im Verkehr während des Ueberganges.

— Nein, mein Herr; auf kurze Frist konnte immer noch innerhalb der dreißig Jahren geliehen werden, und anderseits hatten die Kapitalisten kein Interesse, ihre Schätze in die Erde zu verscharren. Ein Kapitalist warf sein Geld ins Publikum, wenn er es durchbrachte um sich zu amüsiren; ein anderer Kapitalist lieh mit oder ohne Zinsen um den Uebergang zu erleichtern, oder that Schenkungen. Die Meisten blickten, je näher die Stunde der Gemeinschaft heran kam, mit einer bisher unerhörten

Gleichgültigkeit auf den Mammon, der ihnen einst so fest an die Seele gewachsen gewesen.

— Wie wurde es mit der Rente gehalten?

— Sehr einfach; Sie können es errathen: in dreißig Jahren mußte sie erloschen sein, und demgemäß erlosch sie Jahr für Jahr je nachdem die Rentiers in die Gemeinschaft traten. Auch stand es frei, seinen Rentenantheil zu verkaufen, obschon das Börsenspiel abgeschaft worden war. Es versteht sich daß nach dreißig Jahren die ausländischen Inhaber von unsern Staatsschuldscheinen bei Heller und Pfennig ausgezahlt worden sind; nur ward ihnen keine neue Rente verkauft, die Register waren bei Beginn der Uebergangsfrist geschlossen worden. — Unsere Wechselagenten groß und klein hatten anfänglich viel gefürchtet, und siehe! sie ertrugen das Unvermeidliche nicht nur, sie waren auch zufrieden damit. Das Besitzthum von Ausländern wurde, wenn diese es nicht gutwillig dem ikarischen Staate verkauften, zum Gut der Republik geschlagen und man entschädigte, zufolge des ältern Gesetzes welches zu Gunsten des öffentlichen Nutzens stets bei uns erlaubte, in bestimmten Fällen dem Privatmanne einen Theil seiner Habe gegen genügende Entschädigung zu nehmen. Dies Gesetz unserer frühern Epoche bedurfte lediglich neuer Auslegung, und es äußerte gute Wirkungen. Daß endlich keinem Ausländer mehr verstattet werden konnte, liegende Gründe in Ikarien zu erwerben, brauche ich wohl nicht besonders zu erwähnen. Hiedurch haben wir gewiß nicht uns der Grausamkeit oder Unfreundlichkeit gegen die Fremdlinge schuldig gemacht; wir öffneten ihnen fortan gern unsre Thore, aber wir forderten vorher eine Entschädigung für Nahrung, Kleidung, Wohnung, Belehrung und Vergnügungen deren sie sich bei uns zu erfreuen haben sollten.

— Es ist Schade, bemerkte ein Zuhörer, daß Ikarien nur die reichern der Reisenden empfängt. — —

— Allerdings, sagte der Professor, wünschten wir sehnlich, auch auf die ärmern unsere Gastfreundschaft ausdehnen zu können, aber darin liegt eine Unmöglichkeit; wir sind außer Stande, alle Unglücklichen des ganzen Erdballs, alle dem Joche Entronnenen, alle Unzufriedenen aus allen Ländern der Welt, in unsern Gesellschaftsverband aufzunehmen; eine Beschränkung die Sie selbst, meine Herren, bei Nachdenken als eine ganz richtige erkennen müssen.

Don Antonio, der oben erwähnte alte Jurist und Inquisitor, hatte das Wort verlangt, und die Reihe kam an ihn. Die allgemeine Aufmerksamkeit verdoppelte sich, als der vielgewandte Spanier anhub:

Ich nehme mir die Freiheit, der geehrten Versammlung einige meiner Gedanken hiemit vorzulegen, doch — setzte er halb lächelnd hinzu — mein Auge ist durch den Glanz der ikarischen Wunderwerke fast geblendet, und ich fühle mich fast behindert, wenn ich...

— Sie haben das Wort, sagte Dinaros; sprechen Sie sich ganz, ohne den leisesten Rückhalt, über den Gegenstand aus. (Die Mehrzahl der Anwesenden rief ihm gleichfalls „reden Sie" zu.)

Ich gestehe, fuhr der Spanier fort, die Ikarier sind glücklich, sie scheinen es und sagen es wenigstens. Ich gebe zu, ihr Glück ist vollständig nach allen Richtungen des Menschenwesens, und beruht auf fester Basis. Um die mächtigen Grundpfeiler zu bauen worauf das stolze Gebäude prangt, haben Sie dreißig Jahre gebraucht; andere Nationen mögen eine längere Durchgangsfrist, mögen sechzig, achtzig und hundert Jahren nöthig haben. Nicht über diesen Nebenpunkt wünsche ich zu reden. Ich hätte aber einige Bemerkungen betreffs des Systemes der Gleichheit und Gütergemeinschaft an und für sich, zu machen, wollte man es auf Europa anwenden. Nur muß ich gewiß sein, durch keinen meiner Sätze irgend wie das Mißfallen der schätzenswerthen Versammelten zu erregen, und...

— Sie haben das Wort, wiederholte Dinaros.

— Reden Sie dreist! riefen mehrere Anhänger des Spaniers, der hierauf mit lauterer Stimme sagte:

— Wohl denn; ich behaupte gesellschaftliche Gleichheit ist der Natur entgegen, ist ungerecht, schädlich in ihren versuchsweisen Einführung, denn im Grunde ist sie rein unmöglich. Von jeher mochte sich kein Volk mit ihr befassen, ebenso wenig mit der Gemeinschaft... Ich würde den Beweis hier liefern, fürchtete ich nicht durch meine Worte manchen unter Ihnen, und zwar in einem Lande wo des Großartigen und Bewunderswürdigen so viel....

Abermals unterbrach den Redner der Zuruf, er möge ohne Umschweife sich aussprechen.

— Ihrer Erlaubniß völlig versichert, werde ich hiemit von derselben bescheidenen Gebrauch zu machen mir die Freiheit nehmen, erwiederte Don Antonio; zudem beziehe ich mich auf unsere alten europäischen Staaten, und verwahre mich ausdrücklich gegen alle Anspielung auf den ikarischen, welcher ja das Glück einer besondern Verhältnißlage genießt.

Ich gehe beim Beginn meiner Einwürfe auf den Anfang der Dinge zurück, und frage: — hat die Natur uns Menschen zur Gleichheit oder zur Ungleichheit getrieben?

Bevor politisches Zusammenwirken entstanden, waren die Menschen etwa gleich an Farbe, und Gestalt, und Gesundheit, und Stärke, und Schönheit, und Fruchtbarkeit, und Verstand, und Muth?

Nein; eben so wenig wie die Thiere, oder die Gewächse oder die Landstriche und Klimas gleich sind.

Ein bekannter Spruch besagt, nicht zwei Blätter, nicht zwei Sandkörner seien gleich.

Und hieraus, aus dieser deutlichen Natürlichkeit, muß der vernunftvolle Mensch schließen, daß Ungleichheit der Kern, der Anfang, das Ziel der Natur ist.

Und wenn man trotz dieser Erkenntniß das Gegentheil der Ungleichheit will, so empört man sich dadurch gegen die Natur, gegen den Herrn der Natur, gegen Gott selber.

(Er sprach die letzten Worte mit einer religiösen Salbung.)

Da nun die Erdenbewohner ungleich sind in jeglicher Hinsicht, so ist es einleuchtend daß wir auch ungleich an Einfluß, Macht, Ansehen und Vermögen sein müssen und sollen. Gesellschaftliche Gleichheit, welche über alle diese Mannigfaltigkeiten den Hobel fahren läßt, ist demnach eine Ungerechtigkeit; und wenn um bei dem Bilde zu verharren, man mit Richtscheid und Richtschnur gegen die Unterschiede zu Felde zieht, so versündigt man sich an dem menschlichen Wesen, man dringt ihm Unmenschliches, Unwesentliches, seinem Wesen Widerstreitendes auf; man erstickt das Wetteifern, das Ehrgefühl und die Ruhmesliebe. Man erkältet unter eisiger Decke die lebenswarmen Triebe der Thatkraft; Erfindungen, Aufopferung, Hingebung, Heldensinn: alles dieses erstirbt auf ewig!

Gesetzt, die Thoren hätten die Gleichheit des Besitzes ausgerufen; sie würden sich bitter täuschen, hielten sie ihr Werk für dauerhaft. Einige würden arbeitsfähig, Andere unfähig sein; Einige fleißig, Andere unfleißig; Einige genügsam, Andere ungenügsam; Einige leidenschaftsvoll, Andere leidenschaftsleer; Einige geistreich, Andere geistarm; einige edelmüthig, Andere unedelmüthig; Einige tugendhaft, Andere lasterhaft; Einige charaktervoll, Andere charakterlos. Daraus müßte offenbar schnell ein Umsturz der künstlichen Gleichheit, ein Wiederauftauchen der naturgemäßen Ungleichheit sich ergeben. —

(Bravo! Bravo!)

Und so haben denn auch die Ahnen des Menschengeschlechts,

in allen Himmelsstrichen und Nationen, selbst im sogenannten goldenen Zeitalter, niemals die Raserei sich einfallen lassen, der Ungleichheit des Besitzstandes den Stab zu brechen.

Und so haben denn auch, nicht etwa die unwissenden Massen, sondern die der Gottheit durch Kenntnisse und Erleuchtung des Geistes zunächst stehenden Klassen allenthalben geurtheilt; man betrachte die lange Reihe von Historikern, Philosophen, Naturkundigen, Gesetzgebern, Regierungen, Propheten, man betrachte selbst die kühnsten Reformirer und Revolutionäre; alle haben Ungleichheit bestehen lassen, haben ihren Aberwitz nicht bis auf jene Schwindelhöhe geschraubt, von wo aus der Mensch nur Ruinen um sich streuen würde um sich unter denselben zu begraben.

Wenn die Vorsehung für die Menschheit Alles hienieden schuf, dann hat sie auch Keinem etwas Besonderes geschenkt, sondern Jedem die Machtvollkommenheit verliehen, sich von Thieren, Früchten und Feldern einen Theil durch eigene Kraft anzueigenen. Sie hat dem Erdenbürger Vernunft, Verstand und Herz, Glieder, Sinne und Sprache gegeben, auf daß er in dieser Welt es sich heimisch mache, es sich wohl sein lasse, strebe, erobere, erringe, aufspeichere, entdecke, erfinde, für seinen Genuß und für das Wohl der Nachkommen; kurz: Gott selbst hat das Eigenthum, das Privateigenthum, eingesetzt.

Wahrlich, mit unauslöschlicher Feuerschrift, meine Herren trug jeder Mensch, weß Alters und Geschlechts, welcher Rasse und welches Staats, welcher Bildung und welches Standes er auch sei, in seinem Busen die Worte eingeschrieben: „Mein „ist nicht Dein — Dein ist nicht Mein.“ Der Mensch ist Eigenthümer, will Eigenthümer sein, soll es, darf es, kann es sein, und wer daran rührt, begeht Gottesfrevel! tastet frech die heilige Hoheit des Ich an, die lebendige, ehrwürdige, schaffende Persönlichkeit des Menschen, die ja nach Gottes Ebenbilde geschaffen worden, wie die Religionsbücher melden. Es war folglich ganz in der Ordnung, daß die weisen Gesetzgeber und Religionslehrer stets Unterschiede zwischen dem Faulenzer und Dummen und dem Gescheidten, dem Haushälterischen und dem Verschwender, dem Mäßigen und dem Unmäßigen bestehen ließen.

Wenn ein Mensch alle Tugenden besäße, und ein Anderer alle Laster; der eine seine Kinder gut erzöge, seine zahlreichen Diener verständig befehligte, treffliche Geschäfte machte, während der Andere vereinzelt und unbedeutend dahinlebte, und diese Weise des Verfahrens Beider durch mehrere Generationen hintereinander fortgesetzt hätte: dann dürfte wahrlich die Familie der Faulenzer nicht wegen der Vortheile der Fleißigen Klage führen, sondern müßte zerknirscht anerkennen, daß die eigene Tugend zu Ruhm und Glück, das eigene Laster zu Schmach und Knechtschaft treibt.

Und zugegeben, durch ein ursprüngliches Vertheilen in grauer Vorzeit hätten die Menschen gleiche Vermögenszustände bewirkt; diese Gleichheit konnte nicht lange dauern, und schlug in ihr Gegentheil um, je nachdem die Besitzer fleißig oder träge, schwach oder stark an Geisteskräften waren. Auch bitte ich, nicht zu vergessen daß ein großer Aufschwung zu Thaten und Unternehmungen aller Art, gerade in dem Privateigenthum lag. Die Leute wollten sich bereichern, ihr Gut verbessern, verschönern, es den geliebten Nachkömmlingen gesichert und erweitert übermachen; das war gewiß ein mächtiger, ein edler Anstoß zu kühnem Wirken und Wagen! Die Besitzlosen fanden sich desgleichen durch Noth und Hoffnung aufgeregt und strengten sich an, zu Besitzthümern zu gelangen. Alle segensvollen Erfindungen fast, sind auf diesem Wege geschehen; die Entwickelung der Menschheit in Kunst, Wissenschaft, Industrie, Handel, Politik, ist dem Streben nach Privateigenthum zu danken. Denke man sich dasselbe ausgelöscht: — und die Weltgeschichte steht still, der Mensch wird matt und träge, verliert seine Vernunft und Sprache und kann sie nicht durch die Instinkte ersetzen, die wenigstens den Thiergeschlechtern gegeben sind, sinkt also unter das Thier hinab.

Und diesem fürchterlichen Zustande ist die Menschheit nur dadurch entgangen, daß sie das Privateigenthum heilig sprach.

Der ungestörte Besitz, das heißt die unbeschränkte Herrschaft die der Mensch ausübt über das was er sich errungen, was er gleichsam den harten Naturgewalten abgezwungen, und mit dem unvergänglichen Siegel seines Geistes und seines Armes gestempelt, der Privatbesitz allein hat die Nationen der Erde in Berührung gebracht. China und Indien, Persien und Aegypten, Griechenland und Rom, Karthago und Sizilien, und unsere neuern Staaten von Rußland bis Amerika: sie alle haben dem Privatbesitz ihre Größe und Glorie zuzuschreiben. Freiheit muß der Mensch athmen, immer Freiheit, sonst stirbt er wie ein Meergeschöpf auf dem Ufersande, wie ein Vogel im Käfig, wie ein Baum aus dem Walde in ein Gärtchen verpflanzt: — frei will das Ebenbild Gottes sein, zu thun und zu lassen was ihm beliebt; aber eine Gütergemeinschaft, das heißt eine Beschränkung des Privatbesitzes würde seiner Freiheit Ketten anlegen. Er dürfte keine Erbschaft, keine Schenkung den ihm theuren Personen hinterlassen: das wäre eine schreckliche Kränkung der Liebe und Freundschaft, folglich die unmenschlichste Despotie die auf Erden bestehen könnte. Es wäre ferner grausam, dem Genie und dem Fleiße nicht mehr und nicht Besseres zum Lebensgenusse zu geben, als dem ordinären Geiste, dem ordinären Treiben, oder gar als der Dummheit und der Faulheit. Eine empörende Ungerechtigkeit! eine Verhöhnung aller Tugend und Kraft!

Die einzigen Philosophen zu Gunsten der Gemeinschaft waren der heidnische Grieche Platon, der christliche Engländer Thomas Morus. Die Nachwelt hat über ihre Thorheit gerichtet; der Grieche predigte Unsinn, der Engländer auch, und kein Monarch, kein Volk hat je an das Verwirklichen solcher Träume denken mögen.

Ebenso wenig wäre mit der gleichen Aeckervertheilung (dem sogenannten Agrargesetz) etwas geholfen; die Ungleichheit käme sofort wieder, und der Staat wäre nur nutzlos in Krämpfe und Kämpfe übelster Art gestürzt worden. Die abscheulichsten Leidenschaften und Begierden würden dadurch emporsteigen, und schon jetzt sieht man bei uns widerliche Vorboten solcher Gefahren auftauchen! Für Europa wäre Ikariens Verfassung ein Todesstoß.

Hier endigte Don Antonio; seine Anhänger riefen Bravo; die Uebrigen schwiegen. Dinaros wollte sogleich antworten, doch hielt man ein Vertagen für angemessen.

Achtes Kapitel.

Widerlegung der Einwürfe.

Am nächsten Abende war der Saal wieder ganz gefüllt; auf allen Mienen zeigte sich die Erwartung, als Professor Dinaros aufstand und das Wort nahm.

Der gelehrte und ehrenwerthe Redner von gestern, sagte er, ist unstreitig nur von reiner Liebe zur Menschheit beseelt, und wenn er die Gemeinschaft verwirft, so thut er dieses in voller Ueberzeugtheit. Seine Einwände waren zahlreich, kräftig und mit Beredsamkeit vorgetragen, doch hätte ich gern ihn noch mehr, noch schärfer unsere Gesellschaftsform angreifen gesehen. Ich nehme mir die Freiheit ihm zu antworten, und hoffe, wenn auch nicht ihn selbst heute zu bekehren, doch wenigstens seine Redepunkte der Reihe nach zu besiegen. Meine Absicht ist, zu erweisen, daß Europas alleiniges Heil in der Gütergemeinschaft zu finden ist, wofern jener Erdtheil nicht einer barbarischen und wüsten Zerrissenheit, einer greuelhaften Anarchie, anheim fallen soll.

(Viele Zuhörer geben ihre gespannte Aufmerksamkeit durch Zeichen zu erkennen.)

Don Antonio, Sie haben den Satz ausgesprochen, von Natur wären die Menschen ungleich, folglich habe die menschliche Gesellschaft (oder Association) nichts weiter zu thun, als diese Ungleichheit sorgfältig zu bewahren; Eingriffe dagegen wären sogar Versündigungen am Willen der Vorsehung.

Ich aber behaupte: die Menschen sind nicht von Natur, das heißt ihrem Wesen nach, in zwei Klassen, in eine zum Herrschen, und in eine zum Beherrschtsein bestimmte, getrennt. Ich verwechsle nicht Ungleichheit mit Verschiedenheit; diese zwei Begriffe müssen durchweg auseinandergehalten werden.

Ich weiß ganz gut, die Menschen, als Einzelpersonen und als Gruppen, sind in zahlloser Verschiedenheit, in Mannigfaltigkeit vorhanden; Geschlecht, Rasse, Nationalität, Anlage des Körpers und Geistes; alles dieses bedingt Unterschiede, die kein Vernünftiger ableugnen möchte.

Betrachten wir zum Beispiel zwei Menschen nach der körperlichen Stärke, so wissen wir freilich von vornherein, daß der Schwächere dem Stärkern unterliegt wenn sie kämpfen. Aber es ist nicht leicht zu sagen: dieser da im Ganzen ist der Schwächere, jener im Ganzen, der Stärkere, denn es treten dabei unzählbare Umstände mit auf, zum Beispiel Gewandtheit, Uebung, Wohlbefinden im Augenblicke des Kampfes, Bewaffnung, Geschicklichkeit im Handhaben derselben, u. s. w. Ebenso mit der geistigen Stärke. In dem und dem Punkte, das gebe ich zu, ist dieser schwächer als jener, aber ob er es in seiner Ganzheit auch sei, das ist eine andere Frage. Der Sieg kann abwechselnd jedem der Beiden werden.

Ueberdem ist der schwächere Mensch als Vernunftwesen im Stande, sich gegen einen starken mit mehreren schwächern zu verbinden, und dann ist wieder die ursprüngliche Ungleichheit aufgehoben.

Es versteht sich, daß durch eine gleiche, das heißt gleichmäßige

Erziehung ein völliges Gleichgewicht zwischen den Fähigkeiten des Einen und des Andern bewirkt wird. Die Schwächen werden durch entsprechende Behandlung oft geradezu in Stärken verwandelt, wenn ich es so nennen darf, und in denjenigen seltenen Fällen wo dies nicht gelingt, wird bei ihm irgend ein Talent, das Andere nicht besitzen oder nicht nöthig haben, erweckt, welches zum Ersatze dient.

Es ist nicht davon die Rede, daß die Personen alle gerade so gleich wie ein Ei dem andern wären, denn die wahre Gleichheit beruht in etwas Höherem. Sie beruht — ich wiederhole — in der gleichgewichtlichen Fortbildung jedes Einzelnen, damit aber diese stattfinde, ist nöthig, daß alle Einzelnen auf einen und denselben gleichen Boden der Elementarerziehung und Lebensverhältnisse gestellt werden, das heißt daß die Anfänge der Erziehung und des Unterrichts für Alle dieselben seien. Wenn später Jeder sein besonderes Geschäft wählt, in dem er sich weiter bildet, so bleibt er dennoch in steter Harmonie mit den Uebrigen, bleibt — ich wiederhole abermals — mit seinen Mitmenschen im Gleichgewicht. Daß nun dieses heute nur in Ikarien, und nirgend anders, geschieht, brauche ich nicht zu sagen; das ist klar wie die Sonne.

Meine Herren, Sie müssen sich von dem ungerechten altmodischen Glauben losreißen, ein Mensch, der nicht ein gewisses Talent, oder eine Summe von gewissen Talenten besitzt, sei deshalb ohne Weiteres minder werth als ein Anderer der sie besitzt. Diesem Andern mangeln vielleicht Talente die Jener hat.

Und gesetzt auch, Jener wäre und bliebe schwächer im Ganzen sogar, so möge man sich ja hüten, ihn deshalb eine Zurückstoßung empfinden zu lassen. Das wäre die Grausamkeit auf die Spitze getrieben.

Woher rührt, seit Jahrtausenden, in Ländern, Ikarien ausgenommen, die entsetzliche Ungleichheit der Personen? woher kommt es, daß bei allen Nationen, die unsrige ausgenommen, der Eine wirklich wenig Werth hat, und der Andere viel? Das rührt von der Schlechtigkeit der Erziehung; der Eine wird sorgsam, der Andere falsch, oder ganz und gar nicht erzogen. Versetzen Sie aber, meine Herren, die Kinder von frühester Jugend an, nebst den Eltern, in dieselben gleichen Lebensverhältnisse (wie das in der ikarischen Republik ist), beschenken Sie sie mit gleicher Erziehung und Heranbildung: und mit Erstaunen werden Sie sehen, wie übereinstimmend diese Kinder sich entfalten.

Ganz verwerflich ist die Ansicht, die Menschheit bestehe aus zwei Schichten, die untere dumme, zum Dienen geschaffene, und die obere geistreiche, zum Bedientwerden, und diese zwei Klassen erbten sich stets fort, von einer Generation auf die folgende. Das wäre ja, als gäbe es ein Geschlecht von Engeln unter den Geschlechtern der Menschen, und jenes zeugte immer wieder Engel, und diese immer nur wieder schwache, dumme und böse Menschenkinder! Das ist Wahnwitz, meine Herren. — Gibt es von Natur, unter der Menge der Erdenbewohner, in jeglicher Hinsicht erhabene Geister, denen trotz der gleichmäßigen Erziehung und gleichen Lebensverhältnisse die Uebrigen ganz und gar nicht nachkommen können: nun so finden sie sich nicht etwa nur in der Klasse der Reichen, sondern eben so oft, wonicht öfter, in der großen Klasse der Armen! Bei uns Ikariern hat man glücklicherweise solche peinliche Untersuchung nicht nöthig, da wir weder Arme noch Reiche kennen; ich spreche daher diese Worte nur im Hinblick auf die andern Nationen.

Ich sage: alle Menschen sind von Natur, d. h. sind ihrer Wesenheit nach, an leiblicher und geistiger Kraft gleich oder fast gleich, und folglich gleich an Rechten.

(Hier unterbrach den Professor ein stürmischer Beifall.)

Weiter. Nehmen wir selbst an, die Menschen wären ungleich an Kraft. Sollte daraus geschlossen werden, sie wären ungleich an Rechten? Die Einen hätten zu gehorchen, die Andern zu kommandiren? die Einen dürften prassen, die Andern darben? die Einen wären Halbgötter oder Götter, die Andern Thiere?

Don Antonio, der so vieles uns von seinem Gotte zu erzählen weiß, von seinem allweisen, allgütigen, allgerechten, allmächtigen, alliebenden Schöpfer und Herrn der Welt, von dem Vater des Menschengeschlechts, Don Antonio will also behaupten, dieser Gott habe die Menschen in gute und schlechte, geistvolle und dumme, reiche und arme, fleißige und träge, herrschende und beherrschte geschieden? Das hieße, Hölle und Paradis auf Erden einsetzen.

Diese Gottheit, wahrhaftig, spielte eine schlimme Rolle! Was müßte man von einem „Vater" denken, der seine Kinder und Zöglinge auf solche entsetzliche Weise traktirte? die Einen mit Liebkosungen verhätschelte, die Andern mit Härte und Bosheit von sich stieße? die Einen zu Erben einsetzte, die Andern in die Finsterniß wo Heulen und Zähneklappen, hinaus schleuderte?

Es versteht sich von selbst, Gottvater könnte man nicht lieben, sondern nur fürchten oder hassen. —

Die Sache wird aber noch ärger, betrachtet man, daß die Auserwählten dieses Gottes nicht an einem Abzeichen jedesmal zu erkennen sind. Zuweilen fließt, sagt man, die himmlische Gnade des heiligen Geistes auf einen armen Burschen in Lumpen, und die Ungnade auf einen Herrn in Gold und Purpur herab; wie soll man nun wissen, wer von Beiden das Schooßkind Gottes sei? Man sagt, dieser Gott habe den Menschen freien Willen verliehen, zwischen dem Bösen und Guten zu wählen.

Aber der sogenannte freie Willen wäre erst dann ein wirklich freier, wenn die Menschen in Zuständen lebten, wo sie frank und frei sich bewegten, ausbildeten, lernten, bethätigten, folglich frei wählen könnten.

Das ist heute nicht der Fall! Millionen verthieren sich, so zu sagen, haben vom Menschen höchstens die äußerliche Gestalt und ein paar Begierden mit ein paar Geistesfunken, taumeln aber sonst wüst herum, ohne Bewußtsein ihres Selbst.

Diese Elenden haben wahrhaftig keine Freiheit des Willens, zu erkennen und zu wählen zwischen Gutem und Bösem!

Man meint, die Menschen wären von ihrem Schöpfer zu Prüfungen und Leiden auf Erden bestimmt, und je nachdem sie diese Prüfungsfrist brav oder feige durchgemacht, würden sie jenseits des Grabes belohnt oder gestraft, zu höherer Seligkeit befördert oder in Unseligkeit versenkt.

Aber wozu dieses Prüfen? Der allweise und allwissende Herr des Himmels, der Erde und der Hölle wird doch wohl aufs Genaueste vorher schon seine Geschöpfe kennen, und keine Untersuchungen mit ihnen hinterdrein anzustellen brauchen.

Man sagt, dies Alles sei unbegreiflich, weil dieser Gott selber eine unbegreifliche Person sei, unerforschlich in seinen Wegen, unerklärlich in seinen Handlungen.

Sehr schön. Aber was soll nun wieder hieraus folgen? Etwa daß die Menschenkinder die Hände in den Schooß legen, Ungleichheit und Ungerechtigkeit ruhig erdulden, theils demüthig zu Kreuze kriechen, theils hochmüthig die Peitsche schwingen sollen?

Man sagt, die Erde sei ein Jammerthal, und erst nach dem Tode werde sich das Räthsel lösen; darum müsse der Mensch hienieden ausharren und schmachtend gen Himmel schauen, wo er einst gerichtet werden wird; unser Verstand sei viel zu erbärmlich, um die Rathschlüsse der ewigen Vorsehung schon jetzt zu durchdringen.

Sehr schön. Aber wenn es Räthsel gibt, warum soll ihrethalben die arbeitende Klasse, diese ungeheure Mehrheit der

Nation, im Elend verfaulen? im geistigen und leiblichen Schmutze verkommen? Anständiger wäre es wahrlich, man lebte vernünftig, in vernünftigen Gesellschaftszuständen, von der Wiege bis zum Grabe, jenseit welches ja, wie behauptet wird, das Räthsel der Welt gelöst ist. Ich sehe in der That nicht ein, weshalb Jemand elend bleiben solle, bevor ihm das Geheimniß dieses seines Elends klar wird. Wenn wir das Aufrollen des Vorhangs erst *nach* dem irdischen Dasein erleben sollen, warum dürfen wir denn nicht die Wartefrist uns so glücklich wie irgend möglich machen? uns aufs Beste und aufs Vernünftigste und aufs Sittlichste diese Zeit vertreiben?

(Abermals erscholl anhaltendes Beifallklatschen und Bravoruf.)

Zu ehrende Anwesende! fuhr Dinaros fort, die Menschen sind gleich an Sehnsucht nach Glück; kein einziger Mensch strebt unglücklich zu sein. Jeder will unabhängig, keiner will Knecht sein. Darin sind *alle* Menschen gleich.

Jeder ist ein Vernunftwesen. Die Vernunft aber lehrt, wie eine Gesellschaft organisirt werden muß, um zur Gleichheit der Rechte zu gelangen. Die Vernunft erhebt uns über das *Thierreich*, und sagt uns: so und so soll und kann das *Menschenreich* eingerichtet werden. Daher dürfen wir aber niemals die Vernunft unserer Mitbrüder verfinstern oder gar ersticken; das ist *die Sünde wider den heiligen Geist des Menschen*, und die größte aller Sünden! —

Die Vernunft ist das Licht, das uns zur Erkenntniß und zur Gleichheit leuchtet; die Vernunft ist Naturwerk oder, da Gott der Schöpfer der Natur genannt wird, Gotteswerk: *also ist die Gleichheit auch göttlich.*

(Von allen Seiten erscholl rauschender Beifall.)

Im Beginne war bekanntermaßen der Mensch ein Wilder, viel wilder als die rohesten Völkerstämme in Afrika, Amerika und auf den australischen Inseln heutigen Tages. Er ähnelte stark dem Thiere; er irrte in Wald und Flur umher, fraß Kräuter, Wurzeln, Früchte und blutendes Fleisch *; er baute erst später Wohnungen und kleidete sich. Seine Vernunft und Sprache lag noch, so zu sagen, in den Windeln. Dieser rohe Zustand der Kannibalen hat Jahrtausende, vielleicht Millionen

* Sowohl der Thiere als des Mitmenschen.

Anmerkung des Uebersetzers.

Jahre gewährt. Allmälig fing der Mensch an als Jäger, Hirt und Ackerbauer sich dies und das aus der Naturumgebung anzueignen, auch bestahl er seine Nebenmenschen und schlug sie todt *. Kriege ohne Zahl wurden geliefert; man raubte Nahrung, Kleidung, Weiber, Kinder und Männer; das wurden die Sklaven. Aber auch andere Sklaven hatte man, die nicht auf Kriegszügen erobert, sondern unter den Stammgenossen selbst dazu gemacht worden; dies waren schwache, durch Mißgeschick betroffene Leute, denen einige reiche, durch Kräfte hervorragende Familien das Joch auferlegten **. Es konnte nicht ausbleiben, daß die Kultur durch Austauschen der Produkte im Land- und Seehandel wuchs, und es erhoben sich große Reiche, in welchen eine reiche Klasse, gering an Zahl, über eine ungeheure Masse armen Gesindels Stock und Beil schwang, es mit religiösen Glaubensartikeln ängstigte und zum Arbeiten anhielt, während sie selbst faulenzte. — Nationalhaß war an der Tagesordnung; kriegerische Stämme zu Roß und wohl gewaffnet ritten, weil ihnen das bisherige Land nicht mehr bei ihrer Uebervölkerung genügte, in die Gebiete der Ackerbau und Handel treibenden Stämme und unterwarfen sie. Handelsvölker auch bekriegten sich um sich den Markt abzuschneiden.

So spielte das Trauerspiel von Babylon und Persien bis Theben, von Tyrus bis Karthago, von Jerusalem bis Griechenland und Rom. Längst sind die Hütten der Armuthsklasse dieser ehemaligen Königthümer verschwunden, und von den Palästen ihrer reichen Klasse sind spärliche Schutthaufen übrig. Das Menschenfleisch und die Menschenknochen, womit gedüngt worden, haben nicht verhindert, daß jene Länder jetzt dürr und wüste sind. Doch die Menschen haben noch immer nicht eingesehen, daß die Ungleichheit mit all diesem Greuel zusammenhing, und man erlaubt ihr noch heute fort zu wuchern.

Lassen wir die Vergangenheit hinter uns! Was geht es uns, die wir jetzt leben, an, daß die Vorfahren thöricht oder klug, so oder so, gewirkt haben? Wir müssen uns mit der Gegenwart, mit der Zukunft ernstlich beschäftigen.

* Also Privatbesitz und Diebstahl schon gleich anfangs zusammen.
Anmerkung des Uebersetzers.

** Die Religion mischte sich in alles bald hinein. Die Menschen nämlich stellten sich in der Phantasie die Verhältnisse vor, in denen sie leben mußten, und so entstand das Abbild, das Schattenbild ihres irdischen Treibens in ihrem Kopfe; dieses bekam den Namen Religion.
Anmerkung des Uebersetzers.

Gesetzt eine Seuche raffte alle jungen Männer und Mädchen hin, auf der Erde blieben nichts als verwittwete Greise und schwangere Frauen: ich glaube, die Greise würden beschließen, alle Neugebornen wären forthin gleich an Rechten, sollten gleicher Erziehung, gleicher Lebensverhältnisse sich zu erfreuen haben.

Oder gesetzt, alle Erdbewohner versammelten sich in einem Gefilde, glaubt man die Bevorrechteten, diese Handvoll Personen, würden auch dann noch auf ihrem Kopfe bestehen? Und thäten sie es, sehr unkluger Weise: sie verlören gewiß sogleich all ihre Habe und Macht.

Das Genie selbst gäbe keinen Titel zum Kommandiren mehr; die Wahl allein entscheidet. Die Wahl geschieht nur vom Volke und im Dienste des Volkes.

Die Gleichheit kennt keine Ausnahmen hievon; sie billigt nur den Ausspruch des Volkes.

Don Antonio, fuhr Dinaros fort, zu diesem sich wendend, Sie haben behauptet, die Menschen hätten einst ein goldenes Zeitalter voll Unschuld und Zufriedenheit genossen. Ihr goldenes Zeitalter ist eine eitle Fabel; auch ist es unwahr, die ersten Menschen wären gebildeter und weiser als die spätern gewesen. Die glücklichen Erdenbewohner der Vorzeiten haben Menschenfleisch gegessen und Menschenblut getrunken, theils aus Rache, theils zu Ehren ihrer Götter und Göttinnen; haben sich gegenseitig als Sklaven verschachert, haben sich mit Folterwerkzeugen, Schaffot, Scheiterhaufen, Galgen und Rad arg zugerichtet! — Don Antonio, Sie haben gesagt, die Armenklasse sei arm durch eigenes Verschulden, nämlich durch Unfleiß und Liederlichkeit, die Reichen seien reich durch Thätigkeit und Tugend. Ich würde, wäre dem so, rufen: da geschieht den Armen recht! — Doch nein, ich würde es nicht, denn ich müßte sie bedauern; auch sie sind unsere Brüder, und ihre Gebrechen und Verbrechen sind nichts als die Wirkungen der schlechten Gesellschaftsorganisation in der wir allzumal leben. Hätten jene die Bildung der Reichen empfangen, sie würden nicht die Sünden der Armuth begehen.

Uebrigens gestehen Sie, mein Herr, damit ein, die Menschen hätten gleiches Anrecht auf Reichthum, wenn sie gleiche Fähigkeiten besäßen. Sie geben damit zu, die Menschen verdienten gleich begütert, gleich arm oder gleich reich zu sein. Ich bitte die Versammlung, auf diese Folgerung zu achten, die zu Gunsten meines Satzes ausschlägt. Aber, Don Antonio, Sie sind in einen sonderbaren Irrthum verfallen. Wie können Sie doch leugnen, daß zum Beispiel die Aristokratie in Alt-Rom stets vom Schweiß des römischen Volkes und der Kriegsbeute lebte; leugnen, daß die nordischen und östlichen Barbaren, die im dritten Jahrhundert nach Christi Geburt in das Römerreich einbrachen, sich mit den Ueberbleibseln der damaligen Civilisation bereicherten! Wie, Sie wollen nicht zugeben, daß die französischen Normannen, die im elften Jahrhundert England erorberten, vom Fette der Unterjochten zehrten, und daß die spanischen Raubmörder, die im vierzehnten nach Amerika strömten, und dort zwölf Millionen Eingeborner von der Erde vertilgten, es sich auf den Gütern der Erschlagenen und Geknechteten recht bequem machten? Diese lauten Zeugnisse der Weltgeschichte darf man nicht überhören; ebenso wenig sind zu vergessen die tausend Ertrotzungen, Erschleichungen und Gaunereien welche Päpste, Priester und Orden, Edelleute und Fürsten sich erlaubten. Diese Herrschaften zechten stets auf Rechnung des Arbeitenden, und ließen den Raub ihren Nachkommen.

Im heidnischen Alterthum ist das Handarbeiten, als eines freien Bürgers unwürdig, den Kriegsgefangenen und Sklaven überlassen gewesen. Erst das Christenthum änderte diese schlechte Vorstellung *

Die Adligen heutigen Tages, wenn sie noch von ihrer unschuldigsten Seite betrachtet werden, sind immer nur zufällig, durch Geburt und Vererbung in den Besitz der Güter gekommen, an denen das von der Hand ihrer Ahnen vergossene Blut klebt. Wenige, gewiß sehr wenige dieser Erbschaften sind rein davon, sind würdige Belohnungen für einst dem Lande, dem Verkehr geleistete Dienste!

Vergesse man auch nie, daß die Gesellschaft, wie eine böse Stiefmutter, dem Reichen, ihrem verzärteltem Söhnchen, stets

* Etwas, doch nicht viel, nahm allerdings die heidnische Verachtung der Arbeit bei den alten Deutschen, durch die christlichen Apostel ab, namentlich durch die vernünftigen Bemühungen der italienischen Benediktinermönche, dieses schätzenswerthen Ordens der nicht mit den übrigen in dieselbe Klasse geworfen werden darf. Viel trug aber auch das allmälige Dichterwerden der Bevölkerung bei. Früher faulenzte ein freier Deutscher, d. h. jeder Kriegsmann; ließ sich von seinen Kindern und Sklaven bedienen. Seine Leibeigenen besorgten ihm Landbau und Viehzucht; er tobte sich auf Jagd- und Kriegszügen aus und saß zu Rathe in den Gauversammlungen. Von den zehn Millionen Einwohnern die in der Heidenzeit Deutschland gehabt haben mag, bestand aber höchstens eine Million aus solchen freien Männern, neun waren Sklaven. Das ist die vielgerühmte deutsche Freiheit der Vorzeit.

Anmerkung des Uebersetzers.

die Mittel gibt, noch reicher zu werden, an Bildung sowohl als an Geld, während der Unbegüterte draußen stehen muß.

Ich wiederhole, seit dem Beginne der Menschheitsgeschichte muß man zwei Klassen überall unterscheiden, wenngleich sich beide oft durcheinander schieben und ineinander verwickeln; die eine besteht aus den Fleißigen, Mäßigen, die andere aus den Trägen, Unmäßigen. Jene hat die Erfindungen gemacht, diese hat sie genossen; jene hat produzirt, diese hat konsumirt. Der Müßiggänger hat den Arbeitsamen geplündert, und plündert ihn täglich, der Vergeuder quetscht den Sparsamen aus, und auf tausend arme Teufel kommt kaum Einer, der durch glückliches Verhängniß sich aus der Armuthshölle emporschwingen und in den Himmel der reichen Götter erheben kann. Probire es doch einmal ein wackerer, talentvoller, aber armer Mensch, ob er in London, in Paris Arbeit finde. Er wird dem Hungertode dort näher als dem Wohlstande bleiben.

Don Antonio behauptet ferner, die Vermögensungleichheit sei vortrefflich, um dem Armen ein Sporn zur Thätigkeit und ein Zaum des Gehorsams zu sein. Der Reiche wendet, sagt unser spanischer Gast, die Schätze an, um dem Armen zu helfen, milde Anstalten *, Werkstätten und Spitäler zu stiften, mit kolossalen Kapitalien den Handel, Landbau und Gewerbfleiß zu heben, und sonstige schöne Dinge zu thun. Wahrhaftig, man sollte meinen, die Adligen, die Diener der Kirche, die Geldfürsten wären lauter Engel, und die Menschheit müßte so glücklich leben wie nur irgend ihr Wesen es mit sich bringt.

In der That, hätte Don Antonio wahrheitstreu geschildert, die Ungleichheit wäre alsdann zu segnen, denn alles ist segnenswerth was der Menschheit nützt.

Allein leider ist die Sache umgekehrt. Wer spricht gewöhnlich so erbaulich? die heuchlerischen Volksquäler, die grausamen höhnischen Zwingherren, diese sind es die sich nicht schämen, ihre Schandthaten mit gleißender Zunge zu beschönigen, und geschickte Schriftsteller zu besolden, die mit der Lügenfeder stets für den Despotismus schreiben. Ich muß mir Gewalt anthun, um kühlen Blutes zu bleiben!

Ei, Sie sagen, mein Herr, die Reichen sind allemal wohl-

* England und noch mehr Holland, wimmelt von sogenannten „milden" Anstalten; aber bei all dieser „Milde" ist bisher nichts anderes herausgekommen, als scheußliches Elend, welches stündlich zunimmt.
Anmerkung des Uebersetzers.

thätig! Das ist ja nicht wahr: ein oberflächlicher Hinblick auf die Welt beweist das Gegentheil. Und gesetzt, sie wären es: so ist es immer ein Greuel, ein Skandal für den armen Mann, die „milde Gabe," die „erbarmungsvolle Spende," das heißt Almosen zu empfangen; das ist menschenunwürdig, mein Herr, die hohle Hand hinzuhalten; das verpestet den etwa noch gesunden Sinn des armen Mannes. Man sagt, Barmherzigkeit üben sei von Christus befohlen, sei eine Stufe in das Paradis, und Barmherzigkeit empfangen sei auch sehr süß und lehre dem armen Manne Demuth und Ergebenheit, die auch, sagt man, zum Paradise führen sollen. Das ist ja herrlich; der Almosengeber und der Almosennehmer stehen folglich beide gleich gut in ihrer Aussicht auf das überirdische Leben, haben also sich nichts hienieden zu beneiden, nichts vorzuwerfen, können also füglich zuweilen, zur Abwechselung, die Rollen umtauschen. Aber wie kommt es, daß die Reichen das nicht mögen? warum hat keiner von ihnen Lust, ein Armer zu werden?

(Mehrere Anwesende lächeln, viele klatschen und rufen Bravo.)

Der Arbeiter will nur Eines: er will sein Recht, sein gutes, festes, ewiges Recht.

Er will Gleichheit, Arbeit, Wohlergehen während und nach der Arbeit.

Er weist verächtlich von sich das Almosen und die „milde „Anstalt." Uebrigens kommt er oft nicht einmal in die „milde „Anstalt," und muß fast obdachlos sein Leben aushauchen.

Der Reichthum, sagt man, befördert Kunst und Wissen.

Desto besser, sage ich; gebt Jedem den Mitgenuß, und Kunst und Wissen wird allgemein werden und mehr als früher blühen. Uebrigens zuerst nur Brod und Arbeit! — Fürchtet nicht, durch Aufhebung des Privatbesitzes würde das Einkommen im Ganzen sich schmälern. Ihr müßt freilich Hand ans Werk legen und frisch auf Vermehrung der Nationalproduktion losarbeiten, wie wir Ikarier. Dann braucht ihr nicht zu besorgen, auf jeden Kopf käme nur die Summe von fünfundzwanzig Groschen, wenn man das Gesammtvermögen eines Staates gleichmäßig unter alle Einwohner vertheilte; diesen Rechnungswitz machen sich bekanntlich gewisse gelehrte Herren, aber solche Herren sind freche Quacksalber und Marktschreier, denn sie wissen im Stillen sehr gut, daß die Produktion durch allgemeines Arbeiten vermehrt werden wird.

Ob die Künste stocken würden oder nicht, ist eine nutzlose Frage, denn es gilt vor Allem das Nothwendige zu schaffen.

Wenn dies vorhanden sein wird, dann kommt die Reihe auch an sie, und sie werden herrlicher als je sich entfalten, wo die ganze Nation daran Theil nimmt. —

Die großen Kapitalisten, sagt Don Antonio, sind nöthig. So? und sind sie auch dann nöthig, wenn der Betrag ihrer Kapitalien auf viele Millionen Einwohner vertheilt ist? kommen etwa nicht heute schon eben so gewaltige Dinge zu Stande, wenn viele kleine Kapitalisten zu einer Unternehmung zusammenschießen? vorausgesetzt nämlich daß die erforderliche Summe dadurch entsteht.

Die großen Grundbesitzer sind nothwendig, sagt man. Und wozu? sind etwa ihre Ländereien besser bebaut als die der kleinen? verderben die großen etwa nicht ungeheure Strecken mit Gartenanlagen zu ihrem egoistischen Vergnügen?

Stellen wir aber eine Reihe von völlig wohlgebildeten, gründlich unterrichteten Familien auf, deren jede soviel Land kultivirt als sie, ohne sich zu überarbeiten und die Arbeit schlecht zu liefern, bestreiten kann: diese Familie wird mit Fleiß, mit Begeisterung, thätig sein.

Die Gesetzgebung eines solchen Landes kann übrigens sehr leicht die Grundstücke nach der Kopfzahl, wie im heidnischen Alt-Peru, immer aufs Neue ordnen, je nachdem eine Familie wächst oder abnimmt.

Die Ländereien sind in den Staaten ungleich vertheilt worden. Ja, aber die Philosophie hat zu jeder Zeit sich, so zu sagen, im Stillen dieser Ungleichheit geschämt, und um das überschwängliche Besitzthum des reichen Mannes zu rechtfertigen, oder wenigstens zu entschuldigen, hat sie behauptet die Menschen hätten ehedem gleich getheilt. Und allerdings haben die Kriegsleute aus denen ein Kriegervolk bestand, sehr oft die Sitte gehabt, gleichmäßiges Vertheilen der Beute vorzunehmen; und das „auserlesene Volk des Herrn," hatte einst auch seine Grundstücke im gelobten Lande gleich vertheilt *.

* Das Grundeigenthum der Hebräer in Judäa war ganz anders als bei den übrigen Völkern angeordnet. Korn-, Oel-, Weinbau, Vieh- und Bienenzucht trieben Alle gleichmäßig; als Generalbesitzer des gesammten Bodens galt der Gott Jehovah; bei Eroberung des Landes war dasselbe abgemessen, und an die 12 Stämme, von diesen an die einzelnen Familienväter ausgetheilt worden. Das siebente Jahr war stets ein Brachjahr, wo die Aecker sich erholen durften, und was sie in jenem herrlichen Klima von selbst trugen war für Jedermann, auch für Fremdlinge; der Landwirth besserte die Gebäude aus. Nach siebenmal sieben Jahren kam aber das Jobal- oder Sabathjahr, wo das Grundstück ohne den min-

Wenn Don Antonio übrigens meint, kein Staat habe sich je aus dem Zustande der Ungleichheit herausziehen mögen, so täuscht er sich wiederum; die Geschichte lehrt daß die Vollbürger oder freien Männer in Sparta durch Lykurg veranlaßt wurden, ein Stück des Landes in neuntausend gleichvermessene Güter als Sonder-Eigenthum unter ihre Korporationen zu vertheilen, während der Rest des Gebietes, nämlich Waldungen, Jagdgründe, Viehtriften spartanisches Gemein-Eigenthum verblieb.

Und wo die gerechte Bodenvertheilung nicht geschah, hat es wahrlich nicht an den unteren Klassen des Volkes gelegen; diese verlangten danach oft genug; z. B. in Roms Republik. Die großen Grundherren haben dawider angekämpft, das versteht sich. Wie könnte diesen wohl ein Bodenvertheilungsgesetz, ein Agrargesetz, gefallen?

Seltsam wäre es zu behaupten, die kleinen Besitzer und die Besitzlosen wollten auch nicht. Ich aber behaupte, sie wünschen nichts sehnlicher. Und wenn ihr sie allesammt zusammenruft und abstimmen laßt, so sollt ihr bald etwas zu vernehmen bekommen! Nur ein kleiner Eigenthümer, der ganz verworrene Ansichten von der Sache hätte, würde dagegen sein. Uebrigens rückt die Stunde schnellen Schrittes heran, wo die Allgemeinheit sich klar und unumwunden aussprechen wird, nicht etwa in einem und dem andern, nein, in jedem Staate; es wird sich dann zeigen daß nicht einzelne Brauseköpfe, oder Faulenzer, oder Meuterer, oder Leute die, wie man zu sagen pflegt, im Trüben fischen möchten, auf Bodengerechtigkeit dringen, sondern ganz einfach die ungeheure Mehrheit der Bewohner. Dann wird man endlich, endlich einsehen, daß solch ein aristokratisches Geschwätz von Aufrührerei eine verleumderische Lüge gewesen.

Ja freilich, die Völker haben stillschweigend in die Ungleichheit gewilligt, denn es ward ihnen von jeher der Maulkorb angelegt. In euern Gefängnissen wird auch geschwiegen; in eurer Hölle auch; beweist dies vielleicht daß man dort glücklich ist? — Oder hat das Volk nicht schon rebellirt, d. h. nach seiner Manier mit dem Dreschflegel und dem Knüttel protestirt gegen

desten Widerspruch an das Geschlecht des ursprünglichen Inhabers zurückfiel; es wurde höchst genau Buch gehalten, auch waren die Felder durch steinerne Marken abgegrenzt. Auf diese Weise sollte, nach der Absicht des Gesetzgebers, der verarmte Mann selbst, oder seine Nachkömmlinge, niemals auf immer seines ehemaligen Grundstücks beraubt bleiben: und dergleichen mehr. (S. Dr. Bensen „Die Proletarier" 1847, Stuttgart.)

Anmerkung des Uebersetzers.

die Aussauger und Hudler? Und wenn Geschichtschreiber bisher leider oft genug der Ungleichheit das Wort geredet haben, so kommt das bloß daher, daß dieselben selbst Aristokraten, entweder Pfaffen, oder Schmeichler, oder Diener, kurz im Solde der Unterdrücker waren.

Die Philosophen sollen sich stets gegen die Gleichheit ausgesprochen haben! Wir werden diesen Punkt weiter unten erörtern; ich verweise hier nur auf Jesus Christus, der sogar Gütergemeinschaft anempfahl.

Don Antonio sagt, Bereicherungssucht, Konkurrenz, Ehrgeiz sei die Seele der hervorbringenden Arbeitsamkeit. Aber nicht in Ikarien, mein Herr! In dieser Republik ist der „verfluchte Hunger nach Gold" — quid non mortalia pectora cogis, auri sacra fames! — der die Brust der Sterblichen zu soviel Greueln peitscht, verschwunden; bei uns ist sein Genoß, das Elend, ausgerottet; — malesuada fames, „den bösen Rathgeber" nannte ihn schon ein Dichter des heidnischen Rom. — Wahrlich, das ungeheure Meer brüllt immer näher heran, die Menschheit zu verschlingen, und nur e i n Mittel kann Rettung gewähren! — Ich wiederhole: hätten die Menschen nicht gleichartiges Wesen, es müßte ihre V e r n u n f t sie dennoch gleich in staatlicher und ökonomischer Beziehung machen. Aber sie sind gleichen Wesens, folglich haben sie das Glück in der Gleichheit der Vermögensumstände zu suchen. —

Indessen, meine Herren, erscheint mir das Agrargesetz, das gleichgemessene Vertheilen des Bodeneigenthums, keineswegs als das höchste. Noch ein Schritt ist zu thun, zur Aufhebung des Eigenthums hin. Ich gebe Ihnen nunmehr eine gedrängte:

Erwiederung auf die gegen das Gütergemeinschaftssystem erhobenen Bedenken.

Die Gemeinschaft, behaupte ich, ist aus einem zwiefachen Grunde annehmbar; sie hat nicht die Nachtheile des Privateigenthums, und gewährt Vortheile, die jenem abgehen.

Nicht die Nachtheile: denn sie vertilgt den verruchten Eigennutz; sie verschmelzt das harte in sich verstockte Privatinteresse mit dem allgemeinen Interesse, sie erlöst folglich die Menschen von der krankhaften, feindseligen Spannung des Einzelnen gegen die andern Einzelnen.

Sie verknüpft Alle in eine riesige Association, vergesellschaftet Alle in liebevoller Gesinnungseinheit, während der Egoismus,

d. h. das alleinige Dichten und Trachten nach dem Nutzen des Ich, die Menschen aus einander hielt, vereinzelte. Die Gütergemeinschaft hat ferner das, was im Privateigenthum Gutes ist; in der That erfreut sich der Gemeinschaftler ungestört des Genusses eines Hauses, Gartens, der Kleidung, der Vergnügungen, der Bildungsanstalten, u. s. w. Nur ist ihm ein Recht genommen, das wahnwitzige Recht des Eigenthümers, mit seinem Eigenthum zu schalten und walten nach Lust und Belieben, Mißbrauch damit zu treiben und durch allerlei tolle Launen die Gesellschaft zu schädigen.

Endlich bietet die Gemeinschaft ganz besondere Vortheile; nur sie schafft reine Gleichheit, nur sie schirmt gegen Zufälligkeiten und Mißgeschick.

Das Eigenthum wird von Don Antonio heilig genannt. Wenn nun der Besitz eines Einzelnen heilig ist, warum sollte es nicht der Gemeinbesitz Mehrer sein? Die Gütergemeinschaft muß ein eben so Heiliges in Don Antonios Augen sein, wenn er folgerichtig denken will. Es ist unbegreiflich, wie er das persönliche getheilte Eigenthum göttlich, das mehren Personen gemeinsam gehörige und untheilbare aber teuflisch oder mindestens eine Ausgeburt menschlichen Wahnsinns, nennen kann.

Wir wollen noch hinzufügen daß die Gesetze des Eigenthums in jeder Nation und zu jeder Zeit andere gewesen; es ist ganz falsch zu behaupten, das Eigenthum sei ein festes, ewiges. Tausende von Völkern haben gelebt, und mit tausend verschiedenen Eigenthumsformen.

Uebrigens, wenn man sich auf diesen Streit einläßt, ist nichts leichter als darzuthun daß die Gütergemeinschaft göttlich, heilig sei. Die Menschen haben den natürlichen Geselligkeitstrieb, wie Ameisen und Bienen; verstreut, auf das bloße Ich beschränkt, bringt der Mensch es doch zu nichts als zu Verwirrung, Haß und Neid. Ferner, man sehe auf die allgegenwärtigen Quellen des Lebens, auf Licht, Wärme, Luft, Electricität, Magnetismus, diese sind wahres Gemeingut; das Wasser der Wolken und des Bodens desgleichen. Dies Alles kann nur Privateigenthum werden, insofern jedes lebendige Geschöpf sich soviel als es bedarf, davon zueignet, in seinen lebendigen Leib aufnimmt. Woher füglich geschlossen werden kann, die Natur des Lebendigen sei eben dies, daß in den Grundstoffen des Lebens Gemeinsamkeit herrsche.

Ein altes Sprichwort heißt: die Sonne scheint über Gerechte und Ungerechte, das will sagen: sie ist für Alle.

Wenn wir nun die Vernunft gebrauchen, ergibt sich daß es

mit der Erde, dieser „allgegenwärtigen Mutter der Dinge," wie Dichter der Vorzeiten sich ausdrückten, nicht anders sein sollte.

Bei den Völkern der Urzustände ist Gemeinsamkeit der Bodenbenutzung gewesen, das unterliegt keinem Zweifel. Bevor sie Landwirthschaft anfingen, so lange sie also Jäger und Hirten, so lange sie Hirtenvölker waren, konnte von keiner Abmessung und Abzäunung bestimmter einzelner Grundstücke die Rede sein; das sieht man noch heute bei manchen in Entwicklung zurückgebliebenen wilden Stämmen Afrikas, Amerikas und Asiens. Tausende von Jahren ist diese rohe, wüste Art Gütergemeinschaft des Bodens und der Luft getrieben worden. Solch ein wilder Stamm war eine geschlossene Gesellschaft, eine feste Gemeinschaft; Futter für das Vieh, Nahrung für die Menschen, Beute, ja selbst Frauen waren gemeinsam bis durch die Ehe eine Ordnung in das Geschlechtsleben kam. —

Völlig verkehrt ist es, zu behaupten die Gemeinschaft sei spurlos verschwunden. Sie erhielt und erhält sich noch unter mancherlei Formen; z. B. in jedem Staate gab es von jeher, trotz des Privatwesens, ein Gemeinwesen, bestehend aus Grundstücken, Weiden, Waldungen, Teichen, Wegen, Flußfurthen, Häfen zum Nutzen und Frommen aller Einwohner; gab es Brunnen, Spatzierplätze, Tempel, Theater, Spitäler, Schulen, Bäder, die nicht Privatgut geworden. Deutet nicht auch der Name „Gemeinde" auf den in Rede stehenden Punkt zurück? *

Eine ziemliche Menge von Institutionen ist desgleichen in die

* Daß in manchen Kreisen der ersten Christen des Morgenlandes eine natürlich rohe mangelhafte Art der Gütergemeinschaft aufkam, die aber bald schwinden mußte, ist unleugbar. Die Absicht scheint dabei gewesen zu sein, in dem großen Jerusalem namentlich, eine möglichst feste Masse von Anhängern auch materiell zu gewinnen und sich im Brennpunkt des jüdischen Staats, der großen Macht der Christusfeinde kräftig entgegen zu stemmen. Die Dürftigkeit der dortigen Bekenner war so bedeutend daß (Apostelgeschichte Kap. 2 und Kap. 4) die Apostel eine aus sieben Personen bestehende Armenkommission ernannten, durch welche die Almosen vertheilt wurden. Freiwillig lieferten die wohlhabendern jüdischen Christen viel an Geld und an Naturalien; eine Sitte die übrigens schon von den Hebräern längst in Bezug auf ihre Distriktarmen geübt worden war. Die Hebräer hatten auch seit Jahrhunderten regelmäßig zum Tempelbau gesteuert. — Die Christen folgten aber nicht nur diesem Beispiel, sondern führten noch besonders Gemeintische ein, die s. g. Liebesmahle, wobei man die Sättigung des Magens mit der Erinnerung an den Meister und die Märtyrer auf feierlich rührende Weise verband.

Anmerkung des Uebersetzers.

Welt des Privateigenthums aufgenommen, die den Stempel der Gemeinschaftlichkeit tragen, z. B. Brief= und Personenpost, Märkte, Magazine, Bazars, Bäckereien, Weinkeltern, Festlichkeiten, Schauspiele u. s. w. Ja, dies geht so weit, daß selbst die Gesetzgebung sich seiner nicht ganz erwehren konnte, und man hat z. B. vorgeschrieben, daß es bei Schiffbruch, Ueberschwemmung, Feuersbrunst beobachtet werde. Dieser Umstand ist wichtig, er beweist daß der Eigenthumsstaat nicht ganz ohne die Gemeinschaftlichkeit sich behelfen mag; so stark dringt sie sich dem Menschen auf.

Was die kirchliche Kommunion, was die zahllosen Gemeinschaften der religiösen Orden betrifft, so genügt es ihrer hier nur mit einem Worte zu erwähnen.

Nichtssagend ist übrigens der Einwurf, die Nationen hätten sich gleichsam stillschweigend gegen dies Prinzip des Gemeinschaftwesens erklärt, indem sie dem Prinzip des Privatwesens in Politik und Oekonomie und Recht den Vorzug eingeräumt! Einerseits darf ich an Sparta, Peru und Paraguay erinnern, wo Gemeinschaftliches überwiegend auftrat, anderseits ist zu erkennen daß die Menschheit die Bahn von Jahrtausenden durchlaufen hat, ohne, wenn ich so sagen soll, einen verständigen Reiseplan gemacht zu haben. Sie irrte vielmehr kreuz und queer herum, taumelte von wenig Sinnigem zu viel Unsinnigem, von viel Unsinnigem zu wenig Sinnigem, machte hier und da eine meist zufällige Entdeckung, die sie auch ebenso leicht hätte nicht machen können, stand manchmal still, ging manchmal gar zurück, sprang dann wieder hurtig vorwärts, kurz sie lebte im ärgsten Wirrwar. Daher kam es denn auch, daß in den Tag hinein gewüthet wurde, aufs Gerathewohl geschah hier ein Fortschritt, dort ein Umweg. Die Kuhpockenimpfung, das Buchdrucken, der Dampf, sind Erfindungen die gleichsam wider den Willen der menschlichen Gesellschaft auftauchten, wenigstens hat sie sich um vorbereitende Erziehung und Bildung der drei Erfinder nicht im Mindesten bekümmert, hat ihnen die schnödesten Hindernisse in den Weg geworfen, hat das Genie und den Muth dieser erhabenen Helden verhöhnt *.

Man kann selbst sagen, es sei ein Unglück daß die Menschen

* Nichts ist daher so albern als zu behaupten: „darin gerade liege die „menschliche Freiheit, und der höchste Ruhm sei, trotz der Hemmungen etwas „Großes zu schaffen; Guttenberg z. B. würde nicht halb so rühmlich dastehen, hätte er mit weniger Schwierigkeiten zu ringen gehabt!" — Das ist Wortverdreherei.

Anmerkung des Uebersetzers.

nicht längst und überall die Form der Gemeinschaft angenommen, wie es auch zu bedauern ist, daß die Kuhpockenimpfung nicht früher erschienen; aber soviel ist gewiß, große civilisirte Völker werden schneller, gründlicher das neue Prinzip zur Verwirklichung treiben als kleine und uncivilisirte; heute eher als früher, und in zwanzig Jahren eher als heute. Wir dürfen der alten Weltentwicklung keinen Vorwurf machen, müssen vielmehr die Zukunft veredeln.

Don Antonio, fuhr der Redner nach einer Pause von einigen Minuten fort, hat der Gemeinschaft vorgeworfen, sie verletze Recht und Billigkeit, indem sie dem Genie nicht besser zu speisen und zu wohnen und sich zu kleiden erlaubt als der gewöhnlichen Thätigkeit.

In Wahrheit, meine zu ehrenden Herren Zuhörer, diese Anklage ist (so sonderbar auch sie dem Ohre eines Ikariers klingt) nicht unwichtig und verdient näher beleuchtet zu werden.

Unstreitig ist Ihnen im Lauf unserer Zusammenkünfte aufgefallen, daß ein und derselbe Punkt der Betrachtung wiederkehrte; hierüber ist sich nicht zu wundern, da alle die verschiedenen Fäden des Gewebes, mit dessen Auslegung und Auseinanderlegung wir uns hier beschäftigen, sich vielfältig berühren. Und so ist es auch mit dem jetzigen. Don Antonio erwartet meine Antwort, und er hat die Befugniß sie zu erwarten, aber sein neuer Einwurf ist bereits wiederholentlich uns vor die Augen getreten und abgefertigt worden. Gleichwohl wollen wir nochmals uns daran machen.

Wohl hat die Anklage etwas scheinbar Richtiges, so lange man sie nicht tiefer erfaßt. Ich halte Don Antonio eine andere Frage entgegen: was würde dem Erfinder der Dampfkraft, dem unsterblichen Fulton, seine Entdeckung helfen, wäre keine Gesellschaft da, in der sie benutzt werden kann? Und wie hätte dieser Mann seinen Geist auf den gewaltigen Grad von Schärfe und Beharrlichkeit im Studium der Naturkräfte und Maschinen erheben mögen, wenn er nicht in der vorhandenen Gesellschaft und den wissenschaftlichen Errungenschaften früherer Geister, nach und nach Ausgangspunkt, Mittel und Ziel seines Strebens sich erworben? Versetzen Sie Fulton als Säugling nach einer wüsten Insel, er hätte dort immerhin ein hohes Alter erreicht, aber gewiß nicht das Dampfschiff erfunden.

(Bravo, Bravo!) *

* Unsere Gegner führen das allerdings merkwürdige Beispiel einiger Astronomen an, die, wie man sagt, ganz ohne Anleitung und von Hindernissen

Ja, durch die Bildung wird der Mensch erst ein Mensch. Und durch die Bildung, geistige wie sittliche und körperliche, wird er erst zu einer bestimmten Persönlichkeit ausgeprägt. Ideen, Gefühle, Gemüthsbewegungen, Gewohnheit und Sitten, Sprache, Religion, Profession, Wissen: alles, alles dies ist Produkt der Erziehung, ist Erzeugniß der Einwirkung welche die Gesellschaft auf den Einzelnen übte. Das Kind ist bildungsfähig. Nehmen Sie zwanzig Kinder aus zwanzig Ländern, zwanzig verschiedene Erziehungen machen sie zu zwanzig sehr verschiedenen Menschen; aber setzen Sie dieselben in eine einzige Erziehungsweise, in der sie stets beisammen bleiben, und es entsteht etwas daraus, wie wir es in Ikarien sehen. Unermeßlich ist die Anzahl derer die, richtig erzogen, große Geister, unermeßlich auch ist die Anzahl der andern die, ohne Erziehung, jämmerliche, krüppelige geworden wären.

Jedes Gesellschaftsmitglied ist der Gesellschaft verpflichtet. Jeder muß und soll ihr seinen Dank abtragen durch völlige, ernste Arbeit mit allen seinen Fähigkeiten, und den Bedürfnissen des Ganzen helfend zur Seite stehen. In der gut organisirten Gesellschaft genießt der Einzelne aber auch nach seinen persönlichen Bedürfnissen, und da durch sie und auf ihre Kosten seine Anlagen und Fähigkeiten gebührlich entwickelt sind, so bleibt ihm schlechterdings keine Zulage, kein Extrahonorar, keine aparte Besoldung und keine spezielle Auszeichnung zu beanspruchen. Er *bekommt* was er braucht zu Geistes- und Leibesunterhalt und Bildung, er *gibt* was er hat und was die Gesellschaft braucht; so geht es unaufhörlich, das ganze Leben lang, so erst werden beide quitt; was soll da noch eine besondere Belohnung? Gewährt ihm die Gesellschaft eine solche, so hat sie ihre Gründe, will dadurch das Nacheifern anspornen, seine Erinnerung verherrlichen, u. s. w., aber es fällt ihr nicht ein, ihn speziell zu belohnen.

Uebrigens liegt es am Tage, der Mensch, in der wahren Gesellschaft, findet Freude, unendliche Freude am Bethätigen seiner Kräfte. — Gewerbe, Wissenschaft, Kunst, Entdeckungen, gewähren dem Menschen, dessen Existenz materiell sicher gestellt ist, einen höhern, reinern Genuß als Löhnung oder Belohnung.

umgeben, sich emporgeschwungen. So erzählt man von einem französischen Hirtenknaben, „der auf dem Felde, in den Aesten eines Baumes sitzend, ohne „lesen und schreiben zu können, bereits Sternkunde getrieben und später „*durch Studium* ein berühmter Astronom goworden.“ Unsere Gegner widerlegen sich mit ihren eigenen Worten.

Anmerkung des Uebersetzers.

Schon in der verderbten Welt des Privateigenthums sieht man ja Spuren davon, indem talentvolle oder muthige oder edelherzige Personen, ohne Belohnung zu erheischen, aus bloßem Triebe und um diesem Triebe zu genügen, sich aufopfern, zu Grunde gehen, und dennoch heiter dabei sind! —

Don Antonio hat ferner gemeint, die Gemeinschaft trete der Freiheit zu nahe.

Allerdings, wenn er unter Freiheit das regellose wüste Austoben versteht, thun was Einem so ohne Weiteres in den Kopf kommt, geradewegs nach dem persönlichen rohen oder raffinirten Gelüst leben! Das ist aber nicht Freiheit, das ist Frechheit.

Niedermetzeln, Aufspeichern, das Aufgespeicherte verzehnfachen, den Nebenmann ausplündern und belügen, ist nicht Freiheit. Wir haben hier die *gerechte*, die *gebildete* Freiheit, die sich in gebildeten und in bildenden Mitteln bewegt, die ihre Gesetze sich selber aussinnt, sie sich selber vor's Auge stellt und ihnen gehorsamt. Unsere Freiheit ist die Selbstherrschaft und Selbstbeherrschung. Unsere Freiheit ist wahr, kräftig und schön zugleich.

Es ist mit wenigen Begriffen so schändlich Mißbrauch getrieben worden, als mit dem Begriff „Freiheit."

Wahnwitz wäre es, räsonnirtest du: mir ist heiß, also will ich unbekleidet umherlaufen; oder: ich will undankbar sein; oder: ich will nichts essen in meinem Leben; oder: ich will in Einem fort essen; gegen diese Verkehrtheiten stellt sich Vernunft, Sitte und Natur. Du kannst also nur frei dich äußern in Wort und That, indem du dich innerhalb der Gesetze des menschlichen Wesens oder Menschenthums bewegst, innerhalb der Gesetze der menschlichen Gesellschaft, und innerhalb der Gesetze der Natur, die fort und fort in Luft, Temperatur, Licht u. s. w., auf deine Haut, deine Nerven, dein Gehirn, dein Blut, deine Organe einwirkt.

Heute zu Tage heißt Freiheit oft die wüthende Leidenschaft, mit der man gegen den bestehenden Despotismus ankämpft, und dieses todeskühne Streben hat auch eine Schattenseite; es schlägt gern um in Ausschweifen, Unmaaß aller Art. Wer dem Ertrinken nahe ist, packt selbst ein rothglühendes Eisen; ein verschmachtender Wanderer schlürft ekelhaftes Schmutzwasser; wer das Schwert über seinen Kopf sausen hört, greift hinein, obgleich er sich die Finger zerschneidet.

Aehnliches geschieht jedesmal, wenn die Menschen sich aus ungeheurer Noth erlösen wollen; sie fallen von einem Aeußersten ins entgegengesetzte Aeußerste. Aus der Knechtschaft zur willkührlichsten Anarchie, ist ein Sprung, der schon oft gemacht ward. Ein Volk bricht einige seiner Ketten und ruft: Freiheit! schrankenlose Freiheit! Freiheit der Presse, denn es lag in den Zwangschrauben der Censur oder der Schriftstrafverordnung; Freiheit des Unterrichts, denn es hatte die Einmischerei der Finsterlinge in Erziehung und Lehrsystem zu erdulden gehabt; Freiheit der Industrie, denn es litt furchtbar durch die alten Zünfte, Innungen, Meisterschaften; Freiheit des Handels, denn es will den Monopolen, Privilegien und der teuflischen Mauth entrinnen; Freiheit des Besitzes, denn es hatte lange Jahrhunderte unter der Zuchtruthe der Zwingherren geseufzt, die ihm das Privatgut wegriffen und sich für alleinige Eigenthümer des Landes und der Nation ansahen; kurz Freiheit, Freiheit Alles zu sagen und zu thun oder auch gar nichts zu thun, denn es erhob sich zornbrausend gegen die Polizei seiner Hudler und Zertreter, die alle Augenblicke mit Verbieten und Gebieten es bis aufs Blut schikanirte.

Aber du heilige schöne Freiheit! das Volk muß, dich zu erringen, allmälig zur Erkenntniß kommen, daß du nicht das dürre, schroffe Gegenstück bist zu seinen bisherigen Unfreiheiten. Erst muß das Volk wissen daß die wahre Freiheit nur als freies Gesetz, das sich die Versammlung der gleichen Gesellschaftsglieder gibt, bestehen kann.

Die Gemeinschaft, sagt Don Antonio, hat zu viele Gesetze! —

Sehr wohl. Aber das Königthum mit dem Eigenthum im Bunde, hat dieses nicht auch viele?

Und gestattet es euch wahre, wirkliche Freiheit? Könnt ihr euch selbständig bilden, selbständig eure Kleinen erziehen, selbständig eure Angelegenheiten verwalten? Und das materielle Elend, läßt es die Elenden zum Bewußtsein, was sage ich, zum ruhigen Bissen einer trocknen Brodkruste kommen? Und die Landespolizei mit ihren hundertausend Falkenaugen, läßt sie euch tanzen und singen und speisen und Theater besuchen, wie ihr es möchtet? und ein Sträußchen von Veilchen * und ein Band von solchen und solchen Farben tragen?

* Das Veilchen war Napoleons Lieblingsblume; es galt nach seinem Sturze als ein Abzeichen, das auf eine politische Partheigesinnung schließen ließ die dem Bestehenden feindlich.

Anmerkung des Uebersetzers.

In Ikarien macht Einer die Gesetze: nämlich das gesammte Volk.

In Ikarien vollzieht Einer sie: nämlich das gesammte Volk.

In Ikarien gehorcht Einer ihnen: nämlich das gesammte Volk.

Meine Herren, ich habe auf die Einwürfe Don Antonio's Bescheid zu geben für nöthig erachtet. Ich glaube er ist ein aufrichtiger Freund der Menschheit, darum habe ich geantwortet. Und ich rufe: Es lebe die Gleichheit und die Gemeinschaft!

(Ungeheurer Beifall.)

Meine Herren! sprach Dinaros, diese Stunde wäre die erhabenste meines Lebens, dürfte ich hoffen, in ihrer Brust den Wahrheitsfunken zur reinlodernden unauslöschbaren Flamme angefacht zu haben. England, Frankreich, Amerika müssen uns nachkommen; sie werden es! Die Gleichheit ist keineswegs unmöglich, wie ich Ihnen beweisen will, wenn Sie mir noch ferner geneigtes Gehör schenken. Sie ist auch nicht erdrückend, erkältend; die Geschichte der Welt bezeugt ihre segenvolle Fruchtbarkeit. Wollen Sie die Fortsetzung meiner Vorträge? —

Von allen Seiten tönte Ja. — Wohl denn, so sei es morgen. —

Endloser Jubel erscholl, als sollte der Saal einbrechen. Dinaros verneigte sich tief und ging. Ich war freudig bewegt; war er doch der Bruder meiner Dina!

Neuntes Kapitel.

Geschichtliches Weiterschreiten der Gleichheit.

Vor dem Erscheinen des Professors unterhielten sich verschiedene Gruppen eifrig über das Gehörte, und über das, was heute Gegenstand werden sollte. — Dinaros begann, unter dem aufmerksamsten Schweigen, wie folgt:

Man thut wohl daran, meine Herren Zuhörer, von Zeit zu Zeit einen Blick auf die weite, oft gekrümmte Bahn zu werfen, die von der sich entwickelnden Menschheit durchmessen worden. Es ist ein wundersam ergreifendes Schauspiel, diese ungeheure Revüe der Todten, wenn ich mich so ausdrücken darf; die verschwundenen Geschlechter, auf deren tausendjährigen Gräbern wir wandeln, ziehen in verschlungenen Reihen vor unserm Geistesauge vorüber und scheinen uns zuzuwinken: „Macht es besser als wir!"

Die ebenmäßige Berechtigung der Gesellschafsglieder; d. h. die Gleichheit, zeigt sich in der Geschichte wie der schöne Vogel Phönix, von dem die uralten Sagen erzählten, er lebe ewig, aber er sterbe zuweilen, denn nachdem er in greisem Alter sein Nest gebaut, das er selbst anzünde, verbrenne er sich freiwillig in den schmerzlichen Flammen zu Asche; doch aus dieser seiner eigenen Asche erstehe er von Neuem und fliege jugendfrisch in weite Ferne über Land und Meer, um abermals zu leben, zu altern, zu sterben und verjüngt aufzuerstehen.

Der Phönix ist eine Fabel, und die Gleichheit eine Wahrheit, obschon sie Manchem auch fabelhaft erscheint. Aber so groß die Aehnlichkeit auch bisher gewesen sein mag, kommen wird die Zeit, wo die Gleichheit nicht mehr unterzugehen braucht in Feuer und Blut, wo sie immerdar den Erdball umleuchtet und umwärmt: dann ist der Phönix erlöst. Dies wird geschehen wenn die Gütergemeinschaft überall wirklich geworden ist.

Während der ersten Jahrtausende lebten die Menschen überall in einem thierähnlichem Zustande und mehr in Rudeln, als in Gesellschaften, ohne Kaiser und Könige, ohne Großpriester und und Geistlichkeit, ohne Freiherren und Junker; ganz ohne Kronen und Adelswappen behalfen sie sich.

Dies war das früheste Menschheitsalter.

Während des zweiten, auch mehrtausendjährigen wurden die stärksten, beherztesten, verschlagendsten, erfahrensten Leute, und die welche eine Erfindung und Entdeckung gemacht von ihren Nachbaren auserkoren, um als Schiedsrichter, Rathgeber und als Führer in Jagd und Raub — zur Jagd auf Thiere wie Menschen also — über den Stamm oder den Familienkreis ein wachsames Auge zu haben. Dies geschah durch freie Wahl; wo waren damals die Herrscher von Gottes Gnaden und die Erbadligen?*

* Der deutsche Kaiser Maxmilian I., dieser charakterlose Oestreicher, machte gern Verse die ihm meist schlecht geriethen. Einst kam er jedoch auf seinen unnützen Kreuz- und Queerreisen in ein Wirthshaus und da ihm, wie gewöhnlich, die Zeit lang wurde, besah er die Kritzeleien an den Fensterscheiben seines Zimmers. Plötzlich erstaunte er zu lesen:

„Als Adam hackte und Eva spann,
„Wo war denn da der Edelmann?"

Die heilige Majestät wurde ärgerlich und schrieb darunter:

„Ich Max bin ein Mann wie'n andrer Mann,
„Nur daß mir Gott die Ehre gann."

Allmälig trieben die Völkerschaften auf Inseln oder in Stromgebieten, Niederungen, Bergabhängen und Hochebenen, Viehzucht, Landbau, Handel nnd Gewerbe. Mildes Klima und fruchtbarer Boden begünstigte sie. Andere, ebenfalls durch Klima und Boden genöthigt, waren und blieben Wanderstämme, Jäger und Krieger, brachen oft aus ihren Wüsten, Wiesen und bewaldeten Gebirgen her auf die seßhaften und schon etwas weniger rohen Nachbarvölker ein, unterjochten diese und gründeten weite Eroberungsreiche. So entstanden zählreiche Nationen: China und Japan, Ostindien und Chaldäa, Assyrien und Persien, Phönicien und Aegypten, mit despotisch herrschenden Oberklassen und geknechteten Unterklassen. Die Priester und Adligen, welche ihre Abstammung von den Göttern und Göttinnen verschiedenen Ranges herleiteten, wußten sich und ihre Kaste oder erbliche Zunft mit einem Heiligenscheine, oft siegreich, zu umgeben, und schnürten das Volk in die engsten Netze ein.

Indessen war ein Fortschritt sichtbar: man metzelte nicht mehr regelmäßig die Kriegsgefangenen nieder, man konnte sie zu Sklavenarbeiten besser gebrauchen. Auch berührten sich jene großen Völkermassen häufiger, durch Krieg und Austausch, und entdeckten mancherlei in Wissenschaft, Künsten und Gewerben; die Innung der ägyptischen Priester sammelte z. B. an dreißigtausend Schriften über verschiedene Gegenstände, die sie übrigens dem Gotte Merkur zuzuschreiben für gut hielt. — Der übrige Theil des Menschengeschlechts verharrte in seinen wüsten Zuständen und bewahrte eine gewisse rohe Gleichheit.

Diese drei ersten Abschnitte dauerten lange: dreißigtausend Jahre vor Christus, sagten die heiligen Bücher der Phönicier und Aegypter; hunderttausend nach persischer Zeitrechnung; siebenhunderttausend nach babylonisch-chaldäischer; zwei Millionen Jahre gar zufolge der chinesischen und japanischen, und vier Millionen nach der ostindischen. Nur die dem Moses beigelegten Bücher sprechen von der kleinen Zahl von viertausend Jahren.

Vom Jahre zweitausend bis sechzehnhundert vor Christus sehen wir eine ungeheure Menge Kolonien vom Morgenlande

Diese kurze Antwort enthält gleichwohl die ganze schwere Lehre vom göttlichen Recht. Nur war nicht füglich abzusehen, warum Gott gerade dem Max, der nichts als ein guter Gemsenjäger war, eine Ehre gegönnt hatte, deren er sich seine lange Regierungszeit hindurch unwürdig erwies.

Anmerkung des Uebersetzers.

ins Abendland sich ergießen; ein Aehnliches geschieht drei Jahrtausende später, wenn die Europäer wieder gen Westen nach Amerika ziehen.

Ein Schwarm kleiner Ansiedlungen wandert von Aegypten und Phönicien, von den Küstenstrichen und Inselgruppen der Halbinsel Kleinasien, nach Judäa, Griechenland, Sicilien, Italien und Nordafrika, tödtet oder unterwirft oder civilisirt die vorgefundenen wilden Urbewohner und gründer eine zahlreiche Menge von Städten und Staaten: Jerusalem, Athen, Sparta, Theben, Karthago, Neapel, Marseille, Kadix, u. s. w.

Die Kolonisten waren Leute, denen die übervölkerte Heimath nicht mehr genügte; auch waren es nicht selten Geächtete, Verbannte, Verarmte, Abentheurer, kurz Leute von Freiheitslust und Thatendrang.

Ich habe nur mit einem Worte der Hebräer zu gedenken, die Aegypten lediglich aus Liebe zur Unabhängigkeit flohen. In den mosaischen Büchern * ist bereits von einer Art Verfassung die Rede, die Moses dem Volke vorgelegt. Der Gott dieses Volkes, Jehovah, heißt es, habe die Verfassung entworfen und diktirt. Es wird dort eine gewisse Gleichheit des Vermögens und Stimmenrechts anerkannt, eine Republik, worin die zwölf Stämme sich monatlich berathen, mit Versammlungen von funfzigtausend Mann. Auch Propheten standen auf und hielten feurige politische Reden, und viertausend Personen formten eine in Gütergemeinschaft lebende Innung. Diese altjüdische Volksherrschaft dauert vierhundert Jahre, geräth auf sechshundert Jahre unter Könige und in die Bothmäßigkeit der Nachbarfürsten, erneuert sich als ein abermaliges Königreich und zerfällt hundertvierunddreißig Jahre nach Christus.

Die zahlreiche Schaar der kleinen griechischen Völkerschaften wählt zwar jede einen König oder Häuptling aus irgend einem berühmten alten Geschlecht, aber er ist mehr oder minder nur ein Vollzieher der Volksbeschlüsse, der oberste Schiedsrichter, oberste Priester und Feldherr.

Allmälig werden diese Fürstlein übermüthig und das Volk jagt sie weg. Die republikanische Form wird überall vorgezogen; in den vielen griechischen Städten und Stadtgebieten,

* Ob sie von Moses selbst herrühren, ist überaus zweifelhaft. Vermuthlich sind sie mindestens ein halbes Jahrtausend später gemacht, und auf seinen berühmten Namen geschrieben worden. Es finden sich in ihnen viele Anordnungen, die unmöglich schon von diesem uralten Nationalhelden gegeben worden sein können.

Anmerkung des Uebersetzers.

wie den griechischen Kolonien Siciliens und Süditaliens. Einige dieser freien politischen Gemeinden, zum Beispiel Sparta, behalten gleichsam zur Erinnerung das Königsamt bei, ordnen es aber dem Volke und dem Oberrathe unter. In Athen dagegen herrscht geradezu die Volksgemeinde *.

Diese Freistädte und Freistaaten waren in dem Wahn befangen, das Sklaventhum sei nicht nur nichts Ungebührliches, sondern sogar etwas vollkommen Natürliches. Die meisten hegten eine gewisse vornehme Verachtung gegen Handwerk und Kleinhandel.

* Athen galt in seiner Blüthe als gut demokratisch, d. h. es waren in ihm die auf zwanzigtausend sich belaufenden Wahlbürger gleich berechtigt. Sie hielten sehr auf reine Abstammung; die Frau galt eigentlich nur, dem Gesetze nach, als ein Mittel, um, vermöge der Mitgift und Erbschaft, das Vermögen des Großvaters auf die Enkel zu übertragen, und um die Rasse der echten Bürger fortzupflanzen; sie wurde nie mündig und kam lediglich bei politischreligiösen Aufzügen aus dem Innern des Hauses hervor; an freie Wahl eines Gatten durfte ohnehin kein Mädchen denken. Man glaubte, Bürgertugend könne nur ererbt werden, und wer sich unrechtmäßig in die Bürgerschaft eingeschlichen, konnte in die Sklaverei verkauft werden. Gegen vierhunderttausend Sklaven waren vorhanden, um das souveräne Volk der Athener zu bedienen. Der Sklave, meist Ausländer, ward zu den mannigfachsten Geschäften im Hause, auf dem Landgut, im Handel und Wandel, in den Schreibstuben, auf der Flotte u. s. w. verwendet; sehr viele arbeiteten halb selbständig als Tagelöhner und als Gesellen in den Werkstätten gegen eine tägliche Abgabe an ihren Eigenthümer; etwa wie heute in Rußland die Leibeigenen. Hatten sie sich auf diese Weise genug erworben, was selten gewesen sein mag, so kauften sie sich los, wurden aber nicht Vollbürger. Uebrigens behandelte man sie ziemlich sanft, gewisse religiöse und politische Gesetze schützten sie. Die ärmern unter den freien Bürgern trieben Gewerbe, hatten anfangs zwar Stimmrecht, aber nicht Zutritt zu den höchsten Stellen. Sie erlangten ihn aber mit der Zeit, und hatten fortan in der Versammlung das Uebergewicht. Ohnehin standen sie durch die öffentliche Erziehung auf beinahe oder ganz gleichem Bildungsgrade mit den reichern. Letztere mußten jährlich regelmäßig sehr große Ausgaben (Schiffsrüstungen, Feste, Theater) auf sich nehmen. Die ärmern halfen sich auch noch dadurch, daß sie sich eroberte Ländereien durchs Loos zutheilen ließen, die ihnen Sklaven bebauten und deren Ertrag sie in der Hauptstadt verzehrten. Die Masse dieser ärmern freien Bürger wuchs immer mehr, zumal sie in Handwerken nicht die Konkurrenz mit den Arbeitsklaven der Reichen aushalten mochten. Sie ließen sich das Eintrittsgeld ins Theater, den Besuch der Volksversammlungen, und die Gerichtsitzungen (wo sie als Geschworne zugegen sein mußten) von Staatswegen bezahlen, eine ganz natürliche Folge ihres verschrobenen Zustandes. Trotz alle dem nahm der Reichthum in einigen Händen stets zu, und das Ganze riß allmälich auseinander.

Anmerkung des Uebersetzers.

Vermögensungleichheit schied in allen die Bürgermasse in Arm und Reich, woher endlose Kämpfe entsprangen. Auf der Insel Kreta rief indessen Minos eine Art von Gütergemeinschaft ins Leben; in Athen ermäßigte Solon den Betrag der Schulden und Hypotheken; in Sparta setzte Lykurg ein unerhörtes System durch, und erlangte von den Reichen Aufgeben ihrer Güter und Einwilligung in eine neue gleichmäßige Vertheilung des Bodens.

Auflehnung gegen Unterdrückung galt anerkanntermaßen für ein gutes Recht; der Grieche war kein in sich versunkener Morgenländer, und man darf sagen, das kleine Land zählte mehr wahre wirkliche Menschen als das ungeheure, mit Knechten und Zwingmeistern bedeckte Asien und Aegypten.

Athen vertreibt die Familie seiner Machthaber; und der persische Despot, von ihnen angeregt, zieht mit gewaltigen Sklavenheeren herbei, es zu unterjochen. Da geschehen wunderbar herrliche Thaten, die ewig zum Ruhm des menschlichen Geschlechts gereichen werden, so lange es eine Weltgeschichte gibt*. Leonidas und seine dreihundert Spartanern sterben den Heldentod in den Thermopylen; die Athener verlassen ihre Stadt und zünden sie an; dreißigtausend Republikaner schlagen zwei Millionen Perser zu Land und zu Wasser, bei Marathon und Salamin, 490 Jahr vor Christus.

Jetzt, nachdem sie Europa vor dem Untergang gerettet, entfalten die Griechen, insonderheit die Athener, erst recht ihre bis dahin schlummernden Kräfte. Die Demokratie geht auf mit großer Pracht und Herrlichkeit; sie sorgt bestmöglich, nach damaligen Maaßstabe, für ihre Mitglieder durch allgemeine Volksversammlungen, öffentliche Gerichte mit sechstausend Geschwornen, Theater mit dreißigtausend Plätzen; durch Gymnasien worin sämmtliche Knaben und Jünglinge der Bürgerklasse in geistig sittlichen und leiblichen Uebungen und Fertigkeiten gebildet werden; durch unentgeltliche Badepaläste, durch National- und Tempelfeste, durch jene erhaben heitern olympischen Spiele endlich, wo alle griechischen Stämme sich einfinden und in Geist- wie Körpervollkommenheiten wetteifern, und Lorbeer- und Oel-

*. Wir mögen uns nicht erwehren, die schöne Stelle aus Hegel (Philosophie der Geschichte, Seite 267) anzuführen:

„Der große König von Asien mit seinen vielen Völkern stand dieser „kleinen Stadt gegenüber; die geistige Kraft aber besiegte die Masse, die „der höhern Macht des Geistes nicht zu widerstehen vermochte... Es sind „dies welthistorische Siege: sie haben die Bildung und die geistige Macht „festgehalten, und dem asiatischen Prinzipe alle Macht entzogen."

Anmerkung des Uebersetzers.

zweigkränze den Siegern schenken. Nicht selten sind Waffenbrüderschaften von drei bis fünfhundert Männern für Kriegszeit; sie verrichten unsterbliche Thaten.

Diese lebensfrohen und zugleich todeskühnen Republikaner durchreisen als Kaufleute und Wissenschaftsmänner die ganze damals bekannte Welt, beobachten, beschreiben und philosophiren. Sie haben Vielgötterei, aber nicht egoistische; sie gewähren auch den ausländischen Göttern und Göttinnen Altäre neben den Nationalgottheiten, sind also duldsam in religiöser Beziehung, und nicht minder zur Aufklärung in allem übrigen geneigt. Zahllose Abschreiber vervielfältigen ihre Schriftwerke, und zum erstenmale in der Welt stiftet die Republik eine öffentliche Bibliothek (in Athen, 324 J. vor Christ.). Eine unübertroffene Gemeinsprache dient als Stoff für die Aeußerungen des griechischen Gefühls und Gedankens, und verbreitet überallhin seinen Segen. Tragödie und Komödie, Musik und Redekunst, Baukunst und Bildnerei blühen und reifen unvergängliche Früchte; politische Wissenschaft erschließt sich. Und dieses ganze liebliche, interessante, inhaltschwere Leben des Menschenthums, wallt wie ein Meer von Licht und Farben und Wärme durch alle Kolonien, von Marseille bis Konstantinopel. Als Alexander der Macedonier auftritt, kann Aristoteles zweihundertfunfzig verschiedene Volksverfassungen beobachten und einen tiefen Blick auf die Naturreiche werfen. Sein großer Zögling erobert aber die griechischen in sich zerfallenden Republiken (330 Jahr vor Christus), und bricht nach Asien auf, welches er vom Mittelmeer bis Ostindien durchwandert, dem Perserkönige entreißt, und mit griechischen Niederlassungen bedeckt. Sein Plan ist, Europa und Asien zu verschmelzen, griechische Bildung und Wissenschaft und Kunst zur allbeherrschenden zu erheben. In Aegypten baut er Alexandria, wo seine Nachfolger eine Bibliothek von beinahe einer Million Bücher, Museen, Akademieen, Universität, und dadurch diese Stadt zum Brennpunkt der Civilisation auf Jahrhunderte begründen.

Wie siedend Wasser in kaltes rinnend allmälig sich abkühlt, aber dieses erwärmt, so wirkt Griechenland in seiner jetzigen ungeheuren Ausdehnung auf die fernsten, bisher in Schlaf versenkten Völker.

Inzwischen ist Roms Stern aufgegangen; 753 Jahre vor Christus hat, der Sage nach, Romulus Kolonistenschaaren aus den drei umliegenden Völkerstämmen Mittelitaliens nach dem Ausfluß der Tiber geführt, wird Wahlkönig, und errichtet eine freie Stadtgemeinde mit gleichen Stimmrechten. Aber der Senat wird eine mächtige reiche Aristokratie, und sucht die ärmern Bürger durch Geldvorschüsse und Pfandleihe zu unterdrücken.

Nach einer Reihe von sieben Königen, die zweihundertundvierzig Jahre regieren, wird der letzte vertrieben; das Königthum auf immer abgeschafft; die vertriebene Familie bricht, im Bunde mit Fremden, wieder ein, wird zurückgeschlagen, die Republik— res publica, „das öffentliche oder Gemeinwesen" — triumphirt.

Nun beginnen die alten erhabenen republikanischen Tugenden. Aufopfernde Liebe für das Vaterland und des Vaterlandes Ruhm, die unverzagt in den Tod geht und die ungeheuerste Beharrlichkeit zeigt; Rechts- und Ehrgefühl des Bürgers; blinder Gehorsam vor Gesetz und Sitte; furchtbar strenge religiöse Familienzucht unter dem Winke des Hausvaters.

Unaufhörlich führt die Stadt Krieg in der Nähe und Ferne, unterjocht, associirt und kolonisirt, stürzt die ausländischen Könige, oder erniedrigt sie zu zinsbaren Fürsten, denen das souveräne Volk Roms aus Gnade einen leeren Titel noch eine Zeitlang übrig läßt.

Aber ebenso wird innerhalb der Stadt ein ernster, zuletzt verzweiflungsvoll blutiger Kampf zwischen Arm und Reich durchgefochten; er dauert Jahrhunderte, mit kurzen Pausen, und wenn der ausländische Krieg einen Augenblick ruht, beginnt jedesmal der innere *.

Indessen beugt Alles sich unter die römischen Adler, von Persien bis Schottland, von Rhein und Donau bis an die afrika-

* Die römische Bürgergeschichte dreht sich um das Eigenthum. Die Unvermögenden mußten immerfort zu den Feldzügen rüsten, und bekamen nur selten Antheil an den eroberten Staatsländereien, wurden obenein häufig in den Schuldthurm gesteckt. Die Prozente waren ungeheuer hoch; acht vom Hundert galt als wenig; eins im Monat war gewöhnlich. Gesetze hiewider blieben machtlos.

Das gesammte Grundeigenthum übrigens bestand in Roms ältester Zeit aus Gemeingut, aus Privatgut und aus Tempelgut. Die Privatgüter waren noch merkwürdig klein, und man konnte sich wundern wie eine ganze Familie damit auskam; indessen wurde neben dem Landbau stark Viehzucht getrieben; die Heerde ging auf den sumpfigen Wiesen des Gemeinlandes unter Aufsicht berittener Hirten, Jahr aus Jahr ein, und die Familie bewirthschaftete ihr schmales Privatgrundstück; beides zusammen ernährte sie. Für die Heerde ward ein geringes Weidegeld in die Stadtkasse entrichtet. Daß aber dieser gemüthliche Zustand bald enden mußte, war natürlich.

Anmerkung des Uebersetzers.

nische Wüste. Die Civilisation verbreitet sich zu den entlegenen Völkern Hispaniens, Galliens, Britanniens; römische Heerstraßen, römische Bauwerke überall; und was besonders wichtig, überall gründet Rom Militärkolonien und stiftet Städte mit sich selbst verwaltenden Gemeinden. Rom ist das Centrum der damaligen Welt; die Sonne und der Brennpunkt.

Belgien, Holland, die Rheinlande, Schwaben, Südbaiern, Südöstreich, Ungarn, Siebenbürgen, die Walachei (in dieser ist die Mundart der zahlreichen Nachkömmlinge der römischen Kolonisten noch bis auf den heutigen Tag erhalten), alle diese Gebiete werden mehr oder minder romanisirt. Aber aus Westphalen wird die römische Macht durch den Cheruskerstamm unter seinem Fürsten Arminius (Herrmann) herausgeworfen; im Jahre 9 nach Christus durch die mehrtägige Schlacht im Teutoburger Walde, wo das römische Heer sammt seinem Feldherrn Varus vernichtet wird. Seitdem gelingt es den Römern nicht mehr, in Deutschlands Innerem Fuß zu fassen, obschon sie nochmals bis an die Elbe streifen.

In der Stadt Rom rasen die entsittlichten und verarmten Volksmassen; die Reichen und Adligen reiben sich mit deren Hülfe zum Theil auf, und schmiegen sich zuletzt unter die Herrschaft eines alle Staatswürden in sich vereinigenden Imperator oder Cäsar (Kaiser). Diese Kaiser versinken in bodenlose Lüste und Narrheiten, fallen unter dem Dolche und Gifte der verschworenen Adligen, wüthen ihrerseits gegen diese mit Meuchelmord, Henkerbeil und Gütereinziehung. Die Privatgewerbe gerathen fast völlig in die Hände der zahllosen für Rechnung ihrer Herren arbeitenden Sklaven, der Freigelassenen und Fremden, und nur für öffentliche Arbeiten bestehen noch die Kollegia, das heißt Zünfte, fort. Die frühere Kernklasse der kleinen römischen freien Ackerbauer ist längst in Bürgerkriegen erschlagen, oder zu Pächtern geworden, oder in die große Stadt gezogen um dort einen Pöbel zu vermehren, der auf Staatskosten Nahrungsmittel und Lustbarkeiten bekommt und unter dem Walten der Kaiser, die nur an den Großen und Reichen sich vergreifen, sich wohl fühlt.

Das gewaltige Heer wird allmälig nicht mehr aus römischen freien Bürgern rekrutirt, sondern aus rohkräftigen Völkerstämmen hie und da; lange Dienstzeit und die härteste Mannszucht machen aus ihm einen neuen Staat in dem verfaulenden alten Staate; und so setzt es bald seine Generale auf den Thron oder stürzt sie, je nach seinem Belieben; auch verkauft es die Kaiserstelle manchmal an den Meistbietenden. Bei Hofe schwingt sich oft ein ehemaliger Sklave zum Minister empor, während der

Leichnam seines ermordeten Vorgängers durch die Straßen geschleift wird. Und in diesem wüsten Taumel entstehen und erhalten sich Philosophenschulen; einzelne gebildete Männer ragen noch von Zeit zu Zeit empor, gleichsam um gegen die allgemeine Verworfenheit zu protestiren und uns nicht an der Menschheit verzweifeln zu lassen. So die Heiden. — Inzwischen sind die Christen aufgetreten; zuerst demüthig und still, aber mit ungeheurer Schnelle sich über das ganze Reich verbreitend.

Man kann sagen, die Heiden Roms und Griechenlands sahen in den Menschen auf Erden zwei verschiedene Klassen: die eine von sterblichen Göttern, das heißt Nachkömmlinge der unsterblichen Götter und mit unsterblicher Seele; die andere, von Menschen ohne Bedeutung, ohne Seele, die deswegen als Eigenthum, gleich Thieren und Häusern und Feldstücken, behandelt und verhandelt werden durften. Persische, indische, ägyptische Ansichten waren in dieses hineingewebt; so der Glauben an eine Wanderung der Seelen, die in einem vorirdischen Dasein gesündigt und dafür in dem irdischen Buße abzuleben hatten; diese Seelen waren in Grade getheilt, daher die morgenländische Kastenordnung; eine rohe, anfängliche Art der Arbeitstheilung, die eben auf jene überirdische Weise von der Priesterschaft und manchen Philosophen gedeutet wurde.

Ich weiß sehr gut, meine Herren, daß nicht alle heidnische Philosophen diese ganze mystische Lehre annahmen, aber ich behaupte, zu einer Zeit war sie es die am meisten gäng und gäbe ward, und zwar als die römische Republik in ein Kaiserthum sich verwandelte.

Da rief ein Zimmermannssohn von Nazareth: „Wahrlich, ich „sage euch, ihr seid Alle Kinder eines und desselben Vaters, der „da ist Gott; ihr Alle seid Brüder; im Himmel wird es weder „Kleine noch Große, weder Arme noch Reiche, weder Männer „noch Weiber geben, sondern nur Engel Gottes, und wer unter „euch der Erste sein will, sei der Diener aller Uebrigen; liebt „also euren Nächsten wie euch selbst, und Gott über Alles."

Er empfahl auch eine Gemeinschaft der Güter. — Diese Worte wurden bald vom Leuchtthurm Alexandria's in die Welt hinausgerufen, und Alexandria war der gefeierte Sitz der damaligen Wissenschaften. Eine weitverzweigte Gesellschaft entstand in jugendlicher Frische allerwärts auf den stolzen Trümmern der bisherigen Welt, die täglich mehr und mehr zusammen rollte. Zwischen den Schutthaufen des einbrechenden Staats und Götterdienstes eilten rastlos die Apostel der neuen hebräischen Sekte umher, predigten, und wußten mit großem Muthe zu verbluten. Ich bemerke ausdrücklich, die ursprüngliche Lehre hatte sehr viel demokratischen Saft und Kraft in sich, und dadurch gelang auch die Propaganda gut. Die Christusbekenner hatten in ihren Gemeinden gleiches Wahlrecht; ihre Gemeindelehrer wurden oft aus der untersten Schicht der Bevölkerung erwählt; öffentliche Schulen und Hospitäler und gemeinsame Kassen wurden gestiftet. Der Sohn des Zimmermanns, der arme Jude, erschien hinfort auf dem stolzen Throne Jupiters, des Königs aller Götter.

Das Römerreich löst sich völlig auf; die westliche Hälfte ward durch die Schwerterhiebe der nordischen Barbaren abgetrennt, und von diesen nunmehr auf eigenthümliche Weise beherrscht; die östliche empfing in Konstantinopel die Residenz des Christ gewordenen Kaisers, der auch die letzte der altrepublikanischen Spuren austilgte und dem Christenthum die Allgewalt sicherte, wodurch es aber zugleich den bisherigen demokratischen Charakter mit dem entgegengesetzten vertauschte. Ein Rest von Wissenschaft und Kunst erhielt sich noch eine Zeitlang in dieser neuen Hauptstadt, wo jetzt die berühmten und berüchtigten Bücher des römischen Rechts verfaßt wurden, die später so ungeheuren Einfluß auf Europa übten. Zugleich ist zu bemerken, daß die wüthendsten Partheikriege dies griechisch christliche Reich erschütterten; die Sekte der Bilderstürmer zerschlug mehr als ein Mal in den Kirchen die Statuen und Gemälde, welche ihr als heidnisches Wesen erschienen; die Kaiser, obzwar fast abgöttisch verehrt, sahen sich gewöhnlich entthront; Grausamkeit und Sittenfäulniß waren an der Tagesordnung; die Verwaltung ging schlecht, wo möglich noch elender als vorher in dem heidnischen Reiche. Die Bevölkerung starb zur Hälfte aus, oder ward Sklave; die großen Städte sanken in Ruinen. So auch in den westlichen Ländern, wo die deutschen Eroberer in der Völkerwanderung sich festsetzten. Diese kräftigen aber völlig rohen Stämme vertilgten fast alle Civilisation, und gründeten in den unterjochten Provinzen eine Kriegerherrschaft; ihren Feldherrn wählten sie auch zum Oberrichter im Frieden, das heißt zum Könige, der durch das den Römern abgelernte Christenthum schnell ein Fürst „von Gottes Gnaden" ward; ein Begriff, an den die heidnischen Deutschen in ihren Wäldern und Wiesen zwischen Weichsel und Rhein niemals gedacht hatten! Anfänglich blieben sie ihrem uralten Gebrauche getreu, und wählten unter den Adligen den König; aber allmälig mußte er ein Erbfürst werden, da bald schon nach der Besitznahme des Römerlandes die Summe der bisherigen Wähler, das heißt der freien gleichen Krieger, schmolz, indem viele verarmten, von ihren Nachbaren wegen ihres Beuteantheils bekriegt wurden, freiwillig sich den mächtigern ihrer ehemaligen Kampfgenossen unterwarfen, u. s. w. Auch hatte in ihrer neuen weit größern Heimath das Zusammenkommen zu allgemeiner Berathung und Wahl seine Schwierigkeiten. Kurz, die Eroberer hatten bald in ihrer Mitte eine harte Aristokratie, eine Adelsklasse von lauter streit- und raubbegierigen Tyrannen, deren Hauptgeschäft Krieg und Jagd und Auspressen der Leibeigenen war. Sie organisirten das Feudalwesen, wodurch jeder Adlige ein Landstück mit Städten, Weilern und Bauernhöfen, mit allen Einwohnern und deren Habe, zur Benutzung als Lehen bekam, und dafür einem andern mächtigern reichern Adligen Kriegsdienste leistete, so wie er nach untenhin ebenfalls seine ihm dienstbaren Lehnsträger oder Vasallen, das heißt Benützer dritten, vierten Ranges hatte. Oft wurden diese Lehne erblich, und der Edelmann konnte sagen: „Stock und „Stein, Blut und Bein auf diesem Grundstück ist mein.“ Er vererbte es auf den ältesten Sohn. Oberster Lehnsherr aller Lehnbesitzer war der König, konnte folglich die übrigen sämmtlich zum Kriegsdienst oder Heerbann aufbieten, und wer sich dem entzog, beging strafbare Felonie oder Lehnsbruch. Die größten Lehne, ganze Provinzen, wurden sehr bald in gewissen Familien erblich. Der Lehnsherr war zugleich seinen Untergebenen Schutz und Gericht schuldig.

Das ist die wirrvolle Feudalherrschaft gewesen!

Und dennoch erschien sie als eine Erholung den Menschen, die Jahrhunderte lang von allen wanderlustigen Raubhorden Europas und Asiens heimgesucht worden waren. Der ungeheure deutsche Strom verlief sich nach und nach; die Gothen aus Südrußland hatten Italien und Spanien genommen; die Franken Gallien (das Frankenreich); die Sachsen und Angeln Britannien (das Angelland); die Lombarden von der Elbe Norditalien, und hatten sich durch gegenseitigen Kampf aufgerieben oder vermischt. Der nicht minder gewaltige Strom asiatischer Zugvölker unter Attila kam zwar bis über den Rhein und die Alpen, aber ihre Eroberungen rannen sofort wieder auseinander.

Im Abendlande erhebt sich jetzt das Frankenreich unter Karl dem Großen im Jahre 800 zur Hauptmacht; er bezwingt durch vieljährigen Krieg die heidnischen Sachsen und bekehrt sie; er läßt sich in Rom vom römischen Bischof krönen nnd nimmt den Kaisertitel, um damit anzuzeigen er sei der Nachfolger der Römerkaiser; er ordnet das Lehnswesen und selbst, so gut es geht, den Unterricht für seine fränkischen Adligen. Er zieht auch nach Spanien, wo er den Arabern eine Provinz entreißt.

Hundert Jahre vorher waren diese dort eingedrungen, nachdem sie Nordafrika, und Vorderasien zum Theil, dem griechischen Kaiserthum abgenommen. Zu diesen großen Dingen hatten sie durch die neue Religion ihres Muhamed und ihre Uebervölkerung den Anstoß bekommen; wenn ein Volk aus Ueberzahl sich nicht mehr ernähren kann, bricht es aus seinen Grenzen, macht Völkerwanderungen. Wohl zu beachten ist, daß die Araber in den eroberten Reichen bald auf Wissenschaften und Gewerbfleiß sich legten; Baukunst, Handel, Ritterthum und Zartheit der Sitten geriethen bei ihnen schnell in Blüthe, während die Christen in grenzenloser Verwilderung sich noch herumtrieben und allmälig von ihnen Kultur lernen mußten.

Kaiser Karl der Große fand in Deutschland schon viel Christenthum, welches funfzig Jahre vor ihm der englische Mönch Bonifacius unter die Oberhoheit des römischen Kirchenfürsten zu bringen gewußt hatte; ein Schritt der nicht geringen Widerspruch von unabhängigen deutschen Geistern erfahren, unter anderm vom Bischof von Salzburg, dem gelehrten und weisen Virgilius, der sich namentlich darüber ärgerte daß Bonifaz das deutsche Volk zwang, in der ihm unverständlichen altrömischen Sprache Gottesdienst zu halten. Der Papst setzte aber seinen Willen durch, und machte zum Lohne den Bonifaz zum Bischof von Mainz.

Die Angelsachsen auf der brittischen Insel hatten damals in ihren Klosterschulen mehr Bildung wie die übrigen Christen *, und einen tüchtigen König in Alfred dem Großen.

Doch weder er noch Karl der Große sind im Stande, die dicke geistige Finsterniß der christlichen Nationen dauernd zu erhellen, und bald nach ihrem Ableben hören die Wirkungen ihrer eifrigen Bemühungen in diesem Fache auf. Rom erhebt sich jetzt, nicht nur als Residenz des obersten Bischofs, sondern auch als alleiniger Zufluchtsort einiger wissenschaftlichen Kenntnisse und Staatskunst; Rom hat den alten großen Namen und will zum zweitenmale die Erde beherrschen.

Dies gelingt ihm durch das Papstthum, während die weltlichen Herrscher ganz ungeschickt zu Werke gehen, und trotz ihres Sträubens den Statthalter Gottes als ihren gewaltigen Meister

* Die Christusapostel bei den germanischen Heiden kamen aus den englischen Kirchenanstalten.

Anmerkung des Uebersetzers.

anerkennen, und ihm Abgaben entrichten müssen. Die alte römische Regierungsklugheit erwacht wieder und der alte römische Stolz; zwar zittern jetzt die Nationen und Throne nicht vor den Lanzen Roms, aber desto mehr vor seinen zahllosen heiligen Beamten und seinen sogenannten „Hirtenbriefen," d. h. unerbittlich strengen Kommandoworten.

Deutschland, bis dahin ein Theil des Frankenreichs, löst sich ab im Jahre 911, als die Familie Karl des Großen erloschen, und es wird ein Wahlkönigreich; die vier Hauptherzogshäuser (Schwaben, Franken, Sachsen, Baiern) besetzen nunmehr den Thron. Bei diesen Wahlen entscheidet natürlich nur des höhern Adels Stimme, öfter noch das Schwert. Diese vier Hauptstämme der Deutschen bilden fortan den deutschen Bund; Einheit war nicht darin. Der deutsche König wollte immer Italien erobern und sich in Rom vom Papste krönen lassen (nach dem Beispiele Karl des Großen), und dann erst hieß er römischer Kaiser; aber hiebei verlor nutzloser Weise Deutschland und Italien viel Kraft und Blut. So wird gewählt:

Kaiser Heinrich I der Vogelfänger (von Sachsen); legt Festungen und um jede Festung eine Stadt an, während früher die Deutschen in einzelnen Gehöften gehaust hatten; die Städtebürger sind zunächst Freie, die vom Lande her hineinziehen; bald kommen viele Unfreie nach, und heißen „Volk" oder „Gewerke," die Freien werden „Patricier" oder „Junker." Er begründet auch das deutsche Ritterwesen, diese große Adelsgilde die fortan mit denen in der übrigen Christenheit zusammen wirkt.

Kaiser Otto II der Rothe, zieht in Rom 980 ein und verfährt gegen die dort plötzlich aufgetauchte Republik des Konsul Crescenzo. Allgemein äußert sich von da ab das Bestreben der reichen Bürgerschaften in großen Städten nach Unabhängigkeit: so entsteht die Menge der Handel und Gewerbe treibenden norditalienischen Freistaaten und deutschen Reichsstädte, mit fest geschlossenen Organisationen.

In Frankreich beginnt dasselbe Schauspiel: viele Städtegemeinden s c h l a g e n oder k a u f e n sich frei; und von der Zeit an ist in Europa Civilisation wieder zu hoffen.

Zugleich besteigt der Mönch und Staatsmann Gregor VII, ein Handwerkerssohn, den päpstlichen Stuhl und erhöht die Kirchenmacht durch sein Genie und seinen klugen Muth so, daß er die Ehelosigkeit der Geistlichen und ihre vollkommene Abhängigkeit von römischen Hofe erzwingt. Zwei Jahre darnach läßt er selbst den deutschen Kaiser Heinrich IV (von Sachsen) vor sich Abbitte thun, und verfährt fortan als unumschränkter Herr auf

Erden, der nur Gott Rechenschaft schuldig ist. Die Päpste haben von dieser Stunde an stets eine Hand in Deutschlands Verhältnissen, verwirren dieselben zusehens, erpressen ungeheure Geldsummen. Gregor VII will einen heiligen Gottesstaat aus der Christenheit bilden, was natürlich fehlschlägt.

In England sind 1101 die französischen Normannenritter unter Wilhelm dem Eroberer gelandet, und haben diese sächsische Insel in eine äußerst harte Knechtschaft geschmiedet.

Aber siehe! die grausamen normännischen Könige sehen sich bald genöthigt, ihren Edelleuten, unter die sie das Land vertheilen, und den unterjochten Städten (von welchen sie Geld zu Kriegszügen nöthig haben) gewisse Zugeständnisse zu machen. So entsteht ein leiser Anfang des Parlaments; die Königsgewalt wird von Geldeswegen beschränkt! Im Jahre 1265 zeigt sich dies schon deutlich.

Ebenso in Frankreich, wo König Philipp der Schöne die Vertreter der handel- und gewerbtreibenden Städte zusammenruft um Geld zu erhalten, und ihnen nachgeben muß.

Ebenso in Spanien, wo die christlichen Könige, allmälig gegen die Araber wieder Raum gewinnend, zugleich sich auf die spanischen Cortesversammlungen 1283 stützen.

Inzwischen heben die Kreuzzüge an, und dauern fast zwei Jahrhunderte. Ungeheure Menschenmassen stürmen in die muhamedanischen Morgenlande, scheinbar nur um das Grab Christi den Muhamedanern zu entreißen, im Grunde aber um sich dort ein bequemeres Leben zu verschaffen als in Europa, wo Adel und Priesterthum furchtbaren Druck übten. Die Aristokraten und alle Könige ziehen übrigens auch dorthin, erobern, bringen neue Industrie und Wissenschaften von den vielfach gebildeten Arabern zurück, gründen überall morgenländisch-christliche Reiche.

Kaiser Friedrich I (von Schwaben) zieht hin; Kaiser Friedrich II sein Enkel desgleichen; jener stirbt in Asien, dieser kommt glücklich zurück, führt einen furchtbaren Kampf gegen den Papst und stirbt endlich, als letzter des Kaiserthums wahrhaft würdiger Vertheidiger des Staats gegen die übermüthige Kirche. Nach ihm löst sich Deutschland auf; eine zahllose Menge mehr oder minder selbständiger Städte und Fürsten, die nichts thun als sich gegenseitig befehden und das Ganze zerbröckeln lassen.

Auf den blutigen Feldzügen der Kaiser in Italien wird das Gesetzbuch des römischen Rechts zufällig wieder aufgefunden 1135, und dieses gibt zu einer enormen geistigen Thätigkeit Anlaß: Schulen der Jurisprudenz entstehen, wodurch die Uebermacht des

Papstes oft gehemmt wird; die Rechtsgelehrten steigen bald in Ansehen und, aus dem Bürgerstande entsprossen, wissen sie allmälig denselben zu einem Gegengewicht gegen die Adelsklasse zu machen.

Reformatorische Interessen durchblitzen die Völker: der herrliche Arnold von Brescia predigt Buße und Republik in der Stadt des Papstes 1143.

Der englische Mönch Roger Bacon 1294, dies große Genie, greift weit voraus und macht wissenschaftliche und gewerbliche Erfindungen (Schießpulver, Fern- und Brenngläser, mechanische Fuhrwerke).

In Frankreich schützt Louis X 1314 die Leibeigenen der Herren, gibt die seinigen frei.

Endlich erscheint das Schießpulver, von Bacon nicht veröffentlicht, auf dem Schauplatz der Welt: der deutsche Mönch Berthold Schwarz 1340 hat die Ehre des Entdeckens. Unverzüglich dient es in englisch französischen Kriegen und zeigt, daß nicht körperliche Kraft und Waffenrüstung allein den Sieg geben; der Bauer wird dadurch dem Edelmanne gleich.

Im Jahr 1307 brechen die Urkantone der Schweiz das östreichische Joch: eine Bundesrepublick erwächst mit großen bürgerlichen Freiheiten. Fünfunddreißig Jahre später stellt der wackre Nikolas Rienzi in Rom Republik her, doch wird er bald erdrückt; auch in Venedig will der Chef des Staats die reine Volksmacht wieder beleben, doch fällt er unter der Rache des Adels 1354.

Vier Jahre später erhebt sich unter dem Bürgermeister Marcel die Bürgerschaft von Paris gegen die Fürsten und Bischöfe; die gequälten Bauern stehen auf, brennen die Schlösser nieder; das ist die Empörung der Jacques.

Krone und Adel siegen, kühlen ihre Wuth im Blute der Besiegten, aber Großes ist schon damit geschehen daß das Volk endlich ein Mal den Arm ausstrecken gelernt hat. In England 1381 erheben sich hunderttausend Landleute, stürmen den Palast des Ministers, bedrohen den König; dieser verhöhnt sie und zersprengt sie vermöge seiner eisernen Ritter, aber der Anfang wenigstens ist gemacht!

Und siehe! 1399 schon predigt der gelehrte Wikliff auf Oxfords Universität die Reform der Religion und der Politik. Seine Anhänger (die Lollarden) werden verfolgt, aber ihre Ideen überleben.

Und schon 1414 lodert der Scheiterhaufen in der deutschen Stadt Konstanz, und verzehrt den lebendigen Leib der edeln Märtyrer Johannes Huß und Hieronymus von Prag, weil sie gegen die Tyrannei gelehrt haben. Die dort im Konzil versammelten, mehrere Tausend zählenden Geistlichen, Professoren und Staatsmänner setzen drei Päpste ab und einen andern ein.

Jetzt brausen die welterschütternden Ereignisse in Fülle heran: 1437 Buchdruckerkunst; 1453 die Türken stürmen Konstantinopel und verjagen den Rest der dortigen Gelehrten; diese wenden sich nach Italien und tragen ungemein viel zum Aufblühen der Wissenschaften bei, bringen die Bücher der alten Philosophen und Dichter Griechenlands mit, die bisher in Westeuropa unbekannt geblieben.

Louis XI schlägt die Aristokratenköpfe herunter, schirmt Bauern und Bürger.

1492 betritt der Italiener Colombo Amerika, und mit dieser neuen Körperwelt geht für die Europäer auch eine neue Geisteswelt auf. Einige Jahrzehnte später entdeckt der Pole Nikolas Kopernik das Sonnensystem, und eröffnet somit die Möglichkeit das Weltall kennen zu lernen.

Die Kirchenreform Luthers 1517 zerschmettert das Joch des Glaubens an Rom, aber sie legt dafür ein anderes auf: sie lehrt blinden Glauben an die Bibel und an die Fürstengewalt, sogar an die ungerechteste.

Dennoch ist der Antrieb jetzt da, und des wackern Luther halbes Werk wird bald fortgesetzt.

Bemerkenswerth ist, daß der Ablaßschacher, also das Geld, den ersten Stoß zur Reformerklärung geben mußte!

Die Bauern Schwabens, Frankens, Thüringens, des Elsaßes stehen auf: Luther weist sie zum „blinden Gehorsam;" sie wollen sich nicht ferner schinden lassen: da läßt er sie grausam verfolgen.

Zwingli in Zürich ist liberaler gesinnt.

Calvin in Genf desto unliberaler.

1540. — Die Jesuiten kommen der sinkenden Papstmacht zu Hülfe.

Hollands Edelleute und Städtebürger schütteln die katholischen Ketten Spaniens ab, stiften einen Republikenbund.

1572. — Hunderttausend Calvinisten in Frankreich niedergemetzelt; die Bartholomäusnacht.

1618 bis 1648. — Mehrere Millionen Protestanten und Katholiken in Deutschland durch den dreißigjährigen Krieg aufgerieben; Deutschlands Industrie, Nationalgefühl, Bürgerehre, Sittlichkeit vernichtet auf lange Zeit. (In Böhmen waren achthunderttausend Menschen von drei Millionen übrig geblieben...)

In derselben Epoche wird Frankreich durch den klugen, muthigen Minister Richelieu geordnet und gehoben.

1647. — Der Fischer Masaniello in Neapel an der Spitze einer Republik, die jedoch nur einige Tage währt. —

Aber kaum hat Deutschland ein Menschenalter hindurch einen scheußlichen Religions- oder vielmehr Kabinetskrieg geschlagen, so tritt ein nordisches Reich auf die Bühne.

Der Hauch des Protestantismus wird in England zum Sturme und bricht das System der Hochkirche nieder; König Karl Stuart **I** (der Großsohn der schönen Maria Stuart) läßt 1649 seinen Kopf auf dem Schaffot, nachdem er feierlich in öffentlicher Sitzung von seinen Unterthanen „des Hochverraths an der „Majestät der Nation" überführt worden. Die Republik wird proklamirt und erhebt sich zu unerhörter Macht; die vorgeschrittensten unter diesen Revolutionären nennen sich Levellers, d. h. die Gleichmacher, und verlangen völlige Gleichheit auch im Vermögen. Aber Oliver Cromwell „der Beschützer" geht seinen eigenen Weg. Und nach Kurzem, 1660, wird bereits der Sohn des Enthaupteten unter Jubel wieder auf den Thron gesetzt *. —

In demselben Jahre macht Dänemark eine ganz absonderliche Revolution: aus Verzweiflung über ihre zahllosen adligen Zwingherren gibt die Nation dem Könige eine schrankenlose Macht.

1661. — Louis **XIV** hat den tüchtigen Minister Colbert, der Industrie und Handel, so weit man es damals verstand, zur Blüthe brachte. Der absolute König nützt durch seinen Stolz; indem es ihm schmeichelt seine Nation durch Literatur berühmt zu machen, begünstigt er Wissenschaft und Kunst; eine Bahn, die vor ihm schon der Kardinal Richelieu und Franz **I** betreten haben. Er läßt ungeheure Summen aus dem Staatsschatz für

* Diese rasche Umkehr zum Königthum und noch zu einem erbärmlichen, erstaunte namentlich sehr, ehe man eine gleiche bei den Franzosen erlebte. Bemerkenswerth ist die Prophezeiung des edeln vielverleumdeten Volksfreundes J. P. Marat, der im Jahre 1789 bereits, bald nach dem Sturm der Bastille, schrieb: „Soll ich von der Gegenwart auf die Zukunft schließen, „so sage ich dir, o Frankreich, unsere Sache wird gerade so gehen, wie einst „in England als dies Nachbarvolk sich wieder einem Tyrannen ergab, „jenem Karl **II**, bloß aus dem einfachen Grunde weil es durch Bürgerzwist „ermüdet worden... O mein Vaterland! sehe ich dein Unglück in der Gegenwart und Zukunft, so weine ich Blut!" — (S. Rheinische Jahrbücher von Herm. Püttmann „Jean Paul Marat als Mann der Wissen„schaft und Politik" 1846).

Anmerkung des Uebersetzers.

Akademieen, Sternwarten, wissenschaftliche Reisen, Malerei, Seekunde und dergleichen verwenden.

In schwachsinnigen Aberglauben später verfallen, treibt er auf Anliegen seines Jesuitenbeichtvaters eine Million Protestanten aus Frankreich: diese, zum Theil der Gewerbsklasse angehörend, tragen ihren Kunstfleiß nach Preußen und in andere Lande Deutschlands.

1688. — Der letzte Stuart vom britischen Thron gestürzt; der protestantische Wilhelm von Holland besteigt ihn, und England fängt endlich an, die Früchte früherer mühseliger Revolutionen zu ernten. Allmälig kommt die Preßfreiheit auf.

In Frankreich dagegen, meine Herren (und hier tritt mein Vortrag an den ungeheuren Wendungspunkt) eilt Staat und Kirche dem Ruin entgegen; der Regent d'Orleans und Louis XV versinken im Schlamme des Despotismus und der Unzucht: — aber nicht die Nation! Louis XVI wird König und Türgot, der große Minister, reformirt (1774). Die neuere Philosophie hat ihre Morgenröthe begonnen. * —

Da erringen 1783 die dreizehn nordamerikanischen Freistaaten ihre Unabhängigkeit; und ein unendlicher Jubel schallt über das ferne Meer nach Europa und findet hier, namentlich in Frankreich, ein Echo. Die Geschichte ist zu bekannt, als daß ich

* In Preußen Friedrich der Große.

In England (1767) erfindet der Barbier Arkwright die Spinnmaschine und eröffnet somit das Feld der modernen weltverändernden Industrie; 1776 druckt Adam Smith, der Nationalökonom, sein berühmtes Buch über den Reichthum der Nationen.

In Italien (1773) hebt der philosophische Papst Clemens XIV den Jesuitenorden auf, und muß sogleich sterben.

In Baiern (1776) stiftet der junge Professor Weishaupt den Orden der Illuminaten (Erleuchteten) auf der Universität Ingolstadt, um vermöge dieses verborgenen Bundes alle Religion überflüssig zu machen, und durch gründliche politisch-sociale Umänderungen auf den Zustand der Menschen dauernd Einfluß zu üben; doch wird er entdeckt 1785 und aufs Schärfste verfolgt.

Unzweifelhaft lag etwas Kommunismus darin, aber noch mehr Phantasterei, die sich in den höchst seltsamen geheimen Zeremonien aussprach; die Statuten hatten zum Theil mit denen des alten Freimaurerordens Aehnlichkeit. Dieser letztere war bekanntlich gerade damals sehr revolutionär und brach der 89er Bewegung Bahn, nachdem er seit 1688 (wo in Folge der Entthronung des englischen Königshauses der Stuart er nach dem Festlande hinüber kam) oft schon gegen Aberglauben und Aberwitz wacker gekämpft hatte. — Endlich ist nicht zu übersehen, daß in jener beispiellosen Gährungszeit auch die Magnetistrer eine revolutionäre Rolle spielten.

Anmerkung des Uebersetzers.

sie Ihnen wiederholen sollte: Englands Kolonisten fühlten sich durch ernste Arbeitsamkeit und durch Moral erstarkt, durch Handel begütert, und wollten sich die vom Parlament willkührlich aufgelegten Steuern nicht mehr gefallen lassen; Englands Minister ihrerseits duldeten nicht das Aufkommen einer dortigen Industrie: „kein Hufnagel, sagten sie, dürfe in Amerika fabri„zirt, Alles und Jedes solle dem Mutterlande abgekauft werden." Der lange Krieg entschied für Amerika; Frankreichs Truppen hatten dazu geholfen und kehrten mit Freiheitsideen heim. Der wackre Benjamin Franklin, der große Georg Washington erwarben unsterblichen Ruhm. Besonders von diesem General und Präsidenten ist es erhaben gewesen, daß er die Königskrone verschmähte. So ist denn durch diese Helden eine neue Welt geschaffen worden, die auf die europäische von unermeßlichem Einflusse war und sein wird....

Ich werde morgen, meine Herren, den majestätischen Gang des Menschengeschlechtes von jener verhängnißvollen That an, in den Kreis unseres flüchtigen Ueberblickes ziehen.

Zehntes Kapitel.

(Fortsetzung.)]

Gestern habe ich Ihnen, meine Herren, viele, und darunter bedeutende Umwälzungen gewiesen, die Reformation, die Revolution der Engländer von 1649 und 1688; endlich die der Nordamerikaner.

Von unserer ikarischen Revolution des Jahrs 1782 spreche ich diesmal nicht; sie war, wie Sie alle wissen, eine Tochter der herrlichen amerikanischen, und, ohne Eitelkeit dürfen wir es sagen, schöner noch als ihre Mutter. Ihr Einfluß auf die Weltgeschicke wäre unermeßlich groß schon jetzt gewesen, läge unser Land in der Mitte Europas. Richten wir heute den Blick auf Frankreich.

In diesem Reiche zuckte, nach der amerikanischen Freiheitserklärung, eine unbeschreibliche Gährung. Hatte doch Frankreich zu jener nicht wenig beigetragen, warum sollte es nicht dem glänzenden Beispiele folgen? Ein ungeheures Verhängniß streckte die Hand aus über Louis XVI, als er der englischen Aristokratie, die er noch kürzlich zu Gunsten Nordamerikas bekämpft hatte, nachahmte, und um den erschöpften Staatsschatz zu füllen im abstoßenden Tone eines Sultans sich vernehmen ließ. Und dasselbe Netz das den schrankenlosen König unsichtbar umspann, schlang sich um seinen Adel immer dichter, als dieser in unklugem Eigensinn es abschlug, zu den Geldbedürfnissen des Staates in dieser äußersten Noth zu steuern. Die Aristokratie der Parlamente, der hohe Bürgerstand, forderte, als letztes Hülfsmittel gegen den Despotismus der Minister und des Herrschers, die schleunige Einberufung des seit hundertfünfundsiebenzig Jahren nicht mehr versammelten Reichstags oder der Generalstaaten. Der Hof sträubte sich, aber vergebens. Die furchtbare Stunde schlug. —— Uebrigens glomm der revolutionäre Funke längst in den Köpfen und Herzen der Mehrheit, und es war nicht gar schwierig vorherzusehen., daß er bald als unlöschbare Flamme herausschlagen mußte.

So ging es denn ans Werk. Man rief die Wähler auf; es waren ihrer sechs Millionen. Sie faßten ihre Beschwerden und Anliegen in besondern Schriften zusammen, und es fand sich, daß alle in den Hauptpunkten übereinstimmten; alle verlangten Reform, Konstitution, Garantieen.

Sie ernannten ihre Deputirten; es wurden zwölfhundert; der Adel schickte dreihundert, ebensoviel die Priesterschaft, und sechshundert, das heißt soviel als beide, der dritte Stand allein. Im dritten Stande lag der Kern der Nation.

Kaum sind die zwölfhundert versammelt, so beginnt der Kampf. Die Aristokratie, das heißt die Bevorrechteten, verlangen Trennung in drei Kammern und Abstimmung nach Ständen, damit ihre zwei Stände jedesmal den einen Stand der Unterdrückten besiegen können; die Demokratie, das heißt die Nichtbevorrechteten, begehren eine einzige Versammlung und Abstimmung nach Köpfen, wodurch der Vortheil des Stimmenübergewichts auf ihre Seite kommen mußte. Mit Riesenschritten eilten die Verhältnisse vorwärts; die Krone zitterte, befahl die Versammlung zu endigen, und ließ den Saal schließen; die Deputirten des dritten Standes setzten sich zur Wehr, und schwuren den erhabenen Eid: „die Aufträge des Volkes zu vollstrecken." Die Regierung gebrauchte Waffengewalt gegen die Deputirten, das Militär fiel der Volkssache zu, die Bastillenfestung ward gestürmt und dem Erdboden gleich gemacht: das Königthum kapitulirte. Und Europa schaute in starrer Verwunderung dem Unerhörten zu.

Nunmehr war die dreifache Nationalvertretung in eine einzige verschmolzen; sie erklärte, ihr Zweck sei, dem Staatskörper eine neue Konstitution auszuarbeiten, und deshalb nannte sie sich die konstituirende Versammlung.

In einer einzigen Sitzung, die sich die ganze Nacht des 4. August hindurchzieht, beschließt diese Versammlung, durch die philosophischen Ideen des Jahrhunderts getragen, die Abschaffung sämmtlicher Adelsvorrechte, sämmtlicher Priesterschaftsprivilegien und Monopole; sie verkündigt die Menschenrechte, die Rechte der ganzen Menschheit. Und so gewaltig ist die Entzückung und der Enthusiasmus, daß im Gefühle der Gerechtigkeit viele Mitglieder sich erheben und freiwillig ihre Sonderinteressen auf dem Altar der Gleichheit zum Opfer darbringen.

Hienach beschäftigt sie sich drei Jahre lang aufs Ernstlichste mit Aufhebung aller Mißbräuche, und mit der Durchsprechung und Kritisirung der eingereichten Verbesserungsvorschläge; sie berathet und beschließt feierlich über die Hauptpunkte der Moral, Philosophie, Religion und gesellschaftlich-staatlichen Organisation Frankreichs, auf daß dieses Land ein Muster aller übrigen werde.

Zwei Parteien stehen sich schroff gegenüber: einerseits die aristokratische; sie versammelt sich in einem Zirkel, der sich der Klub der Feuillants nennt; er folgt dem englischen Vorbilde; er will die Ungleichheit, zwei Vertreterkammern (Oberhaus der Adligen, Unterhaus der Bürgerlichen), ein starkes und möglichst unveränderliches Königthum; die demokratische anderseits; sie versammelt sich im Klub der Cordeliers oder Orleanisten (das heißt Anhänger des Herzogs von Orleans). Letzter Klub geht bald über in den Klub der Jakobiner, die von den Gegnern die „Aufrührer" titulirt werden, weil sie die französische Schule befolgen, die philosophische, das heißt Umänderungen verlangen, eine einzige Gesetzgeberkammer, ein beschränktes Königthum und politische Gleichheit.

Die Demokratie siegt mit großer Mehrheit; sie wirft nieder, bricht ab, kehrt rein, und hienach macht sie sich ans Neubauen und verfaßt die Konstitution von 1791.

Noch spricht sie den Namen Republik nicht aus, aber die von ihr festgestellte Königsmacht, mit einer einzigen Deputirtenkammer, ist ein republikanisches Königthum, ist eine Republik im Grunde.

Sie schafft das Privateigenthum nicht ab, macht auch keine neue Ackervertheilung, keine Vermögensgleichheit; aber sie schafft Gleichheit in den Erbschaften und in der Erziehung, legt somit einen Boden für alle übrige Gleichheit, und alle ihre Institutionen streben nach Minderung der Ungleichheit des Vermögens und der übrigen Ungleichheiten.

Sie theilt das Land in dreiundachtzig fast gleiche Departemente, verkündet Religionsduldung, und gibt den Juden das Menschen- und Bürgerrecht.

Ich habe hier nicht zu untersuchen, ob eine Versammlung, aus Männern der alten Zeit bestehend, und worin sehr viele ehemalige Aristokraten sitzen, mehr und besser thun kann. Ich bemerke nur, daß die Konstituirende weit mehr that, als die englische Kammer von 1688 und die amerikanische von 1776, und mehr als die eifervollsten Philosophen noch wenige Jahre vorher zu hoffen gewagt hatten. Vergesse man nie, daß diese Versammlung das Prinzip der völligen Gleichheit der Rechte aufpflanzte, und auf diesem Felsen, meine Herren, wird die Menschheit in künftigen Zeiten die Veste des Menschenthums bauen. Dieser Felsen ist stark, und alle die Privilegirten können ihn nicht erschüttern.

Die französische Aristokratie begeht hier das Verbrechen, Gewalt zu ergreifen und den Degen wider das Vaterland und die Menschheit zu ziehen. Sie wandert in Masse aus, formirt Regimenter an der deutschen Grenze, ruft den Beistand aller Aristokraten und gekrönten Häupter Europas an, verleumdet und verhöhnt und bedroht die Revolutionsmänner. Und sofort schließen alle Aristokratieen Europas einen Bund; die englische stellt sich an die Spitze, und der Krieg gegen das Land der Revolution wird festgesetzt. Ein ganz ungewöhnlicher Krieg! Die unreine Ungleichheit wird gegen die reine Gleichheit, die rohe Macht gegen die edle Vernunft, die Verstocktheit des Stillstands gegen die Aufgewecktheit des Fortschritts, kurz, das ruchlose Einzelinteresse gegen das Menschheitsinteresse anringen. Ehe diese Koalition der Fürsten die Kriegstrommel erschallen läßt, probirt sie die ganze Tonleiter der falschen Gerüchte und Verleumdereien, Bestechereien und Intriguen, um in Frankreich den innern Krieg der beiden Parteien zu entzünden und Verrätherei zu erwirken.

Inzwischen tritt die konstituirende Versammlung, nachdem sie der Nation die Konstitution gegeben, ab, und an ihre Stelle kommt die gesetzgebende Versammlung; sie begreift vollständig das Gefährliche der Lage, und das Volk steht auf, um sich und seine Vertreter zu schützen. Noch am Vorabende des ungeheuren Krieges auf Leben und Tod, der die Völker zerfleischen soll, vollzieht die Versammlung eine schöne That der

Menschlichkeit: sie ernennt den Dichter Schiller und die übrigen ausländischen Philosophen, die das Interesse der Revolution vertheidigen, zu französischen Ehrenbürgern *. Sie diskutirt auch den Plan einer öffentlichen Erziehung; sie verkündet, die Nation werde forthin keinen Eroberungskrieg mehr führen.

Die Begeisterung ist so gewaltig, daß ein Prinz königlichen Geblütes, um die Volksgunst buhlend, sich den Namen „Gleichheit" beilegt, und seine herzogliche Mutter dadurch zu ehren glaubt, daß er sich den Sohn eines Kutschers nennt: gleichwie Alexander der Große die seinige zu ehren meinte, als er sich für den Sohn des Gottes der Götter ausgab.

Von dem Einbruche der fremden Armeen habe ich hier nichts zu erwähnen, ebenso wenig vom Verrathe des Königthums, von der Gefahr, die der Revolution droht, von der Erhebung des Volkes in Masse, vom Volkssturm auf das Königsschloß am 10. August, von der Einkerkerung des Königs; nicht von der Niedermetzelung einer Menge Verschwörer, ehe das Volk wider den Feind ausmarschirt (wie ja einst auch der Herzog von Burgund die Armagnacs niederhauen ließ, bevor er den Paris bedrohenden englischen Truppen entgegenzog). Ich übergehe dies Alles; genug, es wird neugewählt; die volkbeliebtesten Männer werden Deputirte und bekommen den Auftrag, Louis XVI zu richten, die Revolution zu retten, und die Gleichheit auf eine feste Grundlage zu stellen. Diese Deputirtenkammer ist der Konvent.

Bemerken Sie, meine Herren, im Jahr 1789 ward das Wort Republik kaum ausgesprochen; im Jahr 91 wurden ihre Anhänger noch erschossen; im Jahr 92, den 21. September, wird sie in den ersten Sitzungen dieses Konvents einhellig proklamirt.

Gewiß, auch der Konvent hat Fehler begangen, denn er bestand zum Theil aus Menschen, die durch Erziehung und Verhältnisse, durch eben jene abscheuliche Gesellschaftsorganisation, an deren Reformirung er zu arbeiten beschloß, verdorben waren.

Eilen wir mit dem brausenden Strome der Begebenheiten vorwärts!

* Auch Klopstock nahm das Bürgerdiplom an, schickte es aber bald vor Entsetzen über die revolutionären Vorgänge zurück, und schrieb seitdem gegen Frankreich. Am kaltblütigsten benahm sich der alte Kant; als er in der Zeitung die Proklamirung der Republik gelesen, stand er auf und rief: „Herr, jetzt lasse deinen Knecht in Frieden fahren, denn er hat deinen Tag geschaut!" Auch Fichte blieb wacker und schrieb ein Buch für die Revolution.

Anmerkung des Uebersetzers.

Die französische Demokratie hebt den Fehdehandschuh auf, den der europäische Aristokratenbund ihr hingeworfen; und um die feindlichen Aristokraten von ihren Unterthanen zu trennen, ruft sie alle Nationen zur Freiheit, Gleichheit und Brüderlichkeit auf. Und so tief dringen diese Feuerworte in Mark und Bein, daß in jeglichem Staate auf der Stelle zwei feindliche Parteien entstehen. Louis XVI wird mittlerweile in feierlichem Gerichtsverhör des Meineids und des Landesverraths überwiesen, geköpft, und sieben Achtel der ganzen Bevölkerung erklären sich mit der Verurtheilung völlig einverstanden *.

Ich halte mich nicht auf, meine Herren, diesen Herrscher zu bejammern; freilich hätte er glücklich sein können, wenn er den Vorschlägen des Minister Türgot gefolgt wäre. Statt dessen schlug er den andern Pfad ein, und zog es vor, den Tod Charles I von England zu sterben. Der Bourbon wie der Stuart haben unsägliches Elend auf ihr Vaterland herabgezogen, und alle beide sind sie, sammt ihren Völkern, Schlachtopfer der schlechten Gesellschaftsorganisation geworden. — Ich fahre fort.

Die Proletarierherrschaft.

Der Hinrichtungstag des sechzehnten Ludwig wird nunmehr als eins der großen Nationalfeste jährlich begangen. Beamte, Magistrate, Armee, kurz alle Bürger schwören an jenem Tage ewigen Haß dem Königthum. Fünfundzwanzig Millionen Franzosen sehen sich von allen Greueln des innern und äußern Vernichtungskrieges bedroht; fünfundzwanzig Millionen Franzo-

* Unbegreiflich ist es wie Dr. Bensen (in seinem Werke „die Proletarier" Stuttgart 1847) S. 273 behaupten kann: dies Criminalverfahren sei durch nichts zu rechtfertigen. Man bemerke, daß Dr. Bensen in demselben Satze zugibt, der Exkönig „habe sich zweideutig benommen, „den Schwur auf die Verfassungsurkunde als abgenöthigt angesehen, sei mit „den auswärtigen Feinden im Verkehr und Briefwechsel gestanden." Wenn diese drei Punkte kein „Verbrechen gegen die Volksmajestät" ausmachen sollen, so möge Dr. Bensen gefälligst sagen, was er unter Criminalvergehen versteht? — Ist es übrigens sein Ernst, der Konvent hätte wegen der Volksaufgeregtheit sich lieber alles Urtheilens enthalten sollen: dann möge er bedenken daß in solchen Fällen es gerade ein Verbrechen wäre, mit der Elle des Kleinbürgers zu messen. Ueberhaupt hat Dr. Bensen, wie alle deutschen Geschichtschreiber, aus Unwissenheit ganz verkehrte, oft lächerliche Ansichten von den Revolutionsvorgängen in Frankreich. —

Anmerkung des Uebersetzers.

sen erinnern sich der namenlosen materiellen wie geistigen Leiden, die ihre Vorfahren so viele Jahrhunderte lang unter ihren „gesalbten Königen von Gottes Gnaden“ zu erdulden gehabt; was Wunder, daß dagegen das persönliche Schicksal eines Einzigen, und noch dazu eines Mannes der Manches verschuldete, als etwas sehr Geringfügiges erscheint? — Der Konvent erläßt nun 1793 eine neue Verfassung, reiner demokratisch selbst als die von Athen; nur die ikarische ist noch reiner. Aber zugleich verschiebt er ihre Verwirklichung bis zum Frieden, und das thut er im wohlverstandenen Interesse der Demokratie. Er ersetzt sie vorläufig durch eine revolutionäre Regierung mit Allgewalt, gehandhabt vom Ausschuß der öffentlichen Wohlfahrt. Dieser Name schon bezeichnet zur Genüge die Gefahr des Landes.

Die Dictatur ist fertig; sie und der Konvent haben geschworen: „die Nation zu retten,“ und somit stürzt sich ganz Frankreich in die bisher unerhörte Bahn eines unermeßlichen Enthusiasmus. Die untern Volksklassen werden aufgerufen; sie erheben sich wie ein Mann, und schreiten in Tod und Sieg für Gleichheit, Freiheit und Bruderthum. Die Sturmglocken heulen in allen Städten und Dörfern, die Marseillaise erschallt, die Frauen reichen ihren Männern und Knaben die Waffen,..—

Der Konvent schafft nicht das Eigenthum ab; nie hätte er das wohl vermocht. — Aber er führt die Nation dem großen Ziele näher, indem er die ungeheuren Kirchengüter für Nationalgut erklärt, die Güter aller geflüchteten und gegen ihr Vaterland sich verschwörenden Adligen einzieht; auch die letzte Spur von bäuerlichen Diensten aufhebt, den Gemeinden die in die Macht der hohen Herren gerathenen Ländereien zurückerstattet; der Konvent berechtigt die außerehelichen Kinder zu gleicher Erbschaft von Vater und Mutter mit ihren ehelichen Geschwistern, verkauft die Nationaldomänen in kleinen Stücken, um die Zahl der Eigenthümer zu mehren; verspricht den Vertheidigern des Vaterlandes eintausend Millionen, entwirft einen Plan der Medicinalverfassung mit besonderer Rücksicht auf die Aermern.

Das Volk ist Wähler, sitzt im Geschworengericht, versieht den Nationalgardendienst, versammelt sich täglich, bekleidet alle Magistraturen und Aemter. Jeder Bürger ist Soldat und erwählt die Offiziere; alle Klassen sind in der Armee verschmolzen, jeder kann, wenn er Muth und Talent hat, zur höchsten Stelle gelangen; zum Beispiel ein Tambour wird General, und über hunderttausend Männer aus dem Volke schwingen sich zu Offizieren aller Grade empor.

Der Konvent gründet Gleichheit der Erziehung, Kraft und Einheit der Verwaltung, reinigt die Religion. Er verordnet Einheit des Maaßes und Gewichts und der Münze, macht einen neuen richtigern Kalender und eine neue Zeitrechnung vom Tage der Proklamation der Republik, besät das Land mit Telegraphen, stiftet die großen Anstalten für Mathematik, Sprachforschung, Musik u. s. w.

Gegen dieses segensvolle Wirken lehnt sich aber ein Theil der Aristokraten und Reichen auf; er verschwört sich in tausendfachen Ränken mit den verbündeten Königen gegen die Republik; der Bürgerkrieg lodert empor, und so glaubt sich der Konvent in der Nothwendigkeit, zu fürchterlichen Zwangsmaßregeln zu greifen.

Die ungeheure Volksmasse will Gleichheit, die wenigen Reichen wollen Ungleichheit; der Wohlfahrtsausschuß schleudert die Blitze des Todes auf die sich empörende Minderheit. Die Kleinbürger und Armen wollen sich bereichern; der Zwiespalt bricht in der ganzen Gesellschaft aus.

Eben so im Konvent, wo drei Parteien sich bekämpfen: die Männer vom Berge, d. h. die reinen Volksdemokraten; die Girondiner, d. h. die Bourgeoisdemokraten, die zwar Republik, aber nicht um des Volkes halben sondern für sich, wollen; endlich ein Rest der Aristokraten, die in demokratischer Maske die Revolution unterwühlen; Bestechungen im Lande und Einverständnisse mit den ausländischen Kriegsmächten treiben. Der Wohlfahrtsausschuß will jetzt durch den Schrecken zur Tugend zwingen.

Die Girondiner werden von den Männern des Berges auf die Guillotine geschickt. Hierauf trennen sich letztere in zwei Parteien: die Anhänger Danton's und Hebert's werden von den Anhängern Robespierre's guillotinirt. Die Robespierristen stehen jetzt allein, scheinbar sicher; da werden sie gestürzt am neunten Thermidor des zweiten Jahres der Republik (27. Juli 1794), durch die noch einmal aufs Aeußerste angestrengten Kräfte aller ihrer Gegenpartheien.

Die Thermidorier.

Hiemit endet die Volksdemokratie. Was von da ab sich noch Demokratie nennt, ist vermummte Aristokratie und ist Kleinbürgerei, Spießbürgerlichkeit, Philisterei die nur an egoistischen Gelderwerb denkt, d. h. Bourgeoisie. Der Titel „Republik" wird noch eine Zeitlang beibehalten; die Sieger erlaben sich an der Rache, sie haben das tödtende Schreckenssystem der Bergparthei abgelernt, und gebrauchen es jetzt gründlich gegen die Anhänger dieser. Der erste Schrecken war gegen die Freunde des Königsthums gegangen; der zweite geht gegen die Freunde des Volkes, und man muß unpartheiisch gestehen, er vergießt mindestens eben so viel Blut.

Und während dieser unberechenbaren Reaktion ruft Pitt im Oberhause, Burke im Unterhause täglich die englische Aristokratie und Bourgeoisie auf, mit Geld und Waffen den Krieg der Vernichtung gegen die Republik zu führen. Englisches Gold fließt in alle Klassen und Taschen des verbündeten Europa, und hetzt unaufhörlich zum Kampfe; wodurch, beiläufig gesagt, die englische Aristokratie so tief in Schulden versinkt, daß fortan ihre Herrschaft einen Stoß erhält. —

Ein Wort der Verständigung, meine verehrten Zuhörer. Ein Ikarier, stehe ich vorurtheilslos da; unsre ikarische Bildung, unsre ikarische Staats- und Gesellschaftsorganisation verleihen einen ungetrübten Ueberblick auf die geschichtlichen Dinge. Ich kritisire die 89er Revolution wie irgend eine römische, griechische. Ich bedauere (wenn anders von Bedauern bei welthistorischen Ereignissen die Rede sein soll) die Schlachtopfer der Revolution wie der Gegenrevolution, denn sie alle erscheinen meinen Augen als unfreie, in dem giftigen Qualm der tausendjährigen Gesellschaftsunordnung erkrankte Personen. Deshalb verwerfe ich die Rache, und sei sie noch so begründet, als einen blinden, oft gefährlichen Trieb, der dem Menschen nicht zur Ehre gereicht. Ich verwerfe die Gewaltsamkeit als ein Verbrechen — es sei denn in strengster Noth; — und selbst in diesem Falle ist sie meist ein Unheil. Ich tadle jede That die durch Uebertreibungen der Menschheitssache schadet; wenn anders die Rasereien einiger Unmenschen ein ganzes großes Volk in schlechtes Licht stellen könnten! —

Vergessen wir auch nicht, daß wir noch zu nahe an jener unermeßlich inhaltschweren Epoche stehen, um richtig urtheilen zu können; nach hundert Jahren erst wird dies möglich sein. Heute ist selbst der Verstand der Besten durch die zahllosen, oft recht artig gesponnenen Lügen verwirrt, die von den Siegern fabrizirt wurden und werden. Ein alter Spruch sagt: „der Held von gestern heißt morgen ein Raubmörder."

Die Wüthriche der Blutzeiten werden oft später die schlimmsten Ankläger des Werkes, zu dem sie einst eifrigst Feder und Stimme hergaben; hat etwa Fouché nicht die Hyäne in den 90er

Jahren gespielt, und ist nicht nachher napoleonischer Herzog geworden und hat sich der Gegenrevolution verkauft?

Anderseits erwägt man noch immer nicht genug die wahrhaft beispiellose Lage der französischen Nation, als die Herrscher Europas gegen sie marschirten und Paris verbrennen, hunderttausend revolutionäre Köpfe abschlagen, das Volk unter das eben abgeschüttelte Joch zurückbeugen wollten. Wer war der angreifende Theil? Doch wahrlich nicht die französische Demokratie, welche allgemeine Völkerfreundschaft und die Menschenrechte verkündet hatte und so gern nur mit ihren verwickelten Landesangelegenheiten sich beschäftigt hätte. Komisch klingt es zudem, wenn der Republik allein Greuelhaftes nachgesagt wird; als hätte nicht irgend eine beliebige Aristokratie (man schlage das Buch der Geschichte auf wo man will) noch mehr Greuel verübt, um ihre rechtswidrige Oberhoheit zu befestigen! Oder hat es niemals eine pariser Bartholomäusnacht, niemals einen dreißigjährigen Krieg gegeben? haben nicht die Dragoner des vierzehnten Ludwig tausende von französischen Protestanten niedergehauen? hat der Zar Iwan der Grausame von Moskau nicht tausende seiner Unterthanen würgen lassen? sind bei diesen Schlächtereien nicht Spionirungen und Gütereinziehungen vorgefallen? haben die Agenten der Inquisition und der spanischen Krone etwa nicht einige Millionen Menschen von der amerikanischen Erde vertilgt? Aber freilich, das hat nicht die Demokratie gethan...

Meine Herren, ich will hier nicht untersuchen, ob die Demokraten von 89 im Organisiren des Innern vielleicht zu hastig gegangen, zu Vieles auf ein Mal unternommen; ob sie wirklich nichts versäumt die Gemüther umzustimmen; ob die Führer genug Talent und Muth besessen; auch nicht, inwiefern das Volk, welches zwei Jahre Herr über Alles war und sodann aus Mangel an Leitung, Disciplin, Einigkeit, Klugheit und tüchtiger Bildung wieder herunter mußte, inwiefern das Volk, sage ich, aus diesem eine weise Lehre ziehen könne. Genug, diese Dinge sind geschehen... und ich habe den Weitergang anzudeuten.

Seit dem neunten Thermidor wandert die Demokratie schnellen Schrittes bergab; das Volk verliert das Waffenrecht, die Klubs werden gesperrt; abermals wird eine Verfassung gemacht, weit weniger rein als die vom Jahre 93, aber doch noch freier als alle übrigen Verfassungen der Welt, und unendlich erhaben über dem was die konstituirende und die gesetzgebende Versammlung gegeben hatten.

Jetzt kommt die Verschwörung der Gütergemeinschaftler unter Babeuf vom Jahre 96, sie wird verrathen und gesprengt; vielleicht gibt gerade sie Anlaß zu allem Unheil, welches nunmehr das Volk betreffen wird. Sie beweist Eines aber: den überraschenden Aufschwung der Demokratie seit sieben Jahren.

Die fünf Direktoren der Republik gehen übrigens rüstig an's Werk der Reaktion; zwanzig Demokraten werden hingerichtet, trotz ihrer Appellation. Die Presse wird zerstört; Unsittlichkeit und Habsucht reißen ein; Industrie und Manufaktur hebt sich, und würde sich noch mehr heben, verbrauchte der Krieg nicht so viele Hände. Die Bourgeoisie fühlt sich endlich wohl, da sie der harten Faust der Volksdemokratie ledig ist, und durch glückliche Spekulationen auf der Börse und in den Kriegslieferungen entstehen ungeheure Kapitalisten *.

Ein Bollwerk von Republiken umgibt die französische, denn wo die weißblaurothen Fahnen wehen, da siegen sie, und wo sie siegen, wird der Freistaat proklamirt. Die alte Schweiz verjüngt sich als helvetische Republik; Holland wird eine batavische, Genua eine ligurische, Mailand eine cisalpinische, Neapel eine parthenopäische; Rom wird wieder Republik, an die Stelle des Papstes treten fünf Konsuln, vierzehn Kardinäle sprechen den Segen darüber und der Bischof von Imola predigt republikanische Ideen.

Polen ist auch wieder im Felde, Kosciuszko kommandirt, und als es unterliegt, ertönt sein zorniger Schmerzruf durch ganz Europa. — Die Negersklaven in St. Domingo brechen ihre Ketten und erzwingen sich die Menschenrechte, leider verbrennen sie die Pflanzungen und tödten ihre Herren; während der schwedische Adel seinen König meuchlings niederschießt.

Irland will aufstehen; die englische Flotte empört sich in Portsmouth und Spithead; die amerikanische Demokratie schreitet fort;

* In dieser Rosenzeit der französischen Bourgeoisie ließ sie oft Getreide zerstören um den Preis aufzuschlagen; in der rein demokratischen Epoche strafte die Guillotine diese Spekulation. Allein nach Robespierres Fall nahm man das Ding nicht mehr so genau. Der junge Handelskommis Charles Fourier ward 1799 in Marseille von seinen Patronen beauftragt, heimlich eine große Quantität Reis ins Meer zu werfen, die sie absichtlich lieber im Keller verderben gelassen als auf den Markt gebracht hatten, obschon eine Hungersnoth eben erst vorbei war; diese Herren hatten alles Korn aufgekauft. Fourier ward hierdurch so tief erschüttert, daß er über die Niedertracht des Handels überhaupt nachzusinnen anfing. Er hat diesen Umstand oft erzählt.

Anmerkung des Uebersetzers.

ein französisches Heer unter Bonaparte nimmt Aegypten, um es zu kolonisiren und das schlaftrunkene Morgenland zu wecken; dann fliegt er nach Paris zurück und macht sich zum Konsul 1799 am 9. November.

Aber er ist kein Washington, noch weniger ein Ikar.

Er stellt sich an die Spitze der republikanischen Bourgeoisie und bekämpft die Volksdemokratie; zu diesem Zwecke schmeichelt er dem Volke, verblendet und hintergeht es; verläumdet und ächtet die reinen Demokraten, streicht aus der Verfassung alle Menschen- und Bürgerrechte, vernichtet das ganze demokratische Erziehungssystem und die Preßfreiheit und die Associationsfreiheit. Er ruft Priesterschaft und Adel wieder ins Leben und krönt sich zum Kaiser „von Gottes Gnaden und nach dem Willen „der Franzosen" wie er es nennt.

Die verbündeten Republiken verwandelt er in Königreiche.

Ich brauche hier wieder nicht zu untersuchen, ob Napoleon's Gewaltthat gegen die Nationalvertreterschaft nicht eins der größten Verbrechen ist; und ob er sich nicht am Menschenthum vergeht, indem er die Abtheilung der moralisch-politischen Wissenschaften des Instituts schließt und die Denker verfolgt.

Napoleon ist eine schöne, jedoch verdorbene Frucht am Baume der Menschheit; verdorben durch die Pestluft der alten Gesellschaftsfäule. Statt die so langsam und mühselig erarbeitete Freiheit zu pflegen, mit der vollen Macht seines Genies und Charakters, erstickt er sie.

Statt die so langsam und mühsehlig errungene reine Gleichheit zu nähren, erstickt er sie und zaubert er ihr Scheinbild hervor unter dem lockenden Titel militärischer Gleichheit. — „Freiheit könnt Ihr entbehren," sagt er, „aber Gleichheit nicht." —

Statt das so langsam und mühselig erstrittene Bruderthum auszubilden, erstickt er es und pflanzt die Autorität wieder ein. Und um die Nation zu beschwichtigen und zu beschäftigen, wirft er sich mit ihr in Krieg und Ruhm. Was kümmert ihn das Gelöbniß der Nationalversammlung „das französische Volk entsagt allen Eroberungen!"

Er umgibt sich mit dem prächtigsten Hofstaate der Welt, und dennoch freut sich anfangs Volk und Heer, daß „der kleine Korporal" mit dem grauen Ueberröckchen und kleinen Hütchen, der ungerathene Sohn der Republik, nun ein König der Könige geworden. Er stürzt Throne um und errichtet neue, setzt gekrönte Häupter ab und ein, bis er selber von seinem eigenen Senate verabschiedet wird, wie irgend ein Feldaufseher, der nicht seine

Amtspflichten erfüllt. — Wohl zu merken ist, daß in der Armee selbst der geheime republikanische Bund der Philadelphen ihm entgegen wirkt *.

Allerdings räumt er vielen alten Wust auf in den Ländern wo er als Sieger einzieht; er löscht die alten verrotteten Gesetze aus und gibt dafür das französische Civil- und Criminalgesetz, wodurch er die Bauern frei und die Gerichtsbarkeit sicher macht, auch thut er den alten Herrscherhäusern viel Schmach an, demüthigt sie weidlich sammt den alten Aristokratieen und streut in dieser Weise revolutionäre Saaten, die später vielleicht aufgehen. Und wie er im nördlichen Europa den Geist des Reformirens emporrüttelt, so reizt er das südliche zu unabhängiger Gesinnung, und diese Erschütterung pflanzt sich fort bis in die spanischen Kolonieen, die sich als Freistaaten konstituiren. Allein all dieses ist nur Bagatelle, im Vergleich mit dem was die französische Republik bei längerm Bestehen vollbracht haben würde; vieles geschieht ohnehin wider seine Absicht, durch einen Gegenstoß so zu sagen; geschieht nur indirekt, nur mittelbar, folglich nur schief und halb. Man sagt richtig von diesem Menschen, daß er Frankreich erkältet und dadurch die übrigen Staaten erwärmt hat.

Sein Sturz von außen her, wird zum großen Theil durch die demokratisirte deutsche Jugend bewirkt. Um sich bei ihren Unterthanen beliebt zu machen und sie gegen ihn zu erregen, sehen die Herrscher sich genöthigt, Konstitutionen zu versprechen. Nachdem sie gesiegt, nehmen sie aber zunächst eine frische Völkervertheilung vor, der Papst stellt den Jesuitenorden her, der hamburger Senat entreißt den Juden das, von Napoleon verliehene Bürgerrecht, viele Lasten werden auf den Bauernstand zurückgewälzt, und in Frankreich, wo die Bourbonen mit Hülfe der ausländischen Bajonette und der inländischen Reichen und Armen wieder eingeführt werden, jubelt Adel und Priesterschaft.

* Was sich in der seltsamen Verschwörung des demokratisch gesinnten General Mallet zeigte, der im Gefängniß den Plan spann den Gewaltigen zu entthronen und die Nationalfreiheit herzustellen; und das gerade in der Glanzperiode, als Napoleon nach Rußland marschirt war. Schon befand sich das Polizeiministerium in Mallets Händen; da riß der Faden, und der kühne Versuch schloß mit einem Standrecht. Uebrigens hat Dr. Jean Paul Marat schon 1790 in verschiedenen Nummern des **Ami du Peuple** den Franzosen vorhergesagt, daß sie einem soldatischen Despoten zuletzt anheimfallen würden.

Anmerkung des Uebersetzers.

Die „alte gute Zeit," hoffen sie, sei auferstanden; sie sprechen davon, ihre ehemaligen Güter, die seit fünfundzwanzig Jahren als Privat- und Nationalgut veräußert sind, den jetzigen Besitzern entreißen zu wollen. Indessen, so mächtig ist das demokratische Prinzip, selbst diese Bourbonen schmeicheln ihm! Sie geloben „eine gute Konstitution, keine Kriege mehr und keine drückende Steuern," und erst nachdem sie dies verkündigt, wagen sie sich in die Mauern von Paris. Auf dem Throne brechen sie bald ihren Eid; doch müssen sie eine Charte geben, und diese wird von den Herrschern Rußlands, Oestreichs, Preußens und Englands gebilligt. Diese Charte nennt alle Franzosen „gleich vor dem Gesetze," ein Wort des Hohnes freilich solange als das Wahlrecht ein beschränktes bleibt, aber ein zukunftschwangeres gewaltiges Wort sobald alle Bürger Wähler geworden, ein Wort aus dem alsdann die Gleichheit des Vermögens und die Gemeinschaft der Güter hervortreten wird. — Die restaurirte Königsfamilie sieht sich ferner genöthigt, ehemalige Königsmörder als hohe und niedere Beamte zuzulassen; selbst im Ministerrath sitzen die Herzöge von Talleyrand und Fouché, die abtrünnigen Republikaner und Königsmörder; in der Pairskammer nimmt ein ehemaliger Tambour Platz.

Doch treibt die Aristokratie es zu arg, und die Familie wird verjagt, Napoleon wieder auf den Thron erhoben. Daß er jetzt endlich demokratisch gesinnt ist, scheint gewiß; er gibt eine Konstitution vor dem versammelten Volk, und schleudert ein ziemlich revolutionäres Manifest gegen die Könige und Aristokratieen Europas. Schon will die so oft betrogene französische Demokratie dem Kaiser diesmal vertrauen... und wiederum verräth er sie. Da rächt sie sich natürlich und läßt ihn fallen. Von ihr unterstützt, hätte er bei Waterloo nicht unterliegen, hätte nicht abdanken dürfen. Und wenn er noch, nach seiner Flucht vom Schlachtfelde, schnell die Republik proklamirt, das Volksaufgebot in Masse gewagt, sich einfach als General in den Dienst der selbstherrschenden Nation gestellt hätte: kein Aristokrat, kein Thron in ganz Europa wäre übrig geblieben; denn so mächtig, meine Herren, ist das demokratische Prinzip in seiner Lauterkeit. Aber er kann seinen 18. Brumaire des Jahres 8 (den 9. November 1799) nicht vergessen, und er hat nicht üble Lust, auch jetzt die Deputirtenversammlung, wie damals, auseinander zu sprengen; allein er thut es nicht; er entsagt, und wird nach jener Felseninsel im Ozean geführt, wo er sein Verbrechen büßt, gegen die Aristokratie sich aufgelehnt zu haben... Und siehe, da dringen die verbündeten Könige und Aristokraten des europäischen

Welttheils in geschlossenen Reihen nach Paris, lagern sich durch das ganze große Land, und schon reden sie davon, es unter sich zu theilen, wie sie Polen getheilt haben. Wuthschnaubend keucht auch der französische Adel wieder herbei, doppelter Rache zu fröhnen, und die bourbonische Familie nimmt unter dem Donner der Kanonen der „heiligen Allianz" die Krone des heiligen Louis zum zweiten Male.

Und siehe, die französische Demokratie steht von allen Seiten umlagert und umdroht, ohne festen Sammelpunkt, ohne Führer, zornigen arggekränkten Herzens, gleich einer Schaar Verurtheilter im Kreise der Henkersknechte. Und nun ergeht ein Strafgericht in den mannigfaltigsten Weisen. Die Aristokratie entreißt den Besiegten die Waffen, verabschiedet das Heer, entsetzt die Civilbeamten, kerkert ein, erschießt, guillotinirt, verbannt, meuchelmordet, metzelt nieder im Großen, namentlich im südlichen Frankreich, wo der uralte Religionshaß diesmal wieder, wie schon nach Robespierre's Sturz, gegen die Demokraten künstlich aufgestachelt wird, so daß unter Säbel- und Keulenhieben Hunderte von Republikanern und Napoleonisten verbluten. Die Aristokraten schieben dort Kegel mit Menschenköpfen... und so dauert die Blutreaktion geraume Zeit, bis die Herren müde sind. Hienach erklären sie, die 89ger Revolution sei ein Verbrechen gegen Gott und das Königthum gewesen, die Hinrichtung des sechzehnten Louis sei ein „Vatermord," eine „Sünde am Gesalbten des Himmels," die „gesammte Nation" sei schuldig (das heißt demokratisch; ein interessantes Geständniß in solchem Munde!); sie verdammen sie, in Masse sich als eine Verbrecherin zu erkennen, und Buße zu thun in einem Grabgebäude zu Ehren des königlichen Guillotinenmärtyrers; sie nennt die Truppen der Republik und Napoleons eine Räuberbande; sie nennt alle fünfundzwanzig Millionen Franzosen, sich ausgenommen, Jakobiner und Demokraten; sie läßt den verbündeten Mächten vom französischen Volke zweitausend Millionen Franken unter dem Titel „Kriegskosten seit 1792" auszahlen, und einige hundert Millionen den damals ausgewanderten (das heißt zum Nationalfeind übergelaufenen) Adligen als „nachträglichen Dienstsold," und eintausend Millionen zur Entschädigung ihrer konfiszirten Güter (die ihnen überdem wieder versprochen werden); sie schafft die Ehescheidung ab, erneuert das Majoratswesen, das Erstgeburtsrecht, die Gerichtshöfe alter Form, die Strafe der „Verletzung kirchlichen Heiligthums." Im Triumph kehren auch die Jesuiten zurück, und die Missionäre, und der mit Kinderunterricht sich beschäftigende Ignorantinerorden.

Dennoch wagt Louis XVIII, wagt die heilige Allianz, wagen alle Aristokratieen Europas es nicht, die Verfassungsurkunde zu zerreißen; die fremden Bajonnette marschiren sogar ab; doch muß der restaurirte Herrscher, der Demokratie gegenüber, sich mit gedungenen Leibwächtern umgeben, und er unternimmt es nicht, eine „allgemeine Gnade" zu verweigern! Ja, als sein Adel etwas hastig zu Werke eilt, fühlt der berechnende Louis sich bewogen, ihm Mäßigung zu rathen, und zur Beschwichtigung des Grimmes der Nation einige Preßfreiheit und einige volksnützliche Gesetze einzuräumen.

Und es findet sich daß die nunmehrigen Wähler, zwar nur reiche Leute vom Adel und vom Bürgerstand (sie zahlen dreihundert Franken jährliche Steuern), gleichwohl sehr viele demokratische Deputirte schicken, so daß diese die Mehrheit in der Kammer erlangen; worauf die Aristokratie sehr erschrickt, geschwinde ein engeres Wahlgesetz anfertigt, und die Kammer auflöst.

Anderseits bezeigt das Volk seinen Abscheu durch stete Verschwörungen und Aufruhr; der junge Sattlergesell Louvel sticht den Herzog von Berry, den Thronerben, nieder, und sagt: „sie alle verdienten dasselbe Schicksal, und er opfere sich gern um das Königshaus zu vernichten." Die jungen Männer organisiren den großen geheimen Bund der Carbonaria, und einige besteigen das Schaffot, aber mit dem Rufe: „Es lebe die Republik!" Mittlerweilen ist die Anzahl der liberalen Deputirten bis auf zwölf herabgeschmolzen, aber sie erklären wiederholentlich: „Hinter uns steht das gesammte Volk."

Die Missionäre finden die Kirchen leer, und um Besucher zu locken sehen sie sich genöthigt, die religiösen Lieder nach den allbeliebten Revolutionsmelodieen absingen zu lassen.

Karl X wird gekrönt. Er wagt die höhere Priesterschaft besonders zu begünstigen. — Da wird ihm selbst ein Theil des Adels untreu. Er wagt noch einen Schritt: er streckt die Hand nach der Verfassung, nach der Charte aus, und er hat die Karten verspielt! Die schon zerstreut oder gar todt geglaubte Demokratie erhebt sich urplötzlich, zertrümmert mit den wuchtigen Steinen des pariser Straßenpflasters das mühsam erbaute System der Restauration, und jagt den greisen Monarchen über die Grenze, in die Arme der europäischen Aristokraten, seiner Freunde und Helfer.

Fragen wir, was außerhalb Frankreich seit 1815 geschehen, so sehen wir zunächst die „heilige Allianz," diesen Bund der Herrscher wider die Revolutionen, das heißt wider die Völker und deren Freiheitstrachten; wir sehen die heilige Allianz „im Namen des Vaters, des Sohnes und des heiligen Geistes" sich fleißig auf Kongressen berathen: zu Wien, Karlsbad, Laybach, Verona; wir sehen in Frankfurt am Main emsig die Presse und die geheimen Vereine verfolgt; sehen den russischen Kaiser, als wäre er ein untrüglicher Götterfürst hoch über allen Philosophen, aufstehen, und einen Ukas gegen die „wahnsinnigen Lehren der modernen Philosophie" schleudern. Alle Völker begehren Konstitutionen: manche deutsche Regierungen geben nach. Auch England verleiht eine den Jonischen Inseln, die unter seinem „Schutze" als eine aristokratische Republik bestehen. In allen Ländern Europas wimmelt es von geheimen Gesellschaften, selbst in Rußland und in der Türkei. Die deutschen Studenten feiern das Wartburgsfest und trotzen der heiligen Allianz; der junge Student Sand, durchs Loos erkoren, erdolcht den schriftstellernden Spion des Despotismus, den deutschen Bühnendichter Kotzebue, und in das Blut des enthaupteten Mörders tauchen viele Jünglinge ihre Tücher *.

In Spanien erdrückt Ferdinand VII eine Empörung, und läßt Don Lascis und Don Porlier erschießen; rüstet ein Heer gegen die abgetrennten amerikanischen Kolonieen; doch wendet dieses die Waffen gegen den Tyrannen, und nöthigt ihm eine Konstitution ab. Ebenso Portugal, Neapel und Sardinien.

Auch Belgien regt sich; Ungarn murrt; die Bauern in Mähren stehen gegen ihre Gutsbesitzer auf; Norwegen schafft den Adel ab.

Herrlich kämpft Griechenland gegen das dreihundertjährige Türkenjoch; Lord Byron, der englische Freiheitsdichter, eilt hin mit seinem Schwerte und seiner Feder, um endlich einmal in seinem Leben einer Nation zu demokratischen Siegen zu verhelfen; anderseits ermuntert diesmal das russische Kabinet zur Befreiung; das östreichische erlaubt griechischen Adligen in seiner Hauptstadt sich zum Kriege vorzubereiten.

* Der Verfasser setzt hinzu: „die Baronin von Krüdener durchreist „Deuschland und predigt die Moral Jesu, folglich Gleichheit und Brü„derlichkeit," während doch es gerade diese Dame ist, die durch pietistische Ränke den Kaiser Alexander vollends auf die Bahn eines zuerst versteckten, dann offenen Despotismus zu führen wußte und somit auf die ganze Politik der heiligen Allianz einen Einfluß übte, der schnurstracks das Gegentheil von Gleichheit und Brüderlichkeit war. Alexanders Benehmen gegen Polen war gewiß ärger, weil heuchlerisch, als das des Kaiser Nikolaus. (S. Lelewel, Geschichte von Polen.)

Anmerkung des Uebersetzers.

Aegypten und die Türkei reformiren sich. Eine republikanische Verschwörung in Polen und Rußland, bei Alexanders Tode, erstaunt ganz Europa. In England wird der Prinz Regent angegriffen, und sein überaus despotischer Minister Castlereagh weiß nicht anders zu helfen, als indem er das berühmte Gesetz der persönlichen Freiheit, das „Habeas-Corpus," für eine Zeitlang aufhebt, 1819; das Verlangen nach vernunftgemäßerer Landesvertretung oder Parlamentsreform wird im Volke und in der industriellen Bürgerschaft immer stärker, da die elendesten alten Burgflecken mehr Deputirte als die größten Fabrikstädte zu wählen berechtigt waren; 1819, im Sommrr, faßt man auf einer ungeheuren Versammlung zu Smithfield den Beschluß, das Volk brauche sich nicht um die im Kriege gegen Frankreich entstandene sogenannte Nationalschuld zu bekümmern, und die vom Parlament ausgeschriebenen Abgaben brauche diejenige Einwohnerklasse nicht zu bezahlen, der jedes Wahlrecht vorenthalten sei; in Manchester empören sich die Fabrikleute, und werden diesmal von den berittenen Bürgergarden zusammengehauen; das irländische Proletariat gährt, seine katholischen Priester erregen es noch mehr; Castlereagh, von Gewissensbissen gemartert, schneidet sich mit dem Rasirmesser den Hals durch; das neue Ministerium Canning ist genöthigt, gegen die Prinzipien der heiligen Allianz zu protestiren und als Beschützer der Völkerfreiheit aufzutreten; das Gesetz, welches die katholischen Großen Irlands von allen Aemtern und vom Parlamente aussperrte, wird gestrichen: die Katholiken sind fortan emanzipirt.

In Südamerika thut sich Bolivar als Befreier hervor; bald werden die beiden Amerikas nur mit Republiken bedeckt sein. Der Negerhandel wird von allen Regierungen der sogenannten civilisirten Welt für abgeschafft erklärt, und worauf die Sklaverei der Schwarzen schwinden wird; ein Schritt, den ein weiterer ergänzen muß: die Abschaffung des Sklaventhums der weißen Arbeiter.

Als nun in den drei heißen Tagen das Volk von Paris ein Königthum und eine Aristokratie in Scherben schlägt, da erinnert sich die Welt, daß es ja dieselbe französische Demokratie, welche 1789 14. Juli, die Bastille niedergebrochen; 1792, 10. August, das befestigte Königsschloß erstürmt, und Europas Thronen und Kanonen getrotzt; ja, noch ein Mal, 1815, gegen die unendliche Uebermacht der alliirten Fürsten, obwohl erschöpft und oft betrogen, und ohne Leitung, zu ringen angefangen hatte.

Und ein gewaltiger Jubel ertönt bis tief in Asien und in Amerika...

Allein, o Grausen! o Verzweiflung! diese Wiedergeburt, ach! sie ist nur eine Fehlgeburt!

Meine Herren — ich habe nicht die Kraft, das entsetzliche Gemälde der ungeheuren Täuschung vor Ihrem Blicke aufzurollen... — zwar bin ich ein Ikarier, aber Frankreichs Sache ist die Sache des Menschengeschlechts, und insofern auch die unsrige. Wie Aeneas zur Dido sprach: Infandum, regina, jubes renovare dolorem, so darf ich zu Ihnen sagen; ersparen Sie mir die Erneuerung der unsäglichen Schmerzen. Ein kurzes Wort mag genügen.

Nachdem acht bis zehntausend Söhne des Vaterlandes in den drei Kampftagen für die Volksfreiheit verblutet, bleibt das Volk nach wie vor ein armer Sklave; denn die dreiunddreißig Millionen Franzosen müssen den Gesetzen gehorchen, welche nur von der Hälfte der hundertsechzigtausend Wähler, oder ihrer Deputirten, gemacht sind. Ja, man beruft sich wohlgefällig auf die „Unbeliebtheit beim Volke," man stellt diese „Unbeliebtheit" als Regierungsprinzip hin, man rühmt sich, Gleichheit und Demokratie verachtet zu haben; sie scheinen todt...

Und dennoch, dem Scheine ist nicht zu trauen. Die Revolution die den zehnten Karl verjagt, ist nicht ganz verloren. Freilich siegt nicht die Demokratie des Volkes, aber auch nicht die Aristokratie. Ein Drittes tritt triumphirend auf: das ist die Bourgeoisie, die demokratische Bourgeoisie, oder richtiger, die Bourgeoisie mit demokratischem Anstrich.

Ja, es ist die Schreckerinnerung von 93, es ist die stets drohende und oft losbrechende Emeute, wodurch diese herrschende Bürgerklasse vom Fortschritte abgehalten wird; geduldet euch, pochende Herzen, mit der Zeit wird auch sie ernstlich demokratisch werden!

Der Ruck ist auch nach Außen gegangen: unendliches Entzücken hat den Juliussieg begrüßt. Des französischen Volkes Todesmuth und Milde wird aller Orten gepriesen, und andere Völker eifern ihm nach. Belgien sprengt die holländische Kette; Spanien schüttelt Zaum und Halfter ab; die Schweizerberge erschallen von demokratischen Liedern; Polen zerbricht das moskowitische Joch und trotzt Oestreich und Preußen; Italien springt empor und athmet auf; Deutschland erzwingt längst versprochene Konstitutionen; Ungarn regt sich; Griechenland jubelt; Konstantinopel knirscht ungeduldig, Angesichts des russischen Doppeladlers; Aegypten verjüngt sich; Nordamerikas

Freistaaten zollen Frankreich Beifall, und senden Waffen nach Polen; England zeichnet tausend Adressen, und sendet Kommissäre nach Paris, die auf dem Stadthause den französischen Demokraten Glückwünsche darbringen; stürzt Wellington und die Torys aus dem Ministerium, und erringt jene hundertundvierzig Jahre lang vergebens geforderte Parlamentsreform, wegen welcher Sir Francis Burdett im Jahr 1809 eingekerkert worden. Jene Reform ist eine große Revolution des englischen Volkes, und das feste Gibraltar der brittischen Demokratie. Und Lord Grey, der Premierminister von England, besteigt die Tribüne und sagt: „die französische Demokratie hätte mit dem Hauche ihres Mundes alle Fürstenthrone umstürzen können."

Aber Frankreich hatte keinen Canning der die Fahne der allgemeinen Freiheit aufgezogen; noch weniger hatte es einen Ikar...

Wiederum schwanken die Schalen der Wage... Man gibt die Völker preis, man erstickt ihre Revolutionen. Belgien verlangt Republik, und man gibt ihm eine Krone; Spanien muß wieder unter den Tyrannenarm Ferdinands, der den Torrijos und dessen funfzig wackere Gefährten erschießen läßt; Italien wird gefesselt, blutig verstümmelt; die Schweiz wird gedemüthigt und zusammengepreßt, und beinahe in Beschlag genommen; Polen, das heroische unglückliche Polen, sieht seine Krieger nach Amerika geführt, seine Söhne überall zerstreut, seine Töchter den Soldaten überliefert... Die europäische Demokratie scheint der Vernichtung geweiht... Doch es ist nur ein böser Schein.

„Schmach und Fluch dem Unterjocher Polens! Es lebe die Freiheit Polens!" so tönt es durch die ganze Welt, und die Aristokratie fühlt sich beängstigt. Die Verbannten tragen allwärts die Liebe zur Freiheit hin. Einst werden sie, reicher an Erfahrung und Einsicht, in ihre Heimath zurückwandern...

Spanien und Portugal greifen wieder zum Gewehr, ganz unerwartet, und erzwingen sich demokratische Konstitutionen. Das Geschick der Könige ist oft seltsam; es treibt sie, ihre Kinder zu Werkzeugen der Demokratie zu machen: Ferdinand der Tyrann muß seine Tochter dem Bruder vorziehen, muß dem Lande Freiheit geben. —

Jenseits des Ozeans regt sich Kanada, es will eine Republik, will ein frisches Beispiel allen Völkern werden.

Und England hat durch die Parlamentsreform mehr als eine Million Wähler; seine Demokraten fordern das allgemeine

Stimmrecht, und die Aufhebung der Pairie oder doch ihrer Erbschaften.

Ha! das kleine England hat eine Million Wähler, und das fünfunddreißig Millionen zählende Frankreich nicht einmal zweihunderttausend! und weshalb das? ist etwa der englische Bürger weiser, sittlicher als der französische? sind unter diesen fünfunddreißig Millionen Franzosen wirklich vierunddreißig Millionen achthunderttausend völlig untauglich oder unwürdig ihre Deputirten zu wählen? Wahrlich, ich finde keinen Ausdruck herbe genug um ein Verfahren zu geißeln, wonach der französische Arbeiter als „Barbar" von der Wahlurne entfernt und nur der reiche Mann, der Müßiggänger, für stimmberechtigt gehalten wird; ein Verfahren, wonach es so zu sagen zwei Frankreiche gibt, ein zum Gesetzmachen berufenes Frankreich und ein anders außerhalb des Gesetzkreises stehendes. Unfehlbar kommt die Stunde, wo die Nation dieses schreiende Mißverhältniß auslöscht. Ob sie das allmälig, ob sie es mit einem einzigen Rucke und Sprunge thun wird, weiß keiner, aber thun wird sie es; sie wird ihr allgemeines Stimmrecht haben, ohne welches, man drehe sich wie nur immer, ein Volk nichts als ein Sklave ist. Mag das Land sich alsdann Monarchie nennen oder Republik, einerlei! es wird im Wesen eine Republik sein.

Die Julirevolution ist nicht spurlos vorüber gegangen; sie hat nicht das errungen was sie hätte können, aber immer hat sie der Demokratie Europas eine fernere Bahn geöffnet. Die Aristokratie allein hat nie Macht genug um das Volk zu bezwingen; ihr Kunststück beruht einfach darin, mittelst eines Volkstheiles den andern Volkstheil zu besiegen. Der auf diese Weise siegende Theil wendet sich aber stets mehr oder weniger gegen die Aristokratie; das Bewußtsein klärt sich auf, gerade vermöge der Niederlagen und Fehler des Volkes. Hunderte von Schlappen kann das Volk erleiden, und es stirbt doch nicht. Ein einziger Sieg kann ihm zur entscheidenden Obmacht verhelfen; ja wohl, ein einziger, denn die Gleichheit ist eine Idee und kein Geschütz und keine Polizei kann ihr Wunden und Tod bringen. Die Gleichheit ist nicht zufällig; nein, sie ist Vernunftgesetz, ist ein dem Menschenthum von Ewigkeit eingeborener Keim, und aus diesem tiefsten Urgrunde heraus wächst sie immerdar, und die Menschheit wächst mit ihr und in ihr. Es gab Zeiten und Oerter wo dieser Keim schlummerte; warum sollte es nicht auch welche geben, wo er als Lebensfülle prangt und webt? Die welthistorischen Gestaltungen wechseln; die Kastenherrschaft, das Alexanderreich, das Römerreich, das Papstreich, das Lehnswesen und Ritterthum, die Justiz der Folterbank und des Scheiterhaufens, das Recht des Ehemannes über Leben und Tod seiner Gattin, das Recht des Vaters über Leben und Tod seiner Kinder: jede dieser Erscheinungen hat bestanden und ist verschwunden; warum sollte nicht auch Aristokratie und Privilegium vergehen? warum nicht ihr Gegentheil, Demokratie und Bruderthum lebendig werden? — Es ist übrigens ein wunderliches Schauspiel, dieser bunte Zug der Gebieter und Aristokraten, der Päpste und Kaiser, der Könige und Fürsten aller Lande; wie sie gegenseitig sich gekränkt und gemordet haben! Auf dieser Liste (der Professor hielt ein Papier in die Höhe) stehen nicht weniger als fünftausend, ich sage fünftausend Herrscher und Herrscherinnen, die von ihres Gleichen und Anverwanndten gestürzt, eingekerkert, getödtet wurden. Da ist ein langes Verzeichniß der Statthalter Christi, die von Aristokraten, Königen, Kirchenversammlungen oder andern Päpsten überwältigt worden; z. B. Pabst Gregor V läßt dem Papst Johannes XVI die Augen ausstechen, und ihn rücklings auf einem Esel, den Schwanz in der Hand, durch die Straßen führen (im Jahre 998); da ist Papst Calixtus II, der im Jahre 1120 den Papst Burdin auf ein Kameel rückwärts setzen und dem Volke zeigen läßt; da ist der deutsche Kaiser Heinrich IV, der vor Gregor fußfällig Abbitte thut, nachdem er im Schloßhof baarfuß eine Nacht lang gebüßt; da ist der deutsche Kaiser Friedrich II den der Papst in den Bann thut, weil er ein Buch geschrieben haben soll: „die drei Betrüger" (Moses, Jesus Christus, Muhamed), und der Kaiser antwortet ihm und nennt ihn den Antichrist und Fürsten der Finsterniß; da ist Papst Nicolaus V, der Papst Johannes XXII, Sohn eines Schuhmachers, einkerkert und auf einem Schaffot, den Strick am Halse, seine Sünden zu bekennen zwingt. Ich übergehe die übrigen*. Aber nicht zu viel ist es zu sagen, daß an funfzigtausend Aristokraten von den Königen, also ihres Gleichen, getödtet worden; der französische Louis XI sperrt sie lebendig in Eisenkäfige und läßt das Blut des Vaters auf die Köpfe der Kinder träufen; Christian II von Schweden ladet sechsundneunzig Edelleute zu Tische und läßt sie abschlachten; der Pascha von Aegypten läßt fünfhundert bei einem Gast-

* Philipp der Hohenstaufe, der deutsche Kaiser, wird von Otto von Wittelsbach mit der Streitaxt gemeuchelmordet im Jahre 1208; sein Bruder Konrad Herzog von Schwaben, wird im Ehebruch erschlagen; Kaiser Albrecht der Habsburger wird 1308 von seinem Vetter Johann erstochen. Auch wir Deutsche haben Fürstenmorde.

Anmerkung des Uebersetzers.

mahle in seinem Palaste niedersäbeln, u. s. w., u. s. w., u. s. w.* Durch solche Staatsstreiche, durch unsinnige Schwelgerei, durch Sittenfäulniß, durch Grausamkeit, durch religiöse Tücke (wie haben die päpstlichen Borgia gewüthet!) brachten die Aristokraten sich allmälig in der Achtung ihrer Unterthanen herunter.

Charles IX massakrirt die französischen Protestanten; Louis XIV triumphirt als Despot und als blutdürstiger Frömmling; der Regent Orleans verliederlicht sich und den Adel in Unzucht und Weinrausch, statt das Reich zu verwalten; Louis XV treibt die Unzucht als einzige Beschäftigung; König Stanislas Poniatowski von Polen und Louis XVI werden Verräther; Napoleon despotisirt; die Herrscher Europas bekämpfen die französische Revolution mit kaltblütigsten Ränken, brechen die Eide, die sie ihren Völkern geleistet, verschwören sich die Nationen unter sich zu „vertheilen;" Louis XVIII und Charles X verletzen ihr Ehrenwort; Don Miguel von Portugal, Ferdinand von Spanien, Ferdinand von Neapel und Carlo Alberto von Sardinien desgleichen; Nikolas ist ein Barbar; Christina und Donna Maria sind gehaßt und — es wäre doch so leicht für eine junge schöne Königin sich geliebt zu machen!.. —

In den Reihen der Aristokratie aller Länder sehe ich heute fast gar kein Talent.

Die Demokratie dagegen hat stets viele welterschütternde Männer erzeugt: Jesus Christ, mit dem ein nicht reiches Mädchen schwanger war, ehe sie einen armen Zimmermann heirathete; Papst Gregor VII der Schreinerssohn; Martin Luther der Bergmannssohn, Franklin der Buchdruckergesell, Napoleon, dessen Vater unbegüterter Advokat, und so manches andere Beispiel noch ließe sich anführen; meine Aufgabe ist indessen nicht, meine Herren, Ihnen Geschichtsunterricht zu geben, sondern lediglich Ihren Blick auf gewisse Punkte zu richten, die ihm bisher vielleicht entgangen waren; näheres Eingehen bleibt Jedem anheimgestellt. Man kommt zuletzt zu dem Resultate, daß in der Menschheit ein unwiderstehlicher Trieb nach Demokratisirung liegt, ein durch Zwangsmittel nie zu erdrückender Schwung nach der Gleichheit

* Kaiser Ferdinand II. von Habsburg, der immer still saß, beichtete und betete, ließ von 1620 bis 1637 mindestens eine Million seiner nichtkatholischen Unterthanen durch die mannigfaltigsten Martern aus dem Leben in die Hölle befördern, und eine halbe Million Bücher verbrennen. Die protestantischen Fürsten der Pfalz und Sachsens ließen vor dem dreißigjährigen Kriege in dem Streit zwischen Lutheranern und Kalvinisten, beiläufig fünftausend ihrer Landeskinder tödten.

Anmerkung des Uebersetzers.

hin, und wer diesem Instinkte des Menschenthums einen Hemmschuh anlegt, der spielt ein gefährlich Spiel; er gleicht einem Thoren der einen reißenden schnellen Strom durch Queerdämme aufzuhalten wähnt: einen Tag lang mögen die Wasser stauen, dann aber brechen sie doppelt und dreifach durch. — Der Graf Chateaubriand hat das schöne, wahre Wort gesprochen:

„Die welche den Gang eines Jahrhunderts hemmen wollen, könnten gar „leicht in sein Räderwerk stürzen und zwischen diesem und dem folgenden „Jahrhunderte zermalmt werden."

Und der Graf de Tocqueville hat Recht wenn er sagt:

„Wohin?? Man betrachte diese ungeheure gesellschaftliche, demokratische „Revolution, die seit zweihundert Jahren die gesammte Christenheit, und „besonders Frankreich, zu fortwährendem Weiterschreiten treibt, immer unwiderstehlich der Gleichheit zu! Unklug ist es zu meinen, man könnte sich „entgegen stemmen. Oder bildet man sich gar ein, die Revolution werde vor „den Bourgeois und den reichen Leuten zurückweichen? Die Revolution „hat schon das Feudalwesen zerschmettert, hat Königsstirnen gedemüthigt. „Es scheint die Demokratie und Gleichheit nach dem Willen des Herrschers „der Welten voranzugehen; ihr feindselig die Bahn verrennen, hieße gegen „Gott selber kämpfen wollen; den Nationen bleibt nichts übrig, als sich „der neuen Ordnung zu fügen, die ihnen die Vorsehung verhängt hat."

Und Lamartine sagt in seiner morgenländischen Reisebeschreibung:

„Diese Erschütterungen, diese Umstürze, diese Umwühlungen, diese ko„lossalen Bewegungen der Glieder des europäischen Erdtheils, diese Hin„wirkungen auf Asien und Amerika, dieser unwillkürliche unwiderstehliche „Anstoß der trotz den Einzelwillen so viele Erregtheit der Gesammtkräfte „zur Folge hat: alles das ist nicht Wirkung ohne Ursache; das alles hat „seine Bedeutung, seine tiefe, aber für ein philosophisches Auge nicht ver„borgene Bedeutung, Religionen, Civilisationen und Gesellschaften wollen „sich jetzt umschmelzen und auf der Grundlage der Gleichheit und des Bru„derthums verjüngt erheben."

Die wohlbekannte Lady Esther Stanhope (Nichte des englischen Ministers Pitt) die sich in die Gebirge des Libanon zurückgezogen, war völlig berechtigt zum Herrn de Marcellus zu sagen:

„Warum sollte ich wieder nach Europa reisen? was gibt es dort anderes „als der Knechtschaft Würdige, nnd Herrscher, die des Herrschens unwerth „sind! Nicht lange dauert es noch, und euer gealtertes Europa wird bis „in seine Basis erbeben. Alles, Alles ist dort abgenutzt: eure Fürsten sind

„ohne Stammlinien, und der Tod holt sie ab oder ihre eigenen Fehler „bringen sie zu Falle; sie folgen sich auf den Thronen, aber sie entarten; eure „Aristokratie wird bald von der Erde schwinden, und macht einer spießbürgerlichen, kraftleeren, kurzlebigen Bourgeoisie Platz. Nur das Volk, ja das „Volk welches arbeitet, hat noch Charakter und einige Tugenden. Wenn es seine Macht erkennt: dann zittert!"

Und der ehemalige Präfekt Billiard schreibt:

„Seht ihr denn nicht wie die alten Monarchieen in Schutt sinken? allerwärts erschallt nun der Ruf der Republikaner. Wohl ist die Republik in „allen Geistern, und bald wird sie aufs Neue erscheinen, machtvoll und „glanzvoll!"

Gesteht doch selbst Guizot:

„Jedermann ist, sei es mit Freude sei es mit Schmerz, genöthigt einzusehen daß die gegenwärtige Gesellschaft im Grunde demokratisch ist, daß „der Demokratie der einstige Sieg gehört... Die alte Weltzeit ist unter „den Hieben der Demokratie zusammengebrochen! ihr Sturz war grausenhaft, aber in Gottes Rathschlusse war die Stunde bezeichnet."

Und der Abbé Lamennais spricht mit Prophetenstimme:

„Haltet euch bereit, denn es kommt die Zeit... und die Könige werden „heulen auf den Thronsesseln und werden mit beiden Händen ihre Kronen „umklammern, die der Sturmwind ihnen abreißt, und er wird sie sammt den „Kronen hinwegfegen....."

Und von St. Helena über das wilde Meer ertönt das letzte Wort des französischen Kaisers: „Europa ist der Republik nahe!..."

Meine Herren, unsere Gegner haben sich aus dem Bisherigen überzeugen können, daß die Menschheit auf dem dornigen Pfade zur Gleichheit und Demokratie bei weitem den größten Theil des Weges vollendet hat.

Morgen gedenke ich Ihnen die andere Richtung unserer großen Epoche zu weisen.

Beim Fortgehen blickten fast Alle auf Don Antonio und seine wenigen Anhänger; wir bemerkten, daß er eine gewisse Betretenheit nicht verhehlen konnte.

Elftes Kapitel.

Fortschritt der Industrie und Produktion.

Der Professor war blaß; ich eilte zu ihm, um mich nach seinem Befinden zu erkundigen; lächelnd erwiederte er, es sei nichts als eine große Ermüdung. Auf meine dringende Bitte, die Vorlesung für diesen Abend auszusetzen, entgegnete er abschläglich; doch wolle er früher aufhören als gewöhnlich. Ich wende mich, begann er mit etwas schwacher langsamer Stimme, durch die das Interesse der Zuhörer wo möglich noch gesteigert ward; ich wende mich an die Widersacher der Gemeinschaft. Ich mache aufmerksam auf den Umstand, daß unser Zeitalter nicht nur ein demokratisches, nach immer vollkommnerer Gleichheit ringendes ist; fassen wir auch die andere, mit dieser genau zusammenhängende Seite ins Auge: ich meine die Verarbeitung der Naturprodukte zu Kunstprodukten. Was Ikarien darin leistete und leistet, kann jeder Ausländer sehen, der nur einige Tage bei uns verweilt hat. Zahllose und riesige Maschinenfabriken, unter der Aufsicht des Menschen, schaffen rastlos und versehen die Nation mit einer Fülle von Produkten.

In Europa, in Ihrer Heimath, meine Herren, hat sich die Industrie allerdings noch nicht zu ikarischer Höhe und Kraft emporgehoben, aber sie ist vorgeschritten in Vergleich mit früherer Zeit. Betrachten wir die weite Bahn des Kunstfleißes durch die Länder und Epochen der Weltgeschichte, so sehen wir zunächst, wie er nach dem Einbruch der nördlichen nnd östlichen Barbaren ins Römerreich in Stocken geräth; wie dann die Araber die Erfindung der Windmühle und der Uhr machen, und in ihrer spanischen Provinz eine neue Baukunst und Schrift verbreiten; wie Justinian, der gesetzsammelnde Kaiser von Konstantinopel, aus dem entlegenen China her, den Seidenwurm und die Seidenmanufaktur in das Reich einführt; der Grieche Kallinikos das sogenannte griechische Feuer erfindet, und damit die kaiserliche Hauptstadt von der Belagerungsflotte der Muhamedaner befreit (gleich wie Archimedes einst zum Verbrennen der Flotte der römischen Republik, im Hafen von Syrakus, jene vierzig seltsamen Maschinen erfunden hatte, deren Geheimniß er mit ins Grab genommen); wir sehen in den mittelalterlichen Republiken des norditalienischen Städtebundes die Erfindung des kaufmännischen Wechselbriefes.

Kaiser Karl der Große, im Frankenreich, König Alfred der

Große, im Sachsenreich der englischen Insel, rufen wissenschaftliche Bestrebungen in ihren Ländern hervor; ein Papst läßt aus China den Kompaß holen.

Die Kreuzzüge heben an, und durch sie das kühnere Aufstreben von Handel und Industrie, namentlich in den Adelsrepubliken Genua und Venedig; orientalische Kunst und Produkte betreten das Abendland. In diesem erscheint die Buchdruckerei und das Papier, und als die Türken das griechische Kaiserthum unterjochen, flüchten dorther Schaaren von Malern, Bildhauern und Gelehrten nach Italien. Wir sehen bald darauf das Kap der guten Hoffnung von Portugiesen und Holländern umschifft und Amerika von Spaniern entdeckt, die unaufhaltsam bis Indien, China, Japan und die ostindischen Eilande dringen, von wo sie die Kolonialprodukte nach Europa führen.

In viertehalb Jahrhunderten seit jener großen Epoche ist die Menschheit im Eilschritt vorgerückt. Denkwürdige Dinge geschehen unter der Regierung der Medicis in Florenz, unter Papst Leo **X**, unter Franz **I** von Frankreich; in England, unter Heinrichs **VIII** und Elisabeths Herrschaft; in Frankreich, unter dem Minister Sully, und Heinrich **IV**, unter Kardinal Richelieu und Louis **XIII**, unter dem Minister Colbert und Louis **XIV**. Dann kommt die gewaltige Bewegung der englischen Revolution und Republik von 1649, die Revolution und Republik in Nordamerika, endlich die Revolution und Republik in Frankreich, mit der Hafenseesperre von Seiten der englischen Aristokratie und Bürgerschaft, die auf Tod und Leben gegen die französische Revolution ankämpfen.

Mächtige Genies haben inzwischen Europas Kultur gefördert. Ich erinnere an Baco den ältern (den englischen Mönch im Jahr 1294), und Baco den jüngern (den Reichskanzler von England im Jahr 1590); an Galileo Galilei den Italiener; an Kepler den Deutschen; an Kopernik den Polen; an Descartes den Franzosen *; an Locke den Engländer; an Leibnitz den Deutschen; an Newton den Engländer; an Papin den Franzosen, und die Engländer Watt und Fulton, alle drei die Entdecker des Dampfes. Ich hatte mir vorgenommen, einen genauen Vortrag über diese unsterblichen Erwerbnisse des Menschengeistes zu liefern, allein ich fühle mich durch die früheren Abendanstrengungen daran gehindert. Uebrigens, meine zu ehrenden Herren,

* Und Spinoza, den portugiesischen Juden.

Anmerkung des Uebersetzers.

steht die Nationalbibliothek mit den bezüglichen Schriftwerken, Kupferstichen und Gemälden jedem Ausländer zu Gebote.

Erlauben Sie mir nur ein paar Bemerkungen.

Die Dampfkraft allein wäre vielleicht schon im Stande, die Weltverhältnisse zu ändern. Eine Maschine, die stark genug ist um fünfhundert Reisende in vierzehn Tagen von London nach Neuyork, funfzehnhundert Stunden weit; eintausend Maschinen, die an einem Tage zwei bis drei Millionen Menschen funfzig Stunden weit befördern, lassen auf andere noch mächtigere schließen, die der Mensch finden wird, und in unserer gütergemeinschaftltchen Republik zum Theil schon erfundeu hat, wie Ihnen bekannt ist.

In Nordamerika entsteht fast alle zehn Jahre ein neuer Staat mit einer neuen Bevölkerung. In England produzirt die Industrie unendlich viel mehr, als im Lande selbst und in einem großen Theil der übrigen Länder verbraucht wird. Was würde erst geschehen wenn die Regierungen, im verständigen Einklang mit den Völkern, die volle Kraft der gesammten Einwohnerschaft und des Bodens aufböten und eine Organisation in das Industriegetreibe hineinbrächten! Diese Nationen müßten Ungeheures leisten, profitirten sie von unseren ikarischen Bildungs- und Gewerbsanstalten, von unseren Erfindungen und Entdeckungen. Wenn Frankreich, zum Beispiel, je die fünf oder sechs bedeutendsten Männer jedes Faches zu einer besondern Kommission beriefe, und die großen Männer ganz Europas und Amerikas nicht minder: dann wäre ein neues Leben für die Menschheit im Aufgange.

Ikarien hofft, bald den Dampf durch die Electricität zu ersetzen; bedenken Sie die Wohlfeilheit, die Macht, die Bequemlichkeit dieses neuen Mittels.

Es ergibt sich, dünkt mich, aus dem Allem nicht, daß, wie gesagt worden, die Gemeinschaft der Güter, das gemeinsame Arbeiten und gemeinsame Verbrauchen ein allgemeines Elend erzeugen. (Donnernder Beifall.)

Die immer fortgebildete Industrie führt nothgedrungen zu politisch-socialen Umgestaltungen... Das Menschengeschlecht ist nicht etwa eine starre oder zähe todte Masse, sie ist ein einziges aber höchst zusammengesetztes Ganze, dessen zahllos mannigfache Elemente in steter Lebendigkeit sich berühren, vermehren und kräftigen.

Der Kompaß, das Schießpulver, die Druckkunst haben den Revolutionen drei neue unabsehliche Bahnen des Handels und der Politik in der Wissenschaft geöffnet. Die Dämpfe des heißen

Wassers ihrerseits üben eine Zaubergewalt, von der die kühne Phantasie vergangener Zeiten nicht zu träumen gewagt. Wenn die Eisenbahnen und Dampfboote die Grenzen der Landkarten nach allen Richtungen durchschneiden, und Kaufleute hundert Meilen weit dahinjagen, Kaufleute bei deren Geschäften es oft genug auf eine Viertelstunde ankommt, wenn Tausende von Leuten aller Stände kreuz und queer fliegen, wird auch dann noch die Quälerei der Pässe und Mauthen und Gendarmbesuche sich fortsetzen lassen? Und werden diese unermeßlichen Ströme von Menschen verschiedener Stämme und Staaten nicht endlich ein gegenseitiges Sichkennenlernen, Sichwürdigen herbeiführen? wird da der Nationalhaß noch lange Stich halten?

Auch das Monopol der Briefpost wird schwinden. Die Fesseln in die man die Presse zu schmieden versucht hat, auch sie werden abfallen wie mürber Zunder, wenn zahllose Broschüren und Bücher täglich durch die Taschen der Reisenden sich verbreiten. Die brüllende, schrillernde Maschine, die von ferne schon das Ohr erzittern läßt, trägt in ihrem rothglühenden Eisenbauche unendlich viele kleinere Revolutionen aller Arten, aus denen die große allgemeine Revolution besteht.

Christus und Luther, Guttenberg und Papin-Watt *, meine Herren, das sind die unwiderstehlichsten von der ganzen revolutionären Schaar gewesen; das sind die, deren Namen gleichbedeutend mit dem Siege ist. Ihnen hat die Demokratie Bildsäulen zu errichten. Aber die Völker müssen es thun, denn wenn Edelleute, wie es wohl hie und da geschehen ist, zu Ehren des Buchdruckerfinders und des Dampfentdeckers Subscriptionen sammeln und Statuen aufstellen, so ist zu bemerken, daß gerade durch dies schlichte Feuer und einfache Wasser, die sich nicht zerstören, sondern in Dampf verwandeln, die Aristokratie in die Luft gesprengt und in die Erde geschmettert werden wird. Da haben Sie die alten vier sogenannten Elemente!

(Stürmisches Klatschen, Lachen und Bravo.)

Ja, der Dampf ist, möchte ich sagen, ein fünftes Element, und nicht unwichtiger als jene, denn er schafft die Welt der Zukunft, er scheidet unsere Gegenwart von der Vergangenheit. Schon herrscht er wunderwirkend in Großbritannien und Nordamerika, und nichts vermag ihn an seinem Einzug in Frankreich und die übrigen Gebiete der Menschheit zu verhindern, und die Aristo-

* Nicht zu vergessen Arkwright, den Erfinder der Spinnmaschine.
Anmerkung des Uebersetzers.

kratie hört vielleicht schon die Stimmen die ihr zuschreien: „Bei Seite, bei Seite! der Dampfwagen kommt... Bei Seite, bei Seite! Platz, Platz für die Demokratie!" — Morgen, meine Herren, wofern mein Befinden es mir gestattet, wandeln wir durch die erlauchten Reihen der Philosophen. (Bravo, Bravo.)

Zwölftes Kapitel.

Die Philosophen.

Oft genug, so eröffnete Dinaros seinen diesmaligen Vortrag, hört man von unsern Gegnern die Behauptung, das Gemeinschaftsprinzip habe nur einige wenige, und noch obendrein gewichtlose Stimmen für sich in der langen Reihe der Denker und Reformatoren.

Wir werden nun nachschauen, ob und inwiefern diese Ansicht begründet ist.

Zuvörderst, meine Herren, bemerke ich, daß ich nur mit einer Sylbe jener uralten Völker erwähnen will, die (wie Plato, Aristoteles, Diodor der Sicilier, Justinus, Julius Cäsar, Cornelius Tacitus sagen) mehr oder weniger gemeinschaftliche Mahlzeiten, gemeinschaftlichen Heerdenbesitz und Ackerbau, ja selbst Weibergemeinschaft bei sich duldeten. Es werden da aufgezählt Urvölker des südlichen Italiens, Skythen, Germanen, früheste Bewohner Griechenlands, die Zeylaner, u. s. w., u. s. w. *. Auch der Hebräer habe ich nur im Vorbeigehen hier zu gedenken; indessen mache ich aufmerksam auf den unter denselben existirenden Essäerverein; ferner auf die ägyptische Priesterkaste, und auf Minos, der in der Insel Kreta, tausend Jahre vor Christus, manches Gütergemeinschaftliche organisirt hat, vielleicht nach ägyptischem Vorbilde **. Von da hat Lykurg, hat Pythagoras vieles nach Sparta und Süditalien gebracht.

* Der Schleier der jene entfernte Zeiten umhüllt, wird nie erheblich gelüftet werden. Die Kommunisten haben glücklicherweise nicht nöthig, sich damit zu befassen.

Anmerkung des Uebersetzers.

** Die ägyptische Priesterschaft besaß nur steuerfreies, unveräußerliches, untheilbares, der ganzen Priesterklasse gehöriges Ackergut, welches

Was China und Persiens Hochländer betrifft, so ist freilich, soviel wir wissen, Gemeinschaftliches dort nicht gewesen; indessen kam in den Moralschriften, die nach Konfuzius und Zoroaster benannt wurden, bereits der Satz vor: „Thue dem Andern nicht, was du nicht willst daß dir geschehe, und thue ihm, was du willst daß dir geschehe," eine Maxime deren buchstäbliche Verwirklichung in der That die Menschheit glücklich gemacht hätte.

Wenden wir uns dem Abendlande zu. Hier tritt uns zunächst die gewaltige Figur Lykurg's entgegen, der das eroberte Land unter die siegreichen Einwanderer neu vertheilte, nachdem er die Reichen zum Aufgeben ihrer Besitzthümer vermocht hatte, 845 vor Christus. Allerdings erstreckt sich die lykurgische Form der Gemeinschaft auf die Erziehung, die Beschäftigungen und Genüsse; es entstand dadurch eine sehr bedeutende Gleichheit; dies ist unleugbar. Das Nationalorakel billigte sie. Und der Bruder eines Königs war es, der von weiten Reisen aus dem Oriente zurückgekehrt, den Schlendrian der Herkömmlichkeit in seiner Heimath zu brechen wagte. Ihm ist dafür ein großer Ruhm bei der Nachwelt zu Theil geworden. Das ganze Alterthum hat sein Werk bewundert. Indessen, nach einem Bestehen von fast fünfhundert Jahren, mußte diese eiserne Verfassung sich lockern, als die von Lysander im Kriege erbeuteten edeln Metalle und Juwelen nach Sparta geschickt worden waren, und als das Gesetz erschien, man könne sein Grundstück verschenken. Der

mit dem Tempel des Bezirks untrennbar verbunden blieb. Verwaltet ward es von den Hohepriestern. Privatländereien hatte also der ägyptische Priester nicht. Die ägyptische Kriegerschaft dagegen ernährte sich auf Privatgrundstücken, die aber alle zusammen der Kriegerklasse gehörten, so daß der Einzelne nur Nutznießer und Lehnsmann von seinem steuerfreien Landstücke war, und dafür dem Könige als dem Oberfeldherrn Kriegsdienste leisten mußte. Bebaut wurde das Kriegergrundstück von einem Unterlehnsmann, der dem Krieger einen Fünften entrichten mußte. Kein Mensch konnte über den Boden verfügen, weder der Bauer, noch der Krieger, noch der König, noch der Priester; wodurch allerdings Anhäufen des Bodens im Besitz Weniger, und Beraubung anderseits verhindert war. Ebenso fest eingeschachtelt lag auch der Gewerbfleiß mit einer ins Kleinliche gehenden Arbeitstheilung; die Priester hatten genau vorgeschrieben wieweit jeder Geschäftszweig, und in welcher Weise er arbeiten dürfe. Materielles Elend mag in der frühern Zeit nicht vorgekommen sein, da Jeder sich in seinem regen Lebenskreise bewegte und das Land von Natur fruchtbar war. Desto jämmerlicher stand es aber mit dem Geistigen. Auch waren die zahlreichen, immer religiösen Feste dieses schwermüthigen Volkes mit widerlicher Sittenlosigkeit gepaart.

Anmerkung des Uebersetzers.

Staat sank, obschon er Athen und Asien besiegt hatte, sofort reißend schnell *.

Als Agis III und Leonidas der Jüngere das Königsamt verwalteten, waren nur noch siebenhundert Altspartaner übrig; aber von diesen waren hundert die Besitzer aller Grundstücke und die Gläubiger der übrigen geworden; so weit war die einst acht bis neuntausend Mitglieder zählende Freibürgerschaft geschmolzen. Der junge König Agis III (240 vor Christus) hatte, trotz des Luxus in dem er erzogen worden, und trotz seines kolossalen Reichthums, den einsichtsvollen Plan entworfen, die alte Sit-

* Die Eroberer des Landes hielten den Theil der vorgefundenen Einwohner, der sich dem Eindringen hartnäckig widersetzt hatte, in strenger Leibeigenschaft, unter dem Namen der Heloten. Der andre Theil, der sich freiwillig ergeben, lebte ungestört auf eigenen Grundstücken, und trieb Gewerbe und Küstenhandel, mußte aber die Herrscherklasse im Kriege unterstützen. Die Vollbürger speisten gemeinsam in Tischgenossenschaften von funfzehn Mann, welche auch im Feldzuge zusammenstanden, und in welche ein neues Mitglied nicht aufgenommen werden durfte, sobald auch nur ein einziges Stimmloos dagegen war. Diese berühmten Mahlzeiten, zwei im Tage, scheinen übrigens gar nicht kärglich gewesen zu sein; jeder Theilnehmer brachte einen monatlichen festen Beitrag von Gerste, Wein, Käse, Feigen und ein wenig Geld, und außerdem freiwillige Zuschüsse von Wildpret, Ziegenfleisch und Fischen. Schmale Kost ward nur Knaben und Jünglingen verabreicht, die an einer besondern Tafel speisten und schweigend zuhören mußten. Es ging ganz heiter zu; doch waren die Frauen ausgeschlossen, diese aßen zu Hause. Familienleben war nicht vorhanden; die verheiratheten Männer brachten die Abende im Vereinsaale am Feuer zu, und die Tage auf der Jagd oder in den Versammlungen. Die Frauen, den Männern in körperlicher Erziehung durch Gymnastik gleich gestellt, schalteten unbeschränkt in der Wirthschaft. Ueberhaupt hat man sich wohl von der spartanischen Rohheit ein irriges Bild gemacht; Musik, Waffentänze, religiöse Tänze milderten die Schroffheit der Charaktere. Das Gemüth ward durch frühe Uebung in Weisheitsprüchen und Selbstbeherrschung gebändigt. Eigenthümlich war die Liebe zwischen Mann und Weib; sie war so zu sagen stets kriegerisch, wie denn auch die Statur der Liebesgöttin Schwert, Lanze, Schild, Helm und Panzer trug. Die Heloten wurden mitunter arg behandelt, aber auch nicht selten wohlhabend, und zum Lohn für Tapferkeit zu Vollbürgern erhoben; z. B. Lysander. Die besten Knaben der Heloten genossen mit den spartanischen einerlei Erziehung, und wurden häufig in die Korporation der Freien aufgenommen, wenn diese in Schlachten große Lücken bekommen hatten. Für gewöhnlich blieben sie freilich mit Weib und Kind an die Scholle gebunden; man rechnet sieben Helotenfamilen auf ein Spartanergrundstück. — Daß die Spartaner im Auslande plump und unbehülflich auftraten, ist natürlich; man muß sie als nothwendiges Seitenstück zu Athen auffassen, welches sie ja selbst das andere Auge Griechenlands nannten.

Anmerkung des Uebersetzers.

tenzucht und Bodenvertheilung herzustellen. Er wollte dazu durch Verbrennen der Schuldbücher, Abmessen des Landes in viertausendfünfhundert Güter, und Ergänzung der Korporation durch Heloten gelangen. Er selbst gab gutes Beispiel durch mäßige Lebensweise, und gewann allmälig den größern Theil der jungen Männer. Seine sehr reiche Mutter und deren Bruder Agesilaos waren gleichfalls nicht abgeneigt; desto mehr aber waren es sein Kollege, König Leonidas, die reichen Familienväter, und namentlich die Frauen, denen viel Boden bereits gehörte. Die Senatoren verwarfen das Projekt ohne Weiteres, die Volksversammlung, aus Verarmten und emporgekommenen Heloten bestehend, billigte es. Leonidas intrigirte fortwährend, bis die Ephorenbehörde ihn abrief und vertrieb, wobei der edle Agis ihm das Leben rettete. Der Oheim des Reformators, von Gläubigern verfolgt, wußte schlau die Abschaffung der Schulden durchzusetzen, und sich dadurch wieder zu bereichern; als Ephor aber hintertrieb er fortdauernd die Bodenvertheilung, und schrieb sogar neue Steuern aus, indeß Agis im Feldzuge stand. Das Volk ward verdrießlich, den Reichen wuchs der Muth, Leonidas kam wieder, und Agis mußte in einem Tempel Schutz suchen, von wo ihn drei Schurken mit freundlicher Rede hervorlockten und seinem Kollegen überlieferten. Vor dem willkürlichen Gerichtshofe seiner Feinde als „Verschwörer gegen die Verfassung" angeklagt, bewies er großen Heldensinn; einer der Richter wollte ihn schonen und sagte: „Du hast gewiß nicht freiwillig gehandelt, und du bereuest?" worauf Agis gebührend antwortete. Man verdammte ihn zum Tode, und als das Volk den Kerker stürmen wollte, ließ man ihn sofort erdrosseln, ja seine Mutter und Großmutter ebenfalls. Die Armenklasse wurde wüthend; aber ohne Leitung, sich allein überlassen, blieb sie bei ihrem ohnmächtigen Zorn, und die reiche Klasse lachte. Noch einmal erhob sich ein Retter; es war Kleomenes, der Sohn eben jenes Leonidas. Nach dem Tode seines Vaters König geworden, und durch die junge Wittwe des Agis bewogen, beschloß er mit offener Gewalt zu verfahren. Er erschien nach einem glücklichen Feldzuge in Sparta mit Truppen, ließ die fünf Ephoren sterben, verbannte achtzig Reiche, und rechtfertigte auf der Stelle seine Handlungsweise in der Volksversammlung, die auch wirklich Abschaffung der Schulden und Aeckervertheilung aussprach. Schon ward die Besserung der Verhältnisse fühlbar; da endigte eine auswärtige Niederlage des kühnen Mannes auch diesen letzten Versuch.

In Athen gab der reiche angesehene **Solon**, 300 Jahre nach Lykurg, eine neue Verfassung. Neue Bodenvertheilung schien ihm wegen des Widerstandes der Reichen nicht thunlich, aber er löschte wenigstens die Schulden aus und verlieh den Aermern gleiche Stimme in der Volksversammlung; von den Staatsämtern blieben sie aber noch ausgeschlossen. Erst ein Menschenalter später fingen sie an, eine Stufe nach der andern zu erklettern, bis endlich völlige Gleichheit der politischen Rechte herrschte.

Solons Zeitgenoß, **Pythagoras**, ein Gott oder Wundermann in den Augen Vieler, unternahm nach weiten Reisen eine große Reform, auf Erziehung begründet; er stiftete zu Kroton, im griechischen Süditalien, jenen zahlreichen Orden des Bruderthums, der zwar von den kleinen Zwingherren und Adligen der Nachbarschaft bedrängt, zuletzt geächtet und zerstreut wurde, aber eine Menge gebildeter Volksbelehrer und Forscher den Ursprung gab. **Protagoras*** ließ sich in Athen nieder, und schrieb einen republikanischen Gütergemeinschaftsplan, 444 vor Christus.

Auf ihn folgten Sokrates und dessen Schüler Plato; jener als vortragender Lehrer, dieser außerdem als Schriftsteller (400 bis 350 vor Christus), zwei der größten und edelsten Geister, denen es um nichts als die Menschheit zu thun war. Sokrates, den das Nationalorakel „den weisesten der Menschen" grüßte, und spätere Zeiten fast göttlich verehrten, stand, des Atheismus und der Religionsverletzung angeklagt, muthig vor seinen Richtern und sagte:

„Wenn man den Menschen nützlich sein kann, darf man Leben und Sterben nicht achten... Ich bin, glaube ich, zu ihrer Belehrung bestimmt: „ich will diesen von den Göttern mir anvertrauten Auftrag vollziehen. „Ja, wäre ich mit der Bedingung fortan zu schweigen losgesprochen, ich „würde rufen: Ihr meine Richter, ich liebe und ehre euch, aber mehr als „euch muß ich der Gottheit gehorchen! So lange ich athme, werde ich „stets sagen: schämt ihr euch nicht nach Reichthum und Ehrenstellen zu „jagen, anstatt nach den Schätzen der Weisheit und der Wahrheit?"

Und Plato, den seine Bewunderer den „Göttlichen" hießen,

* Er ward aus Athen verjagt, weil er in einer seiner Schriften gesagt: „von den Göttern kann ich nicht erkennen, weder ob sie sind, noch ob sie „nicht sind; denn die Sache selbst ist dunkel und das menschliche Leben ist „kurz." Das Buch ward, als gotteslästerlich, öffentlich auf Befehl der Republik verbrannt. Dies ist vielleicht das erste Beispiel von Bücherinquisition.

Anmerkung des Uebersetzers.

trotzte dem Partheihaß und vertheidigte den Meister; wandte sich, auf Verlangen des edeln sicilischen Fürsten Dion, nach jener Insel um den jungen König derselben Dionys auszubilden (was ihm jedoch mißlang); stiftete in Athen die Akademie, diesen größten und berühmtesten Philosophenkreis. Manche griechische Staaten (die Arkadier, Kyrenäer und andere) forderten ihn auf, ihre Gesetze zu ordnen. Er schlug es ab, da sie die Aufhebung des Privatbesitzes hartnäckig verweigerten, und er dieselbe nicht minder unbeugsam immer als Grundbedingung voranstellte. Gleichwohl ist zu erkennen, daß die Platoniker von ungemeinem Einflusse auf die Welt waren und dem Christenthum Bahn brachen, mit welchem sich ihre Anschauungen und Begriffe frühzeitig verschmolzen haben.

Was forderte Plato von der Republik? Eine völlige Umgestaltung des Bestehenden.

„So soll es denn gesagt werden," ruft er 5, Seite 471—474, „wenn es „auch von einer Fluth des Gelächters und vollkommner Unglaublichkeit „sollte übergossen werden. Wenn also nicht entweder die Philosophen „in den Staaten regieren, oder die jetzt sogenannten Könige und Ge„walthaber wahrhaft und vollständig philosophiren, und so Herr„schermacht und Philosophie in Eins zusammenfallen, „und die vielerlei Sinnesarten, die jetzt für sich abgesondert nach dem „Einen oder dem Andern sich wenden: so gibt es für die Völker kein Ende „ihrer Uebel, noch, denke ich, für das Menschengeschlecht überhaupt. Und „der Staat von dem ich spreche, wird nicht eher erzeugt werden und das „Licht der Sonne sehen, als bis das geschieht!"

In seinem Buche über die Staatsorganisation steht dieser denkwürdige Satz (5, S. 257), und verdient wahrlich nicht obenhin angesehen zu werden. Plato bezeichnet drei Stände: 1) die Regierer (Wissenden, Ordnenden, Wächter des Ganzen); 2) die Krieger; 3) die Handwerker, Kaufleute und Landbauer. Eine aus den beiden ersten Ständen bestehenden Aristokratie erscheint ihm nothwendig; sie soll rastlos für das Allgemeinwohl sich bemühen und eine einzige große Familie sein. Nicht aber soll die Geburt trennen, sondern jeder Mensch wird von den „Wächtern," das heißt den Aeltesten des ersten Standes, welche die Erziehung Aller leiten, geprüft, und je nach Anlage und Geschick einem bestimmten Geschäfte zugewiesen. Auch das Privateigenthum trennt nicht mehr, denn es ist ausgelöscht, und mit Nachdruck sagt er (S. 243), dadurch sei allen Zwisten ein Ende. Also keine Mitgift, kein Testament. Die Erziehung geschieht mit Körperübungen, Musik, Wissenschaften; ist gemeinschaftlich von zartester Kindheit an; die Säuglinge sind in einer Anstalt von Ammen, aus der Zahl der Mütter ernannt, zu ernähren und gemeinsam zu erziehen, so daß keine Mutter ihr Kind wieder erkennen soll. Hochzeiten soll es wohl geben und jeder seine besondere Frau haben, aber so, daß nicht eine persönliche Neigung entscheidet, sondern der Zufall; alljährlich wird das Loos gezogen, und die Ehe wird durch eine neue ersetzt; der Art wird jede Frau nacheinander funfzehn bis zwanzig Männer, jeder Mann nacheinander funfzehn bis zwanzig Frauen gehabt haben. (Dies ist nicht gerade eine Weibergemeinschaft; es sind kurze Ehen, die wahrlich kein Gesetzgeber in unserer Zeit einzuführen sich einfallen läßt, ebenso wenig wie die unnatürliche Kindergemeinschaft.) In der Oeffentlichkeit und Vernichtung des Privatwesens, sagt er, wird Geist und Herz mit unbegrenzter Liebe am Allgemeinwohl hängen, werden Alle sich als Geschwister achten, wird die Gleichheit der leiblichen wie geistigen Bildung erreicht. Und zugleich gibt er die strengsten Vorschriften: Weisheit, Gerechtigkeit, Mäßigung der Begierden, namentlich Keuschheit, denn die Ehe muß unantastbar sein, sagt er, obschon sie nicht lange dauert. Ferner will er umständliche Einleitungen in die Gesetze, worin der Bürger zu allen Pflichten ermahnt und davon überzeugt werde. So weit Plato *. Und ich glaube, meine Herren, von seinem Irrthum betreffs Frauen und Kinder abgesehen, müssen wir bewundern, mit welcher heiligen Flamme, mit welchem Scharfblicke schon er das

* Den Frauen werden wie den Männern, die verschiedenen Geschäftszweige nach Anlage und Talent zuertheilt. Sie ziehen selbst mit in den Krieg, wo sie als Nachgarde hinter den Männern stehen. — Die griechischen Nationaldichter Homer und Hesiod will er nicht gelesen wissen; es kommen in ihnen unwürdige Vorstellungen von der Gottheit vor, meint er. Zu seiner Zeit wurden nämlich bereits viele der religiösen Mährchen in den Gedichten der Vorzeit für baare Münze genommen und man fing an, sie zum Grunde der Wahrheit des Sittlichen zu legen, wodurch eben solcher Schaden entstand, als wollte man heute die Greuel im Alten Testament zum Maaßstabe und Muster dienen lassen. — Wie er zu seinen sonderbaren Institutionen des weiblichen Geschlechtes gekommen, erklärt sich unseres Erachtens dadurch, daß er einerseits spartanisches Frauenwesen in den Staatsplan aufnehmen, anderseits das athenische Hetärenwesen damit verbinden wollte. Die gebildeten Hetären wiederum galten in Athen nothwendig als Ergänzung und Ersatz für die sehr armseligen, sehr ungebildeten, von Politik durchweg ausgeschlossenen, auf Heerd und Kinderstube beschränkten, athenischen Ehefrauen. Allerdings gereicht es Plato zum Vorwurf, daß er dem Weibe im künftigen Staate keine würdigere und richtigere Rolle als die aus Spartanerin und Hetäre gemischte, anzuweisen verstanden hat.

Anmerkung des Uebersetzers.

Unheil der Menschheit aufdeckt, „das in dem Unterschiede von Mein und Dein, von Reich und Arm liegt,“ dieses sind seine Worte. Und wenn wir das ganze umfangreiche tiefe Wirken dieser zwei erhabenen Menschen betrachten, wahrlich, alsdann stehen die Schmäher des Prinzips in einem gar sonderbaren Lichte; Kleinigkeiten und Nebensächliches wollen wir übrigens dabei gern preisgeben.

Man glaubt freilich in Aristoteles, dem großen Schüler Plato's und Lehrer des unsterblichen Alexander, ein gewichtiges Zeugniß gegen das Gemeinschaftsprinzip gefunden zu haben. Er sagt in seinem Werke über die Politik, worin er den platonischen Staatsentwurf kritisirt:

„Sollen alle Güter gemeinsam der Nation gehören? Nein; das Privateigenthum ist, mit guten Gesetzen und Sitten verbunden, vorzuziehen.“ (Als wenn nicht eben letzteres durch ersteres verhindert würde!) „Am „besten ist es aber Privatbesitz mit Gemeinbesitz zu mischen, wie in Sparta „wo der Gebrauch der Güter gemeinschaftlich war, nach dem Sprichwort: „unter Freunden macht die Tugend den Gebrauch der Güter gemeinsam. „Uebrigens scheint die Gütergemeinschaft völlig unmöglich, und nie „wird sich ein Staat erzeugen können, wenn man nicht damit beginnt die „Einwohner in Klassen zu sondern und den Boden abzutheilen.“

Auf dieses „scheint“ hat man Nachdruck gelegt; und mir deucht, viel zu starken. Aristoteles war ein mächtiger Denker, er hat alles und jedes zu durchforschen gesucht, aber nicht immer ist es ihm gelungen. Er hat das Sklaventhum vertheidigt (wie seine gesammte Zeit es that), er hat aber auch den Kaufleuten niedern Ranges und den Handwerkern das Bürgerrecht versagt: „niemals,“ ruft er aus, „wird ein wohlgeordneter Staat „aus dem Handwerker einen Staatsbürger machen können, denn „er ist ein Diener Aller.“

Und dennoch will auch er eine Gemeinschaftlichkeit der Benutzung, so daß die Ausschließlichkeit des Privateigenthums gemildert wird; auch er will weder Luxus noch Elend; er macht eine Sammlung von vielen Staatsverfassungen und erwähnt mit Lobe mehrerer die dem Prinzipe der Vermögensgleichheit nahe standen, oder die Gemeingastmäler hatten, wie z. B. die aristokratische Handelsrepublik Karthago.

Blicken wir nach Rom, so finden wir das glorreiche Brüderpaar der Gracchen, die dem ärmern d. h. dem Arbeiterstande, aus seiner elenden Lage heraushelfen wollen, und den Märtyrertod sterben.

Vergegenständigen wir uns mit kurzen Worten die damaligen Verhältnisse.

Der Senat, aus den Patriciern der ältesten Adelsgeschlechter bestehend, hatte die Republik über ein halbes Jahrtausend klug und energisch nach Außen hin verwaltet, im Innern aber die ärgsten Spaltungen geschehen lassen. Die Patricier waren reich geworden, theils durch ungeheure Kriegesbeute theils durch Geldvorschüsse mit ungeheuren Wucherzinsen, die sie den Nichtadligen d. h. dem Volke gemacht. Das Blut des in Schulden versunkenen aber freigeborenen Plebejers, floß auf fernen Siegesfeldern, unter dem Kommando der Reichen, und kam er nach Jahren in die Heimath, so erwartete ihn oft genug Auspfändung und Schuldgefängniß *.

Das Handwerk sah sich in der ältesten Verfassung Roms nicht sehr geachtet; von allen Zünften standen nur die der Waffenschmiede und Zimmerleute in bürgerlichen Ehren, stimmten mit und fochten im Felde neben den Aristokraten. Kamen die übrigen auch im Laufe der Entwickelung zu politischen Rechten, so ward das bald ein leerer Schein, und die Bevölkerung bestand nur noch aus großen Gutsbesitzern und deren elenden Pächtern und Knechten, aus großen Kapitalisten und deren Schuldnern, aus großen Hauseigenthümern und deren Miethern.

Viele verschuldete, einst selbstständige Landeigenthümer waren froh, wenn sie ihr Stück an unermeßlich reiche Spekulantenkompagnieen verkauft hatten, und ließen sich auf zwanzig Jahre in den Heeren anwerben oder gingen nach Rom; das aufgekaufte Land aber ward in ungeheure Massen zusammengeschlagen und für Rechnung der Reichen von deren Sklaven bebaut. Somit zerrann der ehemalige Kern des Staates, die Klasse der kleinen freien Bodenbesitzer.

Jetzt tritt Tiberius, der ältere Gracchus, als neugewählter Tribun des Volkes auf und verlangt die Befolgung des eingeschlafenen Gesetzes: daß niemand über fünfhundert Morgen sein nennen, der Staat ihm den Ueberschuß abkaufen dürfe. Der Tribun verfuhr noch sehr mäßig und bevorschlagte eine Einschränkung dieser Verordnung. Aber er erbittert dennoch alle Reichen, und selbst einst hochgefeierte Bürger aus seinem

* Nicht zu vergessen ist übrigens, daß manche Nichtadlige oder Plebejer gleichfalls sehr wohlhabend wurden. Auch ergoß sich bald ein immer wachsender Strom von freigelassenen Sklaven in die Reihen des Volkes; diese Leute scheuten keine Mühe um schnell reich zu werden, und formirten bald eine Mittelklasse zwischen dem alten Adel und dem täglich mehr herunterkommenden freigebornen Volke.

Anmerkung des Uebersetzers.

eigenen altadligen Hause stellten sich an die Spitze der Volksbedrücker. Schon war das Komité ernannt, welches den Antrag des Tiberius näher untersuchen sollte, und vergebens schützten die Reichen die Länge ihres Besitzes vor; als wenn diese ein Recht verliehe! Bald schritt das Volk noch weiter: es verlangte die Rückgabe der von den Reichen in Beschlag genommenen Staatsgüter, ferner die von einem griechischen Könige der römischen Republik testamentlich vermachten Schätze, und endlich die Vertheilung unter die Armen. Und wie half sich die herrschende Parthei? Sehr einfach; sie klagte den Tiberius vor dem Volke an, er wolle es nur brauchen um sich zum Tyrannen zu erheben und die Freiheit zu stürzen. Ein Theil des Volkes ward stutzig; die Senatoren benutzten diesen günstigen Augenblick und stürmten mit einem Schwarme der von ihnen abhängigen ärmern Bürger auf die gracchische Parthei, von der sie mit Knütteln, Steinen und Schemelfüßen dreihundert Mann niederschlugen, darunter den Tribun, obschon dessen Person durch sein Amt geheiligt war. Die Leichen wurden in den Tiberfluß geworfen; jetzt sei Alles gut, meinten die Sieger. Aber einige Jahre danach (121 vor Christo), erhebt **Cajus** Gracchus sich, den edeln Bruder zu rächen und dem erbarmungswerthesten aller Völker Rettung zu bringen; „die wilden Thiere,“ sagt er, „haben „Höhlen, und die römischen Bürger, die sogenannten Herren der Welt, „haben kein Dach, und keinen Zollbreit Erde zum Grabe.“ Er ging scharf ans Werk; das alte Ackergesetz ward diesmal ohne Milderung vorgebracht; den Soldaten sollte fortan, außer ihrem Solde, die Rüstung bezahlt, den Dürftigsten monatlich ein wohlfeiles Maaß Getreide gesichert, es sollten Armenkolonien angelegt werden und dergleichen. Die Parthei der Reichen wußte pfiffig ihm einen Amtskollegen zur Seite zu stellen, der ihn durch volksfreundliche Gesetzvorschläge überbot, und sein Ansehen ruiniren half. Endlich kam es wieder zum Gefecht und Cajus färbte mit seinem Blut die Wellen des Flusses roth, dreitausend Anhänger starben mit ihm, die übrigen versteckten sich oder wanderten in die Verbannung. Das Volk hatte sich auf das Schmählichste abermals durch die Ränke der Gegner hinters Licht führen lassen; es scheint gar nicht die erhabene Tugend, Genialität und Bildung des in jeder Hinsicht ausgezeichneten Heldenpaares verstanden zu haben! Daß die Reichen und die Schriftsteller der Reichen beide Gracchen mit dem Namen: Aufwiegler, Ordnungsstörer, Räuber, Mordbrenner u. s. w. beehrten, darf nicht verwundern; die Staatsmänner Agis und Kleomenes, die weisen Lehrer Pythagoras, Sokrates, Christus u. s. w., traf ähnliches Schicksal.

Christus, meine Herren, hat seinerseits deutlich genug auf die Abschaffung des Privateigenthums und Egoismus gewiesen; wer mithin an ihn als an Gott geglaubt, wird doch wohl nicht seinem Gotte ungehorsam zu sein wagen? Der Frommgläubige wird doch hoffentlich Gottes Wort höher achten, als das aller Gebieter, Wähler, Deputirten und Nationen zusammen. —

Das Haupt der neuplatonischen Schule, der berühmte griechische Philosoph **Plotin**, darf auch nicht unerwähnt bleiben; er wandte sich an den römischen Kaiser Gratian um in einer der verkommensten Städte Italiens die platonische Republik zu errichten, er wolle sie Platonopolis nennen und ihr Glanz solle bald die Welt erfreuen. Freilich ging der Herrscher nicht hierauf ein, und Aristokraten und Hofleute lachten den Weisen aus, dessen Ruf gleichwohl so groß war, daß Porphyrius ihn mit dem Stifter des Christenthums vergleichen durfte.

Und Jesu Zeitgenoß, jener berühmte Apollonius von Tyana, den das Heidenthum als Weisesten der Weisen, als Wunderthäter und Todtenerwecker dem Nazarener dreist gegenüber stellte; dieser andre Messias und Gottessohn und Erlöser des Menschengeschlechts, wie er genannt wurde, hat ebenfalls Bruderthum und Gütergemeinschaft gelehrt!

Und der edle Plutarch, der in Rom eine Philosophenschule errichtet, und Plato's Gemeinschaftstheorie vertheidigt!

Und die sogenannten Kirchenväter, diese gefeierten, oft selbst heilig gesprochenen Philosophen der frühern christlichen Jahrhunderte, erklären sie sich etwa alle für das Privateigenthum? Und die christlichen Konzilien der ältesten Zeiten?

Allerdings entstanden bald zahllose Klöster, worin die Gemeinschaft auf eine nicht genügende Weise geübt ward, und die nordischen und östlichen Eroberer hatten auf Anderes ihr Augenmerk gerichtet als auf die Ausübung der Brüderlichkeit; aber ich möchte wissen, was das Verfahren christlicher Aristokraten und Priester und halbcivilisirter Barbaren beweisen kann?

Blicken wir in das zwölfte Jahrhundert, und wir finden 1154 die erhabene Gestalt des Arnoldo von Brescia, des Reformators der mit Feuerzunge in der Residenz des Papstes die Gemeinschaft und die Reinigung der Kirche Christi predigt; freilich liefert der Statthalter Christi ihn dem deutschen Hohenstaufenkaiser Friedrich I dem Rothbart aus, und dieser läßt den kühnen Mönch Angesichts der Römer lebendig verbrennen. Papst Adrian IV lag im Kriege mit Friedrich I, aber der republikanische Volksmann erschien den Herrschern als ein gemeinsamer Feind, und beide vereinigten sich an dem lodernden Scheiterhaufen des Gerechten *.

Und zwanzig Jahre darnach stehen in ganz Südfrankreich die

* Diesen Friedrich I wissen die Deutschthümler, die sogenannten „deutschen Patrioten“ gar nicht genug zu preisen, aber von seinem größern Enkel Friedrich II schweigen sie; der ist ihnen nicht frommchristlich und deutsch genug.

Anmerkung des Uebersetzers.

Albigenser von der Stadt Albi, am Genfersee und in Lyon die Waldenser unter Führung des Kaufmannes Peter Waldo auf, verkündigen zu Tausenden das reine Evangelium der Urzeiten nebst Gütergemeinschaft, und kämpfen wider Adel und Priesterschaft. Sie erklären die anjetzt aufs Höchste gestiegene Macht des römischen Bischofs für Satanswerk und seine Kirche für das sündige Babel, sie prophezeien die Ankunft des Erlösers und den Weltuntergang und den Anbruch des tausendjährigen Reiches. Da schleudert Papst Innocenz III den Fluch, und schenkt Vergebung der Sünden Jedem der gegen die Reformatoren zu Felde zieht, und zahllose Schaaren raub- und mordlustigen Gesindels brechen gegen sie auf. Auch die Deutschen unter Leopold von Oestreich und einem deutschen Kardinal stürmen heran und tauchen ihre Hände in das Blut der Unschuldigen. Zwanzig Jahre wüthet der Krieg, endlich, nach namenlosen Greueln, werden die Ketzer zu Boden geschmettert; Papst und Adel triumphiren. — Aber schon erhebt sich in England das Volk und Wat Tyler, ein Handwerker, führt es gegen seine Zwingherren, London fällt in seine Gewalt; der junge König siegt aber bald durch List und Energie, und läßt vollständige Rache üben. Da ertönt die Stimme des Doctor John Wikliff in England wider die Tyrannei und der Schwelgerei der Kirche, und einige seiner Schüler und Schriften kommen nach Prag *. Auf dieser berühmten Universität entflammt sich dadurch der Forschungsgeist und der heilige Zorn des Doctor Johann Huß.

Und als dieser 1414 beim Konzil von Konstanz, auf Befehl von tausend aus vier Ländern versammelten Doctoren und Priestern lebendig verbrannt worden, glauben die Mörder wiederum, Alles sei in Ordnung; da entbrennt der Husitenkrieg in Böhmen, und den Tod des Helden zu rächen und eine Republik Gottes zu bauen, gehen die Böhmen mit Feuer und Schwert durch das deutsche Reich. Sie unterliegen zuletzt den schnöden Intrigen der Bürgerschaft, die Freiheit ohne Gleichheit will, aber fünfmal haben sie ein großes Heer der deutschen Edelleute und Fürsten zermalmt.

Und Savonarola predigt eifriger denn je dem Volke die Reform und Republik in Italien, in der Schweiz und in Schwaben; er wird vom Papste lebendig verbrannt, aber die gute Sache wankt nicht.

* Er starb natürlichen Todes, doch seine Leiche ward ausgegraben und die Asche ins Wasser geworfen.

Anmerkung des Uebersetzers.

Die Bauern Deutschlands stehen auf, und während die Doctoren Luther, Melanchthon, Zwingli die Reform den höhern Ständen predigen, wendet sich Doctor Karlstadt und Doctor Thomas Münzer an das Volk *.

Es ist namentlich dieser geniale Münzer, der Sätze ausspricht wie sie nur im Munde der strengsten, entschiedensten Volksfreunde heutiger Zeit gehört zu werden pflegen. Er geht aber noch einen Schritt weiter, indem er ohne Zaudern zur Revolution ruft. Sein älterer Freund und Lehrer Nikolas Storch, ein Tuchmacher, predigt die Gemeinschaft, Verlegung der Taufe in das Lebensalter der Vernunft, und die Hinwendung auf Handarbeit, anstatt der ihm nutzlos erscheinenden religiösen Buchgelehrsamkeit. Martin Cellarius, Marx Stübner und andere Handwerker noch waren dabei; dies begab sich in Zwickau, wo viel Manufaktur blühte. Luther hatte bekanntlich behauptet: Gottes Gnade allein schaffe den Glauben; und demgemäß meint Landgraf Philipp man dürfe schon die neue Sekte aus dem Lande verjagen, aber nicht härter strafen, da der Glaube Gottes Gabe sei nnd es nicht in der Macht des Menschen liege, so und nicht so zu glauben. Wogegen Luther rasend antwortet: „man kann diese Ungeheuer

* Luther war sehr unschuldig an dem Aufruhr der Bauern, die schon 1493 und 1504 im Elsaß und Schwabenlande, als er noch in der Klosterschule saß, den Bundschuh aufgepflanzt hatten. Er hat sich 1524 bekanntlich aufs Unmenschlichste gegen sie benommen: „dem armen Mann gehört „Last, Fressen und Schläge gleichwie dem Esel, sonst wird er übermüthig" schrieb er, und rieth den Privilegirten, nur dreist drein zu hauen, der empörte Bauer sei ein Höllenbraten; Jesu Reich sei nicht von dieser Welt, folglich habe der Knecht hienieden als frommer Knecht zu dienen, u. s. w. Wie tief steht er unter Johann Huß! Der edle Böhme verlangte die „Kommunion" der Christen in Wahrheit und Wirklichkeit, vollständige Bruderschaft und die Gleichheit der Priester mit ihren Wählern, d. h. mit ihrer Gemeinde; er sprach: „das Volk darf seine Gebieter züchtigen wenn „sie sich vergehen" und bezog dieses ausdrücklich auch auf die weltlichen Fürsten, nach dem Beispiel Samuels, der den König der Juden züchtigte im Namen des Volkes. Vor der erlauchten Versammlung von Konstanz machte der französische Kardinal von Cambray den deutschen Kaiser Sigmund ganz besonders auf diesen Punkt aufmerksam und schrie: „Dieser „Böhme will nicht nur die Priester, selbst die Könige will er stürzen." Der verächtliche Sigmund war ein ganz richtiger Repräsentant des heiligen deutschen Reichs; als er dem Huß das Ehrenwort gebrochen und ihn zum Tode gehen ließ, schämte er sich und ward roth im Gesicht, ohne jedoch die Kraft zu haben das Schändliche zu hindern. Im Kerker war Huß übrigens so behandelt worden, daß er Blutspeien bekommen. —Vergleicht man damit die schmeichelnde Manier in der Luther reformirte, immer mit Adligen und Fürsten schmausend, trinkend und singend, in materieller Gehäbigkeit, wahrlich: man möchte ihn keineswegs für den Schwan halten, der nach des großen Böhmen Prophetenworten kommen sollte.

Anmerkung des Uebersetzers.

„weder mit Schwert noch Feuer bändigen, sie verlassen Weib, Kind, Haus, „Hof und alle Habe.“ Luther hielt sie steif und fest für Teufelsbesessene durch die der Fürst der Hölle die Menschenkinder heimsuche, und Gott schaue gemächlich zu, um durch diese Prüfung die Kraft der zur Seligkeit von ihm Erkorenen zu stärken und zu verherrlichen; etwa die Hälfte des Menschengeschlechts war nach Luthers und Calvins wahnwitzigem Glauben von Gott, im Mutterleibe schon, zur ewigen Verdammniß bezeichnet. (Was damals Ausschluß von den Himmelsfreuden, ist heute Ausschluß von den Erdenfreuden; der Glauben ist weg oder nur noch ein Schein, aber der Wahnwitz ist geblieben.)

Die Bauern von Schwaben und Franken proklamirten die von dem höchst wackern Doctor W. Hipler entworfenen Artikel, worin ihr Joch zertrümmert, und einem Kaiser die Schirmung des Landes anvertraut ward, doch ohne den hohen Herrenstand auszurotten. Gleichheit der Münze und des Maaßes, Reform der Gerechtigkeitspflege, Senkung der Zölle, Beförderung des freien Verkehrs, Feststellung der Zinsen, Abschaffung der Bauernlasten und Entschädigung der Herren aus einzuziehenden geistlichen Gütern, Reform der Kirche, Vertretung des Bauernstandes auf dem Reichstage: — diese weise Konstitution erschien zu Heilbronn 1525, nachdem eine in zwölf Sätzen bestehende Forderung die noch weit bescheidener war, schnöde von einem Schiedsgericht abgewiesen worden. In diesem Schiedsgericht saßen Luther und sein Schatten Melanchthon, der ängstliche gutmüthige Kürfürst von Sachsen den Luther am Bande führte, und der tückische und zugleich geistbeschränkte, päpstlichgesinnte Bruder des Kaisers. Wahrlich die Bauernsache lag in ehrenwerthen Händen! —

Die Oberdeutschen steckten etliche hundert Zwingburgen in Brand, nahmen Weinsberg, wobei einige sechzig Edelleute, an deren Spitze der Graf von Helfenstein, unter Flötenspiel in die Spieße gejagt wurden; die Gräfin, eine Kaiserstochter, ward auf einen Mistwagen gesetzt, nachdem man ihr Magdkleider angezogen. Aber Uneinigkeit und Liederlichkeit verdarb Alles, und es gereicht nicht zur Ehre der deutschen Bauern, keine Militärzucht angenommen zu haben als sie um die höchsten Güter kämpften, und nachdem die böhmischen Bauern im Hussitenkriege die tapfersten und disciplinirtesten aller Kämpfer geworden! Ob der Mangel eines genügenden Feldherrn, oder sonst etwas Schuld war, weiß ich nicht; genug der Deutsche bestand auch in dieser seiner sogenannten größten Zeit, erbärmlich schlecht. Die Bauernhaufen im Oberlande wurden von den geübten Truppen der Adligen, Reichsstädter und Pfaffen aufgerieben; der edle Ritter Florian Geyer, der sich ihnen angeschlossen, ward mit seiner Schaar vernichtet; der elende Ritter Götz von Berlichingen, den sie thöricht genug zwangen unter ihnen zu bleiben und sie zu kommandiren, wollte nichts thun, und sie wollten nicht gehorchen.

Die Bauernhaufen im Unterlande, unter Kommando des Thomas Münzer, der im thüringischen Mühlhausen ein strenges tugendhaftes Gemeinschaftsregiment organisirt hatte, wurden bei Frankenhausen von den verbündeten Heeren zermalmt; Münzers schwangere Gattin öffentlich, im Beisein der Fürsten, von Landsknechten geschändet, Münzer mehre Tage lang auf die Folter gespannt, danach mit Bibelstellen gequält, und zuletzt enthauptet: aber er starb als Held. Luther lachte beim Becher Bier, als er den schmächlichen Tod des gefürchteten Doctors erfuhr, dem er einst

Freund gewesen und eine tiefere Gelehrsamkeit als er selbst besaß, zugestehen mußte.

Die Bauern waren geschlagen im Jahre 1525, und die wilde Jagd der Edelleute begann aufs Neue.

Da blitzt plötzlich ein neues Unwetter 1533 los; die Sekte der Wiedertäufer des Nikolas Storch war in ungeheurer Schnelle bis Holland gedrungen, und kam von dort über Emden mit frischer Kraft nach Deutschland zurück, wo sie einige ausnehmend tüchtige Gelehrte gewannen. In der festen Stadt des Fürstbischofs von Münster setzten sie sich fest, vertrieben die andersgläubige reiche höhere Bürgerschaft, und etrichteten ein gut geordnetes, sechzehn Monate währendes Handwerker-Gemeindewesen, mit gemeinsamer Arbeit und gemeinsamer Tafel; Kinder und besonders Frauen hatten religiöse Krämpfe und heulten, holländische und nebenbei auch deutsche Apostel predigten Tag und Nacht, und hatten himmlische Gesichte; viertausend Weiber liefen aus der Umgegend ihren Ehemännern weg und in die Stadt des tausendjährigen Reiches, wo bei ihrer großen Ueberzahl bald gesetzlich festgesetzt ward, wie die Patriarchen der Hebräer im Alten Testament jeder mehrere Weiber gehabt, so dürfe es auch jetzt gehalten sein. Dies ward die berüchtigte Vielweiberei der gütergemeinschaftlichen Wiedertäufer von Münster. Mit ungeheurer Tapferkeit vertheidigten die Männer und namentlich die Weiber die Stadt gegen das Belagerungsheer des Bischofs, und erduldeten nebenher die tolle Tyrannei ihrer Propheten, vorzüglich des deutschen Tuchmachers Knipperdolling und ihres „heiligen „Königs" der ein geistreicher Schneider und Schauspieldichter aus Leyden war, Namens Johann Bokelson. Dieser heilige König lebte herrlich und in Freuden, während die Gemeinschaftler die ärgste Noth litten. Er ward von den Siegern nach der Uebergabe der Stadt unter Martern hingerichtet und im eisernen Käfig am Glockenthurm aufgehängt. In Holland war ohnedem schon der Anschlag der Wiedertäufer, die Stadt Amsterdam zu überrumpeln, durch einen kleinen Zufall gescheitert; wäre er gelungen, die Folgen wären unberechenbar gewesen. — So schloß das phantastischeste und erschütterndste Trauerspiel, das bisher die Menschheitsgeschichte kennt

Ich kann nicht umhin, meine zu ehrenden Herren Zuhörer, zu Ihnen die Worte der Verfasser der „Bibliothek des Staats„mannes" zu sprechen: „Wahrlich, viele und tiefe Gedanken „entstehen wenn man alle diese Greuel des Fanatismus, diese „Mißbräuche der Religion betrachtet; man muß fast unwillkühr„lich der Nothwendigkeit des öffentlichen und allgemeinen Un„terrichts sich erinnern, und der dem Volke auferlegten Abgaben „und Drangsale, und des Hochmuths der Reichen und des „Elends der Armen."

Ich habe diese Dinge nur kurz zu berühren gehabt, ich billige nicht, ich tadle nicht; ich wollte nachweisen wo und wie das Gemeinschaftsprinzip emporgelodert ist. Die Reichen bekämpften den Neuerer, und das ist natürlich; sie waren stärker, besser geordnet, und deshalb Sieger; das ist auch natürlich; aber der fürchterliche Krieg beweist den Grimm des Volkes gegen die Ungleichheit, und der Sieg — beweist keineswegs die Gerechtigkeit der Sache.

Ueberall verfolgt, bildeten die Wiedertäufer sich in „mährische „Brüder" um, entsagten der Gewaltthätigkeit und stifteten große Gemeinschaften von tausend bis dreitausend Arbeitern.

In England gründet ein Handwerker, Namens Foy, die auf Brüderlichkeit, wenn gleich nicht Gütergemeinschaft beruhende Sekte der Quäker. In England erhoben sich bald auch die eisernen Reitergeschwader der Puritaner und Gleichmacher (Levellers), welche, Bibel und Schwert in Händen, Thron und Adel umstürzten.

In Frankreich schrieb der französische Kalvinist Etienne de la Boetie (in seiner Abhandlung „von der freiwilligen Knechtschaft") in jenem blutschwangern sechzehnten Jahrhundert, wo überall nur Fanatismus und Glaubensspitzeleien wucherten, folgendes unvergängliche Wort:

„Wenn etwas klar ist in der Natur, so daß man nicht darüber die Augen „zudrücken darf: so ist es dieses: daß Natur, Gottes Dienerin und der „Menschen Regiererin, uns alle von der nämlichen Gestalt und wie's „scheint, in der nämlichen Form gebildet hat, damit wir einander alle „als Gefährten, oder vielmehr als Brüder anerkennen. Und wenn sie „beim Vertheilen der Geschenke den Einen reicher an Leib oder Geist „bedacht hat als den Andern, so wollte sie uns gleichwohl nicht in diese „Welt wie in ein abgesperrtes Feld setzen, und die Stärksten und Klügsten „nicht wie bewaffnete Räuber in den Wald, um die Schwächern zu kränken! Nein, man muß vielmehr glauben, Natur hat, indem sie solcherweise den Einen großen, den Andern kleinen Antheil gab, der brüderlichen „Liebe Raum lassen wollen... Unzweifelhaft sind wir alle frei, „denn wir alle sind ja Gefährten, und Natur hat Niemanden in Knechtschaft gesetzt, denn sie hat uns alle in „Gesellschaft gebracht."

Nicht zu übersehen ist ferner Bodin, der in seinem die absolute Königsmacht preisenden Buche gleichwohl zugibt, Reichthum und Armuth seien die beiden Quellen aller Aufstände; nicht zu vergessen ist Lanquet der 1581 Volkssouveränität verkündet, und die Gesellschaftsmacht nur zum Schutze der Armen wider die Reichen anerkennt. Diese Männer schreiben in Frankreich, während der Kanzler Englands, der wegen seiner Urtheilsschärfe hochgefeierte Sir Francis Bacon in der „Neuen „Atlantis" verlangt, jeder Mensch solle Sicherheit seines Unterhalts finden, da das Elend die Mutter aller Unruhen sei, und deshalb möge ein Gelehrtenverein zusammentreten und sofort die nöthigen Kenntnisse und Maaßregeln in Anwendung setzen.

Der holländische Schriftsteller Hugo de Groot, der gelehrteste Mann seiner Zeit genannt, er der zuerst das s. g. göttliche Recht vom s. g. menschlichen Rechte unterscheidet, schreibt (in seinem Buche über Krieg und Frieden) Gott habe die Gütergemeinschaft eingesetzt, und ohne die Einmischung der Laster bestände sie noch, das Privateigenthum sei entsprungen aus der gleichen Theilung, aber im äußersten Nothfalle müßten die Güter wieder als gemeinsam angesehen werden. Und dies Buch widmet er dem französischen Könige Louis XIII, der ihm eine Pension, als einem Flüchtlinge, zahlt.

Bald hernach tritt der Britte Hobbes für das Königthum gegen die englischen Republikaner auf, und preist die absolute Monarchie in seinem Buche „vom Bürger" und im „Leviathan;" er behauptet, der Mensch sei böse von Grund aus. Aber ebenso sehr gibt er zu, daß Alle gleich von Naturwegen sind, daß Alle das Recht zu Allem haben, und daß die Ungleichheit nichts als die Wirkung der Schlechtigkeit und der Gesellschaft ist. „Wer hat," ruft er, „jedem Einzelnen Rang und Besitz verliehen? wodurch „die Einen in Schwelgerei, die Andern in Dürftigkeit? wodurch „Herren, Knechte, Sklaven? Durch die Schlechtigkeit."

Gegen seine Doctrin von der unbeschränkten Königsgewalt schreibt Harrington die „Republik Oceana;" er hofft der Protector Cromwell werde sie unmittelbar verwirklichen; in diesem Buche verlangt er Aufhebung der Erbaristokratie und Vermögensungleichheit, als welche die Ursache aller Revolutionen sei; verlangt Volkssouveränität, allgemeines Stimmrecht, einen Senat von dreihundert, eine Deputirtenkammer von tausend, eine Vollziehungsbehörde von sieben, alle wählbar und absetzbar; verlangt sogar allgemeine Erziehung und Einschränkung des Privatgrundbesitzes auf ein, nicht über eine gewisse sehr kleine Summe (acht Pfund Sterling) abwerfendes Stück Land. Bemerken Sie daß dieser Anwalt der Gleichheit ein Adliger ist, mit König Karl I Stuart in näherer Berührung (den er zum Schaffot begleitet); ein Mann der unter Karl II als Märtyrer seines Freiheitsglaubens zu sterben weiß; gleich dem Sohne des Grafen Leicester, dem hochherzigen Sidney, der die Republik vertheidigt mit dem Schwerte und der Feder, und 1683 als Märtyrer fällt. Bewundern muß man auch jenen unsterblichen Dichter Milton, der, vom Parlament beauftragt, der „Vertheidigung Karls I" von Saumaise 1651, eine „Vertheidigung des „englischen Volkes" entgegen schreibt, in der der kühne Mann sagt: „Nicht Väter, nein Söhne ihres Volkes sind die Könige; „Volk umfaßt alle Bürger; hat das Volk Gebrechen, so „sind sie nur Folgen des Despotismus, des Luxus und des „Elends."

Und als die Aerzte dem Dichter und Staatsmann von seiner baldigen Erblindung sprechen, fährt er gleichwohl zu schreiben fort und schreibt sich blind, und als der Thron der Stuarts wieder aufgebaut wird, trotzt er und publicirt seinen „Plan der Re-„publik."

Es unterliegt keinem Zweifel daß diese und ähnliche Versuche zum großen Theil durch ein merkwürdiges Buch veranlaßt wurden, welches in England kurz vor Luthers Auftreten erschien; ein Buch welches nicht weniger als funfzehn lateinische, neun englische, drei französische und eine italienische Ausgabe erlebt hat. Ich meine die „Utopia" des Thomas Morus, worin er, wie Plato, das Privateigenthum als den Born, aus dem alles Unheil quillt, bezeichnet.

„Anderswo sieht man reiche glückliche Edelleute," sagt er, „und neben „ihnen arme Arbeitsleute die unendlich viel elender sind als Zugvieh und „Lastvieh... Die Reichen legen plündernde Hand an die Armen, aber „dabei decken sie sich schlau mit einem Rechtsvorwand... Blicke ich auf „alle die zahlreichen Staaten, die zum Gemeinwohl eingerichtet sind, wie „man sagt, und die für blühend gelten, so finde ich nur eine Art Ver-„schwörung der Reichen unter sich, mit dem Zwecke Alles aufzuhäufen, „unter dem schönen Namen des öffentlichen Wohles Alles in ihre Taschen „zu ziehen, dies unrechtlich Gewonnene zu bewahren und den Armen „auszupressen.... Natürlich, da die Reichen das Gesetz machen, bekommt „Alles was sie thun, also auch die Räuberei, gesetzliches Ansehen; sie „behaupten zudem, das Gesetz werde von ihnen im Interesse der Gesammt-„heit gemacht. Dennoch sind diese boshaften Reichen, die Alles an sich „raffen, weniger glücklich als die Bewohner von Utopia, welche das Geld „abgeschafft haben und damit alle Sorgen Lasten und Verbrechen. Jesus „Christus wußte doch wohl am Besten was den Menschen nützlich, und er „hat die Gemeinschaft der Güter empfohlen; er hätte die ganze Erde in „solch Utopia verwandelt, wenn ihm nicht der Hochmuth der Reichen frech „und hindernd in den Weg getreten wäre. Selbstsüchtelei wird vermuth-„lich auch künftig das Glück hintertreiben, das Gemeinschaft bereiten „könnte. Ich wünsche der Welt sehnlich daß es ihr gelingen möge; indessen, „ich gestehe, ich hege keine glänzende Hoffnung." —

Gewiß, meine Herren, das Buch ist nicht untadelhaft, es enthält manche Irrthümer die seiner Zeit für Wahrheiten passirten, auch Manches was er nicht nöthig hatte zu schreiben. Aber ganz über alles Naserümpfen und Kopfschütteln erhaben ist der Grundgedanke der durch das Ganze geht. Morus zuerst ist mit Umsicht an die Gütergemeinschaft in einer größern Nation gegangen.

Und dieser Morus ist kein „Revolutionär," kein „Atheist," kein „Anarchist," kein „Proletarier" und wie die übrigen Verdachtsbezeichnungen heutigen Tages lauten mögen; er ist Großkanzler von England, Minister des tyrannischesten, launischesten, abgeschmacktesten, grausamsten Königs, den England vielleicht je gehabt, jenes wohlbekannten Heinrich VIII. Er ist ein gelehrter, tiefgebildeter, edler Mensch, der durch eignes Verdienst Deputirter, Gesandter, Präsident der Deputirtenkammer, Mitglied des geheimen königlichen Rathes geworden. Von sechsunddreißig Jahren, auf seinem Gesandschaftsposten, publicirt er die „Utopia," nachdem er sich durch andere Schriften schon einen guten Ruf erworben hat. Utopie wird seitdem als Name für unausführbare Verbesserungspläne gebraucht, die Aristokraten hörten nicht auf dem Volke zu wiederholen: der Entwurf des Morus wie des Plato sei zwar recht vergnüglich zu lesen, aber leider nicht zu vermöglichen.

Der König ließ den Menschenfreund — und dies ist kein leeres Wort wenn wir Morus damit schmücken — tödten, weil er in eine abermalige königliche Heirath (Heinrich nahm ein halb Dutzend Frauen, eine nach der andern) nicht aus Religionsgründen willigen gewollt. Heinrich hatte nach seiner Manier den Protestantismus eingeführt, d. h. die Kirchengüter eingesteckt, sich als Papst von England ausgerufen und mit dem Papst von Rom gebrochen; Morus sah in diesem Staatsstreich kein überschwängliches Heil für das Volk und blieb Anhänger der römischen Kirche. Das verzieh der brutale König nicht, und er ließ durch eine Kommission den Kanzler richten und zu einem greuelhaften Tode verurtheilen; man solle ihn hängen, halb lebend noch die Glieder abhacken, dann den Bauch aufreißen, die Eingeweide verbrennen, den Körper viertheilen und an die vier Thore Londons nageln, und den Kopf auf einer Lanze auf der Brücke ausstellen. Trotz diesem leistete er den vom Könige geforderten Huldigungseid doch nicht. Da mochte diesmal Heinrich den Skandal scheuen und erließ ihm die Martern, aber nicht das Geköpftwerden im Innern des Thurmes von London. Der Gerechte starb heiter, wie er gelebt; „beschädigt mir meinen langen Bart nicht," sagte er zu dem Henker lächelnd.

Auf ihn folgt der Italiener Campanella, ein kühner geistvoller Mönch der „die Sonnenstadt" schreibt, worin er die Gemeinschaft mit treffenden Sätzen in Gesprächsform erläutert, auch eine weite Verschwörung spinnt er an und will mit Waffenmacht durchdringen. Der spanische Statthalter nimmt ihn gefangen und übergibt ihn der Inquisition, die ihn mehrere Wochen lang martern und siebenundzwanzig Jahre im Kerker sitzen läßt. Aber dieser unzerstörbare Mensch entkommt endlich nach Frankreich und lebt dort geehrt bis in das Greisenalter.

Wir betreten wieder Frankreich und begegnen dem ehrwürdigen Antlitz des, dem absoluten Könige Louis XIV im „Telemach“ opponirenden Bischof Fenelon. Und Abbé Fleury sagt, nachdem er die von Jesus und den Jüngern geübte Gemeinschaft berichtet, folgendes:

„Das ist also ein thatsächliches, in die Augen springendes Beispiel von „jener Gütergleichheit und Lebensgemeinschaftlichkeit, die bei Gesetzgebern „und Philosophen des Alterthums für das geeignetste Mittel das Menschen„glück zu befördern, gegolten hatte. Umsonst. Man sah wohl ein, um „eine vollkommene Gesellschaft zu bilden, müsse man Dein und Mein „verachten, alle Sonderintereſſen zerstören; aber erst die Gnade Jesu „Christi vermochte die Herzen bis zu dem Grade zu heben. Und so war „denn die Quelle dieser Gemeinschaftlichkeit zwischen den Christusbeken„nern Jerusalems: die Bruderliebe oder das Bewußtsein, zu einer einzigen „großen Familie, deren Vater Gott der Herr, zu gehören, welche alle „ihre Mitglieder zu gleicher Theilnahme an den Gütern heranzieht.“

Vergessen wir selbst nicht den Jesuitenorden, der in dem von neunundzwanzig heidnischen kulturlosen Stämmen bewohnten südamerikanischen Paraguay eine christlich-katholische Gütergemeinschaft von hunderteinundzwanzigtausend Einwohnern in zweiundzwanzigtausendsiebenhunderteinundsechzig Familien und zweiunddreißig Flecken, bis zu einem gewissen Grade wenigstens, aufrichtet; während im nordamerikanischen Pensylvanien die englischen Quäker und Wiedertäufer mit deutschen Sektirern, den Dümplern, sich verbinden, welche eine gütergemeinschaftliche Stadt Euphrata bauen. —

Locke, der weltberühmte Locke, auf den England so stolz ist, proklamirt unter Karl II die Volkssouveränität und ursprüngliche Gemeinschaft der Güter; in seinem Buche über die Regierung spricht er:

„Wer mehr als er bedarf, besitzt, übertritt die Grenze der Vernunft und „ursprünglichen Gerechtigkeit, er nimmt was Andern gebührte. Aller „Ueberfluß ist eine Anmaßung, eine Beschlagnahme; der Anblick des „Darbenden sollte das Gewissen des Reichen rühren. O ihr verkehrten „Schwelger und Prasser, zittert! denn einst dürfte der Nothleidende die

„Menschenrechte kennen gelernt haben." — „Betrug und Habsucht haben „die Vermögensungleichheit, dieses Unglück der Menschheit, erzeugt, und „gewiß sollte der Philosoph den Gebrauch des Geldes als eine der schädlichsten Erfindungen menschlicher Betriebsamkeit bezeichnen. — Aufruhr „ist stets durch die Regierungen verschuldet; sobald ein Herrscher tyrannisch wird, empört er sich gegen das Volk, dankt schon eben dadurch ab, „entthront sich selbst... Ein aufgestandenes Volk ist ein Herrscher, der sich „gegen die Unterdrückungen wehrt, die er von seinen Verwaltern zu dulden „hatte."

Und so ruft denn auch Condorcet nicht mit Unrecht:

„Viele Schriftsteller, Grootius, Hobbes u. s. w., zogen ein königliches „Jahrgehalt dem Völkerwohle vor, und überlieferten die Völker den „Machthabern; deshalb verdient Locke die Bewunderung und Erkenntlichkeit der Völker, denn er hat sie mit der Waffe der Vernunft und der „Sittlichkeit gegen ihre Könige zu vertheidigen gewußt."

Der englische Bischof Cumberland (in seiner philosophischen Abhandlung „über die Naturgesetze") gründet am Ende des siebzehnten Jahrhunderts:

„Alle Moral lediglich auf die göttliche Vorschrift des allgemeinen „Wohlwollens oder Bruderthums, der Gleichheit und Gütergemeinschaft „Aller," sagt auch: „Gott hat die Erde für Alle gemeinsam erschaffen, „Alle haben folglich Recht zur Theilung, die auch wirklich stattgefunden „um Jedem Eigenthum für alle Zeiten zu sichern; daher sollte es keine „Armuth geben; indessen muß man des Friedens halber den gegenwärtigen „Besitzstand schonen; aber der Reiche muß das Ueberschüssige an die „Armen abliefern."

Auch Samuel v. Puffendorf, der sächsische Edelmann und Universitätsprofessor des Naturrechts, der Geheime Staatsrath von Schweden und Preußen, publicirt in dem nämlichen Jahre in seinem „Natur- und Völkerrecht" eine Widerlegung der Doctrinen des Hugo de Groot und Hobbes; er anerkennt eine ursprüngliche Naturgleichheit, Brüderlichkeit, Gütergemeinschaft, die allerdings durch Theilung in Privatbesitzthum sich verwandelt habe, und schließt dahin daß die gegenwärtige Ungleichheit ein rechtswidriger Zustand sei, der in den Uebergriffen der Reichen wie in der Feigheit der Armen seine Quelle habe. Aehnlich sprechen sich in Holland Barbeyrac, auch mit englischer Königspension versehen, der berühmte Wolff in Deutschland, Borlamaqui in Genf, Vatel in Frankreich betreffs des Naturrechts aus. Und in Frankreich sagt der Bischof Bossuet, der Lehrer des Thronfolgers, in seiner „Politik“ die er zum speziellen Unterricht seines prinzlichen Zöglings schrieb: „Ohne Regierungen wäre der Boden und alle Güter darauf „gerade so gemeinsam wie Licht und Luft; nach dem Naturrecht „hat Niemand Ansprüche auf besondre Antheile, und Allen „gehört Alles; aber durch die Regierung ist das bürgerliche „Recht entstanden, das Privateigenthum.“

Nicht aber muß man glauben, meine Herren, dies wären die einzigen Schriftsteller, die für unser Prinzip sich ausgesprochen. Ihnen folgten andre, als Romanschreiber: z. B. die „Republik „der Sevaramber“ (Brüssel im Jahre 1677); der „Goldene „Spiegel“ (von Wieland); die „Republik der Philosophen“ oder „die Ajanzir,“ angeblich von Fontenelle; die „Republik Cessars“ (London 1764). Endlich „die Basiliade“ von Morelly. Von diesen ist das erstgenannte Werkchen deutsch, französisch, englisch und italienisch gedruckt und lebhaft kritisirt worden; berühmte Gelehrte nahmen für, andere wider die Gemeinschaft das Wort; in Deutschland ward es von einem gewichtigen Beurtheiler angegriffen, und von dem vielgeschätzten Universitätslehrer Thomasius öffentlich vertheidigt. Die „Bibliothek des Staatsman„nes„ sagt:

„Alle jene mannigfachen politischen Abhandlungen in Form des Ro„mans sind mit Unrecht als Phantasiebücher verworfen worden, ohne daß „genügende Kritik sich an sie gemacht. Man titulirt sie ehrliche „Träume, und vergißt, daß das in sich zerstückelte System eines unserer „wohlbestallten Denker oft tief unter jenen Träumen eines ehrlichen Man„nes steht. Immerhin, seien sie verwirklichbar oder nicht; sie enthalten „immer Dinge, die der ernste Gesetzgeber beachten sollte.“

Ein Wort noch über den oft genannten englischen Philosophen David Hume: er schrieb die „Vollkommene Republik“ und wies die Ansicht, eine Republik sei in einem großen Staate, z. B. England oder Frankreich unanwendbar, als irrthümlich ab; er schlägt für sein Vaterland sofort eine auf die Volkssouveränität basirte Republik vor, mit Eintheilung in hundert Provinzen oder hundert kleine Republiken, jede aus hundert Kirchsprengeln bestehend, mit ganz oder beinahe allgemeinem Stimmrecht, jährlicher Wahl aller Behörden und zehntausend Nationalvertreter, die das Volk unmittelbar wählen solle. —

Vergessen wir auch nicht, daß Theaterstücke von Voltaire, Corneille, Crebillon nicht wenig zur Ausbreitung republikanischer Grundsätze beigetragen haben dürften.

Hier, meine Herren, wende ich die Rede auf das achtzehnte Jahrhundert, und beginne bei dem Baron **Montesquieu**, dem hochverehrten Verfasser des Buches „Geist der Gesetze."

Erwarten Sie nicht von mir eine Kritik seiner Schrift, die von vielen noch heute ein Meisterstück genannt wird; lesen Sie mit mir nur folgende Stellen:

„Die Gleichheit von Naturwegen und die Naturgesetze sind früher als „die Gesellschaft und deren positive Gesetze.... Alle Staatsbürger müssen „das Recht haben, zur Wahl ihrer Vertreter mitzustimmen, ausgenommen „die welche so tief stehen, daß sie so zu sagen keinen eigenen Willen besitzen...* „Kreta, Sparta, Pensylvanien, Paraguay sind Beispiele was Erziehung „vermag... Als die Jesuiten in Paraguay die Gemeinschaft der Güter „aufrichteten, machte man ihnen aus ihrer Herrschsucht einen Vorwurf; „aber es ist immer gut, die Menschen zu **beglücken**, sei es selbst indem „man sie beherrscht..."

Der Baron und Präsident des Parlaments äußert sich ferner sehr bescheiden über unser Prinzip, wenn er sagt:

„Die Gemeinschaft der platonischen Republik bringt mit sich Achtung „vor der Gottheit; Abschließung der Ausländer um die Sitten rein zu „erhalten; Handel von Staatswegen; Künste ohne Luxus; Bedürfnisse „und deren Befriedigung ohne schlimme Begier; Abschaffung des Geldes „welches den Besitz des Einen über den Besitz des Andern in die Höhe „treibt, und gegenseitig zur Verderbniß gereicht. Solche Institutionen „können einer Republik zusagen, in einem kleinen Staate wo man Allen „dieselbe gleiche Erziehung geben, wie eine einzige zahlreiche Familie „behandeln, den Umtausch schnell und ohne Geld machen kann."

„Da nun aber die Menschen ihrer uranfänglichen Unabhängigkeit entsagt „haben, um in Gesellschaft zu leben, so haben sie auch das Eigenthum der „Privatperson an Stelle des Gemeinbesitzes eingeführt. Liebe zur Demo- „kratie ist Liebe zur Gleichheit und für Mäßigkeit; Jeder muß in ihr die „nämlichen Vortheile und Freuden genießen, die dem Nebenmenschen zu „Theil werden."

„Die Gesetzvorschläge neuer Bodenvertheilungen sind einst in der römi- „schen Republik mit ungeheurer Kraft begehrt worden; sie waren nützlich „ihrem Wesen nach und nur wenn man sie übereilend, hastig ins Werk setzt, „schaden sie...."**

* Offenbar die besitzlosen. Uebrigens ist jene Behauptung von einem uranfänglichen Gemeinschaftszustande nicht wörtlich zu nehmen,

Anmerkung des Uebersetzers.

** Montesquieu ist durch das Buch in welchem er das englische Parlamentssystem, nebst Preßfreiheit und Geschwornen als die Blüte aller Staatsweisheit anpries, der Vater des modernen konstitutionellen Königthums geworden. Er war ein geistreicher, ernster Beobachter, aber nicht scharfsichtig genug um die Mängel des Systems der „drei Gewalten" zu durchschauen. König, Ober- und Unterhaus erschienen ihm als die heilige Dreieinigkeit des Staatswesens; daß diese drei Mächte, statt sich immer

Wir wandeln weiter ins achtzehnte Jahrhundert hinein, und wir begegnen Jean Jaques Rousseau, dem Verfasser des unsterblichen Buches über den „Gesellschaftsvertrag," für welches jedes der folgenden Jahrhunderte noch einen Gruß freudiger Bewunderung haben wird. Ihnen ist es längst seinem Wesen nach bekannt, erlauben Sie mir hier nur einige treffende Hauptstellen herauszuheben. Er sagt z. B.:

„Die Menschen sind gleich an Rechten... Die Natur hat die Güter „sämmtlich gemeinsam gemacht... Jeder durfte das ihm nothwendige Land„stück nehmen nnd bebauen, was er jedoch darüber hinaus nahm, war schon „Eingriff in die Rechte der Mitbrüder... Die Gesellschaft bleibt die allei„nige Eigenthümerin aller Güter... Vollkommener als die Naturgleich„heit ist die gesellige; denn in Gesellschaft müssen die Menschen, obzwar „an Kräften und Genie ungleich, sich durch allseitige Uebereinkunft aus„gleichen.... Diese gesellschaftliche Gleichheit wird unter schlechten Regie„rungen nur zum Schein, und hilft den Armen im Elend und den Reichen „im angemaßten Uebergewicht erhalten.... Der Gesellschaftszustand ist „nur dann etwas nützliches wenn Jeder Etwas und Niemand zu viel hat... „Es gilt eine Gesellschaftsform zu finden, in der durch die „volle Gesammtmacht die Einzelperson nebst ihren „Einzelgütern beschützt wird; eine Form in der Jeder sich „an Alle anschließt und dennoch nur sich selber gehorcht „und frei bleibt wie zuvor (1, 6.). — Wollt ihr einem Staate „Dauer geben, so nähert die äußersten Stufen möglichst; erlaubt nicht daß „die Begüterten und die Unbegüterten, diese zwei ihrem Wesen nach „untrennbaren Stände, der Gesellschaft schädlich werden; aus dem einen „entstehen die Tyrannen, und aus dem andern die Stützen der Tyranneien."

Und in der „politischen Oekonomie" sagt er:

„Wollen wir das Volk tugendhaft? Wohlan, so machen wir zuerst ihm „sein Vaterland lieb. Dazu gehört vor Allem daß es ihm mehr sei als „dem Fremden; daß es den Armen schirme gegen die Tyrannei des Reichen. „Das ärgste Uebel ist bereits da wo es Arme zu vertheidigen, Reiche zu „bändigen gibt... Folglich ist eine der wichtigsten Aufgaben der Regierung „die, der ungeheuren Vermögensungleichheit vorzubeugen. Dies geschieht „keineswegs indem man den Besitzern ihre Schätze entreißt, wohl aber die „Mittel nimmt Schätze aufzuspeichern; keineswegs dadurch daß man „Armenhäuser baut, sondern die Bürger vor Verarmung schützt.... Steuern „dürfen nur auf das Ueberflüssige gelegt werden, und zwar nicht etwa „bloß verhältnißmäßige, nein, auch Progressivsteuern. Und insonderheit

aufs Beste gegenseitig im Gleichgewicht schwebend zu erhalten, auch einmal sich gegenseitig verwirren und hemmen, wo nicht gar zertrümmern könnten, das zu ahnen war ihm nicht gegeben. Helvetius sah dies ein und rieth ihm das Manuskript lieber ungedruckt zu lassen.

Anmerkung des Uebersetzers.

„muß die Erziehung, eine öffentliche, gleiche, gemeinsame Erziehung, „Menschen und Bürger heranbilden....“

So sprach der kühne, scharfsinnige, seelenvolle Sohn des genfer Uhrmachers. Mit ungewöhnlicher Entrüstung erhoben sich diese Denker gegen die Gewohnheit des Schlechten, des Schlendrians im Geistig-Sittlichen und Materiellen: sie kämpften dawider bis an ihren Tod*.

* Wir können, nicht umhin, die denkwürdigen Worte des beim gewöhnlichen Publikum schwerlich als Revolutionär geltenden Hegel anzuführen: (Geschichte der Philosophie III, 506 u. f.): „Die (ältere) französische „Philosophie hebt den Laienstand auf, den politischen, religiösen und phi„losophischen; sie ist das Geistreiche selbst.... Der seiner selbst bewußte „Geist spricht und hält nicht nach der ehrlichen Weise auf sie (die beste„henden Einrichtungen und Vorstellungen) welche sie wie sie einmal eben „sind, gelten läßt und sie für wahr annimmt, für unabhängig frei außer „dem Selbstbewußtsein verehrt, sondern geistreich... Was in den (ältern) „französischen philosophischen Schriften bewunderswürdig ist, ist diese „erstaunliche Energie und Kraft des Begriffs gegen „die Existenz, gegen den Glauben, gegen alle Macht der „Autorität seit Jahrtausenden. Es ist der Charakter merk„würdig, der Charakter des Gefühls der tiefsten Empörung gegen all „dies Geltende, was dem Selbstbewußtsein ein fremdes Wesen, was ohne „es sein will;... eine Gewißheit der Wahrheit der Vernunft, die es mit „der ganzen entfernten Intellektual-Welt aufnimmt und ihrer Zerstörung „gewiß ist. Sie hat die Vorurtheile alle zerschlagen und „den Sieg davongetragen.... Man muß das Gefühl vor Augen „haben, das diese Schriftsteller zeigen; man erblickt Empörung über „Unsittlichkeit. Das große Menschenrecht der Erkenntniß, Einsicht, Ueber„zeugung haben jene Männer heldenmüthig mit ihrem großen Genie, „Wärme, Feuer, Geist, Muth erkämpft“ (414). — „Durch die (ältern) „französischen Philosophen ist der Gedanke zum Panier „der Völker erhoben worden, die Freiheit der Ueber„zeugung, des Gewissens in mir. Sie haben den Men„schen gesagt: „„in diesem Zeichen wirst du siegen;““ „indem sie vor Augen hatten was im Zeichen des Kreuzes „gethan worden, zum Glauben, zum Recht, zur Religion „geworden war. Denn im Zeichen des Kreuzes hatte „die Lüge, der Betrug gesiegt, unter diesem Siegel sich „die Institutionen zu aller Niederträchtigkeit verknö„chert“ (526). — „Wenn die Religion sich in der Starrheit „ihrer Autorität gegen das Denken behauptet, daß die „Pforten der Hölle sie nicht überwinden werden: so ist „die Pforte der Vernunft stärker als die Pforte der „Hölle.“ (I, 97.)

Anmerkung des Uebersetzers.

Vernehmen wir jetzt die inhaltschweren Worte, die **Helvetius** spricht (in seinem Werke „über den Menschen und dessen Erziehung"):

„Alle gemeinhin wohlorganisirten Menschen werden mit einem beinahe „gleichen Verstande geboren, aber Erziehung, Gesetze und Umstände „machen sie untereinander verschieden."

„Das **richtig** begriffene Einzelinteresse verschmilzt mit dem Gemein„interesse oder öffentlichen Interesse."

„Laster und Tugend ist nur dasjenige, was mit dem öffentlichen Interesse „in Widerspruch oder Einklang steht.

„Welches ist das Heilmittel gegen Diebstahl? Ich weiß nur eines: die „Anzahl der Eigenthümer vermehren, eine neue Bodenvertheilung veran„stalten; aber diese ist immer schwierig. Wenn in einer Nation Reiche, „Dürftige, Eigenthümer, Handelsleute, u. s. w. sind, dann können diese „verschiedenartigen Interessen unmöglich stets dieselben bleiben. Nichts „läuft mehr gegen das Nationalinteresse, als eine zu große Menge Prole„tarier, denn diese sind immer auf Gnad' und Ungnade in der Hand der „Handelstreibenden und der Aristokraten."

„Solchem Unheil zu wehren, müßte man allmälig die Gesetze und die „Verwaltung ändern, und namentlich **das Geld** unterdrücken, welches „der Ungleichheit des Vermögens Vorschub leistet. Aber, höre ich fragen, „kann man ohne Geld gewisse Bequemlichkeiten des Lebens noch genießen? „O ihr Reichen und Mächtigen der Erde, die ihr diese Frage aufwerft, „wißt ihr nicht daß in den Ländern des Geldes und des Luxus das Volk am „elendesten ist? Und wenn ihr eure Launen befriedigt, meint ihr, ihr „seid die Nation? Bedenkt, daß **ihr** nicht ohne Mitbrüder seid. Ihr „Menschen ohne Menschlichkeit, die ihr euch allein liebt, vergeßt nicht daß „Sparta ohne Luxus und ohne Geld glücklich war... Die Liebe zum „Reichthum flößt allen Klassen und somit auch der herrschenden Klasse die „Lust zum Stehlen und Erpressen ein. Ein Brückenbau, eine Schiffs„rüstung, eine Kriegsunternehmung, die Bewilligung einer Handelskom„pagnie, all dieses gibt Vorwände zum Plündern... Warum wimmeln „die Staaten fast nur von Güterlosen? Das fast allgemeine Unglück der „Menschen entspringt aus ihren unvollkommenen Gesetzen und der gar zu „ungleichen Vertheilung der Reichthümer. Es gibt nur zwei Klassen: „Reiche, die im Ueberfluß, aber auch in Langweile, und Arme, die in „übermäßiger Arbeit leben... Lasset uns die überflüssigen Schätze auf das „Gebührliche zurückführen, dem Armen zum Wohlstande verhelfen, so daß „er nur sieben bis acht Stunden zu arbeiten braucht, lasset uns Allen „Erziehung, Bildung gewähren."

„Aber in welchem Lande Europas in dieser Zeit (im Jahre 1770) die „Sache bewerkstelligen? An solches Ausgleichen der Nationalreichthümer „ist sobald nicht zu denken. Und dennoch läßt bei der täglichen Zerrüttung „der Zustände in den sämmtlichen Staaten sich erkennen, daß die Sache „keineswegs eine platonische Schwärmerei ist" (was würde der Philosoph sagen wenn er 1836 wieder erwacht wäre?) „Ueber kurz, über lang „müssen, wie die Weisen sagen, alle Möglichkeiten zu Wirklichkeiten werden. „Warum also am künftigen Menschheitsglücke verzweifeln? Es wird das „Ergebniß einer bessern Erziehung sein."

Helvetius schlägt vor, Frankreich in dreißig kleine verbündete Freistaaten zu theilen, deren jeder vier Deputirte in einen Oberrath von hundertzwanzig Mitgliedern schickt, und eine auf Sittlichkeit und Hingebung ans Gemeinwohl begründete Nationalerziehung einzurichten.

„Aber, fährt er fort, eine schlechte Regierung kann nicht den Willen „hegen, dem Volke eine Erziehung zu geben; auch keine Wahrheit, keine „Reformen kann sie geben wollen. Der Fürst schuldet gleichwohl seinem „Volke Wahrheit, er muß sie begünstigen, weil sie zum einstigen Wohl der „Menschheit beitragen wird... Die Presse hemmen, heißt die Nation gröblich „beleidigen; ihr das Lesen gewisser Schriften untersagen, heißt sie für eine „Sklavin oder blödsinnig erklären. Dem Publikum ist die Wahrheit immer „nützlich, selbst den Herrschern ist sie es; nur dem Manne, der sie ausspricht „wird sie schaden.... Aber soll Jeder die Wahrheit sagen?"

„Ich antworte mit Sanct Augustinus: „„wenn die Wahrheit ein Aer„„gerniß wird, so geschehe das Aergerniß und die Wahrheit ertöne!"" „Und Sanct Ambrosius sagte: „„du bist kein Vertheidiger der Wahrheit, „„wenn du im Augenblicke schon wo du sie siehst, sie nicht aussprichst sonder „„Furcht und Scham."" Ich füge noch hinzu daß die Wahrheit, selbst „wenn sie eine Zeitlang von der Wolke des Irrthums verhüllt liegt, „dennoch früher oder später durchbricht."

Dieser Helvetius, meine Herren, war ein Edelmann, ein unermeßlich reicher Finanzmann und Generalsteuerpächter; sein erstes Buch „über den Geist" wurde von ganz Europa theils angestaunt, theils angefochten; erregte so tief die Geister, daß die Priester ihn zum Feuertode verdammen wollten. Er zog sich in die Einsamkeit zurück und die Frucht seiner Studien ward ein zweites Werk, was er jedoch erst nach seinem Lebensende zu veröffentlichen befahl; es war so zu sagen ein Testament für das Menschengeschlecht. Es heißt darin:

„Liebe zu der Menschheit und Wahrheit läßt mich dies Buch schreiben, „welches tollkühn in den Augen der Zaghaften erscheinen mag; aber es „gibt im Leben jeder Nation Stunden, wo das Wort klug einerlei „bedeutend ist mit niederträchtig, und eine vernünftige Schrift „so viel heißt als eine knechtische. Mein Vaterland hat endlich das „Joch des Despotismus auf sich genommen, welcher die Eigenschaft besitzt „Denken und Tugend zu vernichten; es wird folglich keine bedeutenden „Schriftsteller mehr erzeugen können. Das erniedrigte Frankreich ist „heute der Verachtung Europas bloßgestellt, keine heilsame Krisis wird „ihm seine Freiheit wiedergeben, es wird zu Grunde gehen durch Sittenverderbniß, aber von Norden her wird das Heil der Welt „kommen. Aber wenn ich der Erste gewesen, der eine gleiche Vertheilung „des Glückes unter alle Bürger als möglich erwiesen, und geometrisch

„diese wichtige Wahrheit bewiesen habe: nun so bin ich glücklich, „und darf mich als den Wohlthäter der Menschen ansehen.“

Richten wir, meine Herren, den Blick nach einer andern großen Gestalt, die das Prinzip der brüderlichen Association auf herrliche Weise ausspricht, und gegen das Prinzip des Jeden auf sich beschränkenden Egoismus rühmlich, wenn auch nicht erfolgreich, in die Bahn tritt: ich rede von Mably, dem strengen geist- und herzvollen Abbé, der eine Zeit lang Geheimsekretär seines Oheims, des Kardinals und Ministers Tencin, stets den Studien in edler, genügsamer, fast knapper Zurückgezogenheit lebte, während er Reichthümer und Ehrenstellen in Menge hätte haben können. Dieser Denker sagt (in seinen „Prinzipien der „Gesetzgebung“):

„Gesetze die zum Erwerben von Schätzen, zum Handel, Luxus, zur „Habgier, Ehrsucht anspornen, zerstören das gegenseitige Wohlwollen, „in welchem das Glück und der Frieden der Gesellschaft ruht... Der „Ueberfluß des Einen wird zum Elend des Andern... Und Gesetze, die „den unermeßlichen Reichthum in den Händen Weniger dulden, sind „Schuld an allen Uebeln deren Gemälde uns die Menschheitsgeschichte „vorhält....“

„Die Geschichte Sparta's bezeugt daß wir das Heil nur in Güterge- „meinschaft suchen dürfen, und daß die Vermögensungleichheit, die Un- „gleichheit der Lebenszustände die erste Ursache aller unsrer Schmerzen „ist...“

„Das Eigenthum trennt uns in zwei Klassen: in Reiche und Arme. „Jene lieben ihr Vermögen und mögen nicht den Staat vertheidigen; diese „können das Vaterland unmöglich lieben, denn es beschenkt sie mit nichts „anderm als mit Elend. Wohl aber liebt und vertheidigt Jeder sein „Vaterland in der Gütergemeinschaft, denn Jeder bekommt durch sie Leben „und Glück. Man wirft ein: Gleichheit des Vermögens und der Ver- hältnisse sei ein nie verwirklichbares Phantasiebild, ein angenehmes Hirn- „gespinst, und weiter nichts. Die Eitelkeit der Aristokraten und der Geiz „der Reichen bieten freilich unübersteigliches Hinderniß.“

Bemerken Sie, meine Herren, Mably hütet sich, zu sagen daß in dem Wesen der Sache selber ein Hinderniß liege. Er fährt fort:

„Leichter wäre es unter den Wilden die Gemeinschaft zu errichten. „Obschon man nicht auf eine allgemeine Bekehrung in Europa rechnen „darf, so ist doch anderseits Alles möglich bei den launischen Wechsel- „sprüngen des Vermögens. Vielleicht sieht man einst in irgend einem „Bezirke diese Gemeinschaft entstehen, zu der man die Hoffnung verloren „hatte. Ja, wenn der Gründer der nordamerikanischen Republik Pensyl-

„vania, jener berühmte englische Quäker William Penn zwanzig Jahren „früher dorthin gewandert wäre, zu einer Zeit wo seine Sekte noch in „den vollen Gluten des Eifers stand, dann hätte er eine viel größere Anzahl „mit sich gezogen und die Gemeinschaft in jenen weiten Lande aufgepflanzt. „Doch was noch nicht geschehen ist, kann noch geschehen. Um dahin zu „gelangen, muß rastlos die Geldlust unterdrückt, ertödtet werden; muß „man den Luxus und diejenigen Künste welche nutzlos sind, bei Seite „thun, muß Agrargesetze geben um den Erbschaften, Mitgiften, „Testamenten, Majoraten, einen Zügel anzulegen, die Anhäufung ver„hindern und die Theilung begünstigen; kurz die Republik darf kein Erb„recht haben, selbst kein Besitzrecht auf Lebensdauer; sie muß alle Bürger „wählbar und wahlfähig erklären, denn sie wären Sklaven hätten sie kein „Wahlrecht; sie muß eine allgemeine, öffentliche und gemeinschaftliche „Erziehung und den Unterricht in Natur- oder Gleichheitsrecht auf„stellen *."

Seine Schrift erschien im Auslande, da Frankreichs Preßzwang ungeheuer war. Sein Ruf ward bald so groß daß er von Genf, Bern, Corsica, Polen, Amerika selbst, bei Veränderungen der Verfassungen um Rath angegangen wurde.

Gegenüber diesen Schriftstellern des Bruderthums und der brüderlichen Association stellte sich eine Reihe Männer, die unter dem Namen „Nationalökonomen" eine Schule mit einer genau ausgearbeiteten Doctrin gründeten. An Talenten und Beobachtungsgabe gebrach es ihnen nicht, wohl aber an Tiefe des Geistes und Edelsinn. Der Arzt Quesnay, bei Hofe wohl angesehen, war ihr Stifter; auf dem Lande erzogen, erschien ihm der Ackerbauer als der einzige Mensch der wirklich schaffe, und er wollte ihn heben, aber wie?

Er verlangte, man solle das Einkommen der großen Grundbe-

* Abbé Mably ist um so bemerkenswerther, als er einige Jahre in hohen Kreisen gelebt, den ganzen bestehenden Gesellschaftsbau kennen gelernt hatte, und wissen mußte daß die Grundmauern desselben nicht spielend hinweggezaubert werden können. Mably war offenbar eben so groß an Herz als an Vernunft; ohne diese innere Rüstung hätte er nicht den Lockungen widerstanden. Er war in Privatsachen milde aber ernst, menschenfreundlich aber stolz; nicht selten trat er aber auch wo es nöthig war scharf und derb auf. — Er und sein Vorgänger Morelly haben schon einfach und sinnreich den alten Einwand geschlagen; „in der Gemeinschaft werde „Trägheit einreißen, da der Stachel des Egoismus fehle." — „Dieser Ehrstachel ist „allerdings ausgebrochen, antworten sie, aber er wird ersetzt durch die edle Triebfeder „der Ehre." — In der That, auf Schlachtfeldern und in unsern sonstigen bürgerlichen Verhältnissen wird oft viel mit den Ehrtriebe gemacht; man hat die Leute vermocht, „für ein bischen Ehre das Beste was sie haben hinzugeben, nämlich das Leben" (wie Falstaf sich ausdrückt). Warum sollte nicht in Werkstätten das Ehrgefühl uns anspornen, der feigen Faulheit zu trotzen wenn sie uns beschleicht, und siegreich sie abzuschlagen? — Daß übrigens zudem noch der innere Thätigkeitstrieb kommt, die Freude am selbstthätigen, glücklichen, unverbitterten Schaffen, und der Genuß für die Mitbrüder und die Geliebten zu arbeiten — das alles dürfen die Gegner freilich nicht begreifen wollen, denn sonst könnten sie ja nicht mehr verleumden.

Anmerkung des Uebersetzers.

sitzer mit Steuern belasten, aber dafür sollten diese nach Belieben den Preis der Bodenprodukte erhöhen, aufspeichern statt zu verkaufen, Getreide ins Ausland führen, kurz völlig frei mit ihrem Eigenthum schalten können. Hieraus würde zwar eine Brodtheurung entstehen, aber diese sei dem Arbeiter ungefährlich, da zugleich die Arbeitslöhne in die Höhe gehen würden.

Das Volk erschrack ob dieser kuriosen Weisheit; man brachte ihm mit „menschenfreundlicher Gesinnung" ein neues System, man pries es ihm als das Heil der Welt : und siehe! die erste Bescheerung war Aufschlagen des Korns! — Dies war die Schule der Physiokraten. — Neben ihr predigte der Handelsintendant Gournay die schrankenlose Konkurrenz. Auf beiden Seiten galt hinfort der grausame und feige Grundsatz: „Jedermann sorge für sich und nur für sich," der Einzelne müsse von allen Banden der Douane und Aufseherei befreit werden; und das genüge um das Menschengeschlecht zu beseligen.

An eine Vereinigung der auf diese Art befreiten Einzelnen dachten die Nationalökonomen nicht. Sie titulirten sich zwar „Menschenfreunde," aber es war nicht viel dahinter zu suchen.

Fassen wir ihre Forderungen kurz, so sind es folgende : sie wollen Privatgrundbesitz mit schrankenlos freier Verfügung darüber, also Ungleichheit des Vermögens und der Macht; zugleich Bruderthum der Völker und der Einzelpersonen, allgemeinen Wohlstand, Sicherheit, Volksbildung, Fortschritte des Ackerbau und der Gewerbe; große Kapitalisten, Ueberfluß, Luxus; Handelsfreiheit und Gewerbfreiheit ohne Patent und Zunft; eine einzige Steuer und zwar auf dem Bodenbesitz; konstitutionelle erbliche Monarchie. —

Diese Glückseligkeitshelden sind ein drolliges Beispiel von Unkonsequenz, richtiger: Unverstand. Ihre Lehrpunkte fressen sich gegenseitig auf, wenn ich mich dieses Ausdrucks bedienen darf. Man kann sich des Lächelns nicht erwehren, liest man in einer der zahllosen Schriften eines ihrer Häupter, des Marquis Mirabeau (Vater des größten Redners der Neuzeit) folgendes:

„Der Mensch ist gesellschaftsuchend aber habsüchtig; jene Eigenschaft „treibt ihn zu allen Tugenden, diese führt ihn zum Aneignen aller Güter, „und zu allen Lastern die zuletzt die Gesellschaft auflösen. Demnach sei „die vornehmste Sorgfalt der Regierung, die Sitten auf die Gesellschaft„lichkeit hin und von der Habsucht abzuleiten.... Zu jeder Zeit waren „diejenigen Völkerschaften die genüglichsten und zufriedensten, welche am „mehrsten in Gemeinschaft lebten..."

Der Finanzminister Türgot, ein andrer gefeierter Mann dieser Sekte, sagt (in sein Buch über „Begründung und Vertheilung der Reichthümer") :

„Durch die Arbeit derer die zuerst das Feld bauten und einzäunten um „sich die Ernte zu sichern, haben die Grundstücke aufgehört Gemeingut zu „sein; so entstand das Privatackerland... Verschiedne Ursachen brachten auf „natürliche Weise Ungleichheit unter diese Besitzthümer... Jeder baute „indessen für sich und Niemand hätte für einen Andern bauen mögen; aber „der gewaltthätige Mensch ersann die Mittel die Nebenmenschen zu Sklaven „zu erniedrigen, und zu Arbeiten die er selbst nicht machen wollte, zu „zwingen; dieses Sklaventhum ist eine Verletzung aller Menschheitsrechte; „eine gräßliche, wenngleich allgemein verbreitete, Gewohnheit; ein fürchterlicher Raub!"

Gewiß, Türgot war ein Volksfreund, aber unglücklicherweise blieb auch er auf halbem Wege stehen *. Er machte sich muthig, trotz des Widerstandes der Adligen und Priester, an die Abschaffung mancher Mißbräuche. Er scheint sogar eine neue Sprache einzuführen, für nicht unmöglich gehalten zu haben; nach seinem Wunsch sollte jeder eine Hauspresse haben, um der Druckfreiheit kein Hinderniß in den Weg zu legen. In der kurzen Dauer seines Amtes hat er die Zünfte und Monopole aufgehoben, wobei er die Inhaber derselben entschädigte (das Arbeitervolk von Paris feierte dies mit ungeheurem Enthusiasmus); hat er dreiundzwanzig Steuern dem Volke abgenommen, worunter die Frohnen; hat die medicinische Schule von Paris, eine große Menge Manufakturen und Werkstätten für Arbeitslose gegründet. Von diesem Minister ist das treffliche Wort: „Die Leidenden zu trösten ist die Pflicht und Angelegenheit Aller."

Daß die Ungleichheit des Vermögens gemindert werden solle und könne, ist ihm klar; „seine Ansicht war stets (sagt Condorcet) daß die Natur dem „Einzelnen nicht die Erlaubniß gibt, mehr als das Nothwendige sich zuzu„eignen; wenn die Gesetze, dem Stärkern zu Gefallen, den Despotismus

* Er sagt sehr richtig (Paragraph 6 im oben angeführten Werke): „Der gewöhnliche Arbeiter hat nichts als seine Hände und ein Gewerbe, „und besitzt nur dann etwas wenn er Andern seine Arbeitskraft verkaufen „kann. Er verkauft sie so theuer als möglich, aber der Käufer zahlt so „wenig als möglich, und da es viele Arbeiter gibt, so wird der vorgezogen „welcher billig arbeitet, folglich sind sie genöthigt um die Wette den Arbeitspreis selbst zu ermäßigen. Bei jeder Arbeit geschieht es nothwendig, daß „der Arbeitslohn sich auf das beschränkt was dem Arbeiter eben zum Fristen „seines Daseins nöthig ist." — Türgot und die ganze „Schule" weiß das Alles bis auf den Grund, beschreibt es aufs Klarste, meint das müsse nun einmal so sein, und wundert sich wie andere Forscher zu Entgegengesetztem gekommen. Diese Verblendung der Oekonomensekte ist ebenso lächerlich als betrübend, und nebenher gefahrdrohend.

Anmerkung des Uebersetzers.

„des Reichen gegen den Nichtreichen geheiligt, und die Ungleichheit des „Vermögens gestattet haben, so sei dies ein Unheil, welchem durch die „Verallgemeinerung des Besitzes abgeholfen werden könne; dann würden „alle oder fast alle Bürger auch Eigenthümer und Wähler sein, das „heißt dann gäbe es eine republikanische Konstitution, das sei die beste, „vernunftgemäßeste, während, bei Wahlrechtsbeschränkung, eine mehr oder „minder fehlerhafte Aristokratie am Ruder stehe." So hat Türgot gesprochen und geschrieben; er verdient deshalb unsre Achtung, meine Herren. Uebrigens maß er, wie Condorcet bemerkt, den schlechten Institutionen die Hauptschuld bei; die Personen, meinte er, würden durch bessere Gesetze auf der endlosen Bahn der Vervollkommnung fortschreiten, sowohl in geistiger wie in sittlicher Hinsicht.

Seine wichtigste Reform war die Neubelebung des gesammten Reiches durch neu organisirte Gemeindeordnungen in Bezirken und Provinzen, nebst Vertreterschaften in Gemeinde, Kanton, Provinz und einer Nationalvertreterschaft. In diesem Sinne schreibt er dem Könige Louis XVI: „Die „erste, wichtigste aller Einrichtungen durch die E. Maj. Ihre Regierung „unsterblich machen würde, ist: die Erziehung, die sittliche und gesellschaftliche Bildung Allen zugänglich zu machen, mit Büchern die im „Konkurs anerkannt würden, und mit einer Schule in jeglichem Pfarrsprengel. Wenn E. Maj. diesen meinen Plan annimmt, wage ich dafür „einzustehen daß in zehn Jahren die Nation nicht mehr die alte sein, und „durch Aufklärung, Sitten und Vaterlandsliebe unendlich hoch über allen „Völkern der Gegenwart wie der Vergangenheit stehen wird. Durchaus „nöthig sind Dörfer mit wo möglich gleichem Landgebiet, jedes mit einer „Versammlung, allein zur Vermeidung der Bestechungen darf sie nur aus „Grundbesitzern bestehen und jeder derselben darf nur im Verhältniß „zu seinem größern und geringern Besitze stimmen."

Bemerken Sie, meine Herren Zuhörer, wie der Minister auch hier wieder, seiner oben angeführten Lieblingsidee getreu, den Landeigenthümer bevorzugt, und zwar desto mehr, je mehr dieser Ländereien besitzt. Weiter:

„Alle Steuern würden am Besten fortan durch eine einzige Grund- oder „Landsteuer, im Verhältniß zu dem jedesmaligen Grundstücke, ersetzt, bis „mit der Zeit auch diese Abgabe abgeschafft werden könnte. Die Ländereien des Adels und der Priesterschaft müssen ebenfalls zahlen. Nach „wenigen Jahren schon hätte E. Maj. ein ganz frisches neues Volk, und „dies Volk wäre das erste von allen; Ihr Reich wäre an Kräften verzehnfacht, würde Tag für Tag gleich einem schönen Garten immer herrlicher „blühen; Europa würde mit Bewunderung und Respekt auf Sie schauen, „und Ihr Volk, mit seinem so liebreichen Herzen, würde Sie anbeten." —

„Ich billige Türgots Vorschläge über die Erziehung" (sagt einer seiner Anhänger in einem Briefe an den Grafen M.) „aber ich möchte alle Grundeigenthümer in gleichmäßigem Stimmrechte sehen; eine gute Regierung wird nur eine solche sein welche durch Institutionen die Menschen „möglichst der Gleichheit nahe führt, denn die Gleichheit ist der erste „Wunsch der Natur... Um Bürger zu sein, muß es genügen ein hinreichendes Interesse zu hegen."

Vergessen wir aber nicht, Türgot konnte als Minister unmöglich wie ein Philosoph am Studirtische sprechen und wirken; namenlose Hindernisse umlagerten ihn und wie Solon von Athen nahm er sich nur vor, das bei dermaligen Umständen Mögliche zu erreichen.

König Louis erklärte, er und sein Minister wären die einzigen Volksfreunde am Hofe; das Volk segnete den Minister, Philosophen belobten und priesen ihn; der greise Voltaire selber schrieb: „ich wünsche noch vor meinen Ende die Hand zu „küssen, welche so viel allgemeinnützliche Maaßregeln unterzeichnet „hat.“ Aber der hohe Adel verschwor sich, Hungersnoth und Aufstände wurden mit großer Schlauheit angelegt, fortwährend Verleumdungen ausgestreut: — und der König ließ sich betäuben und gab dem Minister den Abschied. Dies hat vielleicht dem Monarchen den Hals gekostet*.

Zum Schlusse der heutigen Vorlesung nehme ich mir die Freiheit noch auf einige Stellen zu weisen, die wir z. B. im „Wörterbuch der moralischen und politischen Wissenschaften“ finden:

„Die Utopia des Thomas Moore und die sonstigen Regierungsmuster „auf dem Grundsteine des öffentlichen Wohles sind vielleicht nur wegen „der Regellosigkeit der menschlichen Leidenschaften nicht ausführbar, die, „unter unsern schlechten Regierungen, stets das mißverstandene Privat„interesse über das Gemeininteresse erheben. Aber mögen jene Entwürfe „und Grundrisse als unvermöglichbare erscheinen, dennoch dürfen sie nicht „zum Gelächter dienen; lachen kann über sie nur der schlechte „Mensch, den das Gefühl eigner Verworfenheit hindert „an die Tugend zu glauben.“

* Sein Gegner, der spätere Minister Necker enthüllte manchmal schlagend die Irrthümer des physiokratischen Systems dem Türgot huldigte, und sagte („über den Getreidehandel,“ III, 12, 406): „Eine kleine Anzahl hat, scheint es, die Erde unter sich vertheilt und Vereinsgesetze gegen „die Menge der übrigen Menschen gemacht, gleich wie man im Walde „Verhacke wider die reißenden Thiere anlegt. Mit allen Gesetzen für „Eigenthum und Freiheit und Recht, ist noch nicht das Mindeste zu „Gunsten der zahlreichsten Bürgerklasse geschehen. Was nützen uns, kann „diese fragen, eure Eigenthumsgesetze? wir besitzen nichts; was helfen uns „eure Rechtsgesetze? wir haben nichts zu schützen; eure Freiheitsgesetze „sind nicht für uns, denn wir sterben morgen wenn wir morgen nichts zu „arbeiten kriegen!“ — „Die Vertreter der öffentlichen Ordnung zwingen „mich eine Feuersbrunst zu löschen, auf dem Schlachtfelde zu sterben — „und sorgen nicht für meine Nahrung?“ —

Anmerkung des Uebersetzers.

Der Abbé Raynal ist noch zu erwähnen; in seiner „Geschichte „des Handels in den beiden Indien" anerkennt er die Rechtsgleichheit, aber er leugnet die thatsächliche Gleichheit, deren Vermöglichung er bestreitet; er nennt sie geradewegs ein Hirngespinnst. „Ohne Privateigenthum," sagt er, „gäbe es nur „umherirrende nackte Wilde auf der weiten Erde, ihre elende „Speise bestände aus Wurzeln und Früchten; ohne Privat„eigenthum würde jeder Sterbliche lediglich für sich allein leben; „und väterliche Zuneigung, Liebe, Freude am Wirken für das „Wohl künftiger Geschlechter, alles wäre verschwunden."

Mit dieser eines Philosophen sehr unwürdigen Seichtigkeit vermeint er die Sache abzuthun.

Ich brauche nichts mehr von Condillac, von Bernardin de Saint-Pierre, nichts von den italienischen Edelleuten Filangieri und Beccaria * zu sagen, noch von dem schweizer Obersten Weiß, von dem Nordamerikaner Thomas Payne, und so manchem andern glühenden Anhänger des Gleichheitsprinzips. Auch nicht auf jene kleinen, hie und da zerstreut vorkommenden Gütergemeinschaften brauche ich jetzt näher einzugehen, z. B. die uralte Gemeinde Pingon in den Auvergnebergen, wo seit sechs Jahrhunderten die Vorschrift des „weisen Vaters der vier Brüder" befolgt wird, welcher rieth gemeinschaftlich zu arbeiten und zu besitzen. In dem Weiler Pingon ist kein Verbrechen, keine Ausschweifung; mehrere andere bedeutendere dieser Art sind in derselben Provinz. Aber das sind kaum erwähnungswerthe Kleinigkeiten, im Vergleich zu dem was wir von der Menschheit zu erwarten berechtigt sind.

Sehen wir nach Amerika; ein glorreicher Anfang geschieht dort als Benjamin Franklin, der Erfinder des Blitzableiters, der ehemalige Handwerksgesell und nachmalige Gelehrte, den Bund

* Beccaria's Buch über Vergehen und Strafen machte ein ungeheures Aufsehen in der französischen Uebersetzung; sieben Auflagen waren in sechs Monaten verkauft. Der Verfasser kam auf Einladung seines Uebersetzers nach Paris, wo die großen Philosophen ihn in ihren Zirkeln aufs Gastlichste empfingen. Die Wirkung des Buches war um so mächtiger, als kurz vorher die infamsten Justizmorde statt gefunden: z. B. hatten die Richter zweier Gerichtshöfe den jungen Edelmann la Barre, der den Hut vor einer Prozession nicht abgenommen und auf den Stamm eines Kruzifixes losgeschlagen, als Gottesfrevler zum Tode des Scheiterhaufens verdammt, nachdem ihm vorläufig die Hand abgehauen und die Zunge mit Zangen ausgerissen worden. Dies gab Veranlassung zu einer der herrlichsten Schriften Voltaire's.

Anmerkung des Uebersetzers.

der dreizehn Republiken gründen hilft; Franklin der dem Himmel den Blitz und den Tyrannen das Scepter entwindet; Franklin der eine allgemeine Association aller Gelehrten aller Länder projektirt, um die Menschen sittlicher zu machen; Franklin, ein tüchtiger Politiker, den sein Staat zu den Wilden, zu den Engländern zu den Franzosen als Gesandten schickt, den die civilisirte Welt verehrt, in Triumphen feiert, und bei dessen Tode die Nationalversammlung Frankreichs Trauer anlegt.

In der nordamerikanischen Konstitution an der er gearbeitet, lautet die erste Zeile: „Gott hat alle Menschen gleich an Rechten „erschaffen." Und dies war das erste Mal, daß die Menschen sich selber öffentlich als Menschen erkannten.

In der nächsten Vorlesung werde ich die Ehre haben, die Zeugnisse der Philosophie und Staatskunde für und gegen das Prinzip der brüderlichen Association vor Ihnen ferner aufzuführen.

Dreizehntes Kapitel.

(Fortsetzung.)

Meine zu ehrenden Herren Zuhörer! begann Dinaros, wir haben heute andre gewichtige Philosophen über unsern Gegenstand zu vernehmen. Möge denn zuvörderst der Abbé Sieyes sprechen.

In jener rühmlichen Schrift, worin er bei Eröffnung der großen französischen Revolution die Bedeutung des Bürgerstandes und Volkes so schlagend auseinander setzt, sagt er:

„Der dritte Stand oder das Volk ist Alles *. Striche man Adel und „Geistlichkeit aus: die Nation würde dadurch um nichts geringer, sie „würde vielwehr größer."

„Bisher war das Volk der Sklave der Aristokratie; dennoch aber gehö-„hören die Bürgerrechte euch, und euch allein!"

* Klar tritt hier an den Tag, wie in jenen ersten Anfängen der Revolution der vierte Stand, die niedere Volksklasse, noch nicht von dem Bürgerstande sich geschieden hatte. Dies geschah erst im Laufe der Entwicklung, vermöge der Industrie und Herrschaft des Kapitals. Um so mehr ist lobend anzuerkennen daß Dr. Jean Paul Marat 1790 mit durchdringendem Scharfblick bereits den Unterschied ankündigte.

Anmerkung des Uebersetzers.

„Heute begehrt das Volk seine politischen Rechte. Und dieser sein Antheil am Gesetz muß gleich sein für Alle, ganz gleich ohne Rücksicht auf „das Stück materiellen Besitzes welchen Dieser und Jener hat. Das Gesetz „soll der Willensausdruck der Gesammtheit sein, eben deshalb können „fünfundzwanzig Millionen Franzosen sich nicht von zweihundertausend „Aristokraten das Gesetz vorschreiben lassen."

„Ganz null und nichtig sind die von einer Minderzahl der Bürger ge„machten Gesetze. Die Vorrechte, die unsre Aristokratie sich anmaßt, sind Un„rechte, sind Mißrechte, sind ein Hohn gegen den gesunden Menschenverstand."

„Die Vernunft fordert daß man diese Anmaßung aufgebe: und daß die „Unordnung in der Gesellschaft, endlich der Ordnung Platz mache."

„Die Aristokratie erbietet sich jetzt Abgaben, wie das Volk, zu zahlen, „und sie sagt, dann sei Alles gleich... — So? Alles gleich? Das ist ja eine „Lüge! denn gesetzt auch, sie zahlte, so besäße sie doch immer noch Alles, „insonderheit das Gesetzgeben. Sie macht aber die Gesetze allemal für „sich und gegen das Volk. Man will also, das Volk solle schon zu„frieden sein wenn nur die Aristokratie Steuern entrichtet! man möchte „gern, die künftigen Generationen schlössen die Augen vor der heutigen „Erleuchtung!"

„Unsere Aristokratie sagt: Arbeiten entwürdigt, eine Profession ist „etwas Niedriges. — Nein, das Laster, das Laster allein ist niedrig und er„niedrigend, und die müßiggehenden Reichen sind weit lasterhafter und „niedriger als das Volk."

„Das Volk bedarf endlich einer vollständigen Verfassung.

„Unser hoher Adel will zwei Kammern, wie in England: ein Ober„haus für sich, ein Unterhaus für den Adel zweiten Ranges und fürs „Volk. Aber dieser Adel zweiten Ranges weigert sich deß, er will Gleich„heit für sich; und das Volk weigert sich auch, es will auch Gleichheit für „sich. Die englische Verfassung mochte 1688 für jene Insel taugen, taugt „aber 1789 für Frankreich nichts; die Staatskunst, hat unermeßliche Fort„schritte gemacht, oder richtiger: sie ist eben erst entstanden. Die französische „Nation will jetzt die sogenannte alte Verfassung umändern; richtiger „gesagt: sie hat keine und will sich eine geben. Deswegen sollten alle „Bürger zusammen gerufen werden, und alle sollten Vertreter ernennen „mit dem speziellen Auftrag eine Verfassung zu machen."

„Bilden diese Vorrechtler, die so erpicht auf ihren Ueberfluß an Rechten „und Gütern sind, und die stets das Volk am nothdürftigsten Erwerb zu „hindern wissen, bilden sie sich ein, die Wiedergeburt Frankreichs sollte „ihnen allein zu gute kommen? Gelüstet es ihnen das Volk zu benutzen wie „man ein blindes Werkzeug benutzt, um ihre Aristokratie zu erweitern und „zu befestigen?"

„Und was werden die Nachkommen sagen, wenn sie erfahren mit welcher „Wuth, mit was für geheimen Verschwörungen, mit was für erheucheltem „Entsetzen, mit welchen tückischen Ränken unsere Vorrechtler gegen die „Vertheidiger des Volkes verfuhren!... Das Königshaus — ach wie war's „nur möglich! — hat schriftstellernden Schuften erlaubt, sich in Verleum„dungen zu ergehen, in Verleumdungen die so scheußlich waren daß sie ins „Lächerliche überschlugen!..."

„Es ist jetzt klar: man will keine Reformen höhern Orts; das Volk muß „endlich begreifen daß nur sein Verstand und Muth ihm noch helfen können.

„Uebrigens steht ihm Vernunft und Gerechtigkeit zur Seite. Aber daß „man's wisse: die Zeit ist vorbei in der noch an Versöhnung gedacht werden „durfte. Heute ist kein Vertrag mehr möglich zwischen der thatkräftigen „Parthei der Unterdrückten und der rasenden Parthei der Unterdrücker. „Die Vorrechtler, sobald sie als Volksfeinde auftreten, sollten ganz ihrer „Wahlbefähigung beraubt werden; ein Vorschlag der gewiß manchem Leser „maaßlos erscheint, nichts destoweniger aber Wahrheit enthält, und die muß „ich als Schriftsteller verkünden. Der Vorschlag mag jetzt noch unthun„lich sein..."

„Der verwaltende Staatsmann muß langsam gehn, aber der Philosoph „soll stets schnurgerade auf das Ziel losrücken. Aufrichtigkeit ist meisten„theils ganz am Orte; Rückgedanken, Pfiffe, und Kniffe die oft für Klug„heit gelten, sind gewöhnlich pure Albernheiten."

Sieyes sprach sich ferner in seiner Schrift über „Anerkennung „der menschlichen und bürgerlichen Rechte," vor der Versammlung aus wie folgt:

„Die Natur haucht fort und fort dem Menschen das Streben nach Glück „ein, und das Glück ist das Ziel dem er zueilt."

„Zwei Menschen sind gleichermaßen Menschen, demnach haben sie in „gleichem Grade gleichen Anspruch auf alle Rechte, die aus der menschlichen „Natur herkommen."

„In den Mitteln mögen zwei Menschen nicht gleich sein, aber hieraus „folgt noch lange nicht daß sie auch an Rechten ungleich sein müssen. Un„terjochung kann nie ein Recht und eine Pflicht werden; das Joch abschüt„teln ist immer und ewig ein Recht und zwar das dringendste von allen."

„Eins der Mittel das Glück zu erreichen, ist Vergesellschaftung, sie er„gänzt die Lücken die in der Naturwüchsigkeit geblieben, sie vervollkomnet „solcherweise den unmittelbaren, naturwüchsigen Zustand. Zweck der „Vergesellschaftung ist das Glück sämmtlicher Vergesellschafteten; sie will „die Mittel eines Jeden erweitern, erhöhen, und kräftigen. Das Gesell„schaftsgesetz schützt den Schwachen gegen den Starken, es denkt nicht da„ran den Schwachen noch mehr zu schwächen, den Starken noch mehr zu „stärken."

Diese gewaltigen Worte sprach Sieyes, meine Herren; ja, er verlangte in dem Erziehungsplane den er dem Nationalkonvente vorlegte, die Bildung solle allgemein gemacht, solle unentgeltlich, und auf die unerschütterliche Grundveste der Republik und der Gleichheit gestellt werden. Und wer ist dieser kühne Schriftsteller? ein Weltgeistlicher, ein Gelehrter der lange und tief in der Zurückgezogenheit gedacht hatte; ein Philosoph dessen Meinung ein ungeheures Gewicht im Frankreich von 1789 war; den die Stadt Paris, durch seine Schrift begeistert, als einen ihrer Deputirten zum Reichstage schickte; den drei Provinzen in den

Nationalkonvent erwählten, wo er neben Condorcet und den Girondinern Platz nahm; ein Mann der gegen den Schluß der französischen Republik höchster Beamter ward, als einer der Fünf Direktoren, und zuletzt als einer der Drei Konsuln.

Hören wir jetzt **Condorcet** in jener berühmten Antwort die er der Akademie von Berlin gegeben. Er behauptet, nie sei es den Menschen ersprießlich, getäuscht zu werden, und ruft:

„Wohl weiß ich, das Volk, bei jetzigen Zuständen Europas, ist unfähig „eine wahrhafte Sittlichkeit zu besitzen, aber ich weiß auch daß die geistlose „Versumpftheit des Volkes das Erzeugniß der gesellschaftlichen Einrichtungen und des Aberglaubens ist. Man rede nur Wahres zum Volk, „lehre ihm nur Wahres; und auf diesem Wege kann man es sehr gut in „dem Wenigen unterrichten, welches ihm zu wissen nöthig ist. Respekt „vor dem Eigenthume der reichen Leute ihm beibringen, ist schwierig, weil „1) es den Reichthum für eine Art von Diebstahl auf seine Kosten ansieht, „welche Ansicht übrigens leider großentheils eine gegründete ist; 2) weil „es bei seiner greulichen Armuth sich gern als zu Allem berechtigt betrachtet, worin ihm sogar sehr strenge Moralprediger beigestimmt haben; „3) weil es behauptet, man verachte und mißhandle es wegen seines Elends, „ebenso stark als hätte es sich durch Schurkerei erniedrigt. Wenn folglich „das Volk aus Grundsatz raubt und stiehlt, so liegt das Verschulden nicht „bei ihm, sondern bei den schlechten Einrichtungen."

Hören wir denselben Denker in seinem „Gemälde der Fortschritte des menschlichen Wissens":

„Meine Hoffnung für die Zukunft der Menschheit läßt sich in drei Punkten aussprechen: ich hoffe die Ungleichheit zwischen den Nationen wird „schwinden; ich hoffe Zunahme der Gleichheit in einer und derselben „Nation; ich hoffe endlich eine thatsächliche Verbesserung, Vervollkommnung des Menschen."

„Die jetzige Ungleichheit ist beinahe gänzlich aus der Mangelhaftigkeit „der gesellschaftlichen Einrichtungen herzuleiten; sie muß allmälig und „fortdauernd verringert werden bis **thatsächliche Gleichheit** eintritt, „und das ist das Ziel der Gesellschaftskunst."

„Die Verschiedenheiten des Vermögens, der Stände, und der Bildung „sind offenbar die Hauptquellen aller Uebel. Mancherlei Mittel gibt es, „wodurch man diesen Mißverhältnissen entgegen arbeiten kann; durch „Sparkassen für die Masse des Volkes; durch Banken die den armen „Leuten Geld vorstrecken, durch gewerblichen Unterricht, gewerbliche Erziehung, durch Ausbilden der Künste des Nützlichen, durch Verbesserung der „Gesetze, durch Gleichstellung von Mann und Weib, endlich durch Schaffung einer Weltsprache."

Schlagen wir Condorcets Erziehungsplan auf, den er der gesetzgebenden Versammlung vorlegte:

„Griechen und Römer sind durch die Vermögensungleichheit zu Grunde „gegangen; die Geschichtschreiber im Alterthum sind allesammt Aristokraten „gewesen, und es ist nicht zu verwundern wenn sie jeden Versuch die Gleich„heit aufzustellen, mit dem Namen von Meuterei und Räuberei brand„marken."

Ich mache Sie aufmerksam auf seinen Ausspruch: menschliche Ungleichheiten, die von Naturwegen da sind, können durch Erziehung verschwinden.

„Die Erziehung, sagt er, muß eine unentgeltliche, gleiche, allgemeine, „leibliche, geistige, sittliche, industrielle, politische sein, und auf wirkliche, „thatsächliche Gleichheit aller Menschen abzwecken."

In seinem Journal „Gesellschaftserziehung" das er mit dem Abbé Sieyes zusammen herausgab, erkennt er, daß Rechtsgleichheit ein Traum bleibt solange nicht die beinahe völlige Vermögensgleichheit hinzutritt; er gibt zu, die Steuern dürfen nicht auf dem Nothwendigen, sondern nur auf dem Ueberflüßigen lasten, und eine Progressivsteuer d. h. eine Steuer die mit dem Belaufe des Ueberflüßigen wächst und allmälig die zu hohen Reichthümer abkappt, sei ersprießlich, sei gerecht.

Er verlangt nicht Gütergemeinschaft, auch nicht völlige Gleichheit des Vermögens; er behält das Eigenthum der Privatperson und etwas Ungleichheit in den Besitzzuständen bei, folglich auch etwas Ungleichheit in Bildung des Geistes und Herzens; ja er gestattet große Kapitalisten; aber er will Aufhebung des Elends mit stetem Fortschreiten zur reellen Gleichheit. Er glaubt es wäre höchst wünschenswerth, wenn alle Wissenschaftsmänner eines Staates eine Association schlössen, und alle diese wissenschaftlichen Nationalassociationen einen allgemeinen Bund, eine allumfassende Wissenschaftsrepublik zu Stande brächten, um am Fortschreiten des Menschengeschlechts zu arbeiten. Er ist unerschütterlich überzeugt von der endlosen Vervollkommnungsfähigkeit des Menschen in jeglicher Hinsicht, in geistiger, sittlicher wie körperlicher, selbst in der Lebensdauer, Unermeßliche Fortschritte sind gemacht, ruft er 1792 (was würde er heute sagen!); er erklärt es für eitel Thun, wenn man dem Entdecken, Erfinden und Verbessern in Kunst, Wissenschaft und Industrie, in Staat, Gesellschaft und menschlicher Persönlichkeit, kurz im gesammten Menschenthum, irgend Schranken ziehen wolle; Zweck sei ohnehin immer und überall die thatsächliche Gleichheit.

Und Condorcet ist ein Herr von Adel, ein Gelehrter, ist Sekretär der Akademie der Wissenschaften, ein Philosoph der, am Ende seiner Bahn in den Sturz der Girondeparthei verwickelt, und flüchtig umherirrend, noch die wenigen Stunden seines Lebens benutzte um tiefe Wahrheiten für die Menschheit zu Papier zu bringen.

In der die neue Verfassung machenden Versammlung saß ein Deputirter von ziemlich aristokratischem Rufe, und dieser Malouet sprach gleichwohl in einer der frühesten Sitzungen:

„Eure unsinnige Halsstarrigkeit, eure verletzende Anmaßung, ihr Anhänger der alten Zeit, wird Alles verderben. Ihr verschmäht die „Stimmgleichheit; euer kleines Häuflein ist ein Funfzigstel der ganzen „Nation; ihr trotzt dieser zahllosen Masse deren Reichthum und Einsicht, „deren Elend und Unwissenheit gleichermaßen euch furchtbar werden müssen „wenn ihr sie erzürnt. Wohlan denn, sprecht: was wollt ihr machen „wenn Millionen Stimmen gegen die eurige sich erheben? Der mächtigste aller Herren, nächst Gott, ist ein aufgeklärtes „Volk, vergeßt mir das nicht!"

Und die Versammlung beginnt die neue Verfassung mit dem Satze:

„Die Menschen werden gleich an Rechten, werden frei geboren, und „bleiben es. Die Naturrechte sind unveräußerlich, unauslöschlich. Diese „Rechte sind Freiheit, Eigenthum, Sicherheit, und Widerstand gegen „Unterdrückung. Zweck aller politischen Vergesellschaftung ist lediglich „der, diese Rechte zu bewahren."

Hieraus ergibt sich, meine Herren Zuhörer, daß von in Gesellschaft Zusammentretenden bereits Jeder Eigenthum, und zwar genügendes, haben muß, denn Eigenthum kann nur dann ein Naturrecht sein, wenn es nicht durch Beschlagnahme und Gewaltstreich entstanden, und wenn Keiner im Ueberflusse schwimmt, zum Schaden von Andern die noch nicht das Nothwendige besitzen; jede andre Art von Besitz ist ein Gesellschaftserzeugniß, ein Widerspruch mit dem Naturrecht oder, was dasselbe, mit dem Vernunftrecht.

Ferner:

„Die Freiheit besteht darin alles dasjenige zu thun was nicht dem „Nebenmenschen schadet; die Ausübung der Naturrechte eines Menschen „findet daher ihre Schranke nur an den Schranken, innerhalb welchen sich „die Naturrechte der andern Menschen ihrerseits zu bewegen haben." —

Wozu ich abermals die Bemerkung zu machen mir erlaube, Niemand darf seine natürliche, persönliche Freiheit dahin ausdehnen daß er Ueberflüssiges sich zueigne, während noch Menschen vorhanden sind, denen das Nothwendige gebricht.

Weiter:

„Ausdruck des Gemeinwillens ist das Gesetz. Alle Bürger haben das „Recht, das Gesetz entweder in eigner Person oder kraft ihrer Abgeordneten „und Vertreter, machen zu helfen. — Das Eigenthum ist ein unver- „letzbares, ein heiliges Recht. Oeffentliche Anstalten sind einzurichten, „um öffentliche Unterstützung den von ihren Eltern verlassenen Kindern „zuzuwenden, ferner um dürftigen Arbeitsunfähigen aufzuhelfen, und um „dürftigen Arbeitsfähigen Arbeit zu verschaffen.“

Werfen wir einen Blick auf die Girondiner, so sehen wir ihre zahlreichen Philosophen zwar sich gegen eine gleichgemessene Bodenvertheilung und gegen die völlige Vermögensgleichheit aufs Schärfste erklären, aber ohne Bedenken die Republik, die Gleichheit der Staatsbürger, das allgemeine Stimmrecht verlangen; wir sehen wie diese Parthei sogar der Beschränkung des Grundbesitzes beistimmt, die Beerbung der Seitenverwandten abschafft, die Progressivsteuer billigt, und mit allgemeiner Erziehung und Lebenssicherung, sowie mit einem steten Streben nach einstiger thatsächlicher Gleichheit, einverstanden ist.

Und einer ihrer Führer, der erwähnte Condorcet, sagt 1792 am 6. Juli auf der Redebühne in der gesetzgebenden Versammlung:

„Beschließt, daß die Güter der drei ausgewanderten Prinzen des königli- „chen Hauses (Ludwig XVIII, Karl X und Prinz Condé) sofort öffentlich „versteigert werden, um diejenigen Bürger zu entschädigen welche von den „Königen geplündert sind, die uns von diesen Prinzen auf den Hals gehetzt „wurden. Das ist kein übles Mittel diese frechen Missethäter zu strafen, „indem man sie zwingt, zu der Gleichheit beizutragen der sie stets so hart- „näckig widerstrebt. Und ich schlage vor, den Verkauf in kleinen Portionen „zu machen. Hundert Millionen beträgt das Ganze; Ihr werdet an die „Stelle dreier Fürstensöhne, hunderttausend Bürger zu Besitzern erheben; „die Paläste werden für Industrie und als Zuflucht für Dürftige dienen; „friedliche Tugend wird Hütten bauen in den bisherigen Gärten der „Ueppigkeit und des Hochmuths. — Eure Vorgänger in der Versammlung „die mit Entwurf der Verfassung sich beschäftigte, haben die Grundzüge der „politischen Freiheit gegeben; möget ihr den Bürgern die bürgerliche „verleihen! Schafft ab Majorate und Vermächtnisse; begründet eine Erb- „schaftsordnung wodurch die Theilung des Besitzes möglichst begünstigt „wird; gewährt den Heirathen möglichste Freiheit, und den sogenannten „ungesetzlichen oder unehelichen Kindern gebt die Rechte welche sie von „Naturwegen beanspruchen dürfen; erlaubt das Ankindesstattnehmen, „erlaubt die Ehescheidung, organisirt den Unterricht und die öffentlichen „Hülfsanstalten.“

Vernehmen Sie Maximilian Robespierre's Worte vom Juni 1792 in seinem Journal „der Verfassungsvertheidiger“:

„Von Anfang an suchten die Feinde unsrer Revolution die Reichen „durch das Schreckbild einer neuen Bodenvertheilung einzuschüchtern, aber „das wäre Unsinn, wäre schlecht. Eine materielle Gleichheit der Güter „ist unmöglich, und die Gütergemeinschaft ist offenbar noch verkehrter, „noch lächerlicher. Wir wollen die Gleichheit der politischen Rechte, aber „was das Vermögen betrifft, so hat die Gesellschaft vor Allem für noth„wendigen Unterhalt und Arbeitssicherheit zu sorgen.... Aristides der „Gerechte hätte nicht die Schätze Crassus des Schwelgers beneidet *.“

Und weiter, in seinem Vorschlage der Erklärung der Rechte, den die Volkspartei annimmt und den der Konvent mit ungeheurem Beifall begrüßt, sagt Robespierre:

„Zweck aller politischen Association ist offenbar Begründung und Er„haltung der unveräußerlichen, unentreißbaren Naturrechte des Menschen, „nebst Entwicklung seiner gesammten Fähigkeiten. Die Hauptrechte sind „das Recht zu leben und das Recht der Freiheit; sie gehören in gleichem „Grade allen Menschen, und mögen diese in leiblicher und geistiger Hinsicht „auf noch so verschiedenen Stufen stehen. Diese Gleichheit der Rechte „ist von Naturwegen da, und die Gesellschaft soll hier nur bestätigend „einwirken.“

„Der Privatbesitz ist das Recht des Menschen, nach seinem Belieben über „den ihm vom Gesetz gewährleisteten Antheil an den Gütern zu verfügen. „Aber dies Eigenthumsrecht muß ein begrenztes sein, wie alle übrigen „Rechte es auch sind; der Einzelne darf nie von seinem Privateigenthume „in einer Weise Gebrauch machen, wodurch die Sicherheit, die Freiheit „oder gar das Leben der Mitmenschen gefährdet werde.“

„Die Gesellschaft hat die Pflicht für die Existenz aller ihrer Mitglieder „zu sorgen, indem sie dem Arbeitsfähigen und dem Arbeitsunfähigen „Lebensunterhalt verschafft.“

„Dem Nothdürftigen zu helfen ist eine Schuld, deren, die des Ueberflusses „sich erfreuenden Mitbürger sich zu entledigen haben, und das Gesetz muß „die Art und Weise bezeichnen, wie diese Schuld abzutragen ist.“

„Wer nur gerade sein Auskommen hat, braucht nicht zu den öffentlichen „Ausgaben zu steuern; wer mehr hat als gerade zum Bestehen nothwendig,

* Der Widerstand der jetzigen s. g. reinen Republikaner wider den Kommunismus kommt eben daher. Es ist ausgemacht daß Robespierre ein gründlicher Feind desselben war. Hegel sagt mit Recht: „Von Robespierre wurde das „Prinzip der Tugend als das Höchste aufgestellt, und man kann sagen daß es diesem Menschen mit der Tugend Ernst gewesen.“ (Philos. d. Gesch. S. 443), und es ist ehrenwerth von Hegel, daß er schon zu seiner Zeit dieses öffentlich anerkannt hat. — Der „Advokat der Tugend“ wie Robespierre sich nicht ungern nennen hörte, war aber wirklich nie im Stande, sich zu der Ansicht, einer ohne Privateigenthum sich bewegenden freien Sittlichkeit zu erheben.

Anmerkung des Uebersetzers.

„muß es, und zwar in steigendem Verhältniß seines Vermögens, d. h. „vermöge der Progressivsteuer. Die Gesellschaft muß aus allen Kräften „das Fortschreiten der öffentlichen Bildung befördern, muß den Unterricht „allen Bürgern zugänglich machen.“

„Die Menschen aller Lande sind Brüder. Die verschiedenen Völker „müssen nach Kräften sich so aushelfen, als wären sie Bürger eines und „desselben Staates.“

Man vergleiche hiemit was der Nationalkonvent in der nach diesen Prinzipien von Cambaceres, Berlier, Guyton u. s. w. entworfenen Verfassungsurkunde des Jahres 1793 den aufhorchenden Bewohnern des Erdballs verkündet:

„Das Volk der Franzosen hat die Ueberzeugnng, daß die Leiden des „Menschengeschlechts lediglich aus dem Mißkennen und Mißachten der „menschlichen Naturrechte * entspringen. Das Volk der Franzosen be„schließt demgemäß seine heiligen Rechte bekannt zu machen.“

„Zweck und Ziel der Gesellschaft ist das Glück Aller...“

„Die Regierung ist eingesetzt um dem Menschen den Genuß seiner „heiligen Naturrechte zu sichern. Diese Rechte sind die Gleichheit, die „Freiheit, die persönliche Sicherheit und das Eigenthum. Alle Menschen „sind gleich, sowohl von Naturwegen als von Gesetzeswegen.“

„Das Eigenthumsrecht erlaubt dem Einzelnen, nach Gutdünken sein „Vermögen, seine Einkünfte und Erwerbsfrüchte zu genießen.“

„Die öffentlichen Hülfsanstalten sind eine heilige Schuld.“

„Der Unterricht ist ein Bedürfniß Aller.“

Und der Wohlfahrtsausschuß läßt sich vernehmen wie folgt:

„Wir wollen eine Ordnung der Dinge, wo alle gehässigen und grau„samen Leidenschaften gefesselt, wo alle wohlthätigen und edeln Leiden„schaften durch das Gesetz erweckt werden; wo der Ehrgeiz sein Ziel im „Verdienste um das Vaterland sucht; wo die Unterschiede nur in der „Gleichheit selber entspringen; wo der Bürger der Behörde, die Behörde „dem Volke, das Volk der Gerechtigkeit gehorcht; wo das Vaterland das „Wohl jedes seiner Kinder im Auge hat, und jeder Mensch mit edelm „Stolze das Wohl und den Ruhm des Vaterlandes mit genießt; wo alle „Seelen sich erweitern und erstarken durch das ununterbrochene Austauschen „der republikanischen Gefühle und Gesinnungen, und durch das Bedürfniß „die Achtung eines großen Volkes zu verdienen; wo die Künste eine Zierde „der Freiheit sind und von ihr geläutert werden; wo der Handel der Born „des öffentlichen Reichthums, und nicht etwa nur der übertriebenen Schätze „einzelner Häuser ist.“

„Ja, wir wollen in unserm Lande die Sittlichkeit an den Platz der

* Das heißt auch hier wieder: „Vernunftrechte.“

Anmerkung des Uebersetzers.

„Selbstsucht aufpflanzen, die Tugend an den Platz der falschen Ehre. Wir „wollen feste Prinzipien anstatt der alten Herkömmlichkeiten, wollen „Pflichten anstatt der mildthätigen oder feinen Gewohnheiten; wollen das „Reich der Vernunft anstatt des tyrannischen Joches der Mode; wollen „Abscheu vor dem Laster an Stelle des Abscheues vor dem Unglücke, „wollen gerechten Stolz an Stelle der Hoffart, Seelengröße anstatt der „Eitelkeit; wollen Ruhmdurst und keinen Gelddurst; wollen rechtschaffene „Menschen und keine sogenannte „feine Gesellschaft;" Verdienst, aber keine „Schliche und Kniffe; wollen Genie anstatt des feinen witzelnden Geistes; „wollen Wahrheit und kein Geprahle; wollen entzückende Seligkeit anstatt „langweiliger Wollüste."

„Der Mensch stehe da in vollster Größe, Hoheit und Pracht des Men„schenthums, aber wir mögen die prachtliebenden Hoheiten der großen „Herren nicht mehr. Unser Volk sei großherzig, mächtig, glücklich, und „nicht mehr leichtsinnig, kindisch, in Ziererei befangen und in Elend."

„Mit einem Wort: weg mit den Lastern und den Albernheiten des „Königthums! Platz für die Tugenden und die Wunder der Republik!"

„Ja wohl! wir wollen die Wünsche der Nation erfüllen, die erhabene „Menschheitsbestimmung vollenden, die Verheißungen der Philosophie zur „Wirklichkeit machen: wir wollen endlich die Vorsehung lossprechen von „der langen, langen Herrschaft, die das Verbrechen und die Tyrannei auf „Erden ausgeübt."

„Unser Frankreich war einst berühmt in der Schaar der Knechtschafts„staaten, jetzt soll es den Glanz aller frühern Freivölker überstrahlen, ein „Vorbild der Nationen sein, ein Schrecken aller Zwingmeister, ein Trost „aller Unterjochten, ein Schmuck der Welt!"

„Und müssen wir gleich das heiße Siegel unsres eignen Blutes auf „dieses unser Werk drücken, so möge uns wenigstens die Freude werden, „das Morgenlicht des allgemeinen Glückes zu schauen!

„Unsre Absicht ist, eine ehrliche, offene, klare Regierung zu schaffen, mit „der das Volk glücklich sei... Viele, sehr viele Revolutionsfeinde schwim„men im Ueberflusse, das Volk aber arbeitet und ist abhängig von seinen „Feinden... Die Revolution gibt uns die Erkenntniß daß der, welcher „Feind seines Vaterlandes ist, nicht in demselben Eigenthümer sein darf; „oder soll vielleicht um seinen Tyrannen Genüsse zu verschaffen, unser Volk „sein gutes Blut an den Grenzen der Republik verströmen? sollen deshalb „vielleicht die Familien um ihre Kinder das Trauerkleid anziehen?... „Wir dürfen fortan nicht dulden daß es einen Unglücklichen, einen Armen „im Staate gebe..."

Der Nationalkonvent erläßt hierauf das Dekret: „Jede Ge„meinde der Republik hat sofort ein gehöriges Verzeichniß ihrer „dürftigen Bürger anzufertigen. Der Wohlfahrtsausschuß „wird einen Bericht über die Weise machen, wie alle Nothlei„denden vermöge der Privatgüter der Revolutionsfeinde ent„schädigt werden können."

Und die Verfassungsurkunde der Einen und Untheilbaren Republik sagt: „Freiheit, Gleichheit, Sicherheit, Besitz: dieses

„sind die Rechte des in Gesellschaft lebenden Menschen. Die „Gleichheit besteht darin, daß ein gleiches Gesetz für Alle sei, „sowohl ein beschützendes als ein strafendes."

Ich bemerke, meine Herren Zuhörer, es ergibt sich hier wiederum daß das Gesetz gleichermaßen die Existenz, den Unterhalt und das Wohl Aller, und keineswegs bloß ihr Eigenthum schlechthin, sondern ihr genügendes Eigenthum zu schützen berufen ist. Abschaffung der Privaterbschaften läßt sich ferner aus folgender Stelle schließen: „Die Gleichheit duldet keine Geburts„auszeichnungen, keine erbliche Macht."

Aber nicht der Nationalkonvent hat diesen Schluß gezogen, und er wendet sein Gesicht ab von der Gütergemeinschaft, ohne zu sagen daß es im Grunde der Egoismus und Widerstand der Reichen ist, der ihn dazu veranlaßt. Er sagt: „Auf dem Beste„hen des Privateigenthums beruht die Landwirthschaft, beruhen „alle Produktionen, alle Arbeitsmittel, beruht die ganze Gesell„schaftsordnung."

Als wenn in der Gemeinschaft keine Bodenkultur, keine Industrie, keine Ordnung möglich wäre! * —

Ich habe Ihnen jetzt ein Stück aus dem Berichte des Komités des öffentlichen Unterrichts vorzulegen, den dieses nach Con-

* Abgesehen von diesem vielleicht in den Umständen nothwendigen Irrthum, der allerdings heute als ein Steckenbleiben auf halbem Wege erscheinen mag, ist der bis dahin unerhörte Emporschwung jener gewaltigen Helden gebührend anzuerkennen, wie denn auch schon Hegel, der im Publikum nicht eben für revolutionär zu gelten pflegt, in seinen Universitätsvorträgen über Philos. der Geschichte (S. 441) sich also vernehmen ließ:

„Der Gedanke, der Begriff des Rechts macht sich nun aber in Frank„reich mit einemmale geltend, und dagegen konnte das alte Gerüste des „Unrechts keinen Widerstand leisten. Im Gedanken des Rechts ist also „eine Verfassung errichtet worden, und auf diesem Grunde sollte nunmehr „Alles basirt sein. So lange die Sonne am Firmament steht „und die Planeten um sie herum kreisen, war das nicht „gesehen worden, daß der Mensch sich auf den Kopf, das „ist auf den Gedanken stellt und die Wirklichkeit nach „diesem erbaut. Anaxagoras hatte zuerst gesagt, daß der Nous (die „Weltseele) die Welt regiert; nun aber erst ist der Mensch dazu gekommen „zu erkennen, daß der Gedanke die geistige Wirklichkeit regieren solle. Es „war dieses somit ein herrlicher Sonnenaufgang; eine „erhabene Rührung hat in jener Zeit geherrscht, ein Ent„husiasmus des Geistes hat die Welt durchschauert, als sei „es zur wirklichen Versöhnung des Göttlichen mit der Welt „nun erst gekommen."

Anmerkung des Uebersetzers.

dorcets Plan 1792, 20. April der gesetzgebenden Versammlung einreichte:

„Die öffentliche Erziehung muß allen Einwohnern die Mittel gewähren, „ihren Bedürfnissen nachzukommen, für persönliches Wohl zu sorgen, ihre „Rechte zu erkennen und auszuüben, ihre Pflichten zu verstehen und zu „erfüllen. Sie muß eine thatsächliche Gleichheit stiften, muß die von der „Verfassungsurkunde vorgezeichnete politische Gleichheit verwirklichen. Ein„unddreißigtausend Anfangsschulen, fünfhundert Schulen zweiter Stufe, „einhundert Institute, neun Lyceen und ein Nationalinstitut werden fortan „das System der unentgeltlichen öffentlichen Erziehung ausmachen."

„Eine der vier Klassen des Nationalinstituts, die Klasse der Wissen„schaften der Moral und Politik wird bestehen in 1) Metaphysik und „Theorie der sittlichen Gesinnung, 2) Naturrecht, Völkerrecht und Gesell„schaftslehre, 3) öffentlichem Recht und Gesetzgebung, 4) Staatsökonomie, „5) Geschichte."

Ferner:

„Die Nationalversammlung, in dankbarem Anerkennen der Wissen„schaften und der Philosophie, deren Lichtstrahlen die französische Revolu„tion hervorgerufen und die Freiheit und Gleichheit begründet haben, „erklärt hiemit die Aemter des öffentlichen Unterrichts für die wichtigsten „in der Gesellschaft, und sie stellt demnach alle Bürger welche selbige ver„sehen, in die Reihe der öffentlichen Beamten."

Ein anderes Komité des öffentlichen Unterrichts spricht sich 1793, 25. Juni, vor dem Konvente aus wie folgt (im Bericht über das Projekt des Deputirten Michel Lepelletier):

„Die Erziehung sei unentgeltlich, wissenschaftlich, sittlich, körperlich, „und gewerblich."

„Die Zöglinge sind im Tanz und Gesange zu üben, so daß sie in den „Nationalfesten auftreten können."

„Das Schulsystem ist gänzlich nach Vorbild des republikanischen „Staatssystems zu organisiren."

„Nothwendig sind die zahlreichen Nationalfeierlichkeiten; namentlich „der Sprachvervollkommnung, — der Schreibekunst, — der „Druckkunst, — der Menschenrechte, — der Urversammlungen „und der Volksmacht, — der Volkswahlen, — der Gleichheit, „— der Freiheit, — der Gerechtigkeit, — des Friedens, — der „Natur, — der Abschaffung der Aristokratie, — der Revo„lution vom 14. Juli, — der Abschaffung des Thrones vom „10. August." —

In Benjamin Constant's Broschüre vom Jahr 3 der

Einen und Untheilbaren Republik (d. h. 1795) „über die Kraft „der republikanischen Regierung" liest man:

„Unablässig, von allen Seiten, schreit man uns zu: eine Republik in „Frankreich sei ein Ding der Unmöglichkeit. Aber unmöglich ist nicht „allemal das, was noch nicht vorhanden gewesen ist, wenn es auch unmög„lich zu sein den Anschein hat. Die Weltgeschichte zeigt kein Beispiel „einer fünfundzwanzig Millionen Einwohner starken Republik, und daraus „folgert man, sie sei unmöglich. Allein, bedenken wir, daß die Erdum„wälzungen, die Umstürze der Gesellschaften, die öffenlichen Unglückfälle „der Nationen, daß dies Alles, sage ich, zwischen uns und dem vor vier„tausend Jahren Geschehenen eine undurchdringliche Scheidewand errichtet „hat: so staunen wir billig ob der Anmaßlichkeit derer die, wenn sie etwas „noch nicht gesehen haben, rufen: es sei unmöglich..."

„Vor dem Zusammenwachsen der großen Gesellschaften ward ohne „Zweifel behauptet, solches sei unmöglich, die Erfahrung beweise es ja. „Mit hochtrabender Nachdrücklichkeit beruft sich der gewöhnliche Menschen„haufe in jedem Jahrhundert auf die Vergangenheit gegen die Zukunft. „Die Nachfolger machen sich lustig über ihn, fallen aber in denselben „Fehler. Hätte in Frankreich kein absolutes Königthum bestanden, es „würde für nicht möglich gelten. Einer einzigen Person das Schicksal „Aller anheim stellen, in der That, das klingt schier seltsam, ist aber nicht „neu. Hätte solch ein Königthum nur in ganz kleinen Staaten sich „gezeigt, und sagte Jemand: es wird sich jetzt in einem fünfundzwanzig „Millionen Menschen umfassenden Reiche zeigen, so würde man ihm mit „hundert und aber hundert Gründen beweisen, das sei schlechthin unmög„lich. Und dennoch wären diese Gründe falsch. — Wenn übrigens die „Republik heute so vielen Hindernisse begegnet, insonderheit so vieler „Trägheit und Theilnahmlosigkeit, so liegt das an der Erziehung die den „Leuten im alten Königthume zu Theil geworden ist."

Der Erste Konsul Napoleon Bonaparte spricht zum Senat am 14. Thermidor des Jahres 10 der Republik:

„Freiheit, Gleichheit, Wohlstand werden fortan keiner Zufalls„laune unterliegen... Das trefflichste der Völker wird auch das glücklichste „sein. Ich bin zufrieden daß Der, von dem Alles ausgeht, mich berufen „hat, Gerechtigkeit, Ordnung und Gleichheit auf den Erdkreis zurück zu „führen, und ich werde meine Todesstunde schlagen hören ohne Besorgniß „um das Urtheil künftiger Geschlechter."

Der nämliche spricht als Exkaiser auf St. Helena:

„Ich habe einen neuen Adel begründet um den ältern zu vernichten und „um dem Volke zu genügen, aus dessen Reihen ohnehin die Meisten derer „hervorgingen, denen ich Titel verlieh; der einfachste Krieger hatte das „Recht nach der Herzogswürde zu streben. Ich glaube heute, ich „hätte nicht also thun sollen, denn ich schwächte da-

„durch das System der Gleichheit die der Nation so „sehr gefiel." (Omeara, 1, 164.)

Nach einer kleinen Pause, in der sich vielfältige Beifalls-äußerungen zeigten, fuhr der Professor fort und sagte:

Meine Herren, wenden wir uns jetzt einen Schritt zurück, und noch vor dem Losbruch der ungeheuren Welterschütterung, von 1789 trift unser Blick bereits in Frankreichs Literatur eine schon im Jahre 1755 publizirte Schrift, als deren Verfasser der berühmte Philosoph Diderot gilt, doch wahrscheinlicher dürfte es Morelly seyn. Kamill Babeuf schreibt sie übrigens dem erstern zu.

Was finden wir dort?

„Der Trieb nach Privatbesitz und Privatinteresse bestimmt jeden Ein-„zelnen, das Glück der gesammten Menschheit seinem Privatglücke zu „opfern. Der Privatbesitz ist die Hauptursache aller Unordnungen; er „hat die Dinge dermaßen eingerichtet, oder vielmehr zugerichtet, daß in „zahllosen Fällen nothwendig höchst heftige Zusammenstöße sich ergeben „müssen.... Durch ihn ist die Feuersbrunst einer allgemeinen Begehrlich-„keit entflammt, die Gier einer unersättlichen Habsucht; die tollhäusleri-„schen Verfassungen haben den Menschen soweit gebracht, daß er stets Gefahr „läuft an Allem Noth zu leiden; da braucht man sich schwerlich zu ver-„wundern, wenn gegen dieses Ungemach die Leidenschaften bis zur Raserei „erglüht sind."

„Ich weise auf die Wurzel, an welche die Axt gelegt werden muß. Mehr „thue ich nicht; vielleicht gelingt es Geschickteren, als ich bin, die Menschen „zu überzeugen."

„Ihr sterblichen Bewohner dieser Erde, denen es gegeben ist Nationen „zu leiten: wollt ihr euch den Dank der Menschheit verdienen und die beste „aller Regierungen aufzustellen? Wohlan, hört mich:

„Zuerst müßt ihr wirklich weisen Männern völlige Freiheit gewähren, „die Irrthümer und Vorurtheile anzugreifen die den Eigenthumstrieb „aufrecht halten."

„Danach wird es euch nicht schwer sein, euern Völkern Gesetze zu geben „die ungefähr die in dieser Schrift entwickelten Gedanken enthalten, also „das was die Vernunft mir zu befehlen scheint. Es kommt, deucht mir, „nur darauf an, der Mehrheit die in ihrer Existenz gekränkt und behindert „ist, einen Zustand begreiflich zu machen wo Jeder, vermöge gegenseitiger „Unterstützung nicht sowohl das Nothwendige, sondern auch das Nützliche „und das Angenehme genießt. Haben die Leute dieses eingesehen, steht „diese Ueberzeugung bei ihnen fest, so glaube ich ist die Möglichkeit der „Ausführung gesichert. Gewiß gehören nicht ganz übergewöhnliche Tu-„genden dazu, sich für eine Einrichtung zu interessiren in der man das „höchstmögliche Wohlergehen haben zu können überzeugt ist. Es gehört „eigentlich Selbstliebe dazu, und mit der hat Natur uns alle reichlich „begabt. Gerade aus einer Ueberschwänglichkeit von Selbstliebe ist der

„jetzige unsinnige Zustand entsprossen, wo Jeder durch einseitiges Arbeiten „für sich, sein Glück zu erreichen meint. Die Selbstliebe ist eine Leidenschaft die in ihrer Heftigkeit blind geworden ist. Oeffne man ihr die „Augen, d. h. lehre man klärlich dem Menschen welcher Weg zu seinem „gesuchten Glückseligkeitsziel führt, und die Sache ist gewonnen. Die „Schwierigkeiten in der Verwirklichung werden nicht bedeutend sein; es „kommt Alles dabei auf ein ziemlich einfaches Zählen und Rechnen heraus, „in welches sich eine sehr gute Ordnung einführen läßt... Unsere Grübler „und Projektmacher alter und neuer Zeit haben weit Schwereres ausgedacht..."

— Aehnlich sprechen in der Revolutionsepoche Antonelle und Felix Lepelletier*, in ihren Journalen „der Redner „der Plebejer" und „die Zeitung der freien Männer".

Man liest dort:

„Das Eigenthumsrecht ist die bedauerlichste von allen Schöpfungen „unsrer Phantasie. Ich bin überzeugt daß die Gütergemeinschaft der „allein gerechte, allein gute, der einzig und allein mit den reinen Naturgefühlen übereinkommende Zustand ist; nur in ihm sind wahrhaft glückliche und friedliche Menschenvereine möglich" („der Redner" Nr. 9).

„Unzählbar ist die Masse welche glaubt, daß ohne Gemeinschaft der Güter „kein Glück besteht. Dichter, Philosophen, edle Herzen, strenge Sittenlehrer, Männer von lebhafter Einbildungskraft, scharfe Logiker, tiefe „Denker und einfache gewöhnliche Menschen waren und werden stets über „diesen Punkt einig sein" („Zeitung der freien Männer" Nr. 44).

„Die Verwirklichung dieses Gesellschaftsplanes ist der stete heiße Wunsch „der reinen Seelen, der natürlichste Gedanke der richtig denkenden Geister.... „Ihn zu verwirklichen wäre ein hohes Glück!... Aber vielleicht ist diese „Möglichkeit nur ein lieblicher Traum... Babeuf und ich, wir sind beide „etwas spät auf die Welt gekommen, mit der Sendung den Mitmenschen „über das Eigenthumsrecht die Augen zu öffnen. Die Wurzeln dieser „verhängnißvollen Einrichtung erstrecken sich gar zu tief, greifen in Alles „ein, sind nunmehr bei den großen und alten Völkern unausrottbar" („der „Redner" Nr. 9).

„Eine Ungleichheit von erträglichem Grade... und Gesetze gegen Ehrsucht und Habsucht, das ist Alles was man hoffen kann."

Derselbe Antonelle tritt jedoch bald zu Babeufs Ansicht über und in die große Verschwörung der Babouvisten.

Was diesen letztern betrifft, der in seinem Blatte „der Tribun

* Bruder jenes oben erwähnten Michel Lepelletier, eines Deputirten, der seinem alten Adelstitel entsagte und für die Guillotinirung Ludwig XVI stimmte, wonach er bekanntlich am nämlichen Abende von einem ehemaligen Gardesoldaten des Exkönigs bei Tische erstochen ward.

Anmerkung des Uebersetzers.

„des Volkes" die Gemeinschaft entwickelt und begründet, so brauche ich wohl nicht ins Einzelne zu gehen. Bekannt ist daß nicht Babeuf allein in dieser Richtung schrieb, der Schriftsteller Bodson und das Blatt „Volksaufklärer" betheiligten sich auch daran.

Höchst beachtenswerth ist aber diese kolossale Erscheinung: eine bedeutende Menge verschiedenartiger Geister beschließt das Eigenthum nicht etwa in ihren Büchern, nein in der harten starren Wirklichkeit umzugestalten und in Gemeingut zu verwandeln. Da ist Darthé, Antonelle, Bodson, Maréchal, Buonarotti, Felix Lepelletier, Drouet, Amar Vadier, Robert Lindet, sechzig Deputirte die nach Robespierres Untergang gestürzt worden; da sind Demokraten in Menge aus dem „Bunde der „Gleichen" und vielen sonstigen Klubs, da ist ein beträchtlicher Theil der Bevölkerung von Paris und der Volksfreunde in den Provinzen, und alle setzen fest, nur durch Waffengewalt könne das Ziel erreicht werden, aus der Republik der Privateigenthümer eine gütergemeinschaftliche zu machen.

Da schleicht ein Verräther unter sie. Der Municipaloffizier Grisel, in den geheimen Bund aufgenommen, berichtet genau an die Regierung; am 10. Mai 1796 werden die Hauptführer in ihren Wohnungen arretirt, und neunundfunfzig Mitglieder kommen in Anklagezustand: 1) die Verfassung umwerfen und die vom Jahre 93 an die Stelle setzen, 2) das Privateigenthum aufheben gewollt zu haben. Sie erscheinen vor dem obersten Gerichtshofe und erörtern gründlich und öffentlich ihre Prinzipien.

Nur auf den ersten der beiden Punkte schuldig gesprochen, werden sieben verurtheilt, und zwar Babeuf nebst Darthé zur Guillotine, Buonarotti und vier andere zur Verbannung, in die französische Kolonie in Südamerika. Babeuf und Darthé ziehen, im Gerichtssaal noch, Dolche unter ihren Röcken hervor und stoßen sie sich in die Brust, aber die Klingen treffen auf die Rippenknochen und brechen; bluttriefend lassen sie folgenden Tags sich auf das Schaffot tragen und sterben ohne Zagen und ohne Reue. „Ich weiß nicht," so lautet Babeufs Abschiedsbrief an seine Gattin und seine drei unerwachsenen Kinder, „ich weiß „nicht wie einst die Nachwelt mich beurtheilen wird, aber ich „glaube mir kann durchaus nichts vorgeworfen werden.... „Wähnt nicht, ich bedauerte als Opfer für das Erhabenste und „Schönste zu fallen... Die Familie eines Freiheitsmärtyrers „muß ein Muster in allen Tugenden sein... Euch glücklich zu „machen, fand ich keinen andern Weg als den durch das gemein-

„same Glück Aller... Es schlug fehl, und ich bin das Opfer; „auch für euch gehe ich in den Tod. Du theures geliebtes Weib, „bewahre meine Vertheidigung, sie wird stets tugendhaften Leuten „und Vaterlandsfreunden werth bleiben. Mein guter Ruf ist „das einzige Gut, das ich dir zurücklasse, und indem du nebst „deinen Kindern dich seiner erinnerst, werdet ihr einen Trost „finden, denn gern wird euer Ohr es vernehmen, wenn jedes „fühlende, jedes wackre Herz von eurem Gatten und Vater sagen „muß: er war völlig tugendhaft *."

Meine Herren, ich bin nicht gewillt die damaligen Verbindungen „der Gleichen," in denen fast alle Demokraten sich befanden, zu verhöhnen oder zu verfluchen; Männer von unleugbarer Unbescholtenheit waren dabei, und sie strebten, ich bezweifle es nicht, nach dem Heil der Menschheit; Männer die dafür den wildesten Gefahren trotzten, oft zum Opfer fielen, und Häuptlinge hatten, die manchmal durch ihre Hingebung und ihren Muth als bewundernswerthe Märtyrer Freiheit und Leben in die Schanze schlugen. Ich bedaure auch die Reichen, die Aristokraten, ich kann nicht umhin sie als Opfer der schlechten Gesellschaftsorganisation anzusehen durch welche sie Egoisten geworden; folglich wäre es gleichfalls eine barbarische Unkonsequenz, wollten wir gegen die Helden der guten Sache ein liebloses Mißurtheil ergehen lassen. Nur beklage ich die wenig philosophische, doch leicht erklärliche Bitterkeit, mit der sie meistens von den

* Philipp Buonarotti, in seinem 1828 in Brüssel erschienenen französischen Geschichtswerke über diese Verschwörung, behauptet, die Zahl der Mitglieder sei über zehntausend gewesen. Das Komite der Anführer glaubte bereits der pariser Polizeioffiziere und Gendarmen, von denen manche als alte Patrioten sich anschlossen, und auch einiger Linienregimenter der Garnison, sicher zu sein. Aufrufe an das Volk waren schon in Menge verfaßt; eine der ersten Maßregeln sollte die unentgeltliche Rückgabe aller Pfandstücke aus den Leihhäusern sein. — Darthé würdigte den Gerichtshof kaum einer Antwort. Babeuf, erzählt man, bekam nach Verabredung von seinem Sohne im Gerichtssaal, während er ihn in die Arme drückte, den Dolch zugesteckt. Der Knabe dachte forthin an nichts mehr als den Vater und dessen Genossen an der Person des Angebers zu rächen; er wurde Handlungsreisender, sagt man, und übte sich aufs Beste in allen Waffen. Grisel war inzwischen zum napoleonischen Offizier höhern Ranges avancirt. Der junge Babeuf suchte ihn lange vergebens; endlich traf er zufällig in einer spanischen Seestadt kaiserliche Offiziere in einem Hotel am Speisetisch, und unter ihnen Grisel. Ich heiße, ruft er, Babeuf und bin gekommen dich zu strafen — und schlägt ihm ins Gesicht. Das Duell findet sofort auf Säbel statt und Babeuf, obschon verwundet, tödtet seinen Feind.

Anmerkung des Uebersetzers

Gegnern sprachen; ich beklage nicht minder ihren verhängnißvollen Irrweg, den blutbenetzten Weg der Gewaltsamkeit, auf dem sie die Gemeinschaft dauernd in Wirklichkeit setzen zu dürfen wähnten.

Auch ich, meine Herren, wünsche das Volkswohl und möchte meinen Kopf spielen für das Glück Aller; allein Denken und Erfahrung haben mich überzeugt, die Verschmelzung der zerstückelten Privatbesitze in allgemeinen Besitz könne lediglich durch ein fast gänzliches Uebereinstimmen der gesammten Nation erreicht werden. Unschwer übrigens sind die herben Nachwehen jener weit verzweigten Verschwörung Babeufs zu entdecken. Sie bietet fortan den besten Vorwand für Wohlhabende, Bürgerstandsmitglieder und Aristokraten, gegen das Prinzip zu schreien, sich fester denn je zu verbinden, und sich unter die Obhut irgend eines Machthabers zu stellen; dem Bonaparte sind sie zugelaufen und zwar aus keinem andern Grunde; ja sie wären damals selbst dem eben verjagten Bourbonenhause wieder zugefallen, um sich gegen die Eigenthumsvernichter zu schirmen.

Man höre nur Viellart, den öffentlichen Ankläger vor dem Gericht:

„Und welches war ihr Ziel? Ha, leset des Babeuf Doktrin, sie ward „gedruckt, vertheilt und angeschlagen auf Befehl ihres Empörungskomité. „Leset, und ihr findet darin die Aechtung jedes Besitzrechts, die Aufstellung „des Prinzips der thatsächlichen Gleichheit und Gemeinschaft aller Güter, „Genüsse, Bodenprodukte und selbst Industrieprodukte; dies Manifest „sagt: „„Schwindet, gräßliche Unterschiede von Reich und Arm, Erhaben „„und Niedrig, Herr und Diener, Regierer und Regierte!““

„Vielleicht würde das Erbarmen die Oberhand gewinnen über unsern „Zorn... Aber bedenken wir die grausige Zerrüttung, die aus jener maaß„losen Träumerei entstände, aus dem Abschaffen des Eigenthums, diesem, „festen Grundsteine aller geselligen Ordnung! was würde aus den Künsten, „Wissenschaften, Gewerben werden? Der Boden gehört Niemand: wer „wird ihn kultiviren? wer wird ernten wenn Niemand sprechen darf: mir „gehört's! Sehet ihr nicht schon die Erde von Räuberbanden durchzo„gen? Der gesellige Unterschied von Arm und Reich ist aufgehoben, aber „der Naturunterschied nicht. Der Starke wird den Schwachen nieder„schmettern, und ärger als wilde Bestien wird der Mensch dem Mitmen„schen die Nahrung streitig machen, denn ohne Industrie und Handel ist „keine Möglichkeit mehr, die Naturprodukte in genügender Menge zu „erhalten. Es ginge die Menschheit zum Theil zu Grunde; was übrig „bliebe verwilderte wieder, irrte in Wäldern und Wüsten herum. — Das „ist das Glück womit die Häupter der Verschwörung ihre Brüder beschenken „wollten.“

Indessen lenkte der Ankläger bald ein, und erklärte die Gefangenen hätten keineswegs wirklich die Gemeinschaft beabsichtigt; Ehrgeiz, Herrschsucht, Lust das freie Volk zu knechten sei ihr heimlicher Zweck gewesen; wie denn auch die höchste Staatsbehörde der Fünf Directoren der Republik einen Straßenanschlag ergehen ließ, worin man behauptete: „diese Demokraten wollten „alle Häuser theilen, selbst die kleinsten Läden."

Der Ankläger fährt fort:

„O unglückliches Volk, erkenne endlich deine schlimmsten Feinde in „diesen deinen arglistigen Schmeichlern! wisse doch endlich was ihre Gaukelspiele bedeuten! verstehe endlich den wahren Sinn der trügerischen „Worte: Gleichheit, Freiheit, Glück Aller! Wenn diese von „ihren Lippen tönen, so übersetze sie dir mit: Elend, Knechtschaft, „Verzweiflung Aller! Dahin, ja wohl, dahin möchten sie dich „führen!"

Zu dieser Rede des Anklägers erlaube ich mir die Bemerkung, daß sie entweder von Irrthümern oder von Lügen strotzt. Man wäre versucht, ihn zu verdammen, hätte man sich nicht vorgenommen, in Beurtheilung der durch die Gesellschaftsorganisation Verderbten milde zu verfahren. Beklagten wir die Verblendung die zu Gewaltthaten aufruft, so müssen wir jetzt beklagen daß die republikanische Regierung, und die oberste Justizperson der Republik, zum Verleumden und Verdrehen greifen.

Wenig Erfreuliches habe ich Ihnen meine Herren, von Laharpe zu sagen*. Er war zuerst revolutionär, war Jakobiner, hinterdrein schrieb er eifrig gegen die Revolution und deren theilweise Urheber, die Philosophen; er fiel, so zu sagen, der Demokratie in den Rücken als es ihr schon anfing schlecht zu ergehen, und er schwänzelte um die Fünf Direktoren herum, da diesen der Sieg gelächelt hatte.

Die Republikaner schalt er Räuber und Verworfene; er verfälschte die Geschichtszüge, er polterte gar seltsam und toll gegen Diderot und dessen angebliche Schrift „Gesetzbuch der Natur," worin die Gütergemeinschaft gepriesen wird. Diderot ist ihm nur ein „Sophist," ein Marktschreier," ein „listiger, sittenbe„flecter, frecher, fluchwürdiger Mensch," ein „Rasender," ein „Verworfener, der ins Irrenhaus, oder auf den Richtplatz, oder

* Dem protestantischen genfer Spießbürger und Lehrer des Kaisers Alexander, bei dem er hoch in Gunsten stand.

Anmerkung des Uebersetzers.

„gar in die ewige Hölle gehört.“ Laharpe vertheidigt das Privateigenthum, hütet sich aber wohlweislich stichhaltige Gründe vorzubringen. Er behauptet frischweg, die Masse der Armen bestehe „nur aus Tagedieben und Strauchdieben, die selber Schuld „sind an ihrem Elend und ihrer Entblößung.“ Zuletzt ruft er:

„Die Gütergemeinschaft ist eine verabscheuungswürdige Thorheit... Man „müßte einen Band vollschreiben, um darzuthun was für Ungerechtigkeiten „und Ausschweifungen in dem einzigen Worte Gütertheilung stecken. „Wer diese Theilung fordert, dem kann man nur durch Pistole und Galgen „antworten. Die Einrichtungen des Lykurgus bestanden nicht lange *; bald „wurden sie schwach und auf alle Weise umgangen; ja ihr Andenken ward „so verhaßt daß ein spartanischer König den Tod fand, weil er zum Alten „zurückkehren wollte.“

Jesus und Sokrates wurden auch hingerichtet, meine Herren; Laharpe billigt also die Ermordung des Agis, und redet nicht von König Kleomenes, der dasselbe that! — „Die Gleichheit „der politischen Rechte,“ fährt der Genfer fort, „ist eine Verrücktheit, eine baare Unmöglichkeit. O ihr heuchelnden, sinnlosen Sophisten, eure Gleichheit ist absurd und niedrig, aber „unsere Ungleichheit ist beglückend, ist weise!“

Ein solcher Fürsprecher des Eigenthums und der Ungleichheit wird seiner Sache schwerlich viele Anhänger gewinnen.

Sehen wir jetzt was Philipp Buonarotti, Babeufs Gefährte, sagt. Er wurde zur Verbannung in die Kolonieen verurtheilt, und 1828, immer noch in der Fremde, ohne Aussicht und dem Grabe nahe, schrieb er die Geschichte jener Verschwörung und des Prozesses, um die Lehre in rechtes Licht zu stellen. Der Greis berichtet die Berathschlagungen seiner Jugend,

* Nicht lange, aber doch fast ein halbes Jahrtausend. Sie mußten sinken, als man in den Eigenthumsverhältnissen Aenderungen machte. Lykurg hatte verfügt: kein Grundstück dürfe von Privatleuten getheilt oder verschenkt oder verkauft werden, und da vieles Land und wenige Freibürger (Spartiaten) waren, ging kein Familienvater leer aus. Der älteste Sohn bekam als Erbe Haus und Feld, doch hatte er für die Geschwister zu sorgen; wenn aber eine Familie mehrere Güter bekam, so ließen die Aufseher des Stammes augenblicklich auch die jüngern Söhne mit Ländereien versehen. War kein Sohn da, so fiel das Familiengrundstück an die älteste Tochter; diese mußte aber einen Gutlosen aus dem Kreise des Stammes heirathen, der dadurch Eigenthum erwarb. Waren auch Töchter nicht vorhanden, so nahm der Hausherr einen ledigen und gutlosen Mann aus dem Stamme an Kindesstatt und zum Erben. Später erlaubten sich die Freibürger ihre Töchter nach Belieben zu verloben und auszustatten, auch Landschenkungen, wenn gleich keine Landverkäufe, vorzunehmen; wodurch natürlich der Reichthum in einzelne Familien zusammenfloß. Da Gold und Silber verboten war, legten die Reichen es außerhalb der Republik im Handel oder auf Grundstücken an, oder in die griechische Nationalschatzkammer des Delphitempels.

Anmerkung des Uebersetzers.

erzählt die Begeisterung Amar's für das System, das er gleichwohl, nebst so manchen Andern, nicht gekannt, und das ihm plötzlich segenverheißend für die Menschheit erschien. Der Greis behauptet in ungebeugter Ueberzeugung, hieraus allein könne das Heil, die Erlösung entsprießen.

„Ich weiß," sagt er in der Vorrede, „die politischen und ökonomischen „Grundsätze meines Buches werden viel Mißbilligung erfahren, aber sollte „ich deshalb sie verschweigen? sind nicht schon sogenannte Irrthümer zu „unbestrittenen Wahrheiten geworden? Uebrigens gibt es Leute die von „dem Flitterwerke der Gesellschaft, und von den Lehrsystemen der Wort„führer der bestehenden Meinung nicht sich blenden lassen. Diese Leute „werden vielleicht die Wichtigkeit der Prinzipien würdigen und trauern um „das Gedächtniß jener Menschen, die für eine ihnen gerecht erscheinende „Sache stolz und muthvoll Blut und Leben preisgaben. Mit ihnen war „ich durch Gleichheit der Gesinnung verbunden, theilte mit ihnen Ueber„zeugung und Mühsal. Täuschte man sich, nun, so war unsre Täuschung „zum Mindesten eine völlige, ganze, denn sie blieben ihr treu bis zum „Grabe, und ich habe nach langjährigem Denken noch heute die Gewißheit, „daß ihre Gleichheit allein allen wahren Bedürfnissen entsprechen, nütz„liche Leidenschaften glücklich leiten und der Gesellschaft eine freie, feierliche, „dauerhafte Form verschaffen kann. Auf der Bank der Angeklagten im „Saale des hohen Gerichts zu Vendome war es, wo ich, einen Augenblick „vor unsrer Verurtheilung, und Angesichts des aristokratischen Beiles, „meinen Freunden Darthé und Babeuf das Versprechen gab, ihren Namen „rächend einen genauen Bericht über unsre gemeinsamen Absichten zu lie„fern, die der Partheigeist so seltsam verzerrt vorgestellt hatte. Heute, „dicht an der Grenze meines Daseins, halte ich Wort: — Gefängniß und „viele tausend andere Schwierigkeiten haben mich früher daran verhindert."

Erwägen wir wohl diese inhaltige Rede des florentinischen Edelmannes, der den großen Kunstmeister Michel Angelo Buonarotti unter seinen Ahnen zählte; des Mannes, der obschon am Hofe des Fürsten von Toscana erzogen, dennoch eine glänzende Laufbahn opferte und sich der Gerechtigkeit und der Philosophie in die Arme warf. Philipp Buonarotti war und blieb ein Denker der, um nur ohne Verbindlichkeiten und den Studien zu leben, sich zu freiwilliger Armuth verdammte und ein langwieriges Märtyrerleben für die Menschheit durchmachte.

Ja, meine Herren, solch ein Mensch war dieser Italiener *.

* Die Julireqierung gab ihm Amnestie und er ging aus Brüssel nach Paris, das er sein 1796 nicht betreten hatte. Hier fuhr er fort zu leben wie bisher. Er gab Musikstunden um die dreißig oder vierzig Sous zu verdienen, die seine Genügsamkeit zum täglichen Unterhalt bedurfte. Almosen wollte er schlechterdings nicht nehmen, und die Tochter der Frau

Nicht aber müssen Sie glauben, er sei ausschließend gewesen; wünschte er doch aufrichtig, des Engländers Owen friedlicher, langsamer Plan möge sich verwirklichen.

Robert Owen warf sein Vermögen von dreimalhunderttausend Thalern ohne Zögern hin, um die Menschheit zu beglücken. Er erklärt sich für die Gemeinschaftlichkeit des Arbeitens, Genießens und der Erziehung; errichtet eine Gemeinschaft von zweitausend Arbeitern in der Spinnerei von New-Lannark in Schottland; gewinnt bedeutenden Anhang, geht nach Nordamerika um Gemeinschaftstädte zu gründen, predigt dort seine Lehre überall, auch vor dem amerikanischen Kongreß; kauft ein ungeheures wildes Landstück im Westen und begibt sich mit Familie und Schülern hin, um Neuharmonia zu stiften; kehrt nach Europa zurück und fordert alle Fürsten zum Mitwirken auf; organisirt in London und vielen andern Städten der brittischen Insel Vereine. —

Schade nur, daß er gar zu inniges Vertrauen in Herrscher und Aristokraten setzte. Auch hat er das Volk entmuthigt, da seine viel zu kurz gestellten Voraussagungen vom Gelingen fehlschlugen. Sein Kapital war zudem nicht hinreichend.

Die bekannte Miß Wright, Owen's Schülerin, sagt den Nordamerikanern in einem Journal und in Vorlesungen folgende bittre Wahrheiten:

„Eure Unabhängigkeitserklärung von 1776 bezeugt, vor Gott und allen „Nationen, daß die Menschen gleich und frei sind. Aber das ist eine „hohle, eitle Theorie ohne Praxis, da ihr das Sklaventhum beibehaltet, „die eingebornen Indianer unterdrückt, in eurer Mitte einige Luxusmenschen „und Prasser, und sehr viele Arme habt, die den Schrei des Elends aus„stoßen. Ihr habt nicht einmal gleiche Erziehung und gleichen Unterricht. „Ihr prahlt mit Freiheit, und bleibt Knechte eurer Priester und des „Aberglaubens. Ihr rühmt euch mit eurer Republik, und habt eine „unrepublikanische Erziehung. Ihr macht viel Aufhebens von eurer „Demokratie, und wißt euch nicht des Stimmrechts zu bedienen, um der „Unwissenheit entgegen zu arbeiten, eine gemeinsame volksthümliche „Bildung einzuführen, und stufenweise zur Gleichheit im Genuß für Alle

von Staël, die Herzogin von Broglie, sah sich genöthigt, ihn als Guitarrelehrer zu sich kommen zu lassen, nur um ihre Geldhülfe nicht abgewiesen zu sehen. Es war ein Ehrfurcht erweckender Anblick, diesen kleinen, dürren, fast erblindeten Greis zu schauen, wie er sich auf den Arm seines Begleiters stützte und die Violine trug. Uebrigens blieb ihm das kühne Seelenauge immerdar scharf, seine Stimme war klar, und er sprach in den kleinen Abendzirkeln der ihn besuchenden Demokraten deutlich und lange.

Anmerkung des Uebersetzers.

„zu bringen. Wollt ihr wirklich frei und wirklich gleich werden, so vereinigt euch, associirt euch und organisirt ein gemeinschaftliches Erziehungs„system." — „Viele Zöglinge dieser Sekte," sagt Achill Mürat, der Neffe Napoleons, „haben sich in den großen amerikanischen Städten fest„gesetzt und streben nach einer politischen Revolution, indem sie die Auf„merksamkeit der Armen und Arbeitenden auf die Begüterten lenken; sie „verlangen eine Ackertheilung, ein gleiches Austheilen des Besitzes, eine „unentgeltliche Allen gemeinsame Erziehung. Schon haben sie in Neuyork „eine oder zwei Deputirtenwahlen geleitet; aber das Ding kann nur „vorübergehend sein *...."

Vernehmen wir Saint-Simon jetzt. Dieser Reformer fachte in Frankreich die Ideen von Gleichheit und Gemeinschaft wieder an, proklamirte die unendliche Vervollkommnungsfähigkeit des Menschen, das „ewige von der Vorsehung bestimmte „Fortschrittsgesetz," predigte Bruderthum und Association,

* In England entwickelt sich der Chartismus auf großartige Weise. Geheime Verbindungen hatten zwar schon früher seit Einführung der gewaltigen Maschinen, durch die der Arbeiter zu weniger als einem Sklaven, nämlich zu einer lebendigen Waare, zu einem athmenden Handelsartikel, herabgewürdigt worden, sich gebildet, aber es nie zu großen Resultaten bringen können. In Schottland hatte 1812 bereits unter den Webern eine allgemeine Arbeitseinstellung stattgefunden, wo eine geheime Verbindung mitwirkte. Sie wiederholte sich zehn Jahre später, und zweien Arbeitern, die dieser Association beizutreten weigerten, und deswegen als Verräther an ihrer Klasse betrachtet wurden, ward Vitriolöl in die Augen gegossen. Auch 1818 ließ die Verbindung der Bergleute in Schottland ein allgemeines Arbeitseinstellen vornehmen, doch ging erst seit 1824 dies alles rüstiger und schärfer. In diesem Jahre gab das Parlament den Arbeitern das Recht der freien Associationen, und damit hörte das heimliche Verschwören auf. Durch das Gesetz ist ihnen eine Bahn gebrochen, durch die eben ihr Wirken so großartig verheißend für eine baldige Zukunft wird. So kam denn auch 1835 im Komité der „allgemeinen londoner Arbeitergesellschaft" die Volkscharte zu Stande, in der man verlangt: 1) Stimmrecht für jeden mündigen Engländer der nicht verstandeskrank und Verbrecher ist, 2) jährlich zu erneuernde Parlamente, 3) Bezahlung der Parlamentsmitglieder, damit auch Aermere die Wahl annehmen, 4) Wählen durch Kugelabgeben, um Einschüchterungen zu meiden, 5) gleiche Wahlbezirke, 6) jeder Wähler solle auch wählbar sein. — Durch diese sechs Punkte kann die Verfassung allerdings übern Haufen geworfen werden. Drei Jahre danach wollten die chartistischen Arbeiter in den Fabrikstädten Nordenglands auch Hand ans Werk legen, und ein Methodistenprediger rief ihnen zu: „ihr „braucht ja nur einige Schwefelhölzer und Stroh mit etwas Pech, so ist die Regierung „mit hunderttausend Soldaten machtlos gegen dies einfache Mittel, welches eine „Waffe ist die jedes zehnjährige Kind führen kann!" „Der Chartismus," sagte er in einer über hundertausend Mann starken Volksversammlung, „ist nicht eine poli„tische Quängelei, sondern eine Messer- und Gabelsache, d. h. es handelt sich bei „ihm um gut Essen, Trinken, Wohnen, Kleiden und kurze Arbeitszeit." Die Aufstände selbst mißlangen, obschon die Leute tapfer waren. Aber der Chartismus ist jetzt stärker wie je, hat ein großes Wochenjournal (Northern-Star, „Nordstern" betitelt) unter dem tüchtigen Redacteur, Volksredner und Parlamentsmitgliede Fergus Oconnor, einem irländischen Gutsbesitzer, und eine treffliche Administration in Büreaus über das ganze Reich, und eine große Kasse zum Aufkaufen von Ländereien, die zur Einführung des neuen Bodensystems (jeder Familie ein Landstück) dienen sollen. Daß aus Englands Proletariate bei einer solchen Organisation etwas Großes bald hervorgehen muß, ist gewiß. (S. Engels „Lage der arbeitenden Klasse in England.")

Anmerkung des Uebersetzers.

kündigte ein neues Christenthum, eine neue schönere und bessere Menschheitzukunft an. Er sagt:

„Die bestehende Gesellschaft ist geradezu die verkehrte Welt. Die Nation hat als Grundlage des Ganzen zugegeben, daß die Aermern großmüthig gegen die Reichen sein, folglich die minder Begüterten mit einem Theil des Tagelohns den Luxus der Reichen vermehren sollen. Die großen Diebe, die welche jährlich drei bis vierhundert Millionen aus der Gesammtheit herauspressen, sind beauftragt, die kleinen Vergehen wider die Gesellschaft zu strafen. Unwissenheit, Faulheit, Aberglauben, Verschwendungssucht sind das Erbtheil der Gesellschaftshäupter, und die geistreichen, sparsamen und fleißigen Personen müssen sich als Unterbeamte oder Werkmittel brauchen lassen. Kurz, in allen Thätigkeitsrichtungen befehlen die Unfähigen über die Fähigen; die Sittenlosesten haben den Auftrag, die Staatsmitglieder zur Tugend zu bilden, und die großen Sünder maßen sich an, über die kleinen Missethäter Gericht ergehen zu lassen.“

Saint-Simon fordert, Fähigkeit und Talent solle zur schleunigsten, so geistigen wie leiblichen Verbesserung der zahlreichsten und nützlichsten Klasse organisirt, und Jeder nach seinen Werken belohnt werden. Und dieser Mann ist ein Nachkomme des Herzogs gleichen Namens, der seinen Stammbaum auf Kaiser Karl den Großen zurückführte; er ist Philosoph, Haupt einer Sekte; er zählt viele und ausgezeichnete, wissenschaftlich gebildete, jüngere und ältere Leute, Zöglinge der polytechnischen Schule, zu Anhängern und gilt seinen Aposteln als ein zweiter Christus.

Mögen nun die Saint-Simonianer, Enfantin an ihrer Spitze, reden:

„Noch lebt die Sklaverei unter uns; denn es gibt noch Menschen, die von der Arbeit Anderer zehren, Menschen die ein kärgliches Dasein nur dadurch fristen, daß sie die Müßiggängerei der von Geburt Privilegirten nähren und mästen. Es ist einerlei, ob die Müßiggänger (wie einst) sich Baron, Graf, Freiherr, oder (wie jetzt) Rentier, Kapitalist, Eigenthümer, Bourgeois tituliren. An den Platz der ehemaligen hohen Herren von Adel traten die Eigenthümer, und die Eigenthumsverfassung ist nichts, als eine andere Erscheinung der Leibeigenschaft; diese war nichts, als eine Umwandlung des Sklaventhums; folglich muß eine völlige Reform über das Eigenthum, wie es heute ist, ergehen. Wir wollen die Erbschaft ausgelöscht und das Eigenthum durch Einrichtungen ersetzt wissen, welche besser noch die väterliche Liebe bethätigen, und nicht etwa einige, nein, alle Klassen ohne Ausnahme einigen werden.“

Die Saint-Simonianer verlangen: Allgemeine, das ganze

Menschengeschlecht umfassende Associirung; Erziehung für Alle; Einstellung eines Jeglichen in das seiner Anlage zusagende Thätigkeitsfach; Theilung und Vertheilung der Arbeit; ein Jeder soll zum Glücke Aller, Alle sollen zum Glücke eines Jeden arbeiten; der Besitz sei gesellschaftlich, sei gemeinsam, eben so die Produkte; ein Jeder werde belohnt seinem Wirken gemäß; der Ehrgeiz werde darauf gelenkt, den Fortschritten der Oberen zu folgen und die Unteren emporzuheben; Abschaffung der Privilegien der Geburt; Gleichheit zwischen Mann und Weib; Vereinsrecht, Stimmrecht und Wahlrecht für Alle; endlich eine monarchische Regierung, aber in den Händen des durch Alle erwählten Besten von Allen.

Sie sehen, meine Herren, Saint=Simons Schule will viel des Guten und Edeln und Schönen. Gütergemeinschaftliches darin ist unverkennbar. — Gleich den Pythagoräern associiren sie sich, haben gemeinschaftliche Wohnung und eine besondere gemeinsame Kleidung, durchreisen das Land und predigen, und bekommen schnell Zulauf, selbst von vielen reichen und talentvollen Personen beiderlei Geschlechts. Aber siehe! da zeigt sich ein Uebelstand: diese Sekte will Alles auf die Religion beziehen; Ideen, Formalitäten, Namen, alles muß religiös klingen; sie will ein neues Christenthum aufpflanzen, Saint=Simon gilt als Gottheit, als Messias; ihre Association gilt als neue Kirche; ihre Beamten gelten als Priester, ihr Oberhaupt heißt fortan „Papst" und „der Vater:" und so ist denn ihre Regierung, obschon wählbar, doch zugleich ein Königthum und eine Aristokratie und — eine mit absoluter Macht gerüstete Theokratie oder Priesterherrschaft! Hieraus entstand bald heftiger Streit in der Sekte selbst und hemmte nothwendig ihren Fortgang.

Ein andrer Denker steht da, Zeitgenosse Saint=Simons, und widmet nicht minder sein Leben der Menschheit; auch er stiftet eine Schule: Charles Fourier.

Er will: Reform der Industrie, durch Organisiren der Gesellschaftsgemeinde; Reform der Politik; durch Verwaltungseinheit, Wahl oder allgemeines Stimmrecht mit einem erblichen Könige; Reform des Besitzthums, durch Erhebung aller Associirten zu Besitzern und Kapitalisten; endlich Reform der Religion, durch Einheit des Glaubens und der Gebräuche.

Ihre „Gemeinde" soll ein Stück Land von einer Quadratmeile füllen, und zwölfhundert Individuen oder dreihundert bis vierhundert Familien begreifen. Sie ist eine sogenannte Kommandit=Gesellschaft, sie bearbeitet ein einziges Grundstück kraft eines ungeheuer großen, sowohl beweglichen als unbeweglichen Kapitals, sie wohnt in einem einzigen kolossalen Gebäude, Phalanstere genannt, mit einer einzigen Küche und einer einzigen Hauswirthschaft. Diese zwölfhundert Personen sollen nach ihren Anlagen und Neigungen in Gruppen, in Serien und in Phalangen vertheilt sein. Die Arbeit, sagen sie, muß anlockend werden, in freier Wahl eines Jeglichen stehen, mannigfach und kurz und durch möglichst vielschaffende Maschinerie erleichtert sein. Arbeitslohn ist nicht mehr üblich, aber statt dessen ein Associé-Antheil, doch nicht eine gleichmäßige Austheilung des Gesammtertrags, sondern eine verhältnißmäßige je nach dem eingeschossenen Kapital, der gelieferten Arbeit und dem aufgewendeten Talent eines Jeglichen. Frauen und Kinder sollen selbstständig und bei dem Gewinnste mitbetheiligt sein.

So wollen die Fourieristen schrittweise den ganzen Erdkreis umgestalten; zuerst Bezirke, dann Kantone, dann Provinzen bilden.

Mir scheint diese Ungleichheit des Vermögens sehr schlimm dabei zu sein. Indessen liegt trotzdem etwas Gütergemeinschaft darin.

Fourier suchte übrigens vergebens vier Millionen, und später eine Million zweihunderttausend Franken, um den Anfang zu machen, auch half ihm die Regierung nicht, der er gleichwohl ein vierfaches Produkt garantirt hatte. So blieb denn das System ein Projekt.

Mancherlei Associationsversuche der Industrie, auf ähnlichen Prinzipien, entstanden. Der Engländer Ch. Babage, Ingenieur und Professor am Kollegium von Cambridge, schlug eine Manufakturenassociirung vor.

In Frankreich trat eine andere Schule auf: Büchez und Roux an der Spitze (Verfasser der „Parlamentsgeschichte der „französischen Revolution," des Journals „der Europäer," u. s. w.). Sie berufen sich auf Religion und Glauben, Christus, die Vervollkommnungsfähigkeit, den Fortschritt zu einer bessern Zukunft, Gleichheit und Bruderthum und Hingebung; auf Association, die einst nothwendig zu Gütergemeinschaft treiben muß *.

* Vor der Hand jedoch bekämpft diese Schule, die sich manchmal die „katholischen Jakobiner" nennt, aufs Heftigste das Prinzip der Gütergemeinschaft, als ein der Tugend und dem Sichaufopfern zuwider laufendes. Auch greifen sie die deutsche moderne freiheitliche und unreligiöse Philosophie an.

Anmerkung des Uebersetzers.

Vergessen wir ferner nicht den Schriftsteller der „Jungen Italia,“ den Demokraten **Mazzini**, der gleichfalls auf Zukunft und Menschheit die Blicke wendet, auf Völkerbund, Umschaffung der Gesellschaft durch Association, durch Jesu Lehre von der Gleichheit und Bruderschaft Aller, womit das Proletariat und die Aristokratie des Bodens und Kapitals schwinden und Gütergemeinschaft folgerecht erscheinen muß. —

Vergessen wir nicht, daß deutsche Bestrebungen ein „Jungdeutschland,“ polnische ein „Junges Polen“ bewirken wollten, worin Jeder nach Arbeitsverhältniß seinen Antheil am Genusse bekommen sollte. Auch in diesen beiden Erscheinungen wurde das nämliche Bruderprinzip aufgestellt.

Dies sind drei Associationen, die große Aehnlichkeit unter einander haben *.

Ein edler und geistvoller Dichter des jetzigen Frankreich, **Alphons Lamartine**, spricht in der Beschreibung seiner Reise im Orient folgende inhaltschwere Worte:

„Frankreich hat eine baldige schöne Zukunft vor sich. Das aufblühende „Geschlecht wird nothwendig, schon wegen seines Alters, sich völlig von „unsern vierzigjährigen innern Streitigkeiten und Gehässigkeiten losma„chen. Die jüngere Generation wird sich wenig kümmern, ob Dieser oder „Jener zu diesem oder jenem widerlichen Partheinamen gehörte! Sie „war ja bei diesen Zänkereien nicht betheiligt; sie trägt weder Vorurtheile „noch Rache im jugendlichen Busen; sie betritt rein und klar die neue „Bahn, und hat den Enthusiasmus einer Idee... O wie gern träte ich für „sie, in ihrem Namen dort ein!... Und die hehre Stunde wird dann „schlagen, wo wir den Leuchtthurm der Vernunft und der Sittlichkeit an„zünden hoch über unsern politischen Unwettern; wo wir die Formel des „neuen Gesellschaftssymbols aussprechen: des Symbols der Liebe und „Freundschaft zwischen den Menschen, die **Evangeliumspolitik**!... „Möge der Himmel Männer erwecken! denn unsere Politik macht dem „Menschenthume Schande und presst den Engeln Thränen aus. In jedem „Jahrhundert verleiht das Schicksal dem Menschengeschlechte eine Stunde, „um sich zu verjüngen in Wiedergeburt; solche Stunde heißt Revolution, „und die Menschen vertrödeln sie mit Morden, und machen eine Rachestunde „aus der von Gott ihnen geschickten Fortschrittsstunde!

„Der Familiensinn ist die zweite Seele der Menschheit; das haben die „modernen Gesetzgeber manchmal vergessen, wenn sie die Familie bei Sei-

* Oder Ein und Dasselbe sind. Was die Jungdeutschländer oder „deutschen Patrioten“ betrifft, so weiß man längst, daß sie gleichfalls aufs Bestimmteste sich gegen uns aussprechen. Indessen können ihre Prinzipien unmöglich lange den Arbeiter anziehen; er geht nothwendig, jemehr das Industrieproletariat wächst, zum Kommunismus über.

Anmerkung des Uebersetzers.

„ten schieben, welche doch die alleinige Quelle der starken, reinen Generationen ist. Selbst die christliche Gesetzgebung hat barbarisch in diesem „Punkte verfahren, denn sie hat der Hälfte des Männergeschlechts es unmöglich gemacht, Weib und Kind und eigen Haus und Hof zu haben. „Gleichwohl war das Gesetz dieses Allen schuldig Die Vernunft ist die „Sonne der Menschheit; sie ist die unfehlbare, stete Offenbarung der göttlichen Gesetze in Anwendung auf die Menschenvereine. Der Vernunft ist „zu folgen: sonst stürzt man in das Uebel und in die Finsterniß. Aber „auch nicht ihr voraneilen darf man, sonst strauchelt man, fällt in „Abgründe. Die Regel weiser Männer und guter Einrichtungen will, daß „man die Vergangenheit verstehe, ohne sich an sie anzuklammern, die Gegenwart ertrage indem man sie verbessert, die Zukunft vorbereitend erharre. Die menschlichen Ideen hatten Europa zu einem organischen „Umschwunge geführt, wie der Mensch deren nur einen oder zwei im Andenken behalten hat, zu einer Epoche, wo eine abgenützte Civilisation „einer neuen den Platz räumt. Die französische Revolution, „sie ist die Sturmglocke der Erdenwelt gewesen.

„Noch heißt sie die französische; einst nennt man sie die europäische, denn „die Ideen ruhen nicht eher, als bis sie, wie das Wasser, in den Spiegel „der gleichen Ebene getreten sind.

„Mit Nichten war diese Revolution eine nur staatliche, eine bloße Umwandlung der Macht, ein Herrscherwechsel, eine Republik an Stelle eines „Königthums! Das Alles war nur Nebenwerk, war Symptom, Instrument, Mittel. Nein, sie war viel höher und reichhaltiger, als daß sie „in dem engen Gefäß der politischen Form sich hätte auswirken können... „Mag man dies oder jenes Werkzeug vorziehen, die Idee der Revolution, „das heißt des ändernden Verbesserns, erleuchtet den Geist, erwärmt das „Herz, wenn auch von verschiedenen Revolutionären verschiedene Hebel „angewandt werden... Und wer unter uns, wenn er die Hand auf sein „Gewissen legt, wer unter uns, wenn er Mann von Herz und Kopf, von „Religion und Hoffnung ist, gegenüber unserer in Alterschwäche zerfallenden Gesellschaft, wagt es nicht zu sagen: Ich bin ein Revolutionär! — „Bisher war die Revolution ein wüstes Schlachtgefilde. Heute erst beginnt man, den Schicksalsplan des Riesenkampfes zu verstehen. Das ist „ein großer, ein seltener Anblick; sobald man eine Revolution mit dem „Denken durchdringt und begreift, ist sie schon vollendet. Ihr Erfolg kann „noch warten lassen, aber er ist außer allem Zweifel. Die neue Idee mag „noch nicht ihren Boden erobert haben, aber sie steht da, gewaltig im Besitz „der Presse: das ist ihre unfehlbare Waffe. Diese Waffe ist nunmehr „von den Staatsphilosophen zu lenken... Die Rechtsgleichheit ist prinzipiell angenommen... Das geschriebene und das gesprochene Wort haben „die Befugniß, überall und stets den Verstand Aller aufzurufen. In Frankreich sind die Proletarier in einer schlimmern Stellung denn zuvor; sie „haben unfruchtbare Rechte erworben, und ermangeln des Allernöthigsten; und sie werden an der Gesellschaft so lange rütteln, bis der Socialismus an Stelle der Vereinzelung getreten ist. Aus der Proletariatslage ist die Eigenthumsfrage entstanden, die heute allerorten verhandelt „wird. Sie würde durch Bürgerkrieg und Gütertheilung sich lösen, wenn „sie nicht bald durch Vernunft und Politik und gesellschaftliche Bruderliebe „gelöst werden könnte! Die Menschenliebe, das ist der Socialismus; die

„Selbstsucht, das ist die Vereinzelung. Liebe und Staatsklugheit befehlen „dem Menschen, nicht den Menschen sich selbst zu überlassen, sondern ihm „beizuspringen, eine Art gegenseitiger Assekuranz zu bilden zwischen Be- „sitzern und Nichtbesitzern; rufen dem Eigenthümer zu: dein Eigenthum „sollst du behalten! Denn ungeachtet des schönen Traumes der „Gütergemeinschaft, die dem Christenthum und der Philanthropie „mißlungen ist, scheint bis jetzt der Privatbesitz die nothwendige Bedingung „jeder Gesellschaft; ohne ihn, keine Familie, keine Arbeit, keine Kultur „mehr! — Aber die nämliche Liebe spricht auch: Eigenthümer, du darfst „nicht vergessen, daß nicht für dich allein, sondern für die ganze Mensch- „heit das Eigenthum eingesetzt worden; du besitzest lediglich unter der Be- „dingung gerecht, nutzbringend für Alle zu sein, du sollst also deinen Brü- „dern von deinem Ueberfluß abgeben, damit sie sich Arbeitsmittel ver- „schaffen, durch welche sie sich ihren Antheil erwerben können; Eigenthü- „mer, du mußt ein Recht über deinem Besitzrecht erkennen: das Mensch- „heitsrecht."

Wir sehen, meine Herren Zuhörer, Lamartine drückt sich vorsichtig aus, wenn er gleich von der Gemeinschaft der Güter nichts wissen will; er bringt keinen einzigen deutlichen Beweisgrund. Aber wohl betont er nachdrücklichst die Gleichheit, Brüderlichkeit, Liebe des Nächsten; er fordert vom reichen Manne die Pflicht, dem ärmeren einen Theil des Ueberschusses abzugeben. Sollte das nicht zur Gemeinschaft hinreißen? —

Ein anderer Denker, der Abbé Lamennais sagt in seinem „Buch des Volkes":

„Die Menschen stammen von Einem Vater, hätten demgemäß nur Eine „große Familie, mit den sanften Banden der Geschwisterschaft, bilden „sollen... In einer Familie beabsichtigen Alle den Vortheil Aller, weil „sie sich Alle lieben... Wird ein Mitglied schwach, krank, arbeitsunfähig, „so nähren und verpflegen es die übrigen*."

Ist das nicht ein Fingerzeig zur Gemeinschaft? —

In unsrer vorigen Versammlung habe ich, wenn ich mich nicht irre, Ihnen bereits von den „Mährischen Brüdern" geredet; ich bemerke hier nur noch, daß diese christliche Sekte in allen Ländern Europas und Nordamerikas große „Häuser" oder „Fa-

* Bekanntlich hat seitdem dieser sonst verdienstvolle, ehemalige Priester sich aufs Feindseligste wider die Gütergemeinschaft vernehmen lassen. Er versäumt keine Gelegenheit dagegen zu protestiren, und behauptet „sie sei ein Gift für alle wahre „Tugend und Aufopferung, zerstöre die reine Familienliebe, verpeste die Unschuld, „vernichte alle Kultur."

Anmerkung des Uebersetzers.

„milien" gegründet hat; die in Mähren und Sachsen enthalten an zwölfhundert Brüder und Schwestern; eine andre in Zeist (bei Utrecht) in Holland zählt dreitausendfünfhundert, nachdem im Jahre 1760 ein reicher deutscher Edelmann begeistert übergetreten und ihnen sein Vermögen geschenkt. Das „Haus" ist kein Kloster; es ist voll Werkstätten, Wohnzimmer für Eheleute, Speisesälen, Betsälen, Schulsälen, und hat Gärten und Felder ringsum. Eine vollkommene Gleichheit herrscht in Kleidung, Nahrung und Wohnung; jeder ist Professionist. Die Männer wählen einen Meister, die Frauen eine Meisterin, und diese beiden Oberbeamten sind verantwortlich für das Wohlergehen der Anstalt. Heirathen geschehen fast immer ohne Mitgift; Ehescheidung ist erlaubt, aber unerhört bis jetzt geblieben; Kindererziehung ist gemeinsam. Sie halten an die evangelische Moral. Die Regierungen haben niemals diesen Leuten Soldat zu werden verstattet; auch Napoleon nicht. So leben sie seit der lutherischen Reformation.

Es wäre nicht schwierig, aus den Schriften der das Privateigenthum vertheidigenden Nationalökonomen J. B. Say, Sismondi, Storch manche Worte anzuführen, die uns nicht mißfallen können. So gesteht z. B. Sismondi:

„Im Zustande, wie er jetzt ist, dienen die Abgaben fast nur dazu, den „Reichen gegen den Armen zu schützen. Das gilt besonders von der Blut„abgabe, dem Militärdienst. Man sagt zwar, das Heer sei zum Verthei„digen des Besitzes und der Ordnung da; aber wenn das Privateigenthum „die Kunst ist, die Arbeit des Armen zu verschlingen, und da die Armen „ziemlich das ganze Heer ausmachen, so wird offenbar ein Theil der „armen Klasse abgesondert und einexercirt, um den andern Theil dieser „Klasse zu unterdrücken."

Zahlreiche Associationen und Vereine der französischen und englischen und belgischen Arbeiter verlangen die Verwirklichung der Bruderthumsprinzipien. Zahlreiche philanthropische Gesellschaften in Frankreich, England und Amerika, begehren Reform, allgemeines Stimmrecht, Volksunterricht, Abschaffung der Sklaverei, bessere Gefängnisse, Civilisirung der Wilden;... ich brauche Ihnen, meine Herren, nicht das Mangelhafte in all diesem zu erörtern. Ich halte mich nicht mit Wehklagen auf über die grimmigen Ausbrüche eines zwar natürlichen, doch nicht gerechten und wenig überzeugenden Zornes mancher Schriftsteller gegen die Reichen, und gegen Andersmeinende, die aber auch der Menschheit Glück erstreben wollen.

Ich begnüge mich, die Widersacher der Gemeinschaft auf diese bedeutungsvollen Vorzeichen und Zeugnisse aufmerksam gemacht zu haben. Morgen werde ich mir die Freiheit nehmen, dem Auge der Versammlung die unwiderstehlich herausrollende Zukunft der Erdbewohner zu weisen; diese Zukunft, meine zu ehrenden Herren, ist, und kann nichts anders sein als die Verwandlung des Privateigenthums in Gemeingut. (Stürmischer Beifall.)

Vierzehntes Kapitel.

Die Zukunft.

Wer möchte ernstlich, bei gesundem Herzen und Verstande, leugnen, daß die Menschheit fortschreitet? Wer ist so blind und blödsinnig, daß er ihre reichere Entwickelung im Civilisationszustande, nachdem sie der Wildheit und dem Barbarenthum entronnen, mißkennt!

Die Sklaven wurden gefüttert, und nicht mehr, wie einst die Kriegsgefangenen, geschlachtet. Die Sklaven wurden später freigelassen. Die christliche Welt mit der Brudermoral überwand die heidnische Welt. Das Wort der Gleichheit und Menschenliebe bewältigte das Kastenthum; die Thatkraft im Verbessern der Lebenslage und der gegenseitigen Beziehungen triumphirte über die Trägheit des Insichversunkenseins. Der Verkehr und Handel siegte über die Dürftigkeit der Vereinzelung; die Städtegemeinden, das heißt die gewerbliche und kommerzielle Bürgerklasse, über die Junker und Ritter; die modernen Ideen von Menschenrecht und Menschenpflicht erhoben sich über die alten bösen Ideen von Knechtschaft und Herrenthum; die religiöse Verdumpftheit ward zernichtet durch das Licht des Verstandes und Herzens; die tyrannische Adelswirthschaft und die despotische Krone von Gottesgnaden wichen der konstitutionnellen Monarchie; die Republik der Vereinigten Staaten jenseits des Ozeans war ein abermaliger Gewinn für das Menschengeschlecht.

Und wenn du hiezu die Ergebnisse in Wissenschaften und Künsten — Amerikas Entdeckung, Buchdruckerei, Dampfmaschine—rechnest, dann wagst du nicht mehr an der Ausbildungsfähigkeit der in Gesellschaft lebenden Menschen zu zweifeln.

Es ist unmöglich, zu sagen: dieses Fortschreiten wird nur so und so weit gehen, und dann aufhören; denn wie willst du ein Joch oder eine Schranke auferlegen der Mathematik, Chemie, Physik, Astronomie, Mechanik, Geologie, Medizin?

Man hat klug reden von Unmöglichkeiten, von Unwahrscheinlichkeiten. Ich halte dem, der in unmäßiger Demuth dem majestätischen Gange der Menschheit ein Ziel stecken möchte, die großen Thaten entgegen, die sie vollbrachte. Ich erinnere ihn an die englischen Chemiker Priestley und Price *, an den französischen Finanzminister Türgot, und tausend und aber tausend Andere; ich nenne ihm den französischen Philosophen Condorcet, der im vorigen Jahrhunderte, vor dem Losbruche der gewaltigen Revolution von 1789, laut aussprach, das Geschlecht der Menschen gehe unaufhaltsam vorwärts, noch stehe es in der Kindheit, seine Zukunft sei daher eine unberechenbare, voll riesiger Erfolge und Heldenthum, voll mächtiger Arbeiten deren jegliche eine ganze unabsehliche Reihe neuer Arbeiten gebären werde!

Und man lausche dem Worte Türgot's, der vor dem Weltjahre 1789 sagte: Ich will in zehn Jahren Frankreich verwandeln, sein Volk zum ersten Volke der Erde, und sein Gebiet zu einem prachtvollen Garten umschaffen!

Man höre wie Condorcet prophezeite, der Menschheit stehe eine leibliche, geistige, sittliche Verbesserung sonder Schranken bevor; durch zweckmäßigeres Verhalten werde ihr Körper stärker, schöner, gesünder, ihr Geist schärfer, ihr Herz edler und liebender, ihre Phantasie frischer und farbiger werden!

Diese Wunder könne sie durch eine angemessene Erziehung, die allmächtig wirkt, erreichen! —

Aber die allmächtig wirkende Erziehung wiederum kann keine andere sein, als die gleichheitliche.

Was wäre am Ende eine Republik, ohne Verbesserung des Besitzstandes? Was bedeutete ein sogenannter Freistaat, in welchem das Elend und das schwelgerische Wohlergehen fortdauerte? Was soll das Gerede von gesellschaftlichen Reformen (und Jedermann hat das Wort heute auf der Zunge) — was will man damit sagen, wenn man nicht das Glück aller Personen des Staats im Auge hat? Man verlangt zum Beispiel Wahlrecht und Aufklärung, Konstitution und Geschwornengericht, freie Presse, und dergleichen Dinge; aber weßhalb thut man nicht

* Nicht zu vergessen die Engländer Watts, Entdecker der Dampfkraft, und Arkwright, Erfinder der Spinnmaschine.

noch einen Schritt, und fordert Umformung des Privateigenthums in allgemeines Besitzthum?

Ich behaupte, da man nicht zur Sklaverei der Vorzeiten zurück darf, und da man nimmer still stehen kann — denn das Rad der Weltgeschichte schwingt sich unaufhörlich — so bleibt nur übrig, vorwärts zu marschiren und die Gütergemeinschaft ins Auge zu fassen. Will man auf halbem Wege stecken bleiben, so macht man sich einer greuelhaften, frevelhaften Unkonsequenz schuldig. Man hat einmal die Reformen angefangen; sie führen wie die Sprossen einer ungeheuren Leiter von der Hölle der Gegenwart in den Himmel der Zukunft; setzest du den Fuß auch nur auf die unterste der Staffeln, so treibt es dich ruhelos immer höher und kühner empor. Fürchtest du dich, so bleibe lieber ganz davon; fürchtest du für Andere, so halte sie lieber ganz ab, scheuche sie hinweg von der Leiter. Wisse, schlägst du einen Stein aus dem alten Gemäuer, must du noch einen und noch einen herabwerfen, bis die Mauer verschwunden ist.

Es ist seltsam, wie schwer die Fortschrittsmänner sich täuschen, welche Viertels- und Drittels-, und Dreiviertels- und Zweidrittels- und halbe Reformen vorschlagen. Ei, wenn du in den Damm eine kleine Oeffnung gemacht, reißen die Wellen das Ganze um. Die Wellen, das ist das Volk; die Oeffnung, das ist das bischen Freiheitsrecht womit man es abspeist. Die gekrönten Häupter, die eine gewaltige Macht besitzen, thäten klug daran, Association und Presse, und Wahlen und Bildung dem Volke frei und zugänglich zu machen. Geschähe dies, so würde das Volk nicht mehr von blutiger Rache träumen. Entweder Nichts oder Alles, ruft die Menschheitsgeschichte zu; sie, die eine Lehrerin für die Jetztzeit sein könnte, wollte man nicht das Ohr verschließen. Die zaudernden und stückweisen Maaßregeln sind demjenigen schädlich, der sie anordnet.

Unmöglich! — Was ist unmöglich? Allerdings kann zweimal zwei niemals drei werden; zu dieser Umwandlung der Mathematik und ihrer ewigen Gesetze in Unsinn, ist allerdings keine Möglichkeit vorhanden. Aber wie die mathematischen Begriffe und Regeln, ebenso fest und sicher stehen die Gesetze und Ordnungen des lebendigen Menschenwesens. Und diese Gesetze des menschlichen Wesens heißen mit Worten ausgedrückt: fortschreitende Bewegung. Oft wurde schon vieles besiegt, was als „unmöglich" verschrien worden. So ist jener Mann aus Nazareth, der am Kreuzholze zwischen Dieben gehangen, zur Herrschaft, und zwar als der Gott Himmels und der Erden, gekommen. So hat Christoph Colombo, dieser einfache Seekapitän aus Genua, die andere Halbkugel des Erdballs befahren gelehrt, und ehe er durchgedrungen, hieß er überall „der italienische Narr,“ und seine Schiffsleute sollen ihn auf der ersten Entdeckungsreise haben tödten wollen.

Und ein Papst lebte einst, vor dem die Christenheit auf dem Angesicht lag, der Kaiser und Könige ab- und einsetzte: der Mann war eines Zimmermanns Sohn. — Und eine kleine Kompagnie brittischer Kaufleute hat binnen eines Jahrhunderts, ohne sich aus London zu rühren, im fernen Indien hundertzwanzig Millionen Menschen mit Waffengewalt und Handelslist erobert; ein Mönchsorden hat Nationen und Monarchen nach seinem Gutdünken geleitet.

Der englische Arzt Harvey entdeckte, daß unser Blut eine Bahn in regelmäßigem Umlaufe beschreibt, und sein Name ist dadurch unsterblich geworden; aber nach funfzig Jahren kam es der medizinischen Akademie in Paris in den Sinn, diese Wahrheit zu leugnen; es war dieselbe Akademie, die hundert Jahre lang nicht begreifen mochte, daß der menschliche Magen Erdäpfel verdauen kann. — Und der Nordamerikaner Thomas Payne, der zuerst seinem Vaterlande vorschlug, sich als Republik zu erklären, ist fast von den eigenen Landsleuten gesteinigt worden; aber diese Landsleute bekehrten sich, und befolgten seinen Rath wenige Jahre danach, auf dem großen Kongreß.

Wie wurde der Engländer verhöhnt und bedroht, welcher in London das Gaslicht einführen wollte! Man schrie, er werde unfeblbar die Stadt durch die unterirdischen Röhren in die Luft sprengen, oder wenigstens in Flammen setzen.

Als Napoleon die berühmte Akademie von Paris mit Entscheidung über die Frage der Dampfschiffe beauftragte, behauptete sie, es wäre eine Unmöglichkeit, ohne Wind und Segel zu fahren, und Napoleon selber jagte, wie man einen Thoren fortjagt, den Engländer Fulton weg, der das gewaltige Räthsel gelöst hatte, und ihm die Benutzung anbot. Hätte das erstaunende Erdenrund die französische Revolution von 1789 für „möglich“ gehalten? und daß der kleine Korporal ein großer Kaiser würde? und daß die Pariser 1830 in drei Tagen einen Thron umstürzen könnten? Ebenso wenig als die gelehrtesten Männer einst für möglich erachtet hatten, daß etwas kochendes Wasser eine lange Reihe schwerer Wagen mit seltsamer Geschwindigkeit schleppen würde.

Löscht das Wort „unmöglich“ aus, wofern ihr nicht bei der Nachwelt lächerlich dastehen wollt.

Und thäten sich die tausendjährigen Gräber auf, kämen die

Helden der Menschheit wieder hervor, und beträten, Christus an der Spitze, unser Land: wahrlich, sie zögerten nicht und entschieden sich für die Gemeinschaft gegen das Privateigenthum.

Wir Ikarier sind jetzt glücklich. Heil dem Andenken Ikars und seiner Genossen!

Die übrigen Nationen der Erde, diese Schwestern der unsrigen, sind es leider noch nicht. Wir hoffen aber aus dem Grunde unseres Herzens: in ihnen auch möge bald das bessere Bewußtsein aufgehen, und der Weg in die Gütergemeinschaft sich erschließen! Diesen feurigen Wunsch, hochzuehrende Herren Zuhörer, bitte ich Sie nicht nur als den meinigen, sondern auch als den aller Ikarier hinzunehmen. Seien Sie uns Allen brüderlich gegrüßt! —

Der Professor verneigte sich tief, und verließ die Redebühne unter dem donnernden Beifall der Anwesenden. Die zunächst Sitzenden drückten ihm die Hände; ich sah in vielen ernsten Männeraugen Thränen. Ein großer Theil der Versammlung begleitete ihn an seine Wohnung. Ich fühlte mich, nebst Eugen, doppelt erfreut.

Funfzehntes Kapitel.

Verein zur Propaganda.

Die Fremden kamen wieder zusammen und beriethen über die durch des Professors Vorträge unterbrochene, interessante Frage: „ob Gütergemeinschaft in ihren verschiedenen Heimathländern zulässig sei oder nicht?"

Die Majorität bejahte; indessen war die Opposition lebhaft. Don Antonio bestieg zuerst die Redebühne und erklärte, wenngleich seine Ansicht durch manches bereits in etwas geändert sei, bleibe sie dennoch unerschütterlich sobald es sich um Einführen des ikarischen Systemes in Spanien handle; in diesem Lande, rief er mehrmals mit Nachdruck, ist es vor der Hand eine baare Unmöglichkeit!

Auf ihn folgte ein Italiener, Mitglied der Carbonarigesellschaft, den der Papst im Jahre 1831 seines Vermögens beraubt und verbannt hatte.

Ich gestehe, sagte er, ich begreife den vorigen Redner nicht; kann er sich nicht durch die Gegenwart des Systems in dieser Republik, von der Anwendbarkeit überzeugen? Und als 1782 Ikarien den großen Schritt wagte unter allen Nationen der Erde, war es damals etwa nicht in einer ebenso miserabeln Lage, wie heute Spanien und Italien? Haben unsere europäischen Völker doch jetzt ein Beispiel, und können Fehler vermeiden die 1782 gemacht worden. Sind Frankreich und England einmal gewonnen, so ist Nordamerika auch nicht mehr weit davon. Der Erfindungsgeist Frankreichs, das Industrietalent Großbritanniens muß zur Erkenntniß, und zur Ausführung dieser Erkenntniß hindurchdringen. Ikariens Vorbild darf nicht verloren bleiben. Es wäre ein Majestätsverbrechen an der Menschheit, wollte Europa die Augen eigensinnig schließen! —

Einige Anwesende meinten hierauf, Ströme von Blut würden fließen, die Machtinhaber wären noch zu stark.

Ein Pole worf dagegen ein, nach Ikars Muster könne man ja friedlich verfahren.

Eugen rief: ich sehe vorher, daß manche hohe Herren, ist der Anstoß nur gegeben, folgen werden, wie 1782 in Ikarien, wie 1789 in der berühmten Sitzung vom 4. August in Paris, wie jetzt unser werther Freund Lord William Carisdall, einer der reichsten Männer Englands, der sein kolossales Vermögen dazu hergeben will. Und er wird uns sagen, ob er nicht noch andere seines Standes kenne?

Ja wohl, erwiederte ich, in England, Deutschland, Ungarn, Italien, Frankreich, Spanien, selbst in Rußland ist mancher reiche Edelmann, der das Wohl der Menschheit wünscht.

Das Blutvergießen, meinte ein Anderer, ist in Ikarien nicht groß gewesen; Ikar, wärend der sechzehn Jahre die er nach der Revolution noch verlebte, sagte oft, seine höchste Freude sei, daß das neue System ohne Hinrichtungen und Bürgerkampf — abgerechnet die Empörung — sich verwirklicht habe...

— Nun gut, riefen viele, wir wollen nichts anderes.

— Einige Redner aus fünf bis sechs Nachbarländern, aus Taron, Wirgis u. s. w. bezeugten, ihre Staaten hätten dem ikarischen nachgeeifert, obschon wegen der geringern Hülfsmittel, mit weniger schnellem Erfolge.

Zwei Amerikaner, von Neuyork und Philadelphia, meinten, die vereinigten Freistaaten Nordamerikas eigneten sich besonders dazu; dort verlören die aristokratischen Geldbanken ihre Vorrechte; Privatleute dürften sich nicht der Postpferde bedienen; die gemeinsamen Speisehäuser, in welchen ganze Familien sich nähren, vermehrten sich stark in den neuen Städten; die Arbeiter verlangten als Associirte angesehen zu werden; die Zahl der Bedienten schwinde täglich. Solcherlei Dinge müßten als Vorboten betrachtet werden. —

Man rief Beifall.

Ich, sagte der ehrwürdige Francis, der schottische Missionär, war als junger Mensch ein sehr hartnäckiger Aristokrat, ward später Geistlicher, und habe jetzt alle Erdtheile durchreist. Ich bin jetzt alt, habe viele Erfahrungen, und eben deshalb glaube ich behaupten zu dürfen, das hohe Werk sei überall, mit Geduld, Weisheit und Ausdauer, zu unternehmen, und zwar auf der Stelle.

— Man forderte den Schluß der Verhandlung und stimmte ab; nur zweihundert etwa sagten weder Ja noch Nein, da sie noch nicht eine genügende Ansicht hätten; aber neuntausendfünfhundert Anwesende erklärten sich für die Anwendbarkeit. Jetzt traten auch einige derer, die nicht stimmen zu können vorgegeben hatten, über; die ungeheure Zahl machte günstigen Eindruck auf sie.

Als man nun besprach, ob die Verwirklichung sofort versucht werden solle, meinten manche Redner, man möge warten bis irgend eine der europäischen Hauptnationen, oder ein neuer Ikar sich zu der Sache verstünde; auch schade es nicht, das Ganze einer künftigen Generation anheim zu stellen.

Da erhob sich ein stämmiger Deutscher und sagte: Sehr gut, aber wie, wenn der neue Ikar lange auf sich harren läßt! etwa so lange wie der erste Ikar seit Christi Geburt? Dann müßte die Welt runde achtzehnhundert Jahre warten. Wenn Frankreich auf England, England auf Frankreich wartet, kann beiden leicht die Geduld ausgehen.

Die Deutschen sind eln ruhiger Menschenschlag, und trotz dem haben sie das Nationalsprüchwort: „Hoffen und Harren macht „manchen zum Narren." (Bravo, Bravo!) Wenn wir die Sache unsern Kindern zuschieben, werden diese es ebenso machen; wie der Barbier der über seine Thür schrieb: „Morgen rasirt man unentgeldlich," und wenn Jemand nicht zahlen wollte, zeigte er auf das Schild und sagte: lesen Sie, mein Verehrtester, heute noch nicht, aber morgen rasire ich umsonst. (Gelächter und Bravos.) Ich bin für das Wort: „Hilf dir selber „und der Himmel wird dir helfen." Ikar war auch dafür, und bereitete lange alles vor. Ob wir viel oder wenig durchsetzen können, weiß ich nicht, aber lassen Sie, meine Herren, uns nicht den Barbier nachahmen; das weiß ich. Wir wollen heute anfangen. —

Man rief Bravo und verlangte Abstimmung; die Mehrheit war jetzt stärker als das erste Mal.

Was haben wir zu unserm Zwecke zu thun? So lautete der nächste Punkt.

Ja wohl, was können wir, sagte einer der heftigern Gegner, was können wir ohne Geld, ohne Armee, ohne Macht, ohne Leitung! wir sind eine gar kleine Schaar für jedes Land!

— Darum will ich daß wir vorläufig uns gedulden, bemerkte sein Nebensitzer; der Apfel ist noch unreif, nur Zeit und Verhältnisse können helfen...

Allerdings wäre Uebereilung sehr gefährlich, rief ein Andrer; Mißlingen würde der guten Sache schaden.

— Aber wie stände es, entgegnete Eugen, um Ikarien, hätte der spätere Dictator solche Sprache geführt! Er begann unverdrossen, Jahre lang vor dem Losbruche der Revolution, den Riesenplan auszuarbeiten, und ich denke, wir können ein Gleiches.

— Also sollen wir Aufstand, Bürgerkrieg und alle seine tausend Greuel predigen? sollen wir mit dem Säbel drein hauen um...

— Nicht doch, unterbrach der Maler. Hören Sie mich an, meine Herren: ich bin vollkommen mit den Gesinnungen des Friedens, der Mäßigung, der Vernunft, der Philosophie einverstanden wie sie Professor Dinaros vorgetragen; ich habe zudem die Ehre mit ihm speziell zu verkehren. Je mehr ich die Vergangenheit durchmustere, desto deutlicher erkenne ich den doppelten Mangel an Bildung der Massen und an Klugheit der Führer; ich fange selber an eine Gewaltumwälzung zu scheuen. Ich habe mich ganz dem Volke geweiht, aber deßhalb kann ich auch nur vorsichtig auftreten. Der wahre Volksmann darf Alles, selbst seine verwegenste Ungeduld, der Nation zum Opfer bringen; er darf, er muß, er soll es sogar. Einige Jahre mehr thuen der Sache keinen Abbruch, obgleich es so aussehen mag. Die Menschheit lebt lange, nur die Einzelnen schwinden wie Blätter am Baume des nach Jahrtausenden zählenden Geschlechts. Uebereilen wir nichts. Lieber zehn Jahre noch harren, das Volk in dieser Frist bilden, und dann aufbrechen nach dem schönsten der Ziele, als in einem Jahre ein unvorbereitetes Volk erregen und die Gütergemeinschaft aufs Spiel setzen. Wahrhaftig, das wäre toll, wäre Sünde! — Ich verlange aber, daß wir rastlos durch Schrift und Wort die Massen zum Bewußtsein bringen, sie an Durchdenken, Erwägen, Durchsprechen, kurz an Diskussion, gewöhnen. Nur auf diese Weise kann Gescheidtes herauskommen. Keineswegs greife ich, Franzose, die französische Verfassung an; ich will lediglich Aufklärung. Ja, aufgeklärt wünsche ich die Regierung, die Kammern, die Wahlherren, die Nation; die heute es nicht sind!

— Hier warf jemand ein, das hieße doch im Grunde nur am Königthum rütteln und die Republik herbei führen. Worauf Eugen fortfuhr:

— Nein, das thue ich nicht; ich will aber den Wählern und den Kammern und den Ministern die Augen geöffnet wissen, auf daß sie endlich das allgemeine Stimmrecht, welches bekanntlich nicht von der französischen Charte und von keinem Gesetze verboten ist, einführen. Die bloßen Namen der Aemter sind mir am Ende gleichgültig; nennt das Ding Monarchie, Demokratie, Gesellschaft, Vertretung, kurz wie euch beliebt, nur muß das Volk — versteht mich wohl — sein unbegrenztes Stimmrecht haben; gebt dem Lande viele oder wenige Regierer, zahlt ihnen viel oder wenig Gehalt; nur muß das Volk — versteht mich wohl — Freiheit und Gütergemeinschaft genießen. Wenn das Volk es so gut hat, einen Wohlthäter, einen Beglücker zu finden, nun so beehrt diesen Menschen meinethalben mit euern prächtigsten Titeln und Schätzen — — — nur glaube ich, solcher Mensch würde sie von der Hand weisen. (Bravo, Bravo.)

Aber Sie vergreifen sich offenbar am Eigenthum! rief ein junger reicher Mann.

— Nicht doch, entgegnete lächelnd Eugen; ich weiß vollkommen so gut wie Sie, mein Herr, gewaltsame Maaßregeln gegen den Privatbesitz würden den schauderhaftesten Krieg zwischen Armen und Reichen erwecken, gegen den alle frühere Kriege in der Weltgeschichte ein Kinderspiel gewesen. Ich wiederhole, ich respektire das Eigenthum, das sogenannte hergebrachte Recht; die gegenwärtigen Menschen sollen nicht gekränkt werden, aber ich will daß ein junges Geschlecht schon jetzt vorbereitet werde, um nach einer gewissen Frist die Abschaffung des Eigenthums ertragen zu können, ohne dadurch zu leiden. Mit Ikar fordre ich einen Uebergang, eine Brücke, so zu sagen, zwischen der alten schlechten und der neuen guten Weltordnung.

— Aber Sie predigen ja einen abscheulichen Haß gegen alles, was reich heißt, bemerkte ein Anderer.

Eugen lachte. — Nein! rief er, das ist wahrhaft komisch. Sie wissen also nicht, daß seit Anfang der Menschheit die Armen einen

Groll wider die Reichen im Busen tragen? einen Groll, der oft in lichte Flammen ausschlägt. Wahrhaftig, statt mich zu beschuldigen, klagen Sie nur lieber die miserable Organisation des Ganzen an, durch die jener Haß stets frische Zufuhr bekommt. Ich predige im Gegentheil Versöhnung der streitenden Interessen, predige einen Vertrag der Armen mit den Reichen, will beide gleich glücklich wissen. Ohne die Wetter der Leidenschaften aufzuregen, wende ich mich stets an das Recht, die Ehre und die Liebe.

— Das ist sehr hübsch anzuhören, schrie eine heftige Stimme, aber was sollen wir Fremde hier thun?

— Was wir sollen? sagte Eugen; wohlan, wir thun gut, hier einen umfassenden Verein zur Propaganda, zur zweckmäßigen und allseitigen Verbreitung der kommunistischen Ideen, zu stiften; wir machen uns anheischig, die volksthümlichsten, einflußreichsten, achtbarsten, tüchtigsten Männer darin aufzunehmen, und vor Allem in Zeitungen und Büchern die Organisation Ikariens bekannt zu machen. Schon hiedurch wäre viel geholfen. Wenn Millionen Engländer, Millionen Amerikaner, Millionen Deutsche, Millionen Franzosen, für das neue Prinzip sich aussprechen, dann ist die Mehrzahl in diesen Ländern bald gewonnen. Die öffentliche Meinung ist ein gewaltiger, ein zauberhafter Hebel, der schon manches Mirakel vollbracht hat; hat doch selbst die christliche Propaganda einst das römische Weltreich unterminirt, trotz Henkertod und Martern. Die Wahrheit ist stark; und wäre das gesammte Frankreich in diesem Saale, oder Deutschland, oder England, oder Spanien, es würde abstimmen und die Gütergemeinschaft mit Stimmenmehrheit annehmen; ohne Blutverguß, ohne Kerkerstrafen, ganz einfach durch die unermeßlichste aller Kräfte: durch die Macht der öffentlichen Meinung. Aber diese Voraussetzung ist unmöglich, folglich müssen wir anderswie wirken: durch Schriften.

— Mein Herr, Sie scheinen zu vergessen, daß die Franzosen das Recht sich zu versammeln und zu associiren, nicht mehr besitzen, rief ein anderer Gegner.

— Leider, sagte Eugen, leider ist dem so, und ich beklage es bitter. Aber dasjenige Gesetz, durch das mein Vaterland die unerläßliche Freiheit des mündlichen Gedankenaustauschens eingebüßt hat, kann, hoffe ich, nicht von langer Dauer, kann nur ein ausnahmsweises, ein augenblickliches sein; ich bin überzeugt, durch friedliches rastloses Verbreiten der Ideen wird bald, in zwei Jahren schon, eine respektable Masse von mehreren Millionen Einwohner ihnen gewonnen sein, und darunter wahrscheinlich die talentbegabtesten, edelmüthigsten, kenntnißreichsten Männer des Landes.

Nicht umhin kann ich zu bemerken, daß England... doch ich sehe, unser ehrwürdiger Freund verlangt das Wort: — ich will es ihm abtreten. —

— Fahren Sie fort, sagte Francis.

— Nun wohl, ich sage, England, Frankreich und Nordamerika müssen besonders beachtet werden, und wenn unser Propagandaverein auf Beistand des ikarischen Volkes rechnen dürfte, so wüßte derselbe gewiß, was er zu thun hätte...

(Anhaltender Beifall.)

Das ernstmilde weißumlockte Haupt des englischen Missionärs erschien auf der Bühne, und allgemeine Stille trat ein. Mit feierlicher, etwas zitternder, doch verständlicher Stimme sagte er Folgendes:

Ich billige gänzlich die Worte des jungen Redners; ich verlange aber noch mehr, ich will, so sehr ich seine ihm gewiß schwer fallende Mäßigung bewundere und unterstütze, daß wir gleich Aposteln durch alle Lande reisen, und die Gütergemeinschaft verbreiten müssen durch das lebendige Wort der Bekehrung. Das Alter beugt mich, ich gedachte in Ikarien, diesem irdischen Eden, zu sterben; aber ich bin entschlossen, nochmals die Welt zu durchwandern, und in Nordamerika dies Prinzip zu verkündigen, nicht vor den Wilden, die ich schon besucht habe, sondern vor der republikanischen Nation, die vielleicht am meisten der ikarischen ähnelt. Glücklich wäre mein Lebensende, könnte ich vorher mein Scherflein beitragen zur einstigen Wohlfahrt des Volkes der Vereinigten Staaten und ganz Amerikas. —

Die kurze Rede des Greises ergriff die Anwesenden tief; mit Eifer forderte man allerseits, die Frage vom Propagandaverein abzustimmen, desgleichen eine Kommission zu ernennen, welche der Versammlung einen Statutenplan dieses Vereins ausarbeiten und vorlegen sollte.

Nachdem Beides angenommen, trennte man sich in großem Enthusiasmus.

Sechzehntes Kapitel.

Ikarien erhebt sich.

Ich komme eben aus dem majestätischen Lokal der Nationalvertreterschaft.

Welch erhabener Anblick, diese heutige Berathung! Dinaros und Walmor hatten, nach dem günstigen Ergebniß unsrer Fremdensitzung, welches in der ganzen Republik Sympathie zuwege gebracht, die Einberufung sämmtlicher Volksversammlungen der Hauptstadt beantragt und erhalten. Die dreihunderttausend Einwohner derselben erließen eine Petition, und empfahlen die Sache des Auslands dringend den Deputirten des Reiches.

Tagsdrauf hatte Walmors Großvater angesagt, er werde ein Gesetzvorschlag zu Gunsten von Nationen vortragen, welche, nachdem sie bei sich bereits die Gemeinschaft aufgerichtet, den Beistand der Republik in Anspruch nehmen würden. Der Vorschlag ward an alle Deputirten ausgetheilt und im Nationljaournal veröffentlicht; es war also Jedermann damit bekannt geworden. Die Zuhörermenge in der Kammer war diesmal größer als gewöhnlich; sogar in der Nähe des Palastes stand man, um das Resultat schneller zu erfahren.

Vertreter Ikariens, begann der Greis (seine Stimme zitterte ein wenig, doch war sie ganz gut vernehmbar inmitten des tiefsten Schweigens), ich sprach euch vielleicht nie über einen wichtigern, interessantern Gegenstand. Ich fasse mich kurz, ich weiß, ich weiche diesmal nicht von eurer Ansicht ab.

Unser Ikar, unsterblichen Andenkens, hat stets die übrigen Nationen als Schwestern der unsrigen anzusehen gerathen, doch ehe wir an Ausbreitung der Gemeinschaft bei den Fremden dächten, wollte er, daß sie bei uns völlig befestigt daständе. Wir haben wohlgethan, uns hienach zu richten; wir beschäftigten uns mit den eigenen Angelegenheiten, und suchten keine Bekanntschaft und Verbindung mit auswärtigen Nationen; wir schickten nur ins Geheim zuweilen Kommissäre hin.

Aber ich glaube, unsere Macht ist heute stark genug, und wir können dreist der Welt die Stirne zeigen. Zwanzig verbündete Völker mögen, wenn's sie gelüstet, uns anfallen: wir setzen ihnen eine Landwehr von zehn Millionen kriegerisch eingeübter Bürgersoldaten entgegen. Sieben anwohnende Völker sind ohnehin unsere Bundesgenossen, sind unsere Vorhut, während vier von uns civilisirte, einst wilde Völkerschaften unsere Nachhut ausmachen. Unsere Kriegsflotte, vereinigt mit der unserer Alliirten, vermag viel; unsere Schatzkammer hat zweitausend Millionen ungemünztes Gold und Silber (theils in Stücken, theils als Gefäße); eine Million junger Männer würde sich melden, wenn der Staat zu einem Zuge im Dienste der Menschheit aufriefe. Niemals ist eine einladendere Fahne auf dem Schlachtgefilde erschienen, nie hat ein Eroberer, nie hat eine Nation größere Macht gehabt.

Wir interessirten uns bisher am Geschick unserer unglücklichen schwarzen und braunen Mitmenschen; aber wahrlich, die weißen Sklaven sind fast noch übler dran. Wir haben alle Ursache, die Gemeinschaft auf Frankreichs und Englands Boden zu verpflanzen, denn von dort aus würde ein gutgeleiteter Schlag dem Privateigenthum in allen Theilen der Erde den Gnadenstoß versetzen; von da aus werden wir die Welt befreien. Ich beantrage, Gesandte zu allen Staaten der Erde zu schicken; mit den freiern Völkern der Erde Verträge zu schließen; Ausländer einzuladen, damit sie mehr und mehr uns kennen lernen; dem eben entstandenen Propagandaverein unsere Hülfe zuzuwenden, und zu verkünden, daß wir erbötig sind, wofern England oder Frankreich selbstständig sich zur Gütergemeinschaft emporgerungen, ihm auf der Stelle, im Fall es von den übrigen Europäern angegriffen würde, eine Million Soldaten und einige hundert Millionen Geldes zuzuführen.

Solcher Vorschlag aber muß reiflich erwogen sein. Ich wünsche, daß er an die Volksversammlungen in der ganzen Republik gehe und nicht vor sechs Monaten entschieden werde. Ich bin überglücklich, lange genug gelebt zu haben, um diesen Antrag noch stellen zu dürfen; eher konnte ich es nicht, die ikarischen Verhältnisse machten es unmöglich.

Volksvertreter! Ihr werdet über das Geschick der Menschheit entscheiden. Ich habe gesprochen. —

Strahlenden Auges ging der greise Redner nach seinem Platze zurück. Ich dachte, endloser Beifall werde ihn begleiten, doch zu meinem Erstaunen schwiegen Alle, aber Alle standen von selber auf und schauten ihn an, bis er sich niedergesetzt hatte.

Dinaros lächelte, Walmor war bleich; Eugen und ich waren beklommen.

Inmitten lautloser Stille frug der Präsident, ob Jemand dawider sprechen wolle? Man schwieg. Dann frug er, ob Jemand etwas dafür zu sagen habe? Man schwieg abermals...

Die sechstausend Zuhörer in den Logen lauschten athemlos.

Der Präsident sagte: „jetzt wird abgestimmt, wer dafür ist, „stehe auf!"

Kein einziger der zweitausend Deputirten blieb sitzen.

„Wer dawider ist, stehe auf!"

Alle blieben sitzen.

Und obschon wohl jedes Herz pochte, immer noch dasselbe Schweigen. Da rief der Präsident:

„Im Namen der Volksvertreterschaft erkläre ich den Vorschlag „für angenommen."

Ein unbeschreiblicher Jubel durchbrauste den Saal, die Fremden in den Galerieen reichten sich die Hände, die Gesetzgeber auf ihren Bänken bezeugten ihre Freude laut und durch Gebehrden, die Leute draußen zollten stürmischen Beifall und im Nu flog die Nachricht in die sechzig Versammlungen der Hauptstadt, die in außergewöhnlicher Sitzung deswegen einberufen worden waren. Solche Begeisterung hatte man lange nicht gesehen.

— Ha, rief der Maler, mir den Arm pressend, wir werden also doch auch in London und Paris dereinst Aehnliches haben! Ikarien — Frankreich — England! o Freund, Freund! —

— Ich war tief erschüttert. Ich umarmte ihn.

Siebzehntes Kapitel.

Glück Lord Williams.

Alles gelingt, unser Verein ist vollständig und unter dem Schutze der Republik geordnet; Walmors Großvater hat das ikarische Bürgerrecht für mich erlangt, und ich darf das englische beibehalten. Miß Henriette hat beschlossen, auf Wunsch einer alten Tante, sich nicht zu verheirathen. Walmor und Alae sind selig in Aussicht auf ihre Hochzeit; man hat die zwei Monate Frist auf einen herabgesetzt. Ich war in Ikarien längst von der Freundschaft beehrt, jetzt hat auch die Liebe mir gelächelt. Das ist wahr, diese meine Reise nach Ikarien gibt mir mich selber wieder, ich hatte mich verloren, so zu sagen; ich war durch herbe Beobachtungen und bittere Erfahrungen düster, kühl, lebenssatt geworden.

Das Menschengeschlecht ist also doch nicht unheilbarem Wahnwitze verfallen! Menschengeist und Menschenherz konnte also den argen Zauberkreis sprengen, worin die Menschheit seit Jahrtausenden herumtaumelte! Und ich — ich bin jetzt auch noch durch Dina zufrieden!

Wäre ich abergläubisch, so würde mir vor so vielem Glücke grauen.

Achtzehntes Kapitel.

Heirath und Hochzeit.

Dies Kapitel ist nicht einmal angefangen, obschon offenbar Lord Carisdall's Hand die Ueberschrift in sein Reiseheft eingetragen hat. Das Tagebuch selbst ist hiemit beendet, und zwar auf Anlaß einer unerwarteten, entsetzlichen Begebenheit. Ich versuche, so gut ich es vermag, nach eingezogenen Erkundigungen die Lücke zu füllen.

Neunzehntes Kapitel.

Katastrophe.

Am 21. Juni 1837 bekam ich von Lord William Carisdall ein Billet, worin er mir seine Ankunft meldete und um einen schleunigen Besuch bat. Ich ließ ihn nicht warten. Mir fiel auf, daß er mich mit einer außergewöhnlichen Rührung umarmte und ans Herz drückte, und ich bemerkte in der That auf seinem sonst schönmännlichen Antlitz die unerbittliche Spur eines tiefeinschneidenden Leidens. Es war bleich gefurcht.

Wir sprachen lange, ohne daß ich ihn über diesen seinen Zustand zu fragen wagte. Seine Unterredung war, wie immer, anziehend; doch diesmal lag in ihr ein neuer trüber Reiz, möchte ich sagen, ein Reiz der Begeisterung die mit Kummer gemischt ist. Ach lieber Freund, wiederholte er manchmals, welch ein Wunderland ist Ikarien! — Da plötzlich verzerrten sich seine Gesichtszüge; sein Blut schoß in die blasse Wange und er erbebte wie vor Schrecken; das Auge ward starr und er schaute gen Himmel durch die Oeffnung des Fensters; dann fuhr er heftig in die Höhe und rief: meine Dina, Dina! du fliehst? läßt mich allein nach England reisen? o komm zurück, Engel meines Lebens, gib, o gib mich dem Leben wieder!

Und nach diesem Selbstgespräch änderte sich sein Gesicht abermals; er ward ebenso schnell wieder ruhig, freudig, und heitern Blicks richtete er an Dina, die er zurück gekehrt glaubte, rührende Worte. Danach sank er erschöpft in den Lehnstuhl und ohne mich zu beachten, schlummerte er müde ein. Ich ward schmerzlich erschüttert; durch seinen Diener John erst erfuhr ich, daß der Lord plötzlich in Ikara den Verstand eingebüßt und geradezu aus jenem Lande geflohen. Während der Heimreise, die drei Monate gedauert, hatte er fünf Anfälle dieser Art gehabt. Uebrigens, setzte John traurig hinzu, er ist sonst ganz vernünftig, seine Güte ist fast noch größer als früher, er beschäftigt sich nur noch mit dem Glücke Anderer.

Ich drang in den treuen Diener mir die Ursache der Krankheit zu erklären. Also Sie wissen noch nicht?.... Der edle Lord liebte in Ikarien ein treffliches, schönes Fräulein Namens Dina, um deren willen er beinahe gestorben. Am Hochzeitstage — der gute Lord war so selig! — geschah das Unglück, denn wie sie Beide von der Zeremonie herunter in den Ballsaal gehen, da stürzt die junge Dame plötzlich zusammen, vor den Füßen ihres Gemahls, und als dieser sie aufrichtet — da war — sie — todt! * —

Und John schluchzte hiebei so sehr, daß er kein Wort mehr hervorbrachte.

Ich ging traurig von dannen. Doch siehe, Tags darauf stürmte John außer sich in mein Zimmer: Herr, rief er, kommen Sie schnell, schnell; sie ist nicht gestorben, eben habe ich diesen Brief bekommen, und sie ist unterwegs, sie ruht nicht bis sie zu Mylord gereist ist; sie ist lange ohne Bewegung, scheintodt gewesen, und alle Welt weinte schon um sie, da ist sie aufgewacht; das ist ein halbes Wunder; nun, Sie werden diesen Brief lesen, aber eilen Sie, eilen Sie, ich weiß nicht wie ich's machen soll um Mylord die gute Neuigkeit zu verkünden, ich habe Angst... Kommen Sie...

Und ich eilte mit John fort und brachte dem Kranken die frohe Botschaft...

* Der Verfasser bemerkt, daß er einem vollkommen ähnlichen Auftritte beigewohnt hat.

Ende des zweiten Theiles.

Reise

nach

Ikarien.

Dritter Theil.

Ueberblick des Ganzen.

Manche meiner Freunde erstaunten, als sie mich den Kommunismus predigen hörten. Allerdings habe ich früher ihnen nur von „Fortschritt" und von „Verbesserungen der Lage des Volkes" gesprochen. Ich bin diesen Männern eine Erklärung schuldig. Hier ist sie.

Seit geraumer Zeit hatte ich für die gute Sache des Volkes vieles geopfert, aber ich schritt auf diesem Opferwege weiter. So beschloß ich, gleich jenem italienischen Mönch Campanella, die Zeit meines Exils in London zu Studien und Forschungen anzuwenden, woraus vielleicht ein Nutzen für meine Mitbürger entspringen könnte. Und ich schrieb dem gemäß, für das Volk, drei möglichst einfache, grundzügliche Geschichtswerke: „Allgemeine Geschichte," „Geschichte von England" — und „Geschichte von Frankreich." Letztgenanntes ist gedruckt, die zwei andern werden bald vollendet sein.

Inzwischen las ich die „Utopie" des Thomas Morus, in der englischen Ausgabe. Das Buch enthält zahlreiche Mängel und Irrthümer, zumal nach heutigem Maaßstabe, aber seine Hauptidee ergriff mich tief. Ich hatte nie die Zeit gehabt, mich mit dem gütergemeinschaftlichen Prinzipe näher bekannt zu machen, auch hegte ich, wie fast Jedermann, die verkehrte Meinung, seine Verwirklichung sei nimmer zu gewärtigen. Allmälig dachte ich nach, und allmälig erkannte ich bei Betrachtung der verschiedenen Gesellschaftsfragen: daß sie nicht nur möglich, sondern sogar leicht möglich sei.

Vergebens würde ich mich bemühen meine Freude zu schildern, als ich solcherweise das Heilmittel gegen alles Leiden der Menschheit gefunden. Wahrlich, ich weiß es, sie die mich in die Verbannung schickten, hatten inmitten ihrer Paläste und Festgelage weniger reinen Genuß als ich, der Verbannte, wenn ich Tag für Tag den Blick nach dem immer hellern Morgenroth kehrte, das dem Glücke des Menschengeschlechts voran geht.

Nachdem ich mir einen Gütergemeinschaftsplan entworfen, las ich wiederholentlich die bedeutendsten Philosophen; wäre ich in Frankreich gewesen, so hätten mir meine Mitarbeiter hundert andre Werke außerdem untersuchen geholfen. Von dem Gelesenen gab ich im zwölften und dreizehnten Kapitel einen Auszug. Groß war meine Verwunderung, als auch diese Bücher, die ich theils früher gar nicht, theils ohne besondere Beachtung gelesen, mich in den Hauptpunkten nur bestärkten. Ich beschloß meine Arbeit zu veröffentlichen, aber einige Freunde daheim versuchten es mir auszureden. „Was soll die Gütergemeinschaft," sagten sie, „das ist ein Schreckbild für alle Welt, das ist ein Unding, „das ist ein Fiebertraum! Wozu wollen Sie die öffentliche „Meinung, die gute Meinung welche unsre Parthei von Ihnen „hat, gegen sich empören? Im besten Falle stoßen Sie auf Gleich„gültigkeit. Viele Ihrer Gefährten werden sich von Ihnen „losreißen müssen; das Volk selber wird Ihnen den Rücken wen„den, denn es weiß daß sein wahres Wohl nicht auf jenem Unsinn „beruhen kann; es weiß, daß völlige Gleichheit nur Gleich„heit im Elend sein wird. Sie brechen also mit Ihrer „Zukunft? sagen jeder Aussicht Lebewohl? Sie sind um den „Verstand gekommen." — Diese aufrichtigen Worte störten mich nicht, verwunderten mich sogar nicht.

Ihr sagt: ich würde die öffentliche Meinung gegen mich aufreizen?

Sonderbar. Was hat sie sich aufzulehnen wider eine philosophische Untersuchung der Wahrheit, wider ein ernstes wissenschaftliches Trachten, das Heilmittel des Menschengeschlechts zu finden? So blind ist die öffentliche Meinung nicht; sie müßte — **si parva magnis componere licet**, wofern man Kleines mit Großem vergleichen darf — sie müßte denn so blind sein wie da als sie gegen Sokrates sich erhob und gegen Christus. In solchem Falle bedürfte sie um so mehr einer Erleuchtung.

Ihr sagtet auch, man würde meine Gedanken gleichgültig anhören und von der Hand weisen. — Aber dann werden die Uebrigen wenigstens keine Unannehmlichkeiten haben. Wie dem auch sei, es ist dies ein Grund mehr das Schweigen zu brechen, denn Gleichgültigkeit ist immer ein Unglück, sowohl in der Philosophie und Gesellschaftlichkeit, als in der Religion.

Meine Gefährten, meint man, würden mich verleugnen! Ha, das wird mich schmerzen, denn viele derselben liebe und ehre ich gleichermaßen; jedoch in der Verbannung lernte ich mancher Freundschaft entsagen und ich zaudre nicht zu rufen: **amicus Cato, sed magis amicus Plato et magis adhuc amica veritas** (Cato ist mir lieb und werth, aber noch mehr Plato, und die Wahrheit am allermehrsten)... Zudem, bedachte ich, wirkliche Freunde verlassen mich nicht; ich möchte fast wetten sie würden meiner Ansicht sein, hätten sie drei Jahre wie ich den Gegenstand studirt. Ich will ihn mit ihnen besprechen, mögen sie mich widerlegen.

Das Volk verläßt Sie, hatte man mir gesagt. — Nein, es verläßt mich nicht, denn es hat keinen aufrichtigern, beständigern Freund als ich bin. Freilich, zuweilen wird das meist brave, edelherzige, gerechte Volk von seinen Feinden belogen und gegen seine besten Freunde gehetzt: wie einst das Volk von Sparta wider König Agis, und das Volk Roms gegen die Gebrüder Gracchus, und das Volk von Judäa gegen Jesus. Allein gerade deßhalb muß man sich der Befreiung des Volkes widmen.

Sie versperren sich dadurch „die Carriere" wie der übliche Ausdruck lautet, verderben sich Ihre Zukunft.

Ja, das weiß ich sehr gut; ich weiß aber nicht minder, daß zu viele unter uns nur für ihre werthe Person denken; woraus ich schließe, es sind Männer nöthig die nur an das Volk und das Menschengeschlecht denken.

— Sie sind ein Thor, sagte man. — Mag sein. Aber ist nicht wirklich alles, alles auf Erden thöricht? sind wir nicht sammt und sonders Narren, doch von verschiedenen Arten und Sorten? Manch sogenannter Weiser plagt sich um selbstsüchtige Genüsse zu erhaschen; und dann, ist wohl der verrückteste derjenige zu nennen, welcher Genuß in Hingebung für seine Brüder sucht und findet? Uebrigens wer mit Sokrates und Plato und Jesus Christus u. s. w. ein Narr ist, kommt mit ihnen zusammen in ein Irrenhaus, welches besser ist als das andre voll Ehrgeiziger, Habgieriger und Ausschweiflingen.

Mitunter schrieb man mir, ich solle nicht einen Roman, ich solle eine ernste, belehrende Aufstellung meines Prinzips liefern.

Ihnen entgegnete ich: ja, ich zeichne einen Roman, um in ihm und durch ihn ein philosophisch=gesellschaftlich=staatliches System zu geben, weil ich weiß daß diese unbefangene Form allen Leuten verständlich sein wird. Ich begehre nicht nach dem Ruhm, lediglich für Gelehrte zu schreiben. Ich wünsche aber vor Allem, daß die Frauen und Jungfrauen das Buch lesen. Diese wären wahrhaftig viel mächtigere Apostel als jeder andere, wenn nur erst ihr edle Seele von dem Menschheitswohle eine feste, richtige Ueberzeugung hätte!

Die „Utopie" des Morus gab mir übrigens Veranlassung zu der Form.

Der Inhalt ist ein doppelter: theils Prinzip, theils Nebenstück.

Wenn ich z. B. erzähle, der Musterplan des Hauses werde von konkurrirenden Künstlern und kraft Gesetzes entworfen und bestimmt, so ist das Prinzipsache, die ich für unbestreitbar erachte.

Wenn ich aber z. B. von eben jenem ikarischen Hause eine spezielle Beschreibung liefre, so ist das Nebensache, und mag fehlerhaft genug sein, und man hat wohlfeile Mühe sie zu tadeln.

In Paris hätte ich natürlich mich bei Kunstverständigen mit besserm Rathe versehen können, als in London.

Folgendes sind meines Dafürhaltens die in Frage und Antwort gekleideten

Grundsätze der Gemeinschaftslehre.

Welches sind die natürlichen oder göttlichen Rechte? — Diejenigen welche die Natur oder Gottheit gewährt hat.

Welches sind die gesellschaftlichen oder menschlichen Rechte? — Diejenigen welche die Gesellschaft der Menschen gewährt.

Welches sind die natürlichen Rechte? — Vor Allem das Recht zu leben und seine sämmtlichen leiblichen wie geistigen Kräfte zu bethätigen.

Was heißt das Recht zu leben? — Darunter verstehe ich das Recht, von allen Naturgütern zur Nahrung, Kleidung und Wohnung Gebrauch zu machen und sich gegen jeden Angriff zu schirmen.

Was heißt das Recht: alle seine leiblichen Kräfte zu bethätigen? — Darunter verstehe ich das Recht den Aufenthalt zu ändern, zu arbeiten, sich zu associiren und zu versammeln, kurz Alles zu thun was uns beliebt ohne dem Nebenmenschen zu scha=

den; ferner in Ehe zu leben und Familie zu haben, denn das ist offenbar für Jedermann.

Was heißt das Recht: seine geistigen Kräfte zu beschäftigen? — Darunter verstehe ich das Recht, alle Mittel zur Bildung in Anwendung setzen zu dürfen.

Haben alle Menschen die nämlichen Naturrechte? — Offenbar, denn ein Mensch so gut wie ein anderer Mensch hat Theil am Menschenthum.

Ist also die Ungleichheit im menschlichen Wesen nur ein Schein? — Ja wohl, die Menschen sind zwar verschieden an Größe, Stärke, Gesundheit, Fähigkeiten, Neigungen, aber das hat nichts zu sagen, sie sind doch allesammt Mitglieder der Menschheit. Man kann z. B. mehrere Schwache gegen einen Starken stellen, und dann ist wieder die Gleichheit ganz sichtbar.

Uebrigens genügt es, zu wissen daß die menschliche Vernunft ein für alle Male spricht: „Wir sind alle gleich dem Wesen nach, „und sollen es folglich auch an Rechten sein."

Ist von Natur die Erdoberfläche für Alle oder nur für Einzelne? — Für Alle, denn Alle leben auf ihr. Uebrigens ist diese ursprüngliche Bodengemeinschaft von den Denkern anerkannt worden. Mit dem Weiterschreiten der Kultur ist eine Theilung eingetreten. Die Vernunft bestimmt aber zuletzt, in wiefern diese Theilung richtig, und inwiefern unrichtig ist.

Hat also Jeder gleiches Anrecht auf einen Theil der Lebensgüter? — Gewiß, und zwar gerade auf einen solchen Theil als er zum Existiren, und zum Ausbilden seiner Kräfte, zum Befriedigen und Civilisiren seiner Bedürfnisse und zum Wirken braucht. Es wäre daher Unsinn, z. B. alle Menschen auf eine und dieselbe Ration Speise zu setzen; der Eine hat mehr als der Andre zu essen nöthig, und er darf dieses thun, sobald genug vorhanden.

Hat man einmal wirklich mit Vorbedacht und Verabredung die Erdengüter vertheilt? — Nein, sondern Jeder griff zu, nahm und raffte was er konnte, ohne Rücksicht auf seine Nebenmenschen.

Soll man das Recht des ersten Besitznehmers respektiren? — Freilich, wenn noch genug Gegenstände vorhanden sind, die nicht mit Beschlag belegt worden.

Was ist die natürliche Gleichheit! — Sie ist der Ausspruch der Vernunft, daß Jedem sein Lebensantheil gebührt. Sie erlaubt Keinem, wer er auch sei, Ueberflüssiges an sich zu reißen; das wäre ein Diebstahl zum Schaden dessen der noch nicht das Nothwendige besitzt. Wenn jedoch Jeder das Nothwendige hat, nun so darf man darüber hinaus auch Ueberflüssiges nehmen, doch stets bereit sein, es abzutreten, sobald sich zeigen sollte, daß Jemand noch nicht das Nothwendige hat.

Aber wie wenn der erste Besitznehmer, jetzt im Ueberflusse, einst selbst gearbeitet hat? — Auch dann ist er verpflichtet, seinen Ueberschuß abzutreten, sobald nämlich es sich herausstellt, daß Andere zu kurz gekommen sind.

Haben die Menschen natürliche Pflichten? — Ja, eben so wie sie natürliche Rechte haben. Recht und Pflicht sind dasselbe, sind untrennbar; Alle z. B. haben das Recht, Lebensgenuß zu fordern; Alle haben die Pflicht, ihn zu gewähren.

Welches sind die natürlichen Pflichten? — Sie liegen in dem Satze: „Thue dem Andern nicht, was du willst daß er dir „nicht thue, und thue ihm was du willst daß er dir thue."

Was ist die Gesellschaft? — Sie ist die Gegenseitigkeit aller Menschen, und beruht auf Freiwilligkeit. Daher darf es in ihr nicht Herren und Knechte, nicht Plünderer und Geplünderte, nicht Scheerer und Geschorene, nicht Schinder und Geschundene, nicht Betrüger und Betrogene geben.

Kurz, die Gesellschaft darf nicht einer Heerde gleichen, die den Hirten unterworfen ist.

Mit andern Worten, worauf beruht die Gesellschaft? — Auf dem gemeinsamen Interesse aller Vergesellschafteten, Associirten.

Sind die Nationen bisher Gesellschaften gewesen? — Keinesweges, denn in jeder war eine Spannung, ein Zwiespalt zwischen Reichen und Nichtreichen, Aristokratie und Volk. Nationen sind übrigens ohne bestimmte Absicht entstanden, durch Eroberungen, und überall ist eine Herrscherklasse gewesen und ist noch vorhanden. Daher sind diese sogenannten civilisirten Gesellschaften ganz erbärmlich organisirt; die Armenklasse hat überall nichts als Elend zu ihrem Antheil.

Haben die Kinder der Armen noch heutigen Tages natürliche Rechte? — Gewiß; diese Rechte sind unverjährbar und unveräußerlich.

Taugt die sogenannte civilisirte Gesellschaft von heute etwas für die Reichen? — Wenig im Grunde oder gar nicht. Die Menschen in diesen sogenannten civilisirten Gesellschaften sind unmenschlich gegen einander; das zeigt sich unter drei Hauptformen: Vermögens- und Machtungleichheit — Privateigenthum — Geld. Diese drei schlimmen Dinge hat man theils aus Eigennutz, theils aus Dummheit geschaffen und sich bisher gefallen lassen.

Wer macht heute Gesetze? — Der reiche Mann und der hochgeborene Mann.

Gibt es kein Heilmittel wider diesen allgemeinen Leidenszustand? — Ja; und das Mittel wird durch die Vernunft bezeichnet, welche spricht: „Ihr müßt die oben genannten drei menschheits„widrigen Dinge abschaffen und die Gemeinschaft verwirklichen.“

Was will die Gemeinschaft? — Sie will daß eine Nation ein Ganzes von gleichmäßig associirten, verpflichteten, berechteten freien Personen werde, so daß folglich das Einzelinteresse mit dem Allgemeininteresse zusammenwachse, verschmelze, und einen einzigen gesunden, lebendigen Körper oder Gesellschaftsorganismus bilde. Der Wahlspruch sei: „Alle für Einen und Einer für „Alle;“ dies heißt die Solidarität, und ist der schnurstracke Gegensatz zum Individualismus oder zur Vereinzelung und Zersplitterung, die wir heute erleben.

Was will die Gemeinschaft ferner? — Sie setzt alle Lebensbedürfnisse als gemeinsames oder Gesellschafts-Kapital; sie setzt allen Boden als gemeinsames Grundstück oder Gesellschafts-Domäne.

Sie will die Bedürfnisse der Menschen befriedigen und läutern durch Kunst- und Naturprodukte, welche auf dem Wege der Gesellschafts-Industrie gewonnen worden. Diese Industrie wird durch Maschinen und weise Leitung vor sich gehen, mit Arbeitstheilung. Jeder Einzelne arbeitet die gleiche Stundenzahl im Tage, nach seinen Fähigkeiten; und genießt den gleichen Antheil an den Erzeugnissen, nach seinem Bedarfe.

Warum bekommt der Mann von Talent und Wissen nicht eben deßhalb mehr von den Erzeugnissen zu genießen? — Darum nicht, weil Talent und Wissen sowohl eine Naturgabe als — und noch mehr — Gesellschaftsgabe ist; ohne die gesellschaftliche Erziehung wäre jener Mann weder wissend noch gebildeten Talents geworden.

Was ist die Arbeit in der bezweckten Gütergemeinschaft? — Sie ist ein öffentliches Amt, und dieses öffentliche Amt gilt als Arbeit; Amt und Arbeit gelten als Abgaben an das Ganze.

Also gibt es keine sonstige Abgabe? — Nein.

Wie ist die Arbeit? — Gemeinsam in den großen Werkstätten, möglichst angenehm, leicht und kurz; übrigens müssen Alle arbeiten. Durch immer höher zu vervollkommnende Maschinen wird sie für die Menschen schonender gemacht werden als je zuvor.

Wie steht es mit Nahrung, Kleidung, Wohnung? — Sie ist gleich und hinreichend für Alle und Jeden, wird in den öffentlichen Arbeitsanstalten verfertigt und vertheilt. Ein Gesetz hat das Muster bestimmt.

Und die Vergnügungen und der Luxus? — Vernunftgemäß wird zuerst das Nothwendige besorgt, dann das Angenehme. Das Maaß in Vergnügen und Luxus ist, wie gesagt, die Vernunft.

Und Städte und Wege? — Sie sind nach einem Plane aufs Beste zum Dienste Aller gemacht.

Und der Handel? — Der inländische besteht im Produktvertheilen; der auswärtige geschieht von der Oberbehörde.

Und die Familie? — Eine jegliche lebt möglichst gemeinsam in sich, ohne Dienstboten, und macht einen kleinen Haushalt für sich aus.

Und die Ehe? — Ist frei in sofern als Jeder wählen und heirathen darf, ja muß; sie wird aufgelöst in den nöthigen Fällen..

Und die Erziehung? — Sie ist die Basis des Ganzen; ist eine leibliche, geistige, sittliche, staatsbürgerliche, gewerbliche. Sie ist theils eine häusliche, theils eine gemeinsame; sie ist eine allgemeine oder grundzügliche (elementare), und eine spezielle oder professionelle.

Welches ist der Hauptsatz der Staatlichkeit? — Er lautet: „Alles für und durch das Volk und nichts ohne das Volk."

Die sämmtlichen Mitglieder der Gesellschaft sind gleichermaßen Staatsbürger, gehen zur Versammlung, dienen in der Volksgarde oder Landwehr, sind Wähler und wählbar.

Wie entsteht das Gesetz? — Das Volk wählt Vertreter, diese berathen das Gesetz und legen es dem Volke zur Ansicht vor. Folglich ist das Gesetz der einfache, ungeschminkte Ausdruck des allgemeinen Willens und der allgemeinen Weisheit.

Da das Gesetz vom Volke d. h. von Allen ausgeht, kann niemals die Freiheit und Gleichheit leiden.

Wie steht es mit der Vollziehung des Gesetzes? — Sie ist unter dem Befehle der Gesetzgeber, und hat wählbare, absetzbare, verantwortliche Magistrate und Beamten; diese sind in Provinzen und Gemeinden sehr zahlreich.

Wer sitzt zu Gericht? — Das Volk.

Wie sind die Strafgesetze? — Sehr mild, da die Verbrechen sehr selten, oder fast null sind.

Sichert die Gemeinschaft das Wohl Aller? — Ja; sie ist die einzige Gewähr dafür. Nur in ihr ist Harmonie des Ganzen und der Einzelnen möglich, und der Einzelnen unter sich.

Christus sagte: „Ein Kameel geht leichter durch ein Nadel„ohr als ein Reicher ins Himmelreich." Die Lage der Reichen, das Menschenthum der Reichen, ist also auch zu verbessern, nicht minder als der Armen.

Ist ein plötzlicher Sprung, ohne Vorbereitung, aus dem bisherigen Plunder in die Gemeinschaft möglich? — Nein; wir brauchen dazu einen allmäligen Uebergang, indem mehrere Generationen durch dienliche Erziehung dazu gebildet, alle Männer stimmfähige Staatsbürger werden, und die Freiheit zu Versammlungen und Diskussionen, das heißt zum ernsten Bedenken und Besprechen der Sachen, bekommen.

Warum nicht plötzlicher Umsturz? — Weil dieser die Besitzenden zur Verzweiflung und Empörung treiben würde; auch wären die Leute nicht hinreichend gebildet.

Wie lange soll der Uebergang dauern? — Dreißig bis hundert Jahre; das ist lange, aber ist einmal nothwendig. Uebrigens wird von Stunde an der Zustand ein besserer, und wir werden mit dem frohen Bewußtsein sterben, unsre Nachkommen und die Welt gerettet zu haben. Daher verzage man nicht, wenn die Geduld auch auf eine harte Probe gestellt wird.

Sollen wir die herrschende, besitzende Klasse mit Gewalt zum Einwilligen zwingen? — Nicht doch! Dies wäre gefährlich, sehr gefährlich. Hört mich an und merkt's:

Gewaltsame Umwälzungen sind wie ein Krieg, dessen Ausgang zweifelhaft ist. Eine bestehende Regierung ist, schon allein dadurch daß sie besteht, mächtig; sie kommandirt die Reichthümer des Landes, ist unterstützt von der herrschenden Klasse der Aristokraten, befehligt über die gesetzgebende und vollziehende Gewalt, über das Heer, die Bürgergarden, die Gerichtshöfe, die Polizei nebst deren hunderttausend sichtbaren und unsichtbaren Zaubermitteln.

Die Unterdrückten sind zahlreich, aber ist das genug? — Nein; sie müssen auch organisirt sein. Aber die Regierung weiß sie daran zu hindern.

Sie sind muthig. Aber der Gegner ist auch nicht feige, und ist an Kriegszucht überlegen.

Die Unterdrückten wollen sich aufopfern. Aber sie können nicht mit ihren nackten Händen die Kanonenkugeln des Gegners abwehren.

Die junge Volkspartei ist natürlich sehr zu allerlei Fehlern geneigt; ist übereilend, mißtrauisch gegen die *wahren* Volksfreunde, leichtgläubig mit den *falschen* Volksfreunden, tollkühn und ungeschickt.

Das Volk hat seit Anfang der Weltgeschichte immer hie und

da Aufstände gemacht, und mit schlechtem Erfolge. Verrätherei und Dummheit verdarb fast Alles.

Seit Menschen leben, hat nie das Volk so viel Macht in Händen gehabt als im Jahre 1793... und es hat sich doch wieder, durch Zwist der Führer, vielleicht durch zu große Hast, allmälig in die uralten Bande schlagen lassen; es ist jetzt von Neuem geknebelt, oder beinahe geknebelt.

Wenn aber eine Volkserhebung für die ewigen Rechte der Menschen, zu Boden gedrückt worden, dann bricht endloser Jammer herein! Nach Robespierre's Sturz geschah das zweimal.

Man hat es gesehen als Kamill Babeuf scheiterte.

Man hat es gesehen als nach der Julirevolution alle möglichen Angriffe und Versuche, größere und kleinere, mißlangen.

Die machtvolle Klasse der Gebieter freut sich stets über solche Unternehmungen der Volkspartei, die nur zum Schaden der Unterjochten ausfallen können. Jedes nutzlose Wort, jede nutzlose Gebehrde, jeder nutzlose Blutstropfen wodurch die Volksmänner Wunder zu wirken hofften, schnürt die Ketten fester, macht sie lastender, heißer.

Es ist gräßlich — und das vergeßt nicht — es ist gräßlich, daß durch die verkehrten Streiche einiger braven, edeln Wagehälse und der sich mit ihnen verbindenden heuchlerischen Schufte, eine ganze Nation in ihrem mühsamen Wege zur Befreiung aufgehalten werden soll!

Ich wiederhole: ich weise in wohlverstandnem Interesse des Volkes die Gewaltsamkeit von der Hand.

Aber, höre ich einwenden, wenn sie gelänge?... wäre es dann nicht heilsam, nicht billig, die Reichen und Aristokraten zu zwingen? Und wieder sage ich nein. Die Reichen sind Menschen wie die Armen, sind auch unsre Mitbrüder, sind Mitglieder der Menschheit. Freilich muß man es verhindern daß sie Unterdrückung ausüben; aber man darf nicht die Gütergemeinschaft damit eröffnen, daß man einen Theil der Menschheit unterjocht. Man hasse sie auch nicht, denn ihre Vorurtheile und Laster sind traurige Erzeugnisse der abscheulichen Gesellschaftseinrichtung, und der abscheulichen Erziehung vor allen Dingen. Wollt ihr aus ihnen den Teufel austreiben, müßt ihr sie nicht verbrennen. Christus hat nicht den Mord der Reichen gepredigt, sondern ihre Bekehrung.

Soll man also nicht den selbstsüchtigen, eigennützigen Ladenbesitzer, Krämer, Kaufmann, hassen? — Nein. Hasset seinen Eigennutz, aber es wäre ungerecht und thöricht diese große Klasse der Fabrikanten und Handelsleute zu hassen. Alle ihre Schlechtigkeiten entspringen lediglich aus der Gesellschaftsorganisation; diese Menschen sind in steter Angst um ihren Kredit, zittern durch Bankerott entehrt zu werden, schweben stets zwischen Furcht und Hoffnung, können durchaus nicht im Nothfalle auf fremde Unterstützung rechnen, sind Tag und Nacht in Sorgen um das Billet das sie am Ende der Woche oder des Monats abzahlen sollen, und erdulden obendrein unaufhörliche Martern von Seite des Associé und der eigenen Ehegattin, denn letztre ist allemal in die Geschäfte des Mannes eingeweiht *, und sie hetzt ihn fort und fort und verdoppelt seine Selbstsucht und Habgier, indem sie ihm immer zuruft: „gedenke unsrer Kinder!" Auf diese Weise muß er wohl Egoist werden. Es ist schlimm daß er meist ohne viel Bildung, und sehr leichtgläubig ist und den Volksbedrückern schnell als Werkzeug dient. Aber das ist nicht seine Schuld, sondern die Schuld seiner elenden Erziehung Uebrigens ist das Alles einmal so und nicht anders, und ein Arbeiter, der vorher gar eifrig gegen diesen Stand schimpfte, ist kaum in denselben getreten, so wird er selbst selbstsüchtig, eigennützig und ängstlich.

Wie sollen wir es anfangen um die Machthaber für das Prinzip der Gütergemeinschaft zu gewinnen? — Durch mündliche und schriftliche rastlose Ausbreitung, Entwicklung, Bekanntmachung. Man wende sich weder nur an Reiche, noch nur an Arme, sondern an diese beiden Klassen aus denen der heutige Staat ganz und gar besteht. Man suche die Wähler, die Deputirten, die Regierenden zu überzeugen; man mache Licht im Kopfe des Volkes, denn es genügt nicht, zu schreien: „ich bin Republikaner, ich bin Demokrat, will Brüderlichkeit „und Menschenrecht;" das kann der erste beste Polizeiagent auch schreien, wenn er den geheimen Befehl hat, die Massen aufzuregen um einen Straßenkrawall zu bewirken, der nachher gehörigen Orts bestens benutzt werden soll, um das Joch des Volkes aufs Neue zu beschweren. — Man muß wissen was man will und wollen was man weiß. Man mag das größte Genie

* Bekanntlich müht sich die Frau des hier getreu geschilderten Bourgeois oder Kleinbürgers in Frankreich, namentlich in Paris, unendlich viel mehr im Geschäfte ab als dies in Deutschland der Fall ist. Sie hilft Buch führen, die Gehülfen beaufsichtigen, die Kunden abfertigen, Spekulationen schließen, und theilt wirklich auf fast rührende Weise mit dem Manne tausend Qualen.

Anmerkung des Uebersetzers.

sein und kann doch keine Stecknadel fabriziren, weil man es eben nicht gelernt hat. — Weßhalb mißglückten so viele Revolutionen, 1792, 1815, 1830? weil das Volk keinen scharf und deutlich vorgezeichneten Pfad vor Augen hatte. Und hätte es seit 1830 in Gesammtheit sich mit nichts anderm als *sich bilden* beschäftigt, wahrlich, die gute Sache stünde heute besser.

Die Reichen dafür gewinnen, wäre nicht unwichtig. In ihrer Klasse zählt man gewaltige, begabte Geister, auf deren geringstes Wort in Prosa und Versen Tausende beifällig lauschen. Und sollten sie sich stets halsstarrig abkehren? haben doch in frühern Zeiten adlige, reiche Männer die Volkssache getragen: Lykurg, die Könige Kleomenes und Agis von Sparta, Solon von Athen, die römischen Edelleute Gracchus, Thomas Morus der Erzkanzler von England *, der französische Millionär Helvetius, der französische Gelehrte Mably, der französische Finanzminister Türgot, der französische Graf Condorcet u. s. w. Und hat nicht Lafayette dieser hohen Klasse angehört? Und finden sich nicht heute edle, geistvolle Frauen in den Reihen der Reichen?

Wohlan denn, ihr die ihr nicht darbt an Herzens- und Geistesbildung, an Wissen und Scharfsinn, an Muße und Geld; wohlauf, geht rüstig an die Untersuchung der Frage.

Mögen Andre mich vervollständigen; ich war der Anfangende, und aller Anfang ist schwer.

Nur keine Verschwörungen.

Nur keine stückweise Verwirklichungsversuche; wenn die fehlschlagen, so leidet die Sache selbst ungeheuer, und man wird muthlos.

Durchdenkt und durchsprecht sie: mehr habt ihr jetzt nicht zu thun.

Die Zukunft der Welt gehört der Gemeinschaft, habt also Vertrauen. Meine Ueberzeugung in die Wirksamkeit des friedlichen Verfahrens ist so stark, daß ich, hätte ich eine Revolution

* Nicht zu vergessen unsre deutschen Nationalhelden aus dem großen Bauernkriege zu Luthers Zeit: der wackere Ritter Ulrich von Hutten, und Ritter Franz von Sickingen, und Ritter Florian Geyer; Doctor Wendel Hippler (der die Zwölf Artikel schrieb) und Doctor Thomas Münzer, und Doktor Karlstadt; Männer deren Wirken und Leiden den deutschen Volksmassen immer noch überall, aus Pfiffigkeit, möglichst verhüllt werden.

Anmerkung des Uebersetzers.

in der Hand, doch die Hand nicht aufmachen würde, und sollte ich darüber in der Verbannung sterben.

Das sind meine Grundsätze.

Der Leser findet vielleicht Anspielungen in diesem Buche; wo Geschichtliches, Philosophisches verhandelt wird, gibt es deren nothgedrungen immer. Ein französischer Staatsminister der alten Zeit sagte vollen Ernstes: „zeigt mir von einem Menschen „nur irgend fünf Zeilen von seiner Hand geschrieben, und ich „finde euch etwas heraus um ihn an den Galgen zu bringen."

Wie dem auch sei, möge der Leser die Versicherung hinnehmen, daß ich keine besondern, sondern die allgemeinen verdorbenen Zustände der Welt geschildert habe. Dies sage ich den Freunden wie den Gegnern.

Ich wende mich schließlich an euch, Männer der verschiedenen Partheien! Stoßt die große Frage nicht so verächtlich von euch; in ihr ruhen die Lösungen aller Fragen, der Sittlichkeit wie der Staatsökonomie und Gesetzgebung.

Kindisch ist es, die menschlichen Schmerzen beseufzen, aber nicht nach Ursache und Heilung forschen.

Unendlich lächerlich ist es, die Laster und Gebrechen des Volkes herzählen, ihm sogar leere Worte des Rathes spenden, aber nicht einmal die Machthaber zu Gerechtigkeit und Menschlichkeit aufrufen.

Männer aller religiösen und politischen Partheien, hört was selbst der Minister Guizot in der Schrift „über die Religion in „den neuern Staaten" sagt:

„Der Zeitgeist bringt es mit sich die Lage des Volks zu bejammern, aber man hat recht! Und unmöglich kann man ohne „tiefes Mitleid so viele menschliche Geschöpfe in solchem Elende „erblicken. Ja, dies ist schmerzlich, sehr schmerzlich zu sehen, „sehr schmerzlich zu denken; und doch muß man daran denken „und viel denken, denn wollte man es vergessen, so würde „schweres Unrecht verübt und schwere Gefahr entstünde."

Gut *. — Aber wo ist die Heilkunst, wo das Heilmittel?

* Gewiß, Herr Guizot hat als Professor einst viele und treffliche Werke geschrieben. Er ist ein Geschichtskenner und „Philosoph." Aber wahrscheinlich erinnerte er sich seines obigen Wortes nicht mehr, als er später auf der Rednebühne der Deputirtenkammer wiederholt erklärte: „das niedere „Volk dürfe gar nichts weiter thun als recht derb arbeiten, je mühseliger „desto besser; das sei der beste Zügel; außerdem sei es gut wenn der „Einzelne nach Bereicherung trachte."

Anmerkung des Uebersetzers.

Eigennützige! studirt die Aufgabe; es handelt sich um euer selbstsüchtiges Interesse.

Väter, Mütter! studirt auch ihr sie; das Wohl eurer Nachkommen steht auf dem Spiele.

Volksvertheidiger! es gilt die Armen, das Volk, zu erretten; darum beschäftigt euch mit der Frage.

Ihr, die ihr die Menschheit liebt, versäumt keinen Augenblick; es geht um das Glück der Bewohner des ganzen Erdkreises. —

Zuweilen höre ich unter andern den Vorwurf: „die Reise „nach Ikarien enthalte keine Wissenschaft, keine Theorie, keine „Doktrin." Hierauf erwiedere ich folgendes:

Es gibt offenbar eine zwiefache Weise für das Volk zu schreiben. Entweder man bringt häufig die Worte Wissenschaft, wissenschaftlich, Philosophie, Formeln, u. s. w. an, nebst vielen Kunstausdrücken aus dem Griechischen und Lateinischen, wodurch aber keineswegs das Verständniß erleichtert, höchstens ein Strahlenkranz von Gelehrsamkeit gewonnen wird.

Oder man spricht in einfacher ungeputzter Rede, und hiedurch wird man klar. Das Volk möge urtheilen, welche von beiden Methoden die ihm genehmere sei.

Ich behaupte übrigens, vorliegende und die sonstigen aus meiner Feder hervorgegangenen Schriften sind keineswegs leer an Doktrin und System; ich behaupte mein System ist das einfachste und klarste. Es beruht ganz auf dem Bruderthum. Und wer mich fragt: was ich unter Wissenschaft, Prinzip, Doktrin. Theorie, System verstehe? dem gebe ich auf jede dieser fünf Fragen zur Antwort: „Bruderthum." Meiner Ansicht nach lassen sich aus diesem Begriffe die übrigen nothwendigen Folgesätze ohne Mühe entwickeln; ich möchte sagen, er sei für die Werkstatt wie für die Akademie der Wissenschaften und Künste.

Christus selbst hat nicht nur Gütergemeinschaft gepredigt, sondern auch mit seinen Jüngern ausgeübt; diese desgleichen unter sich.

Die vielen religiösen Gesellschaften die hieraus entsproßen, konnten freilich nicht die ganze Erde in Gemeinschaft bringen, denn sie beruhten auf dem Prinzipe der Gesellschaftstrennung; so daß in ihnen die Familie — nicht etwa aufgelöst, nein gestrichen war, und die Vereinzelung trotz der Vereinigung immer zum Vorschein kam. Was bestimmt gegen den Willen des Religionsstifters lief.

Gleichwohl erhob sich der Erzbischof von Konstantinopel,

St. Johannes Chrysostomos, und Pelagius in Gallien; erhoben sich die kriegerischen Waldenser, die Albigenser in Frankreich, eine Menge Sekten in Deutschland, England und Amerika, und nicht wenige Denker, mit Wort, Schrift und That für das Gemeinschaftssystem innerhalb der Christenheit.

Woraus sich ergibt, daß die Christusdiener heutigen Tages schlechterdinge nicht befugt sind, wider den Kommunismus die Hand zu erheben; sie sollten wahrlich die von ihrem Meister ausgesprochene Lehre befolgend selber endlich Kommunisten werden.

Ihr thätet wohl daran, sie zu studiren; eigentlich solltet ihr ohne Räsonniren, lediglich weil euer Gott es euch vorgeschrieben, den Kommunismus annehmen, denn was euer Messias und Gott befohlen, das müßte euch von Rechtswegen dreimal heilig sein. Ihr mäkelt jedoch an seinen Worten herum und vermeint, diese Gemeinschaft sei „gar zu herrlich, sei ein lockendes Traumgebilde." Ja, ihr entblödet euch nicht sie geradehin „unsittlich" zu schelten; euer Gott hätte euch also etwas Unsittliches befohlen? Dieses zu behaupten werdet ihr hoffentlich nicht die Stirn haben......

Man hat nicht ungeschickt das gütergemeinschaftliche Wesen mit einer „allgemeinen Assekuranzanstalt" verglichen. Ihr habt ja längst allerlei kleine, gegen Hagelschlag und Feuer und Wassersnoth, gegen Schiffbruch, Krankheit und Tod. Warum sträubt ihr euch so über die Maaßen gegen Assekuranz wider Failliten, Arbeitslosigkeit, Elend, Dummheit u. s. w.? Warum besteht ihr darauf einiges zu assekuriren und anderes, nicht minder wichtiges, nicht? Nehmt die Gesellschaft der Menschen oder deren Regierung als Assekuririerin für alle und jede Thätigkeit, und ihr betretet den Weg zum Kommunismus, deucht mir. —

Ende des dritten Theiles.

Eine große Auswanderung im Jahre 1848, um Ikarien in Amerika zu verwirklichen.

Obschon der ikarische Kommunismus lediglich vermöge der friedfertigen Verbreitung, die nicht gegen die Gesetze verstößt, vermöge der Belehrung und Versittlichung des Volkes, vermöge der Diskussion und Ueberzeugung, vermöge der einzelnpersönlichen Zustimmung und des Allgemeinwillens sich zu befestigen trachtet: wird er dennoch von der Staatsgewalt verfolgt, und begegnet einer Masse verschiedenartiger, gegen ihn verbündeter Feinde.

Diese Verfolgung einerseits, und die Schwierigkeit des Begründens innerhalb der alten Gesellschaft anderseits hat E. Cabet bewogen seinen Prinziptheilnehmern eine Auswanderung in großem Maaßstabe vorzuschlagen, um in Nordamerika eine ikarische Gütergemeinschaft aufzustellen.

Folgendes ist der Aufruf, der zu diesem Zwecke an die Ikarier erlassen wurde (Der Populär, 9. und 16. Mai 1847):

Abwendung der Verfolgung.

Derjenige, den die Welt als einen Gott verehrt, und der, als Mensch, der aufopfernste, erhabenste, so zu sagen göttlichste von allen Menschen; Jesus, dessen Prinzipien wir aufstellen, hat seinen Aposteln gesagt: „wenn „man euch in der einen Stadt verfolgt, so begebt euch in eine andere.“ Laßt uns nun diesem Rathe folgen; wir sind in Frankreich den Unterdrückungen ausgesetzt, laßt uns nach einem Ikarien ziehen.

Nach Ikarien, Brüder nach Ikarien!

Weil man uns innerhalb der französischen Lande plagt, uns jedwedes Recht, jedwede Freiheit der Association, Vereinigung, Besprechung, und des friedlichen Propagirens abschneidet; darum bleibt nichts weiter, als anderswohin uns zu wenden und dort zu suchen was hier gebricht, nämlich Menschenwürde, Bürgerrechte, Freiheit und Gleichheit. Weil wir hier ohne Arbeit und Brod sind, den Schrecknissen des Hungers preisgegeben, wollen wir drüben Arbeit und Ueberfluß erringen; weil wir hier nur Elend für unsre Frauen und Kinder haben, wollen wir drüben unser und unsrer Familien Glück erwerben. Gleichsam neue Hebräer, stolz und nach Unabhängigkeit strebend wie sie, aber durch die moderne Civilisation aufgeklärt, durch die Bildung und Erfahrung aller Jahrhunderte gestählt und gehoben, kehren wir dem „Hause der Knechtschaft" den Rücken und wandern nach einem gelobten Lande, einem neuen Paradise.

Wie Jesus und seine Schüler von modernen Pharisäern verfolgt, gehen wir, wie jene einst, in eine Wüste, in ein unbebautes, reines jungfräuliches Land, welches uns alle Schätze seiner Fruchtbarkeit spenden soll.

Gleich den Kreuzfahrern, pilgern wir in ein heiliges Land, aber nicht um dort ein altes Grab zu erobern, sondern um die junge Wiege eines neuen Jerusalem, eines vollkommenen Staates zu gründen.

Neue Weltumsegler, wollen wir eine neue Welt entdecken, ein Reich göttlicher Gerechtigkeit.

Neue Missionäre, wandern wir aus um das Bruderthum zu predigen, oder vielmehr es zu verwirklichen, und es als ein Siegel auf unsre Gesetze und Einrichtungen, auf unsre Monumente und insonderheit in unsre Herzen zu drücken.

Ueberall, zu allen Zeiten, waren gleichsam junge Bienenschwärme aus alten Bienenstöcken ausgeflogen um neue Kultur zu stiften; in Afrika, in Europa, in Amerika ist auf solche Weise Civilisation ausgebreitet worden. Auch wir wollen jetzt einen Bienenstock gründen, den des Menschenthums, indem wir drüben ein französisches, europäisches, für die Menschheit bestimmtes Ikarien errichten. Heute zu Tage treibt das Elend und die Freiheitsliebe von allen Seiten Kolonisten nach Amerika; und warum sollten nicht auch wir gehen? wir, Söhne dieses Frankreich, welches man als den Stern des Menschengeschlechts anzusehen pflegt. Wir wollen a~~ber nur~~ die Diener, die Vorkämpfer der Menschheit sein, und als solche drüben eine Heimath der Freiheit und Gleichheit erbauen, und das Ideal der Philosophie, Religion und Brüderlichkeit zur Wirklichkeit machen. Die Zeit ist günstig. Nie hatte wohl eine Auswanderung so viele Hoffnung auf Gelingen als unsre ikarische; Dampfmaschine, Dampfschiffahrt, Dampfwagen, Telegraph, elektrischer Telegraph, die ganze gewaltige Industrie steht uns bei.

Wir beabsichtigen keine kleine Auswanderung, keinen Versuch im Kleinen. Wenn wir uns nicht verrechneten — allerdings konnten wir noch nicht ganz genau Nachricht einziehen: — so dürfen wir auf zehn bis zwanzigtausend reisefertige Ikarier zählen, und bald auf hunderttausend, vielleicht Millionen. Ein Heer von Gewerbleuten sämmtlicher Professionen und Industrieen wird mit uns drüben eine Nation gründen. Dies wird nicht etwa eine Schaar ideenloser Personen sein, die nichts als Elend und selbstsüchtiges Interesse, ihr Loos zu bessern, vorwärts jagt; nein, es sind Arbeiter von Geist und Herz, Aufklärung und Bildung, Muth und Kenntnissen; es sind auserlesene, geprüfte Leute, gewählt wie die ersten Christen, deren Gesinnung und Ansichten sie theilen, Leute stark und mächtig in der Einigkeit des Entschlusses und des Enthusiasmus.

Wir werden keineswegs aufs Gerathewohl losbrechen; wir werden unsern Entwurf reiflich erwägen und diskutiren. Während der Vorbereitungen des ersten Zuges, die wahrscheinlich ein Jahr wenigstens dauern, werden wir alle Fragen verhandeln, einen Aufruf an alle bedeutende Personen in den Wissenschaften und Künsten ergehen lassen; diesen unsern Wohlthätern wollen wir später unsterbliche Ehren erweisen, indem wir nach ihnen unsre Städte, Dörfer, Monumente u. s. w. benennen.

In Ikarien ist nichts dem Zufalle anheim gestellt; Vernunft leitet dort alles und jegliches. Daraus werden (es kann nicht fehlen!) Wunder entspringen; jeder Mensch wird nur nach seinen Kräften und Fähigkeiten zu arbeiten, nur nach seinen Bedürfnissen zu genießen haben. Das Nothwendige zuvörderst; das Nützliche hinterdrein, ganz zuletzt das Anmuthige, und die Grenzen für alle diese Verhältnisse wird nur die Möglichkeit der Sache, Vernunft und Gleichheit bestimmen.

Von vornherein wird Vollkommenheit erstrebt, und (wir glauben es zuverlässig) in vielen Fällen erreicht werden. In unserm jetzigen Aufenthaltsorte macht man uns stets den Einwurf: wie könnt ihr eine neue Gesellschaft auf eine bestehende alte pfropfen? auf diese alte, die ganz von Vorurtheilen, bösen Gewohnheiten und sonstigen Hindernissen wimmelt. Drüben wird unsrer Thatkraft ein frisches, ein freies Feld offen sein, wir werden, wenn ich mich des Ausdrucks bedienen darf, aus dem vollen Stück schneiden können. Drüben sind keine Rücksichten, die uns hemmen wenn wir das Gebiet vermessen, die Landwirthschaft für jeden Fleck desselben festsetzen, die Wege und Straßen zeichnen, die Wohnplätze aufschlagen Mit einem Male, und zwar sofort mit dem ersten, werden wir die besten. Wege, die schönsten Wohnplätze, die vorzüglichsten Fabriken, kurz überhaupt die Spitze der Vollkommenheit erstreben und erreichen. In Europa dagegen dürfte noch gar lange Frist verlaufen, ehe wir es nur bis zu einer volksthümlichen, demokratischen, geschweige kommunistischen Regierung gebracht haben. Auch müßte die Umformung in Europa eine lange Dauer in Anspruch nehmen. Drüben aber fängt die Gütergemeinschaft auf der Stelle an, von der ersten Stunde, und binnen zwanzig Jahren sind alle Bewohner unstreitig gebildete Kommunisten, und der Kommunismus steht alsdann in voller Stärke und Schönheit da. Die Erwachsenen können sich dort nach Belieben versammeln und diskutiren, die nöthigen Bücher, Zeitschriften und Lehrvorträge sind drüben vorhanden. Was die junge Generation belangt, so gebe man uns, nach einigen Jahren, nur einhunderttausend Kinder von sechs Jahren, und wir machen uns anheischig, dem staunenden Erdkreise zu zeigen was menschlicher Verstand und menschliches Herz ist, wenn eine Reihe der tüchtigsten kommunistischen

Erzieher, Lehrer und Aufseher, mit den besten Lehrmethoden, mit der ganzen Macht der Regierung und Gesellschaft ausgerüstet ans Werk geht.

In Europa kriegen wir stets zu hören: der Kommunismus, ohne Vermögensungleichheit, ohne Privateigenthum, ohne Wetteifer, werde eine greuelhafte Sklaverei und Langeweile, voll Elend und Rohheit sein. Wir sagen hierauf: nein. Man antwortet wieder: ja. Wir sagen abermals: nein. Man antwortet abermals: ja. Und so kann man sich in einem Zuge fort streiten; was eben nicht sehr förderlich ist, deucht uns. Darum wollen wir nach Amerika, und statt zu diskutiren, endlich durch die handgreifliche Wirklichkeit zeigen was die gute Sache der Gütergemeinschaft werth ist. Unsre Widersacher aber mögen zuschauen, und wenn es gelungen ist, werden sie wohl sich überzeugen. Wir fordern daher, daß sie uns jetzt in Frieden ziehen lassen; wir handeln dabei auch in ihrem Vortheil.

Uebrigens wollen wir herzlich gern auch den übrigen Systemen erlauben, sich bei uns zu versuchen, sobald sie vernunftgemäß sind.

Gewiß, während in Frankreich, in Europa fast alle Geschäfte überladen sind, eröffnet Ikarien ein herrliches Thätigkeitsfeld für die Leute, welche im alten Welttheile außer Arbeit stehen; Aerzte, Professoren, Ingenieure, werden in großer Zahl drüben zu thun finden. In Ikarien ist das Verhältniß zwischen beiden Geschlechtern in die richtige Ordnung gebracht; das Weib ist geachtet, ist in die gebührenden Rechte eingesetzt; Mitgift und Ehelosigkeit kommen nicht vor. Drüben sind keine Dienstboten, Proletarier, Sklaven; sind die Maschinen endlos vervielfacht zur Hülfe der menschlichen Hand; die Arbeit ist frei von Gefährlichkeit und Ermüdung, ist leicht und kurz, ist anziehend. Die Künste sind auf die höchste Spitze der Ausbildung erhoben; weder Bankerott, noch Sorgen im Geschäft; weder Polizeispione noch Gendarmerie, weder Prozesse noch Pässe, weder Kerkerwärter noch Henker. Drüben ist allgemeines Stimmrecht, im wahrsten Sinn der Wortes, alles für das Volk und durch das Volk. Drüben ist kein Militärdienst, wie er bei den Europäern nutzlos, verdummend, versklavend wirkt; drüben ist eine Bürgerwehr, gleich für alle und durch alle.

Allerdings wird dort Niemand glücklicher sein als der Andre, aber eben so wenig wird man Jemand unglücklicher sehen, und Niemand wird sagen: „der da ist besser dran als ich..."

Hier zu Lande haben die Männer des Fortschritts täglich die abscheulichsten Demüthigungen auszuhalten; man schlägt sie, martert sie, stößt sie ins Elend, verhöhnt sie...; in Ikarien wird täglich ein Fortschreiten, eine Entdeckung, eine Erfindung, eine Verschönerung, eine Verbesserung, ein materieller oder geistiger Genuß auftreten; also gerade das Gegentheil von dem europäischen Zustande, in welchem man euch gleichwohl gern festhalten möchte, wenn man könnte!!

Ja, Ikarier, die Wahl ist wohl nicht schwierig: drüben ein lachenderer Himmel, ein ebenso mildes Klima wie hier, ein fruchtverheißender Urboden voll mächtigen Pflanzenwuchses, ein Boden auf welchem fast alle Pflanzen und Thiere unsres Erdstriches fortkommen können. Von Frankreich uns entfernend, werden wir nie vergessen daß es unser Vaterland ist; obschon grausam gegen uns, werden wir stets es als Gegenstand unsrer innigsten Verbesserungswünsche vor Augen haben, und selbst unsre Gegner beklagen, denn diese wissen schlechterdings nicht was sie thun, und sind, gleich uns, Schlachtopfer der elenden Gesellschaft die uns sämmtlich erzeugt hat.

Wir alle müssen forthin uns einer maaßhaltenden, duldsamen, wohlwollenden, brüderlichen Sprache befleißigen, und unsre Bemühungen verdoppeln um dem Feinde Achtung abzugewinnen. Die, welche uns nicht nachwandern können — ihre Anzahl wächst gewiß stets — diese werden stets mit uns die große ikarische Familie ausmachen, und unsre theuern Brüder sein.

Man schilt uns Träumer und Utopisten; wohlan, Ikarier, laßt uns einen Zustand gründen, der kein Traum, keine Utopie ist, und wodurch unsre Gegner verstummen. Eine neue große Zeit fängt jetzt für den Kommunismus an; für die Demokratie, für die Menschheit; gewaltige Diskussionen wird man führen, Studien, Untersuchungen, Schriften werden entstehen; der Populär, dies Journal worin alle Bewegnngen dieser Art Berichtabstattung finden sollen, wird ein erhöhtes Interesse erwecken.

Cabet.

Arbeiter, auf nach Ikarien!

Denkt über euer Loos nach, und ihr müßt einsehen, daß euch das Elend packt wenn ihr den Mutterleib verlassen habt, und daß es sich nicht eher von euch trennt als wenn ihr im Sarge ruht.

Ihr, Proletarier, Söhne der Proletarier, wandelt in schmutzigen Lumpen einher, darbt am Geist und hungert am Magen; schaut nur zu oft böses Beispiel, arbeitet zu oft über eure noch jugendlichen Kräfte, so steht es um eure Kindheit. Dann kommt Arbeiten und immer Arbeiten bis auf Schweiß und Blut, Arbeit voll Gefahren, voll Ekel, und ohne genügenden Lohn; Arbeitlosigkeit und Schulden; Krankheiten; Militärdienste; Handwerksbuch; keine Aussicht, stete Unruhe über den morgenden Tag. So lebt ihr in eurer Jugend. An Ehe und Familie haben viele nicht zu denken; und die welche sich verheirathen, bereuen es oft, so fürchterlich lasten auf ihnen die Sorgen. — Und euer Alter, nach langem Arbeiten und vielfältigen Vaterlandsdiensten, hat wieder, zur Vergütung, nichts als Jammer, Elend, Qualen, Hospital und Selbstmord zu erwarten. Dicht neben euch seht ihr eure Meister und Gebieter prassen und Gold rollen; sie haben so zu sagen bloß die kleine Mühe auf die Welt zu kommen; dann finden sie reichlichst alles was sie brauchen, um nicht zu arbeiten, nicht zu produziren, aber trotz dem zu genießen. Ihr habt keine Genüsse, obgleich ihr alles hervorbringt. Allein, Freunde, seid gerecht; diese beneideten Klassen sind auch mit ihren Sorgen, ihrem besondern Kummer gepeinigt; sie auch sind Schlachtopfer der alles verschuldenden Gesellschaftsorganisation. Immerhin; aber ihr, ihr seid elend, und es muß uns Arbeitenden endlich irgendwoher Heilung kommen, deucht mir.

Blickt nach Ikarien in Amerika; dort wird das Proletariat nicht mehr vorhanden sein, ebenso wenig schwelgende Reiche. Dort sind alle Bürger die Besitzer des allgemeinen, gesellschaftlichen, nationalen und nicht zu theilenden Eigenthums; also ist Armuth drüben nicht möglich. Ebenso wenig Arbeitsleute und Arbeitsmeister; statt dessen Associirte, brüderlich auf gleichem Fuß sich behandelnd, alle arbeitend, je nach Fähigkeiten. Alle Geschäfte gelten dort als öffentliche Aemter, und alle Aemter gelten als Geschäfte. Folglich gibt es keine Ausbeuter, keine Auspresser, keine Aussauger dort. Keine Tagelöhner werdet ihr dort haben, aber eine gerechte Vertheilung der Produkte, wie zwischen Associirten. Keine Arbeitslosigkeit, keine Konkurrenz, sondern Arbeitsorganisation, feste, vernünftige Arbeitsregeln, nach Erfahrung, Klugheit, öffentlicher Meinung und Ansicht der Mehrheit der Arbeiter selber. Die ganze Ackerbau- und Industriearbeit wird nach großen Werkstätten ausgeübt; Niemand bleibt müßig, Niemand ist übermäßig beschäftigt. Die Werkstätten sind zweckdienlich, gesund, schön; die Maschinen nehmen viele, ja die meiste Mühe dem Arbeiter ab. Jeder, so viel als möglich, erwählt selbst sich nach Geschmack und Lust eine Profession. Alle Amtsführer sind wählbar und absetzbar; alle Einwohner sind wählbar und wählend...

Keine Arbeits- oder Handwerksbücher mehr; kein knechtischer Soldatendienst; keine Steuer (Arbeit ist die einzige Abgabe); Jeder gut behaust, bekleidet, genährt, unterrichtet, in Gesundheit erhalten durch die unablässige Sorgfalt der Regierung d. h. der gesammten Nation; Jeder in die Möglichkeit versetzt, ein Weib zu nehmen, und ungestört Familienfreude zu genießen.

Keine Aristokratie, keine Vorrechtler, keine Ungleichheiten.

Reine, ganz reine Demokratie; Gleichheit nach Vernunft und Billigkeit, d. h. in Verhältniß und Proportion, stets nach den leiblich-geistigen Kräften für die Arbeit, und nach den Bedürfnissen für die Vertheilung. So erst sind alle gleichmäßig beglückt. Kurz die Arbeiter sind drüben das Volk, die Nation. Nur sie, und Niemand anders, herrschen dort, denn es gibt drüben nichts als Arbeitende; sie erziehen sich, in ihrem eigenen wohlverstandenen Interesse, und erst auf diesem Pfade wird die Menschheit in Ordnung kommen. Arbeiter! zaudert nicht; heute seid ihr noch geknebelt, getreten, gefesselt; Achtung hat Niemand vor euch, und ihr habt weder Brod nach Arbeit noch Bedarf. Laßt uns dorthin gehen wo dieses Elend nicht mehr sein wird, nach Ikarien!

Von allen Seiten begrüßen die Ikarier dieses Wort mit Beifall und Enthusiasmus.

Seither bereitet sich die Auswanderung und organisirt sich ohne Zögern.

Der Gesellschaftskontrakt überträgt E. Cabet die Direktion und Gerantur auf zehn Jahre.

Nur anerkannt tüchtige und würdige Personen werden zugelassen.

Jede muß mindestens sechshundert Franken mitbringen.

Ausländer werden gleich Franzosen aufgenommen.

Die Kolonisation geschieht im nordwestlichen Theile von Texas, am Rothen Flusse.

Ein Agent ist unter dem 2. December 1847 dorthin abgereist; eine zahlreiche Kommission von dreißig bis vierzig Mitgliedern folgt vom 27. bis 31. Januar 1848; eine Avantgarde von sechshundert Personen geht Ende März.

Der erste große Zug, mit Frauen und Kindern, geht Ende September, und zwar ohne Unterbrechung.

Cabet.

Nota: Der Populär; eine Broschüre: Verwirklichung Ikariens; der ikarische Almanach, und die Ergänzung des Almanach werden die nöthigen Aufschlüsse über die Auswanderungen und über Texas geben.

Inhaltsverzeichniß.

Zweiter Theil.

Diskussion. — Einwürfe. — Deren Widerlegung. — Geschichtliches. — Ansichten der Philosophen.

Dritter Theil.

Alphabetisches Inhaltsverzeichniß.

Setzfehler.

(Außerdem haben sich Unregelmäßigkeiten mancher Art eingeschlichen, wie sie beim Drucke deutscher Schriften im Auslande leider fast unvermeidlich sind; der Leser möge folglich nachsichtig urtheilen.)

Seite	XII	Zeile	8 von unten	für	Minderheit	lies	Mehrheit.
			7 von unten	=	überliefern	=	überliefert.
=	XVIII	=	17 von oben	=	materialisch	=	materialistisch.
=	5	=	9 von oben	=	1845	=	1835.
=	8	=	14 von unten	=	diejenigen	=	denjenigen.
=	39	=	9 von unten	=	waren	=	warum.
=	45	=	6 von oben	=	Ihres	=	ihres.
=	95	=	20 von oben	=	Arbitern	=	Arbeitern.
=	146	=	15 von unten	=	auszureichen	=	auszuweichen.
=	156	=	19 von unten	=	Triebsinn	=	Trübsinn.
=	173	=	20 von unten	=	Säulen	=	Sälen.
=	197	=	22 von unten	=	zu	=	allzu.
=	203	=	17 von unten	=	sie	=	es.
=	217	=	7 von unten	=	stürkt	=	stürzt.
=	234	=	2 von oben	=	das	=	der.
=	260	=	15 von oben	=	den	=	dem.
=	298	=	18 von unten	=	wie	=	noch.
=	314	=	20 von unten	=	nun	=	nur.
=	348	=	16 von unten	=	zu ersetzen	=	ersetzen.
=	364	=	13 von unten	=	Ländern	=	allen Ländern.
=	370	=	8 von oben	=	vierzehnten	=	fünfzehnten.
=	399	=	6 von oben	=	1455	=	1453.
=	443	=	26 von unten	=	1521	=	1524.

Materialien zum Verständnis von Cabet

Brudertum.

Alle für Einen und **Einer für Alle.**

—　—

Grundrecht:	Liebe,	Grundpflicht:
leben.	Gerechtigkeit:	arbeiten.
—	Gegenseitiger Beistand,	—

Allgemeine Gewährleistung,
Organisation der Arbeit.
Die Maschinen zum Nutzen Aller,
Gleichheitliche Verteilung der Produkte. —
Aufhebung des Elends. —
Ehe und Familie. —
Unaufhörlicher Fortschritt.

Gleichheit, Freiheit,	Wissenschaften.	Bildung,
Einheit, Wahlfähigkeit,	Künste.	Intelligenz, Sittlichkeit,
Frieden.		Ordnung.

—　—

Jedem nach seinen Bedürfnissen und **Jeder nach seinen Kräften.**

Gemeinsames Glück.

(1) Cabet/Cabetismus – franz. Arbeiterbewegung

a. „Bis 1843 hatte sich Cabet den Ruf eines Kommunisten erworben, der die allgemein mit dem Kommunismus auf dem Kontinent verbundenen Taktiken, d. h. die Förderung einer gewaltsamen Revolution mittels verschwörerischer Geheimgesellschaften ablehnte. Er wollte den Kommunismus ans Licht der Öffentlichkeit bringen. Durch Propaganda sollte die überwältigende Mehrheit der Franzosen vom Erfolg seiner idealen Gesellschaft überzeugt werden; die Überzeugten würden auf eine Reform des Wahlrechts dringen und dann, mit dem Stimmrecht bewaffnet, demokratisch sich entscheiden für den Übergang zum Kommunismus. Dieser Übergang würde anfangs durch eine Diktatur erleichtert, deren Funktion es wäre, die ersten Schritte in die neue Gesellschaft zu koordinieren und, falls nötig, bei der Verteidigung der friedlichen Revolution gegen eine Intervention von außen die Führung zu übernehmen. Anders als Buonarroti hielt Cabet eine lange Diktatur zwecks Erziehung der Nation zu den Tugenden des Kommunismus für unnötig; nach Cabet wird diese Erziehung bereits in der vor-„revolutionären" Periode abgeschlossen. Cabets taktisches Programm in seiner ursprünglichen Form sah also drei Schritte vor:

1) die Entfaltung einer breiten, aus allen Klassen sich rekrutierenden Bewegung mittels Propaganda und Organisation; 2) die legale Eroberung der politischen Macht durch die kommunistische Mehrheit; 3) die Wahl (oder besser die Akklamation) eines Diktators, der den Übergang zum Kommunismus in die Wege leitet. Im Idealfall sollte *la communauté* durch den „allgemeinen Willen" der nützlichen Bürger der ganzen Nation eingesetzt werden. Nützliche Bürger waren alle Franzosen, ausgenommen die „Aristokraten" und ihre Verbündeten, die korrupten und Gelder unterschlagenden Beamten der Juli-Monarchie.

Außer den Arbeitern mußte Cabet also die Bauern und die Bourgeoisie (wie oben definiert) davon überzeugen, daß ihr Leben im Kommunismus glücklicher sein werde. Für die Bauern verbrauchte Cabet wenig Tinte, um ihnen die Vorzüge seines Systems zu demonstrieren. Er setzte irgendwie voraus, sie seien treue Söhne des Volkes, und glaubte, sie würden – obgleich die stärkste besitzende Schicht in der französischen Gesellschaft – beeindruckt sein von dem System staatseigener landwirtschaftlicher Familienbetriebe, wie es in der *Voyage en Icarie* skizziert ist. Cabet verwies stolz auf die kleinen Gruppen ergebener Anhänger in bestimmten Dörfern zum Beweis, daß die Bauern eine natürliche Neigung zum Kommunismus haben; in Wirklichkeit hatte der Ikarianismus auf das ländliche Frankreich keinen Einfluß.

Der Mangel an Unterstützung von seiten der Bauern beunruhigte Cabet nicht übermäßig, während der Mißerfolg bei dem Versuch, Anhänger aus der Bourgeoisie zu gewinnen, eine Quelle ständiger Sorge war.

Es überrascht nicht, daß die Bourgeoisie von Cabets Utopia nicht gerade entzückt war. Jede bürgerliche Funktion, die nicht unter die Rubrik „Wissenschaft" fällt, ist in Ikarien abgeschafft oder wesentlich verändert. Für die Aufsicht über den Handel, die Fabrikation und die Verteilung von Konsumgütern sind gewählte Beamte zuständig. Dadurch sind alle Bourgeois mit ökonomischer Funktion in der Gesellschaft ausgeschlossen, vom kleinsten Krämer bis zum großen Finanzmann. Gelehrte Fachleute (z. B. Juristen) sowie Künstler und Intellektuelle gibt es entweder nicht, oder sie werden durch Zensur derart gedrückt, daß sie nur noch Unterhalter und Propagandisten sind. Cabet hoffte jedoch, daß Furcht, Verlangen nach innerem Frieden oder reiner Altruismus die Bourgeoisie um das kommunistische Banner scharen würden. Die Furcht ausnutzend beschrieb er der Bourgeoisie die wachsende Verzweifelung der Arbeiterklasse und die Gefahr, die der gewaltsame Ausbruch dieser angestauten Erregung für ihr Eigentum und ihr Leben bedeuten würde. Das Verlangen nach innerem Frieden zeigt die positive Seite der sie plagenden Furcht; das Schuldgefühl, das den Bourgeois quält, weil er den Arbeiter ausbeutet, verliert sich nur im Kommunismus. Wie glücklich wäre ein Leben, in dem nur Liebe die menschlichen Beziehungen bestimmt! Der Appell an den Altruismus meinte lediglich die Forderung, die Bourgeoisie solle die moralische Berechtigung des Kommunismus anerkennen. Das zeigte sich deutlich in Cabets Grundsatz „Communisme, c'est le Christianisme". Bezeichnenderweise waren Cabets aktivste bürgerliche Anhänger – der Geschäftsreisende Charles Chameroy aus Tours und der Arzt Desmoulins – gläubige Christen.

Um jedoch mit der Erfüllung seines Traumes einer friedlichen kommunistischen Revolution beginnen zu können, mußte Cabet die Arbeiterklasse gewinnen. Hier brachten ihm durchaus moderne Methoden der Massenpropaganda großen Erfolg. Er zog zwar eine gewisse Zahl von Arbeitern auf seine Seite, die bereits ehedem politisch aktiv gewesen waren, und zwar vor allem in den Geheimgesellschaften der späten 30er und der frühen 40er Jahre, aber es scheint ziemlich deutlich, daß nur wenige Anhänger Cabets politisch stark engagiert waren, bevor sie zu ihm stießen. Das unterstreicht seine hervorragende Rolle bei der Politisierung der französischen Arbeiterklasse. Er betonte wiederholt: „point d'indifférence politique!" und ermahnte die Arbeiter wegen ihrer politischen Zurückhaltung. Die zahlenmäßige Stärke der ikarischen Bewegung beweist hinreichend seinen Erfolg bei der Schaffung des politischen Arbeiterbewußtseins. Cabet glaubte, nur politische Aktion seitens der Arbeiterklasse könne aus dem Sumpf der kapitalistischen Gesellschaft herausführen; folglich tat er rein ökonomische Maßnahmen wie *mutuellisme* und Kooperation ziemlich geringschätzig ab. Nach seiner Meinung waren die zahlreichen Streiks der frühen 40er Jahre ein sinnloses Opfer an Blut und Kraft der Arbeiter, wenn er auch einsah, daß die gedrückte Lage der meisten Arbeiter in Frankreich zu solcher Aktivität führen konnte, weshalb er die Arbeiter gegen ihre Anwender verteidigte.

Cabet suchte also beim Aufbau seiner „Partei" fast ausschließlich Rückhalt bei der Arbeiterklasse. Obgleich hier nicht der Ort ist, eine ausführliche Darstellung der Entwicklung des Ikarischen Kommunismus zu geben, sind einige Worte über diese Bewegung angebracht. Bei der Rückkehr Cabets nach Frankreich im April 1839 erinnerte man sich seiner lediglich als eines bedeutenden Führers der gemäßigten Republikaner der frühen 30er Jahre (er war Generalsekretär der angesehenen *Association libre pour l'Éducation du Peuple*), dessen Feder zu scharf war, als daß sie die Zensur hätte überlisten können – daher seine Verurteilung wegen Pressevergehen am 28. Februar 1834 und nachfolgend fünf Jahre des Exils. 1838 hatte er Abschriften der gerade beendeten *Voyage en Icarie* an eine ausgewählte Gruppe französischer Sozialisten geschickt, zu der auch Lamennais und Voyer d'Argenson gehörten. 1839 waren einige wenige Exemplare eines Privatdrucks im Umlauf, während das Jahr 1840 die Veröffentlichung seines utopischen Romans und der Bände 3 und 4 seiner *Histoire populaire de la Révolution française* (Paris, Pagnerre) erlebte. Diese Werke begründeten seinen Ruf als Kommunist. Er setzte sich gründlich ab von *les violents* und *les matérialistes* und sprach in seiner *Histoire populaire* kritisch über die Verschwörung Babeufs. *Der Populaire* begann im März 1841 zu erscheinen. Zwei Jahre lang stieg die Auflage kaum, und es ist verständlich, daß Cabet während dieser ersten Phase der ikarischen Bewegung sich hauptsächlich darum bemühte, seiner Schule eine einzigartige Stellung zu erringen. Er beschimpfte andere Sozialisten und sogar eine quasi-ikarische Zeitung (*Le Travail* in Lyon) als „Konkurrenten". Diese Phase kennzeichnet außerdem ein ständiger Wechsel der Personen in der ikarischen Bewegung. Cabet säuberte die eigenen Reihen von allen Anhängern, die ihm nicht blindlings folgten, und rügte jene, die von sich aus absprangen. Die große Wende in der Geschichte der Bewegung kam mit dem Prozeß und dem Freispruch mehrerer Anhänger in Toulouse im September 1834. Seither machte der Ikarische Kommunismus rasche Fortschritte. 1847 war Cabets Einfluß auf die Arbeiterklasse in Lyon, Vienne, Reims, Nantes, ja vielleicht sogar in Paris unübertroffen. Seine *correspondants* agierten als lokale Führer, die ihm Berichte schickten, Flugschriften in Umlauf brachten und ikarische Versammlungen, Banquets und Ausflüge organisierten. Eine dritte Phase folgte der Emigrationsankündigung vom Mai 1847. Fieberhafte Vorbereitungen für die Abreise folgten; einige Ikarier zogen sich zurück, aber auf Cabets glänzende Verheißungen hin traten viele neue Mitglieder ein. Die Revolution von 1848 machte den Siedlungsplan gründlich zunichte und leitete eine vierte Phase ein. Cabet selbst spielte während der ersten Zeit der Revolution weiterhin eine wichtige Rolle, wurde dann aber erdrückt. Dazu kam es nicht zuletzt wegen des unschätzbaren Dienstes den er dem bedrängten Blanqui unmittelbar nach der Veröffentlichung des Taschereau-Dokuments erwies. Zur Zeit der Junitage war Cabet ein gebrochener Mann, und seine Bewegung hatte ihre Einheit verloren. In der zweiten Jahreshälfte verließen zahlreiche Ikarier Frankreich per Schiff, um in Amerika die Freuden der *vie commune* zu genießen; sie mußten feststellen, daß Ikarien ein ödes unfruchtbares Land am Red River in Texas war. Im Dezember reiste der Père Cabet in die Neue Welt, weil er versuchen wollte, den zerstörten ikarischen Traum in Nauvoo/Illinois zu erneuern.

In der Aufstiegsphase der ikarischen Bewegung 1843 bis 1847 wurde zunehmend deutlich, daß Cabet vor einem ernsten taktischen Dilemma stand. Während immer mehr Arbeiter zu ihm stießen, demonstrierte die Bourgeoisie in ihrer Presse wachsende Feindseligkeit gegen Cabet und gegen alles, was sich mit seinem Namen verband; jene Bourgeoisie, deren Unterstützung unerläßlich war, wenn seine Revolution durch Bekehrung der *opinion publique* als der *Reine du monde* gelingen sollte. Ich möchte im folgenden die These entwickeln, daß dieses Dilemma größtenteils verantwortlich war für Cabets Aufgabe der oben skizzierten taktischen Position zugunsten einer Neuorientierung in Richtung Flucht. Allerdings Flucht mit einem Ziel: in der unberührten Wildnis Amerikas wollte er keine bloße Versuchskolonie gründen, sondern eine große kommunistische Nation, ein Denkmal vor den Augen einer Welt von Zweiflern. Das war die neue ikarische „Taktik". Da diese Umorientierung des Ikarianismus die Verurteilung Cabets durch militante Linke seiner Zeit und den Spott vieler späterer Historiker verursacht hat, lohnt es sich, deren Grundlagen zu untersuchen. Wie sich zeigen wird, war Cabet vor der zündenden, wenn auch völlig naiven Entscheidung des „gehen wir nach Ikarien" einer anderen Lösungsmöglichkeit konfrontiert, die – hätte er sie voll ausgesprochen – ebenso begeisternd und hinsichtlich der damals in der französischen Sozialgeschichte gegebenen Bedingungen unendlich realistischer gewesen wäre: daß die Erkenntnis der tiefen Kluft zwischen Bourgeoisie und Arbeiterklasse weiterdeutete auf die Notwendigkeit einer gewaltsamen proletarischen Revolution. Aber Cabet war der Anführer einer Bewegung, deren Eigenart sich hauptsächlich bestimmt aus dem starken Engagement für die Zusammenarbeit der Klassen und gegen revolutionäre Gewalt. Außerdem sah er sich selbst als Bourgeois mit dem Beruf eines Theoretikers. Der Bourgeoisie den Krieg erklärt, hätte Cabet die Eigenheit seines Kommunismus beseitigt und verzichten müssen auf das bisher gepflegte Image eines *bonhomme,* der Bourgeoisie und Proletariat so großartig eint. Diese Untersuchung hat daher zwei verwandte Ziele. Erstens soll bewiesen werden, daß Etienne Cabet, nach Meinung der Historiker der utopischste der Utopisten, mit der Zeit wirklich das Problem des Klassenantagonismus begriff, und daß er auf der Basis dieser Einsicht begann, den Grundsatz der Arbeitersolidarität und den Gedanken zu propagieren, Kommunismus könne nur eine Ideologie der Arbeiterklasse sein. Zweitens soll gezeigt werden, daß er zurückschreckte und schließlich die Flucht vorzog, als er sich dem aus dieser Einsicht logisch abgeleiteten taktischen Programm – Bejahung des Klassenkampfes, der proletarischen Revolution – konfrontiert sah. *Allons en Icarie!* ist das verzweifelte Losungswort eines Mannes, dessen Traum, die von Natur gute und vernünftige Menschheit von den Freuden des Lebens *en communauté* zu überzeugen, an den harten Tatsachen der sozialen Realität zunichte wird."

„Cabets sich ändernde Einstellung zu den Klassenbeziehungen bewies, daß er die gesellschaftlichen Realitäten genauer begriff, ließ aber gleichzeitig seine taktische Position immer schwächer werden. Er hatte jedoch sein Denken über das Wesen der Gesellschaft seiner Zeit noch in anderer Hinsicht entfaltet. Angesprochen ist hier seine etwas einfache Erörterung der kapitalistischen Konzentration. Er stellte zwar kein ehernes Gesetz der kapitalistischen Entwicklung auf, behauptete aber, der Übergang zur *communauté* werde durch die Monopolisierung der Produktionsmittel in den Händen weniger *„gros capitalistes"* erleichtert. Dieser Gedanke findet sich erstmalig in einer der besten Flugschriften Cabets: *L'Ouvrier; ses misères actuelles, leur cause et leur remède; son futur bonheur dans la communauté; moyens de l'établir* (Paris, Juni 1844). Cabet war ein überzeugter Verteidiger der positiven Funktion der Industriellen Revolution im Prozeß der Befreiung des Menschen aus der Knechtschaft des Elends. Ikarien ist ein technologisches Paradies. Cabets Erörterung der Konzentration hat daher entscheidend zu tun mit der Vermehrung arbeitssparender Maschinen."

(Christopher H. Johnson, Etienne Cabet und das Problem des Klassenantagonismus, in: M. Hahn (Hg.), Vormarxistischer Sozialismus, Frankfurt 1974, S. 195–201, 216)

„Von allen Kommunisten der vierziger Jahre publiziert Cabet das meiste, und seine Schriften finden die größte Resonanz unter den Arbeitern. Sein *Populaire,* der sich schon als republikanisches Blatt 1833 nach seiner achten Nummer 27 000 Abonnenten erobert, 1835 aber den Septembergesetzen erliegt, kann sich bei seinem Wiedererscheinen im März 1841 auf eine Arbeiteradresse stützen, die ihn im Namen von 4 000 Klassengenossen zur Herausgabe einer Zeitschrift drängt, um die sich die kommunistische Bewegung sammeln kann. Die Behörden beschlagnahmen bei Haussuchungen Abonnentenlisten mit über 700 Unterschriften, die für mehr als 2 000 Abonnenten zeichnen. Das ist viel zu einer Zeit, da einflußreiche und finanzkräftige Blätter wie der *National* Anfang 1844 nicht mehr als 3 000 Abonnenten, die kleinbürgerlich-demokratische *Réforme* keine 1 000 und die fourieristische *Phalange* nicht viel mehr als 1 000 Leser zählt. Obgleich von den Behörden keineswegs gänzlich unbehelligt, vom Klerus wütend angefeindet, von den Bourgeoisrepublikanern verleumdet und von den kleinbürgerlichen Demokraten totgeschwiegen, setzt sich der *Populaire* im unaufhörlichen Kampfe mit sämtlichen politischen Parteien und Gruppierungen in Windeseile in ganz Frankreich durch und bleibt das meistgelesene kommunistische Blatt der vierziger Jahre.

Gleichen Erfolg erzielt sein Hauptwerk, die *Reise nach Ikarien,* die Beschreibung einer kommunistischen Gesellschaft in Form eines Reiseberichts. Cabet überlistet die Behörden und veröffentlicht das Werk zunächst 1839 unter Pseudonym und unverfänglichem Titel. Die Behörden fallen auf den Trick herein und versäumen die zur Beschlagnahme festgelegte gesetzliche Frist. Mitte 1840 veröffentlicht Cabet daraufhin das Buch unter seinem Namen und dem endgültigen Titel. Bis 1848 erfährt es fünf Auflagen und wird ins Englische, Spanische und Deutsche übersetzt. Cabets jährlicher *Ikarischer Almanach,* den er ab 1843 herausgibt, findet sogleich 8 000 Abnehmer, im folgenden Jahr bereits 10 000. Seine *Revolution von 1830* wird in 20 000 Exemplaren verkauft und erlebt im Verlauf eines einzigen Jahres drei Auflagen. Und seine *Volkstümliche Geschichte der Französischen Revolution* erscheint in 5 000 Exemplaren und wird 1845 neu aufgelegt. Hinzu kommt eine Unmenge Broschüren, meist Streitschriften. Karl Grün schreibt: „Und wer kauft diese Bücher? Kein Mensch als die Arbeiter! Und jedes Exemplar befriedigt zwanzig bis dreißig Leser!“

Cabets beispielloser publizistischer Aktivität verdankt die kommunistische Bewegung ihr Wachstum in die Breite. Von allen Spielarten des Kommunismus dieser Jahre hat der ikarische den größten Massenanhang. Cabet verteidigt seine Anhänger vor Gericht und unternimmt zahllose Propagandareisen. Er korrespondiert mit den 1834 nach London emigrierten Demokraten und Kommunisten und pflegt mit den Londoner Leitern des deutschen kommunistischen „Bundes der Gerechten“ einen lebhaften Meinungsaustausch. In ganz Frankreich, namentlich in Industriezentren wie Paris, Lyon, Marseille, Toulouse, Limoges, Mulhouse, Saint-Quentin, Reims und anderen, bilden die Abonnenten des *Populaire* spontan Bildungszirkel von etwa zwanzig Teilnehmern, sogenannte „Bibliotheken“. Vom Monatsbeitrag der Mitglieder von je 50 Centimes kaufen die Zirkel Bücher und Broschüren zu politischen und sozialen Fragen. In regelmäßigen abendlichen Zusammenkünften werden diese Schriften gemeinsam gelesen und erörtert und sodann an Sympathisierende weitergegeben. Gewöhnlich nehmen an den Bildungsveranstaltungen auch Frauen und Kinder teil. Sobald Polizei auftaucht, geht man zu unverfänglichen Gesellschaftsspielen, Gesang und Rezitation selbstverfaßter Verse über. Die einzelnen Gruppen verständigen sich untereinander durch Delegierte und organisieren die Bildungsarbeit gemeinsam mit Demokraten. Besondere Korrespondenten halten den Kontakt mit dem Pariser Büro. Schon ein Jahr nach Erscheinen des *Populaire* spricht Cabet von mehr als tausend Zuschriften, die sich zu seiner Lehre bekennen und ihn zu verstärkter Propaganda ermuntern.“

„Fraglos erklärt sich Cabets Massenanhang nicht nur aus der Möglichkeit zu legalem Wirken. Seine publizistische Aktivität fällt zusammen mit der zugespitzten Klassenkampfsituation, mit dem geweckten politischen Bildungshunger der Arbeiter, ihrem sozialtheoretischen Interesse, andererseits aber auch mit der zeitweiligen Niedergeschlagenheit der Babouvisten über den Mißerfolg der bisherigen Taktik. Als routinierter Journalist mit Fingerspitzengefühl für das, was den Leser interessiert, hat er bei aller unangebrachten Kritik gegen die materialistische Grundhaltung und revolutionäre Orientierung der *Humanitaires* so unrecht nicht, wenn er ihnen vorwirft, sich bisweilen auf Kosten naheliegender Probleme in abstrakte Fragestellungen zu versteigen und das Ohr des Volkes zu verfehlen. Auch die gewollt einfache Schreibweise und die immer auf Volkstümlichkeit bedachte Form der Darstellung tragen dem damaligen Bildungsgrad der Arbeiter Rechnung. Wahrscheinlich aber kommen der ungewöhnlichen Verbreitung seiner Schriften auch seine Schwächen zugute: die Zugeständnisse an rückständige Denkweisen und eingefressene Gewohnheiten, das Verführerische seines friedlichen Weges, die souveräne Leichtigkeit, mit der er über theoretische Probleme hinweggleitet, vielleicht hier und da sogar die Advokatenkniffe, derer er sich namentlich in der Polemik reichlich bedient. Das alles mag der Geisteshaltung jener proletarischen Oberschichten, aus denen sich sein Anhang rekrutiert, besser entsprechen als der theoretisch anspruchsvolle Journalismus eines Dézamy, die politisch illusionslose Einschätzung der Klassengegensätze und die theoretisch radikalere Haltung der Kommunisten des linken Flügels, die sich um den *Égalitaire* und den *Humanitaire* sammeln. Diejenigen Arbeiter, denen der strenge Materialismus der letzteren ungewohnt, die politische Taktik unbehaglich ist, denen jedoch Leroux und Proudhon zu wenig konstruktiv, Blanc und Buchez nicht radikal genug sind, finden bei Cabet, was sie suchen: eine konsequente, kommunistische Lösung der sozialen Frage mit der Aussicht, sie friedlich zu bewerkstelligen. Sebastian Seiler beschreibt uns die soziale Mentalität seines Anhangs: „Cabet ... älter und kränklich, aber immer noch hinter seinem Schreibtisch kommunistische Bomben schmiedend... bildet jetzt den eigentlichen Sammelplatz der gemäßigten, wohlhabenderen, größtenteils verheirateten Kommunisten in Frankreich."

Ähnlich wie bei Blanc ist Cabets Wirkung im Proletariat zwiespältig. Wie Blanc verschafft auch ihm die Absage an einen gewaltsamen Weg die Möglichkeit zu legalem Wirken. Zwar orientiert er die Arbeiter, anders als Blanc, auf den Kommunismus und bekämpft energisch alle kleinbürgerlichen Rezepte. Damit weist er dem unklaren Drängen der Arbeiter nach einer von Fron und Knechtschaft freien Welt die Richtung ihrer tatsächlichen Emanzipation. Aber lenkt er sie einerseits richtig auf den Kampf um die Ausnutzung bürgerlich-demokratischer Freiheiten für die proletarische Sache, so schläfert seine unentwegte [illegible] Klassenversöhnung ihr eben erwachendes Bewußtwerden des Klassengegensatzes wieder ein und bindet den Arbeitern die Hände im unvermeidlichen täglichen Kampf mit ihren Unternehmern. Seine eigene Überzeugung von der Möglichkeit eines friedlichen Weges zum Kommunismus nährt Illusionen, und sein Aufruf zur Auswanderung nach Amerika am Vorabend der Revolution führt sie direkt in die Irre."

„Tatsächlich gibt es in der ikarischen Bewegung Indizen dafür, daß ein Teil, von den pazifistischen Flausen Cabets abgestoßen, zur babouvistischen Bewegung übergeht, ein anderer den Friedensbeteuerungen wenig Bedeutung beimißt und sich an die revolutionäre Grunddominante seiner Geschichtsauffassung hält. Um die babouvistische *Fraternité* von 1841 sammeln sich viele Ikarier, die sich nach anfänglicher Begeisterung vom ikarischen Kommunismus abwenden. Unter den Ikariern von Toulouse findet Laponnerayes babouvistische Agitation Ende 1842 ein bemerkenswert williges Ohr. Und die Aufrührer, die man bei den Unruhen in Tours am 21. und 22. November 1846 verhaftet, sind ebenfalls Ikarier, die zu dem dort im Gefängnisspital liegenden Blanqui Beziehungen geknüpft und einen Chor der „Teufelssöhne" gegründet haben, der seine revolutionären Lieder in Cafés und Weinstuben jedesmal mit einem Hoch auf Cabet krönt."

(J. Höppner/W. Seidel-Höppner, Von Babeuf bis Blanqui, Bd. 1: Einführung, Leipzig 1975, S. 319–321, 322–323, 331, 333)

»Ich war heute zum zweitenmale bei Papa Cabet, und bin sehr verstimmt nach Hause gekommen. Ein menschliches Wesen, daß in einer ihm widerstrebenden Sphäre leben soll, empfindet einen geistigen Alpdruck. Ich habe zweimal in meinem Leben physisches Alpdrücken gehabt und würde das letztere unbedingt jener geistigen Beengung vorziehen, wenn nicht der Mensch den Humor in sich hätte, der ihm sofort wieder das zum Gegenstande eines belustigenden Spieles macht, was sich erst so widerwärtig um ihn lagerte. Gegen das physische Alpdrücken gibt es keinen Humor. Schon während unseres heutigen Zwiegesprächs half ich mir damit, daß ich mir den Papa Cabet als Ikarus dachte. Sein Äußeres hat wirklich etwas vom Diktator, aber von jenen gerührten, menschenfreundlichen, weichbuttrigen Diktatoren, wie Fenelon seine Könige beschreibt. Er ist groß, etwas stämmig, hat ein rundes Gesicht mit fetten Äuglein, nur um den Mund spielt der Souverän, der Kommunistensouverän. Der ganze Widerspruch dieses unsinnig zusammen gesetzten Wortes muß Jedem sich lösen, der sich mit Ikarus Cabet eine Stunde lang unterhalten hat. Cabet hat viel getan, aber er weiß, daß er es getan hat, er läßt sogar merken, daß er es weiß. Er hat sich ein Ideal absoluter Gleichheit auferbaut, aber er meint, er sei der Herr dieses Gebäudes; er ladet gewissermaßen die Menschheit ein, in diesen seinen Palast zu treten. Er verlangt keine Miete, keinen Hauszins, wie die bisherigen Gesetzgeber, wohl aber Huldigung, Gerichtsbarkeit, seine Miene verrät die Zufriedenheit, daß er es ist, welcher den Hauszins erläßt und die liberale Gerichtsbarkeit einführt. Er nennt sich in seinen Schriften den devouiertesten der Menschen, er verdammt das persönliche Interesse bis in die unterste Hölle; aber jener Superlativ schon, jener Titel des „devouiertesten Menschen“ ist ein neues Intérêt personnel, das so anmaßend werden kann, wie nur irgend eines. Ikarus Cabet hat alles im Gefühl, in der Empfindung, in der Phantasie, nichts im Verstande, in der Reflexion; und die Geschichte beweist, daß solche Helden stets ihren Weg über Sklaven und Leichen nahmen, sobald ihre Mission eine praktische wurde.

Cabet ist sehr freundlich gegen Fremde, besonders wenn sie etwas repräsentieren; er muß dann wohl den großen Saal in Ikarien vor Augen haben, wo ein junger Kommunist den Ausländern propagandistische Predigten hält. Er hat sich fest in den Kopf gesetzt, außer Ikarien sei kein Heil, England und Deutschland müßten bei ihm in die Schule gehen, oder sich später von dem ikarisierten Frankreich die kommunistische Freiheit bringen lassen. Er lächelte etwas herablassend, als ich ihm die Bewegung der deutschen Geister zu erklären suchte, und den Sozialismus in Deutschland aus dem humanistischen Charakter unserer Nation und unserer Wissenschaft entwickelte. In nicht geringe Verlegenheit setzte er mich, als er seine Verwunderung darüber aussprach, daß wir seine „Reise nach Ikarien" noch nicht übersetzt hätten. Was sollte ich um des Himmels willen antworten, um dem älteren Manne nicht wehe zu tun? Ich log in der Eile zusammen, wir hielten uns drüben lieber an seine polemischen Broschüren, aus denen wir die beste Art der Kriegsführung lernten. Kein Mensch in Deutschland kennt diese Broschüren!

Ist es nicht abscheulich, was wir diesen Franzosen einräumen? Sie brauchen nichts von deutscher Wissenschaft zu verstehen, wir nehmen es ihnen keinen Augenblick übel. Wir aber müssen Deutschland und Frankreich im Kopfe haben und lügen ihnen am Ende vor, unsere Kinder lernten in ihren unbedeutendsten Büchern lesen.

Es konnte nicht fehlen, daß wir auf das Verhältnis von Religion und Sozialismus kamen. Ikarus Cabet fragte mich: Ist Ihr Sozialismus religiös?

Ich antwortete, daß der soziale Gedanke, der sich plötzlich des deutschen Volkes bemächtigt habe, im Ganzen noch keine Abrechnung mit der Religion gehalten, daß er sich vorläufig mit den verschiedenen religiösen Anschauungen zurecht gefunden hätte, daß er aber bei mir, meinen Freunden und allen selbstbewußten Sozialisten entschieden antireligiös sei.

Man muß sich in acht nehmen, man muß sich in acht nehmen! rief Papa Cabet.

Ich sagte: Ja man muß sich besonders in acht nehmen, den Grund und Boden nicht ununtersucht zu lassen, damit nachher das ganze Gebäude nicht einstürzt, welches man auf demselben erbaut hat.

Ich will keine positive Religion, das ist lauter Betrügerei, bemerkte Cabet.

Nun, so bleibt Ihnen die religiöse Abhängigkeit im allgemeinen, erwiderte ich. So haben Sie den Menschen nicht sich selbst wiedergegeben, Sie haben das Dogma nicht zu seinem Vorteil aufgelöst.

Ich will kein Dogma, ich weise jedes zurück!

Das ist nicht genug, Sie müssen es analysieren und dem Menschen den Inhalt zurückgeben.

Wie das?

Nun erklärte ich ihm, wie das Dogma einzig dadurch vernichtet würde, daß man es erklärte. Um recht deutlich zu werden, nahm ich gleich das Hauptdogma, das Dogma von Gott, und erörterte, wie es der Mensch sei, der Gott geschaffen, nicht etwa Gott, der den Menschen erschaffen.

Cabet nickte ganz zustimmend zu diesen und allen meinen weiteren Erörterungen, und warf mir zuletzt zwei Fragen hin, welche bewiesen, daß er auch nicht das Mindeste verstanden hatte. Zuerst sagte er: Sie beseitigen also Gott, das tue ich auch.

Nein, nein, schrie ich, ich beseitige ihn nicht; was ich beseitige, ist noch vorhanden, ich gehe ihm auf den Leib, untersuche ihn, und finde, daß er ein menschlicher Gedanke ist. Diesen Gedanken gebe ich dem Menschen, seinem Eigentümer zurück, der jetzt stark, mächtig, ein Schöpfer, selbst Gott wird.

Aber die erste Ursache aller Dinge! bemerkte triumphierend der Diktator.

Die erste Ursache, erwiderte ich mit aller Ruhe, die mir zu Gebote stand, ist ein rein mechanischer Begriff, auf eine Maschine, ein Fabrikrad, einen Automaten anwendbar, nicht aber auf einen Organismus. Ein Organismus ist selbstbewegtes Leben, Selbstbewegung, Selbstproduktion. Die Welt ist der Allorganismus, der wieder viele verschiedene einzelne Organismen hervortreibt, und in letzter Instanz die Menschheit, welche Bewußtsein über alles hat, welche der Kopf dieses Universums ist. Höher als der Mensch gibt es nichts, wenigstens für uns nicht.

Ich geriet unversehens ins Perorieren hinein, in welchem ich mich unterbrach, als ich die ehrwürdige Diktatorfigur betrachtete.

Cabet gestand, daß er diese Fragen nicht gerade „approfundiert“ hätte. Das hatte ich freilich längst gemerkt, und da hörte natürlich alles auf, um so mehr, als mir einfiel, daß Cabet's Mission eine längst in sich abgeschlossene sei.

Während unserer Unterredung trat ein Bote herein, um dem Kommunistensouverän zu melden, ein gegenseitiger Hilfsverein unter den Arbeitern sei von der Polizei aufgelöst worden.

Er zuckte die Achseln, verabschiedete den Boten, und als ich aufstand, weil ich ihn in seinen Geschäften nicht stören wollte, nötigte er mich, sitzen zu bleiben. Es habe weiter nichts zu sagen, dem Verein geschehe sein Recht, die Leute hätten immerfort disputiert, und die Polizei sei ganz befugt, ihnen zu sagen: „Wenn ihr euch nicht in Ruhe und Frieden versammeln könnt, so geht nach Hause.“ Er habe das immer und fortwährend gepredigt, alle Gründe erschöpft, es sei aber dennoch vergeblich gewesen. – Trotz aller anscheinenden Ruhe, die sich Cabet zu geben suchte, schien er doch keineswegs innerlich unbewegt zu bleiben. Es war ein Verein von 600 Arbeitern gewesen. Dennoch leitete er das Gespräch auf das frühere Thema zurück.

Cabet erscheint mir wie ein Mann, der fortwährend an seine große Stelle, an seine Mission denkt; er ist der *kommunistische O'Connell* von Frankreich. Er fühlt, daß man Motive haben kann, anders zu handeln, als man gerne handeln möchte, daß man dem Prinzip des „gesetzlichen Widerstandes“ schwere Opfer bringen muß, um so schwerere, von je reizbarerer Natur man selbst ist. Er gibt der Polizei Recht, daß sie einen Arbeiterverein auflöst, weil seine Klugheit voraussah, daß diese Auflösung möglich war, weil er gewarnt hatte. Er tadelt die Arbeiter, und im Herzen verwünscht er zum tausendsten Male eine Regierung, welche diese absolut willkürliche Polizei ausübt. Auf dem Kerbstock seiner Erinnerung wird ein neuer Einschnitt gemacht – für die Zukunft. Cabet lobt die Polizei und feiert in seinen geschichtlichen Schriften Robespierre. Als ihn der „National“ auf Pistolen fordern ließ, weil er gegen die Bastillen schrieb, lehnte Cabet das Duell ab und ließ dem „National“ sagen: *Er würde ihn später hängen lassen.* – Er wäre imstande, mich auch hängen zu lassen, wenn er die Gewalt hätte und wüßte, was ich über ihn denke und schreibe.

Diese Agitatoren sind für unsereins gefährlich, weil sie borniert sind, vielleicht borniert sein müssen. Es scheint, als ob das Genie der Tatkraft das Genie des Gedankens beeinträchtigte, als ob das Fenster der unparteiischen *Vernunft* bei ihnen vermauert wäre, damit alles Licht durch das Fenster des *Willens* falle. Auch Robespierre war borniert, auch O'Connell ist borniert. Ich bin fest überzeugt, daß ich O'Connell im persönlichen Umgang unausstehlich fände. Warum ist Ludwig Börne so einseitig geworden? – Cabet verteidigte O'Connell's ganz zweideutige Taktik in letzter Zeit. Nicht etwa, als hätte er sie erklärt, was mir sehr willkommen gewesen wäre. Nein, er vindizierte dem O'Connell das *Recht, zweideutig zu sein*; er versteht das Handwerk; er möchte das Privilegium auch für sich in Anspruch nehmen, niemandem Rechenschaft abzulegen; auch O'Connell gehört zu den „devouiertesten Menschen."

Im Vorzimmer, wo ich meinen Stock stehen gelassen hatte, fand ich beim Herausgehen noch einen andern, aus polnischem Holz, eine Art Schreibmaschine und Vize-Redakteur des Papa Cabet, der mich noch in aller Geschwindigkeit mit seiner Religionsphilosophie beglücken wollte. Er begann, mir zu erklären, Religion käme von *relier*, die Menschen verbinden, und da der Kommunismus die Menschen verbinden wolle, so müsse er folglich – *religiös* sein.

Dem erwiderte ich kurz, seine Erklärung sei sehr gelehrt und sehr richtig, die *reliure* beziehe sich nur leider nicht auf die Menschen untereinander, sondern auf das Verhältnis des Menschen zu Gott.

Kreuzsackerment! Es war mir wie lauter Spinngewebe vor dem Gesicht. Ich stürzte auf die Straße, es war die *rue Jean-Jacqes*. Papa Cabet hat sich sehr bezeichnend einquartiert."

(Karl Grün, Die soziale Bewegung in Frankreich und Belgien, Nachdruck der Ausg. 1845, Hildesheim 1974, S. 378-383)

d. „Bei Cabet war ich. Der alte Knabe war recht kordial, ich ging auf all seinen Kram ein, erzählte ihm von Gott und dem Teufel pp. Ich werde öfter hingehen. Aber mit der Korrespondenz müssen wir ihm vom Halse bleiben. Er hat erstens genug zu tun und ist zweitens zu mißtrauisch. Il y verrait un piège, um seinen Namen zu mißbrauchen.“

(Engels an Marx. 19. August 1846, MEW, Bd. 27, S. 33)

Werter Bürger!

Wir haben in den letzten beiden Tagen unseres Pariser Aufenthalts mehrmals bei Ihnen vorgesprochen; aber wir fanden Ihre Räume stets so mit Besuchern überfüllt, daß es uns unsere allzu beschränkte Zeit nicht erlaubte, uns anzustellen und zu warten. Wir bedauern daher abreisen zu müssen, ohne eine letzte Zusammenkunft mit Ihnen gehabt zu haben.
Herr *Ewerbeck*, der Ihnen diesen Brief übermitteln wird, wird es übernehmen, uns die Adresse zukommen zu lassen, unter der wir Ihnen schreiben werden.
Wir zweifeln keinen Augenblick daran, daß wir Ihnen bald günstige Nachrichten über den Fortgang der kommunistischen Bewegung in Deutschland werden geben können.
Inzwischen bitten wir Sie, unsere hochachtungsvollen Grüße entgegenzunehmen.

Ihre sehr ergebenen
K. Marx F. Engels

Paris, 5. April 1848

(Marx und Engels an Cabet. 5. April 1848, MEW, Bd. 27, S. 480)

e. „Der Kommunismus endlich ist gänzlich an dem Lande verzweifelt; als ob der in Frankreich zur Welt gekommene Sozialismus nicht vor allem in Frankreich zur Anwendung kommen müßte, hat der Verfasser Ikariens mit der Alten Welt gebrochen und ist fortgegangen, um sein Zelt bei den Rothäuten, an den Ufern des Mississippi aufzuschlagen."

(Pierre Joseph Proudhon, Bekenntnisse eines Revolutionärs, Hamburg 1969, S. 153)

(2) Cabet-Diskussionen in der deutschen Arbeiterbewegung

Zu Beginn der 40er Jahre setzte im „Bund der Gerechten" – der ersten politischen Organisation der deutschen Arbeiterbewegung – eine Phase der theoretischen Neuorientierung und Selbstverständigung ein: Während Weitling in der Schweiz den revolutionär-neobabouvistischen Kommunismus, wie er in der ersten Programmschrift des Bundes „Die Menschheit, wie sie ist und wie sie sein sollte" niedergelegt ist, präzisierte und insbesondere um eine Periode des Übergangs in die kommunistische Gesellschaft erweiterte, bewegte sich die Theoriebildung des „Bundes der Gerechten" in London und Paris in eine andere Richtung.

In Paris endete die theoretische Neuorientierung mit der Ersetzung des Kommunismus der „Menschheit" durch eine an Cabet orientierte kommunistische Theorie. Neben dem Scheitern der militanten Aufstandsversuche der proletarischen Geheimgesellschaften der 30er Jahre und der Niederlage der mächtigen Streikbewegung der Pariser Arbeiter im September 1840 trug zu dieser Richtungsänderung und Hinwendung zum rechten Flügel des französischen Arbeiterkommunismus der Umstand bei, daß nach dem Weggang Weitlings aus Paris Hermann Ewerbeck, ein Anhänger Cabets, bis 1845/6 entscheidenden Einfluß auf die organisatorische und theoretische Entwicklung des Pariser „Bundes" und der dortigen obersten Bundesbehörde, der „Volkshalle", ausübte. Erst als im August 1846 Friedrich Engels nach Paris ging, um den Einfluß des „wahren Sozialismus" zurückzudrängen, den Karl Grün mit Unterstützung von Ewerbeck unter den deutschen Arbeitern in Paris verbreitet hatte, änderte sich die Situation. Ewerbeck nahm von dem vor Engels' Ankunft propagierten Gemisch von cabetistischen und wahrsozialistischen Anschauungen Abstand und vertrat jetzt mehr oder minder die Position von Engels. Dieser ließ im Oktober 1846 unter den um Ewerbeck gruppierten Arbeitern „Kommunismus oder Nicht-Kommunismus kontradiktorisch" diskutieren; das Hauptziel war: die Arbeiter sollten erkennen, daß die Interessen der Proletarier im Gegensatz zur Bourgeoisie durchgesetzt werden müssen, daß das

Privateigentum aufgehoben und durch die Gütergemeinschaft ersetzt werden müsse und daß hierzu eine gewaltsame, demokratische Revolution notwendig sei. Engels konnte seine Vorstellungen mit „etwas Terrorismus“ durchsetzen; es war – so Engels – vorerst „tabula rasa“ gemacht, und man konnte jetzt damit beginnen, „etwas aus den Kerls zu machen, soweit dies geht.“ Als im Herbst 1846 die oberste Behörde des „Bundes“ nach London verlegt wurde, kam dem Cabetismus und dem „wahren Sozialismus“ sowie Ewerbeck im Pariser „Bund“ kaum noch eine entscheidende Bedeutung zu.

Schapper, Bauer und Moll, die Londoner Führer des „Bundes der Gerechten“ sowie des am 7. Februar 1840 dort gegründeten kommunistischen Arbeiterbildungsvereins, wurden ebenso durch das Scheitern der Aufstandversuche und der militanten Aktionen der proletarischen Geheimgesellschaften in den 30er Jahren in Frankreich, kulminierend in der Insurrektion von 1839, und vor allem durch die Niederlage des Chartismus als militanter Arbeiterbewegung veranlaßt, Gewalt als Mittel des Klassenkampfes abzulehnen und nach gewaltlosen Mitteln der Durchsetzung der Arbeiterinteressen zu suchen. Da die Londoner Kommunisten mit der von französischen Emigranten gegründeten und von Cabet beeinflußten „Société Démocratique Française“ in Verbindung standen und noch dazu von seiten Ewerbecks auf den Cabetismus verwiesen wurden, ist es verständlich, daß sie zur Verarbeitung ihrer Erfahrungen und zur theoretischen Orientierung auch das Konzept des pazifistischen Kommunismus Cabets aufgriffen. Als im Mai 1843 in der französischen Gesellschaft, an deren Sitzungen die führenden Londoner Kommunisten teilnahmen, der Plan debattiert wurde, eine kommunistische Gemeinschaft in Amerika zu gründen, lehnten Schapper und Bauer diesen Plan als „schlecht und unzeitgemäß“ ab; unter Berufung auf diese Diskussionen wiesen Schapper und Bauer im Mai 1844 auch den von Cabet der französischen Gesellschaft mitgeteilten Plan zurück, in Paris eine kommunistische Gemeinschaft von 5 bis 10 Personen zu gründen. Schapper, Bauer und Moll waren zwar „ganz und gar Anhänger der ikarischen Lehre“, der „friedlichen Propaganda“ und der Ablehnung „physischer Gewalt“, wie sie in einem Schreiben an Cabet im August 1843 versichert hatten, lehnten aber Cabets Experimente mit dem Kommunismus ab. Die Auseinandersetzung mit Cabets Theorie hielt auch über das Jahr 1845 unter den Londoner Kommunisten an. Im Rahmen der mit Weitling geführten Diskussionen – Weitling war nach seiner Verhaftung und Haftzeit in der Schweiz und nach seinem überwachten Transport durch Deutschland im August 1844 in London eingetroffen – wurde aber nicht nur noch einmal jedes Experimentieren mit kommunistischen Versuchsgesellschaften verurteilt, sondern zugleich der Cabetismus grundsätzlich in Frage gestellt. Schapper bezeichnete Cabets System als einen Ausdruck der nunmehr überwundenen Anfangsphase kommunistischer Theoriebildung, kritisierte, daß Cabet nicht auf die menschliche Natur zurückgegangen sei, und beharrte nicht mehr auf einer pazifistischen Klassenkampfpraxis; der Einfluß Cabets war unter den Londoner Kommunisten 1845 gebrochen. Eine letzte Auseinandersetzung mit Cabet fand 1847 statt. Der von Cabet im „Populaire" veröffentlichte Aufruf einer Massenauswanderung nach Amerika, um dort Ikarien zu verwirklichen, wurde in London verurteilt; daran konnte auch Cabets persönliches Auftreten in London im September und Dezember 1847 nichts ändern. Man beantwortete den Plan Cabets mit der Aufforderung, in Europa für die Verwirklichung des Kommunismus zu kämpfen.

a. „Sitzung vom 8. Mai 1843

Bürger Sully führt aus, daß in Amerika, in der Gegend des Michigansees, sich eine *Kommunistische Gesellschaft* bilden wird. Der Bürger Schapper meint, daß unsere Generation überhaupt noch nicht vorbereitet ist, daß sie vielmehr dazu bestimmt ist, die Lehren zu verkünden und zu verbreiten; er befürchtet einen fruchtlosen Versuch; er betont, die Versuche mit der Gemeinschaft könnten, da die Lehren noch nicht durch eine genügend große Anhängerzahl unterstützt werden, sich dem bösen Willen, dem Zufall, der Bosheit und der Gewalt der großen Gesellschaft ausgeliefert finden, die mit allen Mitteln und vor allem durch die Korruption die Fundamente der kleinen entstehenden Gemeinschaften untergraben wird.

Man muß damit beginnen, daß man durch eine beharrliche Verkündung in der großen Gesellschaft die antibrüderlichen Prinzipien, die sie von ihrem natürlichen Weg abführen, zerstört; man muß die Bösartigkeit der Ausbeuterprinzipien zeigen. (...)

Sitzung vom 15. Mai 1843

(...) Der Bürger Schapper schlägt vor zu beschließen, daß jeder Versuch, die Gemeinschaft in winzigen Stücken und im Schoße einer großen, auf dem Egoismus gegründeten Gesellschaft zu errichten, schlecht und zumindest unzeitgemäß ist.

Der Bürger Bauer bekennt, die Begründung einiger Bürger, die die Versuche im kleinen unterstützen, nicht richtig verstanden zu haben. Wir wollen nicht auf Sand bauen, sagt er, sondern im Gegenteil ein solides Gebäude errichten, wir müssen deshalb unseren ausgearbeiteten Plan haben, zumindest die Grundlagen unseres durch die Diskussion gefestigten Gebäudes. Es ist nicht schwierig, dem Volk begreiflich zu machen, welche Vorteile die Reichen, die Privilegierten, die Aristokraten ihm gegenüber in den gegenwärtigen Gesellschaften haben; wenn diese Dinge ihm gut dargelegt würden, so wäre das ein großer Schritt zur Gleichheit und Zerstörung der Klassen. (...)

Nach mehreren anderen Diskussionen zwischen verschiedenen Rednern wird der Vorschlag des Bürgers Schapper zur Abstimmung gebracht und angenommen."

(Der Bund der Kommunisten. Dokumente und Materialien. Bd. 1: 1836-1849, Berlin 1970, S. 171)

b. Cabet hatte in einem Brief an die Société Démocratique diese von seinem Plane unterrichtet, in Paris eine kleine kommunistische Gemeinschaft von fünf bis zehn Personen zu gründen. Der Plan wurde in der Sitzung vom 6. Mai 1844 zur Diskussion gestellt, in der Schapper – unter ausdrücklichem Hinweis auf die Diskussionen von 1843 – und Bauer das Wort ergriffen:

„Der Bürger Schapper sagt, daß der Bürger Cabet beabsichtigt, eine kleine Gemeinschaft in Paris zu gründen, und bittet, daß die Zweckmäßigkeit dieser Maßnahme in dieser Sitzung diskutiert wird, um die Meinung der Gesellschaft in dieser Hinsicht kennenzulernen.

Bei dieser Gelegenheit macht der Bürger Schapper darauf aufmerksam, daß sie im vergangenen Jahr eine Gemeinschaft, die am Eriesee in Nordamerika gegründet worden war, getadelt hätten und daß ihre Voraussagen leider nicht falsch waren, denn dieser kleinen Kolonie war kein Erfolg beschieden, und er denkt, daß der Versuch des Bürgers Cabet unserer Sache mehr schaden als nützen würde.

Er schlägt vor, daß der Vorstand in den Protokollen nachsehen soll, um dem Bürger Cabet daraus Auszüge zu schicken, die diesen Gegenstand betreffen.

Der Bürger Schapper sagt, daß man in der Schweiz bereits kleine Gemeinschaften gegründet habe, jedoch nach einiger Zeit bemerkte, daß sie keinen Erfolg haben konnten, da die Harmonie durch erbitterte Diskussionen gestört wurde, die jeden Tag von neuem unter den Kommunisten ausbrachen, und außerdem wird die Regierung, die so viel Interesse daran hat, derartige Versuche zum Scheitern alle Mittel aufbieten, um Zwietracht in die Gemeinschaft zu tragen.

So ist es in England von 1835 bis 1839 geschehen, wo man durch Propaganda 60000 Anhänger gewonnen hatte, deren größter Teil für die Sache des Kommunismus verlorenging, sobald man in kleinerem Maßstab die Theorie in die Praxis umsetzen wollte. (...)

Der Bürger Bauer sagt, daß man Erfolg haben könnte, wenn die Menschen wirklich der Sache ergeben sind, daß es in den kleinen Gemeinschaften, von denen gesprochen wurde, keine ergebenen Menschen gab oder daß es nur sehr wenige waren und daß zudem ihre Gemeinschaft keine solche in der vollen Bedeutung des Wortes war; daß sie sich nur verbunden hätten, um sparsamer zu leben, und daß die Arbeit nicht gemeinschaftlich war."

(Der Bund der Kommunisten. Dokumente und Materialien. Bd. l: 1836-1849, Berlin 1970, S. 1013, 1014)

c. *Der Auswanderungsplan des Bürgers Cabet*

Bürger Cabet in Paris erläßt einen Aufruf an die französischen Kommunisten, worin er sagt: Da wir hier von der Regierung, den Priestern, der Bourgeoisie, ja sogar von den revolutionären Republikanern verfolgt, verleumdet und verlästert werden, da man selbst sucht, uns die Existenz abzuschneiden und uns so physisch und moralisch zugrunde zu richten, so laßt uns Frankreich verlassen, laßt uns nach Ikarien gehen; und er hofft, daß 20 bis 30000 Kommunisten bereit sein werden, ihm zu folgen, um in einem andern Weltteil eine kommunistische Kolonie zu gründen. Wohin Cabet auszuwandern gedenkt, hat er noch nicht erklärt; wahrscheinlich sind es jedoch die Nordamerikanischen Freistaaten oder Texas oder vielleicht das vor kurzer Zeit von den Amerikanern eroberte Kalifornien, wo er sein Ikarien zu gründen beabsichtigt.

Wie gewiß alle Kommunisten, so erkennen auch wir mit Freuden an, daß Cabet mit unermüdlichem Eifer, mit bewunderungswürdiger Ausdauer für die Sache der leidenden Menschheit gekämpft und mit Erfolg gekämpft hat, daß er durch seine Warnung gegen alle Konspirationen dem Proletariat einen unermeßlichen Dienst geleistet, dieses alles kann uns jedoch nicht bewegen, da, wo Cabet, unserer Meinung nach, einen falschen Weg einschlägt, ihn ruhig weitergehen zu lassen. – Wir achten die Person des Bürgers Cabet, bekämpfen aber seinen Auswanderungsplan und sind überzeugt, daß, wenn die von ihm vorgeschlagene Auswanderung zustande kommt, dem Prinzip des Kommunismus der größte Schaden zugefügt wird, daß die Regierungen triumphieren und die letzten Tage Cabets durch bittere Täuschungen getrübt werden.

Die Gründe für unsere Meinung sind folgende:

1) Weil wir glauben, daß, wenn in einem Lande die schändlichsten Bestechungen an der Tagesordnung sind, wenn das Volk auf die gemeinste Weise unterdrückt und ausgebeutet wird, wenn Recht und Gerechtigkeit nicht mehr gelten, wenn die Gesellschaft anfängt, sich in Anarchie aufzulösen, wie dieses gegenwärtig in Frankreich der Fall ist, jeder Streiter der Gerechtigkeit und Wahrheit es sich zur Pflicht machen muß, im Lande zu bleiben, das Volk aufzuklären, den Sinkenden neuen Mut einzuflößen, den Grund zu einer neuen gesellschaftlichen Organisation zu legen und den Spitzbuben kühn die Stirne zu bieten. – Wenn die rechtschaffenen Männer, wenn die Kämpfer für die bessere Zukunft fortziehen und den Finsterlingen und Spitzbuben das Feld überlassen wollen, so wird und muß Europa fallen; – Europa, welches gerade derjenige Weltteil ist, in welchem schon aus statistischen und ökonomischen Gründen die Gütergemeinschaft am ersten und leichtesten eingeführt werden kann – und der armen Menschheit wird eine noch jahrhundertelang dauernde neue Feuer- und Elendsprobe auferlegt werden.

2) Weil wir überzeugt sind, daß der Plan Cabets, in Amerika ein Ikarien, d.h. eine auf die Grundsätze der Gütergemeinschaft sich ba-

sierende Kolonie zu gründen, jetzt noch nicht durchgeführt werden kann, und zwar:

a) Weil alle, welche mit Cabet auswandern wollen, zwar eifrige Kommunisten sein mögen, allein noch durch ihre Erziehung zu sehr mit den Fehlern und Vorurteilen der heutigen Gesellschaft behaftet sind, um dieselben bei ihrem Eintritt in Ikarien auf der Stelle ablegen zu können;

b) weil dadurch notwendigerweise gleich anfangs in der Kolonie Streitigkeiten und Reibungen entstehen müssen, welche durch die äußere mächtige und feindliche Gesellschaft sowie auch durch Spione der europäischen Regierungen noch mehr angefacht werden, bis sie zu einer völligen Auflösung der kommunistischen Gesellschaft führen;

c) weil die meisten Auswandernden Handwerker sind, dort aber zuallererst kräftige Ackerbauer zur Urbarmachung und Bebauung des Bodens gebraucht werden und ein Arbeiter nicht so leicht in einen Bauern umgewandelt wird, als manche sich wohl vorstellen mögen;

d) weil die Entbehrungen und die Krankheiten, welche der Wechsel des Klimas mit sich bringt, viele mutlos machen und zum Austritt bewegen werden. – Jetzt sind viele für den Plan, dessen schöne Seite sie nur sehen, enthusiastisch eingenommen, wenn aber die rauhe Wirklichkeit eintritt, wenn Entbehrungen aller Art gefordert werden, wenn alle die kleinen Annehmlichkeiten der Zivilisation, welche auch der ärmste Arbeiter sich noch in Europa zuweilen verschaffen kann, wegfallen, dann wird auch bei vielen die größte Mutlosigkeit an die Stelle des Enthusiasmus treten;

e) weil für die Kommunisten, welche das Prinzip der persönlichen Freiheit anerkennen, und das tun auch gewiß die Ikarier, eine Gütergemeinschaft ohne Übergangsperiode, und zwar ohne demokratische Übergangsperiode, in welcher das persönliche Eigentum erst nach und nach in gesellschaftliches umgewandelt wird, ebenso unmöglich ist als für den Landmann eine Ernte ohne Aussaat.

3) Weil durch das Mißlingen eines Versuchs, wie Cabet ihn vorhat, zwar das kommunistische Prinzip nicht unterdrückt oder die praktische Einführung desselben für immer verhindert werden kann, aber doch viele Tausende Kommunisten, mutlos gemacht, aus unseren Reihen austreten werden und dadurch wahrscheinlich das gedrückte Proletariat noch eine oder mehrere Generationen länger im Elend schmachten muß und endlich,

4) weil von einigen hundert oder tausend Personen überhaupt keine Gütergemeinschaft errichtet und aufrechterhalten werden kann, ohne daß dieselbe einen völlig ausschließenden, einen sektenartigen Charakter annimmt, wie z.B. die des *Rapp* in Amerika etc. Eine solche Gütergemeinschaft zu errichten, ist aber weder unsere Absicht noch auch, wie wir hoffen, die der Ikarier.

Wir haben außerdem noch nicht die Verfolgungen erwähnt, denen die Ikarier in Amerika, wenn sie mit der äußern Gesellschaft im Verkehr bleiben wollen, wahrscheinlich, ja, fast gewiß ausgesetzt sind. – Möge jeder, welcher mit Cabet nach Amerika gehen will, zuerst einen Bericht über die Verfolgungen lesen, denen die Mormonen, eine religiös-kommunistische Sekte, dort ausgesetzt waren und noch sind.

Dieses sind die Gründe, warum wir den Vorschlag Cabets auszuwandern, für verderblich halten und den Kommunisten in allen Ländern zurufen: Brüder, laßt uns hier im alten Europa auf der Bresche bleiben, laßt uns hier wirken und kämpfen, denn nur hier in Europa sind jetzt schon alle Elemente für die Gründung einer Gütergemeinschaft vorhanden, und dieselbe wird auch hier oder nirgends zuerst errichtet werden.

(Artikel aus der „Kommunistischen Zeitschrift", London, im September 1847, in: Bund der Kommunisten. Dokumente und Materialien, Bd. 1: 1836-1849, Berlin 1970, S. 508-510)

d. *Liste der deutschen, bis 1848 veröffentlichten Übersetzungen von Cabets Schriften/Broschüren*

Das kommunistische Glaubensbekenntnis. Übers. v. C. Albrecht. o.O.u.J.

Übersetzungen des „Glaubensbekenntnisses" sind auch in folgenden Werken enthalten:

Sebastian Seiler. Das Eigentum in Gefahr. Bern 1843.

Lorenz Stein. Der Sozialismus und Kommunismus des heutigen Frankreichs. Leipzig 1842.

Theodor Oelckers. Die Bewegung des Socialismus und Communismus. Leipzig 1844.

Wie ich Communist bin und mein communistisches Glaubensbekenntnis. (Übers.) v. (Franz v.) Wendel-Hippler (d.i. Hermann Ewerbeck) Leipzig: Twietmeyer 1847. Paris 1847.

Stand der sozialen Frage in England, Schottland, Irland und in Frankreich. Nach d. Franz. d. C'. Genf: Vaney 1843.

Der dem Kommunismus vom Jesuiten Fournier aus Virginien, Akademiker in Lyon, geworfene Handschuh, aufgehoben von M. Cabet. (Übers. v. Jenni). Bern: Jenni 1844.

Das Weib. Langenthal 1844.

Reise nach Ikarien. (Übers.) v. (Franz v.) Wendel-Hippler (d.i. Hermann Ewerbeck). Paris: Bureau des „Populaire" 1847. (hiervon Teil 1 nochmals: Paris 1847)

Reise nach Ikarien. (Übers.) v. (Franz v.) Wendel-Hippler (d.i. Hermann Ewerbeck). Leipzig: Twietmeyer 1847.

(3) Hermann Ewerbeck

a. „August Hermann Ewerbeck (* 12. November 1816 Danzig, + 4. November 1860 Paris), promovierte nach vierjährigem Medizinstudium im August 1839 in Berlin *(De phaenomenis opticis subjectivis)*; Anfang der vierziger Jahre emigrierte er nach Paris. Er trat hier dem Bund der Gerechten bei und wurde Mitglied seiner Zentralleitung, der Volkshalle. Die scharfen polizeilichen Verfolgungen kommunistischer Vereine nach dem mißlungenen, von Bundesmitgliedern unterstützten Aufstand der Gesellschaft der Jahreszeiten (Paris, Mai 1839) hatten führende Männer des Bundes aus Frankreich vertrieben. Als auch Wilhelm Weitling Paris verließ und in die Schweiz übersiedelte (1841), ging die Leitung der Pariser Gemeinde auf Ewerbeck über, der, obwohl unselbständig und leicht beeinflußbar, nunmehr der bedeutendste Agitator und Organisator des Bundes in Paris wurde. Seine theoretische Einstellung war schwankend; nacheinander und teils gleichzeitig stand er unter dem Einfluß von Weitling, Etienne Cabet, Moses Heß, Karl Grün sowie von Marx und Engels, mit denen er seit 1844 befreundet war. In sozialistischen Vorträgen vor Arbeitern und Handwerkern predigte er in Anlehnung an Cabet und wohl im Gedenken an die Niederlage von 1839 einen friedlichen Weg zum Kommunismus. Am erfolgreichsten waren seine Bemühungen um Aufrechterhaltung der Verbindungen unter den Kommunisten in Paris, in der Schweiz, in London, Brüssel und Berlin. In Briefen an Weitling versuchte er, diesen zur Aufgabe seiner abenteuerlichen Putschpläne zu veranlassen. In den 1846 beginnenden Auseinandersetzungen mit dem utopischen Sozialismus unterstützte Ewerbeck Marx und Engels, trat gegen den phrasenhaften „philosophischen" Sozialismus Grüns auf, wurde Pariser Mitarbeiter des Anfang 1846 in Brüssel gegründeten Kommunistischen Korrespondenzkomitees und dann Mitglied des Bundes der Kommunisten. Während der Revolution 1848/49 war er Sekretär des 1848 in Paris begründeten Deutschen Vereins (Präsident: M. Heß) und Mitarbeiter der *Neuen Rheinischen Zeitung*. Im Oktober 1848 nahm er an dem Demokraten-Kongreß in Berlin teil. Den Bund der Kommunisten verließ er 1850, zu der Zeit literarische Tätigkeit für wichtiger haltend als kommunistische Propaganda. Sein Bestreben war, die moderne deutsche Religionskritik und die materialistische Philosophie Ludwig Feuerbachs den Franzosen zugänglich zu machen. Gegen Mitte der fünfziger Jahre hat er seines Freundes Cabet Kommunistenkolonie in Nauvoo (USA) besucht. Gegen Lebensende war er mit seinem in Paris lebenden Freund Heß Anhänger des Bonapartismus. Ewerbeck war Mitarbeiter u.a. folgender Periodika: *Blätter der Zukunft* (Paris 1845/46), *Trier'sche Zeitung, Rheinische Jahrbücher zur gesellschaftlichen Reform* (Bellevue bei Konstanz 1846), *Telegraph für Deutschland* (Hamburg 1846), *Die Werkstatt* (Hamburg 1846/47), *Pariser Horen* (1847), *La Réforme* (Paris), *Das Jahrhundert* (Hamburg 1857). Werke: *L'Allemagne et les Allemands* (Paris 1851), *La Russie et l'équilibre européen* (anonym, Paris 1854). Übersetzer bzw. Herausgeber von: Qu'est-ce que la Bible, d'après la nouvelle philosophie allemande (religionskritische Schriften von G.F. Daumer, F.W. Ghillany, E.C.J. Lützelberger, B. Bauer und Auszüge aus Marx' *Zur Judenfrage*) (Paris 1850), *Qu'est-ce que la religion, d'après la nouvelle philosophie allemande* (religionskritische Schriften von L. Feuerbach) (Paris 1850), A. Schleicher *Les Langues de l'Europe moderne* (Paris 1852); unter dem Pseudonym Wendel-Hippler: E. Cabet *Wie ich Kommunist bin und mein kommunistisches Glaubensbekenntnis* (Paris 1847), E. Cabet *Reise nach Ikarien* (Paris 1847, hiervon Teil 1 nochmals Paris 1847). Auszüge seiner Korrespondenz bei (J.C. Bluntschli) *Die Kommunisten in der Schweiz* (...) (Zürich 1843). Über Ewerbeck siehe H. Semmig *Das deutsche Gespenst in Frankreich* in *Orion* hrsg. von A. Strodtmann, Hamburg 1863, Jg. 1, Bd. 2, S. 860–880, 943–960. – Ferner W. Mönke *Ewerbeck* in *Biographisches Lexikon zur deutschen Geschichte* Berlin, VEB Deutscher Verlag der Wissenschaften, 1967."

Bert Andreas/Wolfgang Mönke: Neue Daten zur „Deutschen Ideologie". Mit einem unbekannten Brief von Karl Marx und anderen Dokumenten, in: Archiv für Sozialgeschichte, VIII. Bd. (1968), S.

b. *Engels an Marx in Brüssel. 19. August 1846*

„Lieber Marx,

Samstag abend nach einer strapaziösen Reise und viel Langerweile hier endlich angekommen. Ew(erbeck) gleich getroffen. Der Junge ist sehr fidel, vollständig traktabel, empfänglicher wie je, kurz, ich hoffe mit ihm in allen Dingen – mit einiger Geduld – ganz gut herumzukommen. Von Jammer über Parteistreitigkeiten ist keine Rede mehr – aus dem einfachen Grunde, weil er selbst in die Notwendigkeit versetzt ist, hier einige Weitlingianer herauszubugsieren. Was er mit Grün eigentlich gehabt hat, wodurch der Bruch mit ihm eintrat, darüber ist bis jetzt wenig verlautet; gewiß ist, daß ihn Grün durch ein abwechselnd kriechendes, abwechselnd hochfahrendes Betragen in einer gewissen respektvollen Zuneigung erhielt. Ew(erbeck) ist über Heß vollständig im klaren, il n'a pas la moindre sympathie pour cet homme-là. Er hatte ohnehin noch so einen alten Privathaß gegen ihn von der Zeit her, da sie zusammenwohnten. Wegen der Westfalen habe ich ihn gehörig gerüffelt. Weyd(emeyer), dieser Lump, hatte einen westfälisch tränenvollen Brief an B(ernay)s geschrieben, worin die Edlen M(eyer) und R(empel) als Märtyrer der guten Sache dargestellt, die gern ihr alles geopfert, die wir aber mit Verachtung zurückgestoßen hätten usw.; und die beiden leichtgläubigen Germanen, Ew(erbeck) und B(ernay)s, setzen sich zusammen hin, jammern über unsre Hartherzigkeit und Krakeelerei und glauben dem Leutnant aufs Wort. Man hält dergleichen Aberglauben kaum für möglich. – Grün hat die Arbeiter um ca. 300 fr. beschissen, unter dem Vorwande, eine Broschüre von – 1 1/2 Bogen in der Schweiz dafür drucken zu lassen. Jetzt kommen die Gelder dafür ein, aber die Arbeiter erhalten keinen Heller davon. Sie fangen jetzt an, ihm deswegen auf die Kneipe zu steigen. Ew(erbeck) sieht jetzt ein, was er für Unsinn gemacht hat, diesen Gr(ün) unter die Handwerker zu bringen. Er fürchtet jetzt eine öffentliche Anklage Grüns vor diesen, weil er ihn für kapabel hält, alles der Polizei zu denunzieren. Was der Kerl, der E(werbeck), aber leichtgläubig ist! Der pfiffige Grün hatte dem Ew(erbeck) selbst alle seine Lumpereien erzählt – aber natürlich als reine Heldentaten des Dévouements, und Ew(erbeck) glaubt ihm das alles auf Wort. Von den früheren Schweinereien dieses Kerls wußte er so nichts, als was der Delinquent selbst darüber zu erzählen für gut befunden. Ew(erbeck) hat übrigens den Proudhon vor Gr(ün) gewarnt. ..."

(MEW, Bd. 27, S. 32–33)

Engels an Marx in Brüssel. 18. September 1846

„Der E(werbeck) hat den Kerls auch den Kopf voll des tollsten Zeugs gesetzt. Der Kerl ist dir jetzt in einer Konfusion zum Schwanzausreißen, er grenzt von Zeit zu Zeit an Wahnsinn und kann, was er gestern mit seinen eignen Augen gesehen, Dir heute nicht wiedererzählen. Geschweige, was er gehört. Wie sehr der Kerl aber unter der Fuchtel des Grün gestanden, davon nur dies: als der Trierer Walthr vorigen Winter über die Zensur nach allen Seiten hin jammerte, stellte Grün ihn als einen Märtyrer der Zensur dar, der den edelsten und tapfersten Kampf führe usw., und exploitierte E(werbec)k und die Arbeiter dazu, daß sie eine höchst pomphafte Adresse an diesen Esel von Walthr aufsetzten und unterzeichneten und ihm Dank sagten für seinen Heldenmut im Kampfe für die Freiheit des Wortes!!!! Der E(werbeck) schämt sich wie ein Mops und ärgert sich wütend über sich selbst; aber der Unsinn ist geschehen, und jetzt hat man ihm und den Arbeitern die paar Worte wieder auszupauken, die er sich selbst mit saurem Schweiß in den Kopf hineingestiert und den Arbeitern dann mit ebenso saurem Schweiß eingebleut hat. Denn er versteht nichts, bis er's nicht auswendig gelernt hat, und dann versteht er's meist noch falsch. Wenn er nicht den enormen guten Willen hätte und dabei sonst so ein liebenswürdiger Kerl wäre, was er jetzt mehr als je ist, so wäre gar nicht mit ihm fertig zu werden. Es soll mich wundern, wie es mir mit ihm gerät; zuweilen macht er ganz nette Bemerkungen, gleich drauf aber wieder den größten Unsinn – so seine jetzt in Gott ruhenden deutschen Geschichtsvorträge, bei denen man sich wegen der in jedem Wort befindlichen Schnitzer und Tollheiten kaum das Lachen verbeißen konnte. Aber, wie gesagt, enormer Eifer und Eingehen auf alles, mit merkwürdiger Berei willigkeit, und ein unverwüstlicher guter Humor und Selbstironi Ich mag den Kerl, trotz seines Unsinns, besser leiden als je."

(MEW, Bd. 27, S. 51)

d. *Engels an Marx in Brüssel. 9. März 1847*

„Lieber Marx,

Das inliegende Broschürli wurde mir heut morgen von Junge üb bracht; Ew(erbeck) habe es vor einigen Tagen zu ihnen gebrac Ich sah mir das Ding an und erklärte, es sei von Mosi, und setz dem J(unge) dies Punkt für Punkt auseinander. Heut abend sah i Ew(erbeck), er gestand, es gebracht zu haben, und nachdem ich d Ding gehörig heruntergerissen, kommt heraus, daß er selbst, E(w beck), der Verfasser des saubern Machwerks ist. Er hat es, wie behauptet, in den ersten Monaten meiner Anwesenheit hier verfa Der erste Rausch, in den ihn die von mir mitgeteilten Neuigkeit versetzten, hat ihn dazu begeistert. So sind diese Jungens. Währe er den Heß auslachte, der sich mit fremden Federn schmückt, ihm nicht stehen, und den Straubingern verbot, dem Grün zu stecken, was ich ihnen vortrug, damit der es nicht ebenso mac setzt er sich hin und treibt es – in der besten Absicht von der We wie immer – um kein Haar besser. Moses und Grün hätten die Sach nicht mehr verhunzt als dieser volkstümliche Tripperdoktor. Ich h ihn natürlich erst etwas verhöhnt und ihm schließlich verboten, wieder solches Zeug zu laxieren. Aber das sitzt dem Volk in d Knochen. Die vorige Woche setz' ich mich hin und schreibe, t aus Unsinn, teils weil ich platterdings Geld haben muß, ein anon herauszugebendes, von Zoten wimmelndes Danksagungsschrei an die Lola Montez. Samstag les' ich ihm einiges draus vor, und h abend erzählt er mir mit gewöhnlicher Bonhomie, daß ihn dies einer ähnlichen Produktion inspiriert habe ...

sten Tag über denselben Gegenstand gemacht und dem Mäurer für seine Inkognito-Zeitschrift (sie erscheint wirklich ganz im geheimen und nur für die Redaktion unter Zensur von Madame Mäurer, die bereits ein Gedicht von Heine gestrichen) eingehändigt. Er teile mir dies jetzt schon mit, um seine Ehrlichkeit zu salvieren und um kein Plagiat zu begehen! Dies neue Meisterstück dieses erpichten und verpichten Schriftstellers wird natürlich reine Übersetzung meines Witzes in solenn-überschwenglichen Stilum sein. ...“

(MEW, Bd. 27, S. 77–78)

(4) Utopien-Problem

a. „Was übrigens die Systeme selbst angeht, so sind diese fast alle i Anfange der kommunistischen Bewegung aufgekommen und dient damals der Propaganda als Volksromane, die dem noch unentwick ten Bewußtsein der sich eben in Bewegung setzenden Proletari vollkommen entsprachen. Cabet selbst nennt seine „Icarie" ein roman philosophique und ist keineswegs aus seinem System, sonde aus seinen Streitschriften, überhaupt aus seiner ganzen Tätigke als Parteichef zu beurteilen. Einige dieser Romane, z.B. das Fourie sche System, sind mit wirklich poetischem Geiste, andere, wie d Owensche und Cabetsche, ohne alle Phantasie mit kaufmännisch Berechnung oder juristisch-schlauem Anschmiegen an die Anscha ungen der zu bearbeitenden Klasse ausgeführt. Diese Systeme ve lieren bei der Entwicklung der Partei alle Bedeutung und werd höchstens nominell als Stichwörter beibehalten. Wer glaubt Frankreich an Ikarien, wer in England an die verschiedenen mo fizierten Pläne Owens, die er selbst je nach veränderten Zeitumstä den oder mit Rücksicht auf Propaganda unter bestimmten Klass predigte? Wie wenig der wirkliche Inhalt dieser Systeme in ihr systematischen Form liegt, beweisen am besten die orthodox Fourieristen der „Démocratie pacifique", die bei all ihrer Orth doxie die geraden Antipoden Fouriers, doktrinäre Bourgeois sin Der eigentliche Inhalt aller epochemachenden Systeme sind die B dürfnisse der Zeit, in der sie entstanden. Jedem derselben liegt d ganze vorhergegangne Entwicklung einer Nation, die geschichtlic Gestaltung der Klassenverhältnisse mit ihren politischen, moralische philosophischen und andern Konsequenzen zugrunde. Dieser Ba und diesem Inhalt der kommunistischen Systeme gegenüber ist n dem Satz, daß alle Systeme dogmatisch-diktatorisch sind, gar nich ausgerichtet."

(Karl Marx/Friedrich Engels, Deutsche Ideologie, MEW, Bd. S. 448–449)

b. „Was Glück statt Elend bringt, braucht nicht selber immer freundlich zu sein. Ebenso ist der Plan, der die Härte des Lebens abzuschaffen denkt, nicht immer weich. Bei Owen und Fourier erscheint das bessere Leben als individuell und föderativ, sein Rahmen ist locker. Die Zentralisten dagegen, die jetzt auftreten, der Industrie näher, machen die Freiheit organisiert, die Solidarität mächtig. Statt in Siedlungen wird in großen Wirtschaftskomplexen gedacht, statt der „Distriktsräte" Owens taucht ein strenges Verwaltungssystem auf. Man könnte auch sagen: in der Freiheit taucht wieder strengere Ordnung auf, die Freiheit wird nicht mehr als eine ökonomisch-individuelle, sondern nur noch als eine soziale, das heißt an gemeinsamen Zielen orientierte bejaht. Es ist daher mehr als bezeichnend, es ist entscheidend, daß die zentralistischen Utopisten ihre Träume nicht mehr mit Feld, Haus und Werkstatt ausstaffieren, mit Bauern- und Handwerker-Ensemble. Sondern sie bejahen die kollektiven Produktionsmittel der Industrie, sie verneinen lediglich den „Subjektivismus", womit diese gebraucht und verwaltet werden. *Cabet* war einer der ersten, der sich derart an Arbeiter wandte und als Sprecher ihrer kraftvollen Zukunft empfunden wurde. Auch er glaubte freilich, glaubte immer noch, daß die Spannung zwischen Arm und Reich auf einer Art Mißverständnis beruhe, das sich ohne Klassenkampf beheben ließe. Er vertraute zwar nicht mehr dem Zephir einer humanen Suada, wohl aber hoffte er, daß die Krisen dazu hinreichten, dem Kapitalisten, wenn nicht ins Gewissen, so in den Verstand zu reden. Doch davon abgesehen liegt Cabets Utopie durchaus auf der strengen, unsentimentalen, organisierenden Seite. Seine „Voyage en Icarie", 1839, liefert nur scheinbar einen neuen Insel- und Siedlungstraum; sein Ikarien war vielmehr modern und komplex. Dieses Sinns verwandte Cabet, im Programm von 1840, zuerst das Wort *communiste*; Heine führte die Neubildungen communiste, communisme ins Deutsche ein. Keine communités partielles sollen die Erde bedecken, Ikarien ist ein einheitliches, hochindustrielles Gebilde, getragen von einer mächtigen Arbeiternation. Cabet preist die Industrie und ihre revolutionäre Kraft: „Durch das schlichte Feuer und das einfache Wasser wird die Aristokratie in die Luft gesprengt und in die Erde geschmettert werden. Es gibt die alten vier Elemente, aber der Dampf ist ein fünftes und nicht unwichtiger als jene, denn er schafft die Welt der Zukunft, er scheidet unsere Gegenwart von der Vergangenheit." Der Zukunftsstaat, der der organisierten Industrie entspringen sollte, war ausgedacht mit aller Eleganz und Präzision des Dezimalsystems. Ein Diktator sollte den politischen Urmeter schaffen, das Dezimalsystem selber bedeutet übersichtlichste Logik der Ordnung. Das Projekt-Land ist in hundert Provinzen geteilt, von annähernd gleicher Ausdehnung und Bevölkerung; jede dieser Provinzen zerfällt wieder in zehn Kommunen; Provinzen und Kommunen werden beherrscht vom Arbeitsgehirn ihrer Stadt, zuhöchst von Icara, dem Zentrum, einem völlig durchrationalisierten Kristall. Minutiös ist der Tag geregelt, ein Siebenstundentag der Frühaufsteher, ein Campanella-Tag, von oben bis unten besetzt mit Arbeitsuniform und Komitees. Es gibt nur Amtszeitungen und auch sonst kein Hilfsmittel einer organisierten Kritik; Ingenieure und Beamte regieren eine Fachwelt – der Kontrast zu Fouriers Phalanstères könnte nicht schärfer sein. Des Dienstes ewig gleichgestellte Uhr wurde in keiner anderen Utopie mit so wenig Überdruß totalisiert, mit so viel Vergötzung der Exaktheit. Durchgehends aber – ein Reales neben der Vergötzung – herrscht sozialistische Planwirtschaft: ein Industrie-Komitee setzt im voraus die Zahl und Art der Güter fest, die im Jahr produziert werden müssen. So kommt die Produktion ohne die Krisen aus, die die Wohlfahrt vernichten und den Kapitalisten selber ihr System zur Hölle machen. Die Kapitalisten waren indessen nicht geneigt, sich von ihrer Krankheit dadurch befreien zu lassen, daß man ihnen das Leben nahm: es gibt kein freiwilliges Ikarien. So experimentierte Cabet zu schlechter Letzt, ganz gegen seine Lehre, mit Siedlungsplänen minimalster Art, genau wie Owen. Ikaria war entworfen als glanzvoller Arbeiterstaat mit Metropolis in der Mitte; zur Wirklichkeit wurde eine mühselige Kolonie, von kommunistischen Pionieren an den Missouri gesetzt. Sie ging trotz Dampfkraft, weitgehender Mechanisierung, versuchtem Musterbetrieb zugrunde, verschluckt von Sumpf und Prärie. Immerhin war Klein-Ikarien stets als Ersatz gedacht; das echte Ikaria liegt an der Seine, war gedacht als das vollendete Frankreich des Dezimalsystems und der Departements, aus dem nach dem vielen mittelalterlichen Wust oder Durcheinander, auch die Zufälligkeiten des Privateigentums entfernt worden sind."

(Ernst Bloch, Das Prinzip Hoffnung, Frankfurt 1959, S. 654–656)

c. *Utopie – Disziplin – Maschine/Arbeitszeit*

Texte der utopischen Sozialisten des frühen 19. Jahrhunderts können gelesen werden als Antworten auf das rebellische oder einfach ablehnende und apathische Verhalten und Denken der sozialen Unterklassen gegenüber den neuen Verhaltens- und Denkzumutungen, die die aufkommende kapitalistische Produktionsweise ihnen abverlangt. Diese Antworten sind nicht Stabilisatoren des „anomischen" Verhaltens der Unterklassen oder Wegweiser in eine nicht-kapitalistische, sozialistische, kommunistische und/oder anarchische Gesellschaft, sondern enthalten bei näherem Hinsehen Modelle zur Disziplinierung des Denkens und Verhaltens der Unterklassen im Hinblick auf eine vom Kapital geprägte Zukunft; die utopische Antwort ist dann nicht nur eine Antizipation der Kapitalgesellschaft und ihrer differenzierten Ausbeutungs- und Unterdrückungsmethoden, sondern deren Geburtshelfer.

Fouriers Utopie weist auf das zentrale Problem hin: die „abstoßende Arbeit" soll in diesem Entwurf durch „attraktive Arbeit" ersetzt werden. „Abstoßende Arbeit" ist der Begriff für die zeitgenössische Lohnarbeit in den Manufakturen und Werkstätten, die auf den Widerstand der Arbeiter stößt; „attraktive Arbeit" ist der Begriff für eine Lohnarbeit, die alle Lebensäußerungen des Arbeiters umfaßt, ihn in erotischer Weise und ausschließlich an Arbeit fesselt und darum auch von höchster Produktivität ist. Es gibt keine Trennung von Arbeit/Genuß/Freizeit/Freiheit in diesem Entwurf. Diese totale Inbesitznahme des Arbeiter-Menschen kommt zugleich einer Entäußerung aller Kräfte gleich, die der Arbeiter gegen die Arbeit selbst richten könnte. Die fourieristische Utopie der Arbeit kann als ein Modell der inneren und äußeren Kolonisierung der arbeitenden Klassen und der Brechung des Kampfes der Arbeiter gegen die Arbeit gelesen werden.

Nun ist der utopische Entwurf aber zumeist ambivalent; zum Beispiel hat Fouriers Utopie sicherlich nicht allein disziplinierenden Charakter, sondern enthält auch viel kritisches Material, das gegen die sich bildende kapitalistische Gesellschaft gekehrt werden kann bzw. diese überschreitet. Diese Ambivalenz kann nur die Rezeption der Utopien seitens der Arbeiter erklären, die der utopischen Programmatik ihre disziplinierenden und integrativen Seiten nehmen und sie dem autonomen proletarischen Gedanken der Emanzipation unterwerfen; Weitling und die Arbeiterkommunisten der 30er und 40er Jahre sind hierfür das Beispiel. Es bleibt aber eine Frage: Inwieweit sind in den Theorien der organisierten Arbeiterbewegung des 19. Jahrhunderts, vor allem in der „Weltanschauung" der Sozialdemokratie, auch die integrativen und disziplinierenden Momente der sozialistischen Utopien eingegangen? Der Ambivalenz des utopischen Entwurfs dürfte eine Ambivalenz der Rezeption in der Arbeiterbewegung entsprechen.

Cabets utopischer Entwurf ist seiner Tendenz nach nicht eine Utopie der Arbeit, wenngleich auch er die Arbeit angenehm gestalten will, sondern eher eine Utopie der Nicht-Arbeit, genauer: eine Utopie der Reduzierung der gesellschaftlich notwendigen Arbeit. Utopien der Nicht-Arbeit können gebunden sein an die Vorstellung einer gütigen und mütterlichen Natur, die in ausreichender Weise für die Menschen sorgt; die Arbeit des Menschen ist dementsprechend nur Vollendung des von der Natur Hervorgebrachten. Solche Utopien der Nicht-Arbeit sind Idealisierungen der alten, vorkapitalistischen Produktions- und Lebensweise und setzen diese voraus. Aber die Utopie der Nicht-Arbeit kann wie bei Cabet auch gebunden sein an die Anwendung der Maschinerie im Produktionsprozeß, mithin an eine industrielle Produktionsweise. Die Verbindung von Utopie der Nicht-Arbeit und Maschinerie/Industrie setzt freilich die Unterscheidung zwischen der vom Profit bestimmten Anwendung der Maschine und deren Auswirkungen auf die arbeitenden Klassen voraus und einer zukünftigen Anwendung der Maschine als Mittel der Arbeitserleichterung und – in diesem Zusammenhang viel wichtiger – als Mittel der Arbeitszeitverkürzung; eine Unterscheidung, die Cabet vornimmt. Dieser hat am deutlichsten unter den utopischen Theoretikern der sozialen und Arbeiterbewegung die Entwicklung der modernen Produktivkräfte als Bedingung der Möglichkeit des Kommunismus gesehen.

Literatur zu Cabet/Cabetismus

Jules Prudhommeaux: Icarie et son fondateur Etienne Cabet, Paris 1907, 19272

Christopher H. Johnson: Etienne Cabet and the Icarian Communist Movement in France 1839–1848. Pt. 1, Pt. 2, University of Wisconsin. Ph.D. 1968 (Published on demand by University Microfilms International)

Zusammengestellt von Alexander Brandenburg/Ahlrich Meyer, im Mai 1979

Titelbild von Gustav Kramer (19013-1972– entstanden 1965 aus der Serie 'Die verlorene Zukunft'.
Bild 1, Etienne Cabet
Bild 2, Ikarier der 'Icaria Speranza Community in Kalifornien (um 1885)